文/白/对/照

纲鉴易知录

一

〔清〕吴乘权 编撰
张宏儒 主编

团结出版社

前　言

人事有代谢，往来成古今。

千百年来，中华民族的圣哲先贤遗存后世的史籍浩如烟海，汗牛充栋。然而，在学业繁剧、百科胪陈的今天，读者倘若不加抉择，好比入海算沙，"穷年不能究其辞，没世不能通其义"。尤其是中国的史书，卷帙浩繁，一部"二十四史"，对一般人来说，是很难通读一遍的。即便是《资治通鉴》，一般人也未必能够通读。因此，自宋以后，便诞生了一种"纲鉴体"史书，采用朱熹所作《资治通鉴纲目》的形式，前面有纲，后面有目，纲是历代史事的提纲，目是对历代史事较详细的记述，以这种形式记录历代兴废、制度沿革、人物事件等。如明代袁了凡、王凤洲《纲鉴合编》，清代叶沄《纲鉴会编》等，而这其中最广为流传的，则是清康熙年间吴乘权等编辑的《纲鉴易知录》。这部从传说中的盘古时代至明末历史的纲目体通史，是一部贯通古今、简明实用的编年体史书，问世以后，不仅多次刊刻，还被翻译成外文，远播海外。

吴乘权，字楚材，浙江山阴（今绍兴）人。早年因足疾无缘科举。累官两广总督的伯父吴兴祚延师课子，吴乘权得以伴读左右。好学敏求的吴乘权颇获伯父欢心，尝称其"天性孝友，潜心力学，工举

业,尤好读经史,于寻常讲贯之外,别有会心"(《古文观止》吴兴祚序)。尔后,吴乘权终生以授馆为业。康熙三十四年(1695年),吴乘权率侄辈吴调侯选注明代以前的名流散文222篇,萃为一书梓行,这就是风靡海内的《古文观止》。

吴乘权酷爱读史,却常苦于在令人望而生畏的鸿篇巨制之外,难以觅一部繁简适宜、雅俗共赏的通史著作,洵为憾事!时值康熙四十四年(1705年),吴乘权受到"弱冠工举子业,而尤邃史学"的忘年挚友周之炯(静专)、周之灿(星若)辑录的《纲目全编》的启迪,便相约二人共同编辑一部自古迄今的简明编年体史籍。他们相互砥砺,爬梳剔抉,不间祁寒暑雨,穷六载之心力,终于在康熙五十年(1711年)完成了凡107卷180万言的《纲鉴易知录》。镂版行世后,好评如潮。

综观《纲鉴易知录》全书,大致有如下三个方面的优点:

一、芟繁举要,简明易知。

我国向以文史载籍卷帙浩繁著称于世。姑且不论不知从何说起的"二十四史",但言北宋司马光领衔编纂的《资治通鉴》,虽经"删削冗长,举撮机要",依旧不易卒读,鲜为人问津,竟至编者无奈地发出"修《通鉴》成,惟王胜之借一读;他人读未尽一纸,已欠伸思睡"(引自胡三省《新注资治通鉴》序)之叹!吴乘权正是以缓解学者"读未终篇,辄生厌倦"为先务,遍览历代旧史,择定北宋刘恕的《通鉴外纪》、宋末元初金履祥的《通鉴前编》、南宋朱熹的《资治通鉴纲目》、明商辂的《续资治通鉴纲目》和明末清初谷应泰的《明史纪事本末》为蓝本,分泾别渭,删繁就简;去芜取菁,详大略细;编年纪事,端绪井然。举凡上自盘古、下终明末数千年的治乱兴

替,人事代谢,灾异祥瑞,纳贡受降,靡不具焉。吴乘权在"发凡"中说:"《通鉴》固须全读,但……卷帙太烦,岂能一概记诵,势不得不删。然信手删去,尽失头绪,如何看得明白。兹则细加斟酌,事之源委,人之始末,起伏照应,明若观火。"如此看来,书名"易知",是颇为妥贴的。

二、提纲挈领,创立"纪""编"。

司马光的《资治通鉴》是纪录从周威烈王二十三年(前403年)至五代周世宗显德六年(959年)共1362年的编年体通史,"网罗宏富,体大思精,为前古之所未有"(《四库全书总目提要·史部·编年类》)。南宋时,朱熹根据《资治通鉴》改写成《资治通鉴纲目》,采用纲目全列的编年纪事体裁。前面的"纲"是历代史实的提纲,文字精简扼要,具有标题的作用;后面的"目"是对"纲"所举史事的详述。用纲挈目,藉示褒贬。迨至明、清,人们用这种体例编写史书者甚多,并且常常于"纲目""通鉴"各摘一字成"纲鉴",以冠书名,譬如明王世贞的《纲鉴会纂》、清顾锡畴的《纲鉴正史约》等,不一而足。这就是"纲鉴"一词的由来。

当然,其中最为世人称道的还是吴乘权的《纲鉴易知录》。此书前编四卷,起于三皇,止于周威烈王二十三年,系据刘恕《通鉴外纪》、金履祥《通鉴前编》撰写,有纲有纪;正编五十九卷,起于战国,止于五代,系据朱熹《资治通鉴纲目》撰写,有纲有目;续编二十九卷,起于两宋,止于元末,系据商辂《续资治通鉴纲目》撰写,有纲有目;另有《明纪》(又名《明鉴易知录》)十五卷,系先由吴乘权道友朱国标(圣怀)从谷应泰《明史纪事本末》中按年分条抄录为《明纪钞略》,吴乘权再据此撰成,有编有纪。编之于纲,纪

之于目，名虽有别，实则无歧。或有有纲而无目，未有有目而无纲，如人著眉，如龙点睛，褒贬予夺，开卷了然。

三、年经事纬，雅俗咸宜。

众所周知，编年体史书发轫于先秦时期的《春秋》，与纪传体、纪事本末体相辅并行，合为我国传统史书的三种基本体裁。编年体以年月为经，以事实为纬，可补正史之不足。吴乘权"苦简篇之汗漫，为之摘要而删繁；虑大义之不明，为之提纲而挈领"（《纲鉴易知录》吴乘权序），可谓殚精竭智，博采众家；史海排沙，务求信实；年经事纬，引导有方。吴乘权谦称其书"既无卓绝千古之识，论定百代之兴亡；复鲜著作辩论之才，品骘人事之得失"（同上）。诚然，吴氏既非跻身上流社会的文人名士，深谙一般读书人的心理需求，因而著述讲究平实，绝少名家托之空言的固陋习气，句栉字比，宁简毋详，不尚虚玄之论。试想：秉笔直书，不敷铅华，较之镂金错彩，游谈无根，何啻霄壤？！无怪乎《纲鉴易知录》问世以来，不特专家学子藉此初阶渐入堂奥，而且成为寻常百姓了解历史的教科书。

基于上述，《纲鉴易知录》可谓美且善矣。然而，它们毕竟源于诸多史籍的辑录；繁富莫辨的名物制度，深奥涩呐的文言造句，前人披览容或明白易晓，而今人诵读难免诘屈聱牙之苦。兼之，原有的舆地注释、广义发明等显然有悖时用。因此，今天的好学者虽"心向往之"，而实"不能至"，无不扼腕生叹！于是，我们以破除广大读者的文字障碍为念，约于同道，集思广益，戮力编译，期年始成。竣事之日，谬蒙数位大方之家垂爱，悉心审核，攻错释疑，乃敢付之梨枣。我们相信，在没有一部更臻完善的简明编年史书来取代《纲鉴易知录》以前，将其译作白话奉献给读者是适逢其时的。毋庸讳言，以我

等区区轻才,译述煌煌三百万言,不胜心余力绌之感!

本书曾以为《廿五史纲鉴》为名(原书另增《清鉴易知录》)于1993年由北京师范大学出版社出版,至今已经二十多年过去,坊间已是一书难觅。这次由团结出版社组织人员重新修订出版,订正了原文和译文中的一些讹误之处,让这部书重获新的生命,是一件令人喜悦的事情,希望得到读者朋友的喜欢。由于本书份量较大,其中难免还有不妥之处,亦恳请学界同仁不吝赐教!

编者

2020年6月

附：注译人员名单

主 编：张宏儒

编 委：王颂民 朱国富 李 岩 李晨光 迟赵娥 张宏儒
张德信 杨梦东 骈宇骞

总 目

第一册

纲鉴易知录卷一 三皇纪 ········· *2*

五帝纪 ········· *6*

夏纪 ········· *34*

纲鉴易知录卷二 夏纪 ········· *44*

商纪 ········· *52*

周纪 ········· *78*

纲鉴易知录卷三 周纪 ········· *88*

纲鉴易知录卷四 周纪 ········· *132*

纲鉴易知录卷五 周纪 ········· *190*

纲鉴易知录卷六 周纪 ········· *216*

纲鉴易知录卷七 周纪 ········· *264*

秦纪 ········· *286*

后秦纪 ········· *290*

纲鉴易知录卷八 后秦纪 ········· *306*

纲鉴易知录卷九 汉纪 ········· *344*

纲鉴易知录卷十 汉纪 ········· *384*

纲鉴易知录卷十一 汉纪 ········· *424*

纲鉴易知录卷十二 汉纪 ········· *472*

纲鉴易知录卷十三 汉纪 ········· *512*

纲鉴易知录卷十四 汉纪 ········· *558*

纲鉴易知录卷十五 汉纪 ········· *614*

第二册

纲鉴易知录卷十六 汉纪 ········· *654*

纲鉴易知录卷十七 汉纪 ········· *698*

纲鉴易知录卷十八 汉纪 ········· *746*

纲鉴易知录卷十九 汉纪（附王莽） ········· *790*

　　　　　　东汉纪 ········· *824*

纲鉴易知录卷二十 东汉纪 ········· *834*

纲鉴易知录卷二一 东汉纪 ········· *884*

纲鉴易知录卷二二 东汉纪 ········· *922*

纲鉴易知录卷二三 东汉纪 ········· *968*

纲鉴易知录卷二四 东汉纪 ········· *1012*

纲鉴易知录卷二五 东汉纪 ········· *1056*

纲鉴易知录卷二六 东汉纪 ········· *1104*

纲鉴易知录卷二七 东汉纪 ········· *1146*

　　　　　　后汉纪（附魏吴二僭国） ········· *1162*

纲鉴易知录卷二八 后汉纪 ········· *1190*

纲鉴易知录卷二九 后汉纪 ········· *1238*

　　　　　　　晋纪 ······ 1256

第三册

纲鉴易知录卷三十　晋纪 ······ 1288
纲鉴易知录卷三一　晋纪 ······ 1330
　　　　　　　东晋纪 ······ 1350
纲鉴易知录卷三二　东晋纪 ······ 1378
纲鉴易知录卷三三　东晋纪 ······ 1426
纲鉴易知录卷三四　东晋纪 ······ 1470
纲鉴易知录卷三五　东晋纪 ······ 1516
　　　　　　　南北朝·宋纪（附北魏）······ 1526
纲鉴易知录卷三六　宋纪（附北魏）······ 1564
　　　　　　　齐纪（附北魏）······ 1594
纲鉴易知录卷三七　齐纪（附北魏）······ 1614
　　　　　　　梁纪（附北魏）······ 1630
纲鉴易知录卷三八　梁纪（附北魏东西魏）······ 1658
纲鉴易知录卷三九　梁纪（附西魏北齐北周）······ 1708
　　　　　　　陈纪（附北齐周）······ 1722
纲鉴易知录卷四十　陈纪（附隋）······ 1752
　　　　　　　隋纪 ······ 1764
纲鉴易知录卷四一　隋纪 ······ 1802
纲鉴易知录卷四二　唐纪 ······ 1850
纲鉴易知录卷四三　唐纪 ······ 1894

第四册

纲鉴易知录卷四四　唐纪 …… *1938*

纲鉴易知录卷四五　唐纪 …… *1980*

纲鉴易知录卷四六　唐纪 …… *2022*

纲鉴易知录卷四七　唐纪 …… *2078*

纲鉴易知录卷四八　唐纪 …… *2146*

纲鉴易知录卷四九　唐纪 …… *2192*

纲鉴易知录卷五十　唐纪 …… *2236*

纲鉴易知录卷五一　唐纪 …… *2278*

纲鉴易知录卷五二　唐纪 …… *2324*

纲鉴易知录卷五三　唐纪 …… *2370*

纲鉴易知录卷五四　唐纪 …… *2418*

纲鉴易知录卷五五　唐纪 …… *2464*

纲鉴易知录卷五六　唐纪 …… *2510*

第五册

纲鉴易知录卷五七　唐纪 …… *2558*

纲鉴易知录卷五八　唐纪 …… *2606*

纲鉴易知录卷五九　唐纪 …… *2652*

纲鉴易知录卷六十　唐纪 …… *2700*

　　　　　　　　　五代　后梁纪 …… *2714*

纲鉴易知录卷六一　后唐纪 …… *2744*

纲鉴易知录卷六二　后晋纪 …… *2790*

后汉纪	2810
后周纪	2826
纲鉴易知录卷六三 后周纪	2838
纲鉴易知录卷六四 宋纪	2862
纲鉴易知录卷六五 宋纪	2928
纲鉴易知录卷六六 宋纪	2978
纲鉴易知录卷六七 宋纪	3022
纲鉴易知录卷六八 宋纪	3070
纲鉴易知录卷六九 宋纪	3120

第六册

纲鉴易知录卷七十 宋纪	3170
纲鉴易知录卷七一 宋纪	3222
纲鉴易知录卷七二 宋纪	3262
纲鉴易知录卷七三 宋纪	3316
纲鉴易知录卷七四 宋纪	3362
纲鉴易知录卷七五 宋纪	3410
纲鉴易知录卷七六 宋纪	3460
纲鉴易知录卷七七 宋纪	3514
纲鉴易知录卷七八 南宋纪	3558
纲鉴易知录卷七九 南宋纪	3608
纲鉴易知录卷八十 南宋纪	3652
纲鉴易知录卷八一 南宋纪	3702
纲鉴易知录卷八二 南宋纪	3748

第七册

纲鉴易知录卷八三　南宋纪 ······ 3794
纲鉴易知录卷八四　南宋纪 ······ 3842
纲鉴易知录卷八五　南宋纪 ······ 3890
纲鉴易知录卷八六　南宋纪 ······ 3940
纲鉴易知录卷八七　南宋纪 ······ 3982
纲鉴易知录卷八八　南宋纪 ······ 4028
纲鉴易知录卷八九　南宋纪 ······ 4070
纲鉴易知录卷九十　南宋纪 ······ 4120
　　　　　　　　　元纪 ······ 4136
纲鉴易知录卷九一　元纪 ······ 4162
纲鉴易知录卷九二　元纪 ······ 4218
明鉴易知录卷一　明纪 ······ 4282
明鉴易知录卷二　明纪 ······ 4330
明鉴易知录卷三　明纪 ······ 4380

第八册

明鉴易知录卷四　明纪 ······ 4432
明鉴易知录卷五　明纪 ······ 4486
明鉴易知录卷六　明纪 ······ 4540
明鉴易知录卷七　明纪 ······ 4590
明鉴易知录卷八　明纪 ······ 4652
明鉴易知录卷九　明纪 ······ 4702

明鉴易知录卷十 明纪 …… *4734*
明鉴易知录卷十一 明纪 …… *4782*
明鉴易知录卷十二 明纪 …… *4826*
明鉴易知录卷十三 明纪 …… *4870*
明鉴易知录卷十四 明纪 …… *4918*
明鉴易知录卷十五 明纪 …… *4968*

目　录

纲鉴易知录卷一

三皇纪 盘古氏 ··· 2

　　　　　 天皇氏 ··· 2

　　　　　 地皇氏 ··· 2

　　　　　 人皇氏 ··· 2

　　　　　 有巢氏 ··· 4

　　　　　 燧人氏 ··· 4

五帝纪 太昊伏羲氏 ··· 6

　　　　　 炎帝神农氏 ··· 8

　　　　　 黄帝有熊氏 ··· 10

　　　　　 少昊金天氏 ··· 18

　　　　　 颛顼高阳氏 ··· 18

　　　　　 帝喾高辛氏 ··· 20

　　　　　 帝尧陶唐氏 ··· 22

　　　　　 帝舜有虞氏 ··· 28

夏纪	大禹	34
	帝启	38
	太康	38
	仲康	40
	帝相	40

纲鉴易知录卷二

夏纪	少康	44
	帝杼	44
	帝槐	46
	帝芒	46
	帝泄	46
	帝不降	46
	帝扃	46
	帝廑	46
	帝孔甲	46
	帝皋	48
	帝发	48
	桀癸	48
商纪	成汤	52
	太甲	54
	沃丁	54
	太庚	56
	小甲	56
	雍己	56
	太戊	56

	仲丁	58
	外壬	58
	河亶甲	58
	祖乙	58
	祖辛	58
	沃甲	60
	祖丁	60
	南庚	60
	阳甲	60
	盘庚	60
	小辛	62
	小乙	62
	武丁	62
	祖庚	64
	祖甲	64
	廪辛	64
	庚丁	66
	武乙	66
	太丁	66
	帝乙	66
	纣辛	68
周纪	武王	78

纲鉴易知录卷三

周纪	成王	88
	康王	96

昭王 …… 96

穆王 …… 96

共王 …… 100

懿王 …… 100

孝王 …… 102

夷王 …… 102

厉王 …… 102

宣王 …… 106

幽王 …… 110

平王 …… 116

桓王 …… 120

庄王 …… 122

纲鉴易知录卷四

周纪
釐王 …… 132

惠王 …… 132

襄王 …… 142

顷王 …… 150

匡王 …… 150

定王 …… 152

简王 …… 156

灵王 …… 160

景王 …… 164

敬王 …… 168

元王 …… 180

貞定王 *182*

考王 *184*

威烈王 *184*

纲鉴易知录卷五

周纪 威烈王 *190*

安王 *198*

烈王 *202*

显王 *204*

纲鉴易知录卷六

周纪 显王 *216*

慎靓王 *228*

赧王 *230*

纲鉴易知录卷七

周纪 赧王 *264*

东周君 *278*

秦纪 庄襄王 *286*

后秦纪 始皇帝 *290*

纲鉴易知录卷八

后秦纪 始皇帝 *306*

二世皇帝 *318*

纲鉴易知录卷九

汉纪　太祖高皇帝 ································· *344*

纲鉴易知录卷十

汉纪　太祖高皇帝 ································· *384*

纲鉴易知录卷十一

汉纪　孝惠皇帝 ··································· *424*
　　　高皇后吕氏 ································· *430*
　　　太宗孝文皇帝 ······························· *440*

纲鉴易知录卷十二

汉纪　太宗孝文皇帝 ······························· *472*
　　　孝景皇帝 ··································· *488*

纲鉴易知录卷十三

汉纪　世宗孝武皇帝 ······························· *512*

纲鉴易知录卷十四

汉纪　孝武皇帝 ··································· *558*

纲鉴易知录卷十五

汉纪　孝武皇帝 ··································· *614*
　　　孝昭皇帝 ··································· *620*
　　　中宗孝宣皇帝 ······························· *640*

纲鉴易知录卷一

三皇纪

盘古氏

【纲】盘古氏首出御世。 【纪】太极生两仪,两仪生四象,四象变化而庶类繁矣。相传首出御世者曰盘古氏,又曰浑敦氏。

天皇氏

【纲】天皇氏,继盘古氏以治。 【纪】一姓十三人,继盘古氏以治。澹泊无为而俗自化。始制干支之名,以定岁之所在,十干曰阏逢、旃蒙、柔兆、强圉、著雍、屠维、上章、重光、玄黓、昭阳。十二支曰困敦、赤奋若、摄提格、单阏、执徐、大荒落、敦牂、协洽、涒滩、作噩、阉茂、大渊献。兄弟各一万八千岁。

地皇氏

【纲】地皇氏,继天皇氏以治。 【纪】一姓十一人,继天皇氏以治。爰定三辰,是分昼夜,以三十日为一月。兄弟各一万八千岁。

人皇氏

【纲】人皇氏,继地皇氏以治。 【纪】一姓九人,继地皇氏以治。相厥山川,分为九区,人居一方,故又曰居方氏。当是时也,万物群生,淳风沕穆,主不虚王,臣不虚贵,政教君臣所自起,饮食男女所自始。亦号九皇氏,兄弟合四万五千六百年。

盘古氏

【纲】盘古氏首先出来治理天下。 【纪】太极产生两仪（两仪：指阴、阳），两仪产生四象（四象：指太阳、少阳、太阴、少阴），四象错综变化，产生种类繁多的事物。相传，首先出来治理天下的是盘古氏，又称浑敦氏。

天皇氏

【纲】天皇氏继盘古氏治理天下。 【纪】天皇氏一姓十三人，继盘古氏治理天下。天皇氏淡泊无为，百姓的教化自成。这时开始制定天干、地支的名称，用来确定年份。十天干是：阏逢、旃蒙、柔兆、强围、著雍、屠维、上章、重光、玄黓、昭阳。十二地支是：困敦、赤奋若、摄提格、单阏、执徐、大荒落、敦牂、协洽、涒滩、作噩、阉茂、大渊献。天皇氏兄弟每人在世一万八千年。

地皇氏

【纲】地皇氏继天皇氏治理天下。 【纪】地皇氏一姓十一人，继天皇氏治理天下。地皇氏确定日月星三辰，划分白天和黑夜，以三十天作为一个月。地皇氏兄弟每人在世一万八千年。

人皇氏

【纲】人皇氏继地皇氏治理天下。 【纪】人皇氏一姓九人，继地皇氏治理天下。人皇氏观察山川形势，分成九个区域，兄弟九人各居一方，所以又称作居方氏。当地皇氏的时代，万物群生，风尚淳厚，君主不凭白称王，大臣不凭白尊贵。政治教化和君臣关系自此开始，饮食起居和夫妇关系由此发端。人皇氏又号称九皇氏，兄弟九人一共在世四万五千六百年。

有巢氏

【纲】有巢氏构木为巢。 【纪】太古之民,穴居野处,与物相友,无有妒伤之心。逮后人民机智,而物始为敌,爪牙角毒概不足以胜禽兽。有巢氏作,构木为巢,教民居之,以避其害。未知稼穑,食草木之实。未有火化,饮禽兽之血而茹其毛。先取其皮蔽前,后取而蔽后。号曰有巢氏之民。

燧人氏

【纲】燧人氏钻木取火。 【纪】自有巢氏教民巢居,然犹未知熟食也。燧人氏作,观星辰而察五行,知空有火,丽木则明,于是钻木取火,教民以烹饪,而民利之,故号燧人氏。以为燧者,火之所生也,乃别五木以改火,顺四时而遂天之意,由是火之功用洽矣。时未有文字,燧人氏始作结绳之政。立传教之台,兴交易之道,人情以遂,故又谓之遂皇。有四佐焉,曰明由、必育、成博、陨丘。

有巢氏

【纲】有巢氏在树上筑巢。 【纪】太古时代的人,居住在洞穴里,活动在荒野中,与万物和睦相处,没有妒忌和伤害它们的想法。及至后来,人们的机巧智慧渐开,于是开始与万物对立,但是人们凭自己的身体还不能战胜鸟兽。有巢氏兴起,在树上筑巢,让人们住在里面躲避禽兽的侵害。那时人们还不懂得种植庄稼,吃的是草木结出的果实。人们还没有使用火,只能茹毛饮血,先拿兽皮遮盖身体的前面,后用兽皮遮盖身体的背面。当时的人们被称作有巢氏之民。

燧人氏

【纲】燧人氏钻木取火。 【纪】自从有巢氏教人们学会巢居以来,人们仍然不懂得熟食。燧人氏兴起,观看星辰,察视五行,知道空中有火,与木头磨擦就会点燃,于是钻木取火,教人们烹饪,人们感到便利,所以称他为燧人氏。燧人氏认为火从取火的木头中产生,便将树木区分成五类来取火,以顺从四季与天意。从此,火的功用就普遍推广开来了。当时还没有文字,燧人氏发明结绳记事,设立传播知识的讲台,规定物品交易的办法,使人得以遂其性情,所以又称他为遂皇。燧人氏有四位辅佐者,名叫明由、必育、成博、陨丘。

五帝纪

太昊伏羲氏

【纲】太昊伏羲氏,以木德王。　【纪】太昊之母居于华胥之渚,生帝于成纪。以木德继天而王,故风姓。有圣德,象日月之明,故曰太昊。

【纲】作都于陈。

【纲】教民佃渔畜牧。　【纪】人生之始也,与禽兽无异,知有母而不知其父,知有爱而不知其礼。卧则呋呋,起则吁吁,饥则求食,饱则弃余,茹毛饮血而衣皮革。太昊始作网罟,以佃以渔,以赡民用,故曰伏羲氏。养牺牲,以充庖厨,故又曰庖牺氏。

【纲】画八卦,造书契。　【纪】太昊德合上下,天应以鸟兽文章,地应以龙马负图,于是仰观象于天,俯观法于地,中观万物之宜,始画八卦。卦有三爻,因而重之为卦六十有四,以通神明之德。作书契,以代结绳之政。书制有六:一曰象形,二曰假借,三曰指事,四曰会意,五曰转注,六曰谐声。使天下义理必归文字,天下文字必归六书。

【纲】作甲历,定四时。　【纪】起于甲寅,支、干相配为十二辰,六甲而天道周矣。岁以是纪而年不乱,月以是纪而时不易,昼夜以是纪而人知度,东西南北以是纪而方不惑。

【纲】制嫁娶。　【纪】上古男女无别,太昊始制嫁娶,以俪皮为礼。正姓氏,通媒妁,以重人伦之本,而民始不渎。

太昊伏羲氏

【纲】太昊伏羲氏依据木德治理天下。 【纪】太昊伏羲氏的母亲住在华胥（今陕西蓝田）的小洲上，在成纪（今甘肃秦安北）生下伏羲帝。伏羲依据木德，上承天意而称王，因此以风为姓。伏羲有圣德，象征着日月的光辉，所以叫做太昊。

【纲】伏羲建都于陈（今河南淮阳）。

【纲】伏羲教人民渔猎和畜牧。 【纪】最初的人类与鸟兽没有区别，只知道有母亲，却不知道父亲，只知道有情爱，却不知道礼法。躺下时呼吸有声，起来时安闲自在，饿了就找吃的，饱了就丢弃剩余的食物，茹毛饮血，身穿兽皮。太昊开始发明了网罟，用来渔猎，以满足人们的需求，所以号称伏羲氏。伏羲教人们饲养牲畜，以供庖厨食用，所以又称作庖牺氏。

【纲】伏羲画成八卦，发明文字。 【纪】伏羲的德行与天地相合，上天以鸟兽皮毛的纹理作为应和，大地以龙马背来的《河图》作为应和。于是，伏羲仰观天象，俯察地理，中间观察万物各得其所的道理，开始画成八卦。每卦有三爻，由八卦重迭起来，便组成六十四卦，用来贯通神明的德性。伏羲又发明了文字，来代替结绳记事。造字的规则有六项：一是象形，二是假借，三是指事，四是会意，五是转述，六是谐声。伏羲使天下的道理都能用文字表达，使天下的文字都以文字的六项规则为依据。

【纲】伏羲制订以甲子记载岁时的历法，并确定了四季。 【纪】历法从甲寅开始，用天干、地支相互配合成十二个时辰，天干、地支循环一周，甲字六次出现，天体运行便成为一个周期。以此记年，年代不会混乱；以此记月，月份不会变动；以此记昼夜，可以掌握时间；以此记东西南北，不会迷失方向。

【纲】伏羲制定婚姻嫁娶制度。 【纪】上古时代，男女之间没有界限。伏羲开始制定婚姻嫁娶制度，以成对的皮革作为聘礼。伏羲订

【纲】以龙纪官。 【纪】太昊时有龙马负图出于河之瑞,因而名官,始以龙纪,号曰龙师。命朱襄为飞龙氏,造书契;昊英为潜龙氏,造甲历;大庭为居龙氏,治屋庐;浑沌为降龙氏,驱民害;阴康为土龙氏,治田里;栗陆为水龙氏,繁滋草木,疏导泉源。又命五官:春官为青龙氏,又曰苍龙;夏官为赤龙氏;秋官为白龙氏;冬官为黑龙氏;中官为黄龙氏。于是共工为上相,柏皇为下相,朱襄、昊英常居左右,栗陆居北,赫胥居南,昆连居西,葛天居东,阴康居下,分理宇内,而政化大洽。

【纲】造琴瑟。 【纪】太昊作荒乐,歌《扶徕》,咏网罟,以镇天下之人,命曰立基。斫桐为琴,绳丝为弦。弦二十有七,命之曰离徽,以通神明之贶,以合天人之和。缃桑为三十六弦之瑟,以修身理性,反其天真,而乐音自是兴焉。

【纲】帝崩,葬于陈,神农氏继世践位。

炎帝神农氏

【纲】炎帝神农氏,以火德王。 【纪】少典氏之君娶于有蟜氏之女曰安登,生二子焉,长曰石年,育于姜水,故以姜为姓。以火德代伏羲氏治天下,故曰炎帝。

【纲】都陈,迁于曲阜。

【纲】初艺五谷。尝百草,制医药。 【纪】古者,民茹草木之实,食禽兽之肉,未知耕稼,炎帝因天时,相地宜,斫木为耜,揉木为耒,始教民艺五谷,而农事兴焉。民有疾病,未知药石,炎帝始味

正姓氏，教人们经媒妁通婚，用以表示对人伦关系的重视，而人民也开始不再渎乱人伦了。

【纲】伏羲以龙为官职命名。　【纪】伏羲时代，出现了龙马背负河图从黄河中出来的祥瑞，因此为官职起名时，开始以龙命名，号称龙师。伏羲给朱襄命名为飞龙氏，让他创造文字；给昊英命名为潜龙氏，让他制定甲子日历；给大庭命名为居龙氏，让他修建房屋；给浑沌命名为降龙氏，让他驱除民害；给阴康命名为土龙氏，让他整治田地和住宅；给栗陆命名为水龙氏，让他培育草木，疏导水源。他又为五官命名：春官为青龙氏，又称苍龙氏；夏官为赤龙氏；秋官为白龙氏；冬官为黑龙氏；中官为黄龙氏。当时共工担任上相，柏皇担任下相，朱襄和昊英经常留在伏羲左右，栗陆氏住在北方，赫胥氏住在南方，昆连氏住在西方，葛天氏住在东方，阴康氏住在下方，众人分头治理国家，政治修明，教化大行。

【纲】伏羲制造琴瑟。　【纪】伏羲制作荒乐，创作歌曲名为《扶徕》，吟咏撒网捕鱼，以便安定天下人民，而把这种乐曲命名为《立基》。伏羲砍削桐木做成琴，而把丝捻成绳子做成弦，琴上共有二十七根弦，他给这种琴命名为离徽，用来沟通神明的赐与，应和天人的和谐关系。他又用桑木做成有三十六根弦的瑟，用来修身养性，使人回归天真，从此音乐便产生了。

【纲】伏羲帝去世后，安葬于陈。神农氏继世登位。

炎帝神农氏

【纲】炎帝神农氏依据火德治理天下。　【纪】少典氏的君主娶了有蟜氏的女子，她的名字叫做安登。安登生了两个孩子，大的名叫石年，是在姜水（即岐水，源出陕西凤翔北部的岐山）养育成人的，所以以姜作为姓氏。石年依据火德代替伏羲氏治理天下，所以称作炎帝。

【纲】神农立都于陈地，后又迁徙到曲阜（今山东曲阜）。

【纲】神农开始种植五谷，还品尝各种野草，制成医药。　【纪】古时候，人民吃的是草木的果实和鸟兽的肉，不懂得种植庄稼。神农凭借天时，根据不同的土质，砍削树木制成耒耜，揉弯木棒制成耒耜的曲

草木之滋，察其寒、温、平、热之性，辨其君、臣、佐、使之义，尝一日而遇七十毒，神而化之，遂作方书以疗民疾，而医道自此始矣。复察水泉甘、苦，令人知所避就。由是斯民居安食力，而无夭札之患，天下宜之，故号曰神农氏。

【纲】始为日中之市。 【纪】炎帝之世，其俗朴重端悫，不忿争而财足，始列廛于国，日中为市，致天下之民，聚天下之货，交易而退，各得其所。

【纲】以火纪官。 【纪】因火德王，故以火纪官，为火帝。春官为大火，夏官为鹑火，秋官为西火，冬官为北火，中官为中火。

【纲】帝崩于长沙茶乡。
传八世，至榆罔而亡，有熊氏继世而立。

黄帝有熊氏

【纲】黄帝有熊氏，以土德王。 【纪】初，神农氏母弟世嗣少典为诸侯。帝榆罔之世，少典国君之妃曰附宝者，感电光绕斗而有娠，生帝于轩辕之丘，因名轩辕，姓公孙。轩辕生而神灵，弱而能言，幼而徇齐，长而敦敏，成而聪明。国于有熊，故号有熊氏。长于姬水，故又以姬为姓。

【纲】及炎帝战于阪泉。 【纪】神农氏衰，诸侯相侵伐，炎帝榆罔弗能征。于是轩辕习用干戈，以征不享，诸侯咸来宾从。榆罔欲侵陵诸侯，诸侯益叛之。轩辕修德振兵，教熊、罴、貔、貅、䝙、虎，以与榆罔战于阪泉之野。三战，然后得其志。

柄，开始教人民种植五谷，于是农业出现了。那时，人们生了病，却不懂得吃药诊治。神农开始品味草木的汁液，考察草木寒、温、平、热的药性，区分药物君、臣、佐、使的不同作用，曾经在一天之内中了七十种毒，但他神奇地将毒性化解了，于是作了一部记载药方的书，来医治人们的疾病，从此医术便问世了。神农又考察水泉味道的甘、苦，使人们懂得喝哪种水，不喝哪种水。从这时起，人民生活安定，自食其力，没有夭折早死的灾难，天下人都很满意，所以炎帝号称神农氏。

【纲】炎帝时，开始在每天中午进行交易。　【纪】炎帝在位时期，人民的风俗朴厚诚实，不必愤怒争执，就能财用丰足，于是开始在国都设置储备货物的房舍，每天中午开放市场，招揽天下的人们，聚集天下的货物，让人们进行交易，使人们回去时能得到自己需用的物品。

【纲】炎帝以火为官职命名。　【纪】炎帝依据火德治理天下，因此以火为官职命名，炎帝又称火帝。当时的官职，春官叫做大火，夏官叫做鹑火，秋官叫做西火，冬官叫做北火，中官叫做中火。

【纲】炎帝在长沙茶乡（今湖南茶陵）去世。

炎帝传了八代，到榆罔时灭亡，黄帝有熊氏继世即位。

黄帝有熊氏

【纲】黄帝有熊氏依据土德治理天下。　【纪】起初，神农氏的同母胞弟继承少典氏的君位成了诸侯。帝榆罔在位时期，少典氏国君之妃名叫附君的，看到北斗间环绕着电光，身有所感，便怀了孕，在轩辕之丘（今河南新郑西北）生下黄帝，因而取名轩辕，姓公孙。轩辕生下来就神奇灵异，婴孩时就会说话，幼年时就聪明伶俐，长大后忠厚而又敏捷，成年后明察善断。他立国于有熊（今河南新郑西北），所以号称有熊氏。他在姬水边长大，所以又以姬为姓。

【纲】黄帝与炎帝在阪泉（今河北怀来西）交战。　【纪】神农氏衰微，诸侯互相攻侵，炎帝榆罔无力征讨。就在这时候，黄帝练习使用干戈，用来征讨不肯来朝的诸侯，诸侯纷纷前来入贡朝见。炎帝榆罔想侵扰欺压诸侯，诸侯愈发叛离了他。黄帝修明德行，整饬军队，训练熊、罴、貔、貅、䝙、虎六种猛兽，带着它们与榆罔在阪泉的原野上交战，经

【纲】诛蚩尤于涿鹿。　【纪】蚩尤姜姓，炎帝之裔也。好兵喜乱，作刀戟大弩以暴虐天下。轩辕乃征师诸侯，与蚩尤战于涿鹿之野。蚩尤能作大雾，军士昏迷。轩辕为指南车，以示四方，遂擒蚩尤戮之。

【纲】诸侯尊帝为天子，代神农氏以治天下。　【纪】轩辕自涿鹿诛蚩尤还，天下诸侯共尊为天子，以代神农氏治天下。因其有土德之瑞，故号曰黄帝。

【纲】以云纪官。　【纪】帝初受命，适有云瑞之应，因以云名官，号为云师。春官为青云，夏官为缙云，秋官为白云，冬官为黑云，中官为黄云。

【纲】立六相暨史官。　【纪】黄帝得六相而天地治，神明至。风后明乎天道，太常察乎地利，苍龙辨乎东方，祝融辨乎南方，大封辨乎西方，后土辨乎北方。帝命仓颉为左史，沮诵为右史。仓颉见鸟兽之迹，体类象形而制字。

【纲】立占天官。　【纪】帝受河图，得其五要，乃设灵台，立五官以叙五事。命鬼臾蒧占星，斗苞授规，正日月星辰之象，于是乎有星官之书。命羲、和占日，尚仪占月，车区占风。

【纲】命大挠作甲子。　【纪】帝命大挠探五行之情，占斗纲所建，始作甲子。

【纲】命容成作盖天及调历。　【纪】帝命容成作盖天，以象周天之形。综六术，以定气运。问鬼臾蒧上下周纪，以作调历，岁纪甲寅，日纪甲子，而时节定。是岁己酉朔旦，日南至，而获神策，得宝鼎。鬼臾蒧曰："是谓得天之纪，终而复始。"乃迎日推策，造十六神历，积邪分以置闰，配甲子而设蔀。于是时惠而辰从矣。

过三次战斗，然后取得胜利。

【纲】黄帝在涿鹿(今河北怀来西南)杀死蚩尤。 【纪】蚩尤姓姜，是炎帝的后代。蚩尤穷兵黩武，希望天下大乱，制做刀、戟、大弩，残害天下人民。于是黄帝向诸侯调集军队，与蚩尤在涿鹿的原野上交战。蚩尤能兴起大雾，黄帝的军士迷失方向。黄帝便制造指南车，用来指示方向，终于捉住蚩尤，将他杀掉。

【纲】诸侯尊奉黄帝为天子，代替神农氏来治理天下。 【纪】黄帝杀死蚩尤，从涿鹿返回，天下诸侯共同尊奉他为天子，来代替神农氏治理天下。由于他有土德的祥瑞，所以号称黄帝。

【纲】黄帝以云为官职命名。 【纪】黄帝刚刚接受天命成为天子时，恰巧有祥云出现，因此以云作为官名，号称云师。春官叫做青云，夏官叫做缙云，秋官叫做白云，冬官叫做黑云，中官叫做黄云。

【纲】黄帝设立六相及史官。 【纪】黄帝得到六相，天下大治，神明降临。风后通晓天道，太常懂得地利，苍龙治理东方，祝融治理南方，大封治理西方，后土治理北方。黄帝命仓颉为左史，沮诵为右史。仓颉观察鸟兽的行迹，分类象形，制成文字。

【纲】黄帝设立观测天象的官员。 【纪】黄帝接受《河图》后，了解到五点要领，便建立观测气象的灵台，设置五种官职来履行五种职能。黄帝命鬼臾蓝观测星象，斗苞掌管测天仪器，订正日月星辰的图象，从此便有了星官的图书。黄帝又命羲氏与和氏观测太阳，尚仪观测月亮，车区观测风向。

【纲】黄帝命大挠制定甲子。 【纪】黄帝命大挠探察五行的状况，测定北斗星斗柄初昏时所指的月份为一年的开端，开始制定甲子计年的方法。

【纲】黄帝命容成制作盖天仪以及调历。 【纪】黄帝命容成制作盖天仪，用来象征整个天空的形状，综合关于观测物候的六种方法，来确定时序运行。黄帝向鬼臾蓝请教岁月循环的规律，据以制定调历，以甲寅开始纪年，以甲子开始纪日，于是四时的节序得到确定。在这一年己酉朔日早晨，太阳经过冬至点时，黄帝获得一把用于占卜的蓍草和

【纲】命隶首作数。 【纪】帝命隶首定数,以率其羡,要其会,而律、度、量、衡由是而成焉。

【纲】命伶伦造律吕。 【纪】帝命伶伦取竹嶰豀之谷,以生空窍厚钧者,断两节间吹之,以为黄钟之宫。又制十二笛以象凤凰之鸣,而别十二律,其雄鸣为六,雌鸣亦六,以比黄钟之宫,生六律、六吕,候气之应,以立宫、商、角、徵、羽之声,治阴阳之气,节四时之变,推律历之数,起消息,正闰余。

【纲】命荣猨作十二钟。 【纪】帝命荣猨铸十二钟,协月筒以和五音,立天时,正人位焉。

【纲】命大容作《咸池》之乐。 【纪】帝命大容作《承云》之乐,是为《云门》《大卷》,命曰《咸池》。

【纲】作冕旒,正衣裳。 【纪】帝作冕,垂旒充纩。为玄衣黄裳,以象天地之正色。旁观翚翟、草木之华,乃染五采为文章,以表贵贱,于是衮冕衣裳之制兴。

【纲】作器用。 【纪】帝命宁封为陶正,赤将为木正,以利器用。挥作弓,夷牟作矢,以威天下。

【纲】作舟车。 【纪】帝命共鼓、化狐刳木为舟,剡木为楫,以济不通;邑夷法斗之周旋,作大辂以行四方,由是车制备。服牛乘马,引重致远,而天下利矣。

一个宝鼎。鬼臾蒚说:"这就是说已经把握上天运转的规律,可以周而复始地循环了。"黄帝便对着太阳推算历数,制造十六神历,把数年余下的天数加起来设置闰月,将每年用天干、地支配置起来确定蔀法,于是时辰都理顺了。

【纲】黄帝命隶首制定算法。　【纪】黄帝命隶首制定算法,用以算剩余物品,记会计簿书,于是运算规则和度、量、衡都成功地制订出来。

【纲】黄帝命伶伦制定律吕。　【纪】黄帝命伶伦采取嶰谿(今甘肃酒泉南祁连山)山谷中的竹子,选用中空而厚薄均匀的竹管,截取两节之间的一段,吹奏起来,于是先确定了音律中黄钟的宫调。他又制做十二根竹管来模仿凤凰的叫声,因而将十二种音律区别开来,其中模仿雄凤叫声的有六种,模仿雌凤叫声的也有六种,拿这些音调与黄钟的宫调相比,便生出六律、六吕。根据相应的气候,来确定宫、商、角、徵、羽五声,疏理阴阳之气,调节四季变化,推算律历数据,发现万物消长的道理,用设置闰月的方法来处理每年的剩余时间。

【纲】黄帝命荣猨制作十二钟。　【纪】黄帝命荣猨铸成十二钟,配合月管,调和五音,确立天时,端正人位。

【纲】黄帝命大容作成名为《咸池》的乐曲。　【纪】黄帝命大容作成名为《承云》的乐曲,这就是《云门》和《大卷》,又称为《咸池》。

【纲】黄帝制作冕旒,确定衣裳的式样。　【纪】黄帝制作冕,前面垂着穿挂玉珠的丝绳,两侧用丝绵塞着两耳。黄帝制作黑色的上衣、黄色的下裳,用来象征天地的纯正颜色。他还观察雉的羽毛、草木的花朵,给衣裳染上五彩,画上花纹,用来表示身份贵贱不同。从此,礼服、礼帽和衣裳的规制产生了。

【纲】黄帝制作器皿用具。　【纪】黄帝命宁封为陶正,赤将为木正,以便利器具的使用。挥制作弓,夷牟制作箭,用以威慑天下。

【纲】黄帝制作舟车。　【纪】黄帝命共鼓、化狐挖空树木,做成船,削砍树木,做成桨,用来渡河。邑夷仿效北斗星的旋转,制作大辂,以走遍四方。从此,车辆的制度具备了。人们用牛来牵引重物,骑马来抵达远方,天下人都感到便利。

【纲】作合宫。　【纪】帝广宫室之制,遂作合宫,祀上帝,接万灵,布政教焉。

【纲】作货币。　【纪】范金为货,制金刀,立五币,以制国用,而货币行矣。

【纲】作内经。　【纪】帝以人之生也,负阴而抱阳,食味而被色,寒暑荡之于外,喜怒攻之于内,夭昏凶札,君民代有。乃上穷下际,察五气,立五运,洞性命,纪阴阳,咨于岐伯,而作内经。复命俞跗、岐伯、雷公察明堂,究脉息,巫彭、桐君处方饵,而人得以尽年。

【纲】命元妃西陵氏教民蚕。　【纪】西陵氏之女嫘祖为帝元妃,始教民育蚕,治丝茧以供衣服,而天下无皴瘃之患,后世祀为先蚕。

【纲】画野分州,经土设井。　【纪】帝画野分州,得百里之国万区。命匠营国邑,置左右太监监于万国,万国以和。遂经土设井以塞争端,立步制亩以防不足。使八家为井,井开四道,而分八宅。井一为邻,邻三为朋,朋三为里,里五为邑,邑十为都,都十为师,师十为州。分之于井而计于州,则地著而数详。

【纲】屈轶生于庭,凤凰巢于阁,麒麟游于囿。　【纪】有草生于庭,佞人入则指之,名曰屈轶。凤凰巢于阿阁,麒麟游于苑囿焉。

【纲】帝崩于荆山之阳,葬桥山。子玄嚣践位。　【纪】帝采首山之铜,铸三鼎于荆山之阳。鼎成,崩焉;其臣左彻取衣、冠、几、杖而庙祀之。

【纲】黄帝建造合宫。　【纪】黄帝扩大宫室的规模,于是建造合宫,以祭祀上帝,迎接神灵,传播政治教化。

【纲】黄帝制造货币。　【纪】黄帝用模子铸造铜币,制成刀形钱币,还确立了五种货币,用来节制国家用度,于是货币流行起来。

【纲】黄帝撰写《内经》。　【纪】黄帝认为人活在世上,承受着阴阳二气的交互作用,吃各种味道的食品,与女人一起生活,寒暑侵袭人们的外部,喜怒冲击人们的内部,致使过早夭折,无论君民,代代都有。于是,黄帝上下探索,考查温、凉、寒、燥、湿五气,确立甲己土、乙庚金、丙辛木、丁壬水、戊癸火五运,洞察性命,综理阴阳,与岐伯商量,撰成《内经》一书。黄帝还命俞跗、岐伯、雷公考察穴位,研究脉象,巫咸、桐君调制药饵,从而使人们得尽天年。

【纲】黄帝命正妃西陵氏教人民养蚕。　【纪】西陵氏的女子嫘祖是黄帝的正妃,由她开始教人民养蚕,用蚕茧缫丝,用来制做衣服,从而使天下人没有生冻疮的疾患,后世奉祀她为最先教人民养蚕的女神。

【纲】黄帝划分领土,为田地区分疆界,设立井田。　【纪】黄帝划分领土,分为一万个百里方圆的邦国。黄帝命工匠营建国都,设置左右太监,监督万国,使万国和睦相处。于是黄帝为田地区分疆界,设立井田,以便杜绝争端,以步为丈量单位丈量田地,以防止田地的亩数不足。规定每八家组成一井,一井的田地中开通四条道路,从而分成八家。一井叫做一邻,三邻组成一朋,三朋组成一里,五里组成一邑,十邑组成一都,十都组成一师,十师组成一州。把人们分配到井田中,而以州为单位加以计算,人们都牢牢附着在土地上,因而计算户口的数目详明可据。

【纲】屈轶在庭中生出,凤凰在阁上筑巢,麒麟在园中游走。【纪】有一种草在庭中生出,奸佞之人一进来,草就指向他,这种草名叫屈轶。凤凰在楼阁上筑巢,麒麟在园林中漫步。

【纲】黄帝在荆山(今河南灵宝西,文乡镇南)南面去世,安葬在桥山(今陕西黄陵西北),其子玄嚣即位。　【纪】黄帝采来首阳山(今山西永济南)的青铜,在荆山南麓铸造三个大鼎。大鼎铸成后,黄帝去世,他的臣属左彻把他的衣服、冠冕、几案、手杖放在庙里祭祀。

少昊金天氏

【纲】少昊金天氏,以金德王。 【纪】名挚,姓己,黄帝之子玄嚣也。母曰嫘祖,感大星如虹下临华渚之祥而生帝。黄帝之世降居江水,邑于穷桑,故号穷桑氏。国于青阳,因号青阳氏。以金德王天下,遂号金天氏。能修太昊之法,故曰少昊。

【纲】徙都于曲阜。

【纲】凤鸟来集,以鸟纪官。 【纪】少昊之立也,凤鸟适至,因以鸟纪官。凤鸟氏,历正也;玄鸟氏,司分者也;伯赵氏,司至者也;青鸟氏,司启者也;丹鸟氏,司闭者也;祝鸠氏,司徒也;雎鸠氏,司马也;鸤鸠氏,司空也;爽鸠氏,司寇也;鹘鸠氏,司事也。五鸠,鸠民者也。五雉,为九工正,利器用,正度量,夷民者也。九扈,为九农正,扈民无淫者也。

【纲】作大渊之乐。 【纪】时诸福之物毕至,作大渊之乐以谐人神,和上下,是曰九渊。

【纲】帝崩,葬于曲阜,高阳氏践位。 【纪】葬于云阳,故又曰云阳氏。

颛顼高阳氏

【纲】颛顼高阳氏以水德王,色尚赤。 【纪】帝姬姓,祖黄帝,父昌意。初,昌意娶蜀山氏女曰昌仆,是为女枢,感瑶光贯月之祥生帝于若水。年十岁佐少昊,年二十即帝位,以水德绍金天氏政。初国高阳,故号高阳氏。

少昊金天氏

【纲】少昊金天氏依据金德治理天下。 【纪】少昊的名字叫挚,姓己,就是黄帝的儿子玄嚣。少昊的母亲名叫嫘祖,她看到一颗彩虹般降落到华渚上的大星,身有所感,便生了少昊。黄帝在位时期,少昊居住在名叫江水的地方,在穷桑(今山东曲阜东北)建立都邑,所以少昊号称穷桑氏。少昊在青阳(今安徽青阳)建国,因此少昊又号称青阳氏。少昊依据金德治理天下,于是号称金天氏。少昊能遵行太昊的法度,所以被称作少昊。

【纲】少昊将都城迁移到曲阜。

【纲】有凤凰飞来,所以少昊以鸟为官职命名。 【纪】少昊即位时,恰巧有凤凰飞来,因此以鸟为官职命名。凤鸟氏是掌管历法的官,玄鸟氏是掌管春分、秋分的官,伯赵氏是掌管夏至、冬至的官,青鸟氏是掌管打开门户的官,丹鸟氏是掌管关闭门户的官,祝鸠氏是司徒,雎鸠氏是司马,鸤鸠氏是司空,爽鸠氏是司寇,鹘鸠氏是司事。五鸠是负责治理民众的官。五雉担任九工正,负责便利人们器具的使用,使度量衡准确无误,是使人民公平相处的官。九扈担任九农正,是制止人民荒废本业的官。

【纲】少昊制作了名叫《大渊》的乐曲。 【纪】当时,各种吉祥之物纷纷出现,少昊制作名叫《大渊》的音乐,用来使人神和谐,上下和睦,这部音乐又叫做《九渊》。

【纲】少昊去世,安葬在曲阜,高阳氏即位。 【纪】少昊安葬在曲阜的云阳山(今山东曲阜西北),所以少昊又称云阳氏。

颛顼高阳氏

【纲】颛顼高阳氏依据水德治理天下,崇尚赤色。 【纪】颛顼姓姬,祖父黄帝,父亲昌意。起初,昌意娶了蜀山氏的女子,名叫昌仆,她就是女枢。女枢看到美玉似的光辉穿过明月的吉兆,身有所感,在若水(今雅砻江,在四川荥经)生下颛顼。颛顼十岁时就辅佐少昊,二十岁时即位称帝,依据水德,承继少昊金天氏的国政。颛顼起初在高阳(今河南杞县)立国,所以又号称高阳氏。

【纲】都于帝丘。

【纲】命五官。　【纪】以少昊之四子重、该、修、熙实能金、木及水,乃俾重为木正,曰句芒;该为金正,曰蓐收;修、熙相代为水正,曰玄冥;又以炎帝之子句龙为土正;而帝之孙黎为火正,曰祝融:是为五官。

【纲】改作历象,以建寅月为历元。　【纪】帝制历,以孟春为元。是岁正月朔旦立春,五星会于天,历营室,冰冻始泮,蛰虫始发,鸡始三号,鸟兽万物,莫不应和,故帝为历宗。

【纲】作承云之乐。　【纪】帝命飞龙氏会八风之音,为圭水之曲。以召气而生物,浮金效珍,于是铸为之钟,作五基、六英之乐以调阴阳,享上帝,朝群后,名曰承云。

【纲】帝崩,葬于濮阳,高辛氏践位。

帝喾高辛氏

【纲】帝喾高辛氏,以木德王,色尚黑。　【纪】帝姬姓,名夋。祖曰少昊,父曰蟜极。生而神灵。年十五,佐颛帝,受封于辛。年三十,以木德代高阳氏为天子。以其肇基于辛,故号高辛氏。

【纲】都于亳。

【纲】作六英之乐。　【纪】帝命咸黑典乐,为声歌,名曰六英。

【纲】帝崩,葬于顿丘,子挚践位。　【纪】帝普施利物,不私其身。聪以知远,明以察微。顺天之义,知民之急。仁而威,惠而信,修身而天下服。其色郁郁,其德巍巍。其动也时,其服也士。帝既执中而遍天下,日月所照,风雨所至,莫不服从。帝元妃有邰氏女曰姜嫄,与帝禋祀上帝而生弃,为舜后稷,其后为周。次妃有娀氏女曰简

【纲】颛顼在帝丘（今河南濮阳西南）建都。

【纲】颛顼任命五官。　【纪】因为少昊的四个儿子重、该、修、熙确实能掌握金、木、水的属性，颛顼便让重担任木正，称作句芒；该担任金正，称作蓐收；修和熙交替担任水正，称作玄冥；颛顼又任命炎帝的儿子句龙为土正；炎帝的孙子黎担任火正，称作祝融：这就是五官。

【纲】颛顼改作历法，以寅月即正月为一年的开端。　【纪】颛顼制定历法，以春季第一月为开端。这一年正月一日早晨立春，五星在天空中交会，经过室宿，冰冻开始消融，蛰伏的昆虫开始活动，雄鸡开始鸣叫三遍，鸟兽万物无不应和，所以颛顼成为历法之宗。

【纲】颛顼制作了名叫《承云》的音乐。　【纪】颛顼命飞龙氏会集八方之风发出的声音，制作《圭水之曲》，用来感召天地之气，生发万物，使水中生金，山生珍果。于是颛顼铸成大钟，制作了名叫《五基》和《六英》的乐章，用来调和阴阳，祭祀上帝，接受诸侯的朝见，这些乐章便叫《承云》。

【纲】颛顼去世，安葬在濮阳（今河南濮阳南）。高辛氏即位。

帝喾高辛氏

【纲】帝喾高辛氏依据木德治理天下，崇尚黑色。　【纪】帝喾姓姬，名字叫夋，祖父为少昊，父亲名叫蟜极。帝喾生下来便神奇灵异，十五岁就辅佐颛顼，被封在辛地。帝喾三十岁时依据木德继颛顼高阳氏当了天子，由于他的基业发祥于辛，所以帝喾号称高辛氏。

【纲】帝喾在亳地（今河南偃师西新蔡镇）建都。

【纲】帝喾制作了名叫《六英》的乐章。　【纪】帝喾命咸黑主管音乐，制作声歌，名叫《六英》。

【纲】帝喾去世，安葬在顿丘（今河南浚县西），其子帝挚即位。【纪】帝喾普施恩泽，便利人民，从不谋求个人私利。他的听力无远弗届，视力洞察秋毫。他顺从上天的意志，了解人民急需解决的问题。他仁厚威严，加惠于人，讲究信用，修养身心，使天下人心悦诚服。他的容貌庄严肃穆，德行高不可攀。他的举动顺应天时，穿着与普通士民一样的衣服。他办事公平，天下奉行，在日月照临、风雨所及的地方，没有人

狄，祈于高禖，有飞燕之祥而生契，为舜司徒，其后为商。三妃陈锋氏女曰庆都，有赤龙之祥而生尧，是为陶唐氏。四妃娵訾氏女曰常仪，生挚。帝崩，子挚嗣立。

【纲】帝挚尸位九年而废，诸侯尊弟放勋践位。 【纪】挚在位九年，荒淫无度，不修善政，诸侯于是废之，而推尊尧为天子。

帝尧陶唐氏

【纲】甲辰，唐帝尧元载，帝自唐侯践天子位于平阳，以火德王。 【纪】帝姓伊耆，名放勋，帝喾高辛氏之子，帝挚之弟，黄帝轩辕氏之曾孙也。帝母陈锋氏女，曰庆都，为高辛氏妃，感赤龙之祥，孕十有四月而生尧于丹陵，育于母家伊侯之国，后徙耆，故曰伊耆氏。年十有三佐帝挚封植，受封于陶；年十有五复封于唐，为唐侯，故又号陶唐氏。挚在位九年，天人厌弃，诸侯尊帝为天子。年十有六，践天子之位于平阳。以火德王，以建寅之月为岁首。

【纲】命羲、和作历象，以授民时。

【纲】乙巳，二载，命羲、和置闰法，定四时成岁。

【纲】戊申，五载，南夷越裳氏来朝，献大龟。 【纪】南夷有越裳氏，重译来朝，献神龟，盖千岁，方三尺余，背有科斗文，记开辟以来。尧命录之，谓之龟历。尧之庭有草生焉，曰蓂荚。十五之前日生一叶，十五之后日落一叶，小余则一叶厌而不落，观之可以知旬

不服从他的命令。帝喾的正妃是有邰氏的女子，名叫姜嫄。她与帝喾诚心祭祀上帝，于是生了弃，弃成为帝舜在位时期的后稷，他的后人建立了周朝。次妃是有娀氏的女子，名叫简狄，她在高禖祈祷求子，出现燕子飞来的吉兆，于是生了契，契成为帝舜的司徒，他的后人建立了商朝。三妃是陈锋氏的女子，名叫庆都，她遇到赤龙出现的吉兆，于是生了尧，这就是陶唐氏。四妃是娵訾氏的女子，名叫常仪，生了帝挚。帝喾去世，其子帝挚继位。

【纲】帝挚在位九年，因不理政务而被废黜，诸侯尊奉他的弟弟放勋即位。　【纪】帝挚在位九年，荒淫无度，不肯修明善政，诸侯因此将他废黜，而尊奉尧为天子。

帝尧陶唐氏

【纲】唐帝尧元载（甲辰，前1357），尧由唐侯在平阳（今山西临汾）登上天子之位，依据火德治理天下。　【纪】帝尧姓伊耆，名放勋，是帝喾高辛氏的儿子，帝挚的弟弟，黄帝轩辕氏的曾孙。帝尧的母亲是陈锋氏的女子，名叫庆都，是帝喾的配偶，因遇到赤龙出现的吉兆，身有所感，怀孕十四个月，然后在丹陵生下帝尧，把他养育在母家伊侯的邦国中，后来迁徙到耆地（今山西太谷西南），所以帝尧号称伊耆氏。帝尧十三岁就辅佐帝挚修治封疆，种植谷物，后来被封到陶地（今山东菏泽西南），十五岁时又被封到唐地（今河北唐县北），成为唐侯，所以帝尧又号称陶唐氏。帝挚在位九年，天厌人弃，诸侯尊奉帝尧为天子。十六岁时，帝尧在平阳登上天子之位，依据火德治理天下，以正月为一年的开端。

【纲】帝尧命羲氏、和氏制定历书和测天仪器，用来记录天时，向人民颁布。

【纲】二载（乙巳，前2356），帝尧命羲氏、和氏创立置闰的方法，确定由四季组成一年。

【纲】五载（戊申，前2353），南夷越裳氏前来朝见，进献大龟。【纪】南夷越裳氏经过辗转翻译，前来朝见，进献神龟。神龟约有一千岁，方圆三尺有余，背上写着蝌蚪文字，记述世界初创以来的事迹。帝尧命人抄录其文，把它叫做《龟历》。帝尧的庭院中生出一种草，叫做蓂

朔，故又名历草。

【纲】庚戌，七载，麒麟游于郊薮，凤凰巢于阿阁。

【纲】乙卯，十有二载，巡狩方岳。

【纲】癸巳，五十载，游于康衢，观于华。 【纪】帝治天下五十载，游于康衢，儿童歌曰："立我烝民，莫匪尔极，不识不知，顺帝之则。"有老人击壤而歌于路曰："日出而作，日入而息，凿井而饮，耕田而食，帝力何有于我哉！"观于华，华封人祝曰："使圣人富、寿、多男子。"帝曰："辞，多男子则多惧，富则多事，寿则多辱。"封人曰："天生万民，必授之职。多男子而授之职，何惧之有？富而使人分之，何事之有？天下有道，与物皆昌；天下无道，修德就闲。千岁厌世，去而上仙，乘彼白云，至于帝乡，何辱之有？"

【纲】癸卯，六十载，虞舜以孝闻。 【纪】舜母死，瞽瞍更娶妻而生象，象傲。瞽瞍爱妻后子，常欲杀舜，舜避逃。及有小过，则受罪。顺适不失子道，孝而慈于弟，日以笃谨。年二十，以孝闻。耕历山，历山之人皆让畔。渔雷泽，雷泽之人皆让居。陶河滨，河滨之器不苦窳。作什器于寿丘，就时于负夏。所居一年成聚，二年成邑，三年成都。

【纲】甲辰，六十有一载，洪水为患，咨四岳，举鲧，命为司空，

荚。在前十五天,蓂荚每天生出一片叶子;在后十五天,蓂荚每天落下一片叶子;如果一天已尽但还剩下一些时间,便有一片叶子只枯萎而不凋落。观察蓂荚可以知道日期,所以蓂荚又叫历草。

【纲】七载(庚戌,前2351),麒麟在郊野的草泽中闲游,凤凰在楼阁筑巢栖息。

【纲】十二载(乙卯,前2346),帝尧巡视四方山岳。

【纲】五十载(癸巳,前2308),帝尧在四通八达的大路上巡游,并前去观赏华山。 【纪】帝尧治理天下五十年时,到四通八达的大路上巡行,有一个儿童歌唱道:"使我们百姓能够好好生活,无非都以你为准则。百姓不知不觉,遵循上帝的法则。"有一位老人一边敲着土块,一边在路旁歌唱道:"日出去劳动,日落来休息,打井取水喝,种地打粮吃,帝王的作用与我有什么关系!"帝尧在华山游览,华山管理封疆的官员祈祷说:"请让圣人富足长寿,多得男子。"帝尧说:"算了,多得男子会使人多受恐惧,富足会使人多事,长寿会使人多遭侮辱。"管理封疆的官员说:"上天降生万民,总要授给人们一定的职务。多得男子,并授给他们一定的职务,有什么恐惧可言?富足后,让人们去分享,有什么多事可言?天下有道,自己与万物一起昌盛;天下无道,自己抽身引退,修养德行。活到一千岁,厌弃人世时,去当上天的神仙,乘着白云,飞往上帝居住的地方,这有什么受辱可言?"

【纲】六十载(癸卯,前2298),虞舜以孝敬父母闻名。 【纪】舜的母亲死去后,父亲瞽叟再娶配偶,生了一个儿子叫象,象为人轻狂傲慢。瞽叟偏爱后妻生的儿子,经常打算把舜杀死,舜都逃避过去了。舜犯了小错,就接受惩罚。他恭顺父母,不失人子之道,对父母孝顺,对弟弟慈爱,而且态度愈来愈诚恳谨慎。二十岁时,舜以孝顺父母闻名。舜在历山(在今山西芮城西北,即中条山)种地,历山的人们都互让田界。舜在雷泽(在今山西芮城北)打鱼,雷泽的人们都互让住处。舜在黄河岸边制作陶器,那里没有出产过粗劣的陶器。舜在寿丘(今山东曲阜东)做过日用器具,在负夏(今山东曲阜)做过买卖。在他所居住的地方,一年内成了村落,两年内成了集镇,三年内成了都市。

【纲】六十一载(甲辰,前2297),洪水成灾,帝尧向四岳征求用人

俾乂。

【纲】壬子，六十有九载，鲧治水，绩用弗成。

【纲】癸丑，七十载，征虞舜登庸，二女嫔于虞。　【纪】尧之子丹朱不肖，乃求贤自代，访诸四岳，岳曰："有鳏民曰虞舜，瞽瞍之子。父顽，母嚚，弟傲，舜以孝道谐其家，使不至于恶。"帝曰："我其试哉。"乃召用，命以位，以二女妻舜。

【纲】帝试舜以事。　【纪】尧将逊位于舜，先试之以事，以观其才德。乃使之慎徽五典，五典克从；纳于百揆，百揆时叙；宾于四门，四门穆穆；纳于大麓，烈风雷雨弗迷。

【纲】舜举十六族。　【纪】高阳氏有才子八人，曰苍舒、隤敳、梼戭、大临、龙降、庭坚、仲容、叔达，天下谓之"八恺"。高辛氏有才子八人，曰伯奋、仲堪、叔献、季仲、伯虎、仲熊、叔豹、季狸，天下谓之"八元"。此十六族也，世济其美，不陨其名。舜举"八恺"，使主后土，以揆百事；举"八元"，使布五教于四方。

【纲】甲寅，七十有一载，舜流四凶族。　【纪】帝鸿氏有不才子，号曰浑沌；少昊氏有不才子，号曰穷奇；颛顼氏有不才子，号曰梼杌；缙云氏有不才子，号曰饕餮：天下谓之"四凶"。舜皆投之四裔。

【纲】乙卯，七十有二载，舜使禹平水土，益掌火，弃教民播种，契为司徒，敷五教。

【纲】丙辰，七十有三载，春正月，帝荐舜于天。舜受终于文祖。

【纲】己未，七十有六载，制五刑。

意见，四岳推荐了鲧。帝尧任命鲧为司空，派他去治理洪水。

【纲】六十九载（壬子，前2289），鲧治理洪水，没有取得成效。

【纲】七十载（癸丑，前2288），帝尧征召起用虞舜，还把两个女儿嫁给他。　【纪】帝尧的儿子丹朱很不成器，便寻求贤人代替自己。帝尧去访问四岳，四岳说："有一个单身汉名叫虞舜，是瞽叟的儿子。父亲顽劣失德，母亲谗口伤人，弟弟轻狂傲慢。虞舜却遵循孝道，谐调全家，使他们不至于去干坏事。"帝尧说："让我考验他一番吧。"于是征召任用虞舜，任命他担当官职，把两个女儿嫁给他。

【纲】帝尧以各种事务来考验虞舜。　【纪】帝尧准备让位给虞舜，预先以各种事务来考验他，以便观察他的才能和品德。帝尧便让他慎重地推行五教，人们都遵循五教办事；让他总辖百官，百官都能及时选任；让他在四门主持接待宾客，四门的事情办得庄重而又和睦；让他视察山林，暴风雷雨不能使他迷失方向。

【纲】虞舜推举十六氏族。　【纪】高阳氏出了八个贤能多才的后人，他们是："苍舒、隤凯、梼戬、大临、尨降、庭坚、仲容、叔达，天下人把他们称作"八恺"。高辛氏出了八个贤能有才的后人，他们是伯奋、仲堪、叔献、季仲、伯虎、仲熊、叔豹、季狸，天下人把他们称作"八元"。这十六个氏族世代保持美德，从不损害祖先的名声。虞舜推举"八恺"主持农田，料理各项事务，又推举"八元"到各地传播五教。

【纲】七十一载（甲寅，前2287），虞舜流放"四凶"氏族。　【纪】帝鸿氏出了一个不成器的后人，号称浑沌；少昊氏出了一个不成器的后人，号称穷奇；颛顼氏出了一个不成器的后人，号称梼杌；缙云氏出了一个不成器的后人，号称饕餮：天下人把他们称作"四凶"。虞舜将他们流放到四方边远地区。

【纲】七十二载（乙卯，前2286），虞舜让禹治理水土，益掌管火种，弃教人民种地，契担任司徒，传播五教。

【纲】七十三载（丙辰，前2285），春正月，帝尧向上天推荐虞舜，虞舜在文祖庙接受了帝位。（文祖，传为帝尧始祖。）

【纲】七十六载（己未，前2282），制定五刑。（五刑：墨、劓、剕、宫、大辟。）

【纲】庚申,七十有七载,作大章乐。

【纲】辛酉,七十有八载,舜巡狩方岳。

【纲】神龟负文出于洛。

【纲】癸亥,八十载,禹治水成功,因定九州贡赋,秉玄圭入觐告成。

【纲】甲子,八十有一载,肇十有二州,封十有二山,浚川。

【纲】癸未,一百载,帝崩于阳城。 【纪】帝之为君也,其仁如天,其智如神,就之如日,望之如云,富而不骄,贵而不舒。黄收纯衣,彤车白马,茅茨不剪,朴桷不断,素题不斫,大路不画,越席不缘,太羹不和,粢食不毇。藜藿之羹,饭于土簋,饮于土铏。金银珠玉不饰,锦绣文绮不展,奇怪异物不视,玩好之器不宝,淫泆之乐不听,宫垣室屋不垩色。布衣掩形,鹿裘御寒,衣履不敝尽不更为也。

【纲】乙酉,一百有二载,舜避尧之子居于南河之南,天下不归尧之子而归舜,舜于是践天子位。

帝舜有虞氏

【纲】丙戌,虞帝舜元载,春正月元日,帝格于文祖,践天子位于蒲阪,以土德王。 【纪】帝姚姓,名重华,瞽瞍之子。帝尧登庸而禅以帝位,摄政二十有八载。尧崩,丧毕,始践天子之位于蒲阪。以土德王,仍以建寅之月为岁首。

【纲】七十七载（庚申，前2281），创制《大章》乐曲。

【纲】七十八载（辛酉，前2280），虞舜巡视四方山岳。

【纲】神龟背负文辞出现在洛水（今洛河）。

【纲】八十载（癸亥，前2278），禹治理洪水成功，于是制定了九州（九州：荆州、梁州、雍州、豫州、徐州、扬州、青州、兖州、冀州）贡赋，手拿玄圭，入朝觐见，报告成功。

【纲】八十一载（甲子，前2277），虞舜开始设置十二州（十二州：由九州中的冀州分出幽州和并州，由青州分出营州），封祭十二山，并疏浚河道。

【纲】一百载（癸未，前2258），帝尧在阳城（在今河南登封东南）去世。　【纪】帝尧作为一位君主，仁爱如天，智慧如神。接近他就如接近阳光，仰望他就像仰望流云。他富有，但不骄傲；尊贵，但不傲慢。他戴着黄色的帽子，穿着深黄色的衣服，乘坐白马拉着的朱红色车子，屋上的茅草不加修剪，原木橼子不加砍削修整，橼头连接处不加方木，祭天时用的大车不施采绘，草席的边缘没有装饰。他喝的肉汤没有佐料，吃的黍米饭未经去壳，平时喝野菜汤，用土簋盛饭，用土铏盛汤。他不用金银珠玉的装饰，不穿锦缎刺绣的衣服，不看怪异之物，不珍爱玩好器物，不听放荡的音乐，宫室、墙垣、居室、房屋都不涂白垩。他穿布衣是为了遮盖形体，穿鹿皮衣是为了御寒。他的衣服和鞋子不穿破了，就不换新的。

【纲】一百零二载（乙酉，前2256），虞舜让位给帝尧的儿子丹朱，自己避退到南河南岸居住，但天下诸侯不肯归依帝尧的儿子丹朱，反而归依虞舜，于是虞舜登上天子之位。

帝舜有虞氏

【纲】虞帝舜元载（丙戌，前2255），春正月一日，帝舜前去祭告文祖，在蒲阪（在今山西永济县蒲州镇）登上天子之位，依据土德治理天下。　【纪】帝舜姓姚，名重华，是瞽叟的儿子。帝尧举用了他，并将帝位禅让给他，他摄理政事共有二十八年。帝尧去世，办理丧事完毕，帝舜才在蒲阪登上天子之位。他依据土德治理天下，仍然以正月为一年的开端。

【纲】在璇玑玉衡,以齐七政。

【纲】命九官。 【纪】禹为司空,弃为后稷,契为司徒,皋陶为士,垂为共工,益为虞,伯夷为秩宗,后夔典乐,龙作纳言,是所谓九官也。

【纲】封朱于丹,以奉先祀。

【纲】帝朝于瞽瞍,封弟象于有庳。

【纲】禹、皋陶、益、稷相与陈谟。

【纲】巡狩四岳八伯。

【纲】丁亥,二载,求贤才,纳谏,立诽谤木。 【纪】帝广视听,求贤才以自辅。欲纳谏,以闻其失。立诽谤之木,使天下得攻其过。置敢谏之鼓,使天下得尽其言。

【纲】造五弦琴。 【纪】帝弹五弦之琴,歌南风之诗曰:"南风之薰兮,可以解吾民之愠兮。南风之时兮,可以阜吾民之财兮。"

【纲】戊子,三载,考绩。

【纲】庚寅,五载,作《箾韶》乐九成,凤凰来仪。 【纪】帝以夔为乐正,命夔为二十三弦之瑟。夔修九招、六列、六英以明帝德,正六律,和五音,以通八风。重、黎欲益求人,帝曰:"一夔足矣。"

【纲】甲午,九载,三考,黜陟幽明。

【纲】己亥,十有四载,帝庸作歌。 【纪】时景星出,卿云兴,百工相和而歌。帝乃歌之曰:"卿云烂兮,纠缦缦兮,日月光华,旦复旦兮。"八伯咸进稽首曰:"明明上天,烂烂星陈,日月光华,弘于一人。"

【纲】丁巳,三十有二载,帝命禹摄政总师。

【纲】帝舜通过观察名叫璇玑、玉衡的天体观测仪器，来整饬七政。（七政：一说指日、月和金、木、水、火、土五星。又一说指春、秋、冬、夏、天文、地理、人道。）

【纲】帝舜设置九官。　【纪】禹为司空，弃为后稷，契为司徒，皋陶为士，垂为共工，益为虞，伯夷为秩宗，后夔典乐，龙为纳言，这就是所谓的九官。

【纲】帝舜将朱封在丹地（今丹江，源出陕西商县），以奉先人的祭祀。

【纲】帝舜去看望瞽叟，将弟弟象封在有庳（在今湖南道县北）

【纲】禹、皋陶、益、稷一起陈述治国谋略。

【纲】帝舜巡视四岳、八伯。

【纲】二载（丁亥，前2254），帝舜寻求贤才，听取谏诤，树起诽谤木。　【纪】帝舜拓广视听，寻求贤才来辅佐自己。他要听取谏诤，以便了解自己的过失。他树起诽谤木，让天下人指出他的过错；设置进谏的大鼓，使天下人能够尽情说出自己的意见。

【纲】帝舜创造五弦琴。　【纪】帝舜弹起五弦琴，唱起《南风》诗，诗云："南风和煦，可以解除我民的恼怒；南风及时，可以增加我民的财富！"

【纲】三载（戊子，前2253），帝舜考核官吏的成绩。

【纲】五载（庚寅，前2251），帝舜制作《箫韶》乐九曲，于是凤凰飞来。　【纪】帝舜让夔担任乐正，命他制成二十三弦的瑟。夔制作《九招》《六列》《六英》来阐扬帝舜的德行，订定六律，调节五音来贯通八方之风。重、黎想多搜求一些人才，帝舜说："一个夔就够了。"

【纲】九载（甲午，前2247），帝舜第三次考核官吏成绩，提拔贤人，贬黜庸才。

【纲】十四载（己亥，前2242），帝舜乃作歌词。　【纪】当时，瑞星出现，祥云升起，百官互相应和着唱起歌来。于是帝舜作歌唱道："祥云灿烂啊，缭绕回旋；日月光明啊，一天又一天！"八伯一齐上前叩头说："明亮的上天，灿烂的星辰，日月的光华，都在你一人身上光大！"

【纲】三十二载（丁巳，前2224），帝舜命禹摄理政务，统辖部众。

【纲】戊午,三十有三载,春正月朔旦,禹受命于神宗,率百官,若帝之初。

【纲】帝命禹叙《洪范》九畴。

【纲】复九州。

【纲】庚申,三十有五载,命禹征有苗。 【纪】时有苗弗率,帝命禹徂征。三旬,苗民逆命,禹班师。帝乃诞敷文德,舞干、羽于两阶,七旬有苗格。

【纲】癸酉,四十有八载,帝南巡狩,崩于苍梧之野。

【纲】乙卯,五十载,禹避舜之子,居于阳城。天下不归舜之子而归禹,禹于是践天子位。

【纲】三十三载（戊午，前2223），春正月一日早晨，禹在神宗帝尧庙接受帝位，统领百官，就像帝舜当初做的那样。

【纲】帝舜命禹叙次《洪范》一文，规定了九畴这九类治理天下的根本大法。

【纲】帝舜恢复九州建置。

【纲】三十五载（庚申，前2221），帝舜命禹征伐三苗。【纪】当时三苗不遵循教令，帝舜命禹前去征讨。过了三十天，三苗百姓仍然违抗命令，禹便将军队撤还。于是帝舜广泛传布文明德教，让人们拿着盾牌和羽毛做成的舞具，在宾主两面的台阶上跳舞。过了七十天，三苗前来归顺。

【纲】四十八载（癸酉，前2208），帝舜巡视南方，在苍梧山（即九嶷山，在今湖南宁远东南）下的原野上去世。

【纲】五十载（乙卯，前2206），禹把帝位让给帝舜的儿子，自己避居阳城。天下人不归依帝舜的儿子，却都归依了禹，于是禹登上天子之位。

夏纪

大禹

【纲】丙子,夏后禹元岁,春正月,禹践天子之位于韩。以金德王,仍以寅月为岁首,改"载"曰"岁"。 【纪】帝姒姓,名文命,崇伯鲧之子,黄帝轩辕氏之玄孙也。母有莘氏女,曰修己,生禹。长九尺二寸。帝舜举禹,使续父业。居外八年,陆行乘车,水行乘船,泥行乘橇,山行乘樏。以开九州,通九道,陂九泽,度九山。至是受帝舜之禅,践天子之位于安邑,即韩国也。以金德王,仍有虞以建寅之月为岁首。色尚黑,牲用玄,以黑为徽号。

【纲】巡狩,会诸侯于涂山。 【纪】禹南巡狩,会诸侯于涂山,执玉帛者万国。

初,禹娶涂山氏女,名曰憍,生子启,辛、壬、癸、甲,启呱呱而泣,禹弗子,惟荒度土功。

【纲】作大夏乐。建旗、旐以辨等级。 【纪】禹命皋陶为夏籥九成,昭其成功也。

初,黄帝作车,少昊加牛,奚仲加马,禹命奚仲为车正,建旌旗、斿旐,以别尊卑等级。

悬钟、鼓、磬、铎、鞉,以待四方之士,曰:"导以道者击鼓,谕以义者击钟,告以事者振铎,启以忧者击磬,有狱讼者摇鞉。"常曰:"吾不恐四海之士留于道路,恐其留吾门也。"一馈而十起,一沐三

大禹

【纲】夏后大禹元岁（丙子，前2205），春正月，大禹在韩地登上天子之位。大禹依据金德治理天下，仍然以正月为岁首，把"载"改称为"岁"。　【纪】大禹姓姒，名叫文命，是崇伯鲧的儿子，黄帝轩辕氏的玄孙。大禹的母亲是有莘氏的女子，名叫修己，生了大禹。大禹身高九尺二寸。帝舜推荐大禹继续其父治理洪水的事业。大禹在外面奔走了八年，在陆地上乘车奔驰，在水面上乘船航行，在泥沼中乘橇穿行，在大山中穿带铁齿的鞋攀登，来开辟九州，疏通九州的道路，修筑九大湖泽的堤岸，凿通九大山脉。到这时，大禹接受帝舜的禅让，在安邑（今山西运城东北安邑镇）登上天子之位，安邑就是韩国。大禹依据金德治理天下，沿用帝舜有虞氏的历法，以正月为一年的开端。崇尚黑色，祭祀时用黑色的牲畜，旗帜徽号也采用黑色。

【纲】大禹外出巡视，在涂山（在今安徽怀远东南淮河东岸）会见诸侯。　【纪】大禹巡视南方，在涂山会见诸侯，手拿瑞玉和缣帛，表示归附的诸侯有一万国。

起初，大禹娶了涂山氏的女子，名字叫㛡。㛡生了一个儿子，名字叫启。大禹结婚才四天，就去治水，后来启生下来呱呱哭泣，可是大禹顾不上疼爱儿子，而是全力忙于治理水土的事情。

【纲】大禹制作《大夏》乐曲，又规定画有龟蛇的各种旗子，用以区别等级。　【纪】大禹命皋陶创作用籥演奏的《大夏》九曲，以显示取得的成就。

起初，黄帝发明了车，少昊发明用牛拉车，奚仲发明用马拉车。大禹命奚仲（此奚仲与发明用马拉车的奚仲为两个人。）担任车正，在车上竖起饰有羽毛，绘有熊、虎、龟、蛇的旗帜，用以区别等级尊卑。

大禹下令架起钟、鼓、磬、铎、鞀，用以接待各地人士。他说："以大道引导我的，可以擂鼓；以大义开导我的，可以鸣钟；向我报告事情的，可以鸣铎；向我开示忧患的，可以敲磬；有诉讼案件的，可以摇鞀。"

握发，以劳天下之民。

古有醴酪，禹时仪狄作酒，禹饮而甘之，遂疏仪狄，绝旨酒，曰："后世必有以酒亡其国者。"

是时天雨金三日。

【纲】丁丑，二岁，皋陶薨。帝荐益于天。

【纲】己卯，四岁，铸九鼎。　【纪】禹收九牧之金铸九鼎，象九州。

【纲】庚辰，五岁，巡狩。　【纪】禹出，见罪人，下车问而泣之。左右曰："罪人不顺道，君王何为痛之？"禹曰："尧、舜之人皆以尧、舜之心为心。寡人为君，百姓各自以其心为心，是以痛之。"

禹以历山之金铸币，赎民之无饘卖子者。

禹济江，黄龙负舟，舟中人惧。禹仰天叹曰："吾受命于天，竭力以劳万民。生，寄也；死，归也；予何忧于龙焉？视龙犹螾蜓！"须臾，龙俯首低尾而逝。

【纲】癸未，八岁，巡狩江南，会诸侯，戮防风氏。帝崩于会稽。　【纪】初，禹到大越，上茅山，大会计，爵有德，封有功，更名茅山曰会稽。会稽者，会计也。至是禹巡狩江南，致群臣于会稽之山，防风氏后至，禹杀而戮之。禹崩于会稽，因葬焉。

大禹经常说："我不怕四海人士在道路上停留，就怕他们在我门前停留。"大禹吃一顿饭要十次起身办事，洗一次头要三次握住头发办事，就这样为天下人民操劳。

古时候已经有了甜酒和奶酪。大禹在位时，仪狄发明了酒，大禹喝了酒，觉得甜美，便疏远仪狄，戒饮美酒，还说："后世一定会有因酒而亡国的。"

这时，天上一连三天下雨般地落下金属。

【纲】二岁（丁丑，前2204），皋陶去世，大禹向上天推荐益。

【纲】四岁（己卯，前2202），大禹铸造九鼎。 【纪】大禹向九州长官征收青铜，铸造九鼎，象征九州。

【纲】五岁（庚辰，前2201），大禹外出巡视。 【纪】大禹外出时，看见一个罪人。大禹走下车来，问了罪人的情况，便哭泣起来。身边的人问："罪人不肯遵循正道，君王为什么为他痛心？"大禹说："尧、舜时代的人民，都以尧、舜的想法为想法。寡人当了国君，百姓以各自的想法为想法，所以我感到痛心。"

大禹采集历山的青铜铸造货币，来赎取人们因没有饭吃而卖掉的子女。

大禹横渡长江，有一条黄龙背着船只行进，船中的人害怕起来。大禹仰天叹道："我受命于天，竭力为万民操劳。生是寄居，死是归宿，我为什么要担心黄龙翻船呢！我看这龙不过是一条蜥蜴！"一会儿，黄龙低下头，放下翘起的尾巴离去了。

【纲】八岁（癸未，前2198），大禹巡视江南，会见诸侯，杀死防风氏。大禹在会稽去世。 【纪】起初，大禹来到大越（今浙江绍兴），登上茅山（即会稽山，在今浙江绍兴东南），举行盛大的计功行赏大会，德行出众的诸侯受爵，建立功勋的诸侯受封。大禹把茅山改名为会稽，会稽就是"会计"的意思。到这时，大禹巡视江南，把群臣召集到会稽山。防风氏迟到了，大禹便将他杀死，并陈尸示众。大禹在会稽山去世，于是就地安葬。

帝启

【纲】甲申，夏后启元岁，诸侯奉嗣子践天子位。

【纲】乙酉，二岁，伯益归政就国。帝亲政，大飨于诸侯。【纪】伯益归政就国于箕山之阴，启亲政，乃即钧台以飨于诸侯。

【纲】丙戌，三岁，有扈氏大战于甘。　【纪】时有扈氏无道，威侮五行，怠弃三正，启召六卿征之，大战于甘。不胜，六卿请复之。启曰："今兹不胜，是吾德薄而教不善也。"于是班师，琴瑟不张，钟鼓弗考，不因席，不仍味，亲亲长长，尊贤委能，隐神期月，而有扈服，遂灭之。

【纲】壬辰，九岁，王崩，子太康践位。

太康

【纲】癸巳，夏太康元岁，王尸位，不修先王之政。

【纲】辛亥，十有九岁，王畋于洛表，羿拒于河。五弟御母以从，遂都阳夏。　【纪】太康畋猎于洛水之表，十旬弗归。有穷后羿，因民弗忍，拒之于河，不得归国。厥弟五人，御其母以从，徯于洛之汭。五子咸怨，述大禹之戒以作歌。太康既失国，不得归，遂都阳夏。

【纲】辛酉，二十九岁，王崩于阳夏，后羿立太康弟仲康。

帝启

【纲】夏帝启元岁（甲申，前2197），诸侯拥戴大禹的嗣子启登上天子之位。

【纲】二岁（乙酉，前2196），伯益交还政务，返回封国。启亲自主持政务，隆重地宴请诸侯。 【纪】伯益交还政务，返回箕山（在今河南登封东南）北麓的封国。启亲自主持政务，便在钧台（今河南禹县南）宴请诸侯。

【纲】三岁（丙戌，前2195），启与有扈（国名，在今陕西鄠县北）氏在甘地（在今陕西鄠县西南）大战。 【纪】当时，有扈氏无道，蔑视五行嬗变的规律，荒废正德、利用、厚生三大政事。启集召六卿去征讨有扈氏，双方在甘地大战，没有取胜，六卿请求再次出征。启说："这次出征不能取得胜利，是因为我德行还薄，政教不善啊。"便命令撤回军队。启不弹琴瑟，不击钟鼓，不坐多层的席子，不吃两种以上的菜肴，爱护亲人，孝敬长辈，尊重贤才，委任能人。启克制自己才满一个月，有扈氏服罪，于是启消灭了有扈氏。

【纲】九岁（壬辰，前2189），启去世，其子太康即位。

太康

【纲】夏太康元岁（癸巳，前2188），太康身居帝位，不理朝政，不遵循先王的善政。

【纲】十九岁（辛亥，前2170），太康在洛水南岸打猎，后羿在黄河边阻挡他返回。太康的五个弟弟侍奉母亲随他去打猎，于是，太康把阳夏（今河南太康）作为都城。 【纪】太康在洛水南岸打猎，一连一百天没有回去。有穷氏的后羿乘人民难以忍受下去的时机，在黄河边阻挡太康返回，太康无法回国。他的五个弟弟侍奉母亲随太康打猎，在洛水北岸等待太康。五位兄弟都埋怨太康，便陈述大禹的告诫，作了《五子之歌》。太康失国后，无法返回，便把阳夏作为都城。

【纲】二十九岁（辛酉，前2160），太康在阳夏去世，后羿立太康的弟弟仲康为国君。

仲康

【纲】壬戌，夏仲康元岁，命胤侯掌六师。

【纲】秋九月朔，辰弗集于房。

【纲】癸亥，二岁，命胤侯征羲和。 【纪】惟时羲和沉乱于酒，遐弃厥司，至于日食大变，尚罔闻知；王命胤侯往征之。

【纲】甲戌，十有三岁，王崩，子相践位。

帝相

【纲】乙亥，夏后相元岁，徙都商丘。 【纪】时权归后羿，相为羿所逐，居商丘，依同姓诸侯斟灌、斟鄩氏。

【纲】壬午，八岁，寒浞杀羿。 【纪】有穷后羿因夏民以代夏政。羿恃其善射，不修民事，淫于原兽。弃武罗、伯因、熊髡、尨圉，而用寒浞。浞行媚于内，施赂于外，娱羿于畋，外内咸叛。羿归自畋，家众杀而烹之。羿篡夏自立凡八岁，至是浞复杀羿而代之，不改有穷之号。浞因羿室，生浇及豷。

【纲】壬寅，二十有八岁，寒浞弑王于商丘。 【纪】浞使浇灭斟灌、斟鄩而弑帝相。后缗方娠，逃出自窦，归于有仍。夏遗臣靡奔有鬲氏。

仲康

【纲】夏仲康元岁(壬戌,前2159),命胤侯统率六军。

【纲】秋九月一日,太阳与月亮未在房宿会合,出现日食。

【纲】二岁(癸亥,前2158),仲康命胤侯征讨羲和。 【纪】由于羲和好酒贪杯,把主管的工作丢在一边,致使天象大变,出现日食,而羲和仍然不闻不问,仲康便命胤侯前去征讨他。

【纲】十三岁(甲戌,前2147),仲康去世,其子相即位。

帝相

【纲】夏帝相元岁(乙亥,前2146),把都城迁移到商丘(今河南商丘)。 【纪】当时,大权落在后羿手中,相被后羿赶走,便住在商丘,去投奔同姓诸侯斟灌氏和斟鄩氏。

【纲】八岁(壬午,前2139),寒浞杀死后羿。 【纪】有穷氏的国君后羿依靠夏朝百姓来取代夏朝政权。后羿仗着自己善于射箭,不致力处理人民的事情,而是毫无节制地到原野打猎。他抛开武罗、伯因、熊髡、尨圉等贤人,任用寒浞。寒浞内行谄媚,外施贿赂,诱使后羿打猎取乐,终至内外反叛。后羿打猎回来,家中众人把他杀死,并加以烹煮。后羿篡夺夏朝政权,自立为国君,共达八年之久。到这时,寒浞又杀死后羿,取而代之,只是没有改变有穷氏的国号。寒浞占有后羿的妻室,生了浇和豷。

【纲】二十八岁(壬寅,前2119),寒浞把夏帝相杀死在商丘。【纪】寒浞派浇灭掉斟灌氏和斟鄩氏,杀死夏帝相。当时,相后缗正在怀孕,她从墙洞中逃出,投奔有仍(在今山东济宁境)氏。夏朝旧臣靡逃奔有鬲(在今山东德州北)氏。

纲鉴易知录卷二

夏纪

少康

【纲】癸卯，夏少康元岁，相后缗生少康于有仍。

【纲】甲子，二十有二岁，夏少康自有仍奔虞。【纪】少康为仍牧正，浇使椒求之。逃奔有虞，为之庖正，虞思妻之二姚而邑诸纶。有田一成，有众一旅，能布其德而兆其谋，以收夏众，抚其官职。

【纲】辛巳，夏少康三十有九岁。

【纲】壬午，四十岁，夏遗臣靡兴师讨浞，伏诛，奉王践天子位。王命诛浇及豷，复禹旧绩，夏道复兴，诸侯毕朝。【纪】夏之旧臣靡，自有鬲氏收二国之烬，以灭浞而立少康。使女艾灭浇于过，使季杼灭豷于戈。有穷由是遂亡，少康乃归故都。于是夏道复兴，诸侯来朝。

【纲】癸巳，五十有二岁，封庶子无馀于越，以奉先王墓祀。【纪】少康恐禹墓之绝祀，乃封其庶子于越，号曰无馀，春、秋祀禹墓于会稽。

【纲】癸卯，六十有一岁，王崩，子季杼践位。

帝杼

【纲】甲辰，夏后杼元岁。

【纲】庚申，十有七岁，王崩，子槐践位。

少康

【纲】夏少康元岁（癸卯，前2118），相后缗在有仍生下少康。

【纲】二十二岁（甲子，前2097），夏少康从有仍逃奔有虞（在今河南虞城西南）。　【纪】少康担任有仍氏的牧正，浇派椒去寻找少康。少康逃奔有虞氏，担任有虞氏的庖正，虞思把两个姚氏女子嫁给他为妻，让他在纶地（今山西万荣西荣河镇，一说在今河南虞城东南）建立城邑。少康拥有十里见方的土地，统辖五百人。他能够广施恩德，创议谋划复国，收集夏朝遗民，安抚部属。

【纲】夏少康三十九岁（辛巳，前2080）。

【纲】四十岁（壬午，前2079），夏朝旧臣靡起兵讨伐寒浞，寒浞被杀。靡拥戴少康登上天子之位。少康命令杀死浇和豷，恢复了大禹的基业。夏朝国运复兴，诸侯都来朝见。　【纪】夏朝旧臣靡从有鬲氏那里出发，收集斟灌氏和斟鄩氏两部余众，灭掉寒浞，拥立少康为国君。少康派遣女艾把浇消灭在过地（在今山东掖县北），派遣季杼把豷消灭在戈地。有穷氏从此灭亡，少康这才返回故都。于是夏朝国运复兴，诸侯都来朝见。

【纲】五十二岁（癸巳，前2068），少康将庶出的儿子无馀封在于越（今浙江杭州南，东至于海），让他奉祀先王大禹的坟墓。　【纪】少康担心大禹的坟墓无人祭祀，便把庶出的儿子封在于越地，号称无馀，让他在每年春秋两季到会稽祭祀大禹的坟墓。

【纲】六十一岁（癸卯，前2058），少康去世，其子季杼即位。

帝杼

【纲】夏帝杼元岁（甲辰，前2057）。

【纲】十七岁（庚申，前2041），帝杼去世，其子槐即位。

帝槐

【纲】辛酉,夏后槐元岁。

【纲】丙戌,二十有六岁,王崩,子芒践位。

帝芒

【纲】丁亥,夏后芒元岁。

【纲】甲辰,十有八岁,王崩,子泄践位。

帝泄

【纲】乙巳,夏后泄元岁,命东夷,命西羌。

【纲】庚申,十有六岁,王崩,子不降践位。

帝不降

【纲】辛酉,夏后不降元岁。

【纲】己未,五十有九岁,王崩,弟扃立。

帝扃

【纲】庚申,夏后扃元岁。

【纲】庚辰,二十有一岁,王崩,子廑践位。

帝廑

【纲】辛巳,夏后廑元岁。

【纲】辛丑,二十有一岁,王崩,不降之子孔甲立。

帝孔甲

【纲】壬寅,夏后孔甲元岁。

【纲】甲辰,三岁,采铁铸剑。

【纲】戊辰,二十有七岁,商主癸生子履。 【纪】主癸之妃扶都,见白气贯月而生汤。

【纲】壬申,三十有一岁,王崩,子皋践位。

帝槐

【纲】夏帝槐元岁（辛酉，前2041）。

【纲】二十六岁（丙戌，前2015），帝槐去世，其子芒即位。

帝芒

【纲】夏帝芒元岁（丁亥，前2014）。

【纲】十八岁（甲辰，前1997），帝芒去世，其子泄即位。

帝泄

【纲】夏帝泄元岁（乙巳，前1996），封东夷爵位，封西羌爵位。

【纲】十六岁（庚申，前1981），帝泄去世，其子不降即位。

帝不降

【纲】夏帝不降元岁（前1980）。

【纲】五十九岁（己未，前1922），帝不降去世，其弟扃即位。

帝扃

【纲】夏帝扃元岁（庚申，前1921）。

【纲】二十一岁（庚辰，前1901），帝扃去世，其子廑即位。

帝廑

【纲】夏帝廑元岁（辛巳，前1900）。

【纲】二十一岁（辛丑，前1880），帝廑去世，帝不降的儿子孔甲即位。

帝孔甲

【纲】夏帝孔甲元岁（壬寅，前1879）。

【纲】三岁（甲辰，前1877），帝孔甲采铁铸剑。

【纲】二十七岁（戊辰，前1853），商主癸生了一个名叫履的儿子。

【纪】商主癸之妃扶都，看见一股白气横贯月亮，于是生了汤。

【纲】三十一岁（壬申，前1849），帝孔甲去世，其子皋即位。

帝皋

【纲】癸酉，夏后皋元岁。

【纲】癸未，十有一岁，王崩，子发践位。

帝发

【纲】甲申，夏后发元岁，诸夷宾于王门。

【纲】壬寅，十有九岁，王崩，子癸践位。

桀癸

【纲】癸卯，夏后癸元岁。

【纲】甲子，二十有二岁，公刘迁国于豳。 【纪】后稷封邰，别姓姬氏，至公刘迁于豳。公刘虽在戎、狄之间，复修后稷之业，务耕种，行地宜，自漆、沮渡渭，取材用，行者有资，居者有畜积，民赖其庆，百姓怀之，多从而保归焉。周道之兴自此始。

【纲】乙亥，三十有三岁，伐蒙山，有施氏献妹喜，王嬖之。【纪】桀能申钩索铁，负恃其力，不务德而武伤百姓。有赵梁者，教为无道，劝以贪狠。伐蒙山有施氏，有施氏进女妹喜，桀嬖之，所言皆听。为之为琼室、象廊、瑶台、玉床，行淫纵乐。为肉山、脯林，酒池可以运舟，一鼓而牛饮者三千人，以为戏剧。

【纲】丁丑，三十有五岁，商主癸薨，子履嗣位。

【纲】商汤始居亳。 【纪】自契封商至于成汤凡八迁，汤始居亳，从先王所居。

【纲】戊寅，三十有六岁，商汤始用师征葛。

帝皋

【纲】夏帝皋元岁（癸酉，前1848）。

【纲】十一岁（癸未，前1838），帝皋去世，其子发即位。

帝发

【纲】夏帝发元岁（甲申，前1837），夷人各部来到王宫门前归顺。

【纲】十九岁（壬寅，前1819），帝发去世，其子癸即位。

桀癸

【纲】夏帝癸元岁（癸卯，前1818）。

【纲】二十二岁（甲子，前1797），公刘将封国迁徙到豳（在今陕西邠县东北）。【纪】后稷封在有邰（在今陕西兴平西），另立一姓，成为姬氏，到公刘时，迁徙到豳。虽然公刘处于戎狄居住地区，却能重新振兴后稷的事业，致力耕种，到处察看土壤适宜种什么，从漆水（出陕西铜川北大神山）、沮水（出陕西铜川旧耀县北分水岭）间渡过渭水（出甘肃陇西西鸟鼠山），采伐木材，使外出的人有资财，在家的人有积蓄，人民依靠他才过上好日子，百姓感激他，许多人跟随他迁徙，都拥护他，归顺他。周朝事业的兴旺从此开始。

【纲】三十三岁（乙亥，前1786），帝癸攻打蒙山国，有施氏进献妹喜，帝癸很宠爱她。【纪】帝癸能把铁钩拉直，把铁块捻成绳条，仗着自己有力气，不努力提高德行，却以武力伤害百姓。有一个叫赵梁的人，教唆他肆行无道，鼓动他做贪婪凶狠的事情。帝癸攻打蒙山国有施氏，有施氏进献女儿妹喜，帝癸对妹喜非常宠爱，她说的话，无不听从。帝癸为妹喜建造琼室、象廊、瑶台、玉床，行淫纵乐。帝癸还做成肉山、脯林，开凿的酒池可以行船，他让三千人同时在一阵鼓声中拼命喝酒。以此玩笑开心。

【纲】三十五岁（丁丑，前1784），商帝癸去世，其子履继位。

【纲】商国的成汤开始居住在亳地（在今河南商丘）。【纪】自契被封在商地开始，到成汤时期，一共经过八次迁都，成汤开始居住在亳地，以追随先王帝营居住的故地。

【纲】三十六岁（戊寅，前1783），成汤开始起兵征伐葛国（在今河

【纲】己卯,三十有七岁,商汤遣使以币聘伊尹于有莘。

【纲】商汤进伊尹于夏王桀。【纪】伊尹适夏,告以尧、舜之道,桀不听。

【纲】壬午,四十岁,伊尹复归于亳。

【纲】甲申,四十有二岁,夏王桀囚商汤于夏台,既而释之。【纪】是时田者张网,四面合围,以殄天物,于是成汤出田,命去网三面,曰:"欲左者左,欲右者右,惟不用命者乃入吾网。"汉南诸侯闻之曰:"汤仁及禽兽,而况于人乎?"皆归心焉。桀疾其大得诸侯和也,召之,囚于重泉夏台,已而释之。

【纲】癸巳,五十有一岁,太史令终古出奔商。【纪】夏桀凿池为夜宫,男女杂处,三旬不朝。太史令终古执其图法泣谏,不听;终古出奔商。

大费之裔曰费昌,见二日东出,焰西沈。问于冯夷,夷曰:"西夏东商。"费昌乃归汤。

【纲】甲午,五十有二岁,杀谏臣关龙逢。【纪】关龙逢进谏曰:"人君谦恭敬信,节用爱人,故天下安而社稷宗庙固。今王侈靡嗜杀,民惟恐君之后亡矣!人心已去,天命不佑,盍少悛乎?"不听。龙逢立而不去,桀怒,遂杀之。

【纲】夏亡。

是时,两日斗,众星殒,泰山崩,地震,伊、洛竭。

右夏十七主,计四百三十九年。

南宁陵北)。

【纲】三十七岁（己卯，前1782），成汤派遣使者带着礼物前往有莘（在今山东曹县北。一说在今陕西韩城东南）去聘请伊尹。

【纲】成汤把伊尹进荐给帝癸。　【纪】伊尹来到夏朝，陈述了尧、舜的治国之道，帝癸没有接受。

【纲】四十岁（壬午，前1779），伊尹重新返回亳地。

【纲】四十二岁（甲申，前1777），夏帝癸将成汤囚禁在夏台（在今河南禹县南），不久又将他释放。　【纪】这时，猎人张设罗网，四面合围，灭绝野兽。于是成汤出外打猎，下令撤去三面的罗网，说："要往左边去的就往左边去好了，要往右边去的就往右边去好了，只有不听从命令的，才会投入我的罗网。"汉水南岸的诸侯得知此事以后说："汤的仁爱施及鸟兽，何况对于人呢！"便都归心成汤。帝癸深恨成汤大得诸侯的拥护，便召见成汤，把他囚禁在重泉夏台，不久又将他释放。

【纲】五十一岁（癸巳，前1768），太史令终古出逃到商国。【纪】帝癸开凿一池，作为夜寝的宫室，在那里男女混居，他本人三十天不去上朝。太史令终古依据典章制度，洒泪劝谏，帝癸不肯接受，终古便出逃到商国。

大费的后裔名叫费昌，他看见两个太阳，东方的太阳放出光焰，西方的太阳沉沉欲坠。他去请教冯夷，冯夷说："西方的太阳代表夏，东边的太阳代表商。"于是费昌归依成汤。

【纲】五十二岁（甲午，前1767），帝癸杀死大臣关龙逄。　【纪】关龙逄进谏说："人君谦恭有礼，端肃诚信，节省用度，爱护人民，才能使天下安宁，国家巩固。现在，大王奢侈浪费，喜欢杀人，人民惟恐国君死得太晚！人心已经失去，天命不会保佑，大王何不稍加改正！"帝癸不肯接受，关龙逄站在那里不走，帝癸大怒，便将他杀掉。

【纲】夏朝灭亡。

这时，两个太阳互斗，众多的星辰殒落，泰山崩塌，大地震动，伊水（出今河南卢氏熊耳山，入洛水）、洛水（出今陕西洛南冢岭山，纳伊水，入黄河）干涸。

以上夏朝十七帝，计四百三十九年。

商纪

成汤

【纲】乙未,商王成汤十有八祀。

【纲】王誓师伐夏桀,放之于南巢。 【纪】桀暴戾不悛,王乃誓师伐桀。伊尹相汤,费昌为御,与桀战于鸣条,桀师败绩,汤遂放桀于南巢。桀曰:"吾悔不遂杀汤于夏台!"

【纲】仲虺作诰以告王。

【纲】王归自夏,诞告万方。

【纲】三月,商王践天子位于亳,定都,建国号曰商。改正朔,易服色,改岁曰祀。 【纪】三月,汤归于亳,践天子位,定都焉。以建丑冬十二月为岁首。色尚白,牲用白牡,以白为徽号。

【纲】王至东郊,论诸侯功罪,立禹后与古圣贤有功者之后,封孤竹等国各有差。

【纲】是岁大旱。

【纲】丙申,十有九祀,大旱。

【纲】丁酉,二十祀,大旱。夏桀卒于亭山。

【纲】戊戌,二十有一祀,大旱,发庄山之金铸币赈民。

【纲】己亥,二十有二祀,大旱。

【纲】庚子,二十有三祀,大旱。

【纲】辛丑,二十有四祀,大旱。祷于桑林,以六事自责,雨。【纪】时大旱七年,汤以身祷于桑林之野。祝曰:"无以予一人之不敏伤民之命。"以六事自责曰:"政不节欤?民失职欤?宫室崇欤?女

成汤

【纲】商王成汤十八祀（乙未，前1766）。

【纲】成汤誓师攻打夏桀，将他驱逐到南巢（在今安徽巢县东北卧牛山北）。 【纪】夏桀凶恶残暴，不肯改悔，成汤便誓师攻打夏桀。伊尹辅佐成汤，费昌驾驶战车，与夏桀在鸣条（在今山西运成安邑镇）交战，夏桀的军队溃败，于是成汤将夏桀驱逐到南巢。夏桀说："我真后悔没有在夏台把成汤杀死！"

【纲】仲虺作诰词来告诫成汤。

【纲】成汤从夏国归来，通告万国诸侯。

【纲】三月，成汤在亳邑登上天子之位，确定亳邑为都城，规定国号为商，改换历法，变易服色，将"岁"改称为"祀"。 【纪】三月，成汤回到亳邑，登上天子之位，确定亳邑为都城。规定以冬季十二月为一年的开端，崇尚白色，用白色的雄性牲畜祭祀，采用白色的旗帜。

【纲】成汤来到亳都东郊，论定诸侯的功劳与罪责，立大禹的后人和有功绩的古代圣贤的后人为国君，封孤竹等国各有等差。

【纲】这一年旱情严重。

【纲】十九祀（丙申，前1765），旱情严重。

【纲】二十祀（丁酉，前1764），旱情严重。夏桀死在亭山（今安徽和县西北历阳山。一说即巢县卧牛山）。

【纲】二十一祀（戊戌，前1763），旱情严重。成汤命人开发庄山（相传在今四川荥经县北）的青铜，铸造货币，赈济人民。

【纲】二十二祀（己亥，前1762），旱情严重。

【纲】二十三祀（庚子，前1761），旱情严重。

【纲】二十四祀（辛丑，前1760），旱情严重。成汤在桑林祭祀求雨，以六种过错自责，于是上天降雨。 【纪】当时，严重的旱灾持续了七年，成汤以自身作为祭品，在桑林的原野上祭祀求雨。他祈祷说："请不要因我一个人缺乏才能，就去伤害人民的生命。"他以六种过错

谒盛欤？苞苴行欤？谗夫昌欤？"言未已，大雨方数千里。

【纲】作《大濩》乐。　【纪】时天雨岁则大熟，天下欢洽，遂作桑林之乐名曰《大濩》。作诸器用之铭以为警戒。

【纲】祀弃为稷。

【纲】丁未，三十祀，王崩，嫡孙太甲践位。

太甲

【纲】戊申，商王太宗太甲元祀，冬十有二月，伊尹祠告于先王，奉嗣王祗见厥祖，百官总己以听冢宰。伊尹乃明言烈祖之德以训于王。

【纲】王徂桐宫居忧。　【纪】王不明厥德，颠覆汤之典刑。伊尹营宫于桐，俾王居忧于桐宫，乃自摄政当国以朝诸侯。

【纲】己酉，二祀，王在桐宫。

【纲】庚戌，三祀，冬十有二月朔，伊尹奉王归于亳。　【纪】太甲居桐三年，自怨自艾，处仁迁义，伊尹乃以冕服奉太甲归于亳。太甲增修厥德，诸侯咸归，保惠庶民，不敢侮鳏寡。

【纲】伊尹既复政，将告归，乃陈戒于王。

【纲】庚辰，三十有三祀，王崩，庙号太宗，子沃丁践位。

沃丁

【纲】辛巳，商王沃丁元祀。

【纲】戊子，八祀，阿衡伊尹薨，葬于亳。咎单训伊尹事。

自责说:"我施行的政教不合适了吗?我使人民无以为生了吗?我兴建的宫室过于高大了吗?我身边女人请托的情况太严重了吗?贿赂公行了吗?谗人猖獗了吗?"话没说完,方圆好几千里地以内都下起了大雨。

【纲】成汤制作《大濩》乐曲。 【纪】当时天降大雨,庄稼丰收,天下人欢乐和睦。于是成汤制作有关桑林求雨的乐曲,名叫《大濩》。成汤还作各种器物铭文,作为警戒。

【纲】成汤以弃为五谷之神,加以祭祀。

【纲】三十祀(丁未,前1754),成汤去世,嫡孙太甲登位。

太甲

【纲】商王太宗太甲元祀(戊申,前1753),冬十二月,伊尹祭告先王,拥奉嗣王太甲恭敬地礼拜祖先,太甲总领百官,去听冢宰伊尹讲话。伊尹便明确地陈述成汤建立功业的大德,用以教导太甲。

【纲】太甲前往桐宫(成汤葬地,在今山西万荣西)守丧。 【纪】太甲昏庸无道,破坏了成汤旧法。伊尹在桐地营建宫室,让太甲在桐宫守丧,而由自己摄理朝政,主持国务,接受诸侯朝见。

【纲】二祀(己酉,前1752),太甲住在桐宫。

【纲】三祀(庚戌,前1751)冬十二月一日,伊尹拥奉太甲返回亳都。 【纪】太甲在桐宫居住了三年,悔恨自己犯下的错误,痛加改悔,仁爱为心,唯义是从,伊尹便带着国王穿的冠服,迎接太甲返回亳都。太甲继续加强德行修养,诸侯都来归顺。他爱护百姓,不敢欺侮鳏夫寡妇。

【纲】伊尹把国政交还太甲后,准备返回封地,于是向太甲陈述自己的告诫。

【纲】三十三祀(庚辰,前1721),太甲去世,庙号太宗,其子沃丁登位。

沃丁

【纲】商王沃丁元祀(辛巳,前1720)。

【纲】八祀(戊子,前1713),阿衡伊尹去世,安葬在亳都。咎单以伊尹的事迹教导沃丁。

【纲】己酉,二十有九祀,王崩,立弟太庚。

太庚

【纲】庚戌,商王太庚元祀。

【纲】甲戌,二十有五祀,王崩,子小甲践位。

小甲

【纲】乙亥,商王小甲元祀。

【纲】辛卯,十有七祀,王崩,弟雍己立。

雍己

【纲】壬辰,雍己元祀,商道衰,诸侯或不朝。

【纲】癸卯,十有二祀,王崩,弟太戊立。

太戊

【纲】甲辰,商王中宗太戊元祀,亳有祥。伊陟相王,大修成汤之政。 【纪】太戊立,伊陟为相。亳有祥,桑、穀共生于朝,一暮大拱。太戊惧,问于伊陟。陟曰:"妖不胜德。王之政其有缺与?王其修德。"太戊从之,大修先王之德,三日而祥桑枯死。

【纲】丙午,三祀,诸侯毕朝。 【纪】太戊侧身修行,明养老之体,早朝晏退,问疾吊丧,三年而远方重译来朝者七十六国。又有贤臣巫咸、臣扈共辅佐之,商道复兴。

命中衍为车正。

【纲】二十九祀（己酉，前1692），沃丁去世，立弟弟太庚为国君。

太庚

【纲】商王太庚元祀（庚戌，前1691）。

【纲】二十五祀（甲戌，前1667），太庚去世，其子小甲登位。

小甲

【纲】商王小甲元祀（乙亥，前1666）。

【纲】十七祀（辛卯，前1650），小甲去世，弟弟雍己即位。

雍己

【纲】雍己元祀（壬辰，前1638）），商朝国势衰微，有些诸侯不来朝见商王。

【纲】十二祀（癸卯，前1638），雍己去世，弟弟太戊即位。

太戊

【纲】商王中宗太戊元祀（甲辰，前1637），亳都出现不祥的征兆。伊陟辅佐太戊，积极施行成汤时期的德政。　【纪】太戊即位，伊陟担任相职，亳都出现不祥的征兆，桑树和楮树合生在朝堂之上，一夜之间树干便长得有一抱粗。太戊心中恐惧，便询问伊陟，伊陟说："妖异无法战胜有德行的人，莫非大王的政教还存在缺点吗？请大王修养德行！"太戊依言而行，尽力遵行先王的德行，才过了三天，那不祥的桑树便枯死了。

【纲】三祀（丙午，前1635），诸侯都来朝见。　【纪】太戊诚惶诚恐地修养品行，确立奉养老人的礼法，很早就上朝，很晚才退朝，安慰病人，哀悼死者，经过三年，几经翻译辗转前来朝见的远方各国多达七十六国。加之，太戊得到贤臣巫咸、臣扈的共同辅佐，商朝国势再度兴盛起来。

太戊任命中衍为车正。

【纲】戊午,七十有五祀,王崩,庙号中宗,子仲丁践位。

仲丁

【纲】己未,商王仲丁元祀。

【纲】甲子,六祀,迁都于嚣。

【纲】蓝夷作寇。

【纲】辛未,十有三祀,王崩,国内乱,弟外壬立。

外壬

【纲】壬申,商王外壬元祀。

【纲】丙戌,十有五祀,王崩,国内复乱,弟河亶甲立。

河亶甲

【纲】丁亥,商王河亶甲元祀,徙都于相。商道浸衰。

【纲】乙未,九祀,王崩,子祖乙践位。

祖乙

【纲】丙申,商王祖乙元祀,圮于相,徙都于耿。

【纲】甲辰,九祀,圮于耿,徙都于邢。巫贤作相,商道复兴,诸侯宾服。

【纲】甲寅,十有九祀,王崩,子祖辛践位。

祖辛

【纲】乙卯,商王祖辛元祀。

【纲】七十五祀（戊午，前1563），太戊去世，庙号中宗，其子仲丁登位。

仲丁

【纲】商王仲丁元祀（己未，前1562）。

【纲】六祀（甲子，前1557），仲丁将都城迁徙到嚣地（今河南荥阳敖山）。

【纲】蓝夷开始侵犯商朝。

【纲】十三祀（辛未，前1550），仲丁去世，国内混乱，其弟外壬即位。

外壬

【纲】商王外壬元祀（辛未，前1549）。

【纲】十五祀（丙戌，前1535），外壬去世，国内再度混乱，其弟河亶甲即位。

河亶甲

【纲】商王河亶甲元祀（丁亥，前1534），将都城迁徙到相地（今河南内黄东南），商朝国势逐渐衰微。

【纲】九祀（乙未，前1526），河亶甲去世，其子祖乙登位。

祖乙

【纲】商王祖乙元祀（丙申，前1525），相都被黄河冲毁，祖乙将都城迁徙到耿地（在今山西吉县南）。

【纲】九祀（甲辰，前1517），耿都被河水冲毁，祖乙又将都城迁徙到邢地（今河北邢台县）。巫贤担任相职，商朝国势重新振兴起来，诸侯归服商朝。

【纲】十九祀（甲寅，前1507），祖乙去世，其子祖辛登位。

祖辛

【纲】商王祖辛元祀（乙卯，前1506）。

【纲】庚午,十有六祀,王崩,弟沃甲立。

沃甲

【纲】辛未,商王沃甲元祀。

【纲】乙未,二十有五祀,王崩,国乱,祖辛之子祖丁立。

祖丁

【纲】丙申,商王祖丁元祀。

【纲】丁卯,三十有二祀,王崩,国乱,沃甲之子南庚立。

南庚

【纲】戊辰,商王南庚元祀。

【纲】壬辰,二十有五祀,王崩,国乱,祖丁之子阳甲立。

阳甲

【纲】癸巳,商王阳甲元祀,商道复衰,诸侯莫朝。

【纲】己亥,七祀,王崩,弟盘庚立。

盘庚

【纲】庚子,殷王盘庚元祀,迁都于殷,改国号曰殷。 【纪】时商道浸衰,乃谋迁都于殷。臣民皆安土重迁,盘庚作书以告谕臣民,遂归于亳,改商曰殷。盘庚行汤之政,商道复兴。

【纲】丁卯,二十有八祀,王崩,弟小辛立。

【纲】十六祀(庚午,前1491),祖辛去世,其弟沃甲即位。

沃甲

【纲】商王沃甲元祀(辛未,前1490)。

【纲】二十五祀(乙未,前1466),沃甲去世,国内混乱,祖辛的儿子祖丁即位。

祖丁

【纲】商王祖丁元祀(丙申,前1465)。

【纲】三十二祀(丁卯,前1434),祖丁去世,国内混乱,沃甲的儿子南庚即位。

南庚

【纲】商王南庚元祀(戊辰,前1433)。

【纲】二十五祀(壬辰,前1409),南庚去世,国内混乱,祖丁的儿子阳甲即位。

阳甲

【纲】商王阳甲元祀(癸巳,前1408),商朝国势再度衰微,诸侯不来朝见。

【纲】七祀(己亥,前1402),阳甲去世,其弟盘庚即位。

盘庚

【纲】殷王盘庚元祀(庚子,前1401),将都城迁徙到殷地(在今河南偃师西),改国号为殷。 【纪】当时,商朝国势逐渐衰微,盘庚便计划将都城迁徙到殷地。由于臣民安于故土,不愿迁徙,盘庚发布文告开导臣民,于是返回亳地,将国号商改称为殷。盘庚推行成汤的政教法令,殷朝国势重新振兴起来。

【纲】二十八祀(丁卯,前1374),盘庚去世,其弟小辛即位。

小辛

【纲】戊辰,殷王小辛元祀,殷道复衰。

【纲】戊子,二十有一祀,王崩,弟小乙立。

小乙

【纲】己丑,殷王小乙元祀。

【纲】甲寅,二十有六祀,古公亶父自豳迁于岐,改国号曰周。

【纲】丙辰,二十有八祀,王崩,子武丁践位。

武丁

【纲】丁巳,殷王高宗武丁元祀,王宅忧,甘盘为相。 【纪】武丁居丧,弗言。以甘盘为相,百官总己以听。

【纲】己未,三祀,免丧,弗言。得傅说,爰立作相,总百官。资学于说。 【纪】武丁既免丧,犹弗言,恭默思道。梦上帝赉以良弼,乃使人以形旁求于天下。说为胥靡,筑于傅岩,求得之,命以为相,以总百官。又置诸左右,朝夕纳诲,以受学焉。说乃陈说命三篇,用训于王。

【纲】壬戌,六祀,重译来朝者六国。 【纪】武丁祭成汤,有飞雉升鼎耳而雊。祖己训诸王,武丁内反诸己以思王道,蛮夷重译来朝者六国,自是章服多用翟羽。

【纲】戊子,三十有二祀,伐鬼方。 【纪】鬼方无道,武丁伐

小辛

【纲】殷王小辛元祀（戊辰，前1373），殷朝国势再度衰微。

【纲】二十一祀（戊子，前1353），小辛去世，其弟小乙即位。

小乙

【纲】殷王小乙元祀（己丑，前1352）。

【纲】二十六祀（甲寅，前1327），古公亶父从豳地（在今陕西邠县东北）迁徙到岐地（在今陕西凤翔东北），将国号改称为周。

【纲】二十八祀（丙辰，前1325），小乙去世，其子武丁登位。

武丁

【纲】殷王高宗武丁元祀（丁巳，前1324），武丁为小乙守丧，甘盘辅佐朝政。 【纪】武丁守丧，不肯说话。他委任甘盘辅佐朝政，百官都听从甘盘的安排。

【纲】三祀（己未，前1322），武丁守丧期满，仍不肯说话。他得到傅说，于是立他为相，让他总领百官。凡事向他请教。 【纪】武丁守丧期满后，仍然不肯说话，恭敬地默默思考治国之道。他梦见上帝给他送来一位贤能的辅政大臣，便让人按梦见的形貌在天下寻找。傅说是一个服役的囚犯，当时正在傅岩（在今山西平陆东）筑墙，人们找到了他，武丁便让他担任相职，让他总领百官。武丁还把傅说安排在自己身边，早晚听取他的教诲，以便向他学习。于是傅说写成《说命》三篇，陈述自己的见解，用来教导武丁。

【纲】六祀（壬戌，前1319），有六个国家几经翻译，辗转前来朝见。 【纪】武丁祭祀成汤时，有一只山鸡飞落在鼎耳上鸣叫，祖己便就此教导武丁（祖己教导武丁，这是《尚书序》《史记·殷本纪》以来的传统看法，但近人也有主张此事应是祖己教导祖庚）。武丁据此反省自己，思考治理天下的王道，致使六个蛮夷国家几经翻译，辗转前来朝见。从此，殷朝的礼服多半采用山鸡的羽毛作为装饰。

【纲】三十二祀（戊子，前1293），武丁攻打鬼方（在今甘肃、陕西

之，三年乃克，自是内外无患，而殷道复兴。

【纲】丁酉，四十有一祀，周古公亶父生子季历。
【纲】乙卯，五十有九祀，王崩，庙号高宗，子祖庚践位。

祖庚

【纲】丙辰，殷王祖庚元祀。
【纲】壬戌，七祀，王崩，弟祖甲立。

祖甲

【纲】癸亥，殷王祖甲元祀。
【纲】庚寅，二十有八祀，周世子季历生子昌。 【纪】古公之妃太姜生少子季历，季历娶太任，皆贤妇人。太任生子昌，有圣瑞，古公曰："我后世当有兴者，其在昌乎"？

【纲】周古公亶父薨，少子季历嗣立。 【纪】古公三子：长曰太伯；次曰仲雍，一名虞仲；少曰季历。太伯、虞仲知古公欲立季历以传昌。古公病，二人托名采药，遂之荆蛮，国民君事之，号为句吴。

【纲】乙未，三十有三祀，王崩，子廪辛践位。

廪辛

【纲】丙申，殷王廪辛元祀。
【纲】辛丑，六祀，王崩，弟庚丁立。

两省边界地带)。 【纪】鬼方无道,武丁前去讨伐,历时三年,才将鬼方打败。从此,殷朝没有内忧外患,国势重新振兴起来。

【纲】四十一祀(丁酉,前1284),周古公亶父生了儿子季历。

【纲】五十九祀(乙卯,前1266),武丁去世,庙号高宗,其子祖庚登位。

祖庚

【纲】殷王祖庚元祀(丙辰,前1265)。

【纲】七祀(壬戌,前1259),祖庚去世,其弟祖甲即位。

祖甲

【纲】殷王祖甲元祀(癸亥,前1258)。

【纲】二十八祀(庚寅,前1231),周世子季历生了儿子昌。 【纪】古公亶父之妃太姜生了小儿子季历,季历娶了太任,太姜、太任都是贤惠的女人。太任生儿子姬昌时,出现了预示他成为圣人的吉兆。古公亶父说:"我的后代一定会出现振兴国家的人,这个人恐怕就是姬昌了!"

【纲】周古公亶父去世,小儿子季历继位。 【纪】古公亶父有三个儿子:长子名叫太伯,次子名叫仲雍,仲雍又叫虞仲,小儿子名叫季历。太伯和虞仲知道古公亶父打算让季历继位,从而传位给昌。古公亶父病了,太伯和虞仲借口外出采集药物,于是来到荆蛮(今江苏无锡东南之梅里),国中人民拥戴他为国君,国号句吴。

【纲】三十三祀(乙未,前1226),祖甲去世,其子廪辛登位。

廪辛

【纲】殷王廪辛元祀(丙申,前1225)。

【纲】六祀(辛丑,前1220),廪辛去世,其弟庚丁即位。

庚丁

【纲】壬寅,殷王庚丁元祀。

【纲】壬戌,二十有一祀。王崩,子武乙践位。

武乙

【纲】癸亥,殷王武乙元祀,迁都于河北。

【纲】丙寅,四祀,王出畋,崩于河、渭之间,子太丁践位。【纪】武乙无道,为偶人,谓之天神;与之博,令人为行。天神不胜,乃僇辱之。为革囊,盛血,仰射之,命曰"射天"。畋猎于河、渭之间,为暴雷震死。

太丁

【纲】丁卯,殷王太丁元祀,周公季历伐燕京之戎。

【纲】己巳,三祀,王崩,子帝乙践位。

帝乙

【纲】庚午,殷王帝乙元祀,命周公季历为牧师。 【纪】周公季历伐始呼、翳徒之戎,王赐之圭瓒秬鬯,为侯伯。

【纲】丙子,七祀,周公季历薨,世子昌嗣立。

【纲】丁丑,八祀。

【纲】辛巳,十有二祀,周西伯治岐,发政施仁。 【纪】西伯行于野,见枯骨,命瘗之。吏曰:"此无主矣。"西伯曰:"有天下者天下之主,有一国者一国之主。吾即其主。"遂葬之。天下闻之曰:"西伯泽及枯骨,况于人乎!"西伯笃仁、敬老、慈少、礼下贤者,日中不暇食以待士,士以此归之。太颠、闳夭、散宜生、鬻子、辛甲,皆往归

庚丁

【纲】殷王庚丁元祀（壬寅，前1219）。

【纲】二十一祀（壬戌，前1199），庚丁去世，其子武乙登位。

武乙

【纲】殷王武乙元祀（癸亥，前1198），将都城迁徙到河北（今河南汲县）。

【纲】四祀（丙寅，前1195），武乙外出打猎，在黄河、渭水一带去世，其子太丁登位。　【纪】武乙无道，做了一个偶像，把它当作天神，自己与这天神赌博，让别人判决胜负，如天神输了，武乙便侮辱天神。武乙又做了一个皮口袋，在里面盛满血，自己仰面去射皮口袋，称作"射天"。武乙在黄河、渭水一带打猎，被暴雷震死。

太丁

【纲】殷王太丁元祀（丁卯，前1194），周公季历攻打燕京（在今山西太原一带）的戎。

【纲】三祀（己巳，前1192），太丁去世，其子帝乙登位。

帝乙

【纲】殷王帝乙元祀（庚午，前1191），任命周公季历为牧师。【纪】周公季历攻打始呼、翳徒两部戎人，帝乙赐给他圭瓒和秬鬯，封他为诸侯的首领。

【纲】七祀（丙子，前1185），周公季历去世，世子昌继位。

【纲】八祀（丁丑，前1184）。

【纲】十二祀（辛巳，前1180），周西伯昌治理岐周，发布政令，施行仁政。　【纪】西伯昌在原野上走路，看见一具枯骨，便让人把枯骨掩埋起来。官吏说："这具枯骨没主了。"西伯说："拥有天下的人是天下之主，拥有一国的人是一国之主，所以我就是这具枯骨的主。"于是将枯骨埋葬。天下人得知此事后说："西伯的恩泽施及枯骨，何况对于活人！"西伯笃行仁义，尊敬老人，爱护孩子，礼遇贤人，接待士人，忙

焉。

【纲】凤凰鸣于岐山。

【纲】甲申，十有五祀，岐周地震。　【纪】西伯寝疾，五日而地震，东西南北不出郊圻。西伯曰："天之见妖以罚有罪，率德改行，其可免乎？"未几疾愈。

【纲】壬辰，二十有三祀，周西伯昌生子发。　【纪】初昌为世子，娶于有莘氏，曰太姒。太姒不妒忌，生十子，长曰伯邑考，蚤卒；次曰发，性慈和，有圣德，西伯以为世子；次曰旦，旦师于虢叔，仁圣多材艺，西伯任以政事。

【纲】癸巳，二十有四祀，命西伯昌距昆夷，备獫狁。

【纲】丙午，三十有七祀，王崩，子辛践位。　【纪】帝乙妾生微子，又生仲衍，已而为后，生辛。帝乙及后以微子贤，欲立为太子。太史据法争曰："有妻之子，不可立妾之子。"乃立纣为后。

纣辛

【纲】丁未，殷王纣辛元祀，王拒谏、崇侈、嗜酒色。　【纪】纣资辩捷疾，闻见甚敏；材力过人，手格猛兽；智足以拒谏，言足以饰非，矜人臣以能，高天下以声，以为皆出己之下。纣性汰侈，好酒色，始为象箸，箕子叹曰："今为象箸，必为玉杯。玉杯、象箸，必将食熊蹯、豹胎，他又将称是。王求足欲，天下殆哉！"

【纲】甲寅，八祀，伐有苏氏，获妲己，嬖之。纵淫乐，重刑辟，百姓颤怨。　【纪】纣伐有苏氏，有苏氏以妲己女焉。妲己有宠，其

到中午，还来不及吃饭，因此士人都归附西伯。太颠、闳夭、散宜生、鬻子、辛甲等人都前去归依。

【纲】凤凰在岐山（在今陕西凤翔东北）鸣叫。

【纲】十五祀（甲申，前1177），岐周地震。 【纪】西伯卧病，过了五天就发生了地震，地震的范围没有超出岐周四境。西伯说："上天显现妖异，是为了惩罚罪人。遵循仁德，改正不检点的行为，恐怕就可以免受惩罚了。"没过多久，西伯病愈。

【纲】二十三祀（壬辰，前1196），周西伯昌生了儿子姬发。【纪】起初，西伯姬昌当世子时，娶了有莘氏的女子，名叫太姒。太姒一点也不妒忌，生了十个儿子：长子名叫伯邑考，死得很早；次子名叫姬发，性情仁慈平和，品德圣明，西伯让他当了世子；再次一个名叫姬旦，姬旦拜虢叔为师，仁爱圣明，多才多艺，西伯委任他处理政务。

【纲】二十四祀（癸巳，前1168），帝乙命西伯昌抵御昆夷，防备獯狁。

【纲】三十七祀（丙午，前1155），帝乙去世，其子纣辛登位。【纪】帝乙的妾生了微子，又生了仲衍，后来这位妾当了王后，生了纣辛。帝乙和王后认为微子贤能，打算立他为太子。太史根据礼法争辩说："有正妻的儿子，不应该立妾的儿子。"帝乙便立纣辛为后嗣。

纣辛

【纲】殷王纣辛元祀（丁未，前1154），纣辛拒绝进谏，崇尚奢侈，嗜酒贪色。 【纪】纣辛天资聪颖，能言善辩，做事敏捷，体力过人，能够徒手搏击猛兽。他的智力足以拒绝进谏，言辞足以文过饰非。他向群臣夸耀才能，在天下人面前抬高自己的声望，认为别人都不如他。纣辛骄奢浪费，喜欢喝酒，贪恋女色，开始使用象牙筷子。箕子叹息说："现在使用象牙筷子，就一定会使用玉杯。使用玉杯和象牙筷子，就一定要吃熊掌、豹胎，其他东西又要与此相称。大王只想满足私欲，天下危险了！"

【纲】八祀（甲寅，前1147），纣辛攻打有苏氏，得到妲己，甚为宠爱。他放纵淫乐，加重刑罚，百姓震恐怨恨。 【纪】纣辛攻打有苏氏，

言是从，所好者贵之，所恶者诛之。于是使师涓作朝歌北鄙之音，北里之舞，靡靡之乐。造鹿台，为琼室玉门，台广三里，高千尺，七年乃成。厚赋敛以实鹿台之财，盈钜桥之粟。益收狗马、奇物，充牣宫室。益广沙丘苑台。大聚乐戏于沙丘，以酒为池，悬肉为林，男女裸相逐其间，宫中九市，为长夜之饮。诸侯有叛者，妲己以为罚轻诛薄，故威不立。乃重为刑辟，为熨斗以火烧热，使人举之，手烂。更为铜柱，以膏涂之，加于炭火之上，使有罪者缘之，足滑坠火中，与妲己观之，大乐，名曰炮烙之刑。天下颤怨。

【纲】丁巳，十有一祀，醢九侯。鄂侯谏，脯之。囚西伯于羑里。 【纪】纣以西伯昌、九侯、鄂侯为三公。九侯有女入之纣；女不喜淫，纣怒杀之，而醢九侯。鄂侯争之强，辩之疾，并脯鄂侯。又剖孕妇视其胎，斮朝涉之胫，视其髓。西伯闻之窃叹，崇侯虎知之以告纣，纣乃囚西伯于羑里。

【纲】戊午，十有二祀，周西伯演易于羑里。

【纲】己未，十有三祀，释西伯。西伯因献洛西之地，请除炮烙之刑，从之。遂赐西伯弓矢铁钺，使得专征伐。 【纪】西伯之臣散宜生、闳夭之徒患之，乃求有莘氏美女、骊戎之文马、有熊之九驷及奇怪之物，因殷嬖臣费仲而献之。纣大悦曰："此一物足以释西伯，况其多乎！"乃赦西伯。西伯因献洛西之地，请除炮烙之刑。纣大

有苏氏便把妲己嫁给他。妲己深得宠爱,纣辛对她惟言是听。妲己喜欢的人,纣辛便使他尊贵起来;妲己憎恶的人,纣辛便将他杀掉。这时,他让师涓创作了朝歌(在今河南汲县东北朝歌镇)北境的乐曲、北里的舞蹈和颓废放荡的音乐。他修造鹿台,在那里建成用美玉装饰的居室,安上玉门,鹿台方圆三里,高一千尺,历时七年才竣工。他征收沉重的赋税,用以充实鹿台的财物和钜桥仓的存粮,大力收集狗马和珍奇的物品,布满宫室,并扩建了沙丘的园林楼台。他在沙丘集中了许多乐舞表演,用酒灌注成池,用肉悬挂成林,让男人和女人光着身子在中间互相追逐戏耍,在宫中设立买卖货物的场所,进行彻夜狂饮。有些诸侯开始背叛殷朝,妲己认为这是由于惩罚太轻,杀人太少,所以没有把君威树立起来。于是纣辛加重刑罚,做成一种熨斗,用火把熨斗烧热,让人用手举熨斗,把手烫烂;又做了一种铜柱,在上面涂了油脂,把它放在炭火上面,让罪人顺着铜柱走过去,脚一滑,人就跌到炭火中,纣辛与妲己观看这一用刑场面,感到非常快活,给这种刑罚起名叫做炮烙。天下人震恐怨恨。

【纲】十一祀(丁巳,前1144),纣辛把九侯剁成肉酱。鄂侯进谏,便将鄂侯做成肉干。又把西伯姬昌囚禁在羑里(在今河南汤阴北)。【纪】纣辛任命西伯姬昌、九侯、鄂侯为三公。九侯有一个女儿,进献给了纣辛。此女性不喜淫,纣辛大怒,将她杀死,还把九侯剁成肉酱。鄂侯前来劝阻,态度强硬,争辩激烈,纣辛便把鄂做成肉干。纣辛还剖开孕妇的肚子去看其中的胎儿,砍断早晨趟水过河人的小腿来看他的骨髓。西伯听到这些情形暗自叹息,崇侯虎得知此事后报告了纣辛,纣辛便将西伯囚禁在羑里。

【纲】十二祀(戊午,前1143),西伯在羑里推演《周易》。

【纲】十三祀(己未,前1142),纣辛释放西伯。西伯进献洛水西岸的土地,请求去掉炮烙的刑罚,纣辛同意了,还赐给西伯弓箭和大斧,给他专门主持征伐诸侯的权力。 【纪】西伯昌的大臣散宜生、闳夭等人对西伯昌的处境深感忧虑,便求得有莘氏的美女、骊戎所产身带花纹的骏马、有熊所产三十六匹良马以及各种珍奇怪异的东西,通过殷朝的宠臣费仲进献给纣辛。纣辛非常喜悦地说:"只这一个漂亮女人,就足

喜,许之,赐之弓矢铁钺,使专征伐。

【纲】庚申,十有四祀,虞、芮质成于周。 【纪】虞、芮之君相与争田,久而不平,乃相与朝周。入其境,耕者让畔,行者让路。入其邑,男女异路,班白者不提挈。入其庙,士让为大夫,大夫让为卿。二国之君感而相谓曰:"我等小人,不可以履君子之庭!"乃相让,以其所争之田为闲田而退。天下闻之而归者,四十余国。

【纲】辛酉,十有五祀,周西伯得吕尚,立为师。 【纪】吕尚者,其先祖尝为四岳,佐禹平水土,虞、夏之际封于吕,姓姜氏,尚其苗裔也。西伯将出猎,卜之曰:"非龙,非彨,非熊,非罴,非虎,非貔,所获霸王之辅。"果遇吕尚于渭水之阳,与语,大悦。曰:"自吾先公太公曰:'当有圣人适周,周因以兴。'子真是耶! 吾太公望子久矣!"故号之曰:"太公望",载与俱归,立为师,谓之"师尚父"。

【纲】乙丑,十有九祀,西伯伐崇,因作丰邑,徙都之。

【纲】周西伯立灵台。
【纲】丙寅,二十祀,周西伯昌薨。世子发嗣。 【纪】西伯寝疾,谓世子曰:"见善勿怠,时至勿疑,去非勿处:此三者,道之所以止也。"世子再拜受教。西伯薨,葬于毕。

【纲】丁卯,二十有一祀。

以释放西伯了,何况还送了这么多的东西!"便赦免了西伯姬昌。于是西伯姬昌又献出洛水西岸的土地,请求免去炮烙的刑罚。纣辛大喜,一口答应,还赐给西伯姬昌弓箭和大斧,给他专门主持征伐诸侯的权力。

【纲】十四祀(庚申,前1141),虞(在今山西平陆东北)、芮(在今山西芮城西)两国请求周朝评定是非。 【纪】虞国和芮国的国君互相发生了田地争端,历时经久,未能解决,便一起前往周国。进入周国后,他们二人看见种田人互让田界,行人互相让路。走进邑落后,看见男人和女人分开走路,头发斑白的老人没有手里提着东西的。进入周国的宗庙,又看见士人与大夫谦让,大夫与卿谦让。虞、芮两国国君深有感触地交谈说:"我们这些小人,不应该到君子堂前争执。"于是两人互相谦让,把他们发生纠纷的田地作为闲田,便各自回去。天下人得知此事,有四十多个国家归附了周国。

【纲】十五祀(辛酉,前1140),周西伯姬昌得到吕尚,立他为师。【纪】吕尚,其祖先曾经担任四岳,佐助大禹治理水土,在虞夏之际被封在吕地(在今河南南阳西),得姓姜氏,吕尚便是他的后裔。西伯姬昌即将外出打猎时,占得卜辞为:"不是龙,不是彲,不是熊,不是罴,不是虎,不是貔,所得的是霸王的辅佐。"果然,西伯姬昌在渭水北岸遇到吕尚,与他交谈,大为喜悦。西伯姬昌说:"从我先人太公时就说:'会有圣人前来周国,周国因此就会兴盛。'你果真就是这个人吗?我们的太公盼望你很长时间了!"所以西伯姬昌便称他为"太公望",与他同车而归,立他为师,称他为"师尚父"。

【纲】十九祀(乙丑,前1136),西伯姬昌攻打崇国(在今陕西户县东),于是兴建丰邑(在今陕西户县丰水西),并把都城迁到这里。

【纲】周西伯姬昌建立观测天象的灵台。

【纲】二十祀(丙寅,前1135),周西伯姬昌去世,世子姬发继位。【纪】西伯姬昌卧病后,对世子姬发说:"见到善事,不要不闻不问;时机到来,不要迟疑不决;改正错误,不要退缩畏难。这三条是至上的大道。"世子姬发拜了两拜,接受教诲。西伯姬昌去世,安葬在毕原(在今陕西西安西南)。

【纲】二十一祀(丁卯,前1134)。

【纲】癸酉，二十有七祀，周西伯发生元子诵。 【纪】西伯纳吕尚之女曰邑姜，邑姜贤，立未尝倚，坐未尝倨，怒未尝厉，是年生子诵。

【纲】丁丑，三十有一祀，周西伯东观兵，戡黎。 【纪】西伯上祭于毕。东观兵于盟津。渡河中流，白鱼跃入王舟中，王俯取以祭。既渡，有火自上复于下，至于王屋，流为乌，其色赤，其声魄。是时诸侯皆畔殷归周，不期而会盟津者八百。皆曰："纣可伐矣！"王曰："汝未知天命，未可也。"乃引师还。

黎为不道，西伯举兵伐之。既戡黎，祖伊恐，奔告于王。王曰："我生不有命在天！"弗听。

【纲】戊寅，三十有二祀，微子谏，不听，去之。箕子谏，被囚，因佯狂为奴。比干固争，死之。 【纪】纣有贤臣梅伯，性忠直，数谏诤；纣怒，杀而醢之。有雷开者，阿佞进谀言；纣赐金玉而封之，赏以夏田。微子数谏不听，遂去。箕子谏，亦不听。人或曰："可以去矣！"箕子曰："为人臣谏不听而去，是彰君之恶而自说于民，吾不忍为也！"乃被发佯狂而为奴，遂隐而鼓琴以自悲，传之曰箕子操。比干极谏，陈先王艰难，天命不易，国家将亡之明征，请王洗心易行；伏于象魏之门。纣大怒曰："比干自以为圣人，吾闻圣人之心有七窍。"遂剖视之。

【纲】二十七祀（癸酉，前1128），周西伯姬发生了嫡长子姬诵。【纪】西伯姬发娶了吕尚的女儿，名叫邑姜。邑姜很贤惠，她站着时从不斜靠在那里，坐着时从不伸开双脚，生气时从不疾颜厉色。本年，她生了姬诵。

【纲】三十一祀（丁丑，前1124），周西伯姬发到东部检阅军队，显示兵威，进而战胜了黎国。　【纪】西伯姬发在毕原祭奠姬昌，来到东边的盟津（在今河南孟县），检阅军队，显示兵威。西伯姬发横渡黄河，刚到河水中央，有一条白色大鱼跳进西伯姬发所乘的船中，西伯姬发便俯身捡起鱼来，祭奠上天。渡过黄河后，有一团火从上空下降，降到西伯姬发居住的房屋时，变成一只乌鸦，通体火红，发出"魄魄"的叫声。这时候，诸侯纷纷背叛殷朝，归附周国，未经约请就前来盟津会集的有八百个诸侯。大家都说："应该讨伐纣辛了。"西伯姬发说："你们不知天命，现在还不可以。"于是率领军队返回。

黎国（在今山西长治西南黎侯岭下）君主无道，西伯姬发起兵攻打黎国。西伯姬发战胜黎国后，祖伊恐惧不安，连忙跑去禀告殷王纣辛。殷王纣辛说："我的一生不是由天命决定的吗？"仍然置之不理。

【纲】三十二祀（戊寅，前1123），微子进谏，纣辛不肯听从，微子便离开殷朝。箕子进谏，遭到囚禁，因此装疯，去做奴隶。比干坚持劝谏，结果丧生。　【纪】纣辛有一位贤臣名叫梅伯，性情忠诚正直，屡次劝谏纣辛，纣辛大怒，将他杀后剁成肉酱。有一个名叫雷开的人，善于巴结逢迎，向纣辛说了一席奉承话，纣辛便赐给他金玉，让他领受封邑，赏给他夏田。微子多次进谏，纣辛不肯听从，他便离开殷朝。箕子进谏，纣辛也不肯听从。有人说："应该离去了！"箕子说："作为臣属，君主没有接受自己的劝谏便要离去，这是显示君主的过错而取悦于人民，我不忍心这样做！"便披头散发，佯装发疯，去做奴隶，乘机隐退，通过弹琴抒发自己的悲哀，传下来的乐曲名叫《箕子操》。比干极言劝谏，陈述先王创业的艰难、天命来之不易和国家即将灭亡的明显征兆，请求殷王纣辛痛改前非，说完在宫门前跪伏不起。纣辛大怒说："比干认为自己是圣人，我听说圣人的心有七窍。"便剖开比干的胸膛，看比干的心是什么样子。

【纲】商亡。

右商二十八主,计六百四十四年。

【纲】商朝灭亡。

以上商朝二十八王,计六百四十四年。

周纪

武王

【纲】己卯,周武王十有三年,冬一月癸巳,周王发帅师会诸侯伐商,告于皇天后土、所过名山大川。 【纪】王闻纣暴虐滋甚,杀王子比干,囚箕子,微子抱其祭器奔周,于是遍告诸侯曰:"殷有重罪,不可以不伐!"遂东伐纣。

【纲】春正月,周王大会诸侯于孟津,誓师伐商。二月癸亥,周王陈师于商郊。甲子,商受帅其旅会战于牧野。

【纲】商师溃,受反奔鹿台自燔死。王即位,国号周,复商旧政。 【纪】纣闻武王来,亦发兵七十万人拒武王。武王使师尚父与百夫致师,以大卒驰纣师。纣师虽众,皆无战心,倒兵以战,以开武王。武王驰之,纣兵皆崩畔。纣反走,登鹿台之上,衣珠玉,自燔而死。武王斩妲己。于是封比干之墓,表商容之闾,发钜桥之粟,散鹿台之财,归顷宫之女。殷人咸喜曰:"王之于仁人也,死者封其墓,况于生者乎?王之于贤人也,亡者表其闾,况于在者乎?王之于财也,聚者散之,况于复籍乎?王之于色也,在者归其父母,况于复征乎?"

【纲】封纣子武庚为殷侯,使管叔、蔡叔、霍叔监殷。

【纲】夏四月,王来自商,诸侯受命于周。 【纪】诸侯尊王为天子,王始改正朔,以建子月为岁首,改祀曰年。色尚赤,服以冕。

归马华山之阳,放牛桃林之野,倒载干戈,包之虎皮,车甲衅而

武王

【纲】周武王十三年（己卯，前1122），冬一月癸巳，周武王姬发率领军队，大会诸侯，前去讨伐商朝，祭告皇天后土和沿途经过的名山大川。【纪】周武王得知纣辛愈发凶恶残暴，杀死王子比干，囚禁箕子，微子携带殷朝的祭器逃到周朝，于是周武王向诸侯普遍宣告说："殷王罪行深重，不可不加讨伐！"便东进讨伐纣辛。

【纲】春正月，周武王在孟津大会诸侯，誓师讨伐商朝。二月癸亥，周武王在商朝的郊野上部署军队。甲子，受辛率领军队在牧野与周军会战。

【纲】商朝军队崩溃，受辛逃回鹿台，自焚而死。周武王即位，国号称作周，恢复了商朝以往的善政。【纪】纣辛听说周武王来了，也派出七十万军队，去抵御周武王。周武王让军师吕尚带领一百人前去挑战，自己率领大军冲击商军。虽然商军为数众多，但是都无心打仗，他们调转武器去打商军，为周武王开路。周武王冲击商军，商军士兵纷纷逃窜归降。纣辛逃回，登上鹿台，穿上镶珠缀玉的服装，自焚而死。周武王斩杀妲己，于是，命令为比干的坟墓培土，表彰商容居住的里巷，分发钜桥的存粮，发放鹿台的财物，放回殷宫所有的妇女。殷人都欢喜地说："周王对待仁人，连死去的都要为坟墓培土，活着的人就更不必说了。周武王对待贤人，连死去的都要表彰故居，在世的就更不必说了。周武王对待财物，连积聚的都发放了，免征赋税就更不必说了。周武王对待女色，连已在宫中的都放回父母家中去了，免征民女就不必说了。"

【纲】周武王封纣辛的儿子武庚为殷侯，派管叔、蔡叔、霍叔监督殷国。

【纲】夏四月，周武王从商地回来，诸侯都接受周朝的命令。【纪】诸侯尊奉周武王为天子，周武王这才更改历法，以十一月为一年的开端，将"祀"改称为"年"，崇尚赤色，着冕服。

周武王下令把战马放归华山（在今陕西渭南东南）南麓，把牛放回

藏之府库，示天下不复用。

【纲】大封建诸侯于天下。 【纪】王追思元圣，封神农之后于焦，黄帝之后于祝，帝尧之后于蓟，帝舜之后于陈，大禹之后于杞。于是封功臣谋士，而师尚父为首，封于营丘，曰齐；封周公于曲阜，曰鲁；召公奭于北燕；毕公高于毕；叔鲜于管；叔度于蔡；叔振铎于曹；叔武于郕；叔虔于霍；康叔封于卫。兄弟之国十有五人，同姓者四十余人。班赐宗彝，分殷之器物于诸侯。

【纲】祀于周庙，追王太王、王季、文王，因定谥法。 【纪】祀于太庙，始定祀先之礼。讳名立谥。贱不讳贵，幼不讳长，惟天子称天以讳之。诸侯不得相讳。追王古公亶父曰太王，季历曰王季，文考曰文王。

【纲】柴于上帝，望于山川，大告武成。

【纲】王受丹书之戒，为铭以自警。 【纪】王践阼三月，召士大夫而问焉，曰："恶有藏之约，行之博，万世可以为子孙恒者乎？"师尚父对曰："在丹书，有之曰：'敬胜怠者吉，怠胜敬者灭；义胜欲者从，欲胜义者凶。'凡事不强则枉，弗敬则不正；枉者灭废，敬者万世。藏之约，行之博，可以为子孙恒者，此言之谓也。"王闻书之言，

桃林（今河南灵宝文底镇西，至陕西渭南一带）的郊野之上，让士兵倒执干戈，给干戈包上虎皮，把战车和铠甲涂上牲血，收入库房保存，以显示天下不再使用这些东西。

【纲】周武王在全国大规模地分封诸侯。 【纪】周武王追念古代的大圣人，把神农的后人分封到焦地（在今河南陕县南），黄帝的后人分封到祝其（在今江苏赣榆南），帝尧的后人分封到蓟城（在今北京），帝舜的后人分封到陈地（今河南淮阳），大禹的后人分封到杞地（今河南杞县）。同时，周武王又分封功臣谋士，师尚父第一个受封，分封到营丘（在今山东昌乐东南），号称齐国；周公旦分封到曲阜（今山东曲阜），号称鲁国；召公奭分封到北燕（即蓟城），毕公高分封到毕地（今陕西咸阳，即渭北毕原），叔鲜分封到管地（今河南郑州），叔度分封到蔡地（今河南上蔡），叔振铎分封到曹地（今山东荷泽），叔武分封到郕地（在今山东宁阳北），叔处（"叔处"原作"叔虔"，据《史记》之《周本纪》和《管蔡世家》改）分封到霍地（今山西洪洞北），康叔分封到卫地（今河南汲县）。凡周武王的兄弟有十五人建立封国，同姓宗族有四十多人建立封国。周武王还颁赐宗庙祭器，把殷朝的器物分给诸侯。

【纲】周武王在太庙举行祭祀，追尊古公亶父、季历、姬昌为王，于是确定了谥法。 【纪】周武王在太庙举行祭祀，开始制定了祭祀先人的礼谥法，对先人讳称其名，另立谥号，作为对先人的称呼。谥法规定：卑贱者不得给尊贵者追加谥号，年幼者不得给年长者追加谥号，只有天子至尊无上，才能为众人制定谥号，诸侯之间也不允许互相追赠谥号。周武王还追尊古公亶父为太王，季历为王季，姬昌为文王。

【纲】周武王向上帝举行柴祭，向山川举行望祭，宣告伐商的军事行动已经完成。

【纲】周武王接受《丹书》的告诫，制成铭文，以警告自己。【纪】周武王即位三个月时，将士和大夫召集起来，问他们说："怎样才能有一个内容简括，足以广泛指导行动，可以让子孙万代永远遵守的原则呢？"师尚父回答说："《丹书》上有这样一句话：'恭敬战胜懈怠就吉祥，懈怠战胜恭敬就灭亡；道义战胜私欲就顺利，私欲战胜道义就凶险。'大凡办事不努力去做就会枉然无成，不心存恭敬就难以保持

惕然恐惧，退而为戒，书于席之四端及几、鉴、盥盘、楹、杖、带、履屦、觞豆、户牖、剑、弓、矛，各为铭焉。

【纲】王访道于箕子，箕子陈洪范。　【纪】王克殷，释箕子之囚，访问以天道，箕子以洪范陈之，乃封于朝鲜而不臣。

【纲】殷故臣伯夷、叔齐去周，隐于首阳山，不食而死。【纪】伯夷、叔齐，孤竹君之二子也。父欲立叔齐；及父卒，叔齐逊伯夷。伯夷曰："父命也。"遂逃去。叔齐亦不肯立而逃之，国人立其中子。及武王伐纣，夷、齐乃相与叩马陈君臣以谏。左右欲兵之，太公曰："此义人也！"扶而去之。武王已平殷乱，天下宗周，而夷、齐耻之，隐于首阳山，义不食周粟，采薇而食之。及饿且死，作歌曰："登彼西山兮，采其薇矣，以暴易暴兮，不知其非矣。神农、虞、夏忽焉没兮，我安适归矣？吁嗟徂兮，命之衰矣！"遂饿死于首阳山。

【纲】立彻法。
【纲】迁都于镐。
【纲】建学养老。作《大武》乐。
【纲】肃慎氏来贡。　【纪】时九夷、八蛮，各以方物来贡。肃慎氏贡楛矢、石砮，其长尺有咫。王欲昭令德之致远，铭其括曰"肃慎氏之贡矢"。

中正；枉然无成就会导致覆灭，心存恭敬才会万世长存。内容简括，足以广泛指导行动、可以让子孙万代永远遵守的原则，就是这句话所讲的了。"周武王听了《丹书》上讲的道理，引起了警惕，怀着恐惧的心情，在退朝后把那几句话作为戒条，写在坐席的四角以及几案、镜子、盥具、盘子、楹柱、手杖、衣带、鞋子、酒器、祭器、房门、窗户、佩剑、弓矢、长矛上面，分别制成铭文。

【纲】周武王向箕子请教天道，箕子便写下《洪范》，加以陈述。
【纪】周武王战胜殷朝后，把被囚禁的箕子释放出来，就天道向他请教，箕子写成《洪范》一文，加以陈述。于是，周武王将箕子分封到朝鲜，不让他向周朝称臣。

【纲】殷朝旧臣伯夷、叔齐离开周朝，隐居在首阳山（在今山西芮城西北），不肯进食，结果饿死。 【纪】伯夷、叔齐是孤竹君的两个儿子。父亲打算将叔齐立为国君，及至父亲去世后，叔齐要把君位让给伯夷。伯夷说："这是父亲的命令啊。"于是逃离孤竹。叔齐也不肯继承君位，因而离家逃走，国中人便拥立孤竹君的次子。及至周武王讨伐殷纣时，伯夷和叔齐一齐拉住周武王的马缰，陈述君臣关系，劝阻出兵。周武王身边的人打算把他们二人杀掉，太公望说："这是节义之士啊！"便客客气气地让他们二人走了。周武王平定殷纣的祸乱后，天下诸侯都归顺了周朝，但伯夷和叔齐以此为耻，便隐居在首阳山，坚持气节，不吃周朝的粮食，只采集野菜充饥。到快要饿死时，他们作了一首歌，唱道："登上那座西山啊，采集那里的野菜。以暴臣取代暴君啊，还不知道错误所在。神农、虞舜、夏禹的时代消逝得太快啊，我将何去何从？唉唉，死亡已经来临啊，命运如此不幸！"两人终于饿死在首阳山。

【纲】周武王制定彻法。
【纲】周武王将都城迁至镐地（在今陕西西安西南）。
【纲】周武王建立学校，实行养老制度，制成《大武》乐曲。
【纲】肃慎氏前来进献贡物。 【纪】当时九夷、八蛮等各族分别带着本地土产前来进贡，肃慎氏进贡楛木箭杆和石制箭头，箭杆长一尺八寸。周武王为了显示美德远播，在箭的末端刻上铭文，文曰"肃慎氏进贡的箭"。

【纲】庚辰,十有四年,西旅献獒,召公奭作书戒王。 【纪】西旅底贡厥獒,召公以獒非常贡,易启人主异好,不可以示诸侯,乃作书名曰旅獒,用训于王。

【纲】王有疾,周公旦祝告三后,求以身代王。 【纪】武王有疾,周公以王室未安,殷民未服,根本易摇,故请命太王、王季、文王,欲以身代王死。史录其册祝之文,藏于金縢之匮。王翼日乃瘳。

【纲】辛巳,十有五年,春,巡狩方岳,祀百神,朝诸侯。

【纲】壬午,十有六年,夏,箕子来朝。 【纪】箕子朝周,过故殷墟,伤宫室毁圮,禾黍生焉,欲哭不可,欲泣则为近妇人,故作麦秀之歌曰:"麦秀渐渐兮,禾黍油油兮,彼狡童兮,不与我好兮!"殷之遗民闻之,莫不流涕。

【纲】乙酉,十有九年,冬十有二月,王崩,世子诵践位。周公旦位冢宰,正百工。

【纲】十四年（庚辰，前1121），西方的旅国进献了一只身高四尺的大犬，召公奭便撰文告诫周武王。 【纪】西方的旅国前来进贡身高四尺的大犬，召公奭认为这种犬不是通常的贡物，容易引出帝王的特殊嗜好，不能为诸侯作表率，便撰写了一篇文章，名叫《旅獒》（獒：即身高四尺的大犬），用以训导周武王。

【纲】周武王得了重病，周公旦向三王祷告，请求以自己代替周武王去死。 【纪】周武王得了重病，周公旦认为周王室尚未安定，殷朝遗民尚未归服，国家根本容易动摇，所以向太王、王季和文王请求，打算让自己代替周武王去死。史官把他写着祷告文辞的册书记录下来，收藏在金属柜子中。第二天，周武王就痊愈了。

【纲】十五年（辛巳，前1120）春，周武王巡视四方山岳，祭祀百神，接受诸侯的朝见。

【纲】十六年（壬午，前1119）夏，箕子前来朝见。 【纪】箕子前往周朝朝见天子，经过过去殷朝都城旧址时，看见殷朝的宫殿已经倒塌，里面长出了庄稼，十分伤心，想放声痛哭，感到不合适，想默默流泪，又嫌近于妇女所为，所以便写了《麦秀之歌》，歌词是："麦子抽穗啊麦芒尖尖，禾黍抽青啊绿油油一片，无奈那位姣好的少年啊，不肯与我亲善！"殷朝的遗民听到这首歌，没有不流泪的。

【纲】十九年（乙酉，前1116），冬十二月，周武王去世，世子姬诵登位。周公旦担任冢宰，整饬百官。

纲鉴易知录卷三

周纪

成王

【纲】丙戌,周成王元年,周公旦相王,践阼而治。 【纪】成王幼,不能涖阼。周公摄政,践阼而治,南面负扆,以朝诸侯。

抗世子法于伯禽,欲令成王之知父子、君臣、长幼之道也。成王有过,则挞伯禽,所以示成王世子之道也。

【纲】周公旦作诰以告召公奭。 【纪】时召公为三公,自陕以西召公主之,自陕以东周公主之。成王既幼,周公摄政,当国。召公疑之,周公作君奭,于是召公乃说。

【纲】夏六月,葬武王于毕。
【纲】王冠。 【纪】既葬武王,冠成王,而朝于祖以见诸侯。周公命祝雍作颂,曰:"祝王辞达而已,勿多也。"祝雍辞曰:"使王近于民,远于佞,啬于时,惠于财,亲贤而任能。"其颂曰:"令月吉日,王始加元服,去王幼志服衮职。钦若昊天,六合是式,率尔祖考,永永无极!"

【纲】命周公元子伯禽代就封于鲁。 【纪】伯禽就封于鲁,周公谓伯禽曰:"我文王之子,武王之弟,今王之叔父,吾于天下不贱矣。然我一沐三握发,一饭三吐哺,起以待士,犹恐失天下之贤人。子之鲁,慎无以国骄人!"

成王

【纲】周成王元年（丙戌，前1115），周公旦辅佐周成王，登上王位，处理政务。　【纪】由于周成王年幼无法亲临王位，周公旦摄理朝政，登上王位，处理政务。他面向南方，背靠屏风，来接受诸侯的朝见。

周公旦在伯禽身上实施教导世子的方法，希望让周成王懂得有关父子、君臣、长幼之间的道理。如果周成王犯了过错，周公旦便笞打伯禽，为的是让周成王看到当世子的规矩。

【纲】周公旦写成诰文，向召公奭陈述自己的见解。　【纪】当时，召公奭担任三公之职，自陕地（今河南陕县）以西由召公奭管治，自陕地以东由周公旦管治。周成王年纪幼小，由周公旦摄理政务，执掌全国大权。召公奭对周公旦产生了怀疑，周公旦写了《君奭》一文，于是召公心情舒畅了。

【纲】夏六月，周武王安葬在毕地（在今陕西西安西南）。

【纲】周成王举行冠礼。　【纪】安葬周武王后，周公旦为周成王举行冠礼，让周成王拜见祖先神主，接受诸侯朝见。周公旦命祝雍作一篇颂文，告诉他："为王祝祷时，辞能达意就行了，不要写得太多。"祝雍拟写的文辞是："使王接近人民，疏远奸邪，爱惜农时，理好财货，亲贤任能。"祝雍的颂文写道："在美好的月份，吉祥的日子里，周王开始加冠，去掉王在幼年时的想法，担当起帝王的职责。恭敬地顺从天意，取法天地四方，遵循祖先的法度，永无穷尽！"

【纲】周成王命令周公旦的嫡长子伯禽前往鲁国封地。　【纪】伯禽前往鲁国封地时，周公旦对伯禽说："我是文王的儿子，武王的弟弟，今王的叔父，普天之下，我的地位不低了。然而，我洗一次头要三次握住头发，吃一顿饭要三次吐出口中的食物，以便起身接待士人。尽管如此，我仍然担心错过天下的贤人。你到鲁国后，小心不要因自己是一国之主就傲视别人！"

【纲】管叔及蔡叔、霍叔流言，周公居东。 【纪】管叔及其群弟流言于国曰："公将不利于孺子！"王疑周公，周公乃避位居东，取易之三百八十四爻，各系以辞。

【纲】丁亥，二年，王听政。周公居东，罪人斯得。

【纲】戊子，三年，周公居东，作诗以贻王，名之曰《鸱鸮》。

【纲】秋，大雷风。王迎周公于东，出郊，雨，反风。 【纪】秋，大熟，未获，天大雷电以风，禾尽偃，大木斯拔。王大恐，与大夫尽弁，以启金縢之匮，见周公请代武王之事，执书以泣。乃出郊迎周公，天乃雨，反风，禾尽起，岁则大熟。

【纲】管叔及蔡叔、霍叔与武庚叛，奄、淮夷、徐戎皆叛。【纪】成王既迎周公归，三叔惧，遂与武庚及淮夷等叛。

【纲】命周公东征，周公作大诰于天下。
【纲】鲁侯伯禽帅师伐淮夷、徐戎。
【纲】讨武庚诛之。封微子启于宋，以绍殷后。

【纲】致辟管叔于商，囚蔡叔于郭邻，降霍叔于庶人。遂定奄及淮夷，东土以宁。
【纲】周公东征凯还，作诗以劳士卒。
【纲】己丑，四年，王免丧，朝先王庙，延访于群臣。

周公归政于王，王中立听政，而四圣维之。周公常立于前，导天子以道；太公常立于左，辅天子之意；召公常立于右，拂天子之过；史佚常立于后，承天子之遗忘：是以虑无失计而举无过事。

【纲】管叔和蔡叔、霍叔散布流言,周公旦退居东方。 【纪】管叔和他的弟弟们在国内散布流言说:"周公旦将要做对幼君不利的事情。"周成王对周公旦产生怀疑,周公旦便退位回避,出居东方,在那里为《周易》三百八十四爻分别写上爻辞。

【纲】二年(丁亥,前1114),周成王处理政务。周公旦出居东方后,周成王才晓得谁在散布流言。

【纲】三年(戊子,前1113),周公旦居于东方,作了一首诗送给周成王,篇名叫作《鸱鸮》。

【纲】秋季,风雷大作。周成王迎接周公旦从东方回朝,亲自来到郊外。天空降雨,又刮起风来。 【纪】秋季,在庄稼熟透,尚未收割时,天空雷电交加,同时刮起大风,庄稼全被吹倒,大树也被连根拔起。周成王大为恐惧,便与各位大夫都戴好朝冠,去打开金属柜子,见到周公旦请求代替周武王去死的册书。周成王手执册书,感动得流下了眼泪,便亲自到郊外迎接周公旦。于是天上降雨,重新刮风,庄稼全部直立起来,取得了大丰收的好年景。

【纲】管叔以及蔡叔、霍叔和武庚发动叛乱。奄国、淮夷、徐戎都随之反叛。 【纪】周成王迎接周公旦回来后,管叔、蔡叔和霍叔三人心怀恐惧,便与武庚以及淮夷等发动叛乱。

【纲】周成王命周公东征。周公写了《大诰》一文,遍告天下。

【纲】鲁侯伯禽率领军队讨伐淮夷和徐戎。

【纲】周公讨伐武庚,将他杀掉,周成王将微子启分封到宋地(今河南商丘西南),让他承续殷王室的后代。

【纲】周公在商地杀死管叔,将蔡叔囚禁在郭邻,把霍叔贬黜为庶人,接着便平定了奄国以及淮夷的叛乱,东部各地归于安宁。

【纲】周公东征凯旋而归,写了一首诗,来慰劳将士。

【纲】四年(己丑,前1112),周成王守丧结束后,前去朝拜先王庙,延请群臣,访问治国之道。

周公旦将朝政交还给周成王后,周成王站在中间处理政务,而四位圣明的大臣在身边同心辅佐。周公旦通常站在前面,以治国之道开导周成王;太公望通常站在左面,帮助周成王实现自己的意图;召公奭通

【纲】辛卯,六年,董正百官,制礼乐。 【纪】周公相成王,六卿制礼、作乐、颁量,天下大治。

【纲】越裳氏来朝。 【纪】交趾南有越裳氏,重三译而来献白雉。周公曰:"德泽不加,君子不飨其贽。政令不施,君子不臣其人。"译曰:"吾国之黄耇曰:'天无烈风淫雨,海不扬波,三年矣,意中国有圣人乎?',于是来朝。"周公致荐于宗庙。使者迷其归路,周公锡以軿车五乘,皆为指南之制,使者载之,由扶南、林邑海际,期年而至其国,故指南车常为先导,示服远人以正四方。

【纲】壬辰,七年,春二月,王命太保召公相宅。三月,周公至洛,兴工营筑。王至新邑,命周公留后治洛。 【纪】初,武王作邑于镐京,谓之宗周,是为西都。将营成周,居于洛邑,而未果。至是王欲如武王之志,定鼎于郏鄏,卜曰:"传世三十,历年七百。"二月,使召公先相宅。三月,周公至洛,兴工营筑,谓之王城,是为东都。曰:"此天下之中,四方入贡道里均也。"周公又营成周。王至洛邑,迁殷顽民于成周,留周公治洛,王复还归西都。

【纲】设南郊,建明堂,立大社。

【纲】癸巳,八年,周公分正东都。

【纲】王命蔡仲复封之蔡。 【纪】蔡仲,蔡叔之子也。叔没,周公以仲贤,命诸成王,复封之蔡。

常站在右面，帮助周成王改正过错；史佚通常站在后面，帮助周成王避免忘事。所以，周成王的计虑从不失算，办事从无过失。

【纲】六年（辛卯，前1110），整顿百官，制定礼乐。　【纪】周公辅佐周成王期间，六卿制定礼仪，制作乐曲，颁布量器，天下大治。

【纲】越裳氏前来朝见。　【纪】交趾（在今越南境内，或谓在今五岭以南一带）南面的越裳氏辗转经过三次翻译，前来周朝进献白色的山鸡。周公说："没有对人家施加恩德，君子就不享受人家的礼物。没有对人家推行政教法令，君子就不把人家当作臣属对待。"越裳氏的翻译说："我国的老年人说：'天上不刮大风，不阴雨不止，大海不起风浪，已经三年了，估计是中国有圣人出现了吧！'所以我们前来朝见。"周公以白色的山鸡祭祀宗庙。后来越裳氏的使者在回去时迷了路，周公送给来使五辆设有围屏的车子，车上都装有指南针，使者乘车沿着海边取道扶南、林邑，历时一年，返回本国。所以，指南车所到之处，通常就成为显示周朝威服远方之人、号令天下四方的先导。

【纲】七年（壬辰，前1109），春二月，周成王命召公观察地理形势，选择建城地址。三月，周公来到洛邑，兴工营建新邑。周成王来到新建的洛邑，命令周公留下来治理洛邑。　【纪】起初，周武王营建都城镐京（在今陕西西安市西南），称作宗周，这便是周朝的西都。周武王又准备营建成周，城址定在洛邑，但是没有实施。这时，周成王打算完成周武王的遗愿，将郏鄏（在今河南洛阳西）确立为新都，占卜的卜辞是："传世三十代，经历七百年。"二月，周成王派遣召公先去观察地理形势，确定城址。三月，周公来到洛地，兴工营建新都，称作王城，这就是周朝的东都。周公说："这里地居天下的中央，四方入朝进贡的途程均等。"周公又营建成周。周成王来到洛邑，将不服从周朝的殷朝遗民迁徙到成周，留下周公，让他治理洛邑，周成王又返回西都镐京。

【纲】设置南郊祭天场所，建立祭祀祖先的明堂，设立祭祀土谷之神的社稷。

【纲】八年（癸巳，前1108），周公分管东都。

【纲】周成王命恢复蔡仲的封爵，让他前往蔡国。　【纪】蔡仲，是蔡叔的儿子。蔡叔死后，周公认为蔡仲贤能，为他向周成王请求任

【纲】甲午，九年，封弟叔虞为唐侯。 【纪】王与叔虞戏，削桐叶为珪以与叔虞曰："以此封若。"史佚因请择日立叔虞。王曰："吾与之戏耳。"史佚曰："天子无戏言，言则史书之，礼成之，乐歌之。"于是遂封叔虞于唐，故曰唐叔虞。

【纲】丙申，十有一年，周公在丰，作无逸以戒王。

【纲】周公薨于丰，葬周文公于毕。 【纪】周公在丰，病将殁，曰："必葬我成周，以明吾不敢离王。"周公既卒，成王亦让，葬周公于毕，从文王，以明其不敢臣周公也。

成王以周公有勋劳于天下，赐鲁公世世祀周公以天子之礼乐。是以季夏六月，以禘礼祀周公于太庙，以文王为所出之帝，而周公配之。

【纲】命君陈分正东郊成周。 【纪】周公既没，命君陈分正东郊成周。

【纲】丁酉，十有二年，巡狩，朝诸侯于方岳，因行黜陟之典。

【纲】戊戌，十有三年，作九府圜法。 【纪】初，唐、虞、夏、商之世，币金有三品，至是太公望乃立九府圜法。钱圆函方，轻重以铢，通九府之用。布帛广二尺二寸为幅，长四丈为匹。

【纲】壬戌，三十有七年，夏四月，王命太保奭及群臣受顾命。

【纲】王崩，太子钊即位。

命,周成王再次将他分封到蔡地。

【纲】九年(甲午,前1107),周成王将弟弟叔虞封为唐(在今山西翼城南)侯。　【纪】周成王与叔虞开玩笑,将桐叶削成玉版的形状,拿给叔虞说:"就以这东西封你。"史佚因而请求选择吉日,封立叔虞。周成王说:"我是与他开玩笑哩!"史佚说:"天子无戏言。只要天子一开口讲话,就有史官记录下来,就要按照礼典予以实施,还要以乐曲歌颂其事。"因此,周成王便将叔虞分封到唐地,所以称作唐叔虞。

【纲】十一年(丙申,前1105),周公在丰邑(在今陕西鄠县丰水西)写下《无逸》一文,用来告诫周成王。

【纲】周公在丰邑去世,周成王将周文公安葬在毕地(在今陕西西安南)。　【纪】周公在丰邑得了病,临终前说:"一定要把我安葬在成周,来表明我不敢离开成王。"周公去世后,周成王也表示推让,将周公安葬在毕地,葬在周文王墓旁,表示自己不敢把周公当作臣属。

由于周公为天下人立下功勋,周成王特许鲁公世世代代用天子的礼乐祭祀周公。所以,周成王在盛夏六月,采用禘礼在太庙中祭祀周公,以周文王作为出生周公的帝王恭在太庙,而以周公陪祭周文王。

【纲】周成王命君陈分管东郊成周。　【纪】周公去世后,周成王命君陈分管东郊成周。

【纲】十二年(丁酉,前1104),周成王巡视各地,接受四方诸侯的朝见,并借此机会举行贬黜、迁升的仪式。

【纲】十三年(戊戌,前1103),周成王设置九府(九府:大府、玉府、内府、外府、泉府、天府、职内、职金、职币),颁行钱币。　【纪】起初,唐、虞、夏、商时代,有三种货币。至此,太公望设置九府,颁行钱币。钱币外廓是圆的,中间的函孔是方的,每铢(铢:一市两的二十四分之一)为一枚钱币,用来方便九府用物的流通。布帛宽二尺二寸为一幅,长四丈为一匹。

【纲】三十七年(壬戌,前1079),夏四月,周成王命太保召公奭以及群臣接受临终嘱托。

【纲】周成王去世,太子姬钊即位。

康王

【纲】癸亥，周康王元年，遍告诸侯朝于酆宫。【纪】诸侯来朝，王作康诰遍告之，宣示文、武之功业，乃朝见诸侯于酆宫，由是诸侯率服。

【纲】甲戌，十有二年，夏六月，命毕公保厘东郊。

【纲】戊子，二十有六年，太保召公奭薨。【纪】初，召公治西方，甚得民和。有司请召民，召公曰："不劳一身而劳百姓，非吾先君文王之志也。"乃巡行乡邑，听断于棠树之下。至是卒，人思其政，不忍伐棠树，作甘棠之诗歌咏之。

【纲】王崩，子瑕践位。【纪】成、康之际，天下安宁，刑错四十年不用。

昭王

【纲】己丑，周昭王元年。

【纲】壬寅，十有四年，鲁侯弟潰，弑其君幽公而自立。

【纲】己卯，五十有一年，有光五色贯紫微。井水溢。王巡狩至汉，崩，子满践位。【纪】时周道渐衰，王南巡狩，反济汉，汉滨之人以胶船进王，至中流，胶液船解，王及祭公皆溺死。

穆王

【纲】庚辰，周穆王元年。

【纲】壬午，三年，命君牙为大司徒，伯冏为太仆正。

康王

【纲】周康王元年（癸亥，前1078），周康王将即位的消息遍告诸侯，诸侯在鄷宫朝见周康王。　【纪】诸侯前来朝见，周康王写了《康诰》一文，遍告诸侯，显示周文王和周武王的功业，便在鄷宫接受诸侯的朝见，由此诸侯都归服周朝。

【纲】十二年（甲戌，前1076），夏六月，周康王命毕公治理东郊。

【纲】二十六年（戊子，前1053），太保召公奭去世。　【纪】起初，召公奭治理西方，很受人民的拥护，有关官员建议召集百姓，听取他们的申诉，以做出裁断。召公奭说："为了避免自己一人的劳苦，就让百姓去受劳苦，这不是我们先王周文王的意愿。"便巡行乡邑，在棠树下听取百姓的申诉，并做出裁断。到这时，召公奭去世，人们怀念他施行的善政，不忍心砍伐棠树，作了《甘棠》一诗来歌颂他。

【纲】周康王去世，其子姬瑕登位。　【纪】周成王和周康王在位时期，天下安宁，一连四十年刑法搁置不用。

昭王

【纲】周昭王元年（己丑，前1052）。

【纲】十四年（壬寅，前1039），鲁幽公之弟溃杀死国君鲁幽公，自立为国君。

【纲】五十一年（己卯，前1002），天空出现一种含有五种颜色的光，穿过紫微星座。井水溢出。周昭王外出巡视，来到汉水（源出今陕西宁强嶓冢山，入长江）岸边时去世，其子姬满登位。　【纪】当时，周朝政教逐渐衰微。周昭王巡视南方，在返回途中要横渡汉水，汉水岸边的百姓让周昭王乘了一只用胶粘成的渡船。周昭王乘船行至汉水中心，船上的胶又化成液体，船只散了，周昭王以及祭公都被淹死。

穆王

【纲】周穆王元年（庚辰，前1001）。

【纲】三年（壬午，前999），周穆王任命君牙为大司徒，伯冏为太仆正。

【纲】丙申,十有七年,王西征。徐戎作乱,王归征徐戎,克之。
【纪】有造父者,以善御幸于王,得八骏马,西巡狩,乐而忘反。

徐子,嬴姓,地方五百里。行仁义,得朱弓矢,自以为天瑞,乃称偃王,四方诸侯朝于徐者三十六国。王闻徐子僭号,造父为御,长驱而归以救乱。与楚连谋伐徐。徐子不忍斗其民,北走彭城,百姓随之以万数。徐子将死,曰:"吾赖于文德,而不明武备,故至此!"王乃以赵城封造父,其族由此为赵氏。

【纲】甲寅,三十有五年,征犬戎。 【纪】王将征犬戎,祭公谋父谏曰:"不可!先王耀德不观兵。夫兵,戢而时动,动则威;观则玩,玩则无震。是故,先王之制:邦内甸服,邦外侯服,侯卫宾服,蛮夷要服,戎翟荒服。甸服者祭,侯服者祀,宾服者享,要服者贡,荒服者王。日祭,月祀,时享,岁贡,终王。先王之训也,不祭、不祀、不享、不贡、不王,于是乎有刑罚之辟,有攻伐之兵,有征讨之备,有威让之令,有文告之辞;布令、陈辞而又不至,则又增修于德,无勤民于远。是以近无不听,远无不服。今犬戎氏以其职来王,而必以不享征之,且观之兵,其无乃废先王之训,而王几顿乎?"王不听,遂征之,得四白狼、四白鹿以归。自是荒服者不至。

【纲】十七年（丙申，前985），周穆王西行，徐戎（其国在今安徽泗县北）发动叛乱，周穆王回朝征讨徐戎，将徐戎打败。　【纪】有一个名叫造父的人，由于善于驾车而得到周穆王的宠爱。周穆王得到八匹骏马，向西巡行，乐而忘返。

徐子姓嬴，他的国家方圆五百里。徐子施行仁义，得到一套红色的弓箭，自认为这是上天降下的祥瑞，便自称偃王，来朝见徐子的各地诸侯有三十六国。周穆王得知徐子超越身分称王的消息后，便命造父驾车，长途急奔而回，以挽救危乱，与楚国联合策划讨伐徐戎。徐子不忍心让人民去参加战斗，便向北逃到彭城（今江苏徐州），跟着徐子的百姓数以万计。徐子在临死前说："我治理国家只依靠礼乐教化，却不懂得治军打仗，所以才有这样的结局！"周穆王便将赵城（今山西洪洞北赵城镇西南）封给造父，从此造父一族便称作赵氏。

【纲】三十五年（甲寅，前967），周穆王征讨犬戎（居于今陕西凤翔北，甘肃平凉南境）。　【纪】周穆王准备征讨犬戎，祭公谋父劝谏说："不妥！先王只显示美德，不炫耀武力。平时积聚兵力，等待时机成熟后才能出动，一出动就会造成威慑力量。炫耀武力就会流于轻率，而轻率地用兵就没有威力。所以，先王的制度规定：天子领地以内为甸服，天子领地以外为侯服，侯服以外为宾服，蛮夷各族居住的地区为要服，戎狄各族居住的地区为荒服。甸服内的臣属应当祭祀天子的祖父和父亲，侯服内的臣属应该祭祀天子的高祖和曾祖，宾服内的臣属应该祭祀天子的远祖，要服内的臣属应该进贡，荒服内的臣属应该按时进京朝见天子。需要按日祭祀天子的祖父和父亲，按月祭祀天子的高祖和曾祖，按季祭祀天子的远祖，按年度进献贡物，终身事奉天子，这是先王的遗训。一旦有人不肯按日、月、季祭祀天子的父祖先人，不肯按年进献贡物，不肯朝见天子，因而才有惩处的法律，有攻伐的军队，有征讨的措施，有威严斥责的命令，有晓之以理的文告。如果发布命令，讲清道理后，要服仍不纳贡，荒服仍不朝见，天子便要加强道德修养，而不能调集百姓勤苦远征。唯其如此，近服各国无不听从号令，远服各国无不诚心归服。现在，犬戎一直按照职守前来朝见，却一定要以没有祭祀曾祖、高祖的罪名去征讨他们，并且要向他们炫耀武力，这难道不是违背

【纲】己巳，五十年，作吕刑诰四方。

【纲】甲戌，五十有五年，王崩于祗宫，子臣繄扈践位。【纪】初，穆王欲肆其心，周行天下，将皆必有车辙马迹焉。祭公谋父作祈招之诗以止王心，其诗曰："祈招之愔愔，式昭德音，思我王度，式如玉，式如金。形民之力，而无醉饱之心！"王以是获没于祗宫。

共王

【纲】乙亥，周共王元年。

【纲】丁丑，三年，王游于泾上。【纪】王游于泾上，密康公从，有三女奔之。其母曰："必致之于王。夫兽三为群，人三为众，女三为粲。粲，美物也，汝何德以堪之？王犹不堪，况尔小丑乎！小丑备物，终必亡！"康公私而不献。一年，王灭密。

【纲】丙戌，十有二年，王崩，子囏践位。

懿王

【纲】丁亥，周懿王元年，徙都于槐里。

【纲】戊子，二年，王室衰微，诗人作刺。

【纲】辛亥，二十有五年，王崩，共王之弟辟方立。

先王的遗训,使事奉天子的礼法遭到破坏吗!"周穆王不肯听从这一劝告,便去征讨犬戎,结果回来时只得到四只白狼和四只白鹿。从此,荒服各国不来朝见。

【纲】五十年(己巳,前952),周穆王制定《吕刑》,布告四方。

【纲】五十五年(甲戌,前947),周穆王在祗宫去世,其子姬繄扈登位。　【纪】起初,周穆王想放纵心志,走遍天下,让各地都留下自己的车辙马迹。祭公谋父写下《祈招》一诗,来阻止周穆王的这一念头。那首诗写道:"祈招性情安和,因此显出自己的美名。想起我王的法度,坚如玉,重如金。使用民力,却无醉饱之心!"由于周穆王接受劝告,才得以善终在祗宫。

共王

【纲】周共王元年(乙亥,前946)。

【纲】三年(丁丑,前944),周共王在泾水(出自今甘肃固原南笄头山,入陕西境)之滨游览。　【纪】周共王在泾水之滨游览,密(密须国,在今甘肃泾川南)康公随行,有三个女子投奔康公。康公的母亲说:"你一定要把她们送给周王。三个走兽称作'群',三个人称作'众',三个女子称作'粲',粲是美丽动人的女子,你有什么德行能接受三个女子?连国王都不能同时娶一家三女,何况你这样的小辈!小辈过分享受,最终一定灭亡。"康公把三个女子留给自己,没有献出。一年后,周共王灭掉密须国。

【纲】十二年(丙戌,前935),周共王去世,其子姬囏登位。

懿王

【纲】周懿王元年(丁亥,前934),将都城迁徙到槐里(在今陕西兴平县东南)。

【纲】二年(戊子,前933),周王室衰微,诗人作诗讽刺时政。

【纲】二十五年(辛亥,前910),周懿王去世,其弟姬辟方即位。

孝王

【纲】壬子,周孝王元年。

【纲】甲子,十有三年。封非子为附庸,邑之秦。 【纪】恶来革之后有非子者,好马,善养息之。王命主马汧、渭之间,马大蕃息。王封为附庸之君,邑于秦,使续伯翳后。

【纲】大雨雹,牛马死,江、汉冰。

【纲】丙寅,十有五年,王崩,诸侯复立懿王太子燮。

夷王

【纲】丁卯,周夷王元年,天子始下堂见诸侯,觐礼废。

【纲】己巳,三年,命虢公伐太原之戎。 【纪】时荒服不至,命虢公帅六师以伐太原之戎,至俞泉,获马千匹。

【纲】甲戌,八年,楚子熊渠伐庸、扬粤,至于鄂。

【纲】壬午,十有六年,王崩,子胡践位。

【纲】杀齐侯不辰,立其弟静。王暴虐,诗人作刺。

厉王

【纲】癸未,周厉王元年,楚子自去其僭号。

【纲】癸巳,十有一年,淮夷入寇,命虢仲帅师征之。

【纲】辛丑,十有九年,齐公子山弑其君胡公而自立。

孝王

【纲】周孝王元年（壬子，前909）。

【纲】十三年（甲子，前897），周孝王将非子封为附庸国君主，让他在秦地（今陕西陇县）建立城邑。　【纪】恶来革的后人中有一个叫非子的，喜欢马，并善于养马。周孝王命非子主管汧水、渭水一带的马匹，非子使马匹迅速繁殖。周孝王便将他封为附庸国的君主，命他在秦地建立都邑，让他承续伯翳的后代。

【纲】大降冰雹，牛马冻死，长江和汉水结冰。

【纲】十五年（丙寅，前895），周孝王去世，诸侯又把周懿王的太子姬燮立为天子。

夷王

【纲】周夷王元年（丁卯，前894），天子首次走到朝堂下面来会见诸侯，诸侯觐见天子的礼仪废弃了。

【纲】三年（己巳，前892），周夷王命虢公攻打太原（今山西太原）的戎人。　【纪】当时，荒服的国君不来朝见，周夷王命虢公率领六军前去讨伐太原的戎人，一直打到俞泉（在今山西太原），得到一千匹马。

【纲】八年（甲戌，前887），楚子熊渠攻打庸地（在今湖北房县西）和扬粤（今广东地，一说在今江西境），一直打到鄂地（今湖北武昌）。

【纲】十六年（壬午，前879），周夷王去世，其子姬胡登位。

【纲】周夷王杀死齐哀公不辰，将他的弟弟胡公静立为齐君。周夷王凶暴残忍，诗人作诗讽刺。

厉王

【纲】周厉王元年（癸未，前878），楚子自行撤除超越身份的王号。

【纲】十一年（癸巳，前868），淮夷侵犯周朝，周厉王命虢叔率领军队攻打淮夷。

【纲】十九年（辛丑，前860），齐国的公子山杀死齐侯胡公，自立

【纲】齐侯徙治临淄。

【纲】壬子,三十年,以荣夷公为卿士。 【纪】王好利,近荣夷公,大夫芮良夫谏曰:"荣公好专利而不知大难。夫利,百物之所生也,天地之所载也,而或专之,其害多矣。夫王人者,将导利而布之上下者也,使神人百物无不得其极,犹日怵惕惧怨之来也。今独专利,其可乎? 匹夫专利,犹谓之盗,王而行之,其归鲜矣。荣公若用,周必败!"王不听,卒以荣公为卿士,诸侯不享。

【纲】乙卯,三十有三年,使人监谤,杀言者。 【纪】厉王虐,国人谤王。召公告曰:"民不堪命矣!"王怒,得卫巫,使监谤者;以告,则杀之。国人莫敢言,道路以目。王喜,告召公曰:"吾能弭谤矣。"召公曰:"是障之也! 防民之口,甚于防川。川壅而溃,伤人必多,民亦如之。是故,为川者决之使导,为民者宣之使言。夫民虑之于心而宣之于口,成而行之,胡可壅也? 若壅其口,其与能几何!"王弗听,于是国人莫敢出言。

【纲】丙辰,三十有四年,召公作诗讽王。

【纲】凡伯作诗,切责僚友,因以讽王。

【纲】丁巳,三十有五年,王暴虐滋甚,芮伯作诗刺之。

【纲】国人作诗刺王。

【纲】己未,三十有七年,国人叛,王出居彘。太子靖匿于召公

为齐侯。

【纲】齐献公将都城迁徙到临淄（今山东益都西北）。

【纲】三十年（壬子，前849），周厉王任命荣夷公为卿士。　【纪】周厉王贪图财利，与荣夷公亲近。大夫芮良夫进谏说："荣夷公好独占财利，却不知道这会引起巨大的祸难。财利由各种物品产生出来，存在于天地之间。如果有人独占财利，就会招来许多害处。治理民众的君主，应该调节财利，分配给上上下下所有的人，使天神、人民、万物各得其所，即使如此，君主仍然每天保持警惕，害怕招致不满。现在，荣夷公独占财利，能行得通吗？普通人独占财利，还被称作盗贼，身为君主，却这么干，就很少有人肯归附了。如果任用荣夷公，周朝定会衰败。"周厉王置之不理，终于任命荣夷公为卿士，而诸侯不肯前来朝见。

【纲】三十三年（乙卯，前846），周厉王派人监督民众的批评，杀死发表议论的人。　【纪】周厉王暴虐，国人都非难周厉王的过失。召公告诉周厉王说："人民无法忍受下去了！"周厉王非常恼火，便找到一个来自卫国的巫师，让他去监视人们对自己的非议。只要卫国的巫师报告谁非议自己，周厉王就杀死谁。国人都不敢讲话，路上相遇时只好以目示意。周厉王大为高兴，告诉召公说："我能消除人们的非议了。"召公说："这是阻止人民讲话的做法。要知道，防止人民发表意见，比防止河流冲决堤防还要危险。河流堵塞了，就会决口，必然要伤害许多人。说到人民，道理也是一样。所以治理河道只能排除阻障，使水流通畅。治理人民，只能引导人民说出意见。人民经过内心的深思熟虑才把意见发表出来，觉得好的事他们就会去做，怎能不让他们发言呢！如果堵住人民的嘴巴，还能有多少人赞成你呢！"周厉王不听劝告，于是国人都不敢开口发言了。

【纲】三十四年（丙辰，前845），召公作诗规劝周厉王。

【纲】凡伯作诗深切责备自己的同僚和朋友，借此规劝周厉王。

【纲】三十五年（丁巳，前844），周厉王愈来愈暴虐，芮伯作诗讽刺他。

【纲】国人作诗讥刺周厉王。

【纲】三十七年（己未，前842），国人叛乱，周厉王出逃，住在彘

家。【纪】王心戾虐,万民弗忍,乃相与叛,袭王;王出奔于彘。太子靖匿于召公之家,国人乃围之。召公曰:"昔吾骤谏王,王不从,以及此难也。今杀王太子,王其以我为雠而怼怒乎?夫事君者,险而不怼,怨而不怒,况事王乎!"乃以其子代王太子,太子竟得脱。

【纲】庚申,三十有八年,春,王在彘,召公、周公行政,号共和。【纪】召公、周公二相,以太子靖幼,相与和协,共理国事,号曰:"共和"。

【纲】癸酉,五十有一年,王死于彘。周公、召公奉太子靖即位。

宣王

【纲】甲戌,周宣王元年,周公、召公辅政。【纪】周公、召公辅王修政,法文、武、成、康之遗风,任申伯、仲山甫、张仲,诸侯复宗周。

【纲】命秦仲为大夫,讨西戎。

【纲】命尹吉甫帅师北伐玁狁。

【纲】乙亥,二年,旱。

【纲】命方叔将兵南征荆蛮。

【纲】遣召穆公虎帅师伐淮南之夷。

【纲】王自将亲征淮北徐夷。

【纲】己卯,六年,大旱,王侧身修行。【纪】宣王承厉王之烈,内有拨乱之志,遇灾而惧,侧身修行,欲消去之。天下喜于王化复行,百姓见忧,故仍叔作诗以美之。

地（今山西洪洞东北霍山下）。太子姬靖躲藏在召公家中。【纪】周厉王心地乖张而又暴虐，众多的百姓难以忍受，便聚集起来，发动叛乱，前去袭击周厉王，周厉王逃到彘地。太子姬靖躲藏在召公家中，国人便将召公的住宅包围起来。召公说："从前我多次劝谏周王，周王不听，因此招致这一祸难。现在，如果国人把周王的太子杀了，恐怕周王就会认为是我要报复他，发泄怨恨了！事奉君主的人应该遇到危难而不怨恨，受到埋怨而不恼怒，何况事奉周王呢！"便以自己的儿子顶替王太子姬靖，交了出去，太子终于得以逃脱。

【纲】三十八年（庚申，前841），春，周厉王仍在彘地，召公和周公主持朝政，号称"共和"。【纪】召公和周公二相因太子姬靖年幼，便一起齐心合力，共同处理国家大事，号称"共和。"

【纲】五十一年（癸酉，前828），周厉王在彘地死去，周公和召公拥奉太子姬靖即位。

宣王

【纲】周宣王元年（甲戌，前827），周公和召公辅佐朝政。【纪】周公和召公辅佐周宣王整饬朝政，效法周文王、周武王、周成王、周康王留下的治国风范，任用申伯、仲山甫、张仲，诸侯重新尊崇周朝。

【纲】周宣王封秦仲为大夫，命令他讨伐西戎。

【纲】周宣王命尹吉甫率领军队北伐猃狁。

【纲】二年（乙亥，前826），发生旱灾。

【纲】周宣王命方叔领兵南征荆蛮。

【纲】周宣王派遣召穆公虎率领军队攻打淮南的夷人。

【纲】周宣王亲自领兵征讨淮北的徐夷。

【纲】六年（己卯，前822），旱情严重，周宣王恐惧不安，检点言行。【纪】周宣王面临周厉王为政酷暴的后果，心中立下拨乱反正的志向。在遇到旱灾时，他心怀戒惧，忧恐不安，检点言行，希望使灾情消除。天下人为周天子的教化再度施行而高兴，百姓受到关怀，所以仍叔作诗来赞美周宣王。

【纲】乙酉,十有二年,鲁侯来朝,以其二子括、戏见王,王命戏为鲁世子。

【纲】王不藉千亩。 【纪】王不藉千亩。虢文公谏曰:"夫民之大事在农,上帝之粢盛于是乎出,民之蕃庶于是乎生,事之共给于是乎在,和协辑睦于是乎兴,财用蕃殖于是乎始,敦庞纯固于是乎成。是故,稷为大官,惟农是务,无有求利于其官以干农功。三时务农,而一时讲武,故征则有威,守则有财。若是则能媚于神而和于民,享祀时至而布施优裕也。今天子欲修先王之绪而弃其大功,匮神乏祀而困民之财,将何以求福用民?"王弗听。

【纲】乙未,二十有二年,王后姜氏脱簪珥谏王,王勤政中兴。【纪】王尝晏起,姜后脱簪珥待罪于永巷,使其傅母通言于王曰:"妾不才,至使君王乐色而忘德,失礼而晏朝。夫苟乐色必好奢,好奢必穷乐。穷乐者乱之所兴也,原乱之兴自婢子始,敢请罪!"王曰:"寡人不德,实自生过,非夫人之罪也。"自是勤于政事,早朝晏罢,卒成中兴之名。

【纲】癸卯,三十年,有马化为人。 【纪】时有马化为人,有兔舞于镐京。

【纲】壬子,三十有九年,伐姜戎,战于千亩,王师败绩。

【纲】癸丑,四十年,料民于太原。 【纪】王既丧南国之师,乃料民于太原。仲山甫谏曰:"民不可料也!夫古者不料民而知其多少,司民协孤终,司商协民姓,司徒协旅,司寇协奸,牧协职,工协

【纲】十二年（乙酉，前816），鲁武公前来朝见，带着两个儿子括和戏晋见周宣王，周宣王将戏立为鲁侯的世子。

【纲】周宣王不再到千亩籍田中举行亲自耕田劝农的仪式。
【纪】周宣王不再到千亩籍田中举行亲自耕田劝农的仪式，虢文公进谏说："农业是民众的大事，上帝的祭品由此提供，民众的繁衍由此得到保证，国事的供给由此满足，人们谐调和睦的关系由此建立，财货用度的增加由此发端，敦厚纯朴的风尚由此形成。所以，稷是一个重要的官员，专门致力于农业管理，从不要求属官谋取财利，以免干扰农业生产；让人们在春、夏、秋三季务农，而在冬季习武，所以才能在出征时军威大振，在防守时财用充足。只有做到这些，才能博得上天的欢心和人民的拥护，按时祭祀，布施丰饶。现在，你打算振兴先王的业绩，却将农业这一重大事功弃置不顾，不再举行耕田劝农、祭祀宗庙的礼典，使人民财用空乏，这将怎样求得福佑并使人民效力呢！"周宣王不听。

【纲】二十二年（乙未，前806），王后姜氏摘去发簪和耳环，向周宣王进谏，于是周宣王勤勉从政，周朝中兴。 【纪】有一次，周宣王起床很晚，姜王后便摘下发簪和耳环，投身后宫女牢，等待治罪，还让她的女傅和保姆向周宣王传话说："由于我没有才能，致使您贪恋女色，忘记修养德行，有失礼法，上朝迟到。如果贪恋女色，必定会追求奢华；追求奢华，必定要穷极逸乐。穷极逸乐，是祸乱产生的根源。追寻祸乱的根源，是由我引起的，请惩罚我的过失。"周宣王说："我失德无行，确实是自己犯了过失，你没有什么罪责。"从此，周宣王勤勉地处理政务，很早便去上朝，很晚才退朝，终于成就了中兴的美名。

【纲】三十年（癸卯，前798），有一匹马变成了人。 【纪】当时，有一匹马变成了人，还有一只兔子在镐京蹦跳起舞。

【纲】三十九年（壬子，前789），周宣王攻打姜戎，双方在千亩（在今山西介休南之千亩原）交战，周朝的军队战败。

【纲】四十年（癸丑，前788），在太原调查人口。 【纪】周宣王在南征被打垮后，便在太原调查人口。仲山甫规劝说："不能调查人口！古时候不用调查人口，就知道人口多少。司民专管老幼人口，司商专管民众的宗族姓氏，司徒专管军队，司寇专管奸民，司牧专管贡物，司工专管皮

革,场协入,廪协出。是则少多死生出入往来者,皆可知也。于是又审之以事,王治农于藉,搜于农隙,耨获亦于藉,狝于既烝,狩于毕时。是皆习民数者也,又何料焉?且无故而料民,天所恶也,害于政而妨于后嗣!"王弗听。

【纲】丙辰,四十有三年,杀大夫杜伯;左儒争,死之。 【纪】王将杀杜伯而非其罪,伯之友左儒争之于王,九复之而王不许。王曰:"汝别君而异友也。"儒曰:"君道友逆,则顺君以诛友;友道君逆,则顺友以违君。"王怒曰:"易而言则生,不易则死!"儒曰:"士不枉义以从死,不易言以求生。臣能明君之过,以正杜伯之无罪。"王杀杜伯,左儒死之。

【纲】己未,四十有六年,王崩,太子涅立。

幽王

【纲】庚申,周幽王元年。

【纲】壬戌,三年,王嬖宠褒氏。 【纪】初,褒人有罪,请入女子于王以赎罪,是为褒姒。幽王三年,之后宫,见而爱之,生子伯服。

【纲】西周三川皆震。泾、渭、洛竭,岐山崩。 【纪】西周泾、渭、洛三川皆震。伯阳父曰:"周将亡矣!夫天地之气不失其序,若过其序,民乱之也。阳伏而不能出,阴迫而不能烝,于是有地震。今三川实震,是阳失其所而镇阴也。阳失而在阴,川源必塞。源塞,国必亡。夫水土演而民用足也;土无所演,民乏财用,不亡何待!昔伊、洛竭而夏亡,河竭而商亡。今周德若二代之季矣,其川源又塞,塞必

革,司场专管粮食收入,司廪专管粮食支出。这样,就能全面掌握人口的数量、生死及迁徙的情况。于是进一步在各种事情中来审核人口。天子在籍田中务农,在农耕后进行春猎,再到籍田中除草和收获庄稼,在庄稼成熟以后进行秋猎,在农事结束以后进行冬猎,这都是了解人口数量的机会,怎么还需要专门调查呢!而且,无故调查人口,是上天所憎恶的,对时政和后代都有妨害!"周宣王不听。

【纲】四十三年(丙辰,前785),周宣王杀死大夫杜伯,左儒争辩,为此自杀。 【纪】周宣王准备杀掉杜伯,其实杜伯却没有罪。杜伯的朋友左儒在周宣王面前为他争辩,一连九次上奏,周宣王都没许可。周宣王说:"你对君主和朋友的态度不同。"左儒说:"如果君主有理,朋友背理,我就顺从君主,杀掉朋友。如果朋友有理,君主背理,我就支持朋友,违背君主。"周宣王生气地说:"收回你的说法你就活,不收回你的说法你就死!"左儒说:"贤士不违反道义,顺从就死,不改变主张,苟且求生。我能指明大王的过失,证明杜伯无罪。"周宣王杀死杜伯,左儒自杀。

【纲】四十六年(己未,前782),周宣王去世,太子姬涅即位。

幽王

【纲】周幽王元年(庚申,前781)。

【纲】三年(壬戌,前781),周幽王宠爱褒氏。 【纪】起初,褒国(今陕西沔县东北褒城镇)得罪了周幽王,请求向周幽王进献女人赎罪,这女人就是褒姒。三年,因到后宫去,周幽王看到褒姒,便爱上了她,和她生了儿子伯服。

【纲】西周的泾水、渭水和洛水三河流域发生地震,这三条河都枯竭了,岐山发生山崩。 【纪】西周的泾水、渭水和洛水三河流域都发生了地震。伯阳父说:"周朝将要灭亡了!天地间的阴阳二气不能失去自身的秩序,如果背离了自身的秩序,就准是有人在扰乱这一秩序。阳气隐伏在下面无法出来,阴气压迫阳气,使阳气不能上升,因此就会发生地震。现在三河流域发生地震,是因为阳气失去应有的位置,被阴气镇住了。阳气失去自己的位置,只由阴气去起作用,水源必然会堵塞

竭。夫国必依山川；山崩、川竭，亡之征也。川竭山必崩，若国亡，不过十年，数之纪也。夫天之所弃，不过其纪。"是岁也，三川皆竭，岐山崩。十一年幽王乃灭，周乃东迁。

【纲】癸亥，四年，卫侯和作诗悔过，因以讽王。

【纲】群臣作诗刺谗，因以讽王。

【纲】诗人伤时之乱，征役不息，作诗以刺时政。

【纲】乙丑，六年，冬十月朔，日有食之。

【纲】丙寅，七年，用尹氏，家父作诗刺之。

【纲】丁卯，八年，以郑伯友为司徒。

【纲】戊辰，九年，夏六月，陨霜。

【纲】王废申后及太子宜臼，以褒姒为后，其子伯服为太子。宜臼奔申。　【纪】王废申后及太子宜臼，宜臼奔申。太史伯阳曰："祸成矣，无可奈何！"

褒姒不好笑。王欲其笑，万方，故不笑。主与诸侯约，有寇至，举烽火为信，则举兵来援。王欲褒姒笑，乃无故举火，诸侯至而无寇，褒姒大笑。褒姒好闻裂缯声，王发缯裂之以适其意。虢石父为人佞，善谀，好利，王以为卿，用事，国人皆怨。

【纲】庚午，十有一年，伐申。申侯与犬戎入寇，戎弑王于骊山下，郑伯友死之。晋、卫、秦以兵来援，平戎，与郑世子掘突，共立故太子宜臼。　【纪】王欲杀故太子宜臼，求之于申。申侯弗予，王伐

不通。水源堵塞不通，国家必然会灭亡。水源通畅，土地滋润，才能使人民财用充足。土地没有水源滋润，就会使人民财用缺乏，国家怎能不灭亡呢！从前，伊水和洛水干涸而夏朝灭亡；黄河枯竭而商朝灭亡。现在，周朝的国政就象夏、商两朝末年那个样子，三河水源又堵塞不通，水源堵塞不通就一定会造成河流枯竭。大凡一个国家必须依赖山川，山崩河竭，是国家灭亡的征兆。河流枯竭后，山也一定会崩塌，如果亡国，就不会超过十年时间，因为十是数字的计算单位。而被上天抛弃的国家，其灭亡的时间不会超过十年。"这一年，泾、渭、洛三条河流全部干涸，岐山崩塌。到了十一年，周幽王覆灭，周朝东迁。

【纲】四年（癸亥，前778），卫侯和作诗表示悔过，借此婉言规劝周幽王。

【纲】群臣作诗讥刺谗人，借此婉言规劝周幽王。

【纲】诗人为时世混乱、兵役不息而感伤，作诗讽刺时政。

【纲】六年（乙丑，前776），冬十月一日，出现日食。

【纲】七年（丙寅，前775），周幽王任用尹氏，家父作诗加以讥刺。

【纲】八年（丁卯，前774），周幽王任命郑桓公友为司徒。

【纲】九年（戊辰，前773），夏六月，降霜。

【纲】周幽王废黜申后和太子宜臼，立褒姒为王后，立其子伯服为太子。宜臼逃奔申国（在今河南南阳）。 【纪】周幽王废黜申后和太子宜臼，宜臼逃奔申国。太史伯阳说："祸事酿成了，已经无法挽回！"

褒姒不喜欢笑，周幽王想让她发笑，用尽千方百计，褒姒仍然不笑。周幽王与诸侯约定，有敌人入侵，点燃烽火为信号，诸侯便起兵前来援救。周幽王想让褒姒笑，便无故点燃烽火。诸侯赶来了，却发现没有敌人入侵，褒姒大笑。褒姒喜欢听撕裂丝帛的声音，周幽王便发放丝帛，让人撕裂，好使褒姒快活适意。虢石父为人奸佞，善于阿谀逢迎，贪图财利，周幽王却命他为卿，让他掌权，国人都怨恨不满。

【纲】十一年（庚午，前771），周幽王攻伐申国。申侯与犬戎前来侵犯，犬戎将周幽王杀死在骊山（在今陕西临潼东南）脚下，郑桓公友被杀。晋国、卫国和秦国派兵前来援救，打败犬戎，与郑世子掘突共同

之。申侯与鄫人召西夷犬戎伐王。王举烽火征兵，兵莫至；犬戎逐杀王于骊山下，虏褒姒，并杀郑桓公，尽取周宝赂而去。晋文侯、卫武公、秦襄公将兵救周，平戎，与郑世子掘突即中国共立故太子宜臼，是为平王，而西周遂亡。

拥立原先的太子宜臼为周王。【纪】周幽王打算杀掉原先的太子宜臼,便向申国要人。申侯不肯交出,周幽王便去攻伐申国。申侯与鄫国(在今山东峄县东北)人召来西夷和犬戎,前去攻打周幽王。周幽王命令点燃烽火,征集军队,但是没有军队前来。于是,犬戎在骊山脚下杀死周幽王,抢走褒姒,杀死郑桓公,把周王室的宝物全部拿走。晋文侯、卫武公、秦襄公率领军队来救周朝,打败犬戎,与郑世子掘突就在申国共同拥立原来的太子宜臼,这就是周平王。西周灭亡了。

东周

平王

【纲】辛未,周平王元年,迁都于东都洛邑。 【纪】平王立,东迁于洛邑,避戎寇也。是时周室衰微,诸侯强并弱,齐、楚、秦、晋始大,政由方伯。

【纲】命秦襄为诸侯,赐以岐、丰之地。 【纪】王东徙洛邑,秦襄公以兵送王。王封襄公为诸侯,赐之岐、丰之地。襄公于是始国,而与东诸侯通使聘享之礼。

【纲】命卫侯和为公,锡晋侯仇命。
【纲】秦祀上帝于西畤。
【纲】癸酉,三年,以郑掘突为司徒。
【纲】己卯,九年,秦东徙汧、渭之会。

【纲】癸未,十有三年,卫武公薨,子扬嗣。 【纪】初,武公年九十有五,犹箴儆于国,曰:"自卿以下,至于师长士,苟在朝者,无谓我老耄而舍我,必交戒训导我。在舆有旅贲之规,位宁有官师之典,倚几有诵训之谏,居寝有瞽御之箴,临事有瞽史之道,宴居有师工之诵。史不失书,矇不失诵,以训御之。"于是乎作懿戒以自警。及其没也,谓之叡圣武公。

【纲】乙酉,十有五年,秦作鄜畤。 【纪】秦文公梦黄蛇自天下属地,其口止于鄜衍。文公问史敦,敦曰:"此上帝之征,君其祠之。"于是作鄜畤,用三牲郊祭白帝焉。

平王

【纲】周平王元年（辛未，前770），将都城迁到东都洛邑。
【纪】周平王即位后，将都城向东迁到洛邑，为的是避免戎人的侵犯。这时，周王室国势衰微，诸侯中强国兼并弱国，齐国、楚国、秦国和晋国开始强大起来，政令由霸主主持。

【纲】周平王封秦襄公为诸侯，赐以岐、丰之地。 【纪】周平王东迁洛邑时，秦襄公领兵护送周平王，周平王便将秦襄公封为诸侯，把岐山、丰水一带的土地分封给他。秦襄公在这时候开始建国，与东方诸侯按照礼节互派使节通问修好，并向周天子进献贡物。

【纲】周平王将卫武侯和进封为公，向晋文侯仇颁赐册书。
【纲】秦襄公在西畤（在今甘肃天水西南）祭祀上帝。
【纲】三年（癸酉，前768），周平王任命郑武公掘突为司徒。
【纲】九年（己卯，前762），秦文公向东迁徙到汧水与渭水的交汇之处。

【纲】十三年（癸未，前758），卫武公和去世，其子扬继位。
【纪】起初，郑武公在九十五岁时，还告诫国人说："自卿以下，以至大夫和士人，只要在朝中任职，不要认为我年纪老迈，就放过我的过错，一定要不断告诫我，教导我。"卫武公在乘车时有卫士的规劝，在朝时有百官进言的制度，坐下时有写在几案上的谏言，就寝时有近侍的劝告，处理国家大事时有乐官和太史的教诲，日常闲居时有乐师用歌咏来劝谏。史官不漏记卫武公的言行，乐官不忘记用歌咏来规谏时事，以便把教训提供给卫武公。于是，卫武公写了《懿戒》一诗来警告自己。及至卫武公去世，人们称他为"睿圣武公"。

【纲】十五年（乙酉，前756），秦文公在鄜地（在今陕西洛川西北）设立祭天之所。 【纪】秦文公梦见有一条黄蛇从天空落到地上，黄蛇的口停在鄜地的山陵间。秦文公就此事询问史敦，史敦说："这是上帝显示的征兆。请您祭祀上帝。"于是，秦文公在鄜地设立祭天之所，

【纲】己丑,十有九年,遣畿内之民戍申。

【纲】辛卯,二十有一年,秦伯大败戎师,收岐西之地。自岐以东归于王。

【纲】壬辰,二十有二年,王室衰微,诸侯背叛。

【纲】甲午,二十有四年,宗周宫室圮,诗人作黍离。

【纲】秦初有三族之罪。

【纲】丙申,二十有六年,晋侯封其叔父成师于曲沃。

【纲】戊午,四十有八年,鲁初请郊庙之礼。 【纪】鲁惠公使宰让请郊庙之礼于天子,王使史角往鲁,公止之,其后在鲁,于是有墨翟之学。鲁之用郊始于此。

【纲】鲁惠公薨,国人立其子息姑。

【纲】己未,四十有九年,春王正月。 【纪】是时天子微弱,诸侯放恣,赏罚不行。故孔子因鲁史修春秋,以寓王法,托始于此年,首书"春王正月"。

【纲】秋七月,王使宰咺锡鲁惠公仲子之赗。

【纲】辛酉,五十有一年,春二月己巳,日有食之。

【纲】三月,王崩,孙林践位。

【纲】秋,武氏如鲁求赙。

【纲】郑祭足帅师入寇。 【纪】郑武公、庄公为平王卿士,王贰于虢,郑伯怨王,王曰:"无之。"故周、郑交质,王子狐为质于郑,郑公子忽为质于周。王崩,周人将畀虢公政。夏四月,郑祭足帅

用牛羊猪三牲祭祀白帝。

【纲】十九年（己丑，前752年），周平王派遣京城周围的民众去戍守申国。

【纲】二十一年（辛卯，前750），秦文公大败戎人军队，收复了岐山以西的土地，将岐山以东的土地归还周平王。

【纲】二十二年（壬辰，前749），周王室国势衰微，诸侯背叛。

【纲】二十四年（甲午，前747），宗周宫室毁坏，诗人写下《黍离》一诗。

【纲】秦文公初次设立了诛灭三族(三族：父族、母族、妻族。)的刑罚。

【纲】二十六年（丙申，前745），晋昭侯将他的叔父成师封在曲沃（在今山西闻喜东）。

【纲】四十八年（戊午，前723），鲁惠公初次请求采用郊祀庙祭的礼仪。　【纪】鲁惠公派遣宰让向周平王请求让鲁国采用郊祀天地、庙祭祖宗的礼仪，周平王派遣史角前往鲁国，鲁惠公便将史角留在鲁国。史角的后代住在鲁国，其中有一位墨翟，创立了墨家学说。鲁国采用郊祭天地的礼仪就从这时开始。

【纲】鲁惠公去世，国人将他的儿子息姑立为国君。

【纲】四十九年（己未，前722）春，周历正月。　【纪】这时，周天子势力微弱，诸侯任意而为，周平王无力实行赏罚。所以，孔子依据鲁国史籍撰写《春秋》一书，用以寄托王法，便借记述本年的史事做为开端，首先就写上"春，王正月"。

【纲】秋七月，周平王派遣宰咺为鲁惠公夫人仲子颁赐助葬用品。

【纲】五十一年（辛酉，前720），春二月己巳，出现日食。

【纲】三月，周平王去世，其孙姬林登位。

【纲】秋季，周大夫武氏前往鲁国索求助葬的财物。

【纲】郑祭足率领军队侵犯周朝。　【纪】郑武公和郑庄公都担任周平王的卿士，周平王同时又想让虢公秉政。郑庄公对周平王怨恨不满，周平王说："并无此事。"因此，周朝和郑国互相交换人质，王子狐到郑国去做人质，郑国的公子忽到周朝去做人质。周平王去世后，周人

师取温之麦；秋，又取成周之禾。

桓王

【纲】壬戌，周桓王元年，春二月，卫州吁弑其君桓公而自立。

【纲】丙寅，五年，春三月，郑伯使宛归祊田于鲁。

【纲】己巳，八年，冬十一月，鲁公子轨弑其君隐公而自立。【纪】羽父请杀桓公，将以求太宰。隐公曰："为其少故也，吾将授之矣。使营菟裘，吾将老焉。"羽父惧，反谮公于桓公而请弑之。壬辰，羽父使贼弑公于寪氏，立桓公。

【纲】庚午，九年，春三月，郑伯以璧假鲁许田。【纪】桓公即位，修好于郑。郑人请复祀周公，卒易祊田。公许之，郑伯以璧假许田，为周公祊故也。

【纲】甲戌，十有三年，秋，蔡人、卫人、陈人从王伐郑。【纪】初，王夺郑伯政，郑伯不朝。王以诸侯伐郑，郑伯御之，战于繻葛。蔡、卫、陈皆奔，王卒大败。祝聃射王中肩，王亦能军，祝聃请从之。郑伯曰："君子不欲多上人，况敢陵天子乎？苟自救也，社稷无陨多矣！"郑伯使祭足劳王，且问左右。

【纲】甲申，二十有三年，春二月，王使家父如鲁求车。

【纲】三月，王崩，子佗践位。

准备把国政交给虢公执掌。夏四月，郑国的祭足率领军队去割走了温地（今河南温县西南）的麦子；秋季，又去割走了成周的谷子。

桓王

【纲】周桓王元年（壬戌，前719），春二月，卫国的州吁杀死国君卫桓公，自立为国君。

【纲】五年（丙寅，前715），春三月，郑庄公派遣宛，把祊田（在今山东费县）归还给鲁国。

【纲】八年（己巳，前712），冬十一月，鲁国的公子轨杀死国君鲁隐公，自立为国君。【纪】羽父请鲁隐公让自己去杀掉鲁桓公，打算借此谋求太宰的职务。鲁隐公说："由于他还年轻的缘故，我才摄政，现在我打算把君位交给他了。我让人在菟裘（在今山东泗水县北）营建住所，准备在那里养老了。"羽父心怀恐惧，反而向鲁桓公诬陷鲁隐公，并请求将鲁隐公杀死。十五日（壬辰），羽父派刺客把鲁隐公杀死在寪氏家里，立鲁桓公为国君。

【纲】九年（庚午，前711），春三月，郑庄公用玉璧换取鲁国的许田（在今山东临沂西北）。【纪】鲁桓公即位后，与郑国重归和好。郑国请求重新祭祀周公，完成祊田的交换，鲁桓公应允。郑庄公用玉璧换取许田，这是因为祭祀周公需要用祊田交换许田的缘故。

【纲】十三年（甲戌，前707）秋，蔡、卫、陈三国军队跟随周桓王攻打郑国。【纪】起初，周桓王剥夺了郑庄公执掌朝政的权力，郑庄公不再朝见周桓王。周桓王率领诸侯讨伐郑国，郑庄公领兵抵御，在繻葛（在今河南长葛北）交战。蔡、卫、陈三国军队纷纷逃跑，周桓王的军队大败。祝聃用箭射中周桓王的肩膀，不过周桓王还能指挥作战。祝聃请求追赶周桓王，郑庄公说："君子不愿意过分逼迫别人，又怎么敢凌辱天子！如果我们能保住自己，使国家不致败亡，就足够了！"郑庄公派遣祭足去慰问周桓王，并且问候了周桓王的左右近臣。

【纲】二十三年（甲申，前697），春二月，周桓王派遣家父前往鲁国索求车辆。

【纲】三月，周桓王去世，其子姬佗登位。

庄王

【纲】乙酉，周庄王元年。

【纲】丁亥，三年，春正月，鲁侯会齐侯于泺，鲁侯与夫人姜氏遂如齐。夏四月，齐侯杀鲁桓公，立其子同。 【纪】鲁侯将有行，与姜氏如齐。申繻曰："女有家，男有室，无相渎也，谓之有礼。易此必败。"公会齐侯于泺，遂及文姜如齐，齐侯通焉。公谪之，以告。夏，享公，使公子彭生乘公，公薨于车。齐人立其子同。

【纲】秋，周公黑肩谋弑王，伏诛。王子克奔燕。 【纪】周公黑肩欲弑庄王而立王子克，辛伯告王，遂与王杀周公。王子克奔燕。初，子仪有宠于桓王，王属诸周公。辛伯谏曰："并后匹嫡，两政耦国，乱之本也！"周公弗从，故及。

【纲】戊子，四年，夏，单伯送王姬。秋，鲁筑王姬之馆于外。冬，王使荣叔如鲁，锡桓公命，王姬归于齐。

【纲】甲午，十年，夏四月，辛卯夜，恒星不见。夜中，星陨如雨。

【纲】乙未，十有一年，冬十一月，齐无知弑其君诸儿。 【纪】僖公之母弟曰夷仲年，生公孙无知，有宠于僖公，襄公绌之。公使连称、管至父戍葵丘；瓜时而往，曰"及瓜而代"。期戍，请代，弗许。二人遂因无知以作乱，弑襄公而立无知。初，襄公立，无常。鲍叔牙曰："君使民慢，乱将作矣！"奉公子小白奔莒。乱作，管夷吾、召忽奉公子纠奔鲁。

庄王

【纲】周庄王元年（乙酉，前696）。

【纲】三年（丁亥，前694），春正月，鲁桓公与齐襄公在泺水（在今山东历城北，即小清河）之滨会见，鲁桓公和夫人文姜接着又前往齐国。夏四月，齐襄公杀死鲁桓公，立其子同为国君。　【纪】鲁桓公准备外出，与文姜前往齐国。申繻说："女人有夫家，男人有妻室，不能互相轻慢，叫做有礼。不遵守这种礼法，准没有好下场。"鲁桓公在泺水之滨与齐襄公会见后，便与文姜前往齐国，齐襄公得以与文姜通奸。鲁桓公斥责文姜，文姜告诉了齐襄公。夏季，齐襄公宴请鲁桓公，让公子彭生为鲁桓公驾车，鲁桓公死在车上，齐襄公便立其子同为鲁君。

【纲】秋季，周公黑肩图谋杀死周庄王，结果被杀。王子克逃往燕国。　【纪】周公黑肩打算杀死周庄王，而立王子克为周王。辛伯告诉了周庄王，于是协助周庄王杀死周公黑肩，王子克逃往燕国。起初，子仪得到周桓王的宠爱，周桓王把他托付给周公。辛伯劝阻说："让姬妾与王后等同，庶子与嫡子匹敌，朝中有两人执政，封邑与国都抗衡，这是祸乱的根源。"周公黑肩没有接受意见，所以招致了这场祸难。

【纲】四年（戊子，前693），夏季，单伯护送王姬出嫁齐国。秋季，鲁庄公在郊外建起王姬居住的馆舍。冬季，周庄王派遣荣叔前往鲁国，向鲁桓公追赐册命。王姬嫁到齐国。

【纲】十年（甲午，前687），夏四月，辛卯那天夜间，常见的星星没有出现，到了半夜时分，星星陨落，如同下雨。

【纲】十一年（乙未，前686），冬十一月，齐国的公孙无知杀死齐襄公诸儿。　【纪】齐僖公的同母弟名叫夷仲年，夷仲年生了公孙无知，公孙无知得到齐僖公的宠爱，而齐襄公却贬黜他。齐襄公派遣连称和管至父戍守葵丘（在今山东益都北），让他们在瓜熟时节前去，告诉他们："等到明年瓜熟时节，就派人把你们替代回来。"戍守期满后，他们请求派人替换，齐襄公没有答应。连称和管至父二人便通过公孙无知发动叛乱，杀死齐襄公，拥立公孙无知为齐君。起初，齐襄公即位，行为无常，鲍叔牙说："如果国君用轻慢的态度治理民众，就即将发生祸乱了！"便拥奉公子小白逃到莒国（今山东莒县）。祸乱发生后，管仲和召

【纲】丙申,十有二年,春,齐人杀无知。鲁侯及齐大夫盟于蔇。

【纲】夏,鲁侯伐齐纳纠。齐小白入于齐。

【纲】秋八月,鲁及齐师战于乾时,鲁师败绩。

【纲】九月,齐公子小白立。齐人取子纠于鲁杀之。 【纪】鲍叔帅师言于鲁曰:"子纠,亲也,请君讨之。管、召,雠也,请受而甘心焉。"乃杀子纠于生窦。召忽死之;管仲请囚。

【纲】齐侯以管夷吾为相。 【纪】初,桓公自莒反于齐,使鲍叔为宰,辞曰:"君加惠于臣,使不冻馁,则君之赐也。若必治国家,则非臣之所能也,其管夷吾乎!臣所不若夷吾者五:宽惠柔民,弗若也;治国家不失其柄,弗若也;忠信可结于百姓,弗若也;制礼义可法于四方,弗若也;执枹鼓立于军门,使百姓加勇焉,弗若也。"桓公曰:"夫管夷吾射寡人中钩,是以滨于死。"鲍叔曰:"夫为其君动也,君若宥而反之,夫犹是也。"桓公于是请诸鲁。庄公以问施伯,对曰:"此非欲戮之也,欲用其政也。夫管子天下之才也,所在之国,则必得志于天下。令彼在齐,则必长为鲁忧矣!请杀而以其尸授之。"庄公弗听,使束缚以予齐使。比至,桓公亲逆于郊,解其缚而与之坐,问焉。公曰:"成民之事若何?"对曰:"四民者勿使杂处,杂处则其言哤,其事易。昔圣王之处士也,使就闲燕;处工,就官府;处商,就市井;处农,就田野。少而习焉,其心安焉,不见异物而迁焉。是故其父兄之教不肃而成,其子弟之学不劳而能。"公曰:"定民之居若何?"对曰:"制国以为二十一乡,工、商之乡六,士、农之乡十五。公帅十一乡焉,国子帅五乡焉,高子帅五乡焉。"公曰:

忽也拥奉公子纠逃往鲁国。

【纲】十二年（丙申，前685）春季，齐国人杀死无知。鲁侯和齐国大夫在蔇地盟会。

【纲】夏季，鲁庄公攻打齐国，护送公子纠回国。齐国的公子小白回到齐国即位。

【纲】秋八月，鲁国与齐国在乾时（在今山东博兴南）交战，鲁国军队战败。

【纲】九月，齐国的公子小白即位。齐人向鲁国索回公子纠，将他杀死。　【纪】鲍叔牙率领军队前去对鲁国说："公子纠，是我们国君的亲兄弟，请你们把他杀掉。管仲和召忽，是齐国的仇人，请把二人交给我们，齐国才肯罢休。"鲁国便在生窦（在今山东菏泽北）杀死公子纠，召忽自杀，管仲要求把他囚送齐国。

【纲】齐桓公任命管仲为相。　【纪】起初，齐桓公从莒国返回齐国，让鲍叔担任太宰，鲍叔推辞说："您对我格外加惠，让我不致受冻挨饿，这是您的恩赐。如果一定让我治理国家，就不是我能胜任的了。恐怕只有管仲才行！我有五点不如管仲：以宽厚仁爱的政策安抚人民，我不如他；治理国家能不失根本，我不如他；可以让忠信维系百姓，我不如他；制定的礼义可以让各地效法，我不如他；在军营大门前击鼓指挥，使百姓勇气倍增，我不如他。"齐桓公说："管仲曾经一箭射中我衣带上的钩子，使我因此几乎丧生。"鲍叔说："那时他是为自己的君主效力，如果您宽宥了他，把他召到齐国，他也会同样为您效力的。"于是，齐桓公向鲁国提出要人的请求。鲁庄公就此去问施伯，施伯回答说："这不是打算杀死管仲，而是准备任用他执掌朝政。管仲是治理天下的人才，他所在的国家，一定会得志于天下。让他回到齐国，齐国就一定会长期成为鲁国的忧患。所以，请杀死他，把他的尸首交给齐国。"鲁庄公不听，让人把管仲捆绑起来，交给齐国的使者。及至管仲来到齐国，齐桓公亲自到郊外迎接，为他松绑，让他坐下，向他请教。齐桓公说："怎样才能使人民很好地完成本业？"管仲回答说："不要让士、农、工、商四民杂居。因为杂居就会使人言杂乱，不专心于本业。从前，圣明的君主把士人安顿在清静之地，把工匠安顿在官府作坊中，把商人安

"吾何以富国？"对曰："唯官山、海为可耳。谨盐筴与铁官之数，其余轻重准此而行，然则举臂胜事，无不服籍者。"公曰："吾欲从事于诸侯，为之奈何？"对曰："作内政而寄军令，于是制国。五家为轨，轨为之长；十轨为里，里置有司；四里为连，连为之长；十连为乡，乡有良人焉。以为军令，五家为轨，故五人为伍，轨长帅之。十轨为里，故五十人为小戎，里有司帅之。四里为连，故二百人为卒，连长帅之。十连为乡，故二千人为旅，乡良人帅之。五乡一帅，故万人为一军，五乡之帅帅之。春以蒐振旅，秋以狝治兵。是故卒伍整于里，军旅整于郊。内教既成，令勿迁徙。伍之人，祭祀同福，死丧同恤，祸灾共之。人与人相畴，家与家相畴，世同居，少同游，故夜战声相闻，可以不乖；昼战目相视，可以相识。其欢欣足以相死，居同乐，行同和，死同哀，是故守则同固，战则同强。君有此士也三万人，以方行天下，以诛无道，以屏周室，天下大国之君莫之能御也！"桓公悦，于是任管仲为相，号曰"仲父"。

【纲】丁酉，十有三年，春正月，鲁侯败齐师于长勺。 【纪】齐师伐鲁，战于长勺。庄公将鼓之，曹刿曰："未可。"齐人三鼓，刿曰：

顿在市井里，把农民安顿在田野上。人们从小就熟悉本业，思想稳定，不会见异思迁。因此，父兄对他们的教导，即使并不严格，仍能教好；子弟学习自家本业，即使不很勤劳，仍能学会。"齐桓公说："应该怎样使人民定居？"管仲回答："可以将齐国划分为二十一个乡，其中工匠和商人居住的为六个乡，士人和农民居住的为十五个乡。您统帅十一个乡，国子统帅五个乡，高子也统帅五个乡。"齐桓公说："我怎样才能使国家富庶起来？"管仲回答说："只要由官府专营海山盐铁之利就足够了。认真实行食盐官营和铁业官营的政策，其他各种物品价格高低，都按这一标准实行，人们只要动手干活，就没有人不负担赋税了。"齐桓公说："我打算对诸侯各国采取军事行动，你看如何为好？"管仲回答说："应该把军政号令寓于内政改革之中。"于是，管仲制定齐国的政令："五家组成一轨，轨设轨长；十轨组成一里，里设有司；四里组成一连，连设连长；十连组成一乡，乡设良人。据此而制定军政命令：五家为轨，所以五人组成一伍，由轨长率领；十轨为里，所以五十人组成一小戎，由里的负责人率领；四里为连，所以二百人组成一卒，由连长率领；十连为乡，所以两千人组成一旅，由乡的良人率领；五乡为一师，（"师"原作"帅"，误）所以一万人组成一军，由五乡的良人率领。通过春猎训练如何撤兵，通过秋猎训练如何出兵。所以卒伍在乡里中得以整顿，军队在郊野得到训练。内部的教令制定后，就不得改变。各伍之人共同祭祀祝福，共同抚恤遇到丧事的人家，共同度过祸难和灾害。人与人相伴，家与家相邻。世世代代居住在一起，从小就在一起生活。因此，在夜间作战时，只要听到伙伴的声音，就不致发生失误；白天作战时，只要一眼望去，就能认出自己的伙伴。平时形成的融洽关系，足以使他们战时互相以死相救，在家时同享欢乐，外出时和睦相处，有人死亡时大家共同分担悲哀。所以，他们防守时就共同固守，作战时就同心杀敌。您拥有这样的战士三万人，带着他们横行天下，诛讨无道，保卫周王室，天下大国的君主都无法抵抗！"齐桓公大悦，于是任命管仲为相，号称"仲父"。

【纲】十三年（丁酉，前684），春正月，鲁庄公在长勺打败齐国军队。　　【纪】齐国军队前来攻打鲁国，在长勺交战。鲁庄公准备击鼓进

"可矣。"齐师败绩,公将驰之,刿曰:"未可。"下视其辙,登轼而望之,刿曰:"可矣。"遂逐齐师。既克,公问其故,对曰:"夫战,勇气也。一鼓作气,再而衰,三而竭。彼竭我盈,故克之。夫大国,难测也,惧有伏焉。吾视其辙乱,望其旗靡,故逐之。"

【纲】己亥,十有五年,冬十月,王崩,子胡齐践位。

攻,曹刿说:"还不能进攻。"齐军击过三通鼓后,曹刿说:"可以进攻了。"齐国军队战败。鲁庄公准备追赶齐军,曹刿说:"还不能追赶"。他下车去察看齐军的车辙,然后登车扶着前面的横木了望一番,才说:"可以追赶了。"便追击齐军。打败齐军后,鲁庄公问他为什么那样做。曹刿说:"作战要靠勇气,一通鼓擂响时士气振作,两通鼓擂响时士气衰退,三通鼓擂响后士气丧尽。敌军士气丧尽,我军士气旺盛,所以能打败他们。不过齐国是一个大国,实力难以摸透,我怕齐军设下埋伏。我看到齐军的车辙已乱,望见他们的旗帜已倒,所以追击他们。"

【纲】十五年(己亥,前682),冬十月,周庄王去世,其子胡齐登位。

纲鉴易知录卷四

周纪

釐王

【纲】庚子,周釐王元年,春,齐侯、宋人、陈人、蔡人、邾人会于北杏。夏六月,齐人灭遂。 【纪】会于北杏,以平宋乱。遂人不至,齐人灭遂而戍之。

【纲】冬,鲁侯会齐侯盟于柯。 【纪】齐桓公伐鲁,鲁将师败,鲁庄公请献遂邑以平。桓公许,与鲁(会)柯而盟。鲁将盟,曹沫以匕首劫桓公于坛上,曰:"反鲁之侵地!"桓公许之。已而曹沫去匕首,北面就臣位。桓公后悔,欲无与鲁地而杀曹沫。管仲曰:"许之而倍信杀之,愈一小快耳,而弃信于诸侯,失天下之援,不可!"于是与曹沫三败所亡地于鲁。诸侯闻之,皆信齐而欲附焉。

【纲】辛丑,二年,冬,晋曲沃伯称灭晋,弑其君缗。

【纲】癸卯,四年,冬十二月,王使虢公命曲沃伯以一军,为晋侯。

【纲】甲辰,五年,春,王崩,子阆践位。

惠王

【纲】乙巳,周惠王元年。

【纲】丙午,二年,秋,五大夫以王子颓作乱。颓出奔温,复奔卫。卫人、燕人立颓。 【纪】初,庄王爱少子子颓,欲立为太子而

釐王

【纲】周釐王元年（庚子，前681），春季，齐桓公与宋人、陈人、蔡人、邾人在北杏（在今山东莒平南）会见（据《左传》载，北杏会盟也有鲁庄公参加）。夏六月，齐人灭掉遂国（今山东宁阳县西北遂城）。 【纪】诸侯在北杏会见，为的是平息宋国的内乱。遂君没有到会，齐军便灭掉遂国，派兵戍守。

【纲】冬季，鲁庄公与齐桓公在柯邑（今山东寿张东北阿城镇）举行会盟。 【纪】齐桓公攻打鲁国，眼看鲁国军队就要战败。鲁庄公请求献出遂邑，与齐国媾和，齐桓公应许了，便与鲁国在柯邑举行盟会。鲁国准备歃血盟誓时，曹沫在盟坛上用匕首劫持齐桓公，对他说："交还侵占鲁国的土地！"齐桓公答应了。接着曹沫放下匕首，面向北方站在臣位上。齐桓公后悔，打算不把土地交还鲁国，还要杀曹沫。管仲说："答应了人家，又言而无信，去杀曹沫，只能满足一时小小的快意而已。但是，在诸侯面前背弃信义，就会失去天下人的支持，这可不行！"于是，齐桓公向曹沫交还鲁国三次战败失去的土地。诸侯听说后，都信任齐国，打算归附齐国。

【纲】二年（辛丑，前680）冬，晋国的曲沃伯称灭掉晋国，杀死晋君湣。

【纲】四年（癸卯，前678），冬十二月，周釐王派遣虢公命曲沃伯建立一军，让他当晋君。

【纲】五年（甲辰，前677），春季，周釐王去世，其子姬阆登位。

惠王

【纲】周惠王元年（乙巳，前676）。

【纲】二年（丙午，前675）秋，周朝的五大夫（五大夫：蒍国、边伯、石父、詹父、子禽祝跪）拥奉王子颓作乱。王子颓出逃到温地（今河南温

不克。至是大夫边伯等五人怨王，作乱，奉子颓以伐王。不克，出奔温，苏子奉子颓奔卫。卫师、燕师伐周，冬，立子颓。

【纲】丁未，三年，春，郑伯执燕仲父。王处于栎。 【纪】郑伯和王室不克，执燕仲父。夏，郑伯遂以王归，王处于栎。

【纲】戊申，四年，春，虢公、郑伯胥命于弭，奉王归于王城，杀子颓及五大夫。王赐郑伯虎牢以东。

【纲】己酉，五年，春，晋人伐骊戎，获骊姬以归。

【纲】陈人杀其太子御寇，公子完与颛孙奔齐。 【纪】陈厉公生子完，字敬仲。及宣公，有嬖姬生子款，欲立之，乃杀其太子御寇。御寇素爱厉公之子完，完惧祸及，于是与颛孙奔齐。齐侯使敬仲为卿，辞曰："羁旅之臣，幸若获宥免于罪戾，君之惠也，敢辱高位以速官谤！请以死告！"使为工正。饮桓公酒，乐。公曰："以火继之。"辞曰："臣卜其昼，未卜其夜，不敢！"

【纲】辛亥，七年，冬，郭亡。 【纪】齐桓公之郭，问父老："郭何故亡？"曰："以其善善而恶恶。"公曰："若子言，乃贤君也，何至于亡？"父老曰："郭君善善不能用，恶恶不能去，所以亡也。"

【纲】甲寅，十年，夏，王使召伯廖赐齐侯命。

县西南），再逃往卫国。卫人、燕人立王子颓为周王。　【纪】起初，周庄王喜爱小儿子王子颓，打算把他立为太子，却没有实现。至此，大夫边伯等五人怨恨周惠王，发动叛乱，拥戴王子颓攻打周惠王，结果没有取胜，便逃往温地，苏子拥奉王子颓逃往卫国。卫、燕两国军队攻打周朝。冬季，立王子颓为周王。

【纲】三年（丁未，前674）春，郑厉公抓住燕仲父。周惠王住在栎地（今河南禹县）。　【纪】郑厉公调解周室的纠纷没有成功，却抓住了燕仲父。夏季，郑厉公便带着周惠王回国，周惠王住在栎地。

【纲】四年（戊申，前673）春，虢公和郑厉公在弭地（在今河南密县境内）待命，拥奉周惠王回到王城，杀死王子颓和五大夫。周惠王把虎牢（在今河南荥阳西北）以东的土地赐给郑厉公。

【纲】五年（己酉，前672）春，晋献公攻打骊戎（居于今陕西临潼东南骊山），得到骊姬，带回本国。

【纲】陈宣公杀死太子御寇，公子完与颛孙逃亡到齐国。　【纪】陈厉公生了公子完，字敬仲。及至陈宣公当了国君，有一个受到宠爱的姬妾生了公子款，陈宣公打算立他为国君，便杀死太子御寇。御寇一向喜爱陈厉公的儿子公子完，公子完害怕招致灾祸，便与颛孙逃亡到齐国。齐桓公任命敬仲为卿，敬仲推辞说："我这客居之臣有幸得到宽恕，免去罪过，这就是您格外加惠了。我怎敢有辱您让我担任的高位，再招惹非难！请让我冒死告诉您这些。"齐桓公让他担任工正。有一次，敬仲招待齐桓公喝酒，喝得十分高兴，齐桓公说："点上灯烛，继续喝。"敬仲辞谢说："臣只知道白天可以与您喝酒，不知道晚上能不能与您喝酒，所以不敢从命。"

【纲】七年（辛亥，前670）冬，郭国（在今山东聊城东北）灭亡。　【纪】齐桓公来到郭国，问当地父老说："郭国灭亡的原因是什么？"父老说："因为国君亲近善人，憎恶恶人。"齐桓公说："像你这种说法，郭君便是一位贤君，怎会灭亡？"父老说："郭君虽然亲近善人，但不能任用善人，虽然憎恶恶人，但不能除去恶人，所以郭国就灭亡了。"

【纲】十年（甲寅，前667）夏，周惠王派遣召伯廖命齐桓公为诸侯的领袖。

【纲】己未，十有五年，秋七月，鲁公子牙卒。八月，鲁庄公卒，子般立。冬十月，鲁庆父弑般，启方立。 【纪】鲁庄公疾，问后于叔牙，对曰："庆父材。"问于季友，对曰："臣以死奉般！"公曰："乡者牙曰'庆父材'。"成季使以君命鸩叔牙，曰："饮此，则有后于鲁国；不然，死且无后。"饮之卒，立叔孙氏。公薨，子般立。冬，庆父使圉人荦贼子般，成季奔陈，立闵公。

【纲】公子庆父如齐。

【纲】庚申，十有六年，春正月，齐人救邢。 【纪】狄人伐邢，管仲言于齐侯曰："戎狄豺狼，不可厌也，诸夏亲昵，不可弃也。宴安鸩毒，不可怀也。"齐人救邢。

【纲】秋八月，鲁季子归于鲁。

【纲】晋侯作二军。灭耿、霍、魏。为太子申生城曲沃。封赵夙于耿，毕万于魏。 【纪】晋侯作二军。公将上军，太子申生将下军，赵夙御戎，毕万为右，以灭霍，灭耿，灭魏。还，为太子城曲沃；赐赵夙耿，赐毕万魏，以为大夫。士蔿曰："太子不得立矣！分之都城，而位以卿，先为之极，又焉得立！不如逃之，无使罪至！为吴太伯，不亦可乎，犹有令名，与其及也！"

【纲】辛酉，十有七年，秋，鲁庆父弑其君闵公，季友以公子申如邾。哀姜、庆父皆出奔。

【纲】冬，齐高子如鲁盟，鲁公子申入立。取庆父于莒，杀之。

【纲】十五年（己未，前662），秋七月，鲁国的公子牙去世。八月，鲁庄公去世，子般立为国君。冬十月，鲁国的公子庆父杀死子般，启方立为国君。　【纪】鲁庄公得了重病，就后事征求叔牙的意见，叔牙回答说："公子庆父有才能。"鲁庄公又去征求季友的意见，季友回答说："我誓死拥奉子般！"鲁庄公说："刚才叔牙说公子庆父有才能。"季友派人以鲁庄公的名义用毒酒去杀叔牙，对他说："喝下这杯酒，你还能在鲁国有后嗣；否则，不仅你得死，而且死后也没有后嗣。"叔牙喝下毒酒身亡，鲁庄公立叔孙氏为叔牙的后嗣。鲁庄公去世，子般即位。冬季，公子庆父指使养马人荦刺死子般，季友逃亡到陈国，鲁国拥立了鲁闵公。

【纲】公子庆父来到齐国。

【纲】十六年（庚申，前661），春正月，齐人营救邢国（在今河北邢台西南）。　【纪】狄人攻打邢国，管仲向齐桓公进言说："戎狄豺狼成性，贪心无法满足。中原诸侯互相亲近，不能丢开不管。安逸就是毒药，不可贪恋。"于是，齐人前去营救邢国。

【纲】秋八月，鲁国的季友返回本国。

【纲】晋献公建置二军。晋国灭掉耿国（在今山西稷山西南）、霍国（在今山西洪洞西北）和魏国（在今山西运城西南）。晋献公命令为太子申生修筑曲沃城，将赵夙封在耿地，毕万封在魏地。　【纪】晋献公建置二军。晋献公亲自率领上军，太子申生率领下军，赵夙为晋献公驾驶兵车，毕万站在车右护卫，率军灭掉霍国，接着灭掉耿国，最后灭掉魏国。回国后，晋献公命为太子申生修筑曲沃城，把耿地封赐给赵夙，魏地封赐给毕万，并任命他们二人为大夫。士蒍说："太子不能继位为国君了！把都城分给他，又让他身居卿位，先使他的地位无以复加，又怎能被立为国君！与其留下来招祸，不如赶紧逃走，别让罪责加身。当一个吴国的太伯，不也可以吗？而且还能赢得美名。"

【纲】十七年（辛酉，前660）秋，鲁国的公子庆父杀死国君鲁闵公。季友带着公子申前往邾国（在今山东邹县东南）。哀姜和公子庆父都离国出逃。

【纲】冬季，齐国的高子前往鲁国会盟，鲁国的公子申返回本国，

【纲】十二月,狄入卫,杀懿公。戴公立,卒,弟燬立。 【纪】狄人伐卫。卫懿公好鹤,鹤有乘轩者。将战,国人受甲者皆曰:"使鹤!"战于荥泽,卫师败绩,杀懿公,卫众溃。济河,立戴公,以庐于曹。卒,齐人立其弟燬。文公大布之衣,大帛之冠,务材训农,通商惠工,敬教劝学,授方任能,元年革车三十乘,季年乃三百乘。

【纲】壬戌,十有八年,春,齐师、宋师、曹师次于聂北,救邢。

【纲】夏六月,邢迁于夷仪,齐师、宋师、曹师城邢。

【纲】冬十月,鲁公子友帅师败莒师于郦,获莒挐。鲁侯赐季友汶阳之田及费。

【纲】癸亥,十有九年,春正月,诸侯城楚丘以封卫。

【纲】夏五月,虞师、晋师伐虢,灭下阳。 【纪】晋荀息以屈产之乘与垂棘之璧假道于虞以伐虢,虞公许之。宫之奇谏不听,遂起师。夏,晋里克、荀息帅师会虞师伐虢,灭下阳。

【纲】乙丑,二十有一年,春正月,齐侯、宋公、鲁侯、陈侯、卫侯、郑伯、许男、曹伯侵蔡,蔡溃,遂伐楚。次于陉。楚屈完来盟于师,盟于召陵。 【纪】齐侯以诸侯之师侵蔡,蔡溃,遂伐楚。楚子使问师故,管仲对曰:"昔召康公命我先君太公曰:'五侯九伯,女实征之,以夹辅周室!'尔贡包茅不入,王祭不共,无以缩酒,寡人是征!昭王南征而不复,寡人是问!"对曰:"贡之不入,罪也,敢不

即位为鲁君,向莒国(今山东莒县)索回公子庆父,将他杀掉。

【纲】十二月,狄人侵入卫国,杀死卫懿公。戴公即位,不久去世,其弟燬即位。 【纪】狄人攻打卫国。卫懿公喜欢养鹤,连鹤都有乘坐大车的。即将出战时,武装起来的国人说:"让鹤打仗去吧!"卫国与狄人在荥泽(在今河南荥阳东北)交战,卫国军队大败,卫懿公被杀,卫军溃退。卫军渡过黄河后,戴公即位,寄住在曹邑(今河南滑县东南白马城)。不久去世,齐人立其弟燬为国君,即卫文公。卫文公身穿粗布衣服,头戴粗帛帽子,致力发展生产,教人务农,鼓励经商,加惠工匠,提倡教化,勉励求学,传授治国方策,任用贤能之人。在即位初年,卫文公拥有战车三十辆,到他在位末年,便拥有战车三百辆了。

【纲】十八年(壬戌,前659)春,齐、宋、曹三国军队进驻聂北(在今山东聊城西),营救邢国。

【纲】夏六月,邢国迁移到夷仪(在今河北邢台市西,其地有夷仪山),齐、宋、曹三国军队为邢国筑城。

【纲】冬十月,鲁国的季友率领军队在郦地打败莒国军队,俘获莒挐。鲁僖公将汶阳(今山东泰安西南)的田地和费邑(今山东费县西北)赐给季友。

【纲】十九年(癸亥,前658),春正月,诸侯修筑楚丘城(在今河南滑县东),为的是再立卫国。

【纲】夏五月,虞、晋两国军队攻打虢国,毁掉下阳(在今山西平陆东北)。 【纪】晋国的荀息拿屈邑(今山西石楼东南)出产的良马和垂棘出产的玉璧向虞国借道,以便攻打虢国,虞公答应下来。宫之奇进言劝阻,虞公不听,于是命令出兵。夏季,晋国的里克和荀息率领军队与虞国军队会合,联兵攻打虢国,毁掉下阳。

【纲】二十一年(乙丑,前656),春正月,齐桓公、宋桓公、鲁僖公、陈宣公、卫文公、郑文公、许穆公、曹昭公侵犯蔡国,蔡军崩溃。接着,诸侯军攻打楚国,在陉地(在河南新郑西南)驻扎下来。楚国的屈完前来诸侯军中约定举行会盟,然后双方在召陵(在今河南郾城东)会盟。 【纪】齐桓公率领诸侯军队侵犯蔡国,蔡军崩溃,于是移军攻打楚国。楚成王派人来问出兵的缘故,管仲回答说:"过去召康公命令我

共给？昭王之不复，君其问诸水滨！"师进，次于陉。楚子使屈完如师，师退，盟于召陵。

【纲】丙寅，二十有二年，春，晋侯杀其世子申生。 【纪】初，晋献公以骊姬为夫人，生奚齐，其娣生卓子。及将立奚齐，姬谓太子曰："君梦齐姜，必速祭之。"太子祭于曲沃，归胙于公。公田，姬寘诸宫六日。公至，毒而献之。公祭之地，地坟。与犬，犬毙。与小臣，小臣亦毙。姬泣曰："贼由太子！"太子奔新城，公杀其傅杜原款。或谓太子："子辞，君必辨焉。"太子曰："君非骊姬，居不安，食不饱。我辞，姬必有罪。君老矣，吾又不乐。"曰："子其行乎？"太子曰："君实不察其罪，被此名也。以出，人谁纳我！"缢于新城。姬遂谮二公子，曰："皆知之。"重耳奔蒲，夷吾奔屈。

【纲】夏，齐侯、宋公、鲁侯、陈侯、卫侯、郑伯、许男、曹伯，会王世子于首止。 【纪】惠王以惠后故，将废太子郑而立王子带，故齐桓公帅诸侯会王世子，以定其位。

【纲】秋九月，虞大夫百里奚奔秦。秦始得志于诸侯。

【纲】冬十二月，晋人灭虢，虢公丑奔京师。遂灭虞，执虞公，

们的先王太公说：'你有权征讨五等诸侯和九州君主，以辅佐周王室。'你们没有进贡包茅，致使天子的祭品供应不上，少了滤酒的东西，我便来查问此事！周昭王南行不归，我也来追问此事！"楚使回答说："楚国没有进贡，这是我们的罪责，我们怎敢再不供给！至于昭王未能回国，请您到水边打听去吧！"诸侯军向前挺进，驻扎在陉地。楚成王派遣屈完前往诸侯军协商，诸侯军撤退，双方在召陵会盟。

【纲】二十二年（丙寅，前655）春，晋献公杀死世子申生。　【纪】起初，晋献公将骊姬立为夫人，骊姬生了奚齐，随骊姬陪嫁的妹妹生了卓子。及至晋献公准备改立奚齐为太子时，骊姬对太子申生说："国君梦见齐姜了，你必须赶快去祭祀她。"太子申生前往曲沃祭祀齐姜，给晋献公带回祭祀用过的酒肉。当时晋献公正外出打猎，骊姬把祭酒、祭肉在后宫放了六天。晋献公回来后，骊姬在祭酒、祭肉中下了毒药，然后献给晋献公。晋献公以酒祭地，地面隆起小包；把祭肉拿给狗吃，狗立即毙命；再给小奴仆吃，小奴仆也立即丧生。骊姬哭泣着说："这是太子下的毒手！"太子申生逃到新城（在今山西闻喜东），晋献公杀死太子傅杜原款。有人对太子申生说："只要你讲出事实真相，国君一定能分辨清楚。"太子申生说："国君身边没有骊姬，就住不安稳，吃不饱饭。我讲出事实真相，骊姬肯定有罪。国君老了，我这样做又会使他不快活了。"那人说："恐怕你要出走吧？"太子申生说："国君实在不能查清这是谁的罪恶。我背着这样的罪名出走，谁肯接纳我！"他在新城上吊自杀。骊姬便诬陷重耳、夷吾两位公子说："他们都知道太子的阴谋。"于是，重耳逃亡到蒲城（在今山西吕梁西北），夷吾逃亡到屈城（在今山西乡宁西北）。

【纲】夏季，齐桓公、宋桓公、鲁僖公、陈宣公、卫文公、郑文公、许僖公、曹昭公在首止（在今河南睢县东南）会见周惠王的世子。【纪】由于周惠后的缘故，周惠王准备废黜太子郑而立王子带。所以，齐桓公率领诸侯会见周惠王的世子，以便确立他的太子地位。

【纲】秋九月，虞国的大夫百里奚逃到秦国。秦国开始在诸侯中赢得了地位。

【纲】冬十二月，晋军灭掉虢国，虢公丑逃亡到京城，晋国乘机灭

归其职贡于王。

【纲】己巳,二十有五年,冬十二月,王崩,太子郑践位。

襄王

【纲】庚午,周襄王元年,夏,宰周公会齐侯、鲁侯、宋子、卫侯、郑伯、许男、曹伯于葵丘。 【纪】王使宰孔赐齐侯胙,使无下拜。对曰:"天威不违颜咫尺,小白余敢贪天子之命无下拜!恐陨越于下,以遗天子羞,敢不下拜!"下拜,登受。

【纲】晋献公卒,奚齐立。冬,晋里克杀其君之子奚齐,荀息立奚齐之弟卓。里克弑其君卓及其大夫荀息。 【纪】初,献公使荀息傅奚齐。公疾,召之曰:"以是藐诸孤,辱在大夫。其若之何?"对曰:"臣竭股肱之力,加之以忠贞。其济,君之灵也;不济,则以死继之。"冬十月,里克杀奚齐于次,书曰"杀其君之子",未葬也。荀息将死之,人曰:"不如立卓子而辅之。"荀息立公子卓,以葬。十一月,里克杀公子卓于朝,荀息死之。

【纲】辛未,二年,夏四月,周公忌父、王子党会秦师及齐隰朋,立晋公子夷吾为晋侯。

【纲】壬申,三年,春,王使召武公、内史过赐晋侯命。 【纪】晋侯受玉,惰。过归告王曰:"晋侯其无后乎?王赐之命,而惰于受瑞。先自弃也已,其何继之有!礼,国之干也。敬,礼之舆也。不敬则礼不行,礼不行则上下昏,何以长世?"

【纲】癸酉,四年,秋,王子带奔齐。 【纪】王子带以戎入寇,

掉虞国，俘获虞公，把虞国的贡赋交给周惠王。

【纲】二十五年（己巳，前652），冬十二月，周惠王去世，太子姬郑登位。

襄王

【纲】周襄王元年（庚午，前651）夏，宰周公与齐桓公、鲁僖公、宋襄公、卫文公、郑文公、许僖公、曹共公在葵丘（在今河南兰考东北）会见。　【纪】周襄王派遣宰孔向齐桓公颁赐祭肉，让他不必下阶跪拜。齐桓公回答说："天子的威严常在面前，我小白怎敢贪心接受天子的命令而不下拜！我恐怕从台阶上跌下来，给天子带来羞辱，怎敢不下拜！"他下阶跪拜，再登上台阶，接受祭肉。

【纲】晋献公去世，奚齐即位。冬季，晋国的里克杀死晋献公的儿子奚齐，荀息将奚齐的弟弟卓子立为晋君。里克杀死国君公子卓及其大夫荀息。　【纪】起初，晋献公委任荀息去做奚齐的太子傅。晋献公得了重病，便把荀息叫来，对他说："我把诸子中最幼弱的孤儿托付给你，你打算怎么办？"荀息回答说："我将竭力辅佐，对他忠贞不二。如果能够成功，那是靠您的威灵；如果没有成功，我就继之以死。"冬十二月，里克在守丧的地方杀死奚齐。《春秋》记此事为"里克杀死国君的儿子"，这是因为晋献公尚未入葬。荀息准备自杀，有人说："不如把卓子立为国君而辅佐他。"荀息便拥立公子卓，并安葬晋献公。十一月，里克在朝堂上杀死公子卓，荀息自杀。

【纲】二年（辛未，前650），夏四月，周公忌父、王子党会同秦国军队以及齐国的隰朋，将晋公子夷吾立为晋侯。

【纲】三年（壬申，前649）春，周襄王派遣召武公和内史过向晋惠公颁赐册命。　【纪】晋惠公接受瑞玉时，一副懒洋洋的神情。太史过回朝告诉周襄王说："恐怕晋侯要失去禄位了！天子向他颁赐册命，他却懒得接受瑞玉。他先自暴自弃了，还会有什么后继之人！礼法，是国家主干；恭敬，是礼法的载体。不恭敬，礼法就无法实行；礼法无法实行，君臣上下就会昏乱，又怎能世代长久！"

【纲】四年（癸酉，前648）秋，王子带逃亡到齐国。　【纪】王子带

王讨之,王子带奔齐。齐侯使管夷吾平戎于王,王以上卿之礼飨之。辞曰:"臣,贱有司也,有天子之二守国、高在。若节春、秋,来承王命,何以礼焉!陪臣敢辞!"王曰:"舅氏,余嘉乃勋,应乃懿德,谓督不忘,往践乃职,无逆朕命!"管促受下卿之礼而还。

【纲】丙子,七年,冬,齐大夫管仲卒。 【纪】仲病,桓公问:"群臣谁可相者?"仲曰:"知臣莫如君。"公曰:"易牙如何?"对曰:"杀子以适君,非人情,不可!""开方如何?"曰:"倍亲以适君,非人情,难近!""竖刁如何?"曰:"自宫以适君,非人情,难亲!"仲死而桓公不用其言,近用三子,三子专权。

【纲】丁丑,八年,春正月,陨石于宋五;六鹢退飞过宋都。

【纲】戊寅,九年,冬十二月,齐侯小白卒,五子争立。 【纪】桓公卒,五公子各树党争立,遂相攻;以故宫中空,莫敢棺桓公。尸在床上六十七日,尸虫出于户。易牙立无亏,孝公奔宋。

【纲】壬午,十有三年,秋,宋公、楚子、陈侯、蔡侯、郑伯、许男、曹伯会于盂,执宋公以伐宋。

【纲】癸未,十有四年,夏,王召叔带于齐。
【纲】冬十一月,宋公及楚人战于泓,宋师败绩。 【纪】郑伯如楚,宋公伐郑,楚人伐宋以救郑,宋公及楚人战于泓。宋人既成列,楚人未既济,司马子鱼曰:"彼众我寡,请及其未既济击之。"

带领戎人入侵，周襄王讨伐王子带，王子带逃亡到齐国。齐桓公派遣管仲让戎人与周襄王媾和，周襄王以上卿的礼节设宴招待管仲。管仲推辞说："我是低贱的官员，齐国自有天子任命的两位守臣国氏和高氏在。如果春秋两季国氏和高氏前来听候天子的命令，天子将采用什么礼节呢！所以我不敢接受。"周襄王说："舅父，我嘉许你的功勋，领受你的美德，深深铭记不忘。你可以去履行你的职守了，不要违背我的命令。"管仲接受了对待下卿的礼节，然后返回齐国。

【纲】七年（丙子，前645）冬，齐国大夫管仲去世。【纪】管仲得了病，齐桓公问他："群臣中有谁可以担任相职？"管仲说："国君最了解自己的臣属。"齐桓公说："你看易牙怎么样？"管仲回答说："易牙杀死儿子来满足国君的欲望，违反人之常情，不可任用！""你看开方怎么样？"管仲回答说："开方背弃父母来投合国君的心意，违反人之常情，难以接近！""你看竖刁怎么样？"管仲回答说："竖刁阉割自己来迎合国君，违反人之常情，难以亲近！"管仲死后，齐桓公不能采用他的意见，亲近并任用这三个人，这三个人得以独断专行。

【纲】八年（丁丑，前644），春正月，宋国落下五颗陨石，六只鹢鸟遇风往回飞过宋国的都城。

【纲】九年（戊寅，前643），冬十二月，齐桓公小白去世，五个儿子争夺君位。【纪】齐桓公去世后，五个儿子各自树立党羽，争夺君位，终致互相攻杀；以致宫中空无一人，没人敢把齐桓公装入棺材，尸体在床上放了六十七天，尸虫从房门爬出。易牙拥立公子无亏，齐孝公逃亡到宋国。

【纲】十三年（壬午，前639）秋，宋襄公、楚成王、陈穆公、蔡庄公、郑文公、许僖公、曹共公在盂地（在今河南睢县东南）会见，楚国扣押宋襄公，并去攻打宋国。

【纲】十四年（癸未，前638）夏，周襄王从齐国召回王子带。

【纲】冬十一月，宋襄公与楚军在泓水（在今河南柘城北）岸边交战，宋军战败。【纪】郑文公前往楚国，宋襄公便攻打郑国，楚军则攻打宋国，以救郑国，于是宋襄公与楚军在泓水岸边交战。宋军结成阵列后，楚军还没有都渡过泓水。司马子鱼说："敌众我寡，请趁着楚军

公曰："不可。"既济而未成列，又以告，公曰："未可。"既陈而后击之，宋师败绩，公伤股，门官歼焉。国人皆咎公，公曰："君子不重伤，不禽二毛。古之为军也，不以阻隘也；寡人虽亡国之余，不鼓不成列。"世笑以为宋襄之仁。

【纲】甲申，十有五年，秋九月，晋惠公卒，子圉嗣。
【纲】乙酉，十有六年，春正月，晋公子重耳入于晋。
【纲】王使王子虎、内史兴锡晋侯命。
【纲】晋侯赏从亡之臣。 【纪】初，文公出奔，十九年而后反国。尝馁于曹，介子推割股以食之。及归，赏从亡者狐偃、赵衰、颠颉、魏犨而不及子推。子推之从者悬书宫门曰："有龙矫矫，顷失其所。五蛇从之，周流天下。龙饥乏食，一蛇割股。龙返于渊，安其壤土。四蛇入穴，皆有处所。一蛇无穴，号于中野。"公曰："噫！寡人之过也！"使人求之不得，隐绵上山中。焚其山，子推死焉，后人为之寒食。文公环绵上田封之，号曰介山。

【纲】秋，王废狄后。王子带以狄入寇，王出居于郑，告难于诸侯。
【纲】丙戌，十有七年，夏四月，晋侯逆王入于王城，王赐之田。 【纪】秦伯师于河上，将纳王。狐偃言于晋侯曰："求诸侯莫如勤王。诸侯信之，且大义也。"晋侯辞秦师而下，右师围温，左师逆王。王入于王城。取叔带于温杀之。晋侯朝王，请隧。王弗许，曰：

还没有完全渡过泓水的时候发起进击。"宋襄公说："不行。"楚军渡过泓水，还没有结成阵时，司马子鱼再次请求出击，襄公还是说："不行。"楚军结成阵列后，宋襄公进击楚军，宋军战败，宋襄公大腿受伤，护卫官全被歼灭。国人纷纷指责宋襄公，宋襄公却说："君子不伤害已经负伤的人，不捉拿头发花白的人。古人用兵打仗，不在险隘之地阻击敌人。虽然寡人是已经灭亡的商朝的后裔，但还是不肯向没有结成阵列的敌军进击。"世人笑话宋襄公，认为这是"宋襄公的仁慈"。

【纲】十五年（甲申，前637），秋九月，晋惠公去世，太子圉继位。

【纲】十六年（乙酉，前636），春正月，晋国的公子重耳回到晋国。

【纲】周襄王派遣王子虎、内史兴向晋文公颁赐册命。

【纲】晋文公奖赏随从自己流亡的臣属。　【纪】起初，晋文公逃亡在外，历时十九年，然后返回晋国。有一次，晋文公在曹国挨饿，介之推割下大腿的肉来给晋文公吃。及至回国以后，晋文公奖赏随从自己流亡的狐偃、赵衰、颠颉、魏犨，却没有奖赏介之推。介之推的随从在宫门悬挂一张字条，上面写道："有一条出色的龙，不久前失去安身之地，有五条蛇跟随它走遍天下。龙饿了，却没有吃的东西，有一条蛇割下大腿的肉给龙吃。后来龙又返回深渊，安心生活在自己的领土之上。四条蛇进入洞穴，都有自己的栖身之处。只有一条蛇没有洞穴，只好在原野上号叫。"晋文公说："嗨！这是寡人的过错！"他派人去找介之推，没有找到。介之推隐居在绵上（在今山西介休南介山下）的山中，晋文公希望通过烧山能使介之推出来，而介之推却被烧死在山中，后人为此把这一天定为寒食。晋文公把环绕绵上的田地作为他的封田，起名叫作介山。

【纲】秋季，周襄王废黜狄后。王子带率领戎人前来侵犯，周襄王出居郑国，向诸侯通报这一祸难。

【纲】十七年（丙戌，前635），夏四月，晋文公把周襄王迎进王城，周襄王赐给他田地。　【纪】秦穆公将军队驻扎在黄河岸边，准备护送周襄王回朝。狐偃向晋文公进言说："争取诸侯的拥护，最好的办法就是勤劳王事。这可以得到诸侯的信赖，而且是大义所在。"晋文公辞退秦军，沿着黄河顺流东下，以右翼一军包围温地，以左翼一军迎接周襄

"王章也。未有代德，而有二王，亦叔父之所恶也。"乃赐以阳樊、温、原、欑茅之田。

冬，晋侯围原，命三日之粮，原不降。命去之，谍出曰："原将降矣。"军吏请待之，公曰："信，国之宝也，民之所庇也。得原失信，何以庇之？所亡滋多。"退一舍而原降。

【纲】戊子，十有九年，冬，楚人、陈侯、蔡侯、郑伯、许男围宋。 【纪】楚子及诸侯围宋，宋公孙固如晋告急。先轸曰："报施救患，取威定霸，于是乎在矣。"狐偃曰："楚始得曹而新昏于卫。若伐曹、卫，楚必救之，则宋免矣。"于是搜于被庐，作三军。谋元帅，赵衰曰："郤縠可。说礼、乐而敦诗、书。诗、书义之府也，礼、乐德之则也；德、义利之本也。"乃使郤縠将中军。

【纲】己丑，二十年，春，晋侯侵曹。晋侯伐卫，楚人救卫。

【纲】三月，晋侯入曹，执曹伯畀宋人。
【纲】夏四月，晋侯、齐师、宋师、秦师及楚人战于城濮，楚师败绩。
【纲】冬，王狩于河阳。 【纪】诸侯会于温。晋侯召王，以诸侯见，且使王狩。仲尼曰："以臣召君，不可以训！"故书曰"天王狩于河阳"。

【纲】癸巳，二十有四年，冬，晋侯重耳卒，子骧嗣。
【纲】甲午，二十有五年，春二月，秦人入滑。夏四月，晋人及姜

王。周襄王进入王城，从温地抓来叔带，将他杀死。晋文公朝见周襄王，请求允许自己死后采用隧道安葬。周襄王没有答应，并说："这是天子的葬礼。周朝还未被取代，却有两人采用天子的葬礼，这也是叔父所憎恶的啊。"于是，周襄王把阳樊（今河南济原之皮城）、温地、原地（今河南济原西北）、欑茅（今河南修武西北）的田地赐给晋文公。

冬季，晋文公包围原国，命令军队只带三天的口粮。届时原国没有投降，晋文公便命令撤离。探子从原国回来说："原国就要投降了。"军吏请求等待原国投降，晋文公说："信用是国家的宝物，人民赖以得到庇护。得到原国，却失去信用，用什么来庇护人民？这样做，失去的更多。"晋军才退出三十里地，原国投降。

【纲】十九年（戊子，前633）冬，楚成王、陈穆公、蔡庄公、郑文公、许僖公包围宋国。 【纪】楚成王和诸侯包围宋国，宋国的公孙固前往晋国告急。先轸说："报答宋国的施舍，营救宋国的急难，取得威信，确立霸业，就在此一举了。"狐偃说："楚国刚刚使曹国依附自己，新近又与卫国联姻。如果我们攻打曹国和卫国，楚国肯定要去营救，这就使宋国解围了。"于是，晋文公在被庐检阅兵马，建立三军。商量元帅的人选时，赵衰说："郤縠足以胜任。郤縠喜欢《礼》《乐》，深明《诗》《书》。《诗》《书》是道义的渊薮，《礼》《乐》是品德的准则，而品德和道义又是利益的本源。"晋文公便委任郤縠统率中军。

【纲】二十年（己丑，前632）春，晋文公侵犯曹国。晋文公攻打卫国，楚军营救卫国。

【纲】三月，晋文公进入曹国，俘获了曹共公，将他交给宋成公。

【纲】夏四月，晋文公以及齐、宋、秦三国军队，与楚国军队在城濮（在今山东范县西南）交战，楚国军队战败。

【纲】冬季，周襄王出猎河阳（在今河南孟县西）。 【纪】诸侯在温地会盟，晋文公召周襄王前来，自己率领诸侯朝见，并让周襄王打猎。孔子说："以臣属的身份召见君主，不足为训。"所以《春秋》将此事记为"天子出猎河阳"。

【纲】二十四年（癸巳，前628）冬，晋文公重耳去世，子骧继位。

【纲】二十五年（甲午，前627），春二月，秦军进入滑国（今河南偃

戎败秦师于殽。

【纲】冬十二月,鲁僖公卒,子兴嗣。

【纲】丁酉,二十有八年,春,秦人伐晋。 【纪】秦伯伐晋,济河焚舟,取王官及郊。晋人不出,遂自茅津济,封殽尸而还,遂霸西戎,用孟明也。

【纲】庚子,三十有一年,夏,秦穆公卒,子罃嗣。 【纪】穆公卒,葬雍。以子车氏之三子奄息、仲行、针虎为殉,皆秦之良也,国人哀之,为之赋黄鸟。

【纲】壬寅,三十有三年,秋八月,王崩,子壬臣践位。

顷王

【纲】癸卯,周顷王元年,春,毛伯如鲁求金。二月,鲁叔孙得臣如京师。辛丑,葬襄王。

【纲】丁未,五年,夏,邾文公卒,子貜且嗣。 【纪】初,邾文公卜迁于绎,史曰:"利于民而不利于君。"邾子曰:"苟利于民,孤之利也。天生民而树之君,以利之也。"左右曰:"命可长也,君何弗为?"邾子曰:"命在养民。死之短长,时也。民苟利矣,迁也,吉莫如之。"遂迁于绎。五月,邾子卒,君子曰"知命"。

【纲】戊申,六年,春,王崩,子班践位。

匡王

【纲】己酉,周匡王元年,冬十一月,齐侯侵鲁西鄙,遂伐曹,入

师南缑氏镇)。夏四月,晋军与姜戎在崤山(在今河南渑池、洛宁之间)打败秦军。

【纲】冬十二月,鲁僖公去世,其子兴继位。

【纲】二十八年(丁酉,前624)春,秦国攻打晋国。【纪】秦穆公攻打晋国,渡过黄河后,将船只烧毁。秦军占领王官(在今山西闻喜西)和郊地(在今山西运城西南),晋军不肯出战。秦军便由茅津(在今山西平陆东)渡过黄河,掩埋了崤山死亡将士的尸首,返回本国。于是,秦国称霸西戎,这是任用孟明的结果。

【纲】三十一年(庚子,前621)夏,秦穆公去世,子罃继位。【纪】秦穆公去世,安葬在雍地(在今陕西凤翔南)。秦穆公以子车氏的三个儿子奄息、仲行、针虎殉葬,他们都是秦国的杰出人物。国人哀悼他们,为他们写下《黄鸟》一诗。

【纲】三十三年(壬寅,前619),秋八月,周襄王去世,其子壬臣登位。

顷王

【纲】周顷王元年(癸卯,前618)春,毛伯前往鲁国索求葬金。二月,鲁国的叔孙得臣前往京城。辛丑日,周襄王入葬。

【纲】五年(丁未,前614)夏,邾文公去世,其子貜且继位。【纪】起初,邾文公占卜迁居到绎山(在今山东邹县东南)是凶是吉。史官说:"有利于人民,却不利于国君。"邾文公说:"如果对人民有利,就是对我有利。上天生育百姓,为他们设置君主,就是为了有利于他们。"身边的人说:"不迁移可以延长寿命,您何乐不为!"邾文公说:"我的使命是抚养人民。死的早晚,全凭时运。如果有利于人民,那就迁居好了,没有比这更吉利的了!"于是迁居绎山。五月,邾文公去世。君子说:"邾文公深知天命。"

【纲】六年(戊申,前613)春,周顷王去世,其子姬班登位。

匡王

【纲】周匡王元年(己酉,前612),冬十一月,齐懿公侵犯鲁国西

其郛。【纪】齐侯侵鲁,遂伐曹,入其郛,讨其朝鲁也。季文子曰:"齐侯其不免乎?己则无礼,而讨于有礼者。曰:'女何故行礼!'礼以顺天,天之道也。己则反天,而又以讨人,难以免矣!"

【纲】壬子,四年,春,鲁文公卒,子赤嗣。秋,鲁公子遂弑其君之子赤及公子视,立公子倭。

【纲】甲寅,六年,秋九月,晋赵盾弑其君夷皋,迎襄公弟黑臀于周立之。【纪】初灵公不君,厚敛以雕墙;从台上弹人而观其避丸也。宰夫胹熊蹯不熟,杀之,寘诸畚,使妇人载以过朝。宣子骤谏,公患之,使鉏麑贼之。晨往,寝门辟矣,盛服将朝,尚早,坐而假寐。麑退,叹而言曰:"不忘恭敬,民之主也。贼民之主,不忠;弃君之命,不信:有一于此,不如死也!"触槐而死。

秋九月,晋侯饮赵盾酒,伏甲,将杀之,灵辄免之,遂自亡也。赵穿攻灵公于桃园,宣子未出境而复。太史书曰:"赵盾弑其君。"以示于朝。宣子曰:"不然。"对曰:"子为正卿,亡不越境,反不讨贼,非子而谁?"宣子曰:"呜呼,'我之怀矣,自贻伊戚',其我之谓矣!"

【纲】冬十月,王崩,弟瑜立。

定王

【纲】乙卯,周定王元年,春,楚子伐陆浑之戎,王使王孙满劳楚子。【纪】楚子伐陆浑之戎,遂至于雒,观兵于周疆。王使王孙

部边境，进而攻打曹国，进入曹都外城。 【纪】齐懿公侵犯鲁国，进而攻打曹国，进入曹都外城，为的是曹文公朝见鲁国，因而加以讨伐。季文子说："恐怕齐懿公难免祸难了！自己的行为违背礼法，却还讨伐遵守礼法的国家。说：'你为什么按礼法办事！'遵循礼法以顺从天意，这是上天的常道。自己违反天意，却又因此讨伐别人，难免不得善终了！"

【纲】四年（壬子，前609）春，鲁文公去世，子恶（恶：原文误作赤，据《左传》文公十八年、《史记·鲁世家》改正）继位。秋季，鲁国的公子遂杀死鲁文公之子恶和公子视，立公子倭为鲁君。

【纲】六年（甲寅，前607），秋九月，晋国的赵盾杀死国君晋灵公夷皋，前往周朝迎回晋襄公的弟弟黑臀，将他立为晋君。 【纪】起初，晋灵公无道：征收重税，用来雕画墙壁；从高台上用弹丸打人，看他们怎样躲避；厨师没有把熊掌煮熟，便将厨师杀死，放在畚箕里，让女人经过朝堂把尸体运走。赵盾屡次劝谏，晋灵公对他大为厌恶，便指使鉏麂去刺杀他。鉏麂清晨前去行刺，只见赵盾卧室的门已经打开，赵盾穿戴整齐，准备上朝，因时间还早，便坐着打盹。鉏麂退出来，叹息着说："赵盾时刻不忘持身恭敬，是百姓的主宰。刺杀百姓的主宰，是不忠；不执行国君的命令，是不信。只要在这两条中占了一条，就不如去死！"便在槐树上撞死。

秋九月，晋灵公一面请赵盾喝酒，一面埋伏甲兵，准备将赵盾杀死。灵辄将他救出，然后自行逃亡。赵穿在桃园攻杀晋灵公，这时赵盾还没有走出国境，便又重新返回。太史记载这一事件说："赵盾杀死本国国君。"并在朝堂上拿给人们看。赵盾说："并非如此。"太史回答说："你是正卿，逃亡既未出境，回朝又不讨伐凶手，不是你杀死国君，又是谁？"赵盾说："唉唉！'我依恋难舍，给自己带来忧伤'，恐怕说的就是我了。"

【纲】冬十月，周匡王去世，其弟姬瑜即位。

定王

【纲】周定王元年（乙卯，前606）春，楚庄王攻打陆浑（在今河南嵩县北）的戎人，周定王派遣王孙满前去慰问楚庄王。 【纪】楚庄王

满劳之，楚子问鼎之大小轻重焉。对曰："在德不在鼎。昔夏之方有德也，铸鼎象物，用能协于上下，以承天休。德之休明，虽小，重也。其奸回昏乱，虽大，轻也。天祚明德，有所底止，周德虽衰，天命未改，鼎之轻重未可问也。"

【纲】甲子，十年，春，楚子围郑。夏六月，晋荀林父帅师及楚子战于邲，晋师败绩。

【纲】晋屠岸贾杀赵朔于下宫，灭其家。【纪】晋景公时，赵盾卒，子朔嗣。朔娶晋成公姊庄姬。屠岸贾始有宠于灵公，至景公三年，贾为司寇，乃治灵公之贼，遍告诸将曰："盾虽不知，犹为贼首。以臣弑君，子孙在朝，何以惩罪！"遂攻赵氏于下宫；杀赵朔，灭其族。朔妻有遗腹，走公宫匿。既免身，生男。贾闻之，索于宫中。夫人置儿绔中，祝曰："赵宗灭乎，若号；即不灭，若无声。"及索，儿无声。已脱，朔客公孙杵臼谓朔友程婴曰："立孤与死孰难？"婴曰："死易，立孤难耳。"杵臼曰："子强为其难者；吾为其易者，请先死。"杵臼取他儿匿山中。婴出，谬曰："与我千金，吾告赵氏孤处。"贾喜，乃使人随婴杀杵臼及儿。而赵氏真孤在，婴与俱匿山中，名曰武。

【纲】丁卯，十有三年，秋，鲁初税亩。
【纲】庚午，十有六年，冬十月，鲁宣公卒，子黑肱嗣。

攻打陆浑的戎人，进而来到洛水之滨，在周朝境内陈兵示威。周定王派遣王孙满前去慰问楚庄王，楚庄王打听九鼎的大小轻重。王孙满回答说："鼎的大小轻重在于德行，不在于鼎本身。从前正当夏朝有德时，铸造九鼎，来象征九州，因此能使上下融洽，来承受上天的保佑。如果德行盛美，即使鼎很小，也是重的。如果臣属奸邪，国君昏乱，即使鼎很大，也是轻的。上天赐福给德行完美的人，都有一定的期限。虽然周朝的德行已经衰落，但是天命还没有改变，鼎的轻重，还没到你过问的时候。"

【纲】十年（甲子，前597）春，楚庄王包围郑国。夏六月，晋国的荀林父率领军队与楚庄王在邲地（在今河南郑州东）交战，晋国军队战败。

【纲】晋国的屠岸贾在下宫杀死赵朔，屠灭赵氏全家。 【纪】晋景公在位时，赵盾去世，其子赵朔继任正卿。赵朔娶了晋成公的姐姐庄姬。这时，屠岸贾开始得到晋灵公的宠爱。及至晋景公三年，屠岸贾当了司寇，便惩治杀害晋灵公的凶手。他遍告诸将说："虽然赵盾不知道赵穿要杀害灵公，但仍然是罪魁祸首。作为臣属，杀害国君，他的子孙还在朝中作官，这怎能惩治罪犯！"便在下宫攻打赵氏，杀死赵朔，屠灭赵氏全族。赵朔的妻子怀有遗腹子，便跑到晋景公的宫中躲避，分娩后，生下一个男孩。屠岸贾闻讯前往宫中搜索。赵夫人把孩子放在裤子里，祷告说："如果赵氏宗族要灭亡了，你就号哭；如果不该灭亡，你就不要出声。"及至屠岸贾搜索时，那孩子没有出声。脱险后，赵朔的门客公孙杵臼问赵朔的朋友程婴说："抚养孤儿与死相比哪一桩更难？"程婴说："死易，抚养孤儿难。"公孙杵臼说："你尽力承担难的，我承担易的，让我先死。"公孙杵臼找来一个别人的孩子，躲藏到山中。程婴从山中出来，假意说："如果给我一千金，我就说出赵氏孤儿的藏身之处。"屠岸贾大喜，便派人跟随程婴进山，杀死公孙杵臼和那个孩子。而真正的赵氏孤儿仍然活着，程婴与他一起躲藏在山中，他的名字叫做赵武。

【纲】十三年（丁卯，前594）秋，鲁国初次实行按亩征税的制度。

【纲】十六年（庚午，前591），冬十月，鲁宣公去世，其子黑肱继位。

【纲】辛未,十有七年,春三月,鲁作丘甲。

【纲】壬申,十有八年,夏四月,卫孙良夫帅师及齐战于新筑,卫师败绩。卫与新筑人曲县、繁缨。 【纪】卫孙桓子帅师及齐师战于新筑,败绩。新筑人仲叔于奚救之,桓子是以免。卫赏之邑,辞,请曲县、繁缨以朝,许之。孔子曰:"惜也,不如多与之邑。唯器与名,不可以假人;若以假人,与人政也。政亡,则国家从之。"

【纲】六月,鲁季孙行父、臧孙许、叔孙侨如、公孙婴齐帅师会晋郤克、卫孙良夫、曹公子首及齐侯战于鞌,齐师败绩。

【纲】乙亥,二十有一年,冬十一月,王崩,子夷践位。

简王

【纲】丙子,周简王元年,夏四月,晋迁于新田。

【纲】丁丑,二年,秋八月,吴入州来 【纪】初,楚之讨陈夏氏也,楚庄欲纳夏姬,申公巫臣谏止之。楚令尹子反欲取之,巫臣又谏,子反亦不敢取。夏姬,郑女也,楚庄使之归郑。及楚共即位,巫臣奉命聘齐,遂过郑取之以奔晋。子反以为卖己,遂族巫臣之家。巫臣怨楚,晋、楚世为仇敌。巫臣请于晋侯,乞通吴于晋,合力以牵制楚师。于是晋侯使巫臣聘吴,吴子寿梦说之,巫臣乃教吴车战,使之伐楚。八月,吴入州来,楚于是始疲于奔命。

【纲】十七年（辛未，前590），春三月，鲁国实行按丘（丘：在井田制度下，十六井为一丘，四丘为一甸）征集甲士的制度。

【纲】十八年（壬申，前589），夏四月，卫国的孙良夫率领军队与齐国在新筑（今河北大名境）交战，卫国军队战败。卫国把诸侯使用的乐器和马饰送给新筑人。　【纪】卫国的孙良夫率领军队与齐国军队在新筑交战，打了败仗。新筑人仲叔于奚救了孙良夫，孙良夫因此得以不死。卫国把城邑赏给仲叔于奚，仲叔于奚推辞不受，请求送给他诸侯使用的乐器和马饰，以便前去朝见，卫国答应了。孔子说："可惜啊，还不如多给他城邑。只有车服器物和官爵名号不能送给别人。如果送给别人，就等于把执政权力交给人家了。执政权力丧失，国家便随之灭亡。"

【纲】六月，鲁国的季孙行父、臧孙许、叔孙侨如、公孙婴齐率领军队，会合晋国的郤克、卫国的孙良夫、曹国的公子首，与齐顷公在鞌地（在今山东济南市）交战，齐国军队战败。

【纲】二十一年（乙亥，前586），冬十一月，周定王去世，其子姬夷登位。

简王

【纲】周简王元年（丙子，前585），夏四月，晋国迁都新田（在今山西侯马东南）。

【纲】二年（丁丑，前584），秋八月，吴国军队进入州来（在今安徽凤台北）。　【纪】起初，楚国讨伐陈国夏氏时，楚庄王打算纳夏姬为妾，申公巫臣劝阻，其事作罢。楚国的令尹子反打算去娶夏姬，申公巫臣又加劝阻，令尹子反也没有敢娶夏姬。夏姬，是郑国的女人，楚庄王让她返回郑国。及至楚共王即位，申公巫臣受命前往齐国通问修好，于是在经过郑国时娶走夏姬，带她逃到晋国。令尹子反认为申公巫臣把自己骗了，便杀死申公巫臣全家。申公巫臣怨恨楚国，而晋、楚两国世代都是仇敌。申公巫臣便向晋景公请求，让他使吴国与晋国通好，以便合力牵制楚国军队。于是晋景公便派遣申公巫臣前往吴国通问修好。吴王寿梦很赏识申公巫臣，申公巫臣便教吴国使用战车作战，让吴国去攻打楚国。八月，吴国军队进入州来，楚国从此开始疲于奔命。

【纲】庚辰，五年，秋，晋程婴攻屠岸贾，灭其族，复赵氏。
【纪】晋景公疾，韩厥言于晋侯曰："成季之勋，宣孟之忠，而无后，为善者其惧矣！"景公因韩厥之众以胁诸将而见赵武。诸将乃曰："昔下宫之难，屠岸贾矫命为之。今君有命立赵后，群臣之愿也。"于是召赵武、程婴，遍拜诸将；遂与攻屠岸贾，灭其族；复与武田邑如故。及赵武冠，成人，程婴乃辞诸大夫，谓武曰："昔下宫之难，我非不能死，思立赵氏之后。今武既立，我将下报宣孟与公孙杵臼。"遂自杀。武服齐衰三年，为之祭邑，春、秋世祀勿绝。

【纲】乙酉，十年，春三月，诸侯立曹公子臧，辞不受，奔宋。
【纪】晋侯会诸侯于戚，讨曹成公也，执而归诸京师。诸侯将见子臧于王而立之，子臧辞曰："'圣达节，次守节，下失节。'为君，非吾节也。虽不能圣，敢失守乎！"遂逃奔宋。

【纲】丙戌，十有一年，夏六月，晋侯及楚子、郑伯战于鄢陵。楚子、郑师败绩，楚杀其大夫公子侧。 【纪】郑叛晋即楚，晋伐郑，楚救之。六月，晋、楚遇于鄢陵，诸将请从之，范文子独不欲战，曰："唯圣人能内外无患。自非圣人，外宁必有内忧，盍释楚以为外惧乎？"栾书、郤至不从，遂战。大败楚师，射楚子中目。子反醉，不能见。楚子宵遁，子反自杀。

【纲】丁亥，十有二年，冬，晋杀其大夫郤锜、郤犨、郤至。
【纲】戊子，十有三年，春正月，晋杀其大夫胥童。庚申，晋栾书、中行偃弑其君州蒲，晋人逆公孙周于京师立之。 【纪】晋范文

【纲】五年（庚辰，前581）秋，晋国的程婴攻杀屠岸贾，诛灭他的家族，恢复了赵氏的地位。　【纪】晋景公得了病，韩厥向晋景公进言说："凭着赵衰的功勋、赵盾的忠心，却没有后人享受官禄，恐怕做善事的人都要为之恐惧了！"晋景公用韩厥的兵力胁迫诸将会见赵武，诸将便说："过去发生的下宫祸难，是屠岸贾假托国君的名义发起的。现在您命令立赵氏后嗣，正是群臣的心愿。"晋景公便叫赵武和程婴一一拜见诸将。诸将随即与赵武、程婴攻杀屠岸贾，诛灭他的家族。晋景公又把以前赵氏拥有的田邑发还给赵武。及至赵武二十岁加冠，成了成年人，程婴便向诸位大夫告辞，又对赵武说："过去发生下宫祸难时，并非我不肯去死，只是我还想为赵氏确立后嗣。现在你已经被立为后嗣，我也要到地下去回报赵朔和公孙杵臼了。"于是自杀。赵武为程婴服丧三年，为他设立供给祭品的封邑，每年春秋两季前去祭祀，世代不绝。

【纲】十年（乙酉，前576），春三月，诸侯扶立公子臧为曹君，公子臧推辞不受，逃往宋国。　【纪】晋厉公与诸侯在戚邑（今河南濮阳北古戚城）会盟，为的是讨伐曹成公。诸侯捉住曹成公，将他送到京城。诸侯打算让公子臧进见周简王，从而立他为曹君，公子臧推辞说："圣人不拘常格，自然就有节操，其次坚守节操，最下失去节操。当国君不符合我的节操。虽然我赶不上圣人，但是岂敢不坚守节操！"便逃往宋国。

【纲】十一年（丙戌，前575），夏六月，晋厉公与楚共王、郑成公在鄢陵（在今河南鄢陵西北）交战，楚、郑两国军队战败，楚国杀死大夫子反。　【纪】郑国背叛晋国，依附楚国。晋国攻打郑国，楚国前来营救。六月，晋、楚两国军队在鄢陵遭遇，晋军诸将要求出战，只有范文子希望不要作战，他说："只有圣人能使内部、外部都没有祸患。除了圣人，外部安宁了，内部准有忧患。何不放过楚国，使晋国对外有所戒惧呢！"栾书、郤至不肯听从，于是出战，大败楚军，还射中了楚共王的眼睛。子反大醉，不能了解情况。楚共王连夜逃走，子反自杀。

【纲】十二年（丁亥，前574）冬，晋国杀死大夫郤锜、郤犨、郤至。

【纲】十三年（戊子，前573），春正月，晋国杀死大夫胥童。（《左传》载此事于成公十七年末，即周简王十二年末）五日，栾书、中行偃杀死他

子反自鄢陵，使其祝宗祈死，曰："君骄侈而克敌，是天益其疾也，难将作矣！爱我者，惟祝我，使我速死，无及于难，范氏之福也。"六月，士燮卒。晋厉公侈，多外嬖。反自鄢陵，欲尽去群大夫而立其左右。胥童以胥克之废也，怨郤氏，而嬖于厉公。既杀三郤，胥童以甲劫栾书、中行偃于朝。公曰："一朝而杀三卿，余不忍益也！"公使胥童为卿。公游于匠丽氏，栾书、中行偃遂执公，杀胥童。正月庚申，使程滑弑厉公。晋荀罃、士鲂逆公孙周于京师而立之。悼公生十四年矣，而甚贤明，使魏相、士鲂、魏颉、赵武为卿，民无谤言，所以复霸也。

【纲】秋八月，鲁成公卒，子午嗣。

【纲】己丑，十有四年，秋九月，王崩，子泄心践位。

灵王

【纲】庚寅，周灵王元年，冬，晋荀罃、齐崔杼、宋华元、鲁仲孙蔑、卫孙林父、曹人、邾人、滕人、薛人、小邾人会于戚，遂城虎牢。

【纲】壬辰，三年，冬，晋大夫魏绛盟诸戎。　【纪】无终子嘉父使孟乐如晋，因魏庄子纳虎豹之皮，以请和诸戎。晋侯曰："戎、狄无亲，不如伐之。"魏绛曰："和戎有五利焉：戎、狄荐居，贵货易土，土可贾焉，一也；边鄙不耸，民狎其野，穑人成功，二也；戎、狄事晋，四邻振动，诸侯畏怀，三也；以德绥戎，师徒不勤，甲兵不顿，四也；鉴于后羿，而用德度，远至迩安，五也。"公说，使绛盟诸戎。

们的国君晋厉公州蒲,晋人从京城迎来公孙周,立为晋君。 【纪】晋国的范文子从鄢陵返回以后,让祝宗祈求天神使他死去,并说:"国君骄傲奢侈,又打败了敌人,这是上天要加重他的毛病,看来祸难即将发生了。你果真爱护我,就只有向神祈求使我赶快死去,别让我赶上祸难,这就是范氏的福气了!"六月,范文子去世。晋厉公奢侈,有许多男宠。从鄢陵回来后,他打算除去所有的大夫,另立自己的左右亲信。由于胥克遭到废黜,胥童怨恨郤氏,而他又得到晋厉公的宠爱。在杀死郤锜、郤犨、郤至后,胥童又率领甲士在朝堂上劫持了栾书和中行偃。晋厉公说:"一天之内就杀死郤氏三卿,我不忍心再杀人了!"晋厉公任命胥童为卿。晋厉公到匠丽氏那里游玩,栾书和中行偃就捉住晋厉公,杀死胥童。正月五日,栾书和中行偃指使程滑杀死晋厉公。荀䓨、士鲂从京城迎来公孙周,立为晋君,这就是晋悼公。这时,晋悼公只有十四岁,但是非常贤明。晋悼公任命魏相、士鲂、魏颉、赵武为卿,人民没有非议,这便是他能称霸诸侯的原因。

【纲】秋八月,鲁成公去世,子午继位。

【纲】十四年(己丑,前571),秋九月,周简王去世,其子姬泄心登位。

灵王

【纲】周灵王元年(庚寅,前571)冬,晋国的荀䓨、齐国的崔杼、宋国的华元、鲁国的仲孙蔑、卫国的孙林父以及曹人、邾人、滕人、薛人、小邾人在戚地会见,于是修筑虎牢城。

【纲】三年(壬辰,前569)冬,晋国大夫魏绛与各部戎人结盟。(《左传》载此事在下一年冬天)【纪】无终子嘉父派遣孟乐前往晋国,通过魏绛进献虎皮和豹皮,请晋国与各部戎人媾和。晋悼公说:"戎狄不讲情义,不如攻打他们。"魏绛说:"与戎人媾和有五大便利:戎狄逐水草而居,看重财货,轻视土地,我们可以收买土地,这是其一;边疆没有战事,人民安心在田野里劳作,管理农田的人容易取得成功,这是其二;戎狄依附晋国,四周邻国受到震动,诸侯便畏惧晋国,归服晋国,这是其三;以恩德安抚戎人,将士免受劳苦,武器盔甲不遭损坏,这是

【纲】丁酉,八年,冬,晋侯、宋公、鲁侯、卫侯、曹伯、莒子、邾子、滕子、薛伯、杞伯、小邾子、齐世子光伐郑。十一月,同盟于戏。
【纪】盟于戏,郑服也。晋侯归,谋所以息民。魏绛请施舍,输积聚以贷。自公以下,苟有积者,尽出之。国无滞积,亦无困人,公无禁利,亦无贪民。祈以币更,宾以特牲,器用不作,车服从给。行之期年,国乃有节,三驾而楚不能与争。

【纲】己亥,十年,秋,晋侯、宋公、鲁侯、卫侯、曹伯、齐世子光、莒子、邾子、滕子、薛伯、杞伯、小邾子伐郑,会于萧鱼。
【纪】会于萧鱼,及郑平。郑人赂晋以歌钟、镈、磬、女乐,晋侯以其半赐魏绛,曰:"子教寡人和诸戎狄以正诸夏。八年之中,九合诸侯,如乐之和,无所不谐。请与子乐之。"辞曰:"夫和戎、狄,国之福也。九合诸侯,诸侯无慝,君之灵也,二三子之劳也,臣何力之有焉?抑臣愿君安其乐而思其终也!"公曰:"子之教,敢不承命。夫赏,国之典也,子其受之。"绛于是始有金、石之乐。

【纲】庚子,十有一年,秋九月,吴子乘卒,长子诸樊嗣。
【纪】寿梦有子四人:长曰诸樊,次曰馀祭,次曰馀昧,次曰季札。季札贤,寿梦欲立之,札让不可,于是立长子诸樊。

【纲】庚戌,二十有一年,冬十一月,孔子生。
【纲】癸丑,二十有四年,夏五月,齐崔杼弑其君光,立其弟杵臼。 【纪】崔武子见棠姜而美之,遂取之。庄公通焉,崔子弑之。

其四；汲取后羿的教训，推行德行法度，远国来朝，近国安定，这是其五。"晋悼公大悦，便派遣魏绛与各部戎人结盟。

【纲】八年（丁酉，前564）冬，晋悼公、宋平公、鲁襄公、卫献公、曹成公以及莒子、邾子、滕子、薛伯、杞伯、小邾子、齐国世子光攻打郑国。十一月，诸侯在戏地（在今河南长葛洧川镇南）共同会盟。　【纪】诸侯在戏地会盟，是郑国屈服的结果。晋悼公回国后，谋求休养民生的办法。魏绛建议施加恩惠，把积聚的财物，借贷给人民。自晋悼公以下，如果有积蓄的物品，便悉数交出。要使国内没有积压闲置的财物，也没有贫困之人；公家不禁止牟利，也没有贪婪之人。以钱币代替牲畜作为祈祷用的供品，招待宾客只用一只牲畜，不再制造新的器物，车马服饰足用而止，这些措施实行了一整年，国家的财用有了法度。晋国三次出兵，楚国都不能与之抗衡。

【纲】十年（己亥，前562）秋，晋悼公、宋平公、鲁襄公、卫献公、曹成公以及齐国世子光，莒子、邾子、滕子、薛伯、杞子、小邾子攻打郑国，在萧鱼（即修鱼，在今河南原阳东南）会见。　【纪】诸侯在萧鱼会见，与郑国媾和。郑人向晋国赠送歌钟、镈、磬和女乐，晋悼公将其中的一半赐给魏绛，并说："你教寡人与戎狄媾和，以便整饬中原诸侯，八年间九次会见诸侯，像音乐一样和谐，没有不协调的地方。请让我与你一起享受这种欢乐。"魏绛推辞说："与戎狄媾和，是国家的福气。九次会见诸侯，诸侯不蓄奸谋，是您的威灵，是大家的功劳，我也没有出什么力。然而，我希望您不仅安然享受这种欢乐，还要想到善始善终！"晋悼公说："你的教导，我怎敢不听。奖赏是国家的典制，你就接受了吧！"从此，魏绛开始有了金石器乐。

【纲】十一年（庚子，前561），秋九月，吴王寿梦去世，长子诸樊继位。　【纪】吴王寿梦有四个儿子：长子名叫诸樊，次子名叫馀祭，三子名叫馀昧，四子名叫季札。由于季札贤能，寿梦打算立他为嗣。季札推让，不肯接受，寿梦便立长子诸樊为嗣。

【纲】二十一年（庚戌，前551），冬十一月，孔子诞生。

【纲】二十四年（癸丑，前548），夏五月，齐国的崔杼杀死国君齐庄公光，立庄公之弟杵臼为齐君。　【纪】崔杼见到棠姜，认为她很漂

太史书曰："崔杼弑其君!"崔子杀之。其弟嗣书,而死者二人;其弟又书,乃舍之。南史氏闻太史尽死,执简以往,闻既书矣,乃还。

【纲】丙辰,二十有七年,冬,王崩,太子晋母弟贵践位。

景王

【纲】丁巳,周景王元年,夏,吴子使札聘于鲁。【纪】吴使季札聘于鲁,请观于周乐,鲁人为奏六代之乐。过徐,徐君爱其宝剑,季子心知而许之。使还,徐君已殁,遂解剑悬其墓而去。

【纲】戊午,二年,冬,郑使公孙侨为政。【纪】子产为政,使都鄙有章,上下有服,田有封洫,庐井有伍。从政一年,舆人诵之曰:"取我衣冠而褚之,取我田畴而伍之。孰杀子产,吾其与之!"及三年,又诵之曰:"我有子弟,子产诲之。我有田畴,子产殖之。子产而死,谁其嗣之!"

郑人游于乡校,以论执政。然明谓子产:"毁乡校如何?"子产曰:"夫人朝夕退而游焉,以议执政之善否。其所善者,吾则行之;其所恶者,吾则改之。是吾师也,若之何毁之!我闻忠善以损怨,不闻作威以防怨,岂不遽止。然犹防川,大决所犯,伤人必多,吾不克救也,不如小决使道,不如吾闻而药之也。"仲尼闻之曰:"人谓子产不仁,吾不信也!"

亮，便娶了她。由于齐庄公与她私通，崔杼便将齐庄公杀死。太史在史册上写道："崔杼杀死国君！"崔杼将他杀死。太史的弟弟继续这样记载，因而被杀的又有两人。太史的另一个弟弟又这样记载，崔杼便不管了。南史氏听说太史都被杀死，便带着竹简前去写史，得知史册上已经写下这一事实，这才回去。

【纲】二十七年（丙辰，前545）冬，周灵王去世，太子晋的同母弟姬贵登位。

景王

【纲】周景王元年（丁巳，前544）夏，吴王馀昧派遣季札前往鲁国通问修好。　【纪】吴国派遣季札前往鲁国通问修好，季扎请求欣赏周朝的音乐，鲁人为他演奏黄帝、帝尧、帝舜、大禹、成汤、周武王六代的乐曲。季札经过徐国（在今安徽泗县北），徐君喜欢他的宝剑，季札心中明白，准备送给他。季札出使归来，徐君已经去世，季札便解下宝剑，挂在徐君墓边，然后离去。

【纲】二年（戊午，前543）冬，郑国让子产执掌政务。　【纪】子产执掌政务，使都邑与乡村都有一定的规章，大小官员都有各自的职守，土地都有田界与水道，井田中的农户五家相保。子产执政一年时，人们讽诵道："夺取我的衣冠充当财物税，丈量我的耕地征收田税，谁想杀死子产，我就助他一臂之力！"等到三年后，人们又讽诵道："我的子弟，子产教诲；我的田地，子产蕃息。子产死了，谁能后继！"

郑人到乡校中聚会游玩，以便议论国家政务的得失。然明对子产说："毁掉乡校，你看怎样？"子产说："人们早晚空闲时到乡校中游玩，以便议论国家政务的好坏。人们称赞的，我便实行，人们憎恶的，我便改正。这正是我的老师，怎能把它毁掉？我只听说忠心和善意可以减少怨恨，没听说以威势压人可以防止怨恨。难道快速制止这些议论不容易吗？但是这就像防止河水泛滥一样，河水大决口导致的损害，必然要伤害许多人，我没有办法挽救。不如开一个小决口，加以疏导。也就是说，不如让我听取乡校的议论，来纠正执政的弊病。"孔子听到这些见解后说："有人说子产不仁，我不相信！"

【纲】己未,三年,夏六月,鲁襄公卒于楚宫,子野立。秋九月,子野卒,公子裯立。

【纲】辛酉,五年,春,晋使韩起聘于鲁。 【纪】晋侯使韩宣子聘于鲁,观书于太史氏,见易象与鲁春秋,曰:"周礼尽在鲁矣,吾乃今知周公之德与周之所以王也!"

【纲】癸亥,七年,秋,郑作丘赋。 【纪】郑子产作丘赋,国人谤之曰:"其父死于路,己为虿尾。以令于国,国将若之何!"子宽以告,子产曰:"何害。苟利社稷,死生以之。诗曰:'礼义不愆,何恤于人言!'吾不迁矣。"浑罕曰:"君子作法于凉,其敝犹贪;作法于贪,敝将若之何?"

【纲】乙丑,九年,秋,郑人铸刑书。

【纲】己巳,十有三年,秋七月,孔子生伯鱼。 【纪】孔子年十九,娶于宋亓官氏,一岁而生伯鱼。鱼之生也,鲁昭公以鲤赐,孔子荣君之贶,故因以名曰鲤而字伯鱼。

【纲】己卯,二十有三年,冬十二月,郑大夫公孙侨卒。 【纪】子产有疾,谓子太叔曰:"我死,子必为政。唯有德者能以宽服民,其次莫如猛。夫火烈,民望而畏之,故鲜死焉。水懦弱,民狎而玩之,则多死焉。故宽难!"子产卒,仲尼闻之出涕曰:"古之遗爱也!"

【纲】辛巳,二十有五年,夏四月,王崩,子猛践立。冬十月,王子猛卒,母弟匄立。 【纪】初,太子寿先卒;次子猛,少子朝。朝有宠,王欲立之,未果。至是,王崩,单子、刘子立猛,子朝因旧官百工之丧职秩者,帅要、钱之甲以逐刘子;刘子奔扬。单子奉子猛于庄

【纲】三年(己未,前452),夏六月,鲁襄公在楚宫去世,儿子野即位。秋九月,子野故去,公子裯即位。

【纲】五年(辛酉,前540)春,晋国派遣韩起前往鲁国通问修好。【纪】晋平公派遣韩起前往鲁国通问修好,韩起到太史氏那里参观藏书,见到《易象》和《鲁春秋》二书,就说:"周朝的礼典都在鲁国了,我这才知道周公的德行和周朝得以统治天下的道理了。"

【纲】七年(癸亥,前538)秋,郑国制定按丘征收兵赋的制度。【纪】郑国的子产制定了按丘征收兵赋的制度,国人非难他说:"他的父亲死在路旁,他本人像蝎子尾巴一样狠毒。让他在国内发号施令,国家将如何是好!"子宽把这话告诉了子产,子产说:"不妨。如果对国家有利,我是死是活都随他去。《诗》说:'在礼义方面没有过失,何必去管别人如何评论!'我不会改变的。"浑罕说:"君子本着赋税从轻的愿望出发去制定法令,其弊端尚且是难免贪得无厌。如果从贪得无厌的要求出发去制定法令,那将会带来什么样的弊端!"

【纲】九年(乙丑,前536)秋,郑人将刑律铸在鼎上。

【纲】十三年(己巳,前532),秋七月,孔子得子伯鱼。 【纪】孔子十九岁时娶了宋国亓官氏的女儿,一年后生了伯鱼。伯鱼诞生时,鲁昭公赐给孔子一条鲤鱼,孔子把鲁君的赐与视为荣耀,因此给儿子取名为鲤,字伯鱼。

【纲】二十三年(己卯,前522),冬十二月,郑国大夫子产去世。【纪】子产得了病,对儿子太叔说:"我死后,你肯定会执掌朝政。只有有道德的人才能实行宽和的政策,使民众信服,其次就不如执法严厉。火势猛烈,民众望而生畏,所以很少有人被火烧死。水性柔弱,民众非常熟悉,反而有许多人被水淹死。可见,实行宽和的政策太难!"子产去世,孔子闻讯流着眼泪说:"子产有古人仁爱的遗风啊!"

【纲】二十五年(辛巳,前520),夏四月,周景王去世,王子猛登位。冬十月,王子猛去世,同母弟王子匄即位。 【纪】起初,太子寿先去世,王子猛为次子,王子朝最小。王子朝受宠,周景王打算立他为太子,但没有实现。到这时,周景王去世,单子和刘子拥立王子猛。王子朝依靠失去职位的旧官员和工匠,率领要邑和钱邑的甲士去驱逐刘子,刘

宫。子朝之徒夜使人取猛以归。单子出奔,子朝之徒奉王猛以追单子。晋人帅师纳王猛于王城。冬,王猛卒,立其母弟王子匄。

敬王

【纲】壬午,周敬王元年,秋七月,天王居于狄泉。尹氏立子朝。

【纲】乙酉,四年,冬十月,王入于成周,尹氏、召伯、毛伯以王子朝奔楚。

【纲】丁亥,六年,秋七月,鲁颜回生。

【纲】辛卯,十年,冬十二月,鲁昭公卒于乾侯。

【纲】壬辰,十有一年,夏六月,鲁季孙意如废世子而立昭公之弟宋。

【纲】乙未,十有四年,冬十一月,蔡侯以吴子及楚人战于柏举,楚师败绩。楚囊瓦出奔郑。庚辰,吴入郢。 【纪】初,蔡昭侯朝楚,楚令尹子常不加礼而求赂。蔡侯怨之,以其子为质于吴,乞师伐楚。于是吴王阖闾与蔡侯、唐侯伐楚;子常御之。二师陈于柏举,阖闾之弟夫概王先击子常之卒,卒奔,楚师乱,吴师大败之,子常奔郑,吴师及郢,楚子出奔于随。吴人入郢,处于其宫。

【纲】丙申,十有五年,夏六月,楚申包胥以秦师至,败吴师。【纪】初,伍员与申包胥友,皆楚人也。员父为楚平王所杀,员奔吴,与包胥别,员曰:"我必覆楚!"包胥曰:"我必复之!"员既奔吴,遂道吴伐楚。既入郢,遂鞭平王之尸。包胥乃如秦乞师,秦伯使就馆。包胥依于庭墙而哭,日夜不绝,饮食不入口七日。秦哀公为之赋无

子逃往扬邑。单子拥奉王子猛来到庄宫。王子朝一伙在夜间抓到王子猛,把他带回。单子外逃,王子朝一伙拥奉王子猛追赶单子。晋人率领军队将王子猛送回王城。冬季,王子猛去世,将其同母弟王子姬匄立为周王。

敬王

【纲】周敬王元年(壬午,前519),秋七月,周敬王居住在狄泉(在洛阳城外)。尹氏又将王子朝立为周王。

【纲】四年(乙酉,前516),冬十月,周敬王进入成周,尹氏、召伯、毛伯带着王子朝逃往楚国。

【纲】六年(丁亥,前514),秋七月,鲁国颜回诞生。

【纲】十年(辛卯,前510),冬十二月,鲁昭公在乾侯(在今河北磁县东)去世。

【纲】十一年(壬辰,前509),夏六月,鲁国的季孙如意废黜鲁世子,立鲁昭公的弟弟宋为鲁君。

【纲】十四年(乙未,前506),冬十一月,蔡侯依靠吴王阖闾与楚人在柏举(今湖北麻城东北)交战,楚国军队战败。楚国的囊瓦逃到郑国。二十八日,吴军进入郢都(今湖北江陵东南)。 【纪】起初,蔡昭侯投靠楚国。楚国的令尹子常没有以礼相待,而且索求贿赂。蔡侯怨恨楚国,便让自己的儿子去做吴国的人质,请求吴国派兵攻打楚国。于是吴王阖闾与蔡昭侯、唐侯攻打楚国,令尹子常率军抵御,两军在柏举对阵。吴王阖闾的弟弟夫概王先攻击令尹子常的士兵,士兵奔逃,楚军大乱,吴军大败楚军,令尹子常逃往郑国。吴国军队打到郢都,楚昭王逃亡到随国。吴军进入郢都,住在楚王宫中。

【纲】十五年(丙申,前505),夏六月,楚国的申包胥领着秦军前来,打败吴军。 【纪】起初,伍员与申包胥友好,他们二人都是楚国人。伍员的父亲被楚平王杀害后,伍员逃往吴国。伍员与申包胥告别时说:"我一定让楚国覆灭!"申包胥说:"我一定使楚国复兴!"伍员逃到吴国后,便引导吴王阖闾攻打楚国。吴军进入郢都后,伍员便去鞭打楚平王的尸身。申包胥就前往秦国乞求出兵,秦哀公让他先在客馆中住

衣,乃为之出师。申包胥以秦师至,吴师大败,吴子乃还。秋,楚子入于郢。

【纲】冬,鲁曾参生。

【纲】庚子,十有九年,夏,鲁以孔子为中都宰。 【纪】孔子为中都宰,制为养生送死之节,长幼异食,强弱异任,男女别途,路无拾遗,器不雕伪。为四寸之棺,五寸之椁,因丘陵为坟,不封不树。行之一年,而四方诸侯则焉。定公谓孔子曰:"学子此法以治鲁国,何如?"孔子对曰:"虽天下可平,何但鲁国而已哉!"

【纲】辛丑,二十年,春,鲁以孔子为司空,进为大司寇。

【纲】夏,鲁侯会齐侯于夹谷。 【纪】齐使使告鲁为好会,会于夹谷。孔子相,曰:"臣闻有文事者必有武备。请具左、右司马以从。"既会,齐有司请奏四方之乐,于是旗旄剑戟,鼓噪而至。孔子趋而进曰:"吾两君为好,夷狄之乐何为于此!"齐侯心怍,麾之。齐有司请奏宫中之乐,优倡侏儒戏而前。孔子趋而进曰:"匹夫荧惑诸侯者罪当诛!请命有司!"加法焉,首足异处。景公惧,归语其臣曰:"鲁以君子之道辅其君,而子独以夷狄之道教寡人。"于是齐人乃归所侵鲁郓、汶阳、龟阴之田。

【纲】癸卯,二十有二年,夏,鲁叔孙州仇帅师堕郈,鲁季孙

下。申包胥靠着院墙痛哭，日夜哭号不止，七天不吃不喝，秦哀公为他写下《无衣》一诗，终于为他出兵。申包胥领着秦军赶到，吴军大败，吴王阖闾回国。秋季，楚昭王进入郢都。

【纲】冬季，鲁国曾参诞生。

【纲】十九年（庚子，前501）夏，鲁昭公任命孔子为中都（在今山东汶上西）宰。　【纪】孔子担任中都宰时，制定了养老送终的礼节，使老人和儿童分开进餐，身强体壮的人与身弱力单的人各自承担不同的劳务，男人与女人分开走路。在中都，没有人去拾取遗落在地上的东西，人们也不在器物上去作繁缛的雕画。孔子规定四寸厚的棺材、五寸厚的外棺，让人们在丘陵上筑坟，不培土，不植树。这些措施实行了一年，各地诸侯纷纷效法。鲁定公对孔子说："学习你的这些办法，用来治理鲁国，你看怎样？"孔子回答说："就是天下也可以治理，何止能够治理鲁国而已！"

【纲】二十年（辛丑，前500）春，鲁定公任命孔子为司空，接着进升为大司寇。

【纲】夏季，鲁定公与齐景公在夹谷（在今山东莱芜南）会见。【纪】齐景公派遣使者前往鲁国，联系在夹谷举行友好会晤。当时代理司仪职务的孔子说："我听说办理礼仪往来的事情时要有武力防备，请让左、右司马带兵随同前往。"两国君主会面后，齐国有关官员建议演奏边远各族的乐曲。于是齐国乐队举着旗子，拿着剑戟，吵吵闹闹地走来。孔子快步走上前去说："我们两国君主友好会晤，为什么让夷狄的乐曲在这里演奏！"齐景公心中惭愧，让乐队撤下。齐国有关官员又建议演奏宫廷乐曲，于是齐国的艺人和侏儒嘻嘻哈哈地走来。孔子快步走上前去说："这些炫惑诸侯的匹夫罪该诛杀，请齐君命令有关官员执法！"齐国的有关官员只好依法处治，那些艺人和侏儒都被腰斩。齐景公感到恐惧，回去后对臣属说："鲁国大臣以君子的道理辅佐国君，你们却教寡人夷狄那一套。"于是齐景公将侵占去的郓地（在今山东郓城县东）、汶阳（在今山东宁阳县东北）和龟山（在今山东泗水县东北）北麓等地方归还给鲁国。

【纲】二十二年（癸卯，前498）夏，鲁国的叔孙州仇率领军队毁除

斯、仲孙何忌帅师堕费。冬,鲁侯围成,弗克。 【纪】孔子言于定公曰:"家不藏甲,邑无百雉之城。"使仲由为季氏宰,将堕三都。于是叔孙氏堕郈,季氏堕费,公敛处父不肯堕成。冬,公围成,不克。

【纲】甲辰,二十有三年,冬,鲁以孔子摄相事,与闻国政。【纪】孔子为鲁相,摄朝七日而诛少正卯。门人问曰:"少正卯,鲁之闻人也。夫子为政而始诛之,得无失乎?"孔子曰:"人有大恶者五,而盗窃不与焉:一曰心达而险,二曰行僻而坚,三曰言伪而辩,四曰记丑而博,五曰顺非而泽。此五者有一于人,则不免于君子之诛,而少正卯兼有之。其居处足以聚徒成群,言谈足以饰邪荧众,强足以反是独立,此小人之桀雄也,不可以不诛也!是以汤诛尹谐,文王诛潘正,周公诛管叔,太公诛华仕,管仲诛付里乙,子产诛邓析、央何:此七子者,皆异世同心,不可不诛也。"

初,鲁之贩羊有沈犹氏者,常朝饮其羊以诈市人。有公慎氏者,妻淫不制。有慎溃氏者,奢侈逾法。鲁之鬻六畜者,饰之以储价。及孔子之为政也,则沈犹氏不敢朝饮其羊,公慎氏出其妻,慎溃氏越境而徙。三月,则鬻牛马者不储价,卖羔豚者不加饰,男女行者别于涂,道不拾遗,男尚忠信,女尚贞顺。

【纲】齐人归女乐于鲁,孔子适卫。
【纲】己巳,二十有四年,夏五月,於越败吴于檇李。 【纪】吴阖闾伐越;越句践御之,陈于檇李,大败之。阖闾伤将指而卒。子夫差立,誓以复雠,使人立于庭,苟出入,必谓己曰:"夫差,而忘越王

邱邑（在今山东汶上西北，一说在临沂东）。季孙斯、仲孙何忌率领军队毁除费邑。冬季，鲁定公包围成邑（在今山东宁阳县东北），但是没有攻克。　　【纪】孔子对鲁定公说："大臣家中不能收藏盔甲兵器，大夫不能建造高一丈、长三百丈的城邑。"孔子让仲由去担任季孙氏的家臣，准备毁除邱、费、成三座城邑。于是，叔孙氏毁掉邱邑，季孙氏毁掉费邑，只有公敛处父不肯毁掉成邑。冬季，鲁定公包围成邑，但是没有攻克。

　　【纲】二十三年（甲辰，前497）冬，鲁定公委任孔子摄理宰相事务，参与国政。　　【纪】孔子担任鲁国的相职，摄理朝政七天，便杀了少正卯。门人问他说："少正卯是鲁国的一位知名人士。先生刚刚主持政务就杀了他，该不是失误吧？"孔子说："人有五种大罪恶，而盗窃还不包括在内：一是通达知变，但是用心险恶；二是行为邪僻而又坚定不移；三是言论虚伪而又能言善辩；四是多记丑事而又广知博闻；五是坚持谬论而又闪烁其辞。只要有人在这五种大罪恶中占了一种，就不能躲过君子的诛讨，而少正卯五大罪恶兼而有之。他平时能够招聚成群的门徒，他的言论能够美化邪说，迷惑群众，他刚愎自用，能够颠倒是非，并使人难以推翻。这是小人中的杰出人物，不能不将他杀掉！所以，成汤杀死尹谐，周文王杀死潘正，周公旦杀死管叔，太公杀死华仕，管仲杀死付里乙，子产杀死邓析、史何：这七个人时代不同而心术相同，所以不能不杀。"

　　起初，鲁国有一个贩羊的沈犹氏，经常在早晨让羊喝水，增加重量，来欺骗买主。有一个公慎氏，对妻子的淫荡行为不加制止。有一个慎溃氏，生活奢侈，超越礼法限度。鲁国贩卖六畜的商人总是弄虚作假，抬高牲畜的价钱。到孔子执政时，沈犹氏不敢早晨给羊灌水，公慎氏休了妻子，慎溃氏离开鲁国。过了三个月，贩卖牛马的商人不再抬高价钱，贩卖羊猪的商人不再弄虚作假，男人和女人分开走路，路上遗落的东西无人去拣，男人崇尚忠实守信，女人崇尚贞洁柔顺。

　　【纲】齐人把歌舞女伎送给鲁国，孔子便前往卫国。

　　【纲】二十四年（己巳，前496），夏五月，越国在檇李（在今浙江嘉兴西南）打败吴国。　　【纪】吴王阖闾攻打越国，越王勾践率兵抵御，在檇李布阵接战，大败吴王阖闾。阖闾因大拇脚趾受伤而丧生。其

之杀而父乎？"则对曰："唯，不敢忘！"三年，乃报越。

【纲】秋，卫世子蒯聩出奔宋。 【纪】卫侯为夫人南子召宋朝，太子蒯聩献盂于齐，过宋野，野人歌曰："既定尔娄猪，盍归吾艾豭？"太子羞之，谓戏阳速曰："我从而朝少君，少君见我，我顾，乃杀之。"速曰："诺。"乃朝夫人。太子三顾，速不进。夫人见其色，啼而走，曰："蒯聩将杀余！"公执其手以登台。太子奔宋。

【纲】孔子自卫适陈。畏于匡，复反于卫。

【纲】丙午，二十有五年，春，孔子去卫过曹。夏五月，鲁定公卒，子蒋嗣。

【纲】秋九月，孔子自曹适宋，及郑，至陈。 【纪】孔子去曹适宋，与弟子习礼大树下。宋司马桓魋欲杀孔子，伐其树。孔子去。适郑，与弟子相失。孔子独立郭东门。郑人曰："东门有人，其颡似尧，其项类皋陶，其肩类子产，然自要以下不及禹三寸，累累若丧家之狗。"孔子遂至陈，主于司城贞子家。

【纲】丁未，二十有六年，春，吴子败越于夫椒。 【纪】吴王夫差败越于夫椒，报檇李也。遂入越。越句践以甲楯五千保于会稽，使大夫种因吴太宰嚭以行成。夫差将许之，伍员曰："不可。臣闻之树德莫如滋，去疾莫如尽。昔夏少康有田一成，有众一旅，能布其德而兆其谋，遂灭过、戈，复禹之绩。今吴不如过而越大于少康，或将丰之，不亦难乎！苟践能亲而务施。施不失人，亲不弃劳，与我同壤，而世为仇雠。于是乎克而弗取，将又存之。违天而长寇雠，后虽

子夫差即位，发誓复仇。他让一个人站在庭院中，只要夫差从这里经过，那人便对夫差说："夫差！你忘了越王杀害你的父亲了吗？"夫差便回答说："没有，我不敢忘记！"三年以后，夫差便报复越国。

【纲】秋季，卫国世子蒯聩逃亡到宋国。　【纪】卫灵公为了夫人南子召见宋朝。太子蒯聩把盂邑（今河南睢县东南）献给齐国，途中经过宋国的野外，野外的人唱道："既然已经同你们的母猪配过对，何不把我们的小公猪还回来？"太子蒯聩深感羞辱，便对戏阳速说："我跟你去朝见夫人，在夫人接见我时，我一使眼色，你就将她杀死。"戏阳速说："好吧。"蒯聩便去朝见夫人南子。太子蒯聩三次以目示意，戏阳速都没有上前下手。夫人南子看出蒯聩的神色不对头，便哭哭啼啼地边逃边说："蒯聩要杀我！"卫灵公拉着南子的手登上高台。太子蒯聩逃往宋国。

【纲】孔子从卫国前往陈国，在匡邑（在今河南长垣西南）受惊，又返回卫国。

【纲】二十五年（丙午，前495）春，孔子离开卫国，途中经过曹国。夏五月，鲁定公去世，其子蒋继位。

【纲】秋九月，孔子从曹国前往宋国，又往郑国，来到陈国。
【纪】孔子离开曹国，前往宋国，与弟子在大树下面演习礼仪。宋国的司马桓魋打算杀死孔子，便将大树砍掉。孔子只好离开，前往郑国，途中与弟子失散。孔子独自站在外城东门旁边，郑人说："东门站着一个人，他的额头像唐尧，脖子像皋陶，肩膀像子产，但是腰部以下比大禹差了三寸，那风尘仆仆的样子，就像一只丧家之狗！"于是，孔子来到陈国，住在司城贞子家中。

【纲】二十六年（丁未，前494）春，吴王夫差在夫椒山（即今江苏苏州西南太湖中的洞庭山）打败越国。　【纪】吴王夫差在夫椒山打败越国，报了槜李战败的仇恨，随即打进越国。越王勾践率领披甲执盾的五千士兵防守会稽（在今浙江绍兴东南），派遣大夫种通过吴国的太宰嚭以求媾和。夫差准备应允，伍员说："不能答应。我听说，树立美德最好的方法是逐渐培养，治疗疾病的最好方法是彻底根除。从前夏朝的少康只有十里见方的田地和五百部众，由于能够广施恩德，创议复兴，

悔之，不可及已！"弗听。退而告人曰："越十年生聚，而十年教训，二十年之外，吴其为沼乎！"越及吴平。

【纲】戊申，二十有七年，春，孔子自陈反于卫。孔子自卫如晋，不果，反乎卫，复如陈。 【纪】孔子既不得用于卫，将西见赵简子。至于河，闻窦鸣犊、舜华之死也，临河而叹曰："美哉水，洋洋乎！丘之不济此，命也夫！"子贡问曰："何谓也？"孔子曰："窦鸣犊、舜华，晋国之贤大夫也。简子未得志之时，须此两人而后从政；今得志，乃杀之。君子恶伤其类，故余云然。"又反乎卫，复如陈。

【纲】庚戌，二十有九年，夏，孔子在陈，思归鲁，寻如蔡。

【纲】壬子，三十有一年，春，孔子自蔡如叶，楚子遣使来聘孔子。 【纪】楚子闻孔子在陈、蔡之间，使人聘孔子。陈、蔡大夫谋曰："孔子用于楚，则陈、蔡危矣。"相与发徒围之于野；不得行，绝粮。使子贡至楚。楚子兴师迎孔子，然后得行。楚子将以书社地封孔子，楚令尹子西曰："王之使诸侯有如子贡者乎？"曰："无有。""王之辅相有如颜回者乎？"曰："无有。""王之将帅有如子路者乎？"曰："无有。""王之官尹有如宰予者乎？"曰："无有"。"且楚之祖封于周，号为子男五十里。今孔丘述三王之法，明周、召之业，王若用之，则楚安得世世堂堂方数千里乎？夫文王在丰，武王在镐，百里之君，卒王天下。今孔丘得据土壤，贤弟子为佐，非楚之福也！""昭

终于灭掉过国和戈国,恢复了大禹的业绩。现在吴国比不上过国,而越国比少康强大。如果再让越国强盛起来,不是吴国的大患吗?勾践能亲近臣属,致力施加恩惠。对应该给与恩惠的人从无遗落,对应该亲近的功臣从不抛弃。越国与我国接壤,世为仇敌。在这种情况下战胜越国,却不占领越国,还打算让越国存在下去,这违背天意,有利于仇敌的复兴。即使将来后悔,也来不及了。"吴王夫差不听。伍员出宫后告诉别人说:"越国用十年时间生育人口,积聚力量,再用十年时间教育人民,训练士兵,二十年以后,恐怕吴国就要成为一片沼泽了!"越国与吴国媾和。

【纲】二十七年(戊申,前493)春,孔子从陈国返回卫国。孔子准备由卫国前往晋国,结果没有实现。孔子又返回卫国,再次前往陈国。【纪】孔子已经不受卫国重用,便准备西行去见赵简子。来到黄河岸边,孔子听说窦鸣犊和舜华被杀,面向黄河感叹道:"壮美的黄河水呀,浩荡无垠!我不能渡过黄河,这是命运的安排吧!"子贡问道:"这是什么意思呢?"孔子说:"窦鸣犊和舜华是晋国贤明能干的大夫。赵简子不得志时,需要这两个人的帮助,然后才得以执政。现在赵简子得志了,便将他们杀掉。君子憎恶伤害同类,所以我才这样说。"孔子又返回卫国,再次前往陈国。

【纲】二十九年(庚戌,前491)夏,孔子住在陈国,希望返回鲁国,不久前往蔡国。

【纲】三十一年(壬子,前489)春,孔子从蔡国前往叶邑(今河南叶县),楚昭王派遣使者前来聘用孔子。 【纪】楚昭王听说孔子住在陈国、蔡国一带,便派人聘用孔子。陈、蔡两国的大夫商量说:"孔子被楚国任用,陈、蔡两国就危险了!"便一起派出士兵,把孔子在野外围困起来。孔子无法动身,粮食吃尽,便派子贡前往楚国,楚昭王发兵迎接孔子,孔子才得以启行。楚昭王准备给孔子一块封地,令尹子西说:"大王派往诸侯各国的使者,有像子贡那样的人才吗?"楚昭王说:"没有。"令尹子西问:"大王的辅相,有像颜回那样的人才吗?"楚昭王回答说:"没有。"令尹子西问:"大王的将帅,有像子路那样的人才吗?"楚昭王回答说:"没有。"令尹子西问:"大王的各部门长官,有像宰予那样的人才吗?"楚昭王回答说:"没有。"令尹子西说:"况且,

王乃止。

【纲】秋,孔子自楚反于卫。

【纲】丁巳,三十有六年,冬,孔子自卫反鲁。孔子叙书,记礼,删诗,正乐,序易象、系、象、说卦、文言。 【纪】鲁终不能用孔子,孔子亦不求仕。时周室微而礼、乐废,诗、书缺。孔子追述三代之礼,序书,上自唐、虞,下至秦缪。删古诗三千余篇为三百五篇,皆弦歌之,以求合韶、武、雅、颂之音。礼、乐自此可得而述。晚而喜易,序彖、象、系辞、说卦、文言。读易韦编三绝。孔子以诗、书、礼、乐教,弟子盖三千焉,身通六艺者七十有二人。

【纲】庚申,三十有九年,春,鲁西狩获麟。 【纪】鲁人西狩于大野,叔孙氏之车子鉏商获麟,以为不祥,弃之郭外。孔子往观之,曰:"麟也!胡为来哉!"反袂拭面,涕泗沾襟,曰:"吾道穷矣!"

【纲】孔子作春秋。 【纪】孔子因鲁史作春秋,上自隐公元年,下讫哀公十四年,几十有二公。绝笔于获麟。笔则笔,削则削,游、夏之徒不能赞一辞。

楚国的先祖接受周王室的分封，封号为子男爵，只有五十里的封地。现在，孔丘阐述三王的治国方法，申明周公旦和召公奭辅佐周王室的业绩。如果大王任用他，楚国还能世世代代公然统辖方圆几千里的土地吗？周文王在丰都，周武王在镐京，当时都只是统辖方圆百里国家的君主，最终却称王天下。如今孔丘得到土地后，再加上贤明能干的弟子们的辅佐，这可不是楚国的福气。"楚昭王便不再任用孔子。

【纲】秋季，孔子从楚国返回卫国。

【纲】三十六年（丁巳，前484）冬，孔子从卫国回到鲁国。孔子编次《书》，记述《礼》，删定《诗》，整理《乐》，写下阐释《易》的《象传》《系辞》《象传》《说卦》《文言》等。　【纪】鲁国终究不能任用孔子，孔子也不去追求官位。当时周王室衰微，《礼》《乐》荒弃，《诗》《书》残缺。孔子追述夏、商、周三代的礼法制度，编次《书》，上起唐尧、虞舜，下至秦缪公。删定三千多篇古代流传下来的《诗》，编为三百零五篇，都配上乐曲演唱，以求与《韶》《武》《雅》《颂》的曲调和谐一致。从此，礼乐制度才得到阐述。孔子晚年喜爱研究《易》学，写下《象传》《象传》《系辞》《说卦》《文言》等专论。他读《易》时，编联竹简的皮条被磨断了三次。孔子用《诗》《书》《礼》《乐》施教，就学的弟子大约有三千人，身通六艺（六艺：礼、乐、射、御、书、数六种科目）的弟子有七十二人。

【纲】三十九年（庚申，前481）春，鲁人在西部打猎，捕获一匹麒麟。　【纪】鲁人在西部大野打猎，叔孙氏的驾车人鉏商捕获一匹麒麟，认为不是吉祥的征候，便把麒麟丢在郊外。孔子前去观看，说："麒麟啊，你为何而来？"他用衣袖抹去脸上的泪水，泪水沾湿了衣襟。他说："我的理想终结了！"

【纲】孔子写成《春秋》一书。　【纪】孔子参考鲁国史书，写成《春秋》一书，上起鲁隐公元年，下至鲁哀公十四年，共记述十二位国君（十二位国君是：鲁隐公、鲁桓公、鲁庄公、鲁闵公、鲁僖公、鲁文公、鲁宣公、鲁成公、鲁襄公、鲁昭公、鲁定公、鲁哀公）在位时期的历史，写到鲁国人捕获麒麟时，便搁笔停写。孔子写《春秋》，该写的就写，该删的就删，子游、子夏这些人连一个字也不能增删。

【纲】辛丑,四十年,夏,荧惑守心。 【纪】荧惑守心,心,宋之分野也,景公忧之。司星子韦曰:"可移于相。"公曰:"相,吾之股肱。"曰:"可移于民。"公曰:"君者待民。"曰:"可移于岁。"公曰:"岁饥民困,吾谁为君?"子韦曰:"天高听卑。君有君人之言三,荧惑宜有动。"于是候之,果徙三度。

【纲】壬戌,四十有一年,夏四月,大圣孔子卒于鲁。 【纪】夏四月,孔子卒。鲁哀公诔之曰:"旻天不吊,不慭遗一老,俾屏余一人以在位!茕茕余在疚!呜呼哀哉!尼父,无自律!"子贡曰:"君其不没于鲁乎!夫子之言曰:'礼失则昏,名失则愆。失志为昏,失所为愆'。生不能用,死而诔之,非礼也;称'一人',非名也:君两失之。"

【纲】乙丑,四十有四年,秋,王崩,子仁践位。

元王

【纲】丙寅,周元王元年。

【纲】戊辰,三年,冬十一月,越灭吴。 【纪】初,越句践为吴所败,栖于会稽,使大夫种行成于吴,吴王夫差许之。句践反国,乃苦身焦思,卧薪尝胆,身自耕作,夫人自织,折节下贤,厚遇宾客,赈贫吊死,与百姓同劳苦。二十余年,其民生长可用,乃以伐吴。吴王兵败,栖于姑苏。使人行成于越,请曰:"孤臣异日得罪于会稽,孤臣不敢逆命,得与君王成以归。今君王诛孤臣,孤臣意者亦欲如会稽之赦罪。"句践不忍,欲许之。范蠡曰:"会稽之事,天以越赐吴,吴不取。今天以吴赐越,越岂可逆天乎?且君早朝晏罢,非为吴耶?谋之二十年,一旦弃之,可乎?且天与不取,反受其咎。"吴王乃自

【纲】四十年（辛丑，前480）夏，火星侵占心宿。　【纪】火星侵占心宿。心宿是宋国的分野，宋景公为此忧虑重重。司星子韦说："可以把灾害移给国相。"宋景公说："国相就像我的胳臂和大腿一样重要。"司星子韦说："可以移给人民。"宋景公说："国君需要人民。"司星子韦说："可以移给今年的收成。"宋景公说："造成荒年，人民困窘，我给谁当国君？"司星子韦说："人间说的话上天都能听到。您有足以担当国君治理人民的三句话，火星应该有所移动。"这时再去观测，火星果然移动了三度。

【纲】四十一年（壬戌，前479），夏四月，大圣人孔子在鲁国去世。　【纪】夏四月，孔子去世。鲁哀公以诔文悼念孔子说："上天不加怜恤，不肯留住这位老人，把我一个人留在君位之上，使我孤零零地伤痛不已。尼父啊，我是多么悲哀！我也不约束自己了！"子贡说："恐怕鲁君不能死在鲁国了！老师说过：'违背礼法就会昏乱，不合名分就有过失。丧失意志就是昏乱，失去体统就是过失。'老师在世时，他不能加以任用，老师死后，他却致辞哀悼，这不符合礼法；自称'一人'，这不符合名分。鲁君在礼法和名分两方面都错了。"

【纲】四十四年（乙丑，前476）秋，周敬王去世，其子姬仁登位。

元王

【纲】周元王元年（丙寅，前475）。

【纲】三年（戊辰，前473），冬十一月，越国灭掉吴国。　【纪】起初，越王勾践被吴国打败，住在会稽，派遣大夫种去与吴国媾和，吴王夫差许和。勾践回到越国，便身任勤苦，忧心苦思，卧处只铺一些柴草，时时去尝胆汁，亲自种地，让夫人亲自织布。他放下架子，礼贤下士，厚待宾客，救济穷人，悼念死者，与百姓共受劳苦。过了二十多年，越国新生一代已经到了可以当兵的年龄，越王勾践便前去攻打吴国。吴王夫差战败，栖身于姑苏山（在今江苏苏州西南），派人去与越国媾和。使者传达夫差的请求说："我以前在会稽得罪了您，那时我不敢违背您的命令，使您得以媾和并返回本国。现在，您来诛讨我，我想您也会像我在会稽对待您那样来赦免我的罪过。"勾践狠不下心来，打算答应媾和。

杀。

【纲】越子会齐、晋及诸侯于徐州。

【纲】越人至贡,王赐越子胙,命为伯。越范蠡去越。越子杀其大夫文种。　【纪】范蠡辞于勾践,乘轻舟以浮于五湖,遗大夫种书曰:"飞鸟尽,良弓藏。狡兔死,走狗烹。敌国破,谋臣亡。越王长颈乌喙,可与共患难,不可与共安乐。子何不去?"种见书,称病不朝。人或谗种且作乱,越王乃赐种剑,种自杀。

【纲】壬申,七年,冬,王崩,子介践位。

贞定王

【纲】癸酉,周贞定王元年,夏,鲁侯出奔越。　【纪】鲁哀公欲以越去三桓,不克,遂逊于邾,乃如越。

【纲】鲁哀公卒于有山氏,鲁人立公之子宁。

【纲】癸未,十有一年,晋荀瑶与赵氏、韩氏、魏氏灭范氏、中行氏,而分其地。晋侯出奔齐。　【纪】晋智氏、赵氏、韩氏、魏氏、范氏、中行氏,号为六卿。是岁,智伯与韩、赵、魏共灭范、中行氏,而分其地。晋侯告于齐、鲁,请伐四卿;四卿反攻其君,晋侯奔齐。

【纲】戊子,十有六年,齐田盘使其宗人尽为齐都邑大夫。

范蠡说:"会稽媾和一事,是上天把越国赐给吴国,而吴国不要。现在,上天把吴国赐给越国,越国岂能违背天意!而且您很早就上朝,很晚才退朝,难道不是为了消灭吴国吗?谋划了二十年,有朝一日却放弃消灭吴国行吗?何况不肯接受上天的赐与,反而会受到上天的责罚!"吴王夫差于是自杀。

【纲】越王勾践在徐州(今山东滕县)会见齐平公、晋出公以及各国诸侯。

【纲】越王勾践向周王室进献贡品,周元王向越王勾践颁赐祭肉,委任他为诸侯的领袖。范蠡离开越国。越王勾践杀了大夫文种。

【纪】范蠡向勾践告别后,坐着轻捷的小船漂荡在太湖之上。他给大夫文种写信说:"飞鸟已尽,良弓收藏;狡兔已死,猎狗当烹;敌国已破,谋臣身亡。越王脖子很长,长着乌鸦般的嘴,只能与他一起患难,不能与他同享安乐,你何不离去?"文种看了书信,便托称有病,不去上朝。这时,有人诬陷文种将要作乱,越王勾践便赐给文种一把剑,文种自杀。

【纲】七年(壬申,前469)冬,周元王去世,其子姬介登位。

贞定王

【纲】周贞定王元年(癸酉,前468)夏,鲁哀公逃亡到越国。【纪】鲁哀公打算借助越国铲除三桓(三桓:鲁国大夫孟孙氏、叔孙氏和季孙氏,因皆出于鲁桓公,故称"三桓"),未能实现,便躲避到邾国,接着又前往越国。

【纲】鲁哀公在有山氏那里去世,鲁人立鲁哀公的儿子姬宁为鲁君。

【纲】十一年(癸未,前458),晋国的荀瑶与赵氏、韩氏、魏氏消灭了范氏和中行氏,瓜分了他们的封地。晋出公逃亡到齐国。【纪】晋国的智氏、赵氏、韩氏、魏氏、范氏、中行氏,号称六卿。这一年,智伯与韩、赵、魏三家一起灭掉范氏和中行氏,瓜分了他们的封地。晋出公通报齐国和鲁国,请他们讨伐智、韩、赵、魏四卿。四卿反而去攻打晋出公,晋出公逃往齐国。

【纲】十六年(戊子,前453),齐国的田盘将本宗族的成员都任命

【纪】初,陈公子完奔齐,更姓田,子孙盛多。其后齐乱,公室卑弱,权归田氏。田恒之子盘为齐相,至是与三晋通使,尽以其兄、弟、宗人为都邑大夫。

【纲】晋赵无恤使新稚狗伐狄。 【纪】赵襄子使新稚穆子伐狄,胜之,取左人、中人。遽人来告,襄子方食而有忧色。侍者曰:"狗之事大矣,而主色不怡,何也?"襄子曰:"夫江、河之大也不过三日,飘风暴雨不终朝,日中不须臾。今赵氏之德无所积,一朝而两城下,亡其及我哉!"

【纲】丁酉,二十五年,秦伐义渠,执其君以归。晋伐伊、洛阴戎,灭之。

【纲】庚子,二十有八年,春,王崩,子去疾践位。弟叔弑王自立。秋八月,王子嵬杀叔而自立。

【纲】封弟揭于河南,以续周公之职。

考王

【纲】辛丑,周考王元年。
【纲】甲辰,四年,晋侯反朝于韩、赵、魏氏,晋独有绛、曲沃地。
【纲】乙卯,十有五年,王崩,子午践位。
【纲】西周公封其少于班于巩。以奉王,是为东周。

威烈王

【纲】丙辰,周威烈王元年。

为各城邑的大夫。　【纪】起初,陈国的公子完逃到齐国,改姓为田,子孙繁多。后来齐国混乱,齐侯地位下降,力量薄弱,大权归于田氏,田恒的儿子田盘担任齐相。到这时,田盘与三晋(三晋:韩、赵、燕)互派使者通好,将他的哥哥、弟弟和本宗族的成员都任命为各地城邑的大夫。

【纲】晋国的赵襄子派遣新稚穆子攻打狄人。　【纪】赵襄子派遣新稚穆子攻打狄人,取得胜利,占领左人(在今河北唐县西北)、中人(在今河北唐县西南)二邑。乘车传递战报的人回来报告,当时赵襄子正在吃饭,闻讯面带忧色。侍从人员说:"新稚穆子办了一件大事,您却面色不悦,这是为什么呢?"赵襄子说:"江河涨起的大潮不过三天就会退去,急风暴雨不能持续整个早晨,日当中天的时间不过一会儿。现在赵氏没有积累多少恩德,却在一天之内攻克两座城邑,恐怕灭亡要降临我身了!"

【纲】二十五年(丁酉,前444),秦国攻打义渠(在今甘肃环县、庆阳、宁县等地),捉住义渠国君,带回本国。晋国攻打并灭掉伊水、洛水一带的阴戎(在今河南郾师南)。

【纲】二十八年(庚子,前441)春,周贞定王去世,其子姬去疾登位。其弟叔杀死周哀王去疾,自立为周王。秋八月,王子嵬杀死周思王叔,自立为周王。

【纲】周考王把弟弟揭封在河南王城,以便承续周公的官职。

考王

【纲】周考王元年(辛丑,前440)。

【纲】四年(甲辰,前437),晋幽公反而朝见韩氏、赵氏和魏氏。晋室只拥有绛城和曲沃(在今山西闻喜东)的土地。

【纲】十五年(乙卯,前426),周考王去世,其子姬午登位。

【纲】西周公将小儿子班封在巩地,以便事奉周王,这就是东周。

威烈王

【纲】周威烈王元年(丙辰,前425)。

【纲】壬申,十有七年,鲁侯尊礼孔伋。

【纲】鲁侯以公仪休为相。 【纪】公仪子相鲁,之其家,见织帛,怒而出其妻;食于舍而茹葵,愠而拔其葵。曰:"吾已食禄,又夺园夫、红女利乎!"

【纲】戊寅,二十有三年,九鼎震。

【纲】十七年(壬申,前409),鲁穆公尊崇礼遇孔伋。

【纲】鲁穆公任命公仪休为相。 【纪】公仪休担任鲁相,回到家中,看见家中人织帛,便愤怒地休了自己的妻子;在屋中进餐,吃到了葵菜,又恼怒地拔掉园子里种的葵菜。他说:"我已经享受俸禄,难道还能再去夺取菜农和织女的利益吗?"

【纲】二十三年(戊寅,前403),九鼎震动。

纲鉴易知录卷五

周纪

威烈王

【纲】戊寅,周威烈王二十三年,初命晋大夫魏斯、赵籍、韩虔为诸侯。 【目】初,智宣子将以瑶为后,智果曰:"不如宵也。瑶之贤于人者五,其不逮者一也。美须长大则贤,射御足力则贤,技艺毕给则贤,巧文辩慧则贤,强毅果敢则贤;如是,而甚不仁。夫以其五贤陵人而以不仁行之,其谁能待之?若果立瑶也,智宗必灭。"弗听。智果别族于太史,为辅氏。

赵简子之子,长曰伯鲁,幼曰无恤。将置后,不知所立,乃书训戒之辞于二简,以授二子曰:"谨识之!"三年而问之,伯鲁不能举其辞;求其简,已失之矣。问无恤,诵其辞甚习;求其简,出诸袖中而奏之。于是简子以无恤为贤,立以为后。

简子使尹铎为晋阳,请曰:"以为茧丝乎?抑为保障乎?"简子曰:"保障哉!"尹铎损其户数。简子谓无恤曰:"晋国有难,而无以尹铎为少,无以晋阳为远,必以为归。"

及智宣子卒,智襄子为政,与韩康子、魏桓子宴于蓝台。智伯戏康子而侮段规。智国闻之,谏曰:"主不备,难必至矣!"智伯曰:"难将由我。我不为难,谁敢兴之!"对曰:"君子能勤小物,故无大患。今主一宴而耻人之君相,又不备,曰'不敢兴难',无乃不可乎!蚋、蚁、蜂、虿,皆能害人,况君相乎!"弗听。

威烈王

【纲】周威烈王二十三年（戊寅，前403），周威烈王最初册命晋国大夫魏斯、赵籍、韩虔为诸侯。　【目】起初，智宣子准备指定智瑶为后嗣，智果说："智瑶不如智宵。智瑶有五点强于别人，有一点不如别人。他身材魁梧，胡须漂亮，强于别人；他骑马射箭，矫健有力，强于别人；他通晓各种技艺，强于别人；他擅长文辞，机敏善辩，强于别人；他坚强刚毅，果断勇敢，强于别人；虽然如此，他却非常残忍。如果他凭五点长处去欺凌别人，再施以残忍的手段，谁能忍受？如果真的立智瑶为后嗣，智氏宗族必定覆灭。"智宣子不听。智果向太史要求另立一族，成为辅氏。

赵简子的儿子，长子叫伯鲁，幼子叫无恤。赵简子准备确立后嗣，却又不知立谁才好，便在两片竹简上写了一些训导告诫的辞句，交给两个儿子说："好好记牢！"三年后，赵简子考问两个儿子，伯鲁不能背诵，问他竹简放在哪里，原来他已经丢了。赵简子又考问无恤，无恤背诵竹简的词句非常流利，问他竹简放在哪里，他便从袖中拿出来交给赵简子。于是赵简子认为赵无恤更好，便立他为后嗣。

赵简子派尹铎经营晋阳（今山西太原市西南太原镇），尹铎请示说："是让我抽丝剥茧似地收税呢，还是让我保障晋阳？"赵简子说："当然是保障晋阳！"尹铎便减少纳税的户数。赵简子对无恤说："一旦晋国发生祸难，你不要以为尹铎年轻，不要以为晋阳太远，一定要投奔晋阳。"

及至智宣子去世，智襄子执政。有一次，与韩康子和魏桓子在蓝台设宴聚饮，智襄子戏弄韩康子，侮辱段规。智国听说后，规劝说："如果您不加防备，祸难必将来临。"智襄子说："祸难是否发生由我决定。我不发起祸难，谁敢发起祸难！"智国回答说："君子能够勤勉地处理细务，所以没有大难。现在您在一次宴会上就羞辱了人家的君主和辅相，又不肯加以戒备，还说人家'不敢发起祸难'，恐怕不太妥当吧！连蚊子、

智伯请地于韩康子，康子欲弗与。段规曰："智伯好利而愎，不与将伐我，不如与之。彼狃于得地，必请于他人；他人不与，必向之以兵，然则我得免于患而待事之变矣。"康子乃与之，智伯悦。又求地于魏桓子，桓子以无故，欲弗与。任章曰："无故索地，诸大夫必惧；吾与之地，智伯必骄。彼骄而轻敌，此惧而相亲；以相亲之兵待轻敌之人，智氏之命必不长矣。不如与之，以骄智伯。"桓子亦与之。

智伯又求蔡、皋狼之地于赵襄子，襄子弗与。智伯怒，帅韩、魏之甲以攻之。襄子将出，曰："吾何走乎？"从者曰："长子近，且城厚完。"襄子曰："民罢力以完之，又毙死以守之，其谁与我！"从者曰："邯郸之仓廪实。"襄子曰："浚民之膏泽以实之，又因而杀之，其谁与我！其晋阳乎，先主之所属也，尹铎之所宽也，民必和矣。"乃走晋阳。三家围而灌之，城不浸者三版；沉灶产蛙，民无叛意。

絺疵谓智伯曰："韩、魏必反矣！"智伯曰："子何以知之？"对曰："以人事知之。夫从韩、魏而攻赵，赵亡，难必及韩、魏矣。今约胜赵而三分其地，城降有日，而二子无喜志，有忧色，是非反而何？"智伯不悛。

赵襄子使张孟谈潜出见二子，曰："臣闻唇亡则齿寒。赵亡则韩、魏为之次矣。"二子乃阴与张孟谈约，为之期日而遣之。襄子夜

蚂蚁、黄蜂、蝎子都能害人，何况韩康子和段规呢！"智襄子置之不理。

智襄子向韩康子索求土地，韩康子打算不给。段规说："智襄子贪财好利，刚愎自用，如果不给他，他就会来攻打我们，所以不如给他。他心安理得地得到土地后，必然又向别人索求。别人不给，他必然对那人诉诸武力。这样，我们就能够避免祸难，等候事态发生变化了。"韩康子便交出土地，智襄子大悦，又向魏桓子索求土地。由于智襄子毫无理由提出这一要求，魏桓子打算不给。任章说："智襄子凭白无故地索求土地，各位大夫必然恐惧不安。我们交出土地，智襄子必然心骄志得。他那边心骄志得，因而轻敌，我们这边恐惧不安，因而互相团结。以互相团结的各家兵力去对付轻敌之人，智襄子的性命就一定不会长了。所以不如交出土地，促使智襄子心骄志得。"韩桓子也交出土地。

智襄子又向赵襄子索求原蔡国皋狼（在今山西离石西北）一带的土地，赵襄子不给。智襄子大怒，率领韩、魏两家兵力前去攻打赵襄子。赵襄子准备出逃时问："我们应该往哪里逃？"随从人员说："长子（今山西长治西）最近，而且城墙又厚实又坚固。"赵襄子说："耗尽民力才修成此城，再让他们豁出性命来守城，谁会支持我！"随从人员说："邯郸（今河北邯郸）存粮丰足。"赵襄子说："榨尽民膏才把粮仓装满，再让他们因守城而丧生，谁会支持我！还是到晋阳去吧，这是先主的临终嘱咐。尹铎在这里实行宽和的政策，当地人民一定会拥护我们。"于是逃往晋阳。智氏、韩氏、魏氏三家包围晋阳，引水灌城，致使露在水面上的城墙只有三块筑墙版那么高，淹没在水中的炉灶青蛙出没，但是人民并不想背叛赵襄子。

絺疵对智襄子说："韩、魏两家肯定要反叛了！"智襄子说："你怎么知道？"絺疵说："从人事关系上知道的。我们指使韩氏和魏氏去攻打赵氏，赵氏灭亡后，祸难必然会落到韩氏和魏氏身上。如今约定，战胜赵氏后，三家瓜分赵氏的封地，晋阳投降已经指日可待，然而韩康子和魏桓子二人并不喜欢，反而面带忧色，这不是打算反叛又是什么？"智襄子仍不悔悟。

赵襄子派遣张孟谈偷偷出城去见韩康子和魏桓子二人，说："我听说唇亡齿寒，赵氏灭亡后，接着就轮到韩氏和魏氏了。"韩康子与魏

使人杀守堤之吏，而决水灌智伯军。智伯军乱，韩、魏翼而击之，襄子将卒犯其前，大败其众，遂杀智伯，灭其族而分其地，唯辅果在。

赵襄子漆智伯之头，以为饮器。智伯之臣豫让欲为之报仇，乃诈为刑人，挟匕首，入襄子宫中涂厕。襄子如厕心动，索之，获豫让。左右欲杀之，襄子曰："义士也，吾谨避之耳。"乃舍之。让又漆身为癞，吞炭为哑。行乞于市，其妻不识也。其友识之，为之泣曰："以子之才，臣事赵孟，必得近幸。子乃为所欲为，顾不易耶？何乃自苦如此？"让曰："委质为臣，而求杀之，是二心也。吾所以为此者，将以愧天下后世之为人臣而怀二心者也。"后襄子出，豫让伏于桥下。襄子至桥，马惊，索之，得豫让，乃杀之。

魏文侯以卜子夏、田子方为师。每过段干木之庐必式。四方贤士多归之。

文侯与群臣饮酒，乐，而天雨，命驾将适野。左右曰："今日饮酒乐，天又雨，君将安之？"文侯曰："吾与虞人期猎，虽乐，岂可无一会期哉！"乃往，身自罢之。

文侯使乐羊伐中山，克之，以封其子击。他日问于群臣："我何如主？"皆曰："仁君。"任座曰："君得中山，不以封君之弟，而以封君之子，何谓仁君！"文侯怒，座趋出。次问翟璜，对曰："仁君也。"文侯曰："何以知之？"对曰："君仁则臣直。向者任座之言直，是以知之。"文侯悦，使璜召座而反之，亲下堂迎之，以为上客。

桓子暗中与张孟谈相约，定下起事的日期，才送他回城。赵襄子夜间派人杀掉守堤的将士，决开大堤，去灌智襄子的阵地，智襄子的军队大乱，韩氏、魏氏两翼夹击，赵襄子领兵迎头冲来，大败智氏兵众，终于杀死智襄子，消灭了智氏的家族，瓜分了他的封地，只有辅果未受牵连。

赵襄子将智襄子的头骨上了漆，当夜壶用。智襄子的家臣豫让打算为他报仇，便装扮成一个受过刑的人，身藏匕首，混进赵襄子的住所去打扫厕所。赵襄子上厕所时心中震动，经过搜索，将豫让捉获。左右侍卫人员打算杀死豫让，赵襄子说："他是一位义士，我小心避开他就是了！"便释放了豫让。豫让又遍身涂漆，让全身生出癞疮，又吞了炭，让自己变成哑巴，然后在街市上讨饭，连妻子也认不出他了。他的一位朋友认出了他，因而流着眼泪说："就凭你的才能，如果为赵氏效力，肯定会受到亲近和宠爱。这时你再做你想做的事情，岂不容易得手？何必把自己损害成这种样子！"豫让说："委身去当赵氏的家臣，来谋求杀死赵襄子，就是不忠于主人。现在我所以这样做，正是要让天下后世那些心怀二心的臣属感到羞愧。"后来，赵襄子外出，豫让埋伏在桥下等候。赵襄子来到桥头，坐骑受惊，经过搜索，又捉住豫让，便将他杀死。

魏文侯拜卜子夏和田子方为师。每当经过段干木的住所时，魏文侯总是手扶车前横木俯首致敬。各地贤士多半归附了魏文侯。

一次，魏文侯与群臣喝酒，正喝得高兴时，忽然下起雨来，魏文侯让人备车准备前往郊野。身边的人说："今日大家喝酒，都很快活，又在下雨，您准备到哪里去？"魏文侯说："我与掌管山林的官员约定今天前去打猎，虽然我们在这里很快活，但是怎能不遵守约定的日期呢？"便前往郊野，亲自宣布停猎。

魏文侯派遣乐羊攻打中山（今河北定县），攻克其地，分封给自己的儿子魏击。后来，魏文侯问群臣说："我是什么样的国君？"大家都说："是仁爱的国君！"任座说："您得到中山，不封给您的弟弟，却封给您的儿子，怎能说是仁爱的国君！"魏文侯怒气冲冲，任座快步离去。魏文侯接着又问翟璜，翟璜回答说："您是仁爱的国君。"魏文侯说："你有何理由？"翟璜回答说："国君仁爱，臣属才会正直不阿。刚才任座发言直切，所以我这样认为。"魏文侯高兴起来，便让翟璜把任座叫回

文侯与田子方饮,文侯曰:"钟声不比乎?左高。"田子方笑。文侯曰:"何笑?"子方曰:"臣闻之,君明乐官,不明乐音。今君审于音,臣恐其聋于官也。"文侯曰:"善。"

子击出,遭田子方于道,下车伏谒。子方不为礼。子击怒,谓子方曰:"富贵者骄人乎?贫贱者骄人乎?"子方曰:"亦贫贱者骄人耳,富贵者安敢骄人!国君而骄人则失其国,大夫而骄人则失其家。失其国家者,未闻有以国家待之者也。夫士贫贱,言不用,行不合,则纳履而去,安往而不得贫贱哉!"击乃谢之。

文侯谓李克曰:"先生有言:'家贫思贤妻,国乱思良相。'今所置非成则璜,二子何如?"对曰:"居视其所亲,富视其所与,达视其所举,穷视其所不为,贫视其所不取,五者足以定之矣。"文侯曰:"先生就舍,吾之相定矣。"李克出,翟璜曰:"闻君召先生卜相,果谁为之?"克曰:"魏成。"璜忿然曰:"西河守吴起,臣所进也。君内以邺为忧,臣进西门豹。君欲伐中山,臣进乐羊。中山已拔,无使守之,臣进先生。君之子无傅,臣进屈侯鲋。以耳目之所睹记,臣何负于魏成!"克曰:"成食禄千钟,什九在外,是以东得卜子夏、田子方、段干木。此三人,君皆师之;子所进五人者,君皆臣之。子恶得与成比也!"璜再拜谢曰:"鄙人失对,愿卒为弟子!"

吴起者,卫人,仕于鲁。齐人伐鲁,鲁人欲以为将,起取齐女,鲁人疑之,起杀妻以求将,大破齐师。或谮之曰:"起始事曾参,母死

来,亲自下堂迎接,把他奉为上宾。

　　魏文侯与田子方喝酒,魏文侯说:"钟声不协调了,左边音调偏高。"田子方笑了。魏文侯说:"你笑什么?"田子方回答:"我听说,国君只晓得任用乐官,不必通晓音乐声调高低。现在,您详细分辨音调,我担心您会对政务不闻不问。"魏文侯说:"讲得好!"

　　公子魏击外出,在路上遇到田子方,便走下车来,伏地拜见,田子方却没有还礼。公子击大怒,对田子方说:"是富贵之人能够傲视别人,还是贫贱之人能够傲视别人?"田子方说:"当然是贫贱之人能够傲视别人,富贵之人怎敢傲视别人!国君傲视别人,就会失去国家;大夫傲视别人,就会失去封地。对于失去国家和封地的人,就没听说过人们还会把他们当作国君和大夫对待。士人贫贱,如果主张不被采纳,行为不符合国君的心意,穿上鞋就可以离开,到哪里还不是一样贫贱呢!"公子击便向田子方道歉。

　　魏文侯对李克说:"您说过:'家贫思贤妻,国乱思良相。'现在我任相的人选不是魏成,就是翟璜,你看这两人怎样?"李克回答说:"平时看他们与谁亲近,富有时看他们与谁交好,显达时看他们荐举何人,潦倒时看他们不肯做什么,贫困时看他们不接受什么,这五点就足以决定任用谁了。"魏文侯说:"您回家吧,相职谁属,我决定了。"李克出宫,翟璜问:"听说国君召见您去选相,究竟让谁担任?"李克说:"魏成。"翟璜气愤地说:"西河(在今河南西北、陕西东南)守吴起,是我推荐的;国君为内地的邺城(在今河北磁县东)忧虑,我便推荐了西门豹;国君打算攻打中山,我便推荐了乐羊;中山攻克后,没有合适的守将,我便推荐了先生;国君的儿子没有师傅,我便推荐了屈侯鲋。单凭这些有目共睹、有耳共闻的事实,我怎么会比不上魏成!"李克说:"魏成把一千钟俸禄的十分之九用在自家以外,所以在东方得到卜子夏、田子方和段干木。这三个人,国君都拜他们为老师,而你推荐的五个人,国君都用作臣属。你怎么比得上魏成呢?"翟璜拜了两拜,道歉说:"是我说话无礼,我愿意永远当你的弟子!"

　　吴起是卫国人,在鲁国做官。齐国攻打鲁国,鲁国打算任用吴起为大将,但由于吴起娶的妻子是齐国人,因而对他有所怀疑。吴起杀死妻

不奔丧,曾参绝之。今又杀妻以求为将。起,残忍薄行人也!"起恐得罪,闻魏文侯贤,乃往归之。文侯问诸李克,克曰:"起贪而好色;然用兵,司马穰苴弗能过也。"于是文侯以为将,击秦,拔五城。

起为将,卧不设席,行不骑乘,亲裹赢粮,与士卒最下者同衣食,分劳苦。卒有病疽者,起为吮之。卒母闻而哭之。或问之,对曰:"往年吴公吮其父,其父战不还踵,遂死于敌。吴公今又吮其子,妾不知其死所矣。"

赵烈侯好音,谓相国公仲连曰:"寡人爱郑歌者枪、石二人,吾赐之田,人万亩。"连诺而不与。烈侯屡问,连乃称疾不朝。番吾君谓连曰:"君实好善,而未知所持。公仲亦有进士乎?"连曰:"未也。"曰:"牛畜、荀欣、徐越皆可。"连进之。畜侍以仁义,烈侯逌然。明日,欣侍以举贤使能。明日,越侍以节财俭用。察度功德,所与无不充,君悦,乃谓连曰:"歌者之田且止。"以畜为师,欣为中尉,越为内史。赐连衣二袭。

【纲】己卯,二十四年,王崩,子骄立。

安王

【纲】庚辰,安王元年。

【纲】壬午,三年,虢山崩,壅河。

【纲】甲申,五年,盗杀韩相侠累。 【目】侠累与濮阳严仲子

子，来谋求担当大将，结果大破齐军。有人诬陷他说："起初，吴起师事曾参，连母亲死了都不回去治丧，曾参便与他断绝关系。现在，他又杀死妻子，以谋求担任大将。吴起真是一个残忍无情、品行轻薄的人！"吴起害怕遭到惩治，听说魏文侯贤明，便前去投奔。魏文侯向李克征求意见，李克说："吴起既贪婪，又好色。然而在用兵方面，就是司马穰苴也不能超过他。"于是魏文侯任命吴起为大将，吴起进击秦国，攻克五座城邑。

吴起担当大将，睡觉不铺席，行军不骑马，亲自背口粮，与最下层的士卒同衣共食，分担劳苦。有个士兵生了毒疮，吴起亲自用口为他吸脓，那士兵的母亲听说后便为儿子痛哭。有人问她为什么，她回答说："前些年，吴公为孩子的父亲吸脓，他父亲作战时决不后退，结果被敌人杀死。现在吴公又为我儿子吸脓，我不知道这孩子会死在哪里了！"

赵烈侯爱好音乐，对相国公仲连说："我喜欢郑国来的歌手枪、石二人，准备赐给他们每人一万亩田地。"公仲连应承下来，却并不把土地拨给他们。赵烈侯多次过问，公仲连托称有病，不来上朝。番吾君对公仲连说："你的确想实行善政，只是不知道采用什么办法。你也推荐过人才吗？"公仲连说："没有。"番吾君说："牛畜、荀欣和徐越都是人才。"公仲连便将他们推举给赵烈侯。牛畜规劝赵烈侯奉行仁义，赵烈侯欣然接受。第二天，荀欣规劝赵烈侯选用贤能之士。第三天，徐越规劝赵烈侯节约财用，考察臣属的功劳与品德，使赏赐与功劳和品德相称。赵烈侯大喜，便对公仲连说："就不要把田地拨给歌手了。"赵烈侯任命牛畜为师，荀欣为中尉，徐越为内史，赐给公仲连衣服两套。

【纲】二十四年（己卯，前402），周威烈王去世，其子姬骄即位。

安王

【纲】周安王元年（庚辰，前401）。

【纲】三年（壬午，前399），虢山（在今河南卢氏县东北。一说今河南陕县）崩塌，堵塞了黄河。

【纲】五年（甲申，前397），刺客杀死韩相侠累。【目】侠累与濮

有恶。仲子闻轵人聂政之勇，以黄金百镒，为政母寿，欲以报仇。政不受，曰："老母在，政身未敢以许人也！"及母卒，仲子乃使政刺侠累。侠累方坐府上，兵卫甚严，聂政直入刺之，因自皮面抉眼。韩人暴尸于市，购问，莫能识。其姊䂺闻而往，哭之曰："是轵深井里聂政也！以妾在，故重自刑以绝踪。妾奈何畏没身之诛，终灭贤弟之名！"遂死政尸傍。

【纲】庚寅，十一年，齐田和迁其君贷于海上，食一城。

【纲】壬辰，十三年，齐田和会魏侯、楚人、卫人于浊泽，求为诸侯。 【目】田和求为诸侯，魏文侯为之请于王及诸侯，王许之。

【纲】甲午，十五年，魏吴起奔楚，楚以为相。 【目】魏武侯浮西河而下，顾谓吴起曰："美哉山河之固，此魏国之宝也！"对曰："在德不在险。昔三苗氏，左洞庭，右彭蠡，德义不修，禹灭之。夏桀之居，左河，济，右泰华，伊阙在其南，羊肠在其北；修政不仁，汤放之。商纣之国，左孟门，右太行，常山在其北，大河经其南；修政不德，武王杀之。由此观之，在德不在险。若君不修德，舟中之人皆敌国也！"武侯曰："善。"

魏相田文，起不悦，谓文曰："请与子论功可乎？"文曰："可。"

阳（今河南濮阳南）人严仲子结下怨仇，严仲子听说轵邑（今河南济源南）人聂政勇敢过人，便把一百镒黄金赠给聂政的母亲，以示敬意，打算请聂政为自己报仇。聂政谢绝说："老母还在，我不敢用性命报效别人！"及至聂母去世后，严仲子便指使聂政前去刺杀侠累。当时侠累正坐在府中，护卫的士兵戒备森严。聂政一直冲进去，刺死侠累，然后自行割面毁容，挖出双眼。韩国人将他尸体丢在闹市中示众，悬赏打听刺客的来历，但是没人能够辨认。聂政的姐姐聂嫈闻讯前往，哭自己的弟弟说："他是轵邑深井里的聂政！由于我还活着，所以他才横下心来残害自己，以便使我免受牵连。我怎能因害怕招来杀身之祸，就埋没了贤弟的英名！"便在聂政的尸体旁边自杀。

【纲】十一年（庚寅，前391），齐国的田和将齐康公贷迁徙到海边，让他保有一城作为食邑。

【纲】十三年（壬辰，前389），齐国的田和与魏武侯、楚悼王、卫慎公在浊泽（在今山西运城西南）会见，谋求成为诸侯。　【目】田和谋求成为诸侯，魏武侯（原作魏文侯，误）替田和向周安王以及诸侯提出请求，周安王允诺。

【纲】十五年（甲午，前387），魏国的吴起逃往楚国，楚悼王任命吴起为相。　【目】魏武侯在西河（今山西、陕西两省分界处南北流向之黄河）乘船顺流而下，回过头来对吴起说："山河险要坚固，多么壮美！这真是魏国的至宝！"吴起回答说："重要的是广施恩德，而不是地势险要。从前，三苗氏的领土左有洞庭湖（在今湖南），右有彭蠡湖（在今江西），但是不能遵循仁德道义，大禹便将他们消灭。夏桀占有的地方，左有黄河和济水，右有太华山（在今陕西渭南东），伊阙山（在今河南洛阳南）在南境，羊肠坂（在今山西壶关东南）在北方，但是不能施行仁政，成汤便将他放逐。商纣王的国土，左有孟门山（在今山西乡宁西），右有太行山（由今河南济源西北，入山西境），常山（在今河北定县西北）踞于北境，黄河流经南疆，但是不能施行德政，周武王便将他消灭。由此看来，重要的是广施恩德，而不是地势险要。如果您不推行德政，恐怕这条船上的人都会成为您的仇敌。"魏武侯说："讲得好。"

魏武侯任命田文为相，吴起心中不快，对田文说："请让我与你比

起曰:"将三军,使士卒乐死,敌国不敢谋,子孰与起?"文曰:"不如子。"起曰:"治百官,亲万民,实府库,子孰与起?"文曰:"不如子。"起曰:"守西河而秦兵不敢东向,韩、赵宾从,子孰与起?"文曰:"不如子。"起曰:"此三者子皆出吾下,而位加吾上,何也?"文曰:"主少国疑,大臣未附,百姓不信,方是之时,属之子乎,属之我乎?"起默然,良久曰:"属之子矣!"

久之,武侯疑之,起惧诛,遂奔楚。楚悼王素闻其贤,至则任之为相。起明法审令,捐不急之官,废公族疏远者,以养战士,要在强兵,破游说之言从横者。于是南平百越,北却三晋,西伐秦,诸侯皆患楚之强,而楚之贵戚大臣多怨起者。

【纲】乙未,十六年,初命齐田和为诸侯。

【纲】庚子,二十一年,楚君类卒,楚人杀吴起。 【目】悼王薨,贵戚大臣作乱,攻吴起杀之。

【纲】壬寅,二十三年,齐侯贷卒,无子,田氏遂并齐。

【纲】乙巳,二十六年,王崩,子喜立。
【纲】三晋共废其君俱酒为家人而分其地。

烈王

【纲】丙午,烈王元年。
【纲】辛亥,六年,齐侯来朝。 【目】时周室微弱,诸侯莫朝,而齐独朝之,天下以此贤威王。

一比谁的功劳大，可以吗？"田文说："可以。"吴起说："率领三军，使士卒愿意为国捐躯，敌国不敢打魏国的主意，你比得上我吗？"田文说："我不如你。"吴起说："治理百官，安抚人民，充实府库，你比得上我吗？"田文说："我不如你。"吴起说："守卫西河，使秦军不敢东进，韩国和赵国都归附听命，你比得上我吗？"田文说："我不如你。"吴起说："这三方面，你都比不上我，你的官位却在我之上，是何道理？"田文说："由于国君年纪还轻，举国心怀疑虑，大臣尚未真心归附，还没有获得百姓的信任。正当这个时候，应该委托我执政，还是应该委托你执政？"吴起沉默了许久才说："应当委托你执政！"

过了很多日子后，魏武侯对吴起产生了猜疑，吴起害怕触动杀机，便逃往楚国。楚悼王一向听说吴起才能出众，吴起一到，便任命他为相。吴起申明法纪，详细制定各项法令，裁汰无关紧要的官员，废除王族疏属的爵禄，用来充实战士的给养，着重提高军队的战斗力，破除合纵连横的游说。于是，楚国南下平定百越，北上击退韩、赵、魏三国，西进攻打秦国，诸侯都为楚国的强盛而忧虑。然而，楚国的王族亲戚和朝中大臣中有许多人都怨恨吴起。

【纲】十六年（乙未，前386），周安王最初封齐国的田和为诸侯。

【纲】二十一年（庚子，前381），楚悼王类去世。楚人杀死吴起。
【目】楚悼王去世以后，王族亲戚和朝中大臣发动变乱，攻打吴起，将他杀死。

【纲】二十三年（壬寅，前379），齐康公贷去世，没有子嗣，田氏便将齐王室兼并。

【纲】二十六年（乙巳，前376），周安王去世，其子姬喜即位。

【纲】韩、赵、魏三家共同将晋靖公姬俱酒废黜为平民，瓜分了晋王室的领地。

烈王

【纲】周烈王元年（丙午，前375）。

【纲】六年（辛亥，前370），齐威王前来朝见周威王。　【目】当时周王室势微力弱，诸侯都不去朝见，只有齐威王前去朝周，天下人因此都认为齐威王贤明。

【纲】齐侯封即墨大夫,烹阿大夫。　【目】齐威王召即墨大夫,语之曰:"自子之居即墨也,毁言日至。吾使人视即墨,田野辟,人民给,官无事,东方以宁;是子不事吾左右以求助也!"封之万家。召阿大夫,语之曰:"自子守阿,誉言日至。吾使人视阿,田野不辟,人民贫馁。赵攻鄄,子不救;卫取薛陵,子不知;是子厚币事吾左右以求誉也!"是日,烹阿大夫及左右尝誉者。于是群臣悚惧,莫敢饰诈,务尽其情,齐国大治,强于天下。

【纲】壬子,七年,王崩,弟扁立。

显王

【纲】癸丑,显王元年。

【纲】丁巳,五年,秦败三晋之师于石门,赐以黼黻之服。

【纲】己未,七年,秦伯卒。　【目】秦献公薨,子孝公立。是时河、山以东强国六,淮、泗之间小国十余,楚、魏与秦接界,皆以夷狄遇秦,摈斥之,不得与中国之会盟。于是孝公发愤修政,欲以强秦。

【纲】庚申,八年,彗星见西方。

【纲】卫公孙鞅入秦。　【目】秦孝公令国中曰:"宾客群臣有能出奇计强秦者,吾且尊官,与之分土。"于是卫公孙鞅闻之,乃西入秦。

鞅,卫之庶孙也,好刑名之学。事魏相公叔座,座知其贤,未及进。会病,魏惠王往问之曰:"公叔病,如有不可讳,将奈社稷何?"

【纲】齐威王封赏即墨(在今山东平度东南)大夫,烹杀阿邑(在今山东寿张东北阿城镇)大夫。 【目】齐威王召见即墨大夫,对他说:"自从你就职即墨以来,天天都有诋毁你的话传来。我派人去即墨视察,看到那里田地得到垦辟,人民丰衣足食,官府清静无事,都城东部因此获得安宁。这说明你没有巴结我身边的人,以求他们帮你美言。"便赐给他一万家的封邑。齐威王又召见阿邑大夫,对他说:"自从你去治理阿邑,天天都有赞誉你的话传来。我派人去阿邑视察,看到那里田地荒芜,人民贫困,吃不上饭。赵国攻打鄄城(在今山东范县西南),你不去援救;卫国占领薛陵(在今山东滕县东南),你全然不知。这说明你用重金巴结我身边的人,求他们为你捧场。"当天,齐威王命令烹死阿邑大夫以及自己身边曾经吹捧他的人。于是群臣恐惧,没有人敢再弄虚作假,都尽力反映实情。齐国政治修明,成为天下强国。

【纲】七年(壬子,前369),周烈王去世,其弟姬扁即位。

显王

【纲】周显王元年(癸丑,前368)。

【纲】五年(丁巳,前364),秦国在石门(在今山西运城南)打败韩、赵、魏三国军队。周显王向秦献公颁赐绣有花纹的礼服。

【纲】七年(己未,前362),秦献公去世。 【目】秦献公去世,其子秦孝公即位。这时,黄河与崤山以东有六个强国,淮水与泗水一带有十多个小国。楚国、魏国与秦国接壤,都把秦国视为夷狄之邦,加以排斥,不让秦国参与中原诸侯的会盟。因此秦孝公发愤整饬国政,决心使秦国强盛起来。

【纲】八年(庚申,前361),彗星在西方天空中出现。

【纲】卫国的公孙鞅来到秦国。 【目】秦孝公在国内下令说:"对于能进献奇计使秦国强盛的宾客和群臣,我将给他尊贵的官职,把土地分封给他。"卫国的公孙鞅听到这一消息后,于是西行前往秦国。

公孙鞅,是卫国公族庶出的孙子,喜欢研究刑名之学。他在魏相公叔痤(原文误作座,据《资治通鉴》改)手下供职,公叔痤知道他才能出众,却没有来得及推荐他,恰巧就生了病。魏惠王前去探望,说:"你

公叔曰:"座之中庶子卫鞅,年虽少,有奇才,愿君举国而听之!"王默然。公叔曰:"君即不听用鞅,必杀之,无令出境!"王许诺而去。公叔召鞅谢曰:"吾先君而后臣,故先为君谋,后以告子。子必速行矣!"鞅曰:"君不能用子之言任臣,又安能用子之言杀臣乎!"卒不去。王出谓左右曰:"公叔病甚,悲乎,欲令寡人以国听卫鞅也!既又劝寡人杀之,岂不悖哉!"鞅既至秦,因嬖臣景监以求见,说以富国强兵之术;孝公大悦,与议国事。

【纲】壬戌,十年,秦以卫鞅为左庶长,定变法之令。 【目】卫鞅欲变法,秦人不悦。鞅言于孝公曰:"夫民不可与虑始,而可与乐成。论至德者不和于俗,成大功者不谋于众。是以圣人苟可以强国,不法其故。"甘龙曰:"不然。因民而教者不劳而成功,缘法而治者吏习而民安之。"卫鞅曰:"常人安于故俗,学者溺于所闻,以此两者,居官守法可也,非所与论于法之外也。智者作法,愚者制焉;贤者更礼,不肖者拘焉。"公曰:"善。"乃以鞅为左庶长,卒定变法之令。令民为什伍而相收司,连坐,告奸者与斩敌首同赏,匿奸者与降敌同罚。民有二男以上,不分异者,倍其赋。有军功者,各以率受爵;为私斗者,各以轻重被刑大小。僇力本业,耕织致粟帛多者,复其身;事末利及怠而贫者,举以为收孥。宗室非有军功论,不得为属籍。明尊卑爵秩等级,各以差次名田宅、臣妾、衣服。有功者显荣,无功者虽富无所芬华。

病得不轻，如果万一发生不幸，我们国家该怎么办呢？"公叔痤说："我手下的中庶子公孙鞅，虽然年轻，却是奇才，希望您把整个国家交给他治理！"魏惠王沉默不语。公叔痤说："如果您不想重用公孙鞅，就一定把他杀掉，不能让他离开魏国！"魏惠王答应下来，便告去了。公叔痤叫来公孙鞅，表示歉意说："我先为国君着想，后为臣属着想，所以我先为国君出主意杀死你，之后又把我的主意告诉你。你一定要赶快离开！"公孙鞅说："既然国君不能采用你的建议来任用我，又怎么会按照你的主意来杀死我呢！"他始终没有离开卫国。魏惠王从公叔痤家中出来后，对身边的人说："公叔痤病得厉害，太可怜了！他想让寡人把整个国家交给公孙鞅治理哩！接着他又劝寡人把公孙鞅杀死，这难道不是语无伦次了吗！"公孙鞅来到秦国后，通过宠臣景监求见秦孝公，陈述富国强兵的办法，秦孝公非常高兴，便和他计议国家大事。

【纲】十年（壬戌，前359），秦国任命卫鞅（即公孙鞅）为左庶长，制定变法的命令。 【目】卫鞅打算变法，秦国人很不欢迎。卫鞅向秦孝公进言说："没有必要与百姓商讨事业如何开创，只能与他们分享成功的欢乐。讲论至上的道德，不必迎合时俗，成就伟大的功业，不必与众人商量。所以，如果实行的法令可以强国，圣人就不必因袭陈规。"甘龙说："不对。顺依人民的习俗去施行教化，不用付出劳苦的代价就能取得成功；按照成法来治理国家，官吏熟悉，人民安定。"卫鞅说："普通人安于以往的习俗，学究局限在自己的知识领域内不能自拔。让这两种人担任官职，遵守成法还可以，却不足以与他们谈论成法以外的事情。智者创立法令，愚人只能受法令的制约；贤人改革礼法，庸人只能受礼法的约束。"秦孝公说："讲得好。"便任命卫鞅为左庶长，终于制定了变法的条令：命令百姓按什伍（什伍：五人为一伍，十人为一什）编制组织起来，并互相检举揭发，一家犯法，什伍连坐，告发罪犯者可以得到斩杀敌人首级的奖赏，藏匿罪犯者处以投降敌人的惩罚。对有两个以上的成年男子却不分家的民户，加倍征收赋税。建立军功者，分别按规定授给爵位；进行私斗者，分别按情节轻重处以大小不同的刑罚。努力从事农业，勤于耕织，使粮食、布帛丰产的，免除本人的徭役。经营工商以及因懒惰导致贫困者，一经举报，便将全家罚为奴婢。没有经过

令既具未布,恐民之不信,乃立三丈之木于国都南门,募民能徙置北门者予十金。民怪之,莫敢徙。复曰:"能徙者予五十金。"有一人徙之,辄予五十金。乃下令。

令行期年,民之国都言新令之不便者以千数。于是太子犯法。卫鞅曰:"法之不行,自上犯之。太子君嗣,不可施刑。"刑其傅公子虔,黥其师公孙贾。明日,秦人皆趋令。行之十年,道不拾遗,山无盗贼,民勇于公战,怯于私斗,乡邑大治。秦民初言令不便者,有来言令便。鞅曰:"此乱法之民也!"尽迁之于边。其后民莫敢议令。

【纲】丙寅,十四年,齐、魏会田于郊。 【目】魏惠王问齐威王曰:"齐亦有宝乎?"威王曰:"无有。"惠王曰:"寡人国虽小,尚有径寸之珠,照车前后各十二乘者十枚。岂以齐大国而无宝乎?"威王曰:"寡人之所以为宝者,与王异。吾臣有檀子者,使守南城,则楚人不敢为寇。有盻子者,使守高唐,则赵人不敢东渔于河。有黔夫者,使守徐州,则燕、赵之人从而徙者七千余家。有种首者,使备盗贼,则道不拾遗。此四臣者,将照千里,岂特十二乘哉!"惠王有惭色。

【纲】丁卯,十五年,魏伐赵,围邯郸。

【纲】戊辰,十六年,齐伐魏以救赵。魏克邯郸还战,败绩。
【目】初,孙膑与庞涓俱学兵法,涓仕魏为将军,自以能不及膑,乃

论定军功的宗室成员,不得列入宗室谱牒。申明尊卑关系和爵禄等级,分别按等级配给田地、住宅、奴婢和衣饰器物,使立功者享受荣耀,无功者即使富有,也无处显示尊荣。

　　法令制定后,没有公布。卫鞅担心不能取信于民,便在国都南门竖起一根三丈高的木头,悬赏十金,召募能够把木头搬到北门的人。百姓难以置信,没有人敢搬。卫鞅又说:"能搬的,赏给五十金。"有一个人将木头搬到指定地点,卫鞅便赏给他五十金,接着便公布了法令。

　　法令施行满了一年,前往国都栎阳申诉新法不便的百姓数以千计。这时,太子也触犯了法令。卫鞅说:"法令不能实行,是由于上层有人犯法。太子是国君的继承人,不能对他施加刑罚。"便处罚太子傅公子虔,在太子师公孙贾的脸上刺字。第二天,秦国人都遵守法令了。新法实行了十年,秦国路不拾遗,山中没有强盗。百姓奋勇为国作战,不敢私斗,乡村和城邑秩序井然。最初说法令不便的秦国百姓,有的还来称赞新法便利。卫鞅说:"这都是些扰乱新法的人!"将他们悉数迁徙到边疆。此后,百姓都不敢议论新法了。

　　【纲】十四年(丙寅,前355),齐威王和魏惠王一起在郊野打猎。【目】魏惠王问齐威王说:"齐国有什么宝物?"齐威王说:"没有。"魏惠王说:"寡人的国家虽小,但还有可以照亮前后各十二辆车、直径一寸的十枚宝珠。就凭齐国这么大,难道会没有珍宝?"齐威王说:"寡人认定的珍宝与大王不同。我的臣属中有一位名叫檀子的,派他守卫南城(在今山东费县西南),楚人就不敢侵犯;有一位名叫盼子的,派他守卫高唐(在今山东高唐东),赵人就不敢到东边的黄河中打鱼;有一位名叫黔夫的,派他守卫徐城(在今山东滕县东南),因投奔他而迁居齐国的燕、赵两国人就有七千多家;有一位名叫种首的,派他防备盗贼,结果路不拾遗。这四位臣属将会光照千里,何止照亮十二辆车子而已!"魏惠王面有惭色。

　　【纲】十五年(丁卯,前354),魏国攻打赵国,包围邯郸(在今河北邯郸西南)。

　　【纲】十六年(戊辰,前353),齐国攻打魏国,以便营救赵国。魏国攻克邯郸后,在回军途中与齐国交战,结果战败。　　【目】起初,孙膑

召之;至,则断其足而黥之,欲使终身废弃。齐使者至魏,膑阴见之,使者窃载以归。田忌客之,进之威王。威王问兵法,遂以为师。至是谋救赵,以膑为将;辞以刑余之人不可,乃使田忌为将,而孙子为师,居辎车中,坐为计谋。忌欲引兵之赵,孙子曰:"夫解杂乱纷纠者不控拳,救斗者不搏撠,批亢捣虚,形格势禁,则自为解耳。今梁之轻兵锐卒竭于外,而老弱疲于内;若引兵疾走其都,彼必释赵而自救。是我一举解赵之围,而收弊于魏也。"忌从之。十月,邯郸降魏。魏师还,与齐战于桂陵,魏师大败。

【纲】庚午,十八年,韩以申不害为相。 【目】申不害者,郑之贱臣也,学黄、老、刑名,以干韩昭侯。昭侯用以为相,内修政教,外应诸侯,十五年,终申子之身,国治兵强。

昭侯有弊袴,命藏之。侍者曰:"君亦不仁者矣,不赐左右而藏之!"昭侯曰:"吾闻明主爱一颦一笑,颦有为颦,笑有为笑。今袴岂特颦笑哉!吾必待有功者。"

【纲】辛未,十九年,秦徙都咸阳。始废井田 【目】卫鞅筑冀阙宫庭于咸阳,徙都之。并诸小乡聚,集为一县,县置令、丞,凡三十一县。废井田,开阡陌。平斗、桶、权、衡、丈、尺。

与庞涓在一起学习兵法。后来，庞涓在魏国做官，担任将军，自认为才能不如孙膑，便把孙膑叫到魏国。孙膑来到后，庞涓便砍断孙膑的双脚，并在他脸上刺字，打算使他终身残废。齐国使者来到魏国，孙膑暗中去见来使，使者偷偷用车把他带回齐国。田忌接待孙膑，并把他推荐给齐威王。齐威王向孙膑请教兵法，便尊他为老师。这时，齐国计议营救赵国，准备任命孙膑为主将。孙膑推辞说自己是受过刑的人，不适宜担当主将，齐威王便任命田忌为主将，而让孙膑担任军师，坐在篷车里，为田忌出谋划策。田忌打算率领军队前往赵国，孙膑说："要解开乱作一团的丝线，不能用力去持；要解救斗殴之人，不能伸手去打去拉。抓住要害，避实击虚，使对方感到形势受阻，就会自然而然地解除攻势了。现在大梁（在今山西运城东北安邑镇）的轻装精锐兵马都已投入对外战争，城内的老弱残兵也已疲惫不堪。如果我们率领兵马迅速直奔魏都大梁，魏军肯定会放弃攻打赵国，回军自救。这样，我们就能一举两得，既解除赵国遭到的围困，又收到挫败魏国的效果。"田忌依计而行。十月，邯郸赵军投降魏国。魏军回国途中，在桂陵（在今山东菏泽东北）与齐军交战，被打得大败。

【纲】十八年（庚午，前352），韩国任命申不害为相。 【目】申不害是郑国的低级官吏，研究黄老学说和刑名之学，以所学求见韩昭侯，韩昭侯任命申不害为相。申不害对内整饬政治教化，对外加强与诸侯的交往，经过十五年时间，直到申不害去世，韩国始终政治修明，兵力强盛。

韩昭侯有一条旧裤，让人存放起来。侍从说："您也太狠心了，连条旧裤也不肯赐给身边的人，还要存放起来！"韩昭侯说："我听说，英明的君主对自己皱皱眉，或笑一笑，都要格外注意，皱眉要有皱眉的道理，笑要有笑的道理。现在，这条旧裤岂止是皱皱眉或笑一笑，我必须赏赐给有功的人。"

【纲】十九年（辛未，前350），秦国迁都咸阳（今陕西咸阳东），开始废除井田制度。 【目】卫鞅在咸阳修筑宫廷和宫前的楼台，便将都城迁徙到那里。卫鞅合并乡邑村落，集中设县，每县设置县令、县丞，一共设置了三十一个县。他又废除井田制度，毁除井田的疆界。还统一了斗、斛、权、衡、丈、尺等。

【纲】癸酉,二十一年,秦更赋税法。

【纲】乙亥,二十三年,卫贬号曰侯,服属三晋。 【目】初,子思言苟变于卫侯曰:"其材可将五百乘。"公曰:"吾知其可将,然变尝为吏,赋于民,而食人二鸡子,故弗用也。"子思曰:"夫圣人之官人,犹匠之用木也,取其所长,弃其所短,故杞梓连抱而有数尺之朽,良工不弃。今君处战国之世,选爪牙之士,而以二卵弃干城之将,此不可使闻于邻国也。"

卫侯言计非是,而群臣和者如出一口。子思曰:"以吾观卫,所谓君不君,臣不臣者也。夫不察事之是非,而悦人赞己,暗莫甚焉。不度理之所在,而阿谀求容,谄莫甚焉。君暗臣谄,以居百姓之上,民不与也。若此不已,国无类矣。"

子思言于卫侯曰:"君之国事,将日非矣。君出言自以为是,而卿大夫莫敢矫其非。卿大夫出言自以为是,而士庶人莫敢矫其非。君臣既自贤矣,而群下同声贤之;贤之则顺而有福,矫之则逆而有祸。如此则善安从生?诗曰:'具曰予圣,谁知乌之雌雄?'抑亦似君之君臣乎?"

【纲】二十一年(癸酉,前348),秦国改革赋税法。

【纲】二十三年(乙亥,前346),卫成公自降封号为侯,依附韩、赵、魏三国。　【目】起初,子思向卫成公谈到苟变时说:"他有指挥五百辆兵车的能力。"卫成公说:"我知道他能领兵打仗。然而,他曾在担任属吏向百姓收税时,吃了人家的两个鸡蛋,所以我不任用他。"子思说:"圣人用人做官,就像工匠使用木料一般,应该用其所长,避其所短。所以粗可合抱的杞木、梓木即使有几尺朽蚀之处,高明的工匠仍然不会将它们抛掉。现在正当各国互相争战的时代,您需要选拔武将,但您只因为两个鸡蛋就丢掉一位能捍卫国家的将领,可不能让邻国知道这件事情。"

卫成公说的计谋不对,但群臣随声附和,如出一口。子思说:"在我看来,卫国就是国君不像国君,臣属不像臣属的国家。不考察事情是对是错,却喜欢别人称赞自己,没有比这更昏昧的了。不考虑是否有道理,就阿谀逢迎,百般讨好,没有比这更谄媚的了。国君昏昧,臣属谄媚,却高踞百姓之上,人民不会拥护。如果这样继续下去,国家就灭亡了。"

子思对卫成公说:"您的国家大事,将一天不如一天了。您讲话自以为是,而卿和大夫不敢纠正您的过失;卿和大夫讲话也自以为是,而士人和百姓不敢纠正他们的过失。既然国君臣属都认为自己贤明,而下面的人就异口同声地称赞你们贤明。称赞你们贤明,顺了你们的心意,就能得到好处;纠正你们的过失,就违背了你们的意志,就会招致灾祸。像这个样子,还会有什么好事!《诗》说:'都说我神圣,谁知道对不对!'或许这就像您的君臣现状了!"

纲鉴易知录卷六

周纪

显王

【纲】庚辰,二十八年,魏伐韩。齐伐魏以救韩,杀其将庞涓,虏太子申。 【目】魏使庞涓伐韩,韩请救于齐。齐威王召大臣而谋之。孙膑曰:"夫韩、魏之兵未弊而救之,是吾代韩受魏之兵,顾反听命于韩也。且魏有破国之志,韩见亡,必东面而愬于齐。吾因深结韩之亲而晚承魏之弊,则可以受重利而得尊名也。"王曰:"善。"乃阴许韩使而遣之。韩因恃齐,五战不胜,而东委国于齐。

齐因起兵,使田忌将,孙子为师,以救韩,直走魏都。庞涓闻之,去韩而归。魏人亦大发兵,使太子申将以御齐师。孙子曰:"彼三晋之兵素悍勇而轻齐,齐号为怯。善战者因其势而利导之。兵法:'百里而趣利者蹶上将,五十里而趣利者军半至。'"乃使齐军入魏地为十万灶,明日为五万灶,又明日为二万灶。庞涓行三日,大喜曰:"我固知齐军怯,入吾地三日,士卒亡者过半矣!"乃弃其步军,率轻锐倍日并行逐之。孙子度其暮当至马陵,马陵道狭,而旁多阻隘,可伏兵,乃斫大树,白而书之曰:"庞涓死此树下!"令万弩夹道而伏,期日暮见火举而俱发。涓果夜至,见白书,以火烛之,读未毕,万弩俱发,魏师大乱。涓乃自刭,曰:"遂成竖子之名!"齐因乘胜大败魏师,虏太子申。

显王

【纲】二十八年（庚辰，前341），魏国攻打韩国。齐国通过攻打魏国来营救韩国，杀掉魏将庞涓，并俘虏了太子申。 【目】魏国派遣庞涓攻打韩国，韩国请求齐国出兵营救，齐威王召集大臣商议对策。孙膑说："韩、魏两国的军队尚未精疲力尽，此时去营救韩国，就是替韩国承受魏国的打击，我们反而需要听从韩国的指挥了。而且，魏国已经抱定消灭韩国的决心，在韩国面临灭亡危险时，必然东来向齐国告急。我们乘机加强与韩国的亲密关系，等到魏国精疲力尽时出兵，就可以取得重大的利益，得到尊崇的名声了。"齐威王说："好主意！"便暗中向韩国使者答应出兵，送他回国。由于韩国仗着齐国作出的许诺，与魏国进行了五次战斗，均未取胜，只好东来把国家命运托付给齐国。

于是，齐国调集军队，任命田忌为大将，孙膑为军师，前去营救韩国，齐军直奔魏国都城大梁。庞涓得知后丢开韩国，回救大梁。魏惠王也调集大批兵马，派遣太子申领兵抵御齐军。孙膑说："韩、赵、魏三国的军队，向来勇猛善战，看不起齐国，认为齐军害怕打仗。善于用兵的人就在于能够因势利导。《孙子兵法》说：'从一百里外奔赴战斗目标，会损折上将；从五十里外奔赴战斗目标，只有一半军队能够赶到。'"便命令齐军进入魏国境内，打点供给十万人吃饭的炉灶，第二天打点供给五万人吃饭的炉灶，第三天打点供给二万人吃饭的炉灶。庞涓往回行军到了第三天，非常高兴地说："我本来知道齐军胆怯，进入我国境内才三天，逃亡的士卒已经超过一半了！"便丢下步军，率领轻装的精锐军队，日夜兼程，追赶齐军。孙膑估计黄昏时分庞涓会赶到马陵（在今河北大名东南）。马陵道路狭窄，两边多是险隘，可以埋伏军队。孙膑便下令削去一棵大树的树皮，在白树干上写道："庞涓死在这棵树下。"命令一万名士兵带着劲弩，夹道埋伏，约定在黄昏时分一见起火，就一起射击。果然，庞涓夜间来到马陵，看见白树干上写着字，便取火照看，还没有读完，万箭齐发，魏军大乱，庞涓只好自杀。他死前说："终于让

【纲】辛巳,二十九年,秦卫鞅伐魏,诱执其将公子卬而败之。魏献河西地于秦,徙都大梁。秦封鞅为商君。 【目】卫鞅言于孝公曰:"秦之与魏,譬若人有腹心之疾,非魏并秦,即秦并魏。今以君之贤圣,国赖以盛,而魏往年大破于齐,诸侯叛之,可因此时伐魏。魏不支秦,必东徙,然后秦据河、山之固,东向以制诸侯,此帝王之业也。"公从之,使鞅将兵伐魏。魏使公子卬将而御之。军既相距,鞅遗卬书曰:"吾始与公子欢;今俱为两国将,不忍相攻,欲与公子面相见盟,乐饮而罢兵,以安秦、魏之民。"卬以为然,乃与会。盟而饮,鞅伏甲袭卬,虏之,因大破魏师。

魏惠王恐,献河西地于秦以和,因去安邑徙大梁。乃叹曰:"吾恨不用公叔之言!"秦封鞅商、於十五邑,号曰商君。

【纲】癸未,三十一年,秦伯卒。秦人诛卫鞅,灭其族。 【目】秦孝公薨,太子立,是为惠文王。公子虔之徒告商君欲反,发吏捕之。商君出亡,欲止客舍,舍人曰:"商君之法,舍人无验者坐之。"商君叹曰:"为法之弊,一至此哉!"去之魏,魏人不受,内之秦。秦人攻杀之,车裂以徇,尽灭其家。

初,商君用法严酷,步过六尺者有罚,弃灰于道者被刑。尝临渭论囚,渭水尽赤。为相十年,人多怨之。尝问赵良曰:"我治秦,孰与五羖大夫贤?"良曰:"千人之诺诺,不如一士之谔谔。仆请终

这小子成名了！"于是齐国乘胜大败魏军，俘虏了太子申。

【纲】二十九年（辛巳，前340），秦国的卫鞅攻打魏国，诱捉了魏国将领公子印，从而打败了魏军。魏国向秦国献出河西地区，把都城迁至大梁（今河南开封市西北）。秦孝公封卫鞅为商君。　【目】卫鞅向秦孝公进言说："秦国和魏国，互为对方的心腹之患，不是魏国吞并秦国，就是秦国吞并魏国。现在仰仗您为政贤明，国家赖以强盛起来，而魏国往年被齐国大败，诸侯不再依附魏国。因此，可乘此时攻打魏国。魏国不能抵抗秦军，必然向东迁都。此后，秦国据有黄河、崤山的险要地形，可以东进挟制各国诸侯，这才是帝王的业绩。"秦孝公依言而行，让卫鞅率领军队攻打魏国，魏国派遣公子印担任将领，抵御秦军。两军形成对峙局面后，卫鞅写信给公子印说："当初我与你交情很好，现在我们各自都成了本国的大将。我不忍心互相攻杀，愿意与你当面订立盟约，高兴地举杯畅饮，然后停止用兵，使秦、魏两国人民都获得安宁。"公子印信以为真，便与卫鞅会面。两人订立盟约，设宴饮酒，卫鞅埋伏的甲士袭击公子印，将他俘虏，于是大破魏军。

魏惠王大为恐惧，向秦国献上西河地区，请求媾和，因而离开安邑，迁都大梁。他这才感慨地说："可惜我没有采用公叔痤的意见！"秦国将商（今陕西商县东）、於（今河南内乡东）及周围十五座城邑封给卫鞅，于是卫鞅号称商君。

【纲】三十一年（癸未，前338），秦孝公去世，秦国杀死商鞅，屠灭了他的家族。　【目】秦孝公去世，太子即位，这就是秦惠文王。公子虔一伙控告商鞅打算谋反，派吏人逮捕商鞅。商鞅外逃，打算在客店中歇息，客店主人说："商君的法令规定，让没有证件的人留宿，连同客店主人一同治罪。"商鞅叹息说："我制定的法令的弊害，竟然一至于此！"他前往魏国，魏人不肯接待他，反而将他交给秦国。秦人攻杀商鞅，将他五马分尸，陈尸示众，并将他的全家人统统诛灭。

起初，商鞅实行的法令严厉而又残酷，丈量一步土地超过六尺就要受罚，将灰土倒在道路上就要受刑。有一次，商鞅在渭水岸边审理囚犯，渭水全被血水染红。商鞅担任秦相历时十年，许多人都怨恨他。他曾经问赵良说："我治理秦国，比起五羖大夫百里奚来，谁更好些？"赵

日正言而无诛,可乎?"商君曰:"诺。"良曰:"五羖大夫,荆之鄙人也,穆公举之牛口之下,而加之百姓之上,秦国莫敢望焉。相秦六七年而东伐郑,三置晋君,一救荆祸。其为相也,劳不坐乘,暑不张盖。及其死也,男女流涕,童子不歌谣,舂者不相杵。今君之见也,因景监以为主;其从政也,陵轹公族,残伤百姓。公子虔杜门不出已八年矣。诗曰:'得人者兴,失人者崩。'此数者,非所以得人也。君之危若朝露,而尚贪商、於之富,宠秦国之政,畜百姓之怨,而无变计。秦王一旦捐宾客而不立朝,秦国之所以收君者岂其微哉!"商君不听,居五月而难作。

【纲】乙酉,三十三年,孟轲至魏。 【目】孟子,邹人,名轲,受业于孔子之孙子思。是岁魏惠王卑辞厚礼以招贤者,于是孟子至梁。

【纲】丁亥,三十五年,楚灭越。

【纲】戊子,三十六年,韩侯卒。 【目】韩昭侯作高门,屈宜臼曰:"君必不出此门。""何也?""不时。前年秦拔宜阳,今年旱。君不以此时恤民之急,而顾益奢,此所谓时诎举赢也,故曰不时。"至是门成,而昭侯薨。

【纲】燕、赵、韩、魏、齐、楚,合从以摈秦,以苏秦为从约长,并相六国。 【目】初,洛阳人苏秦说秦王以兼天下之术,不用。乃去说燕文公曰:"燕之所以不被兵者,以赵之为蔽其南也。愿王与赵从亲,天下为一,则燕必无患矣。"

良说:"'上千人随声附和,不如一个人直言劝告。'请让我用一整天时间郑重地直抒己见,你能不杀我吗?"商鞅说:"能。"赵良说:"五羖大夫百里奚是楚国边地之人,穆公把他从一个牛倌提拔到百官之上,秦国无人对此怨恨不满。百里奚在担任秦相的六七年间,东进攻打郑国,三次扶立晋国国君,一次挽救楚国的祸难。他担任秦相时,多么劳累也不坐车,多么炎热也不张设伞盖。及至他去世时,秦国男女无不流泪,儿童无心唱歌,舂米的不再出声。现在,你得以进见孝公,是通过景监的介绍;你执掌朝政时期,欺凌公室贵族,残害百姓。公子虔闭门不出,已经八年了。《诗经》说:'得到人们的拥护才能兴盛,失去人们的支持就会垮台。'你这几件事,都是不得人心之举。你的处境很危险,就像早晨的露水会很快干掉。但你仍然贪恋商、於封地的财富,以把持秦国政务为荣宠,增加百姓的怨恨,而没有改弦更张的打算。一旦秦王离开人世,不再主持朝政,秦国要捕杀你的人,难道还在少数吗?"商鞅没有接受劝告,过了五个月,祸难终于发生。

【纲】三十三年(乙酉,前336),孟子来到魏国。 【目】孟子名轲,邹国(在今山东邹城一带)人,曾经跟随孔子的孙子子思学习。这一年,魏惠王用谦卑的言辞和丰厚的礼物招徕贤人,于是孟子来到大梁。

【纲】三十五年(丁亥,前334),楚国灭掉越国。

【纲】三十六年(戊子,前333),韩昭侯去世。 【目】韩昭侯兴建高大的门楼,屈宜臼说:"您肯定来不及走过这座门了。为什么这样说呢?因为您兴建的时候不对。前年秦国攻克宜阳(在今河南宜阳西),今年又发生旱灾。您不在这时抚恤百姓的急难,却反而更加奢侈,这就是人们所说的'越是衰耗,越要奢华'了,所以说您兴建得不是时候。"至此,高大的门楼竣工,而韩昭侯去世。

【纲】燕、赵、韩、魏、齐、楚六国合纵抗秦,让苏秦担任纵约长,并且兼任六国的国相。 【目】起初,洛阳人苏秦用兼并天下的战略游说秦惠文王,秦惠文王没有采纳。于是苏秦离开秦国,去劝燕文公说:"燕国没有遭受战争侵扰的原因,在于燕国南部有赵国作为屏障。希望大王与赵国实行合纵,亲密相处,使天下统一行动,燕国肯定就没有灾难了。"

文公从之，资秦车马以说赵肃侯曰："当今之时，山东之国莫强于赵，秦之所害亦莫如赵。而秦不敢举兵伐赵者，畏韩、魏之议其后也。秦攻韩、魏，无名山大川之限，稍蚕食之。韩、魏不能支，必入臣于秦；秦无韩、魏之规，则祸必中于赵矣。臣以天下之图，按诸侯之地五倍于秦。度诸侯之卒十倍于秦。而衡人日夜务以秦权恐喝诸侯，使之割地以事秦。秦成，则其身富荣，国被秦患而不与其忧。故臣窃为大王计，莫如一韩、魏、齐、楚、燕、赵为从亲以摈秦，令其将相会盟洹水之上，约曰：'秦攻一国，则五国各出锐师以挠秦，或救之。有不如约者，五国共伐之！'则秦甲必不敢出函谷以害山东矣。"肃侯大悦，厚赐赍之，以约于诸侯。

秦乃说韩宣惠王曰："韩地方九百余里，带甲数十万，天下之强弓、劲弩、利剑皆从韩出。今大王事秦，秦必求宜阳、成皋；今兹效之，明年又复求割地。韩地有尽，而秦求无已。鄙谚曰：'宁为鸡口，无为牛后。'夫以大王之贤，挟强韩之兵，而有牛后之名，臣窃为大王羞之！"韩王从其言。

秦说魏惠王曰："大王之地方千里，武士、苍头、奋击各二十万，厮徒十万；车六百乘，骑五千匹；乃听群臣之说，而欲臣事秦！臣愿大王熟计之也。"魏王听之。

秦说齐王曰："齐四塞之国，地方二千余里，带甲数十万，粟如丘山。临淄之涂，车毂击，人肩摩，连衽成帷，挥汗成雨。夫韩、魏

燕文公接受了苏秦的主张，供给苏秦车马，请他去劝赵肃侯说："当今这个时代，崤山以东各国以赵国最为强盛，秦国最忌惮的也是赵国。然而秦国不敢发兵攻打赵国，是因为害怕背后受到韩国和魏国的暗算。如果秦国攻打韩国和魏国，这两国都没有名山大川阻挡秦军。秦军逐渐蚕食韩国和魏国，到两国不能支撑下去时，就必然臣服秦国。秦国消除了韩国和魏国暗中窥伺的可能，就一定会把祸水加给赵国。我从天下地图上看到，诸侯的国土是秦国的五倍，估计诸侯的军队是秦国的十倍。但是主张连横的人日日夜夜都在拿秦国的威势恐吓诸侯，让诸侯割让土地，服从秦国，目的是在秦国得胜后，自己可以身享荣华富贵，即使自己的国家遭到秦国的损害也毫不在意。所以，我私下为大王考虑，不如韩、魏、齐、楚、燕、赵六国统一步调，实行合纵，亲密相处，共同抵抗秦国，让各国将相在洹水（出今山西黎城县，入卫河）岸边举行会盟，互相约定说：'无论秦国攻打哪一国家，其他五国便各派精锐兵马前去抗击秦国，或者直接营救被攻的国家。如果哪一国不履行约定，其他五国便共同讨伐该国！'秦兵就肯定不敢东出函谷关，来危害崤山以东各国了。"赵肃侯大喜，对苏秦厚加赏赐，让他去与诸侯各国联络。

于是，苏秦游说韩宣惠王说："韩国领土方圆九百多里，拥有几十万人，天下的强弓劲弩和利剑都出产在韩国。现在，如果大王事奉秦国，秦国肯定会索求宜阳、成皋（在今河南荥阳西北），今年韩国献上此地，明年秦国还会要求割地。韩国领土有限，秦国索求土地却没有止境。俗谚说：'宁作鸡口，不作牛后。'就凭着大王的贤明，又拥有韩国的强大兵力，却落得个牛后的称号，我个人真为大王感到羞耻。"韩宣惠王接受了他的主张。

苏秦游说魏惠王说："大王的疆土方圆一千里，拥有武士、苍头军、奋击军备二十万人，马役、仆从十万人，兵车六百辆，战马五千匹，竟然听信群臣的主张，打算以臣属之礼事奉秦国！我希望大王好好想一想。"魏惠王听从了这一劝告。

苏秦游说齐威王说："齐国是四周地形险要的国家，国土方圆两千多里，拥有甲兵数十万，粮食堆积如山。临淄（在今山东益都西北）的街

之所以重畏秦者，为与秦接境也。秦之攻齐则不然，虽欲深入，恐韩、魏之议其后，则秦之不能害齐亦明矣。不深料此，而欲西面事之，是群臣之计过也。"齐王许之。

乃说楚威王曰："楚，天下之强国也，地方六千余里，带甲百万，粟支十年，此霸王之资也。故秦之所害莫如楚，楚之与秦其势不两立。从亲则诸侯割地以事楚，衡合则楚割地以事秦，此两策者相去远矣，大王何居焉？"楚王亦许之。

于是苏秦为从约长，并相六国，北报赵，车骑辎重拟于王者。

【纲】己丑，三十七年，秦以齐、魏之师伐赵。苏秦去赵适燕，从约皆解。　【目】秦使公孙衍欺齐、魏以伐赵，赵肃侯让苏秦，秦恐，请使燕，必报齐。及去赵，而从约皆解。

【纲】癸巳，四十一年，秦客卿张仪伐魏，取蒲阳；既而归之，魏尽入上郡以谢。秦以仪为相。　【目】张仪者，魏人，与苏秦俱事鬼谷先生，学从横之术。游诸侯，无所遇，苏秦召而辱之。仪怒入秦，秦王说之，以为客卿。至是将兵伐魏，取蒲阳。言于秦王，请复以与魏。仪因说魏王曰："秦之遇魏甚厚，魏不可以无礼于秦。"魏因尽入上郡十五县以谢焉。仪归而相秦。

【纲】丙申，四十四年，夏四月，秦初称王。

道上，车辆的车轴互相撞击，行人多得肩擦着肩，衣襟连接起来就成了帷帐，挥洒的汗水就像下雨。说到韩国和魏国十分害怕秦国的原因，在于他们与秦国接壤。假如秦国要攻打齐国，却并非如此。即使秦军打算向纵深推进，还要担心韩国和魏国在背后暗算，因而秦国不能危害齐国，道理非常明白。对这一点没有足够的估计，却打算向西服事秦国，这是群臣在计策上的失误。"齐王答应实行合纵。

接着，苏秦游说楚威王说："楚国是天下强国，国土方圆六千多里，拥有甲兵百万，粮食可以支撑十年，这是称霸诸侯的资本。所以，秦国最害怕的就是楚国，楚国与秦国在形势上难以共存。奉行合纵政策成功后，诸侯就会割让土地，听从楚国的指挥。如果连横达到目的，楚国就会割让土地，事奉秦国。这两种战略的后果截然不同，大王愿意选择哪一战略呢？"楚威王也答应实行合纵。

于是，苏秦担任纵约长，同时兼任六国的国相。他北上回报赵肃侯，车马行装可以与帝王相比。

【纲】三十七年（己丑，前332），秦国使齐国和魏国军队前去攻打赵国。苏秦离开赵国，前往燕国，合纵的约定完全瓦解。　【目】秦国派遣公孙衍用欺骗手段，使齐国和魏国攻打赵国。赵肃侯责问苏秦，苏秦恐惧不安，请求出使燕国，说是一定报复齐国。于是苏秦离开赵国，合纵的约定全部瓦解。

【纲】四十一年（癸巳，前328），秦国客卿张仪攻打魏国，占领蒲阳（在今山西吕梁东南）。不久，秦国将蒲阳归还魏国，魏国将上郡（在今陕西西北、内蒙古准格尔旗一带）全部土地献给秦国，以示谢意。秦国任命张仪为相。　【目】张仪是魏国人，与苏秦都师事鬼谷先生，跟他学习纵横家的学说。他周游诸侯各国，没有受到重用，苏秦把他叫去，羞辱一番。张仪大怒，前往秦国，受到秦惠文王的赏识，被任命为客卿。至此，张仪率领军队攻打魏国，占领蒲阳，又向秦惠文王进言，建议把蒲阳还给魏国。张仪乘机对魏惠王说："秦国待魏国甚为宽厚，魏国对秦国也不能失礼。"魏国便将上郡十五个县全部献给秦国，以示谢意。张仪回国后，担任了秦相。

【纲】四十四年（丙申，前325），夏四月，秦国开始称王。

【纲】丁酉,四十五年,秦张仪伐魏,取陕。

【纲】苏秦自燕奔齐。 【目】苏秦通于燕文公之夫人,恐得罪,说易王曰:"臣居燕不能使燕重,而在齐则燕重。"王许之,及伪得罪于燕而奔齐,齐王以为客卿。秦说齐王高宫室,大苑囿,以明得意,欲以敝齐而为燕。

【纲】戊戌,四十六年,秦相张仪免,出相魏。

【纲】庚子,四十八年,王崩,子定立。

【纲】齐号薛公田文为孟尝君。 【目】初,齐王封田婴于薛,号曰靖郭君。婴言于齐王曰:"五官之计,不可不日听而数览也。"王从之;已而厌之,悉以委婴。婴由是得专齐权。

婴有子四十余人,其贱妾之子曰文,倜傥饶智略,说靖郭君以散财养士。靖郭君使文主家待宾客,宾客争誉其美,请以文为嗣。婴卒,文嗣立,号孟尝君。招致诸侯游士及有罪亡人,食客常数千人,名重天下。

孟尝君聘于楚,楚王遗之象床。登徒直送之,不欲行,谓公孙戌曰:"足下能使仆无行者,有先人之宝剑,愿献之。"戌许诺,入见曰:"小国所以皆致相印于君者,悦君之义,慕君之廉也。今始至楚而受象床,则未至之国何以待君哉!"孟尝君曰:"善。"遂不受。戌趋出,未至中闺,孟尝君召而反之,曰:"子何足之高,志之扬也?"戌以实对。孟尝君乃书门版曰:"有能扬文之名,止文之过,私得宝于外者,疾入谏!"

【纲】四十五年（丁酉，前324），秦国的张仪攻打魏国，占领陕邑（今河南陕县）。

【纲】苏秦从燕国逃往齐国。　【目】苏秦与燕文公的夫人私通，害怕受到惩治，便劝燕易王说："我留在燕国，不能提高燕国的地位。但是，如果让我到齐国去，就能使燕国的地位重要起来。"燕易王应允。苏秦便假装得罪了燕易王，因而逃往齐国，齐宣王任命他为客卿。苏秦诱使齐宣王加高宫殿，扩大园林，以显示齐宣王的事业成功得志，打算借此消耗齐国的财力。

【纲】四十七（原文作四十六年，据《资治通鉴》改）年（戊戌，前322），秦相张仪被免除职务，去担任魏相。

【纲】四十八年（庚子，前321），周显王去世，其子姬定即位。

【纲】齐国称薛公田文为孟尝君。　【目】起初，齐王将田婴封到薛邑（在今山东滕县东南），号称靖郭君。田婴向齐王进言说："对于五大夫主管的簿书，不能不天天过问，反复审阅。"齐王依言而行。没过多久，齐王感到厌倦，便完全交给田婴办理。从此，田婴得以独揽齐国大权。

田婴有四十多个儿子，其中有一个出身卑贱的侍妾所生的儿子名叫田文。田文为人倜傥，足智多谋，劝靖郭君田婴广散钱财，招揽人才。靖郭君田婴让田文主持家事，接待宾客，宾客争着赞誉田文才能出众，建议把田文立为后嗣。田婴去世，田文继立，号称孟尝君。孟尝君招揽诸侯各国的游说之士以及因罪逃亡之人，门下经常有食客好几千人，因此名重天下。

孟尝君前往楚国通问修好，楚怀王赠给他一张象牙床。登徒应当把这张床送到孟尝君那里，却不想前去，便对公孙戌说："如果您能让我不必前去送床，我有一口祖传的宝剑，愿意送给您。"公孙戌一口答应，去见孟尝君说："弱小的国家所以都请你执掌相印，是因为佩服你主持正义，仰慕你廉洁无私。现在，你刚到楚国便接受象牙床，你尚未前去的国家将用什么来接待你呢！"孟尝君说："讲得好。"便不肯接受象牙床。公孙戌快步离去，还没有走出小宫门，孟尝君把他叫回来问道："你为什么那样趾高气扬？"公孙戌如实回答。孟尝君便在门版上写道："只要能使我扬名，纠正我的过失，即使私下接受了外人的宝物也

慎靓王

【纲】辛丑，慎靓王元年，卫更贬号曰君。

【纲】壬寅，二年，魏君䓪卒。孟轲去魏适齐。

【纲】癸未，三年，楚、赵、魏、韩、燕伐秦，攻函谷关。秦出兵逆之，五国皆败走。

【纲】甲辰，四年，齐大夫杀苏秦。

【纲】魏请成于秦。张仪归，复相秦。 【目】张仪说魏王曰："梁，地四平，无名山大川之限，地势固战场也。夫诸侯约从，结为兄弟以相坚也。今亲兄弟同父母，尚有争钱财相杀伤，而欲恃反覆苏秦之余谋，其不可成亦明矣。"魏王乃倍从约，而因仪以请成于秦。仪归，复相秦。

【纲】乙巳，五年，秦伐蜀，取之。 【目】巴、蜀相攻，俱告急于秦。秦惠王欲伐蜀，韩又来侵。司马错请伐蜀。张仪曰："不如伐韩。"王曰："请闻其说。"仪曰："亲魏，善楚，下兵三川，以临二周之郊，据九鼎，按图籍，挟天子以令天下，此王业也。臣闻争名者于朝，争利者于市。今三川、周室，天下之朝市也，而王不争焉，顾争于戎翟，去王业远矣。"错曰："不然。臣闻之，欲富国者务广其地，欲强兵者务富其民，欲王者务博其德：三资者备而王随之矣。夫蜀，西僻之国而戎翟之长也，有桀、纣之乱；以秦攻之，譬如使豺狼逐群羊。拔一国而天下不以为暴，利尽西海而天下不以为贪，而又有禁暴止乱之名，是我一举而名实附焉。今攻韩，劫天子，恶名也，而攻天下之所不欲，又未必利也。不如伐蜀。"惠王从之，起兵伐蜀，取之。秦益富强。

没关系,可以快快前来进谏!"

慎靓王

【纲】周慎靓王元年(辛丑,前320),卫国再次自贬封号称君。

【纲】二年(壬寅,前219)魏惠王魏䓨去世。孟轲离开魏国,前往齐国。

【纲】三年(癸未,前318),楚、赵、魏、韩、燕各国讨伐秦国,攻打函谷关。秦国出兵迎战,五国全都败退而回。

【纲】四年(甲辰,前317),齐国大夫杀死苏秦。

【纲】魏国向秦国请求媾和。张仪返回秦国,重新担任秦相。【目】张仪劝魏襄王说:"大梁四面平坦,没有名山大川作为屏障,这种地势本来就是一个战场。诸侯联盟合纵,结为兄弟,为的是互相支援。如今同一父母的骨肉兄弟还为钱财彼此争执,互相残杀,各国却打算依仗反复无常的苏秦的末技余谋,其结果不能成功也是很明显的。"魏襄王便背弃合纵的盟约,通过张仪向秦国请求媾和。张仪回到秦国,重新担任秦相。

【纲】五年(乙巳,前316),秦国攻打蜀国(今四川成都)并占领其地。 【目】巴国(今四川重庆)和蜀国互相攻杀,都向秦国告急。秦惠王打算攻打蜀国,又担心韩国前来侵犯,司马错建议攻打蜀国。张仪说:"不如攻打韩国。"秦惠王说:"请让我听听你的见解。"张仪说:"与魏国和楚国交好,出兵三川(今河南荥阳西、洛阳东一带),进抵东、西二周,取得九鼎,掌握天下的地图户籍,挟持天子以号令天下,这是帝王之业啊!我听说,争名者争在朝廷,争利者争在集市。现在三川和周王室便是天下争名争利的所在,大王却不去争夺,反而要去夺取戎狄的地盘,这离帝王之业太远了。"司马错说:"不对。我听说,要想国家富庶,就必须开拓疆土;要想军队强大,就必须使人民富足;要想完成帝王大业,就必须广施恩德。如果具备了这三点,帝王之业便随之完成。蜀国是地处西南偏远地区的国家,又是那里戎狄各部的首领,如今国内发生了夏桀、殷纣那样的祸乱,以秦军攻打蜀国,就像让豺狼去追逐羊群。攻占这一国家而天下不认为秦国强暴,获得远抵西海的利益而天

【纲】燕君哙以国让其相子之。 【目】燕相子之与苏秦之弟代婚,欲得燕权。苏代使齐而归,燕王问曰:"齐王其霸乎?"对曰:"不能。"王曰:"何故?"对曰:"不信其臣。"于是燕王专任子之。鹿毛寿谓燕王曰:"人谓尧贤者,以其能让天下也。今王以国让子之,是王与尧同名也。"燕王因属国于子之。子之南面行王事,而哙老,不听政,顾为臣。

【纲】丙午,六年,王崩,子延立。

赧王

【纲】丁未,赧王元年,齐伐燕,取之,醢子之,杀故燕君哙。

【纲】孟轲去齐。

【纲】戊申,二年,楚屈匄伐秦。 【目】秦欲伐齐,患其与楚从亲,乃使张仪说楚王曰:"大王诚能闭关绝约于齐,臣请献商、於之地六百里。"楚王悦而许之。群臣皆贺,陈轸独吊。王怒曰:"何吊也?"对曰:"夫秦之所以重楚,以其有齐也。今绝齐则楚孤,秦奚贪夫孤国,与之商、於之地六百里哉!仪至秦,必负王。是王北绝齐交而西生患于秦也,两国之兵必俱至矣。"王曰:"愿子闭口毋复言!"乃厚赐张仪,而闭关绝约于齐,使一将军随张仪至秦。

仪详堕车,不朝三月。楚王闻之曰:"仪以寡人绝齐未甚耶?"

下不认为秦国贪婪，反而会得到铲除暴政、阻止祸乱的名声，这就使我们一举名利双收了。如果现在去攻打韩国，挟持天子，就会背上恶名。而且，攻打天下人不想去攻打的国家，也未必有利。所以，不如攻打蜀国。"秦惠王依言而行，发兵攻打并占领了蜀国，秦国越发富强了。

【纲】燕王哙把国家让给国相子之。　【目】燕相子之与苏秦的弟弟苏代通婚，打算谋取燕国大权。苏代出使齐国回来，燕王哙问他："齐宣王能够成为霸主吗？"苏代回答："不能。"燕王哙说："为什么？"苏代回答："因为他不信任大臣。"于是燕王哙专门任用子之。鹿毛寿对燕王哙说："人们说帝尧贤明，是因为他能够禅让天下。现在，如果大王把国家让给子之，就与帝尧齐名了。"燕王哙因此将国家交给子之。子之面向南方，履行国君的权力，燕王哙已经年迈，不再主持国政，反而成了臣属。

【纲】六年（丙午，前315），周慎靓王去世，其子姬延即位。

赧王

【纲】周赧王元年（丁未，前314），齐国攻打燕国，占领燕都，将子之剁为肉酱，同时杀死原来的国君燕王哙。

【纲】孟轲离开齐国。

【纲】二年（戊申，前313），楚国的屈匄攻打秦国。　【目】秦国打算攻打齐国，却担心齐国与楚国合纵亲善，便让张仪游说楚怀王说："如果大王能与齐国断绝往来，解除盟约，我请秦王向楚国献上商於方圆六百里的土地。"楚怀王高兴地答应下来。群臣纷纷祝贺，只有陈轸前来吊唁。楚怀王生气地说："你来吊唁什么？"陈轸回答："秦国看重楚国的原因，在于楚国与齐国联盟，现在大王断绝与齐国的关系，楚国便孤立了，秦国怎会为了维持与一个孤立国家的关系，交出商於六百里的土地呢？张仪回到秦国，必定背弃大王。这样，大王既在北方与齐国绝交，又在西方从秦国那里招祸，秦、齐两国的军队必然同时开来了。"楚怀王说："希望你闭嘴，不要再说了！"便赏赐张仪丰厚的礼物，与齐国断绝交往，解除盟约，派遣一位将军跟随张仪前往秦国。

张仪假装从车上跌下来，一连三个月不去上朝。楚怀王得知这一

乃使勇士宋遗借宋之符，北骂齐王。齐王大怒，折节而事秦。齐、秦之交合，仪乃朝，见楚使者曰："子何不受地？自某至某，广袤六里。"使者还报，楚王大怒，欲发兵攻秦。陈轸曰："轸可发口言乎？攻之不如赂以一名都，与之并兵而攻齐，是我亡地于秦，而取偿于齐也。今已绝齐，而又责欺于秦，是我合齐、秦之交而来天下之兵也，国必大伤矣！"王不听，使屈匄帅师伐秦。秦亦发兵，使庶长章击之。

【纲】己酉，三年，秦大败楚师于丹阳，虏屈匄，遂取汉中。楚复袭秦，又大败于蓝田。韩、魏袭楚，楚割两城以和于秦。

【纲】燕人立太子平为君。 【目】昭王即位于破燕之后，吊死问孤，与百姓同甘苦，卑身厚币以招贤者。问郭隗曰："齐因孤之国乱而袭破燕，孤极知燕小不足以报，然诚得贤士与之共国，以雪先王之耻，孤之愿也。先生视可者，得身事之！"隗曰："古之人君有以千金使涓人求千里马者，马已死，买其骨五百金而返。君怒，涓人曰：'死马且买之，况生者乎！马今至矣。'不期年而千里马至者三。今王必欲致士，先从隗始，况贤于隗者，岂远千里哉！"于是昭王为隗改筑宫而师事之。于是士争趣燕。乐毅自魏往，王以为亚卿，任以国政。

【纲】庚戌，四年，秦使张仪说楚、韩、齐、赵、燕连衡以事秦。秦君卒，诸侯复合从。 【目】秦惠王使告楚怀王，请以武关之外易黔中地，楚王曰："不愿，愿得张仪而献黔中。"仪请行，秦王曰：

消息后说："张仪认为寡人与齐国绝交还不够坚决吗？"便派遣勇士宋遗，借用宋国的使者符节，北去辱骂齐宣王。齐宣王大怒，改变态度，事奉秦国。齐、秦两国交好后，张仪才去上朝，见到楚国的使者说："你怎么还不接受土地？从某处到某处，方圆六里。"楚国使者回去报告，楚怀王大怒，打算派兵攻打秦国。陈轸说："我可以开口讲话了吗？与其攻打秦国，还不如送给秦国一座名城，与秦国合兵攻打齐国。这样，我们在秦国那里失去的土地，还可以在齐国那里得到补偿。现在我国既与齐国绝交，又责怪秦国欺骗我国，我们这是促使齐、秦两国交好，招致天下兵力来付楚国，楚国必然要大受损伤了！"楚怀王置之不理，派遣屈匄率领军队攻打秦国。秦国也派出军队，让庶长魏章进击楚国。

【纲】三年（己酉，前312），秦国在丹阳（在今河南淅川县丹水北岸）大败楚军，活捉屈匄，于是占领汉中（在今陕西南部和湖北西北部）。楚国再次袭击秦国，又在蓝田（在今陕西蓝田西）大败。韩国和魏国也来袭击楚国，楚国只好割让两座城邑，与秦国媾和。

【纲】燕国人拥立太子平为国君。　【目】燕昭王在燕国被攻破后即位，哀悼死者，抚慰孤儿寡妇，与百姓同甘共苦，以谦卑的态度和丰厚的礼物来招揽贤人。燕昭王问郭隗说："齐国趁我国发生内乱，攻破我国。我深知燕国弱小，没有报仇的力量。然而，如果能够招得贤士，与他共同治理燕国，为先王雪耻，这便是我的心愿。如果先生发现合适的人才，我情愿亲自向他请教。"郭隗说："古时候有一位国君，派内侍用一千金去求购千里马，千里马已经死了，前去买马的内侍便用五百金把马骨买回。国君大怒，内侍说：'连死去的千里马都要买回来，何况活的！千里马如今即将到来了。'不到一年，国君便买到三匹千里马。现在如果大王打算招致贤士，可以先从我做起，那些比我出色的人物，难道会嫌投奔燕国路途太远吗！"于是，燕昭王为郭隗改建住宅，尊他为师，各地贤士果然争着投奔燕国。乐毅从魏国前往，燕昭王任命他为亚卿，把国家大政交给他处理。

【纲】四年（庚戌，前311），秦国派遣张仪游说楚、韩、齐、赵、燕各国，实行连横，服从秦国的命令。秦惠王去世后，各国诸侯再次实行合纵。　【目】秦惠王派人告诉楚怀王，秦国愿意用武关（在今陕西商南

"楚将甘心于子，奈何？"仪曰："秦强而楚弱，大王在，楚不宜敢取臣。且臣善其嬖臣靳尚，尚得事幸姬郑袖，袖言，王无不听者。"遂往。楚王囚，将杀之，尚谓袖曰："秦王甚爱张仪，将以六县及美女赎之。王重地尊秦，秦女必贵而夫人斥矣。"于是袖日夜泣于王曰："臣各为其主耳。今杀张仪，秦必大怒。妾请子母俱迁江南，毋为秦所鱼肉也！"王乃赦仪而厚礼之。仪因说曰："夫为从者无异于驱群羊而攻猛虎，不格明矣。今王不事秦，秦劫韩驱梁而攻楚，则楚危矣。大王诚听臣，请令秦、楚长为兄弟之国。"楚王已得仪而重出地，乃许之。

仪遂说韩王曰："山东之士被甲蒙胄而会战，秦人捐甲徒裼以趋敌，此无异垂千钧于鸟卵之上，必无幸矣。大王不事秦，秦下甲据宜阳，塞成皋，则王之国分矣。为大王计，莫如事秦而攻楚，以转祸而悦秦。"韩王许之。

仪归报秦，封以六邑，号武信君。复使东说齐王曰："从人说大王者必曰：'齐蔽于三晋，地广兵强，虽有百秦，将无奈齐何。'今秦、楚嫁娶，韩献宜阳，梁效河外，赵割河间。大王不事秦，秦驱韩、梁、赵攻之，虽欲事秦，不可得也。"齐王许之。

仪西说赵王曰："大王收率天下以摈秦，秦兵不敢出函谷关者

县南）以外的土地来换取楚国的黔中（在今湖南沅陵县西）地区。楚怀王说："我不想换地，只想得到张仪，届时我便把黔中献上。"张仪请求前往楚国，秦惠王说："楚国杀死你才会甘心，如何是好？"张仪说："秦国强，楚国弱，有大王在，楚国就不会把我杀死。而且我与楚王的宠臣靳尚交好，靳尚又得到楚王爱姬郑袖的信任，只要郑袖出面讲话，楚王无不听从。"便前往楚国。楚怀王囚禁张仪，准备杀他。靳尚对郑袖说："秦王对张仪非常宠爱，准备用六个县以及美女把张仪赎回。楚王看重土地，又尊重秦国，秦国的美女必然会取得尊贵的地位，那时你便要遭受冷落了。"因此，郑袖日夜向楚怀王哭诉说："张仪欺骗楚国，不过是人臣各为其主罢了。如果现在杀掉张仪，秦国一定大怒。请让我们母子都迁居到长江以南，以免遭受秦国的残害。"楚怀王便赦免张仪，以隆重的礼节对待他。张仪乘机劝楚怀王说："实行合纵策略，与驱赶羊群去攻打猛虎没有区别，羊群难以抵敌是明摆着的。如果大王不肯亲附秦国，秦国强迫韩国并驱使魏国前来攻打楚国，楚国就危险了。如果大王肯听信我的主张，请让秦、楚两国永远结为兄弟之国。"楚怀王已经得到张仪，又不愿意交出黔中地区，便答应与秦国交好。

于是张仪去游说韩襄王说："山东各国的军队披着铁甲，戴着头盔，才能参加会战，秦国军队能丢开盔甲，赤足露身上阵杀敌，这与千钧重力压在鸟蛋上没有不同，山东各国绝无幸存的可能。如果大王不肯服事秦国，秦国出兵占领宜阳，堵塞通往成皋的去路，大王的国家就被分割开来了。为大王着想，不如亲附秦国，攻打楚国，转嫁战祸，赢得秦国的欢心。"韩襄王答应下来。

张仪回去报告，秦惠王把六座城邑封给他，号称武信君。秦惠王又派他东去游说齐湣王说："主张合纵的人前来游说大王时必然会说：'齐国有韩、赵、魏三国作为屏障，土地辽阔，兵力强盛，即使有上百个秦国，也将对齐国无可奈何。'如今秦、楚两国通婚，韩国献上宜阳，梁国交出黄河以南的城邑，赵国割让河间（今河北河间）。如果大王不肯亲附秦国，秦国驱使韩国、梁国和赵国前来攻打齐国，那时就是想亲附秦国，也不可能了。"齐湣王也答应下来。

张仪接着西去游说赵武灵王说："大王联合各国，带头抵制秦国，

十五年。今楚与秦为昆弟,韩、梁称藩臣,齐献鱼盐之地,此断赵之右肩也。夫断右肩而与人斗,失其党而孤居,求欲无危得乎!为大王计,莫若与秦约为兄弟之国也。"赵王许之。

仪北说燕王曰:"赵已事秦,大王不事秦,秦下甲云中、九原,驱赵攻燕,则易水、长城非王之有矣。"燕王请献常山之尾五城以和。

仪归报,未至,而惠王薨,子武王立。武王自为太子时不悦仪,诸侯闻之,皆畔衡,复合从。

【纲】辛亥,五年,秦张仪复出相魏。 【目】张仪诡说秦武王而相魏,一岁卒。

仪与苏秦皆以从横之术游诸侯,致位富贵,天下争慕之。又有魏人公孙衍者,号"犀首",及秦弟代、厉,又周最、楼缓之徒,纷纭遍于天下,务以辩诈相高,不可胜载,而仪、秦、衍最著。

【纲】壬子,六年,秦初置丞相。

【纲】癸丑,七年,秦甘茂伐韩宜阳。 【目】秦王使甘茂约魏以伐韩,茂至魏,乃使人还谓王曰:"魏听臣矣,然愿王勿伐!"王迎茂息壤而问其故,对曰:"宜阳大县,其实郡也。今倍数险,行千里,攻之难。鲁人有与曾参同姓名者杀人,人告其母,母织自若也。及三人告之,则其母投杼下机,逾墙而走。臣之贤不若曾参,王之信臣不如其母,疑臣者非特三人,臣恐大王之投杼也。魏文侯令乐羊攻中山,三年拔之。返而论功,文侯示之谤书箧。乐羊再拜稽首曰:'此非臣之功,君之力也!'今臣羁旅之臣也,樗里子、公孙奭挟韩而议之,王必听之,是王欺魏王,而臣受公仲侈之怨也,故臣愿王之勿

秦国军队已经有十五年不敢开出函谷关。如今楚国与秦国结为兄弟，韩国和魏国向秦国自称藩属之国，齐国献出盛产鱼盐的土地，这如同砍断了赵国的右臂一般。被砍断右臂，还要与人家格斗，失去同伴，孤立无援，想不招致危险，可能吗？为大王着想，不如与秦国结成兄弟之国。"赵武灵王也答应了。

张仪北上游说燕昭王说："赵国已经事奉秦国。如果大王不肯亲附秦国，秦国便出兵云中（今内蒙古托克托）和九原（今内蒙古五原），驱使赵国攻打燕国，易水和长城就不是大王的了。"燕昭王献出常山（今河北定县西北）脚下的五座城邑，请求媾和。

张仪回去报告，还没有到，秦惠王便去世了。其子秦武王即位。从当太子时起，秦武王就不喜欢张仪。各国诸侯得知这一消息，纷纷背弃连横，再次实行合纵。

【纲】五年（辛亥，前310），秦国的张仪再次出任魏相。 【目】张仪用诡诈的手段说服秦武王，使自己出任魏相，历时一年，死在魏国。

张仪与苏秦都采用纵横家的学说游说诸侯，得到富贵的地位，使天下人争相羡慕。还有一位名叫公孙衍的魏国人，号称"犀首"，以及苏秦的弟弟苏代和苏厉，加上周最、楼缓这些人，众说纷纭，遍布天下，专门以辩才和诈术互争高低。这些人多得记不过来，以张仪、苏秦和公孙衍最为著名。

【纲】六年（壬子，前309），秦国最初设置丞相。

【纲】七年（癸丑，前308），秦国的甘茂攻打韩国的宜阳。 【目】秦武王派遣甘茂联合魏国，去攻打韩国。甘茂来到魏国，便让人回去告诉秦武王说："魏国已经听我的了。然而我希望大王不要攻打韩国！"秦武王在息壤迎接甘茂，询问其中的缘故，甘茂回答说："宜阳是一个大县，实际上相当于一个郡。如今需要离开本国的几处险要地带，千里行军，这样去攻打韩国太困难了。鲁国有一个与曾参同姓同名的人杀了人，有人告诉曾参的母亲说曾参杀人了，曾参的母亲仍然泰然自若地织布。及至三个人相继来说曾参杀人，曾参的母亲便丢开梭子，走下织机，越墙逃走。我不如曾参贤能，大王对我的信任又不如曾母对曾参的信任，对我持怀疑态度的人也不止三个人，我担心大王会像曾母丢开梭子那

伐也。"王曰："寡人勿听也，请与子盟！"乃盟于息壤。

【纲】甲寅，八年，秦拔宜阳。 【目】甘茂攻宜阳，五月而不拔，樗里子、公孙奭果争之。秦王欲罢兵，茂曰："息壤在彼。"王乃悉起兵佐茂，斩首六万，遂拔宜阳。

【纲】秦君卒，弟稷立。母芈氏治国事，以舅魏冉为将军。

【纲】赵始胡服，招骑射。 【目】赵武灵王与肥义谋胡服骑射以教百姓，国人皆不欲。公子成称疾不朝，王自往请之曰："吾国无骑射之备，将何以守？先时中山负齐之强，侵暴吾地，引水围鄗，几于不守。先君丑之，故寡人变服骑射，欲以备四境之难，报中山之怨也。"公子成听命，乃赐胡服以朝，而始出令焉。

【纲】丙辰，十年，彗星见。
【纲】戊午，十二年，彗星见。
【纲】庚申，十四年，日食，昼晦。
【纲】壬戌，十六年，赵君废其太子章而传国于少子何，自号"主父"。 【目】初，武灵王以长子章为太子，后纳吴广之女孟姚，有宠。生子何，爱之，欲及其生而立之，乃废章而传国焉。使肥义为相国傅王，而自号"主父"。

【纲】秦伐楚，取八城。遂诱楚君槐于武关，执之以归。楚人

样,中途产生对我的怀疑。魏文侯命令乐羊攻打中山(今河北定县),历时三年,才攻克其地。回国后评功时,魏文侯把一箱子诽谤文书拿给乐羊去看,乐羊拜了两拜,伏地叩头说:'这不是我的功劳,而是大王的威力!'如今我是一个寄居秦国的外籍臣属,如果樗里子和公孙奭就攻打韩国一事非议我,大王肯定会听信他们的话。这就使大王不能对魏王守约,我也会受到公仲侈的怨恨。所以,我希望大王不要攻打韩国。"秦武王说:"寡人不听他们的,可以向你发誓!"便在息壤对天盟誓。

【纲】八年(甲寅,前307),秦国攻克宜阳。 【目】甘茂攻打宜阳,历时五个月没有攻克,樗里子和公孙奭果然指责甘茂。秦武王打算停止用兵,甘茂说:"息壤的盟誓尚在。"秦武王便悉数发兵协助甘茂,秦军斩首六万级,于是攻克宜阳。

【纲】秦武王去世,其弟嬴稷即位,由母亲芈氏处理国家大事,便任命嬴稷的舅父为将军。

【纲】赵国开始改穿胡人的服装,招收善于骑马射箭的士兵。【目】赵武灵王与肥义商量教百姓改穿胡人服装,训练骑马射箭,国人都不愿意。公子成托称有病,不肯上朝,赵武灵王亲自前去请他支持这一措施说:"我国不训练骑马射箭,将怎么守卫国家?先前,中山仗着强大的齐国,侵犯蹂躏我国土地,引水围困鄗邑(在今河北元氏东南),鄗邑几乎失守,先王引以为耻辱。所以,寡人改变服装,训练骑马射箭,是想防备四面边境上发生的危难,去报中山旧仇。"公子成表示从命,赵武灵王就赐给他胡人服装,让他穿着参加朝会,然后才颁布命令。

【纲】十年(丙辰,前305),彗星出现。

【纲】十二年(戊午,前303),彗星出现。

【纲】十四年(庚申,前301),出现日食,白昼昏黑。

【纲】十六年(壬戌,前299),赵武灵王废黜太子赵章,将赵国传给小儿子赵何,自称主父。 【目】起初,赵武灵王立长子赵章为太子,后来他娶了吴广的女儿孟姚。孟姚得宠,生了儿子赵何,赵武灵王很喜欢他,打算趁自己活着把他立为太子,便废黜赵章,把国家传给了他。赵武灵王任命肥义为相国,让他当赵何的老师,而自称主父。

【纲】秦国攻打楚国,占领八座城邑。于是在武关诱捕了楚王槐,

立太子横。 【目】秦伐楚，取八城。秦王乃遗楚王书曰："寡人愿与君王会武关，面相约，结盟而去。"楚王欲往恐见欺，欲不往恐秦怒。昭睢、屈平曰："毋行而发兵自守耳！秦，虎狼也，有并诸侯之心，不可信也！"王稚子子兰劝王行，王乃入秦。秦王令一将军诈为王，伏兵武关，劫之与西，遂留之。时楚太子横方质于齐，昭睢诈赴于齐，齐王归楚太子，楚人立之。

初，屈平为怀王左徒，志洁行廉，明于治体，王甚任之。后以谗见疏，而眷顾不忘，作离骚之辞以自怨，尚冀王之一寤，而王终不寤也。其后子兰又谮之于顷襄王，王怒，迁之于江南。原遂怀石自投汨罗以死。

【纲】秦以田文为丞相。 【目】秦王闻田文贤，使请于齐以为相。

【纲】癸亥，十七年，田文自秦逃归。 【目】或谓秦王曰："文相秦，必先齐而后秦；秦其危哉！"王囚文，欲杀之。使人求解于王之幸姬，姬欲得其狐白裘，而文先以献于秦王矣。文客有善为狗盗者，盗裘以献。姬言于王而遣之。王后悔，使追之。文至关，关法，鸡鸣乃出客，时尚蚤，追者将至，客有善为鸡鸣者，野鸡皆应之。文乃得脱归。

【纲】齐、韩、魏伐秦，败其军于函谷关。河、渭绝一日。秦割河东三城以和，三国乃退。 【目】孟尝君怨秦，与韩、魏攻之，入函谷关。秦昭王谓丞相楼缓、公子池曰："三国之兵深矣，寡人欲割河

将他劫持回来。楚人立太子横为王。　【目】秦国攻打楚国，占领八座城邑。秦昭襄王这才写信给楚怀王说："寡人愿意与您在武关会面，当面互相约定，缔结盟约后各自离开。"楚怀王想前去，又害怕受骗；想不去，又担心惹怒秦国。昭雎、屈平说："不要前往，派兵守住自己的疆土就是了。秦国犹如虎狼，有吞并各国诸侯的野心，不可相信。"楚怀王的幼子子兰劝楚怀王前往，楚怀王便前往秦国。秦昭襄王让一位将军扮成自己的模样，在武关埋伏好军队，劫持楚怀王西行，便将他留在秦国。当时楚国的太子横正在齐国充当人质，昭雎向齐国诈称楚怀王已死，齐湣王将楚国太子送回，楚国人便立他为国君。

起初，屈平担任楚怀王的左徒，志向高洁，行为清廉，深明治国大体，楚怀王对他非常信任。后来，因遭受谗言，被楚怀王疏远，但是他对楚王眷念不忘，写下《离骚》这篇文辞，以此自怨自艾，还抱有楚怀王有朝一日还会悔悟的希望，然而楚怀王始终没有醒悟。后来子兰又在楚顷襄王面前诬陷屈平，楚顷襄王大怒，将他流放到长江以南。屈平便怀抱石头，跳到汨罗江中自杀。

【纲】秦国任命田文为丞相。　【目】秦昭襄王听说田文贤能，便派人向齐国提出请求，让田文担任丞相。

【纲】十七年（癸亥，前298），田文从秦国逃回。　【目】有人对秦昭襄王说："田文担任秦国的丞相，肯定先为齐国考虑，后替秦国打算，恐怕秦国要有危险了！"因此秦昭襄王便囚禁田文，打算杀他。田文派人向秦昭襄王宠爱的姬妾寻求脱身的办法，姬妾想得到田文的白狐皮袍，但是田文早已献给秦昭襄王了。田文有一个善于小偷小摸的门客，偷来白狐皮袍，献给那位姬妾，姬妾向秦昭襄王讲情，秦昭襄王便让田文回国。但是秦昭襄王后悔了，又派人追赶田文。田文来到函谷关，关防法令规定，在鸡叫以后才能放客人出关，当时时间还早，追兵就要赶到。有一个门客善于模仿鸡叫，四野的雄鸡都与他的叫声应合，田文这才得以脱身回国。

【纲】齐、韩、魏三国攻打秦国，在函谷关打败秦军，各国军队渡过黄河、渭水，整整用了一天时间。秦国割让河东的三座城邑来请求媾和，三国这才退兵。　【目】孟尝君怨恨秦国，便与韩国、魏国前去攻打

东而讲。"对曰："讲亦悔，不讲亦悔。"王曰："何也？"对曰："王割河东而讲，三国虽去，王必曰：'惜矣！三国且去，吾特以三城从之。'此讲之悔也。王不讲，三国入函谷，咸阳必危，王又曰：'惜矣！吾爱三城而不讲。'此不讲之悔也。"王曰："钧吾悔也。宁亡三城而悔，无危咸阳而悔也。"乃使公子池以三城讲于三国，遂罢兵。

【纲】赵君封弟胜为平原君。 【目】平原君好士，食客常数千人。有公孙龙者，善为坚白同异之辩，平原君客之。孔子之玄孙穿自鲁适赵，与龙论臧三耳，龙甚辩析，穿弗应。平原君问之，穿曰："几能令臧三耳矣。然谓三耳甚难而实非也，谓两耳甚易而实是也，不知君将从易而是者乎，其亦从难而非者乎？"平原君谓龙曰："公无复与孔子高辩事也！其人理胜于辞，公辞胜于理；辞胜于理，终必受诎。"

【纲】乙丑，十九年，楚君槐卒于秦。 【目】怀王发病薨于秦，秦人归其丧。楚人怜之，如悲亲戚。诸侯由是不直秦。

【纲】丙寅，二十年，赵故太子章作乱，公子成、李兑诛之，遂弑主父于沙丘。 【目】赵主父及王游沙丘异宫，公子章、田不礼作乱，诈以主父令召王。肥义先入，杀之。公子成、李兑起兵距难，章败，走主父，成、兑因围主父宫，杀章及不礼而灭其党。成、兑相与谋曰："以章故，围主父；即解兵，吾属夷矣！"乃遂围之，令："宫中人后出者夷！"主父欲出不得，探雀鷇食之，三月余饿死。

秦国，一直打进函谷关。秦昭王对丞相楼缓和公子池说："三国军队已经深入国境了，寡人打算割让河东，与三国讲和。"二人回答说："大王讲和会后悔，不讲和也会后悔。"秦昭王问："为什么？"二人回答说："大王割让河东地区以求讲和，虽然三国会因此退兵，大王肯定会说：'太可惜了，三国就要退兵了，我却拿出三座城邑，顺从他们的心愿！'这就是说讲和会使大王后悔。大王不肯讲和，三国进入函谷关，必然危及咸阳，大王又会说：'太可惜了，我爱惜三座城邑，竟然没有讲和！'这就是说不讲和会使大王后悔。"秦昭王说："这的确都会使我后悔。但是，我宁可为失去三座城邑后悔，也不能为危及咸阳后悔。"便派公子池去割让三座城邑，与三国讲和。于是三国撤兵。

【纲】赵惠文王封弟弟赵胜为平原君。 【目】平原君喜欢交结贤士，门下常有好几千食客。有一位名叫公孙龙的，善于就"坚白同异"这一命题展开辩论，平原君以宾客相待。孔子的玄孙孔穿从鲁国来到赵国，与公孙龙谈论"臧三耳"这一命题，公孙龙讲得头头是道，孔穿无言以对。平原君打听此事，孔穿说："他几乎真能使奴隶有三只耳朵了。然而说奴隶有三只耳朵实在困难，也不符合事实，说奴隶有两只耳朵非常容易，而且事实也是如此。不知道您同意论证容易、结论正确的主张，还是同意论证困难、结论荒谬的主张？"平原君对公孙龙说："请你不要再与孔穿辩论了！那人是道理胜过言辞，你是言辞胜过道理。言辞胜过道理，恐怕终究会理屈辞穷的。"

【纲】十九年（乙丑，前296），楚怀王芈槐死在秦国。 【目】楚怀王生病，死在秦国，秦人送还他的灵柩。楚国人同情他，像悼念自己的亲戚一样伤心。由此，各国诸侯认为秦国太不讲理。

【纲】二十年（丙寅，前295），赵国原先的太子赵章发起变乱，公子成和李兑将他杀死，接着在沙丘（今河北巨鹿南）杀害了主父赵武灵王。 【目】主父赵武灵王和赵惠文王游览沙丘，分别住在各自的行宫里。公子章和田不礼发起变乱，假托主父赵武灵王的命令召见赵惠文王，肥义先来到宫中，结果被杀。公子成和李兑调集军队，反击变乱，公子章失败，逃到主父赵武灵王那里。公子成和李兑便包围主父赵武灵王的别宫，杀死公子章和田不礼，消灭了他们的同党。公子成和李

【纲】己巳，二十三年，楚君迎妇于秦。

【纲】乙亥，二十九年，齐灭宋。

【纲】丙子，三十年，齐杀狐喧、陈举。燕使亚卿乐毅如赵。【目】齐湣王灭宋而骄，乃侵楚及三晋，欲并二周，为天子。狐喧正议，陈举直言，皆杀之。

燕昭王日夜抚循其人，乃谋伐齐。于是使乐毅约赵啖秦。连楚及魏。诸侯害齐之骄暴，皆许之。

【纲】丁丑，三十一年，燕上将军乐毅以秦、魏、韩、赵之师伐齐，入临淄。齐君地出走，其相淖齿杀之。毅下齐七十余城，燕封毅为昌国君。【目】燕悉起兵，使乐毅为上将军，并将秦、魏、韩、赵之师以伐齐，战于济西，齐师大败。毅身率燕师，长驱逐北，遂入临淄。湣王出走。毅取宝物、祭器，输之于燕。燕王封毅为昌国君，留徇齐城未下者。

齐王走莒。楚使淖齿将兵救齐，因为齐相。齿欲与燕分齐地，乃执湣王而数之曰："千乘、博昌之间，方数百里，雨血沾衣，王知之乎？"曰："知之。""嬴、博之间，地坼及泉，王知之乎？"曰："知之。""有人当阙而哭者，求之不得，去则闻其声，王知之乎？"曰："知之"齿曰："雨血者，天以告也；地坼者，地以告也；当阙而哭者，人以告也。而王不戒焉，何得无诛！"遂擢王筋，悬之庙梁，宿昔而死。

兑商量说:"由于公子章的缘故,我们包围了主父的住处。即使解除包围,我们也会被杀!"便决定继续包围行宫,下令说:"留在宫中的人不及早出来就一律杀死!"主父赵武灵王也想出宫,却难以办到,只得掏鸟窝的雏鸟充饥,历时三个多月,便饿死了。

【纲】二十三年(己巳,前292),楚顷襄王从秦国迎接新娘。

【纲】二十九年(乙亥,前286),齐国灭掉宋国。

【纲】三十年(丙子,前285),齐国杀死狐咺、陈举。燕国派亚卿乐毅前往赵国。【目】齐湣王灭掉宋国便骄傲起来,接着又侵犯楚国和韩、赵、魏三国,打算吞并东、西二周,由自己去当天子。狐咺据理劝谏,陈举直言不讳,都被杀害。

燕昭王日夜安抚人民,商议攻打齐国,于是派乐毅邀约赵国,利诱秦国,联合楚国和魏国。各国诸侯痛恨齐国骄横残暴,都答应了。

【纲】三十一年(丁丑,前284),燕国上将军乐毅率领秦、魏、韩、赵各国军队攻打齐国,进入临淄。齐湣王田地出逃,被齐相淖齿杀死。乐毅攻克齐国七十多座城邑,燕昭王封乐毅为昌国(在今山东淄博东北)君。【目】燕国调集全部兵力,任命乐毅为上将军,并且率领秦、魏、韩、赵各国军队,前去攻打齐国,在济水西岸交战,齐军大败。乐毅亲自率领燕军,以不可阻挡的声势追击败退的齐军,于是攻入临淄。齐湣王出逃,乐毅把齐国的宝物和祭器运往燕国。燕昭王封乐毅为昌国君,让他留在齐国,继续攻占尚未攻克的齐国城邑。

齐湣王逃往莒城(今山东莒县)。楚国派淖齿率领军队营救齐国,淖齿因而担任了齐相。淖齿打算与燕国瓜分齐国的土地,便捉住齐湣王,责备他说:"千乘(在今山东博兴县西)、博昌(在今山东博兴县南)一带,方圆数百里之间,天降血水,沾湿衣服,大王知道吗?"齐湣王说:"知道。"淖齿又问:"嬴邑(在今山东莱芜西北)、博邑(在今山东泰安东南)一带,大地断裂,露出地下的泉水,大王知道吗?"齐湣王说:"知道。"淖齿又问:"有人在宫门前大哭,要找他又找不到,离开后却又听见那人的哭声,大王知道吗?"齐湣王说:"知道。"淖齿说:"天降血水,是上天在警告你;大地断裂,是大地在警告你;有人在宫门前大哭,是人民在警告你。然而大王不肯引以为戒,怎能免去

乐毅闻画邑人王蠋贤，令军中环画三十里无入。使人请蠋，蠋不往。燕人曰："不来，吾且屠画！"蠋曰："吾闻忠臣不事二君，烈女不更二夫。齐王不用吾谏。吾退耕于野。国破君亡，吾不能存，而又欲劫之以兵；与其不义而生，不若死！"遂自经死。

毅整军，禁侵掠，礼逸民，宽赋敛，除暴令，修旧政，齐民喜悦。祀桓公、管仲于郊，封王蠋之墓。六月之间，下齐七十余城，皆为郡县。

【纲】戊寅，三十二年，齐人讨杀淖齿，而立其君之子法章，保莒城。　【目】淖齿之乱，湣王子法章变名姓为莒太史敫家佣。敫女奇法章状貌，怜而窃衣食之，因与私通。湣王从者王孙贾失王处而归，其母曰："汝朝出而晚来，则吾倚门而望；汝暮出而不还，则吾倚闾而望。汝今事王，王走，汝不知其处，汝尚何归焉！"贾乃入市呼曰："淖齿乱齐国，杀湣王。欲与我诛之者，袒右！"市人从者四百人，与攻淖齿，杀之。于是齐亡臣相与求湣王子法章立以为齐王，保莒城以拒燕，布告国中曰："王已立在莒矣！"

【纲】赵使蔺相如献璧于秦。　【目】赵得楚和氏璧，秦王请以十五城易之。赵欲勿与，畏秦强；欲与之，恐见欺。蔺相如曰："以城求璧而不与，曲在我矣。与之璧而不与我城，则曲在秦。臣愿奉璧而往；城不入，则臣请完璧而归！"王遣之。相如至秦，既献璧，视秦王无意偿城，乃绐取璧，遣从者怀之，间行归赵，而以身待命于秦。

一死！"便挑断齐湣王的筋，把他悬在庙里的横梁上，时间不长便死去了。

乐毅听说画邑（在今山东益都西北）人王蠋贤能，命令燕军不得进入画邑三十里以内的地方。乐毅派人去请王蠋，王蠋不肯前往。燕人说："你不来，我们将在画邑实行屠杀！"王蠋说："我听说，忠臣不侍奉另一国的君主，烈女不再嫁给第二个丈夫。齐王不听我的劝告，我引退到郊野种地。国破君亡，我不能保全他们，你们又打算用军队劫持我。与其不讲大义地活着，不如死了！"便上吊而死。

乐毅整饬军纪，禁止侵夺抢劫，礼遇在野的贤人，从宽征收赋税，废除残暴的法令，整顿往日的政务，齐国百姓都很喜悦。他还在城郊祭祀齐桓公和管仲，为王蠋修坟培土。六个月内，乐毅攻克齐国的七十多座城邑，在那里一律设置郡县。

【纲】三十二年（戊寅，前283），齐人攻杀淖齿，拥立齐湣王的儿子法章为国君，坚守莒城。　【目】淖齿之乱发生时，齐湣王的儿子法章改名换姓，去当莒城太史敫家的雇工。太史敫的女儿见法章状貌不凡，很同情他，于是私下里给他送些吃的穿的，终致与他私通。齐湣王的侍从王孙贾不知齐湣王的下落，回家后，他的母亲说："你早上出门，晚上回来，我就靠在家门旁等你；你晚上出去，不能当夜回来，我就靠在巷口的门旁等你。现在，你事奉齐王，齐王逃走了，你却不知下落，还回来做什么！"王孙贾便到街市上大呼道："淖齿祸乱齐国，杀害湣王。想和我一起杀他的就袒露右臂！"街市上有四百人响应王孙贾，和王孙贾去攻打淖齿，将他杀死。这时，齐国旧臣一起找来齐湣王的儿子法章，拥立他为齐王，防守莒城，抵御燕军，并向国内人民宣布："齐王已经在莒城即位了！"

【纲】赵国派蔺相如向秦国进献玉璧。　【目】赵国得到楚国的和氏玉璧，秦昭襄王提出用十五座城邑来交换它。赵国打算不换，又对秦国的强盛心怀畏惧；打算交换，又担心受骗。蔺相如说："不答应秦国用城邑交换玉璧的要求，我们没理。交出玉璧，秦国不给我们城邑，秦国没理。我愿意携带玉璧前往秦国，秦国不把城邑交给我们，我就把玉璧完整地带回来。"赵惠文王派他赴秦。蔺相如来到秦国，献上玉

秦王贤而归之，赵王以为上大夫。

【纲】卫君卒。【目】嗣君好察微隐，县令有发褥而席弊者，嗣君闻之，乃赐之席；令大惊，以为神。又使人过关市，赂之以金，既而召关市，问有客过与汝金，汝回遣之；关市大恐。又爱泄姬，重如耳，而恐其因爱重以壅己也，乃贵薄疑以敌如耳，尊魏妃以偶泄姬，曰："以是相参也。"卫有胥靡，亡之魏，嗣君使以五十金买之，不得，乃以左氏易之。左右曰："以一都买一胥靡可乎？"嗣君曰："治无小，乱无大，法不立，诛不必，虽有十左氏无益也。法立，诛必，虽失十左氏无害也。"

【纲】庚辰，三十四年，楚谋入寇，王使东周公喻止之。【目】楚欲图周，王使东周武公谓楚令尹昭子曰："西周之地，不过百里，而名为天下共主。裂其地不足以肥国，得其众不足以劲兵。而攻之者，名为弑君。然而犹有欲攻之者，见祭器在焉故也。夫虎肉臊而兵利身，人犹攻之；若使泽中之麋蒙虎之皮，人之攻之必万倍矣。裂楚之地，足以肥国，诎楚之名，足以尊主。今子欲诛残天下之共主，居三代之传器，器南，则兵至矣！"于是楚计不行。

【纲】壬午，三十六年，秦、赵会于渑池。【目】秦王告赵王，

璧后，看出秦昭襄王没有偿还城邑的诚意，便把玉璧骗回，打发随从人员把玉璧藏在怀中，抄小路返回赵国，自己却留下来听候秦昭襄王的处治。秦昭襄王赏识蔺相如贤能，让他返回赵国。赵惠文王任命蔺相如为上大夫。

【纲】卫成侯去世。　【目】卫嗣君喜欢苛察隐微细小之事。有一位县令掀起褥子，发现席子破了，卫嗣君得知消息，便赐给他一领席子，县令大惊，认为卫嗣君料事如神。卫嗣君又让人在通过收税关卡时用金钱贿赂税务人员，然后把税务人员叫来，问他们是不是有一位客人过关时给你们钱财了，你们把金钱退回去，税务人员大为惊恐。卫嗣君宠爱泄姬，器重如耳，又担心他们会利用受到宠爱与器重的条件来蒙蔽自己，便提升薄疑与如耳匹敌，尊崇魏妃与泄姬并列。卫嗣君说："我用这种办法让他们互相制约。"卫国有一个服役的囚徒逃亡到魏国，卫嗣君让人用五十金把他买下，结果没有买到，便要用左氏城来换他。身边的人说："用一座城邑来买一个服役的囚徒妥当吗？"卫嗣君说："修明其事，不在此事多么细小；纷乱其事，也不在此事多么重大。法令不能确立，诛罚不能执行，即使有十个左氏城也没有什么好处。法令确立，有诛必行，即使失去十座左氏城也没有什么害处。"

【纲】三十四年（庚辰，前281），楚国打算入侵周朝，周赧王派遣东周公晓以利害，制止了这一行动。　【目】楚国打算图谋周朝，周赧王派遣东周公对楚国的令尹昭子说："西周的领土不过方圆百里，但在名分上仍然是天下的共主。分割西周的土地不足以使国家富饶，得到西周的百姓不足以使军队强盛，而且，攻打西周，就落得以臣杀君的恶名。尽管如此，仍然有人打算攻打西周，这是因为他们看到祭器都还在西周的缘故。虎肉腥臊难闻，身上又长着锋利的牙齿和指爪，人们为了得到虎皮，还是要猎取它。如果给山泽中的麋鹿披上虎皮，猎取它的人们必然还要增加一万倍了。分割楚国得到的领土足以使国家富饶，贬斥楚国得到的名声足以显示尊崇天子。如今你打算残害天下的共主，据有夏、商、周三代传承的礼器，只怕礼器运到南方，战事也就来临了！"于是楚国放弃原来的打算。

【纲】三十六年（壬午，前279），秦、赵两国君主在渑池（今河南

愿为好会于河外渑池。赵王行,蔺相如从。及会,饮酒,秦王请赵王鼓瑟,赵王鼓之。相如请秦王击缶,秦王不肯。相如曰:"五步之内,臣请得以颈血溅大王矣!"左右欲刃相如,相如张目叱之,左右皆靡。秦王乃一击缶。罢酒,秦终不能有加于赵;赵人亦盛为之备,秦不敢动。

赵王归,以相如为上卿,位在廉颇右。颇曰:"我为将,有攻城野战之功。相如素贱,徒以口舌而位加我上,我见必辱之!"相如闻之,不肯与会;每朝,常称病。出而望见,辄引车避匿。其舍人皆以为耻。相如曰:"子视廉将军孰与秦王?"曰:"不若。"相如曰:"夫以秦王之威,而相如廷叱之;相如虽驽,独畏廉将军哉!顾吾念之,秦所以不敢加兵于赵,徒以吾两人在也。今两虎共斗,其势不俱生。吾所以为此者,先国家之急而后私雠也!"颇闻之,肉袒负荆,至门谢罪,遂为刎颈交。

【纲】燕君平卒。乐毅奔赵,齐田单击破燕军,尽复齐地。齐君入临淄,封单为安平君。赵封乐毅为望诸君。 【目】时齐地皆已属燕,独莒、即墨未下,乐毅并军围之。即墨大夫战死。即墨人曰:"安平之战,田单宗人以铁笼得全,是多智习兵。"立以为将。乐毅围二邑,期年不克,乃令解围,去城九里而为垒,令曰:"城中民出者勿获,困者赈之,使即旧业。"三年而犹未下。或谮之于昭王曰:"乐毅智谋过人,呼吸之间克七十余城,今不下者两城耳,非其力不能拔,欲久仗兵威以服齐人,遂南面而王耳。"昭王于是置酒大会,引言者斩之,遣国相立毅为齐王。毅皇恐不受,拜书,以死自誓。由是齐人

渑池）会见。　【目】秦昭襄王告诉赵惠文王说，希望在黄河以南的渑池举行友好会见。赵惠文王前往，蔺相如随行。及至秦、赵两国君主见面，设宴饮酒，秦昭襄王请赵惠文王弹瑟，赵惠文王便弹了一曲。蔺相如请秦昭襄王敲缶，秦昭襄王不肯。蔺相如说："在五步之内，请让我把脖子里的鲜血溅到大王身上！"秦昭襄王身边的侍从打算杀死蔺相如，蔺相如怒瞪双眼，大声喝斥，侍从都为之丧胆。秦昭襄王这才敲缶一曲。直到喝完酒，秦国方面对赵国始终占不了上风，赵国人也严加防备，秦国不敢轻举妄动。

赵惠文王回国后，任命蔺相如为上卿，官位在廉颇之上。廉颇说："我作为将领，有攻城野战的功劳。蔺相如本来地位卑贱，只凭着能言善辩，职位便在我之上，我见到他时，一定要侮辱他！"蔺相如得知后，不肯与他见面。每当上朝时，蔺相如总是称病不朝；外出远远望见廉颇时，总是让自己的车子避开。蔺相如的家臣都深感耻辱，蔺相如说："你们认为廉将军比得上秦昭襄王吗？"家臣说："比不上。"蔺相如说："尽管秦昭襄王那样威风，我却敢在朝堂上喝斥他。虽然我拙笨无能，难道我就单单害怕廉将军不成？但是我考虑到，秦国所以不敢对赵国施加武力，只因为有我们两人在。如果现在两虎相斗，势必不能两全。我所以这样做，是把国家的急难放在前面，而把私人怨仇放在后头。"廉颇听说后，便脱去上衣，裸露上体，背着荆条，到蔺相如家承认错误，于是两人结成生死之交。

【纲】燕昭王姬平去世，乐毅逃往赵国。齐国的田单打败燕军，收复了所有的齐国领土，齐襄王进入临淄，封田单为安平君。赵国封乐毅为望诸君。　【目】当时齐国的领土已经全部归属燕国，只有莒城和即墨没有攻破。乐毅汇合各军围困二城，即墨大夫战死。即墨人说："安平（在今山东益都东北）之战，田单的宗族因为在车轴上加了铁箍而得以保全，可见田单足智多谋，熟悉军事。"便拥立田单为主将。乐毅围困莒与即墨二城，历时一年，不能攻克，便下令解除包围，在离城九里处筑起营垒，还发布命令说："不要捉拿出城的百姓，还要周济困顿之人，让他们重操旧业。"三年过去了，还是没有把二城攻下来。有人向燕昭王诬陷乐毅说："乐毅智谋过人，先前一口气攻下七十多座城邑，现在

服其义,诸侯畏其信,莫敢复有谋者。

　　顷之,昭王薨。惠王自为太子时,不快于乐毅,田单乃纵反间曰:"乐毅与燕新王有隙,畏诛,欲连兵王齐。齐人未附,故且缓攻即墨以待其事。齐所惧,惟恐他将之来,即墨残矣。"惠王闻之,即使骑劫代将,毅遂奔赵。将士由是愤惋不和。

　　田单乃令城中人食,必祭先祖于庭,飞鸟皆翔舞而下。燕人怪之,单因宣言曰:"当有神师下教"。俄有一卒曰:"臣可以为师乎?"单遂师之。每有约束,必称神师。又宣言曰:"吾惟惧燕人劓所得齐卒,置之前行,即墨败矣!"燕人如其言。城中皆怒,坚守,惟恐见得。单又言:"吾惧燕人掘吾城外冢墓,可为寒心!"燕军掘烧之。齐人望见,皆涕泣,欲出战。单知其可用,乃身操版锸,与士卒分功;妻妾编于行伍之间;尽散饮食飨士。令甲卒皆伏,使老弱、女子乘城,遣使约降;燕军益懈。单收城中得牛千余,为绛缯衣,画以五采龙文,束兵刃于其角,灌脂束苇于其尾,凿城数十穴,夜纵牛,烧苇端,壮士五千人随之。牛热怒奔燕军,所触尽死伤。燕军大惊,而城中鼓噪从之,燕军败走。齐人杀骑劫,追亡逐北,至河上,七十余城皆复为齐。乃迎王自莒入临淄。

只有两城没有攻克。这不是乐毅没有力量拿下二城,而是打算靠军队的威力来压服齐国百姓,以便南面称王。"在这种情况下,燕昭王设下酒宴,大会群臣,将说这番话的人拖出斩首,派遣国相立乐毅为齐王。乐毅惶恐不安,不敢接受,回信表示誓死不肯从命。从此,齐国人佩服乐毅不泯大义,各国诸侯敬畏乐毅讲究信用,没有人敢再图谋他。

不久,燕昭王去世。燕惠王从当太子时就不满乐毅,于是田单施反间计,扬言说:"乐毅与新即位的燕王有嫌隙,害怕被杀,打算拥兵自称齐王。由于齐国人尚未归附,所以他暂时延缓攻打即墨,等待齐人投降。齐国害怕的是燕国其他将领前来,即墨就保不住了。"燕惠王得知后,立即派遣骑劫代替乐毅领兵,乐毅便逃亡到赵国。从此,燕军愤怒惋惜,不再和衷共济。

于是,田单命令城中百姓吃饭时,一定要在院中祭祀祖先,使想去啄食祭品的鸟雀纷纷飞入城中,燕军大为奇怪。田单乘机扬言说:"上天会派神师降临,教我们如何行动。"不多时,有一个士兵说:"我可以担任神师吗?"田单便把他奉为神师,每当发号施令时,总是声称这是神师的安排。田单又扬言说:"我只怕燕军会把俘获的齐国士兵的鼻子割掉,作战时把他们安排在队伍的前列,即墨就只有失败了。"燕军果然像他说的那样做了。城中军民无不愤怒,决心坚守即墨,唯恐被俘。田单又说:"我怕燕军会挖我们城外的祖坟,使人寒心!"燕军便去掘坟烧尸。齐国人远远望见后,都痛哭流涕,决心出战。田单知道民心可用,便亲自拿夹板和铁铲修筑工事,以分担士兵的劳苦,将自己的妻妾都编入军队,把食物全部拿出来犒赏将士。他命令甲士一律隐伏起来,让老弱残兵和妇女登城防守,然后派遣使者前去约定投降,燕军越发失去警惕。田单在城中征集到一千多头牛,给这些牛披上赤色的披挂,在披挂上画上五彩的蛟龙花纹,在牛角上捆上兵器,把浸过油脂的芦苇绑在牛尾巴上,在城墙上凿开几十个洞穴,夜间把牛放出来,点燃牛尾巴上的芦苇,派遣五千名勇士紧随在牛群后面。牛尾巴被火烧烫,狂怒地奔向燕军,被牛撞上的燕军非死即伤。正当燕军惊惶失措之际,即墨城中的士兵又大声呼喊着追赶上来,燕军大败而逃。齐军杀死骑劫,追击败退的燕军,一直追到黄河岸边,齐国失去的七十多座城邑

王以太史敫之女为后，是为君王后。生太子建。以单为相，封安平君。太史敫曰："女不取媒，因自嫁，污吾世！"终身不见君王后，君王后亦不以不见故，失人子之礼。

田单尝出见老人涉淄，而寒不能行，解裘衣之。襄王恶之，曰："单将欲以是取吾国乎！"岩下有贯珠者闻之，言于王曰："王不如因以为己善。下令曰：'寡人忧民之饥也，单收而食之。寡人忧民之寒也，单收而衣之。称寡人之意。'单有是善而王嘉之，单之善亦王之善也。"王曰："善。"乃赐单牛酒。

王有幸臣九人，语王曰："安平君内抚百姓，外怀戎翟，礼天下之贤士，其志欲有为也。"异日，王曰："召相单来！"单所任貂勃闻之，稽首于王曰："周文王得吕尚以为太公，齐桓公得管夷吾以为仲父，今王得安平君而独曰'单'，安得此亡国之言乎！夫安平君以惴惴即墨三里之城，五里之郭，而反千里之齐。当是时而自王，天下莫之能止。然计之于道，归之于义，以为不可，故栈道木阁，而迎王于城阳。今国已定，民已安矣，王乃曰'单'，婴儿之计不为此也。"王乃杀九人，而益封安平君万户。

赵王欲与乐毅谋伐燕，毅泣曰："臣畴昔之事昭王，犹今日之事大王也。若复得罪在他国，终身不敢谋赵之奴隶，况子孙乎！"赵王乃止，而封毅于观津，号望诸君。燕惠王恐赵用之以乘其敝，乃使人让毅，且谢之曰："将军捐燕归赵，自为计则可矣，而何以报先王所

全部收复，田单便迎接齐襄王从莒城进入临淄。

齐襄王立太史敫的女儿为王后，这就是君王后。君王后生了太子建。齐襄王任命田单为相，封为安平君。太史敫说："女儿不用媒人说媒，就把自己嫁给别人，玷污了我家的门风！"便终身不肯与君王后见面，君王后却并没有因为父亲不见自己，就失去做女儿的礼数。

有一次，田单外出，看见一位老人正要趟过淄水（出自山东莱尧原山，北合小清河）。因天寒水冷，老人走不动了，田单便脱下皮袍，送给他穿。齐襄王闻讯后反感地说："田单准备用这种行动来夺取我的国家吗！"这时，宫殿旁的廊庑里有一位穿珠子的工匠向齐襄王进言说："大王不如通过此事树立自己的善行，下令说：'寡人为人民忍受饥饿担忧，田单便收容挨饿的人，给他们吃的；寡人为人民忍受严寒担忧，田单便收容挨冻的人，给他们穿的。这正合我的心意。'田单做出这样的善行，大王便嘉许他，田单的善行，也就是大王的善行了。"齐襄王说："好主意！"便把牛酒赐给田单。

齐襄王有九个宠臣，他们对齐襄王说："安平君对内安抚百姓，对外感化戎狄，礼遇天下的贤士，说明他的志向是想有所作为。"后来，齐襄王说："把国相田单叫来！"田单任用的官员貂勃听说后，向齐襄王伏地叩头说："周文王得到吕尚，尊为太公；齐桓公得到管仲，尊为仲父。现在大王得到安平君，却只称他田单，大王怎能说这种亡国的话呢？安平君凭着人心惶恐的即墨城，内城仅有方圆三里，外城不过方圆五里，就收复了方圆千里的齐国。如果田单在这时自称齐王，天下无法阻止。然而田单从君臣之道出发，归于大义，认为不能那样做，所以他修筑栈道，把大王从城阳（即莒城）迎接回来。如今国家已经稳定，人民已经平安，大王却直呼田单，就是小孩想一想，也不会做出这种事来。"于是齐襄王杀了那九个宠臣，加封安平君食邑一万户。

赵惠文王打算与乐毅谋划攻打燕国，乐毅哭泣着说："我过去侍奉燕昭王，就如现在侍奉大王一样。如果我又得罪了大王，到了其他国家，终生不敢打赵国奴隶的主意，更别说去打大王后人的主意了！"赵惠文王只好作罢，而把观津（在今河北衡水县东）封给乐毅，加号为望诸君。燕惠王唯恐赵国任用乐毅，趁燕国疲惫不堪时有所行动，便派人

以遇将军之意乎!"毅报书曰:"免身立功,以明先王之迹,臣之上计也。罹毁辱之谤,堕先王之名,臣之所大恐也。临不测之罪,以幸为利,义之所不忍出也。古之君子交绝不出恶声,忠臣去国不洁其名。臣虽不佞,数奉教于君子矣。"燕乃复以毅子闲为昌国君,而毅往来复通燕,竟卒于赵。

【纲】薛公田文卒。 【目】初,齐湣王既灭宋,欲去孟尝君。孟尝君奔魏,魏以为相,与诸侯共伐破齐。襄王复国,而孟尝君中立为诸侯,无所属。襄王畏之,与连和。至是卒,诸子争立,齐、魏共灭之。

【纲】癸未,三十七年,秦白起伐楚拔郢,烧夷陵。楚徙都陈。秦置南郡,封起为武安君。

【纲】乙酉,三十九年,魏封公子无忌为信陵君。

【纲】戊子,四十二年,赵、魏伐韩,秦救之,大破其军,魏割南阳以和。 【目】秦救韩,败赵、魏之师。魏段干子请割南阳予秦以和。苏代谓魏王曰:"欲玺者,段干子也。欲地者,秦也。今王使欲玺者制地,欲地者制玺,魏地尽矣! 夫以地事秦,犹抱薪救火,薪不尽,火不灭。"王曰:"是则然矣。然事始已行,不可更矣。"对曰:"夫博之所以贵枭者,便则食,不便则止。今何王之用智不如用枭也?"王不听,卒以南阳为和。

去责备乐毅，同时也不无歉意地说："将军抛弃燕国，归依赵国，作为替自己打算倒也可以，但是你怎么报答先王待将军的一片情意呢？"乐毅回信说："身免祸难，建立功勋，来显示先王业绩，这是我的上策。遭受诋毁侮辱，损害先王的名声，这是我最不愿意看到的。在燕国蒙受了意外的大罪，便想借助赵国的宠信报复燕国来为自己谋利，在道义上我不会做出这种事来。古代的君子与别人绝交后，绝不说那人的坏话；忠臣离开祖国，也不为自己的名声辩护。我虽不才，却也多次从古代君子那里受到教益。"燕国便又封乐毅的儿子乐闲为昌国君，而乐毅也再度与燕国往来通好，但最终还是死在赵国。

【纲】薛公田文去世。 【目】起初，齐湣王在灭掉宋国后，打算除去孟尝君。孟尝君逃往魏国，魏国任命孟尝君为相，与各国诸侯一起打败了齐国。齐襄王复国后，孟尝君的封地薛邑成为独立的小国，在诸侯各国之间采取中立的态度，不再归属哪个国家。齐襄王害怕孟尝君，便与他和解。至此，孟尝君去世，他的几个儿子争着继承孟尝君的爵位，齐国和魏国便一起灭掉薛邑。

【纲】三十七年（癸未，前278），秦国的白起攻打楚国，占领郢都（在今湖北江陵北），烧毁夷陵（在今湖北宜昌东），楚国迁都陈丘（今河南淮阳）。秦国在占领的楚地上设置南郡，封白起为武安君。

【纲】三十九年（乙酉，前276），魏国封公子无忌为信陵君。

【纲】四十二年（戊子，前273），赵国和魏国攻打韩国，秦国营救韩国，将赵、魏两国军队打得大败，魏国割让南阳（今河南新乡北）求和。 【目】秦国营救韩国，打败赵国和魏国的军队，魏国的段干子建议把南阳割让给秦国，以求媾和。苏代对魏安釐王说："想得到官印的是段干子，想得到土地的是秦国。现在大王让想得官印的去控制想得土地的，使想得土地的去控制想得官印的，魏国的土地就会一点不剩了！用土地巴结秦国，犹如用柴禾救火，柴禾不烧光，火就不会灭。"魏安釐王说："你这话说对了。然而，此事已经开始履行，无法改变了。"苏代回答说："人们在博戏时所以看重枭这一粒骰子，是因为它可以在适当的条件下吃掉对方，又可以在不适宜的条件下不吃对方。现在，难道大王运用智谋还赶不上运用枭吗？"魏安釐王没有接受，终究

【纲】辛卯，四十五年，秦伐赵，围阏与，赵奢击却之。赵封奢为马服君。　【目】初，赵奢为田部吏，收租税，平原君家不肯出，奢以法杀其用事者九人。平原君怒，将杀之。奢曰："君于赵为贵公子，今纵君家而不奉公则法削，法削则国弱，国弱则诸侯加兵，是无赵也。君安得有此富乎！以君之贵，奉公如法则上下平，上下平则国强，国强则赵固，而君为贵戚，岂轻于天下邪！"平原君贤之，言于王。使治国赋，国赋大平，民富而府库实。及秦围阏与，王召群臣问之，廉颇、乐乘皆曰："道远险陕，难救。"奢曰："道远险陕，如两鼠斗于穴中，将勇者胜。"王乃令奢将兵救之，秦师大败，解阏与而还。赵封奢为马服君。

【纲】秦以范睢为客卿。　【目】初，魏人范睢从中大夫须贾使于齐，齐王闻其辩口，私赐之金。贾疑睢以国阴事告齐也，归告其相魏齐。齐怒，笞击睢，折胁，折齿，置厕中。睢佯死，得出，魏人郑安平持睢亡匿，更姓名曰张禄。

秦谒者王稽使魏，载与俱归。荐之王，王见之离宫。睢未敢言内，先言外事，以观秦王之俯仰。因进曰："穰侯越韩、魏而攻齐，非计也。今王不如远交而近攻，得寸则王之寸也，得尺亦王之尺也。今夫韩、魏，中国之处而天下之枢也。王若欲霸，必亲中国以为天下枢，而威楚、赵，则齐附，而韩、魏因可虏矣。"王曰："善。"乃以睢为客卿，与谋国事。

割让南阳求和。

【纲】四十五年（辛卯，前270），秦国攻打赵国，包围阏与（在今山西和顺县西北）。赵奢击退秦军，赵国封赵奢为马服君。 【目】起初，赵奢担任田部官吏，去征赋税时，平原君家不肯交纳，赵奢依法杀死平原君家的主事者九人。平原君大怒，准备杀死赵奢，赵奢说："在赵国您是一位高贵的公子。如今您放纵自己的家人，不遵守国家的规定，就会使法令的威严受到损害。法令的威严受到损害，国家也随之削弱。国家削弱了，各国诸侯就会出兵入侵。那时赵国不复存在了，您又怎能享有这般富贵呢？以您的高贵地位，奉公守法，就会上下谐调。上下谐调了，国家才会强大。国家强大了，赵氏的地位才能得到巩固。您既是赵王室的贵戚，岂能不以天下为重！"平原君认为赵奢贤明能干，建议赵王让他管理国家赋税，结果国家赋税管理得非常妥善，百姓富足，国库充实。及至秦国包围阏与时，赵惠文王召集群臣问计，廉颇、乐乘都说："路途遥远，险恶难行，路面狭窄，难以营救。"赵奢说："路途遥远，险恶难行，路面狭窄，就像两只老鼠在洞穴中拼斗，勇敢的一方就能获胜。"赵惠文王便命令赵奢率军前去营救阏与，秦军大败，解除了对阏与的围困，撤兵回国，赵国封赵奢为马服君。

【纲】秦国任命范雎为客卿。 【目】起初，魏国人范雎跟随中大夫须贾出使齐国，齐襄王听说范雎能言善辩，便私下赐给他黄金。须贾怀疑范雎将魏国机密告诉了齐国，回国后便向国相魏齐报告。魏齐大怒，下令笞打范雎，把范雎打得胁骨折断，牙齿脱落，然后把他放在厕所里。范雎装死，得以逃脱。魏国人郑安平带着范雎逃亡躲避，范雎把姓名改为张禄。

秦国谒者王稽出使魏国，让范雎与自己一起乘车返回秦国，并把他推荐给秦昭襄王，秦昭襄王在行宫接见他。范雎没敢谈论内政，便先谈对外事务，借以观察秦昭襄王的态度。于是走上前说："穰（在今河南邓县）侯魏冉越过韩国和魏国，去攻打齐国，这种策略并不合适。现在大王不如采取远交近攻的策略，这样，得到一寸土地，就成为大王的一寸土地；得到一尺土地，就成为大王的一尺土地。当今的韩国和魏国，地处中原，是天下的枢纽。如果大王打算称霸各国，就必须亲近

中原各国，掌握天下的枢纽，威慑楚国和赵国，这样就能使齐国归附，而韩国和魏国也因此可以征服了。"秦昭襄王说："太好了！"便任命范雎为客卿，与他商议国家大事。

纲鉴易知录卷七

周纪

赧王

【纲】乙未,四十九年,秦君废其母,不治事。逐魏冉、芈戎、公子市、公子悝。以范雎为丞相,封应侯。 【目】范雎日益亲,用事,因说秦王曰:"臣居山东时,闻齐之有孟尝君,不闻有王;闻秦有太后、穰侯,不闻有王。夫擅国之谓王,能利害之谓王,制杀生之谓王。今太后擅行不顾,穰侯出使不报,华阳、泾阳击断无讳,高陵进退不请,四贵备而国不危,未之有也。臣又闻之,木实繁者披其枝,披其枝者伤其心;大其都者危其国,尊其臣者卑其主。淖齿管齐而弑湣王,李兑管赵而囚主父。今臣观四贵之用事,此亦齿、兑之类也。窃恐万世之后,有秦国者,非王子孙也!"王以为然,于是废太后,逐穰侯、华阳君、芈戎、高陵君市、泾阳君悝于关外。以雎为丞相,封应侯。

【纲】丙申,五十年,秦伐赵,取三城,齐救却之。遂以赵师伐燕,取中阳;伐韩,取注人。 【目】秦攻赵,赵王新立,太后用事,求救于齐。齐人曰:"必以长安君为质。"太后不可。齐师不出,大臣强谏。太后明谓左右曰:"有复言者,老妇必唾其面!"左师触龙请见,曰:"贱息舒祺,最少,不肖,而臣衰,窃爱之,愿得补黑衣之缺,以卫王宫。"太后曰:"诺。年几何矣?"对曰:"十五岁矣。虽少,愿及臣未填沟壑而托之。"太后曰:"丈夫亦爱少子乎?"对曰:"甚于妇人。"太后笑曰:"妇人异甚。"对曰:"老臣窃以为媪之爱燕后贤于长安君。"太后曰:"君过矣!不如长安君之甚。"左师曰:"父

赧王

【纲】四十九年（乙未，前266），秦昭襄王废黜太后，不再让她处理国务，把魏冉、芈戎、公子市和公子悝赶走，任命范雎为丞相，封为应侯。　【目】范雎与秦昭襄王日益亲近，逐渐当权，于是劝秦昭襄王说："我在崤山以东时，只听说齐国有孟尝君，没听说还有齐王，只听说秦国有太后和穰侯，没听说还有大王。独揽国家大权才能称王，能够决定利害才能称王，能够掌握生杀大权才能称王。如今太后擅自发号施令，不顾大王意见如何，穰侯出使不向大王禀报，华阳君、泾阳君毫无顾忌地决断刑狱，高陵君不经请示就任免官吏。有这四位贵人齐在而国家还不危险，是从没有过的事情！我又听说，树木的果实太多就会压弯树枝，树枝被压弯了就会损伤树心；封邑过大就会危及国家，臣属过尊就会使君主地位卑下。淖齿掌管齐国，因而杀害齐湣王；李兑掌管赵国，终于囚禁主父赵武灵王。现在我看四贵当权，也是淖齿、李兑一类的人物。我私自担心在大王百年以后，拥有秦国的就不是大王的后人了！"秦昭襄王认为言之有理，于是废黜太后，把穰侯魏冉、华阳君芈戎、高陵君公子市、泾阳君公子悝驱逐到国门之外，任命范雎为丞相，封为应侯。

【纲】五十年（丙申，前265），秦国攻打赵国，占领三座城邑。齐国前来营救，击退秦军，于是率领赵军攻打燕国，占领中阳（在今河北唐县西），又攻打韩国，占领注人（在今河南临汝西南）。　【目】秦国攻打赵国时，赵孝成王新近即位，太后当权，派人向齐国求救。齐人说："必须让长安君来做人质才行。"太后没有同意，齐军不肯出动。大臣竭力劝谏，太后明确地对身边的侍臣说："如果再有人谈论此事，我一定唾他的脸！"左师触龙请求接见，说："我儿子舒祺年纪最小，又不成器，但我老了，私下里最疼爱他，希望能让他补一个黑衣卫士的空缺，来护卫王宫。"太后说："好吧。他多大年纪啦？"触龙回答说："十五岁了。虽然他年纪还小，但我希望在未死之前把他托付给您。"太后说："男

母爱其子则为之计深远。媪之送燕后也，持其踵而哭，念其远也，亦哀之矣。已行，非不思也，祭祀则祝之曰：'必勿使反！'岂非为之计长久，为子孙相继为王也哉？"太后曰："然。"左师曰："今三世以前，至于赵王之子孙为侯者，其继有在者乎？"曰："无有。"曰："此其近者祸及身，远者及其子孙。岂人主之子侯则不善哉？位尊而无功，奉厚而无劳，而挟重器多也。今媪尊长安君之位，封以膏腴之地，多与之重器，而不及今令有功于赵，一旦山陵崩，长安君何以自托于赵哉？"太后曰："诺，恣君之所使之！"于是为长安君约车百乘质于齐。齐师乃出，秦师退。

【纲】戊戌，五十二年，楚太子完自秦逃归。楚君横卒，完立。以黄歇为相，封春申君。

【纲】己亥，五十三年，秦白起伐韩，拔野王。上党降赵。
【目】秦武安君伐韩，拔野王。上党路绝，上党守冯亭献之赵。赵王以问平阳君豹，对曰："圣人甚祸无故之利。"王曰："人乐吾德，何谓无故？"豹曰："秦蚕食韩地，中绝，不令相通，固自以为坐而受上党也。韩氏所以不入之秦者，欲嫁其祸于赵也。秦服其劳而赵受其利，虽强大不能得之于弱小，弱小顾能得之于强大乎！岂得谓之非无故哉？不如勿受。"平原君请受之。王乃使平原君往受地，封冯亭为华阳君。亭垂涕，不见使者，曰："吾不忍卖主之地而食之也！"

人也疼爱小儿子吗?"触龙回答说:"比女人还要疼爱。"太后笑着说:"还是女人更疼爱些!"触龙回答:"我个人认为您疼爱燕后要超过疼爱长安君。"太后说:"你错了!我疼爱她远比不上疼爱长安君。"触龙说:"当父母的疼爱自己的孩子,就会为孩子考虑得非常深远。您送燕后出嫁时,抱着她的脚直流泪,想到她远嫁燕国,也够伤心的了。燕后走后,您不是不惦念她,在祭祀时却为她祷告说:'一定别让她被送回来。'这难道不是在为她做长远的打算,为了让燕后的后代相继当燕王吗?"太后说:"对。"触龙说:"从现在上推到三代以前,赵王的子孙仍在侯位的,还有继续存在的吗?"太后说:"没有了。"触龙说:"这就是说,切近的后果是祸及自身,长远的后果是祸及子孙。难道国君的子孙被封侯后就变得不好了吗?这是因为他们地位尊贵却没有功勋,俸禄优厚却没有劳绩,同时又拥有大量金玉宝器。如今您提高长安君的地位,把肥沃的土地分封给他,又给他许多金玉宝器,却不肯及早让他为赵国立功,一旦您不在了,长安君怎能在赵国托身立命呢?"太后说:"说得是。任凭你为他做出安排!"于是为长安君准备好一百辆车子,去做齐国的人质。齐军也就出兵援救,秦军撤退。

【纲】五十二年(戊戌,前263),楚国的太子完从秦国逃回。楚顷襄王芈横去世,太子完即位,任命黄歇为相,封为春申君。

【纲】五十三年(己亥,前262),秦将白起攻打韩国,攻克野王(今河南沁阳)。上党(在今山西长治西)归降赵国。 【目】秦国的武安君白起攻打韩国,攻克野王。上党与韩都之间的通路被切断,上党守将冯亭愿把该城献给赵国。赵孝成王就此征求平阳君赵豹的意见,赵豹回答说:"圣人把无缘无故得到利益视为莫大的祸害。"赵孝成王说:"人家向往我的仁德,怎能说毫无缘故?"赵豹说:"秦国蚕食韩国的土地,从中切断上党的通路,使上党不能与韩都相互联系,本来认为很容易接受上党的投降。韩国所以不把上党献给秦国,只打算把战祸转嫁给赵国。秦国付出辛劳,赵国却得到好处,即使强大的国家也不能从弱小的国家那里得到这些,难道弱小的国家反而能从强大的国家那里得到这些吗?这难道能说不是无缘无故得到的利益吗?不如别接受上党。"平原君建议接受上党。赵孝成王便派遣平原君前去接受土地,将

【纲】辛丑,五十五年,秦王龁攻赵上党,拔之。白起代将,大破赵军,杀其将赵括,坑降卒四十万。 【目】秦王龁攻上党,拔之。上党民走赵。赵廉颇军长平,以按据之。龁逐攻赵。赵军数败,廉颇坚壁不出,又失亡多。赵王怒,数让之。应侯又使人行千金为反间,曰:"秦独畏马服君之子括为将耳!廉颇易与,且降矣!"赵王遂以赵括代颇将。蔺相如曰:"王以名使括,若胶柱鼓瑟。括徒能读其父书传,不知合变也。"王不听。

括自少时学兵法,以天下莫能当;与奢言之,奢不能难,然不谓善也。括母问其故,奢曰:"兵,死地也,而括易言之。使赵将之,破赵军者必括也。"及括将行,母上书言括不可使。王曰:"吾已决矣。"母因曰:"即有不称,妾请无随坐!"王许之。

秦王闻括已将,乃阴使武安君为上将军,而龁为裨将,令军中敢泄者斩。括至军,悉更约束,易置军吏,出击秦军。武安君佯败走,张二奇兵以劫之。括乘胜追造秦壁,壁坚拒不得入,而秦奇兵绝其后。军分为二,粮道绝。赵军食绝四十六日,人相食,急攻秦垒,欲出不得。括自出搏战,秦射杀之,卒四十万人皆降。武安君曰:"秦已拔上党,其民不乐为秦而归赵。赵卒反覆,恐为乱。"乃挟诈尽坑之,遗其小者二百余人归赵。

冯亭封为华阳君。冯亭泪流满面，不肯去见使者。他说："我不忍心出卖国君的土地，却使自己得到封赐！"

【纲】五十五年（辛丑，前260），秦将王龁进攻赵国的上党，并占领其地。白起代替王龁领兵，大破赵军，杀死赵将赵括，活埋赵国降兵四十万人。　【目】秦将王龁进攻并占领上党，上党百姓逃往赵国。赵将廉颇进驻长平，以便安抚赵国百姓。王龁便又进攻赵国。赵军屡败，廉颇坚守营垒，不肯出战，又有许多士兵逃亡而去。赵孝成王发怒，多次责备廉颇。应侯范雎又派人带上千金到赵国施行反间计说："秦国唯独害怕赵国让马服君赵奢的儿子赵括来担任主将。廉颇容易对付，他就要投降了。"赵孝成王便让赵括代替廉颇担任主将。蔺相如说："大王单凭虚名就任用赵括，就像用胶粘住调弦的短轴却要弹瑟。赵括只会读他父亲的书本，不懂得融会变通。"赵孝成王不听。

赵括从年轻时就学习兵法，以为天下无敌。他与赵奢谈论兵法，赵奢无法把他驳倒，然而赵奢并不认为他精通兵法。赵括的母亲问其中的缘故，赵奢说："战争是出生入死的行动，但是赵括谈起来却很随便。假如赵国让他担任将领，使赵国军队战败的一定是他。"及至赵括准备出发时，母亲上书说赵括不适合担任将领。赵孝成王说："我已经决定了。"母亲便说："假如他不称职，请不要让我随他连坐！"赵孝成王答应了。

秦昭襄王听说赵括已经成为主将，便暗中委任武安君白起为上将军，而让王龁担任副将，在军中下令说："谁敢泄露，立即斩首。"赵括来到军中，完全改变部署，撤换军官，出兵攻击秦军。武安君白起佯装战败逃走，却设下两支奇兵去截击赵军。赵括乘胜追到秦军的营垒前面，秦军营垒防守坚固，攻不进去。这时秦国的奇兵却堵住赵括的归路，赵军被分隔成两段，粮道也被截断。赵军四十六天没有得到粮食供给，人吃人。赵括急攻秦军营垒，打算突围，却没成功。赵括亲自上阵交战，秦军将他射死，四十万赵军全部投降。武安君白起说："秦国已经攻克上党，当地百姓却不愿意投降秦国，反而归顺赵国。赵国军队反复无常，恐怕要作乱。"便用欺骗手段将他们全部活埋，只留下二百多个未成年的士兵，让他们返回赵国。

【纲】壬寅,五十六年,魏以孔斌为相,寻以病免。 【目】魏王闻子顺贤,聘以为相,陈大计不用,乃以病致仕。

秦之始伐赵也,魏王问于诸大夫,皆曰:"秦若不胜,则可乘敝而击之;胜则因而服焉,于我何损?"斌曰:"不然。秦,贪暴之国也;胜赵必复他求,吾恐于时魏受其师也。先人有言:燕雀处屋,子母相哺,呴呴相乐,自以为安矣。灶突炎上,栋宇将焚,燕雀颜不变,不知祸之将及己也。今子不悟赵破而患将及己,可以人而同于燕雀乎!"斌,穿之子也。

【纲】癸卯,五十七年,秦伐赵,围邯郸。 【目】秦武安君病,使王陵伐赵,攻邯郸,少利。武安君病愈,王欲使代之。武安君曰:"邯郸实未易攻也,且诸侯之救日至。秦虽胜于长平,然士卒死者过半,国内空,远绝山河,而争人国都,赵应其内,诸侯攻其外,破秦军必矣。"王又使应侯请之,终辞不行;乃以王龁代陵。

【纲】赵公子胜如楚乞师,楚黄歇帅师救赵。 【目】赵王使平原君求救于楚,约其门下文武备具者二十人与俱,得十九人,余无可取者。毛遂自荐。平原君曰:"夫贤士之处世,如锥处囊中,其末立见。今先生处胜门下,三年于此矣,胜未有所闻,是先生无所有也。"遂曰:"臣乃今日请处囊中耳,使臣得蚤处囊中,乃脱颖而出,非特其末见而已。"平原君乃与俱至楚,与楚王言合从之利,久不决。毛遂按剑历阶而上,曰:"从之利害,两言而决耳!今日出而言,日中不决,何也?"王怒叱之,遂按剑而前曰:"王之所以叱遂

【纲】五十六年（壬寅，前259），魏国任命孔斌为相。不久，孔斌因病免职。　【目】魏安釐王听说孔斌贤能，便聘请他为相。孔斌提出的治国大计未被采用，就以生病为理由辞官归居。

秦军刚刚攻打赵国时，魏安釐王征求各位大夫的意见，大家都说："如果秦国不能取胜，我们就可以趁秦军疲惫不堪时发起进去。如果秦国取得胜利，我们就服从秦国，对我们说来，这有什么损害？"孔斌说："不对。秦国是一个贪婪而又残暴的国家，在战胜赵国后，必然还要寻找新的进攻对象，我怕到那时魏国就要受到秦军的攻击了。古人说过，燕雀在房屋中栖息，子母衔食相喂，亲热地叫着，都很快活，自以为处境安全。不料灶上烟筒起火，快把房屋烧着了，而燕雀并无惊慌之色，因为不知道灾祸就要降临到自己身上。现在你们没有悟解赵国被打败后祸患将会降临自身，作为人，怎么可以让自己的见识与燕雀等同呢？"孔斌是孔穿的儿子。

【纲】五十七年（癸卯，前258），秦国讨伐赵国，包围邯郸。【目】秦国的武安君白起生病，让王陵前去讨伐赵国，攻打邯郸，但是成效甚微。白起病愈后，秦昭襄王打算派他替代王陵。白起说："邯郸确实不容易攻克，而且每天都有各国诸侯的军队赶来救援。虽然秦国在长平取得胜利，然而死去的士卒已经过半，国内空虚。在这时远离本土，长途跋涉，去夺取人家的国都，如果赵军在里面配合援军，诸侯的军队从外围进攻秦军，就一定会击破秦军。"秦昭襄王又让应侯范雎请白起就任，白起始终推辞，不肯前去，秦昭襄王便派王龁替代王陵。

【纲】赵国的平原君赵胜前往楚国请求援军，楚国的春申君黄歇率领军队援救赵国。　【目】赵孝成王派遣平原君赵胜向楚国求救，平原君赵胜打算邀集二十位文武兼备的门客与自己一同前去。但是只选得十九人，其余的人都不可取。毛遂自我推荐，平原君赵胜说："贤士处世，就像放在袋中的锥子，锥尖必然立即显露。先生在我的门下至今已经三年了，我却没有听说先生有什么长处，这说明先生并没有才干。"毛遂说："今天我就是请求把自己放进袋中。假如我早进入袋中，就会脱颖而出，岂止露出锥尖而已！"平原君赵胜便带毛遂一起来到楚国，向楚考烈王说明合纵抗秦的好处，过了很长时间，楚考烈王还没有

者，以楚国之众也。今十步之内，王不得恃楚国之众也！王之命悬于遂手。吾君在前，叱者何也？今以楚之强，天下弗能当。白起小竖子耳，一战而举鄢郢，再战而烧夷陵，三战而辱王之先人，此百世之怨，赵之所羞，而王不知恶焉。合从者为楚，非为赵也。"王曰："唯唯。"乃与楚王歃血定从而归。平原君曰："胜不敢复相天下士矣！"因以毛遂为上客，而楚使春申君将兵救赵。

【纲】魏晋鄙帅师救赵，次于邺，公子无忌袭杀鄙，夺其军以进。　【目】魏王使晋鄙救赵。秦王使谓魏曰："吾攻赵，旦暮且下，诸侯敢救者，必移兵先击之！"魏王恐，止晋鄙，壁邺。

又使新垣衍入邯郸说赵，欲共尊秦为帝，以却其兵。鲁仲连闻之，往见衍曰："彼秦者弃礼义而上首功之国也。彼即肆然而为帝于天下，则连有蹈东海而死耳，不愿为之民也！且梁未睹秦称帝之害故耳。昔者九侯、鄂侯、文王，纣之三公也。纣醢九侯，鄂侯争之强，故脯鄂侯；文王闻之，喟然而叹，故拘之羑里之库，欲令之死。今秦、梁俱据万乘之国，各有称王之名，奈何睹其一战之胜，欲从而帝之，卒就脯醢之地乎！且秦无已而帝，则将行其天子之礼以号令天下，变易诸侯之大臣，夺其所憎而与其所爱，又使女子谗妾为诸侯妃姬，梁王安得晏然而已乎！而将军又何以得故宠乎！"衍起再拜曰："吾乃今知先生天下士也！吾请出，不敢复言帝秦矣！"

决定下来。毛遂手按长剑，登上台阶说："合纵抗秦的利害，两句话就能得出结论。现在却从清早谈起，谈到中午还不能作出决定，这是为什么？"楚考烈王生气地喝斥毛遂，毛遂手按长剑走上前说："大王之所以敢喝斥我，是因为楚国人多。现在我与大王相距不到十步，楚国人多对大王也毫无用处了！大王的性命就掌握在我的手中。在我的主人面前，凭什么要喝斥我？现在，凭着楚国的强大，天下不能抵挡。白起这小子，一战攻克鄢郢（今湖北宜城），再战烧毁夷陵，三战凌辱大王的祖先，这是百世仇怨，连赵国都感到羞辱，大王却不想记仇。实行合纵抗秦，是为了楚国，而不是为了赵国。"楚考烈王说："对，对。"毛遂便与楚考烈王歃血起誓，缔结合纵抗秦的盟约，然后返回赵国。平原君赵胜说："我不敢再鉴别天下的人才了！"于是将毛遂尊为上客，而楚国也派遣春申君黄歇率领军队援救赵国。

【纲】魏将晋鄙率领军队援救赵国，在邺城（在今河北磁县东）驻扎下来。公子无忌袭杀晋鄙，夺过他统领的军队，进兵援救赵国。

【目】魏安釐王派遣晋鄙援救赵国，秦昭襄王派人对魏国说："我们攻打赵国，早晚就要攻克。对于敢去援救的诸侯，秦国一定先调兵去攻打它！"魏安釐王害怕了，便让晋鄙停止前进，驻兵邺城。

魏安釐王又派遣新垣衍到邯郸去劝说赵国，准备共同尊秦昭襄王为帝，好让秦军撤退。鲁仲连得知消息后，去见新垣衍说："那秦国是个捐弃礼义、崇尚斩首立功的国家，假如秦国放肆地称帝于天下，我便跳到东海里自杀，绝不想当它的百姓！说来，魏国还没有认清秦国称帝的危害。以往九侯、鄂侯、周文王是纣王的三公。纣王将九侯剁成肉酱，鄂侯竭力谏诤，所以纣王又把鄂侯制成肉干。周文王闻讯感慨长叹，所以纣王就把周文王囚禁在羑里的库房中，打算让他死掉。现在，秦国和魏国同样是拥有万乘兵车的大国，在名义上都已经称王，怎能看到秦国在一次战役中取得胜利，就准备尊秦王为帝，使自己终于处于被制成肉干、剁成肉酱的地位呢？如果秦国贪心不止，终于称帝，就会行使天子的礼法，向天下发号施令，撤换诸侯各国大臣，排斥秦国憎恨的官员，把职位授给秦国喜欢的人，还要让秦国的女子和惯进谗言的侍妾来当诸侯的妃姬，魏王怎能安然处之！将军又怎能得到往常的宠

初，魏公子无忌爱人下士，致食客三千人。有隐士侯嬴，家贫，为夷门监者。公子置酒，大会宾客，坐定，从车骑，虚左，自迎侯生。至，公子引侯生坐上坐，宾客皆惊。及秦围赵，赵平原君夫人，无忌姊也，使者冠盖相属于魏，让公子。公子患之，数请魏王救晋鄙救赵，及宾客辩士游说万端，王终不听。公子乃过见侯生，再拜问计。生曰："吾闻晋鄙兵符，在王卧内，而如姬最幸，力能窃之。且公子尝为报其父仇，如姬欲为公子死无所辞。诚一开口，则得虎符，夺鄙兵，北救赵，西却秦，此五伯之功也。"公子如其言，得兵符。侯生曰："将在外，君令有所不受。有如鄙疑而复请之，则事危矣。臣客朱亥，力士，可与俱。鄙不听，使击之。"公子至邺，晋鄙合符，果疑之。亥袖四十斤铁椎，椎杀鄙。公子勒兵下令曰："父子俱在军中者，父归！兄弟俱在军中者，兄归！独子无兄弟者，归养！"得选兵八万人，将之而进。

【纲】甲辰，五十八年，秦杀白起。　【目】王龁战不利，武安君曰："不听吾计，今何如矣？"王闻之，怒，强起之。武安君称病笃，乃免为士伍，迁之阴密。行至杜邮，应侯曰："起之迁，意尚怏怏，有余言。"王乃使赐之剑，武安君遂自杀。秦人怜之。应侯乃任郑安平，使将击赵。

【纲】魏公子无忌大破秦军邯郸下。　【目】信陵君大破秦军于

信呢?"新垣衍起身拜了两拜说:"我今天才知道先生是天下奇士!我这就离开赵国,不敢再谈尊秦王为帝的事情了!"

起初,魏国的公子无忌待人仁爱,礼贤下士,招致食客三千人。有一位隐士侯嬴,家境贫寒,担任大梁城东门的守门人。一次,公子无忌设宴大会宾客,在大家坐下后,又带着随从车马,空着车内上首的座位,亲自去迎接侯嬴。请来后,公子无忌请侯嬴坐在上首的座位上,宾客都很吃惊。及至秦国围困赵国,赵国的平原君夫人是公子无忌的姐姐,赵国使者的车马络绎不绝地前往魏国,责备公子无忌。公子无忌为此忧虑,多次请求魏安釐王令晋鄙带兵援救赵国,又让门下宾客和能言善辩之士百般劝说,魏安釐王始终不同意。于是,公子无忌去见侯嬴,向他拜了两拜,请教救赵的计策。侯嬴说:"我听说晋鄙所握虎符的另一半,存放在魏王的卧室里,而如姬最受宠爱,有办法把虎符偷出来。何况公子曾经为如姬报过杀父之仇,如姬甘愿为公子去死,绝不会推辞。只要公子开口求她,就能得到虎符,夺过晋鄙掌握的军队,北上援救赵国,西进击退秦军,这便是五霸那样的功勋了。"公子无忌依言而行,得到虎符。侯嬴说:"将在外,君命有所不受。如果晋鄙产生怀疑,再去请示魏王,事情就糟糕了。我的朋友朱亥是一位大力士,可以与公子同往。如果晋鄙不肯从命,便让朱亥击杀他。"公子无忌来到邺城,晋鄙验合虎符,果然怀疑此事。朱亥从袖子中掷出四十斤重的铁椎,一椎击杀晋鄙。公子无忌整顿军队,下达命令说:"父亲和儿子都在军中的,父亲回家;哥哥和弟弟都在军中的,哥哥回家;没有兄弟的独生子,回家奉养父母。"公子无忌挑选出八万士兵,率军前进。

【纲】五十八年(甲辰,前257),秦国杀死白起。 【目】王龁作战失利后,武安君白起说:"不听我的建议,现在怎样?"秦昭襄王听了非常生气,强行命令他去统兵。武安君白起声称病重,秦昭襄王便将他免官降为士兵,迁往阴密(在今甘肃泾川西南)。白起走到杜邮(在今陕西咸阳东)时,应侯范雎说:"白起对被贬仍然心中不服,口出怨言。"秦昭襄王便派人赐给白起一把宝剑,于是白起自杀,秦人都怜悯他。应侯范雎便委任郑安平为主将,让他率军进击赵国。

【纲】魏国的公子无忌在邯郸城下大破秦军。 【目】信陵君公子

邯郸下,王龁解围走。郑安平以二万人降赵。

信陵君不敢归魏,使将将其军以还。赵王欲以五城封公子,公子闻之,有自功之色。客有说公子曰:"物有不可忘,有不可不忘。人有德于公子,公子不可忘也。公子有德于人,愿公子忘之也。且矫令夺兵以救赵,于赵则有功矣,于魏则未为忠臣也。公子乃自骄而功之,窃为公子不取也!"于是公子立自责,若无所容。赵王自迎,与公子饮至暮,以公子退让,竟不忍言献五城。

平原君欲封鲁仲连,仲连亦不受,乃以千金为寿。连笑曰:"所贵为天下之士者,为人排患难解纷乱而无取也。即有取者,是商贾之事,连不忍为也!"遂辞去,终身不复见。

【纲】秦太子之子异人自赵逃归。 【目】秦太子妃曰华阳夫人,无子。夏姬生子异人,质于赵。秦数伐赵,赵不礼之,困不得意。阳翟大贾吕不韦适邯郸,见之,曰:"此奇货可居!"乃说之曰:"秦王老矣。太子爱华阳夫人而无子。子之兄弟二十余人,子居中,不甚见幸,太子即位,子不得争为嗣矣。"异人曰:"奈何?"不韦曰:"能立适嗣者独华阳夫人耳。不韦虽贫,请以千金为子西游,立子为嗣。"异人曰:"必如君策,秦国与子共之。"不韦乃与五百金令结宾客,复以五百金买奇物玩好,自奉而西,见夫人姊,而以献于夫人,因誉异人之贤,宾客遍天下,日夜泣思太子及夫人,曰:"异人也以夫人为天!"夫人喜。不韦因使其姊说曰:"夫人爱而无子,不以繁华时蚤自结于诸子中贤孝者,举以为适,即色衰爱弛,虽欲开一言,尚可得乎!今异人贤,而自知中子,不得为适,诚以此时拔之,是异人无国而有国,夫人无子而有子也,则终身有宠于秦矣。"夫人以为

无忌在邯郸城下大破秦军，王龁解围逃走，郑安平率领二万人投降赵国。

信陵君公子无忌不敢再回魏国，便让魏将率领军队回国。赵孝成王打算将五座城邑封给公子无忌，公子无忌得知后，流露出自居有功的神色。有的门客劝公子无忌说："事情有不可忘记的，也有不可不忘记的。别人对公子有恩德，公子不应该忘记，公子对别人有恩德，希望公子忘掉。何况假托魏王的命令，夺取军队去援救赵国，对赵国来说是有功，对魏国来说却不是忠臣。公子竟然骄傲自大，自居有功，我个人认为公子不该如此。"于是公子无忌立刻自责，简直无地自容。赵孝成王亲自前来迎接，与公子无忌在一起喝酒，一直喝到傍晚，由于公子无忌谦让，始终没说奉送五座城邑的事。

平原君赵胜打算封赏鲁仲连，鲁仲连也不肯接受。平原君赵胜便拿出一千金，赠给鲁仲连以示敬意，鲁仲连笑着说："天下杰出之士可贵的品格，是为别人排除祸难，解决纠纷，却不要报酬。假如收取报酬，便是商人的行为，我不肯做这种事情。"便告别离去，一生不再去见平原君。

【纲】秦国太子的儿子异人从赵国逃回。 【目】秦国的太子妃叫华阳夫人，她没有子嗣。夏姬生的儿子异人，在赵国充当人质。秦国多次攻打赵国，赵国不礼遇异人，所以异人处境困窘，很不得意。阳翟（今河南禹县）的大商人吕不韦前往邯郸时见到异人，便说："这个人是值得囤积居奇的稀有货色。"便劝异人说："秦王老了，太子宠爱华阳夫人，但是她没有子嗣。在你那二十多个兄弟里，你排行居中，不甚受宠。太子即位，你就无法争当后嗣了。"异人说："怎么办呢？"吕不韦说："能够确立嫡子后嗣的，只有华阳夫人。我虽然穷，但是请让我拿出千金，替你西去秦国活动，设法立你为嗣。"异人说："如果你的计策实现了，我与你共同享有秦国。"吕不韦便送给异人五百金，让他交结宾客，再拿出五百金去购买珍奇玩物，由自己带着西去秦国。他见到华阳夫人的姐姐，通过她把珍奇玩物送给华阳夫人，并趁机称赞异人贤明，宾客遍及天下，而异人无时不流泪想念太子和华阳夫人。吕不韦说："异人把夫人当作自己的靠山！"华阳夫人大喜。于是，吕不韦让她姐姐劝她

然,乘间言之。太子与夫人又刻玉符,约以为嗣,因请不韦傅之。

不韦娶邯郸姬绝美者与居,知其有娠,异人见而请之。不韦佯怒,既而献之,期年而生子政,异人遂以为夫人。邯郸之围,赵人欲杀之,不韦赂守者得脱,亡赴秦军,遂归。异人楚服而见夫人,夫人曰:"吾楚人也,当自子之。"更名曰楚。

【纲】乙巳,五十九年,秦伐韩、赵,王命诸侯讨之。秦遂入寇,王入秦,尽献其地,归而卒。 【目】秦伐韩,取阳城、负黍,斩首四万。伐赵,取二十余县,斩首九万。赧王恐,倍秦,与诸侯约从,欲伐秦。秦使将军樛攻西周,赧王入秦,顿首受罪,尽献其邑三十六,口三万。秦受其献而归赧王于周,是岁卒。

东周君

【纲】丙午。

【纲】秦丞相范雎免。 【目】秦河东守王稽坐与诸候通,弃市。王临朝而叹,应侯请其故。王曰:"武安君死,而郑安平、王稽皆畔,内无良将,外多敌国,吾是以忧!"应侯惧,不知所出。燕客蔡

说："夫人受到宠爱,却没有儿子,如果不趁自己年轻美貌时,及早在众多的儿子中结纳贤明孝敬的人,推举他去做嫡子,待到您容貌衰老、宠爱减退时,即使打算开口进言,还有机会吗?如今,异人贤明能干,又知道自己排行居中,无法成为嫡子。如果夫人在这时提拔他,这就使异人由无法拥有国家变为能够拥有国家,使夫人由没有儿子变为有了儿子,夫人就能在秦国终生受宠了。"华阳夫人认为言之有理,乘机谈起此事,太子与华阳夫人刻下玉符,约定立异人为后嗣,于是请吕不韦担任异人的师傅。

吕不韦娶了一位绝顶漂亮的邯郸女子,与她同居,知道她已经怀了身孕。异人见到那位邯郸女子,请求把她送给自己。吕不韦起先佯装恼怒,接着便送给了他。过了一年,邯郸女子生下儿子嬴政,异人便立她为夫人。秦军围困邯郸时,赵人打算杀死异人,吕不韦通过贿赂看守,使异人得以脱身,逃奔秦军,终于回到秦国。异人身穿楚国服装,去见华阳夫人,华阳夫人说:"我是楚国人,应当把你当作亲儿子。"便给异人改名为嬴楚。

【纲】五十九年(乙巳,前256),秦国攻打韩国和赵国,周赧王命令各国诸侯讨伐秦国,秦国便入侵周朝。周赧王被掳往秦国,献出所有的土地,回朝后死去。 【目】秦国攻打韩国,占领阳城(在今河南登封东南)和负黍(在今河南登封西南),斩首四万级。秦国攻打赵国,占领二十多个县,斩首九万级。周赧王大为恐惧,背离秦国,与诸侯约定合纵抗秦,打算讨伐秦国。秦国派遣名叫樛的将军进攻西周王城,周赧王被俘虏到秦国,伏地叩头,接受惩处,把西周三十六座城邑三万人口全部献出。秦国接受了周赧王的进献,把他放回西周。就在这一年,周赧王去世。

东周君

【纲】丙午(前255)。

【纲】秦国丞相范雎免职。 【目】秦国河东郡(治安邑,在今山西运城东北安邑镇)守将王稽因与诸侯交往获罪,被杀死在闹市中示众。秦昭襄王当朝处理国务时,发出叹息,应侯范雎便问其中的缘故。

泽闻之，西入秦，先使人宣言于应候曰："蔡泽见王，必夺君位。"应候召泽让之，泽曰："吁，君何见之晚也！夫四时之序，成功者去。商君、吴起、大夫种，何足愿与？"应候谬曰："何为不可！君子有杀身以成名，死无所恨。"泽曰："身名俱全者，上也；名可法而身死者，次也。三子之可愿，孰与闳夭、周公哉？语曰：'日中则移，月满则亏。'进退赢缩，与时变化。今君怨已雠而德已报，意欲至矣而无变计，窃为君危之！"应候曰："善。"遂荐泽于王，因谢病免。王悦泽计，以为相，数月免。

【纲】楚以荀况为兰陵令。　【目】荀卿，赵人，春申君以为兰陵令。

荀卿尝与临武君论兵于赵孝成王前。王曰："请问兵要。"卿对曰："要在附民。夫仁人之兵，上下一心，三军同力；臣之于君也，下之于上也，若子弟之事父兄，若手臂之扞头目而覆胸腹也。故兵要在于附民而已。故齐之技击不可以遇魏之武卒，魏之武卒不可以遇秦之锐士，秦之锐士不可以当桓、文之节制，桓、文之节制不可以敌汤、武之仁义。故招延募选，隆势诈，尚功利，是渐之也。礼义教化，是齐之也。故兵大齐则制天下，小齐则制邻敌。"王曰："善。请问为将。"卿曰："号令，欲严以威；赏罚，欲必以信；处舍，欲周以固；徙举进退，欲安以重，欲疾以速；窥敌观变，欲潜以深，欲伍以参；遇敌决战，必行吾所明，无行吾所疑，夫是之谓六术。无欲将而恶废，无怠胜而忘败，无威内而轻外，无见利而不顾其害，凡虑事欲

秦昭襄王说："武安君白起死了，而郑安平、王稽都叛变了。内部没有良将，外部却有许多敌国，我因此担忧！"应侯范雎深感恐惧，不知如何回答是好。燕国人蔡泽得知这一情形，便西入秦国，先让人向应侯范雎公开宣称："蔡泽见到秦王，准能夺去你的职位。"应侯范雎叫来蔡泽，加以责问。蔡泽说："唉，你的见识太不敏锐了！春夏秋冬四季依次运行，完成各自的任务后便成为过去。商鞅、吴起、文种的结局，难道值得你羡慕吗？"应侯范雎违心地说："有什么不好？君子可以杀身成名，死了也不遗憾。"蔡泽说："性命与名声能够两全，这是最好的结局；所立功名可以成为榜样，却丢了性命，这是次一等的结局。商鞅、吴起、文种如果值得羡慕，与闳夭、周公相比如何？谚语说：'太阳一到中午就要西下，月亮一圆就要再缺。'或进或退，或盈或缺，都随着时间的推移而变化。现在，你既报了怨仇，又报了恩德，心愿已经实现，却没有顺应时势变化的打算，我为你的处境感到危险了！"应侯范雎说："说得对。"便向秦昭襄王举荐蔡泽，自己乘机推说有病，免去丞相职务。秦昭襄王欣赏蔡泽的计策，任命他为丞相。几个月后，他也辞去丞相职务。

【纲】楚国任命荀况为兰陵（在今山东峄县境）县令。 【目】荀况，赵国人，春申君任命他为兰陵县令。

荀况曾经与临武君在赵孝成王面前谈论用兵，赵孝成王说："请问用兵的关键？"荀况回答说："关键在于使人民亲附。仁人用兵，上下齐心，三军合力。臣属对于君主，下级对于上级，就像子弟对于父兄，好似手臂保卫头颅和眼睛，遮护胸部和腹部。所以用兵的关键在于使人民亲附而已。所以注重技击的齐国军队遇到由武士组成的魏国军队就无法抵抗，由武士组成的魏国军队遇到精锐善战的秦国军队就无法抵抗，精锐善战的秦国军队遇到节制有方的齐桓公和晋文公的军队就无法抵抗，节制有方的齐桓公和晋文公的军队遇到讲究仁义的商汤和周武王的军队就无法抵挡。所以募集兵力，强化威势欺诈，崇尚功利，只能腐蚀军心；奉行礼义教化，才能统一军心。所以军心高度统一，才能制服天下；军心比较统一，才能制服相邻的敌对国家。"赵孝成王说："讲得好。请问担当将帅的要领？"荀况说："发号施令应该态度严厉，威风凛凛；赏功罚过应该坚决做到，决不食言；安营扎寨应该部署周密，防

熟而用财欲泰，夫是之谓五权。可杀而不可使处不完，可杀而不可使击不胜，可杀而不可使欺百姓，夫是之谓三至。凡百事之成也必在敬之，其败也必在慢之，故敬胜怠则吉，怠胜敬则灭，计胜欲则从，欲胜计则凶。战如守，行如战，有功如幸。慎行此六术、五权、三至，而处之以恭敬无旷，夫是之谓天下之将。"临武君曰："善。"陈嚣问曰："先生议兵，常以仁义为本，然则又何以兵为哉？"卿曰："仁者爱人，故恶人之害之也；义者循理，故恶人之乱之也。故兵者所以禁暴除害也，非争夺也。"

【纲】周民东亡，秦取其宝器，迁西周公于惮狐之聚。

【纲】楚人迁鲁于莒以取其地。

【纲】丁未，韩王入朝于秦。

【纲】戊申，秦王郊见上帝于雍。

【纲】庚戌，秋，秦王稷薨，太子柱立。

【纲】辛亥，冬十月，秦王薨，子楚立。　【目】孝文王即位三日而薨，子楚立，尊华阳夫人为华阳太后，夏姬为夏太后。

守巩固；转移进退应该步调安稳持重，行动敏捷迅速；侦察敌情，观察形势的发展变化，应该行动隐蔽，深入敌境，经过反复的分析验证；遇到敌军，展开决战，一定要采取有把握的行动，不采取没把握的行动。这是六项战术原则。不要只想保住自己将帅的地位，唯恐失掉；不要因胜利而放松警惕，忘记失败的可能；不要对内滥施淫威，对外却掉以轻心；不要看到有利的一面，就不顾有害的一面；谋划任何事情都应该经过深思熟虑，赏赐钱财应该慷慨大度。这是五项权衡标准。宁可被杀，也不能让军队处于防守不完备的地方；宁可被杀，也不能让军队在进击时遭到失败；宁可被杀，也不能让军队欺压百姓。这是三项最高原则。任何事情的成功，必然由于态度恭谨；任何事情的失败，必然由于态度轻慢。所以，'恭谨胜过懈怠就吉祥，懈怠胜过恭谨就灭亡。计虑胜过欲望就顺利，欲望胜过计虑就凶险。'应该作战如同防守，行军如同作战，把立功视为侥幸。谨慎地奉行这六项战术原则、五项权衡标准、三项最高原则，并且始终不懈地以恭敬的态度对待一切，这才算得上天下的大将。"临武君说："讲得好。"陈嚣提问说："先生议论用兵，总是把仁义作为根本。既然如此，为什么还要用兵打仗？"荀况说："由于仁爱为怀的人爱护人民，所以憎恶别人危害人民。坚持正义的人遵循道理，所以痛恨别人把道理搅乱。所以，用兵的目的，在于禁止暴政，铲除祸害，而不是为了互相争夺。"

【纲】周朝百姓向东方逃亡。秦国夺取周朝的宝物祭器，把西周公迁移到㥁狐聚（在今河南临汝西北）。

【纲】楚人将鲁国迁移到莒城，占领了鲁国的土地。

【纲】丁未（前254），韩桓惠王前往秦国朝见。

【纲】戊申（前253），秦昭襄王在雍城（在今陕西凤翔南）郊外祭祀上帝。

【纲】庚戌（前251），秋季，秦昭襄王嬴稷去世，太子嬴柱即位。

【纲】辛亥（前250），冬十月，秦孝文王去世，其子嬴楚即位。
【目】秦孝文王即位三天，随即去世，其子嬴楚即位，尊华阳夫人为华阳太后，尊夏姬为夏太后。

【纲】燕伐齐,拔聊城;齐伐取之。 【目】燕将攻齐聊城,拔之;或谮之燕王。燕将保聊城,不敢归。齐田单攻之,岁余不下。鲁仲连乃为书,约之矢以射城中,遗燕将,曰:"为公计者,不归燕则归齐。今独守孤城,齐兵日益而燕救不至,将何为乎?"燕将见书,泣三日,犹豫不能决,遂自杀。聊城乱,田单克之。归,言仲连于齐王,欲爵之。仲连逃之海上,曰:"吾与富贵而诎于人,宁贫贱而轻世肆志焉!"魏王问天下之高士于子顺,子顺曰:"世无其人也;抑可以为次,其鲁仲连乎!"

【纲】壬子,秦以吕不韦为相国,封文信候。

【纲】秦灭东周,迁其君于阳人聚。 【目】东周君与诸侯谋伐秦;王使相国帅师灭之,迁东周君于阳人聚。周遂不祀。周比亡,凡七邑。

右周三十七王,并东周君计八百七十三年。

【纲】燕国攻打齐国，攻克聊城（在今山东聊城北），齐国又将聊城攻取下来。 【目】一位燕国将领攻打齐国的聊城，一举攻克。这时，有人向燕王喜诬陷他。这位燕将便自保聊城，不敢返回。齐国的田单进攻聊城，历时一年多，仍然没有攻克。鲁仲连便把写好的书信捆在箭上，射给城中的那位燕将，说："为你考虑，不是归属燕国，就是归属齐国。现在你只是据守一座孤城，齐军日见增加，燕国不来援救，你将怎样应付？"燕将看到书信，哭了三天，仍然犹豫不决，只好自杀。聊城一片混乱，被田单攻克。田单回国后向齐王建说了鲁仲连的功劳，齐王建打算授给他爵位。鲁仲连逃到海边，说："我与其享受富贵而屈从别人，宁可安于贫贱，轻视世俗，放任情怀！"魏安釐王向孔斌打听谁是天下高士，孔斌说："世间没有这种人。或者还能指出次一等的，那就是鲁仲连了！"

【纲】壬子（前249），秦庄襄王任命吕不韦为相国，封为文信侯。

【纲】秦国灭掉东周，将东周君迁移到阳人聚（在今河南临汝西）。 【目】东周君与诸侯策划讨伐秦国，秦庄襄王派相国吕不韦率领军队灭掉东周，将东周君迁移到阳人聚，周朝的祭祀于是断绝。到东周灭亡时，共有七座城邑。

以上周朝三十七王，连同东周君在内，共八百七十三年。

秦纪

庄襄王

【纲】甲寅,秦伐魏,魏公子无忌帅五国之师败之,追至函谷还。　【目】蒙骜伐魏,取高都、汲。魏王患之,使人请信陵君。信陵君不肯还,其客毛公、薛公见曰:"公子所以重于诸侯者,徒以有魏也。今魏急而公子不恤,一旦秦克大梁,夷先王之宗庙,公子何面目立天下乎!"语未毕,信陵君色变,趣驾还魏。魏王持信陵君而泣,以为上将军。求援于诸侯,诸侯闻之,皆遣兵救魏。信陵君遂率五国之师,败骜于河外,追至函谷关而还。

　　安陵人缩高之子仕于秦,守管。信陵君攻之不下,使人召高,将以为五大夫,执爵尉,而使攻管。高对曰:"父攻子守,人之笑也;见臣而下,是倍主也。父教子倍,亦非君之所喜。敢辞!"信陵君怒,使谓安陵君:"生束缩高而致之!不然,无忌将帅十万之师以造城下。"安陵君曰:"吾先君成侯受诏襄王以守此城也,手受太府之宪,其上篇曰:'子弑父,臣弑君,有常不赦。国虽大赦,降臣亡子不得与焉。'今缩高辞大位以全父子之义,而君曰'必生致之',是使我负襄王之诏而废太府之宪也。"缩高闻之曰:"信陵君为人悍猛而自用,此辞反,必为国祸。吾已全己,无违人臣之义矣,岂可使吾君有魏患乎!"乃之使者舍,刎颈而死。信陵君闻之,缟素避舍,而遣使谢安陵君。

庄襄王

【纲】甲寅（前247），秦国攻打魏国，魏国的公子无忌率领五国军队打败秦军，追赶到函谷关，才撤军回国。　【目】蒙骜攻打魏国，占领高都（在今山西晋城东北）、汲城（在今河南汲县西南）。魏安釐王深感忧虑，便派人去请信陵君。信陵君不肯回国，门客毛公和薛公去见他说："公子之所以受到各国诸侯的敬重，只因为有魏国存在。现在魏国危急，公子却无动于衷。一旦秦国攻克大梁，铲平魏国先王的宗庙，公子还有脸活在世间吗？"话没说完，信陵君变了脸色，立刻催促驾车返回魏国。魏安釐王握着信陵君的手，泪流不止，任命他为上将军，让他向各国诸侯请求援助。各国诸侯听说信陵君已经回国，都派兵营救魏国。信陵君便率领五国军队，在黄河南岸打败蒙骜，一直追到函谷关，才收兵回国。

安陵（在今河南鄢陵西北）人缩高的儿子在秦国做官，担任管城（今河南郑州市）的守将。信陵君无法攻克管城，便派人去召缩高，准备封他为五大夫、执爵尉，派他去攻打管城。缩高说："父亲攻城，儿子守城，让人笑话。我儿子看到我来了，就让我把管城攻破，这是背叛他的君主。父亲让儿子背叛君主，您也不会赞成。所以还是别让我去攻打管城吧！"信陵君大怒，派人对安陵君说："把缩高活着捆来！否则我就率领十万大军，直抵城下。"安陵君说："我父亲成侯接受襄王的诏令来守卫此城时，亲手接过保存在太府中的法令，法令上篇规定：'儿子杀害父亲，臣属杀害君主，依常法不能赦免。即使国家实行大赦，投降的臣属和外逃的儿子也不在赦免之列。'现在缩高不肯接受你封授的高位，以维护父子间的大义，你却说'一定要把他活着送来'，这是让我违背襄王的诏令，不遵守保存在太府中的法令了。"缩高得知此事以后说："信陵君性情强悍凶猛，刚愎自用，这话传回去，肯定会为国家招致祸患。我已经维护了自己的尊严，也没有违背臣属的大义，难道可以让我的国君去遭受魏国带来的战患吗！"便前往使者的住处，刎

【纲】五月,秦王薨,子政立。 【目】政生十三年矣,国事皆委于文信侯,号仲父。

颈自杀。信陵君闻讯,身穿白色的丧衣,住进厢房,以示自责,还派出使者,向安陵君表示歉意。

【纲】五月,秦庄襄王去世,其子嬴政即位。 【目】嬴政当时只有十三岁,他把一切国家大事都交给文信侯吕不韦处理,尊称吕不韦为"仲父"。

后秦纪

始皇帝

【纲】乙卯,秦凿泾水为渠。 【目】韩欲疲秦,使无东伐,乃使水工郑国为间于秦,凿泾水为渠。中作而觉,欲杀之。国曰:"臣为韩延数年之命,然渠成亦秦万世之利也。"乃使卒为之。注填阏之水溉舄卤之地四万余顷,收皆亩一钟,由是秦益富饶。

【纲】丙辰,赵王薨。廉颇奔魏。 【目】赵使廉颇伐魏,取繁阳。孝成王薨,悼襄王立,使乐乘代颇。颇怒,攻之,遂出奔魏;魏不能用。赵师数困,王复思之,使视颇尚可用否。颇之仇郭开多与使者金,令毁之。颇见使者,一饭斗米。肉十斤,被甲上马,以示可用。使者还报曰:"廉将军老,尚善饭,然与臣坐,顷之三遗矢矣。"王遂不召。楚人迎之。颇一为楚将,无功,曰:"我思用赵人!"遂卒于楚。

【纲】丁巳,赵李牧伐燕,取武遂、方城。 【目】李牧者,赵之北边良将也,尝居代、雁门备匈奴,以便宜置吏,市租皆输入莫府,为士卒费,日击数牛飨士。习骑射,谨烽火,多间谍。为约曰:"匈奴入盗则急收保,有敢捕虏者斩!"如是数岁,无所亡失,匈奴皆以为怯。士日得赏赐而不用,皆愿一战。于是大破匈奴十余万骑,单于奔走,十余岁不敢近赵边。

始皇帝

【纲】乙卯（前246），秦国凿通泾水，修筑灌渠。 【目】韩国打算把秦国消耗得精疲力尽，使秦国无法东进征伐，便派遣水工郑国到秦国来充当奸细，为秦国凿通泾水，修筑灌渠。在施工过程中，秦国觉察到这一意图，打算杀死郑国。郑国说："我为韩国延长了几年寿命，但是灌渠修成后，也使秦国受益万代啊！"秦国便让他把灌渠修完。灌渠把填塞河道的淤泥灌溉到四万多顷盐碱地里，每亩收成都可以达到八斛。从此，秦国更加富饶。

【纲】丙辰（前245），赵孝成王去世，廉颇逃奔魏国。 【目】赵国派遣廉颇攻打魏国，占领繁阳（在今河南内黄东北）。这时，赵孝成王去世，赵悼襄王即位，派乐乘替代廉颇。廉颇大怒，进攻乐乘，随即出逃到魏国，魏国没有任用他。赵军多次失利，赵悼襄王又想起廉颇，派人去察看廉颇是否还可任用。廉颇的仇人郭开送给使者许多黄金，让使者诋毁廉颇。廉颇见到使者，一顿饭吃了一斗米、十斤肉，披甲上马，表示自己可以任用。使者回去报告说："廉将军老了，饭量还很大。但是，在与我坐着时，不长时间就大便了三次。"赵悼襄王便不再召用廉颇。楚人前来迎接廉颇，廉颇一朝成为楚将，没有立功。他说："我想指挥赵军！"便死在楚国。

【纲】丁巳（前244），赵将李牧攻打燕国，占领武遂（今河北徐水西遂城镇）、方城（在今河北霸县西北）。 【目】李牧是赵国北部边境的一员良将，曾经在代郡（治所在今河北蔚县东北）、雁门（在今山西左云西北）防御匈奴。他根据实际需要设置官吏，农商赋税全部交送幕府，作为士卒的经费。他每天要杀好几头牛来犒劳士兵，训练骑马射箭，小心部署烽火，派出许多间谍。他规定："一旦匈奴入侵，就赶紧回撤防守，谁敢去捉拿匈奴人，就将他斩首！"这样过了好几年，没有遭受任何损失，匈奴人都认为李牧怯懦。部下将士每天得到赏赐，却没有作战的机会，都希望打一仗。于是，李牧将匈奴十多万人马打得大败，

【纲】戊午,秋七月,秦蝗、疫,令民纳粟拜爵。

【纲】庚申,楚、赵、魏、韩、卫合从以伐秦,至函谷,皆败走。
【目】诸侯患秦攻伐无已时,故五国合从以伐之。楚王为从长,春申君用事,取寿陵。至函谷,秦师出,五国兵皆败走。

【纲】楚迁于寿春。
【纲】癸亥,夏四月,秦大寒,民有冻死者。
【纲】秋九月,秦嫪毐作乱,伏诛,夷三族。秦王迁其太后于雍。 【目】初,秦王即位,年少,太后时时与文信侯私通。王益壮,文信侯恐事觉及祸,乃以舍人嫪毐诈为宦者进之。生二子,封毐为长信侯,政事皆决于毐。至是有告毐实非宦者,王下吏治毐。毐惧,矫王御玺发兵为乱。王使相国昌平君、昌文君攻之,毐战败走,获之,夷三族。迁太后于雍萯阳宫,杀其二子。下令敢谏者死,谏而死者二十七人。齐客茅焦请谏,王大怒,趣召镬欲烹之。焦徐行至前,曰:"臣闻有生者不讳死,有国者不讳亡。死生存亡,圣主所欲急闻也,陛下欲闻之乎?"王曰:"何谓也?"焦曰:"陛下有狂悖之行,不自知耶?车裂假父,囊扑二弟,迁母于雍,残戮谏士;桀、纣之行不至于是矣!令天下闻之,尽瓦解,无向秦者,臣窃为陛下危之!臣言已矣!"乃解衣伏质。王下殿,手接之,爵以上卿。自驾,虚左方,迎太后归,复为母子如初。

单于逃跑,十几年不敢靠近赵国边境。

【纲】戊午(前243),秋七月,秦国发生蝗灾和瘟疫,允许百姓交纳粮食来换取爵位。

【纲】庚申(前241),楚、赵、魏、韩、卫各国实行合纵,攻打秦国,打到函谷关时,纷纷败退逃走。 【目】各国诸侯对秦国无尽无休的攻打深感忧虑,所以五国实行合纵,攻打秦国。楚考烈王担任纵约长,春申君主持军务,占领寿陵(在今山西闻喜、运城一带)。来到函谷关时,秦军出战,五国军队纷纷败退逃走。

【纲】楚国迁都寿春(今安徽寿县)。

【纲】癸亥(前238),夏四月,秦国天气严寒,百姓中有人冻死。

【纲】秋九月,秦国的嫪毐作乱被杀,诛灭三族。秦王将太后迁移到雍城。 【目】起初,秦王即位时年纪还小,太后经常与文信侯吕不韦私通。秦王日渐长大,文信侯吕不韦害怕事情败露,招致大祸,便让门客嫪毐伴装宦官,献给太后,与太后生了两个儿子。太后封嫪毐为长信侯,国家政务都由嫪毐决定。至此,有人告发嫪毐不是宦官,秦王嬴政命令法官惩治嫪毐。嫪毐心怀恐惧,便冒用秦王御玺,发兵作乱。秦王嬴政派遣相国昌平君、昌文君攻打嫪毐,嫪毐战败逃走。秦王捉住嫪毐,诛灭他的三族,将太后迁移到雍城萯阳宫(在今陕西鄠县北),杀死她的两个儿子。他下令:"谁敢劝谏,一律处死!"有二十七人因为劝谏而丧生。齐国人茅焦请求进谏,秦王嬴政大怒,催人搬来大锅,打算把他烹死。茅焦缓缓走到前面说:"我听说,活人不怕谈身死,国君不怕谈国亡。生死存亡,都是圣明君主希望及早了解的,陛下愿意听一听吗?"秦王嬴政说:"你这是什么意思?"茅焦说:"陛下的行为狂妄背理,自己还不知道吗?车裂假父嫪毐,把两个弟弟装在口袋里摔死,把母亲迁移到雍城,残杀进谏之士,连夏桀、殷纣的行为也没达到这种程度!假如天下人得知陛下的这些行为,就会离心离德,没人拥护秦国,我个人真替陛下感到危险!我的话说完了!"便解开衣服,伏在铡刀的垫座上。秦王嬴政走下大殿,亲手把他扶起,封他为上卿。秦王嬴政又亲自驾车,空着车左的尊位,去迎接太后回宫,恢复母子关系,一

【纲】楚王完薨。盗杀黄歇。 【目】楚考烈王无子，春申君求妇人宜子者进之，甚众，卒无子。赵人李园进其妹于春申君，既有娠，园使妹说春申君曰："楚王无子，即百岁后将更立兄弟，彼亦各贵其故所亲，君又安得长保此宠乎！且君贵，用事久，多失礼于王之兄弟，兄弟立，祸且及身矣。今妾有娠而人莫知，诚以君之重，进妾于王，赖天而有男，则是君之子为王也，楚国可尽得，孰与身临不测之祸哉！"春申君乃出之，谨舍而言诸王。王召幸之，遂生男，立为太子。园妹为后，园亦贵用事，恐春申君泄其语，阴养死士，欲杀春申君以灭口。王薨，园先入，伏死士于棘门之内，刺杀春申君，灭其家。太子立。

【纲】甲子，冬十月，秦相国吕不韦以罪免，出就国。 【目】秦王以不韦奉先王功大，不忍诛，免就国。

【纲】秦大索，逐客。客卿李斯上书，召复故官，遂除其令。【目】秦宗室大臣议曰："诸侯人来仕者，皆为其主游间耳，请一切逐之。"于是大索，逐客。客卿楚人李斯亦在逐中，行，且上书曰："昔穆公取由余于戎，得百里奚于宛，迎蹇叔于宋，求丕豹、公孙支于晋，并国二十，遂霸西戎。孝公用商鞅，诸侯亲服，至今治强。惠王用张仪，散六国从，使之事秦。昭王得范雎，强公室，杜私门。由此观之，客何负于秦哉！今乃弃黔首以资敌国，却宾客以业诸侯，此所谓借寇兵而赍盗粮者也。臣闻泰山不让土壤，故能成其大；江河不择细流，故能就其深；王者不却众庶，故能明其德；此五帝、三王之所以无敌也。惟大王图之。"王乃召李斯，复其官，除逐客之令，

如既往。

【纲】楚考烈王芈完去世,刺客杀死春申君黄歇。 【目】楚考烈王没有儿子,春申君黄歇寻找适于生育的女人献给楚考烈王。找来的女人甚多,但是楚考烈王终究没生儿子。赵国人李园把自己的妹妹献给春申君,当她怀孕后,李园指使妹妹劝春申君说:"楚王没有儿子,一旦去世,就会改立兄弟。他们也会各自重用过去的亲信,你又怎能长久保持目前这种受宠的地位呢?况且你身居高位,当权日久,对楚王的兄弟多有失礼之处,如果楚王的兄弟即位,你就大祸临头了。现在我怀了身孕,可是外人并不知道。如果凭着你尊贵的身份,把我献给楚王,上天又让我生个男孩,那就是由你的儿子去当楚王了。楚国全是你的,比身临难以预料的祸患不强多了吗?"春申君便把她送出去,小心守护着她的住处,然后去告诉楚考烈王。楚考烈王召她同宿,于是生了一个男孩,被立为太子。李园的妹妹成了王后,李园也地位尊贵,执掌大权。李园唯恐春申君把自己的主意泄露出去,便暗中收养敢死之士,打算杀死春申君灭口,楚考烈王去世后,李园抢先进宫,把敢死之士埋伏在棘门(寿春城门名)里面,刺死春申君,诛灭了他的家口。太子即位。

【纲】甲子(前237),冬十月,秦国相国吕不韦因罪免职,出居封国。 【目】秦王嬴政因吕不韦拥立先王,功劳巨大,不忍心杀他,就免去他的职务,让他出居封国。

【纲】秦国实行大搜索,驱逐外籍官员,客卿李斯上书劝阻,秦王嬴政命令恢复他原来的官职,终于撤除逐客令。 【目】秦国的宗室大臣建议说:"各诸侯国来秦国做官的人,全是为本国君主游说,挑拨离间,请将他们全部逐驱。"于是秦国实行大搜索,驱逐外籍官员,客卿李斯也在驱逐之列。临行前,李斯上书说:"从前,穆公从戎人那里找来由余,从宛地(今河南南阳)得到百里奚,从宋国迎来蹇叔,从晋国请来丕豹和公孙支,兼并了二十个国家,终于称霸西戎。孝公任用商鞅,使各国诸侯诚心归附,秦国至今政治修明,国力强盛。惠王任用张仪,瓦解六国的合纵战略,使各国服从秦国。昭王得到范雎,强化公室的地位,杜绝私人专权的危险。由此看来,外籍官员有什么地方辜负了秦国呢?现在秦国遗弃百姓来帮助敌对国家,赶走宾客来成就各国诸

卒用斯谋兼天下。

【纲】丙寅，秦吕不韦徙蜀，自杀。 【目】不韦就国岁余，诸侯使者请之，相望于道。王恐其为变，赐不韦书曰："君何功于秦，封河南十万户？何亲于秦，号称仲父？其徙处蜀！"不韦恐诛，饮鸩死。

【纲】戊辰，韩遣使称藩于秦。 【目】初，韩诸公子非善刑名法术之学，见韩削弱，数以书干韩王，王不能用。于是作孤愤、五蠹、说难等篇，十余万言。至是王使纳地效玺于秦，请为藩臣。非因说秦王曰："大王诚听臣说，一举而天下之从不破，赵不举，韩不亡，荆、魏不臣，齐、燕不亲，则斩臣徇国，以戒为王谋不忠者。"王悦之，未用。李斯谮之，下吏自杀。

【纲】己巳，燕太子丹自秦亡归。 【目】初，丹尝质于赵，与秦王善。及秦王即位，丹质于秦，秦王不礼焉。丹怒，亡归。

【纲】辛未，秦内史胜灭韩，虏王安，置颍川郡。

【纲】壬申，秦王翦伐赵，下井陉。赵杀其大将军李牧。 【目】秦王翦伐赵，赵使李牧御之。秦多与赵嬖臣郭开金，使言牧欲反。

侯的事业，这就是人们所说的借给贼寇兵器，送给强盗粮食的做法。我听说，泰山不舍弃颗粒泥土，所以能成就自己的高大；江河不拒绝点滴细流，所以能成就自己的深广；君主不摒弃民众，所以能显示自己的恩德。这便是五帝、三王能够天下无敌的原因。请大王考虑一下吧！"秦王嬴政便召见李斯，恢复他的官职，撤除逐客令，终于采用李斯的计策，兼并了天下。

【纲】丙寅（前235），秦国的吕不韦被迁移到蜀地，自杀身亡。【目】吕不韦返回封国一年多时间，各国诸侯派去问候他的使者，在道路上前后相望。秦王嬴政唯恐他发动变乱，便写信给吕不韦说："你对秦国有什么功劳，却得到河南十万户的封地？你与秦国有什么亲属关系，却得以号称仲父？你还是迁居蜀地去吧！"吕不韦害怕被杀，就喝下毒酒，自杀而死。

【纲】戊辰（前233），韩国派遣使者向秦国称藩属国。【目】起初，韩国诸公子之一的韩非精通刑名法术学说，看到韩国衰弱，多次写信给韩王，以求进用，但是韩王没有任用他。因此，他写下《孤愤》《五蠹》《说难》等文章，共有十万余字。至此，韩王安派他向秦国进献土地和玉玺，请求充当藩属国。韩非乘机劝秦王说："如果大王采用我的主张，实施后各国的合纵联盟没有瓦解，赵国没有被攻占，韩国没有灭亡，楚国和魏国没有称臣，齐国和燕国没有服从秦国，就杀死我在全国示众，以便警告那些不忠心为君王出谋划策的人。"秦王嬴政赏识韩非，只是还没有马上任用他。李斯诬陷韩非，韩非被交付法官治罪，于是自杀而死。

【纲】己巳（前232），燕国的太子丹从秦国逃回。【目】起初，太子丹曾经在赵国充当人质，与秦王嬴政友好。及至秦王嬴政即位后，太子丹又在秦国充当人质，而秦王嬴政不肯以礼相待。太子丹大怒，就逃回本国。

【纲】辛未（前230），秦国的内史胜灭掉韩国，俘虏韩王安，在韩国设置颍川郡（治阳翟，今河南禹县）。

【纲】壬申（前229），秦将王翦攻打赵国，攻克井陉关（在今河北石家庄西井陉山）。赵国杀死大将军李牧。【目】秦将王翦攻打赵国，

赵王使赵葱、颜聚代之；牧不受命，遂杀之。

【纲】癸酉，秦灭赵，虏王迁。秦王如邯郸。 【目】故与母家有仇者皆杀之。

【纲】赵公子嘉自立为代王。与燕合兵，军上谷。

【纲】楚王麓，弟郝立。三月，郝庶兄负刍杀之自立。

【纲】甲戌，燕太子丹使盗劫秦王，不克。秦遂击破燕、代兵，进围蓟。 【目】初，丹既亡归，怨秦王，欲报之，以问其傅鞠武。武请约三晋，连齐、楚，媾匈奴以图之。太子曰："太傅之计，旷日弥久，令人心惛然，恐不能须也。"顷之，秦将军樊於期得罪，亡之燕，太子受而舍之。鞠武谏不听。太子闻卫人荆轲贤，卑辞厚礼而请见之。谓曰："秦已虏韩临赵，祸且至燕。燕小，不足以当秦。诸侯又皆服秦，莫敢合从。丹以为诚得天下之勇士使于秦，劫秦王，使悉反诸侯侵地，若曹沫之与齐桓公盟，则善矣；不可，则因而刺杀之。彼大将擅兵于外而内有乱，则君臣相疑，以其间，诸侯得合从，破秦必矣。惟荆卿留意焉！"轲许之。乃舍轲上舍，丹日造门，所以奉养轲无不至。

会秦灭赵，丹惧，欲遣轲。轲曰："行而无信，则秦未可亲也。愿得樊将军首及燕督亢地图以献秦王，秦王必悦见臣，臣乃有以报。"丹曰："樊将军穷困来归丹，丹不忍也！"轲乃私见於期曰："秦王遇将军，可谓深矣，父母宗族皆为戮没！今闻购将军首，金千斤，

赵国派遣李牧抵御秦军。秦国送给赵国宠臣郭开许多黄金，让他说李牧打算谋反。赵幽缪王派赵葱、颜聚替代李牧，李牧不肯接受命令，于是被杀。

【纲】癸酉（前228），秦国灭掉赵国，俘虏幽缪王赵迁。秦王嬴政前往邯郸。 【目】秦王嬴政把以往与母亲家有仇的人全部杀掉。

【纲】赵国的公子嘉自立为代王，与燕国合兵一处，驻扎在上谷（在今河北怀来南，当时属燕）。

【纲】楚幽王去世，其弟芈赦即位。三月，芈赦的庶兄芈负刍将他杀死，自立为楚王。

【纲】甲戌（前227），燕国的太子丹指使刺客劫持秦王嬴政，没有成功。秦国便攻破燕、代两国军队，进军围困蓟城（在今北京西南）。【目】起初，太子丹逃回本国后，对秦王嬴政怀恨在心，打算报复。太子丹就此事征求太傅鞠武的意见，鞠武建议邀请韩、赵、卫三国，联合齐、楚两国，与匈奴媾和，共同图谋秦国。太子丹说："太傅的计划旷日持久，使人内心焦灼烦闷，恐怕等不及了。"不久，秦国将军樊於期犯了罪，逃亡到燕国，太子丹予以收留，让他住下。鞠武劝阻，太子丹不听。太子丹听说卫国人荆轲贤能，便带着丰厚的礼物，以谦卑的言词请求与他见面，对他说："秦国已经掳走韩王，兵临赵国，燕国就要遭受战祸。燕国很小，没有足够的力量抵挡秦军。各国诸侯又都屈从秦国，不敢实行合纵。我认为，如果能得到一位勇冠天下的壮士，让他出使秦国，劫持秦王，迫使他交还侵夺各国诸侯的所有领土，就像曹沫参与齐桓公主持的盟会一样，那就好了。如果秦王不肯答应，就乘机把他刺死。秦国的大将在国外拥有重兵，而国内发生变乱，君臣就会互相猜疑。趁此时机，各国诸侯结成合纵联盟，就一定能打败秦国了。请你认真考虑一下吧！"荆轲答应担当此任。太子丹便请荆轲住进上等客舍，自己每天登门看望，凡能供给荆轲享用的物品，无不具备。

适逢秦国灭掉赵国，太子丹感到恐惧，便打算让荆轲赴秦。荆轲说："前往秦国却没有使秦国相信的东西，就无法接近秦王。我希望得到樊於期将军的人头和燕国督亢地区（在河北徐水霸县北，涿县东南一带）的地图，献给秦王，秦王肯定高兴见我，我才有机会报答太子。"

邑万家,将奈何?"於期太息流涕曰:"计将安出?"轲曰:"愿得将军之首以献秦王,秦王必喜而见臣,臣左手把其袖,右手揕其胸,则将军之仇报而燕见陵之愧除矣!"於期曰:"此臣之日夜切齿腐心者也!"遂自刎。丹奔往伏哭,然已无可奈何,乃函盛其首。又尝豫求天下之利匕首,以药淬之,以试人,血濡缕,无不立死者。乃装遣轲至咸阳,见秦王。奉图以进,图穷而匕首见,把王袖而揕之;未至身,王惊起,轲逐王,环柱而走。秦法,群臣侍殿上者不得操尺寸之兵,左右以手共搏之,且曰:"王负剑!负剑!"王遂拔以击轲,断其左股,遂体解以徇。

王大怒,益发兵就王翦于中山,与燕、代战易水西,大破之,遂围蓟。

【纲】乙亥,冬十月,秦拔蓟,燕王走辽东,斩其太子丹以献于秦。

【纲】秦李信伐楚。 【目】秦王问于李信曰:"吾欲取荆,度用几何人?"对曰:"不过二十万。"问王翦,翦曰:"非六十万人不可。"王曰:"将军老矣,何怯也!"乃使信及蒙恬将二十万人伐楚;翦谢病,归频阳。

【纲】丙子,秦王贲伐魏,引河沟以灌其城。魏王假降,杀之,遂灭魏。

【纲】楚人大败秦军,李信奔还秦,王翦代之。 【目】李信大

太子丹说:"樊将军落难时来投奔我,我不忍心杀他。"荆轲便以个人名义去见樊於期说:"秦王对将军可以说够狠的了,你的父母和家族都被他杀害了。现在听说秦王愿以黄金千斤、封邑万家来买将军的人头,将军准备怎么办呢?"樊於期长叹一声,流下眼泪,说:"不知你有什么办法?"荆轲说:"我希望得到将军的人头,献给秦王,秦王一定乐于见我。我左手抓住他的袖子,右手直刺他的胸口,就可以为将军报仇,并消除燕国遭受欺凌的羞辱了!"樊於期说:"这正是我日夜切齿痛心所盼望的事情啊!"于是自刎。太子丹跑去伏尸大哭,但已无可奈何,便用匣子盛了他的首级。太子丹曾经预先求得一柄天下最锋利的匕首,用毒药淬过火,用匕首在人身上一试,只要血流如丝,无不立刻死去。于是准备行装,送荆轲前往咸阳,去见秦王嬴政。荆轲手捧地图,献给秦王嬴政,地图完全展开时,露出匕首,荆轲抓住秦王嬴政的袖子直刺过去,还没刺到身上,秦王嬴政便吃惊地抽身跃起。荆轲追赶秦王嬴政,秦王嬴政绕着柱子逃走。秦国法律规定,侍立在大殿上的群臣,不得携带任何武器。周围的人,一边共同徒手与荆轲搏斗,一边说:"请大王从背后拔剑!从背后拔剑!"秦王嬴政终于拔出长剑,反击荆轲,砍断他的左大腿,于是荆轲被分尸示众。

秦王嬴政十分恼怒,就调集更多的军队,派往中山(今河北定县),接受王翦的指挥。王翦与燕国和代国在易水(即中易水,出易县西,东流合于拒马河)西岸交战,大破燕、代两国军队,于是包围蓟城。

【纲】乙亥(前226),冬十月,秦军攻克蓟城,燕王喜逃往辽东,(今辽宁东南辽河以东地区),杀死太子丹,把人头献给秦国。

【纲】秦将李信攻打楚国。 【目】秦王嬴政问李信说:"我打算夺取楚国,估计需要用多少人?"李信回答:"不超过二十万人。"秦王嬴政又问王翦,王翦说:"非六十万人不可。"秦王嬴政说:"将军老了,怎么这样胆怯!"便派遣李信和蒙恬率领二十万人去攻打楚国。王翦托称有病,返回频阳(在今陕西铜川东南)。

【纲】丙子(前225),秦将王贲攻打魏国,引黄河水灌大梁城,魏王假投降,王贲杀死魏王假,于是灭掉魏国。

【纲】楚军大败秦军,李信逃回秦国,王翦代替李信。 【目】李信

败楚军，引兵西，与蒙恬会城父。楚人因随之，三日不顿舍，大败之，入两壁，杀七都尉。信奔还，王怒，自至频阳谢王翦，强起之。翦曰："老臣罢病悖乱，大王必不得已用臣，非六十万人不可！"王许之。于是翦将六十万人伐楚，王自送至霸上，翦请美田宅甚众。王曰："将军行矣，何忧贫！"翦曰："为大王将，有功，终不得封侯，故及大王之乡臣，请田宅为子孙业耳。"王大笑。既行，又数使使者归请之。或曰："将军之乞贷亦已甚矣！"翦曰："王怚中而不信人，今空国而委我，不有以自坚，顾令王坐而疑我矣。"

【纲】丁丑，秦王翦大败楚军，杀其将项燕。【目】王翦取陈以南至平舆，楚人悉国中兵以御之；翦坚壁不战，日休士洗沐，而善饮食，抚循之。久之，问"军中戏乎？"对曰："方投石、超距。"翦曰："可矣！"楚既不得战，引而东。翦追击，大破之，至蕲南，杀其将项燕，楚师遂败走。翦乘胜略定城邑。

【纲】戊寅，秦灭楚，虏王负刍，置楚郡。

【纲】己卯，秦王贲灭燕，虏王喜。还灭代，虏王嘉。

【纲】秦王翦遂定江南，降百越，置会稽郡。

大败楚军，率兵西进，与蒙恬在城父（今河南宝丰东父城堡）会合。楚军乘机尾随秦军，使秦军三天无法停下来过夜，把秦军打得大败，攻进两个营垒，杀死七个都尉，李信逃回。秦王嬴政大怒，亲自到频阳向王翦道歉，勉强让他前去就任。王翦说："老臣体弱多病，老糊涂了。如果大王不得已任用我，非有六十万人不可！"秦王嬴政答应下来。于是王翦率领六十万人攻打楚国，秦王嬴政亲自把他送到霸上（在今陕西西安东）。王翦请求赏赐许多上好的田地住宅，秦王嬴政说："将军出发吧，难道还用担心日后穷了不成！"王翦说："担任大王的将领，即使有功，终究不能封侯。所以，我趁大王看重我时，要一些田地和住宅，为子孙留下点家业。"秦王嬴政大笑。出发后，王翦又多次派遣使者回去请求赏赐。有人说："将军如此乞求赏赐，也太过份了！"王翦说："大王性情粗暴，不肯相信别人。现在他把全国军队交给我，如果我不借此要求巩固自己的地位，反而让大王因此怀疑我了。"

【纲】丁丑（前224），秦将王翦大败楚军，杀死楚将项燕。 【目】王翦占领陈丘（今河南淮阳）以南地区，进抵平舆（在今河南汝南县东南），楚军集中全国兵力进行抵御。王翦坚守营垒，不肯出战，天天让士兵休息沐浴，好吃好喝，对大家尽力抚慰。过了很长时间，王翦打听："军中将士在玩什么游戏？"人们回答："正在投石跳跃。"王翦说："行了！"楚军无法得到作战的机会，后来就率兵东去。王翦追击，大破楚军，抵达蕲城（今安徽宿县）南时，杀死楚将项燕，于是楚军大败逃走，王翦乘胜攻占城邑。

【纲】戊寅（前223），秦国灭掉楚国，俘虏楚王芈负刍，在那里设置楚郡（治寿春，今安徽寿县）。

【纲】己卯（前222），秦将王贲灭掉燕国，俘虏燕王喜，又回军灭掉代国，俘虏代王嘉。

【纲】秦将王翦终于平定了长江以南地区，使百越归降，在那里设置会稽郡（治吴县，今江苏苏州）。

纲鉴易知录卷八

后秦纪

始皇帝

【纲】庚辰,秦始皇帝二十六年,王贲袭齐,王建降,遂灭齐。【目】初,齐君王后事秦谨,与诸侯信,齐亦东边海上。秦日夜攻五国,五国各自救,以故王建立四十余年不受兵。君王后死,后胜相齐,与宾客多受秦间金,劝王朝秦,不修战备,不助五国攻秦,秦以故得灭五国。至是王贲自燕南攻齐,猝入临淄,民莫敢格者。建遂降,秦迁之共,处之松柏之间,饿而死。齐人怨建听奸人宾客,不蚤与诸侯合从,以亡其国,歌之曰:"松邪,柏邪!住建共者客邪!"疾建用客之不详也。

【纲】王初并天下,更号"皇帝"。【目】王初并天下,自以为德兼三皇,功过五帝,乃更号曰"皇帝",命为"制",令为"诏",自称曰"朕"。追尊庄襄王为太上皇。

【纲】除谥法。【目】制曰:"死而以行为谥,则是子议父,臣议君也,甚无谓。自今以来,除谥法。朕为始皇帝,后世以计数,二世、三世、至于万世、传之无穷。"

【纲】定为水德,以十月为岁首。【目】初,齐人邹衍论著终始五德之运,始皇采用其说,以为周得火德,秦代周,从所不胜,为水德。始改年,朝贺皆自十月朔;衣服、旌旄、节、旗皆尚黑;数以六为纪。以为水德之始,刚毅戾深,事皆决于法,刻削毋仁恩和义,然后合于五德之数。于是急于法,久不赦。

始皇帝

【纲】秦始皇帝二十六年（庚辰，前221），王贲袭击齐国，齐王建投降，于是灭掉齐国。　【目】起初，齐国的君王后小心谨慎地事奉秦国，与各国诸侯交往讲究信用，齐国又地处东部海边，秦军日夜攻打五国，五国都需要自救，所以齐王建即位四十多年，没有遭受战火。君王后死后，后胜担任齐相。他与自己的门客大都接受秦国奸细的黄金，劝齐王建朝见秦王，不去整饬作战攻防设施，不帮助五国进攻秦国，秦国因此得以消灭五国。至此，王贲从燕国南面进攻齐国，突然攻入临淄（在今山东益都西北），齐国百姓没有人敢于同秦军展开搏斗，齐王建只好投降。秦国将齐王建迁移到共城（今河南辉县），让他住在松柏间饿死。齐人怨恨齐王建听信奸人宾客的主张，没有及早与各国诸侯实行合纵，以致使齐国灭亡，便作歌唱道："松树啊，柏树啊，使齐王建住到共城的，就是那些宾客！"用以表示对齐王建任用宾客不慎的痛恨。

【纲】秦王嬴政最初统一天下，改称皇帝。　【目】秦王嬴政最初统一天下后，自认为兼有三皇的德行，超过五帝的功劳，便改称"皇帝"，皇帝任命官员、发表议论的文书称"制"，布告中外的条令称"诏"，皇帝自称"朕"，追尊秦庄襄王为太上皇。

【纲】秦始皇废除谥法。　【目】制书说："死后根据行为议定谥号，就是儿子议论父亲，臣属议论君主，很不可取。从今以后，废除谥法。朕是始皇帝，后世按数字排列，就是二世、三世，以至于万世，永远传承下去。"

【纲】秦朝确定属于水德，以十月为一年的开端。　【目】起初，齐国人邹衍著书论述五德（五德：金、木、水、火、土）循环相克相生的学说。秦始皇采用了邹衍的说法，认为周朝应了火德，秦朝取代周朝，应当属于火德无法取胜的水德。秦朝开始更改年历，新年朝贺都从十月一日开始；衣服、旗帜及其饰物、符节都崇尚黑色，数字以六为单元。秦

【纲】分天下为三十六郡。销兵器。一法度。徙豪杰于咸阳。
【目】丞相绾等言："燕、齐、荆地远,请立诸子为王以镇之。"始皇下其议,廷尉斯曰："周封子弟同姓甚众,然后属疏远,相攻击如仇雠,天子弗能禁。今海内赖陛下神灵一统,皆为郡、县,诸子功臣以公税赋重赏赐之,甚足,易制,天下无异意,则安宁之术也。置诸侯不便。"始皇曰："天下苦战斗不休,以有侯王。赖宗庙,天下初定,又复立国,是树兵也,而求其宁息,岂不难哉! 廷尉议是。"

分天下为三十六郡,郡置守、尉、监。

收天下兵,销以为钟鐻、金人,置宫庭中。一法度、衡、石、丈尺。徙天下豪杰于咸阳十二万户。

【纲】壬午,二十八年,帝东巡,上邹峄山,立石颂功业。封泰山,立石;下禅梁父。遂登琅邪,立石。遣徐市入海求神仙,渡淮浮江,至南郡而还。 【目】始皇东行郡县,上邹峄山,立石颂功德。上泰山阳,至巅,封祠祀,立石颂德;从阴道下,禅于梁父。遂东游海上,南登琅邪,作台,刻石。

方士徐市等上书,请得与童男女入海求三神山诸仙人不死药。于是遣市发童男女数千人求之。曰："未能至,望见之焉。"

始皇认为水德发生时刚毅苛暴，所以凡事都应该取决于法令，严酷刻薄，不讲仁爱、恩惠、和睦和情义，这才符合水德在五德中的地位。因此，秦国法令严苛，长期不赦免罪犯。

【纲】秦朝将全国分为三十六郡，销毁兵器，统一各项法度，把富豪迁徙到咸阳。　　【目】丞相王绾等人建议："燕、齐、楚各国故地太远，请分封诸位皇子为王，前去镇抚。"秦始皇将这一建议交付大臣计议。廷尉李斯说："周朝分封诸子、兄弟、同姓为数众多，但是后来支属关系疏远，像仇人一样互相攻击，周天子不能禁止。如今，仰仗陛下神威，全国统一，各地都已设置郡县。对诸位皇子和功臣，已经用国家赋税收入重加赏赐，国家控制他们也很容易，天下没有异心，可见这是安定国家的办法。所以不宜设置诸侯。"秦始皇说："天下受尽无休止的战争之苦，就是因为有侯王存在。仰仗祖宗的威灵，天下刚刚平定，却要再立封国，这是重启战端。而要使天下安宁无事，岂不很难！廷尉说得对。"

秦朝将全国分为三十六郡，各郡设置郡守、郡丞、监御史。

收缴全国兵器，熔化后铸成大钟、钟架和铜人，安放到宫庭中。统一各项法度和度量衡。将全国富豪十二万户迁徙到咸阳。

【纲】二十八年（壬午，前219），秦始皇东巡，登上邹县的峄山（在今山东邹县东南），树立石碑，歌颂自己的功业。接着在泰山（在今山东泰安北）举行祭天典礼，立了石碑；下来后在梁父（在今山东泰安南）举行祭地典礼，于是登上琅玡山（在今山东诸城东南海滨，今名琅玡台），树立石碑。秦始皇派徐巿到海上去寻找神仙，自己渡过淮水，在长江上乘船来到南郡（治郢县，在今湖北江陵东南），然后返回。

【目】秦始皇东行巡视郡县，登上邹县的峄山，树立石碑，歌颂自己的功德。又从泰山南侧上山，直抵山顶，举行祭天典礼，设坛祭祀，树立石碑，歌颂自己的功德。由泰山南侧的山道上下来，在梁父举行祭地典礼。接着沿着海滨东行，向南登上琅邪山，筑起琅邪台，树立石碑，刻写碑文。

方士徐巿等人上书，请求让他们与童男、童女到大海中去寻找三座神山（三座神山：传为蓬莱、方丈、瀛州）上诸位仙人的长生不老之药。

始皇还过彭城，斋戒祷祠，欲出周鼎泗水，使千人没水求之，弗得。乃西南渡淮浮江，至湘山祠，逢大风，几不能渡，上问："湘君何神？"对曰："尧女，舜妻。"始皇大怒，伐赭其山。遂自南郡由武关归。

【纲】癸未，二十九年，帝东游，至阳武，韩人张良狙击，误中副车；令天下大索十日，不得。遂登之罘，刻石而还。　【目】初，韩人张良，五世相韩。及韩亡，良散千金之产，弟死不葬，欲为韩报仇。始皇东游至阳武博浪沙中，良令力士操铁椎狙击始皇，误中副车。始皇惊，求弗得，令天下大索十日。

【纲】丙戌，三十二年，帝巡北边，遣将军蒙恬伐匈奴。　【目】初，始皇之碣石，使卢生求羡门子高，还奏得录图书，曰："亡秦者胡也。"始皇乃巡北边，遣将军蒙恬发兵三十万人，北伐匈奴。

【纲】丁亥，三十三年，蒙恬收河南地；筑长城。　【目】蒙恬斥逐匈奴，收河南地，为四十四县。筑长城，起临洮，至辽东，延袤万余里。暴师于外十余年，恬常居上郡统治之。

【纲】彗星见。
【纲】戊子，三十四年，烧诗、书、百家语。　【目】始皇置酒咸阳宫、仆射周青臣进颂曰："陛下神圣，平定海内，以诸侯为郡县，无战争之患，上古所不及。"始皇悦。博士淳于越曰："殷、周之王千余

因此，秦始皇便让徐市征发几千个童男、童女前去寻找。徐市说："没能抵达神山，却远远望见了。"

秦始皇返回，经过彭城（今江苏徐州）时，又斋戒祈祷祭祀，希望捞出落在泗水中的周鼎，派一千人潜入水中寻找，但没有得到。秦始皇便转向西南，渡过淮水，在长江上乘船而行。来到湘山祠时，遇到大风，几乎无法渡过湘水。秦始皇问："湘君是什么神？"人们回答说："是帝尧的女儿、帝舜的妻子。"秦始皇大怒，命令砍光山上的树木，便从南郡经由武关返回。

【纲】二十九年（癸未，前218），秦始皇巡游东方，抵达阳武（在今河南原阳东南）时，韩国人张良伏击秦始皇，误中随行副车。秦始皇下令全国大搜捕十天，但是没有提到刺客。于是秦始皇登上之罘山（在今山东烟台东北），刻石立碑，然后返回。【目】起初，韩国人张良家中五代担当韩相，及至韩国灭亡后，张良散尽价值千金的家产，连弟弟死了也没有安葬，只是一心为韩国报仇。秦始皇东巡，抵达阳武博浪沙（在今河南原阳东南）时，张良让一位大力士用铁椎伏击秦始皇，结果误中随行副车。秦始皇大惊，命人搜寻，不见踪迹，便命令在全国大搜捕十天。

【纲】三十二年（丙戌，前215），秦始皇巡视北部边疆，派遣将军蒙恬攻打匈奴。【目】起初，秦始皇前往碣石山（一说在今河北昌黎西北，一说在今河北乐亭西南，一说在今山东无棣），让卢生去寻找仙人羡门子高。卢生回来后奏称得到符谶图书，书上说："亡秦者胡也。"秦始皇便巡视北部边疆，派遣将军蒙恬发兵三十万人，北伐匈奴。

【纲】三十三年（丁亥，前214），蒙恬占领河南地区（今内蒙古河套一带），修筑长城。【目】蒙恬赶走匈奴，占领河南地区，在当地设置了四十四个县。他修筑长城，西起临洮（今甘肃岷县），东至辽东，连绵一万多里。军队在外蒙受风霜雨露长达十余年，蒙恬通常住在上郡（治肤施，在今陕西绥德东南）统领全军。

【纲】彗星出现。

【纲】三十四年（戊子，前213），焚烧《诗经》《书经》和诸子百家著述。【目】秦始皇在咸阳宫设下酒宴，仆射周青臣上前歌功颂德说："陛下神圣，平定海内，在各国诸侯的领土上设置郡县，再没有战争

岁，封子弟功臣，自为枝辅。今陛下有四海，而子弟为匹夫，卒有田恒、六卿之臣，何以相救？事不师古而能长久，非所闻也。今青臣又面谀以重陛下之过，非忠臣也！"始皇下其议。丞相李斯言："五帝不相复，三代不相袭。今陛下创大业，建万世之功，固非愚儒所知。且越言乃三代之事，何足法也！异时诸侯并争，厚招游学。今天下已定！法令出一，百姓当家则力农工，士则习法令。今诸生不师今而学古，以非当世，惑乱黔首。人闻令下，则各以其学议之。入则心非，出则巷议，夸主以为名，异趣以为高，率群下以造谤。如此弗禁，则主势降乎上，党与成乎下。禁之便！臣请史官非秦记皆烧之；非博士官所职，天下有藏诗、书、百家语者，皆诣守、尉杂烧之；偶语诗、书者弃市；以古非今者族。所不去者，医、药、卜筮、种树之书。欲学法令者，以吏为师。"制曰："可。"

【纲】己丑，三十五年，营朝宫，作前殿阿房。【目】始皇以咸阳人多，先王宫庭小，乃营朝宫渭南上林苑中。先作前殿阿房，东西五百步，南北五十丈，上可以坐万人，下可以建五丈旗，周驰为阁道，自殿下直抵南山，表山巅以为阙。复道渡渭，属之咸阳。隐宫、徒刑者，七十余万人，分作阿房、骊山。关中计宫三百，关外四百余。因徙三万家骊邑，五万家云阳。

的祸患，上古帝王都比不上陛下。"秦始皇大悦。博士淳于越说："殷、周两朝拥有天下一千多年，都分封子弟和功臣，作为辅助力量。如今陛下拥有四海，陛下的子弟却是普通百姓，一旦出现齐国田恒、晋国六卿（晋国六卿：智氏、范氏、中行氏、韩氏、赵氏、魏氏）那样的臣属，拿什么来互相援救？不效法古人而能长久的事情，我就没听说过。现在周青臣又当面阿谀，加重陛下的过失，不是忠臣。"秦始皇把他的意见交给大臣讨论。丞相李斯说："五帝不相重复，三代不相因袭。现在陛下开创大业，建立了流传万代的功劳，本来不是愚蠢的儒生能够理解的。而且淳于越说的乃是夏、商、周三代的做法，有什么值得效法呢？以往各国诸侯全都互相争夺，用优厚的待遇招揽游说之士。如今天下已定，法令出自朝廷，百姓主持家业就应该努力务农，士人则应该学习法令。如今儒生们不肯取法当今，而要学习古代，非难今世，制造混乱，迷惑民众。人们听说命令下达了，就各自根据自己的学识加以评议，入朝口是心非，出朝街谈巷议，向君主夸夸其谈以猎取名声，标新立异以显示高明，在臣民中带头制造诽谤言论。对这种情况不加禁止，君主的威势就会从上面下降，私党就会在下面形成。可见，禁止这种情形的发生的确合适。我请求，让史官把不属于记载秦国历史的史书一律烧毁，除博士官掌管的书籍外，全国私人收藏的《诗经》《书经》和诸子百家著作，都要交给郡守、郡尉，加以烧毁。当面谈论《诗经》《书经》者在闹市中斩首示众，借古非今者灭族。医药、卜筮、种树方面的书籍，则不在焚毁之列。如果有人要学习法令，可向官吏学习。"秦始皇下命令说："可以施行。"

【纲】三十五年（己丑，前212），营建朝宫，建成前殿阿房（在今陕西西安市西北）。　【目】秦始皇认为咸阳人多，先王的宫廷太小，便在渭水南岸的上林苑中营建朝宫。先在阿房修建前殿，东西五百步，南北五十丈，上面可以坐下一万人，下面可以竖起五丈高的旗帜，周围建造阁道以供驰行，从前殿下直抵终南山，在山顶建造宫阙。又修建复道，横跨渭水，直通咸阳。集结受过宫刑和判处徒刑的囚犯七十多万人，分别在阿房和骊山（在今陕西临潼东南）修建宫室。关中一共建成宫殿三百座，关外一共建成宫殿四百多座。为此，将三万家迁往骊邑（今陕

卢生说始皇为微行，以辟恶鬼。所居宫毋令人知，然后不死之药殆可得也。始皇乃令咸阳旁二百里内，宫观复道相连，帷帐、钟鼓、美人充之，各按署，不移徙。所行幸，有言其处者死。尝从梁山宫望见丞相车骑众，弗善也。或告丞相，丞相损之。始皇怒曰："此中人泄吾语！"捕时在旁者尽杀之。是后，莫知行之所在。群臣受决事者，悉于咸阳宫。

【纲】坑诸生四百六十余人，使长子扶苏监蒙恬军。 【目】侯生、卢生相与讥议始皇，因亡去。始皇闻之，大怒曰："诸生或为妖言以乱黔首！"使御史按问之。诸生传相告引，乃自除犯禁者四百六十余人，皆坑之咸阳。长子扶苏谏曰："诸生皆诵法孔子。今以重法绳之，臣恐天下不安。"始皇怒，使北监蒙恬军于上郡。

【纲】庚寅，三十六年，陨石东郡。 【目】有陨石于东郡。或刻之曰"始皇死而地分"。使御史逐问，莫服；尽诛石旁居人，燔其石。

【纲】辛卯，三十七年，冬十月，帝东巡，至云梦，祀虞舜。上会稽，祭大禹，立石颂德。秋七月，至沙丘，崩。丞相李斯、宦者赵高，矫遗诏立少子胡亥为太子，杀扶苏、蒙恬。还至咸阳，胡亥袭位。九月，葬骊山。 【目】十月，始皇东巡，少子胡亥、丞相李斯从。至云梦，望祀虞舜于九疑山。浮江下，渡海渚，过丹阳，至钱塘，临浙江，上会稽，祭大禹，望于南海，立石颂德。北至琅邪、之罘。西至平原津而病。

西临潼），五万家迁往云阳（在今陕西三原西北。）

卢生劝秦始皇秘密出行，以躲避恶鬼，不让别人知道自己住在哪座宫中，说是做到这些，大约才能得到长生不老之药。于是，秦始皇命令将咸阳两旁二百里以内的宫观全以复道连通，宫观里面张挂帷帐，陈设钟鼓，充实美女，并分别安置，不许迁移。如果有人说出秦始皇在什么地方，就被处死。有一次，秦始皇从梁山宫（在今陕西乾县西北）望见丞相李斯随从车马为数众多，很不以为然。有人告诉了丞相李斯，丞相李斯便减少了车马的数量，秦始皇生气地说："这是近侍人员泄露了我的话！"便逮捕当时在自己身边的人，全部杀掉。此后，没有人知道秦始皇行动的去处，群臣听取秦始皇裁决事情，都在咸阳宫。

【纲】秦始皇命令活埋儒生四百六十多人，让长子扶苏去监督蒙恬的军队。　【目】侯生、卢生在一起非议秦始皇，并因此逃走。秦始皇得知这一消息后，非常生气地说："有的儒生散布妖言，迷惑百姓！"让御史审问他们。儒生们互相告发，秦始皇亲自判定四百六十多人违犯禁条，将他们在咸阳全部活埋。长子扶苏劝谏说："儒生们都读孔子的书，取法孔子。如今用重法惩治他们，我担心天下人心不安。"秦始皇大怒，让他北往上郡，去监督蒙恬的军队。

【纲】三十六年（庚寅，前211），陨石落在东郡（治濮阳，在今河南濮阳南）。　【目】有一颗陨石落在东郡，有人在陨石上刻字："始皇死后土地分。"秦始皇让御史逐一查问，但是无人认罪，便将住在陨石坠落地点周围的人全部杀掉，并焚烧陨石。

【纲】三十七年（辛卯，前210），冬十月，秦始皇东巡，抵达云梦泽（在今湖北京山以南、宜都以东、蕲春以西、湖南华容以北），祭祀虞舜；登上会稽山（在今浙江绍兴东南），祭祀大禹，树立石碑，歌功颂德。秋七月，秦始皇来到沙丘（在今河北巨鹿南）时去世。丞相李斯、宦官赵高假托遗诏，立小儿子胡亥为太子，杀死扶苏和蒙恬。回到咸阳，胡亥继位。九月，秦始皇安葬在骊山。　【目】十月，秦始皇东巡，小儿子胡亥、丞相李斯随行。他来到云梦泽时，向着九疑山（在今湖南宁远南）遥祭虞舜。他乘船在长江上顺流而下，渡过海渚，过了丹阳（在今安徽当涂东北），抵达钱塘（今浙江杭州市），来到浙江，登上会稽山，祭祀

始皇恶言死，群臣莫敢言死事。病益甚，乃令中车府令行符玺事赵高，为书赐扶苏曰："与丧，会咸阳而葬。"未付使者。七月，始皇崩于沙丘，秘不发丧，棺载辒辌车中，所至，上食、奏事如故，独胡亥、赵高与幸宦者五六人知之。

初，始皇尊宠蒙氏，恬任外将，毅常居中参谋议，名为忠信。赵高者，生而隐宫；始皇闻其强力、通狱法，以为中车府令，使教胡亥决狱。尝有罪，使毅治之，当死；始皇赦之。高既雅得幸于胡亥，又怨蒙氏，乃与胡亥谋，诈以始皇命诛扶苏，而立胡亥为太子。胡亥然之。高曰："不与丞相谋，恐事不成。"乃见李斯曰："上赐长子书及符玺，皆在胡亥所。定太子，在君侯与高之口耳。事将何如？"斯曰："安得亡国之言！此非人臣所当议也！"高曰："君侯材能智虑，功高无怨，长子信之，孰与蒙恬？"斯曰："皆不及也。"高曰："长子即位，必用恬为丞相，君侯终不怀通侯之印归乡里，明矣！胡亥慈仁笃厚，可以为嗣。愿君审计而定之！"斯以为然，乃相与矫诏立胡亥为太子；更为书赐扶苏，数以不能立功，数上书诽谤怨望，而恬不矫正，皆赐死。扶苏发书，泣，欲自杀。恬曰："陛下使臣将三十万众守边，公子为监，此天下重任也。今一使者来，安知其非诈！复请而死，未暮也。"扶苏曰："父赐子死，尚安复请！"即自杀。恬不肯死，系诸阳周。

胡亥至咸阳，发丧，袭位，是为二世皇帝。

大禹，遥祭南海，树立石碑，歌功颂德。他又北抵琅邪、之罘，西至平原津（在今山东德州南）时生了病。

秦始皇忌讳说死，群臣不敢谈他的丧事安排。秦始皇的病更重了，便命令中车府令、行符玺事赵高写诏书给扶苏说："你来参预办理丧事，与大家在咸阳相会，然后举行葬礼。"但赵高没把诏书交给使者。七月，秦始皇在沙丘去世，没有公布死讯，棺材装在辒辌车中，每到一处，进献饮食、奏报事情，都与平时一样，只有胡亥、赵高和五六个受宠的宦官知道实情。

起初，秦始皇器重并宠爱蒙氏兄弟，蒙恬在朝外担任将领，蒙毅在朝中参与国家大事的谋划，有忠诚可靠的声誉。赵高生下来就被阉割，秦始皇听说他强干有力，通晓刑法，便任命他为中车府令，让他教胡亥审判案件。赵高曾经犯了罪，秦始皇让蒙毅审理，蒙毅认为应该处死，秦始皇却赦免了他。赵高既深得胡亥的宠爱，又怨恨蒙氏，便与胡亥商议，假托秦始皇的命令杀害扶苏，而立胡亥为太子，胡亥赞同。赵高说："不跟丞相商量，恐怕事情难以成功。"便去见李斯说："皇上赐给长子扶苏的诏书和符玺都在胡亥那里。确定太子是谁，就凭您和我的一句话了。您准备如何处理？"李斯说："你怎么能说亡国的话！这不是臣属应该议论的！"赵高说："您在才能与智谋以及功劳高低、怨仇多少、是否得到长子扶苏的信任等方面，比得上蒙恬吗？"李斯说："都比不上。"赵高说："长子扶苏即位后，肯定会任用蒙恬为丞相，您到头来不能怀揣列侯的印信荣归故里是显而易见的了！胡亥仁慈厚道，可以立他为后嗣。希望您慎重考虑，并作出决定。"李斯认为言之有理，便与赵高一起假托诏书的名义，立胡亥为太子，另写诏书赐给扶苏，责备他不能立功，多次上书诽谤朝政，心怀怨恨不满，而蒙恬不能加以纠正，所以一律命令他们自杀。扶苏看了诏书，直流眼泪，打算自杀。蒙恬说："陛下派我率领三十万人马守卫边疆，公子担当监军，这是天下重任。如今单凭一个使者前来，怎知其中没有诈谋！经过核实再死，也不算晚。"扶苏说："父亲让儿子去死，怎么还需要核实！"于是当即自杀。蒙恬不肯死，使者将他关在阳周（在今陕西子长西北）。

胡亥来到咸阳，公布秦始皇的死讯，继承帝位，这就是秦二世皇帝。

九月，葬始皇帝于骊山，下锢三泉，奇器珍怪，徙藏满之。令匠作机弩，有穿近者辄射之。后宫无子者，皆令从死。工匠为机者，皆闭之墓中。

二世欲遂杀蒙恬兄弟，兄子子婴谏曰："蒙氏，秦之大臣、谋士也，一旦弃之，而立无节行之人，是使群臣不相信，而斗士之意离也！"弗听。恬曰："吾积功信于秦，三世矣。今将兵三十余万，其势足以倍畔，然自知必死而守义者，不敢辱先人之教以不忘先帝也！"乃吞药自杀。

二世皇帝

【纲】壬辰，二世皇帝元年，夏四月，杀诸公子、公主。 【目】二世谓赵高曰："吾已临天下矣，欲悉耳目之所好，穷心志之所乐，以终吾年寿，可乎？"高曰："此贤主之所能行，而昏乱主之所禁也。然沙丘之谋，诸公子及大臣皆疑焉。今陛下初立，此其属意怏怏皆不服，恐为变；陛下安得为此乐乎！"二世曰："为之奈何？"高曰："严法刻刑，诛灭大臣、宗室，更置所亲信，陛下则高枕肆志宠乐矣。"二世乃更为法律，益务刻深，大臣、诸公子有罪，辄下高鞫治之。公子十二人僇死咸阳市，十公主矺死于杜，公子将闾呼天自杀。公子高欲奔，不敢，乃上书："请从死先帝，得葬骊山之足。"二世大悦，赐钱以葬。

【纲】复作阿房宫。

【纲】秋七月，楚人陈胜、吴广起兵于蕲。胜自立为楚王，以广为假王，击荥阳。 【目】是时发闾左戍渔阳者九百人，屯大泽乡。阳城人陈胜、阳夏人吴广为屯长。会天大雨，道不通，度已失期，法皆

九月，秦始皇安葬在骊山，用铜汁封住地下的三重泉水，搬来内府收藏的珍奇器物，摆满墓室。让工匠制作机弩，如果有人靠近墓室，就会自动射死来人。命令没有生孩子的后宫嫔妃一律殉葬，把制作机弩的工匠全部关闭在坟墓中。

秦二世打算杀死蒙恬兄弟。他哥哥的儿子子婴劝谏说："蒙氏是秦朝的大臣和谋士。一旦丢开他们，另立不讲节操、品行不端的人，会失去群臣的信任，涣散将士的意志！"秦二世不听。蒙恬说："我家为秦国屡建功勋，取得信任，已经三代了。现在我握有三十多万军队，这种形势使我有条件背叛秦朝。但是，我知道肯定会死却仍然恪守大义，是由于我不敢辱没先人的教诲，不敢忘掉先帝的知遇！"便服毒自杀。

二世皇帝

【纲】二世皇帝元年（壬辰，前209），夏四月，秦二世杀害诸位公子和公主。 【目】秦二世对赵高说："我已经拥有天下了，我想尽量满足耳目声色的欲望，尽情享受内心追求的欢乐，就这样度过一生，行吗？"赵高说："这是贤明的君主能够做到而昏乱的君主却加以禁止的事情。然而沙丘的谋划，各位公子和大臣都起了疑心。现在陛下刚刚即位，这些人心中不满，都不服气，恐怕要发动变乱，陛下怎能享受这样的欢乐呢？"秦二世说："那怎么办？"赵高说："实行严厉的法令，苛刻的刑罚，杀光大臣和宗室，换上自己亲近信任的人，陛下就可以高枕无忧，尽情享乐了！"秦二世便改定法律，务求严酷，大臣和各位公子一旦犯罪，就交给赵高审讯处治。十二位公子被杀死在咸阳闹市，十位公主被肢解在杜县（在今陕西西安市西南）。公子将闾仰天喊冤，然后自杀。公子高打算逃走，却又不敢，便上书要求："请让我随先帝去死，把我安葬在骊山脚下。"秦二世大悦，赐钱来安葬他。

【纲】秦二世重新修建阿房宫。

【纲】秋七月，楚国人陈胜、吴广在蕲县（今安徽宿县）起兵。陈胜自立为楚王，任命吴广为假王，进击荥阳（在今河南荥阳西南）。【目】秦二世征发贫苦百姓九百人去戍守渔阳（在今北京密云西南），驻

斩。胜、广因天下之愁怨，乃杀将尉，令徒属曰："公等皆失期当斩；假令毋斩，而戍死者固什六七。且壮士不死则已，死则举大名耳！王、侯、将、相宁有种乎！"众皆从之。乃诈称公子扶苏、项燕，为坛而盟，称大楚。攻蕲，蕲下。行收兵，比至陈，卒数万人，入据之。

大梁张耳、陈馀诣门上谒，胜素闻其贤，大喜。豪杰父老请立胜为楚王，胜以问耳、馀。耳、馀曰："秦为无道，暴虐百姓；将军出万死之计，为天下除残也。今始至陈而王之，示天下私。愿将军毋王，急引兵而西，遣人立六国后，自为树党，为秦益敌。敌多则力分，与众则兵强。如此野无交兵，县无守城，诛暴秦，据咸阳，以令诸侯，则帝业成矣！"不听，遂自立为王，号"张楚"。郡县苦秦法，争杀长吏以应之。

使从东方来，以反者闻，二世怒，下之吏。后至者曰："群盗鼠窃狗偷，郡守、尉方捕逐，今尽得，不足忧也。"乃悦。

胜以广为假王，监诸将击荥阳。

【纲】楚遣诸将徇赵、魏，以周文为将军，将兵伐秦。至戏，秦遣少府章邯拒之，楚军败走。　【目】张耳、陈馀复请奇兵略赵地。胜以所善陈人武臣为将军，耳、馀为校尉，予卒三千人徇赵。又令魏人周市徇魏。闻周文，陈之贤人，习兵，使西击秦。武臣等收兵得数

扎在大泽乡（在今安徽宿县西南）。阳城（在今河南登封东南）人陈胜、阳夏（今河南太康）人吴广担任屯长。适逢天降大雨，道路不通，估计已经误期，按照秦朝法令的规定，大家都要被杀。陈胜和吴广利用天下人心愁苦怨恨，便杀死将尉，命令戍兵说："你们都已误期，应该斩首。即使不杀死你们，在戍边中死去的本来就有十分之六七。何况壮士不死则已，要死就应该成就大名！难道王侯将相天生有种吗？"大家都随他起事。陈胜、吴广便诈称自己是公子扶苏和项燕，筑坛盟誓，号称大楚。他们攻打蕲县，占领该城。他们沿途招收士兵，及至来到陈县（今河南淮阳）时，已经拥有士兵数万人，于是进城据守。

大梁（在今河南开封西北）人张耳、陈馀登门拜见，陈胜一向听说二人贤能，所以非常高兴。县中豪杰父老请立陈胜为楚王，陈胜就此征求张耳、陈馀的意见。张耳、陈馀说："秦朝无道，残害百姓，将军冒死起兵，为的是替天下除害。现在刚刚打到陈县，将军就要称王，是向天下显露自己的私心。希望将军不要称王，赶快率领军队西进，派人分封六国诸侯的后人，为自己树立党羽，为秦朝增加敌国。敌国众多，就会使秦朝兵力分散；党羽众多，就会使将军兵力强盛。这样，秦朝在野外无兵作战，在各县无兵守城，而将军消灭残暴的秦朝，占据咸阳，号令诸侯，帝业就完成了！"陈胜不听，便自立为王，国号张楚。各郡县吃尽秦朝苛法的苦头，争着杀死郡县长官，响应陈胜。

使者从东方来，把陈胜造反一事上奏，秦二世大怒，把使者交付法官治罪。以后回朝的使者说："只是一群强盗在鼠窃狗偷，郡守、郡尉正在追捕，现在已经全部捉获，不值得忧虑。"秦二世这才高兴起来。

陈胜任命吴广为假王，让他监督诸将进击荥阳（在今河南荥阳西南）。

【纲】楚国派诸将攻占赵、魏两国故地，任命周文为将军，率领军队讨伐秦朝。周文打到戏水（在今陕西临潼东，源出骊山，北入渭水），秦朝派少府章邯抵御周文，楚军败逃。　【目】张耳、陈馀又请求派奇兵攻占赵国故地。陈胜任命与自己交好的陈县人武臣为将军，任命张耳、陈馀为校尉，拨给他们三千名士兵，前去攻取赵国故地。陈胜又命

万人,号武信君,下赵十余城。周文行收兵,卒数十万,至戏,军焉。二世乃大惊,遣少府章邯击败之,文走。

【纲】八月,楚将武臣至赵,自立为赵王。 【目】张耳、陈馀闻诸将为陈王徇地者,多以谗毁诛,乃说武信君自立为赵王。从之。使韩广略燕,李良略常山,张黡略上党。

【纲】九月,楚人刘邦起兵于沛,自立为沛公。 【目】沛人刘邦,字季,隆准龙颜。爱人喜施,意豁如也。有大度,不事家人生产作业。初为泗上亭长,单父人吕公奇其状貌,以女妻之。为县送徒骊山,徒多道亡,自度比至皆亡之,乃解纵所送徒曰:"公等皆去,吾亦从此逝矣!"徒中壮士愿从者十余人。季被酒,夜径泽中,有大蛇当径,季拔剑斩之,有老妪哭曰:"吾子,白帝子也,今为赤帝子所杀!"因忽不见。季亡匿芒、砀山泽间。沛令欲应陈涉,主吏萧何、曹参曰:"君为秦吏,今背之,恐子弟不听。愿召诸亡在外者以劫众。"乃召刘季,季之众已数十百人矣。令悔,闭城,季乃书帛射城上,遗沛父老,为陈利害。父老乃率子弟杀令,迎季,立以为沛公。萧、曹为收子弟得二三千人,以应诸侯,旗帜皆赤。

【纲】楚人项梁起兵于吴。 【目】项梁者,下相人,楚将项燕子也。尝杀人,与兄子籍避仇吴中。籍少时学书,不成,去;学剑,又不成。梁怒。籍曰:"书足以记名姓而已!剑,一人敌,不足学;学万

令原魏国人周市攻取魏国故地。陈胜听说周文是陈县的贤人，熟悉军事，便派他西进攻打秦朝。武臣等人招收士兵，得到好几万人。武臣号称武信君，攻下赵国故地的十多座城邑。周文边进军，边招兵，计有士兵数十万，进抵戏水驻扎。秦二世这才大吃一惊，派少府章邯打败周文，周文逃走。

【纲】八月，楚将武臣来到赵国故地，自立为赵王。　【目】张耳、陈馀听说为陈王攻取土地的诸将多因谗言诋毁被杀害，便劝武信君武臣自立为赵王。武臣依言而行，派遣韩广攻取燕国故地，李良攻取常山（今河北正定），张黡攻取上党（在今山西长治西）。

【纲】九月，楚人刘邦在沛县（在今江苏沛县东）起兵，自立为沛公。　【目】沛县人刘邦，字季，高鼻梁，额头突起如龙，生性仁爱，喜欢施舍，心胸豁达，志向远大，不从事普通人家的生产劳动。起初，刘邦担任泗上亭（在今山东沛县东南）亭长，单父（在今山东单县南）人吕公见刘邦相貌奇特，便把女儿许配给他。刘邦为本县押送役夫前往骊山，许多役夫在中途逃掉。刘邦估计等到达骊山时，那些人也逃光了，便释放押送的役夫，说："你们都逃走吧，从此我也走了！"役夫中有十多个壮士愿意跟随刘邦，刘邦带着醉意，连夜由小路走进一片大泽中，有一条大蛇拦住去路，刘邦拔剑杀死大蛇。有一位老妇人哭着说："我儿子是白帝的儿子，现在被赤帝的儿子杀死了！"说罢忽然不见。刘邦逃到芒、砀二山（砀山在今安徽砀山东，芒山在砀山北）的大泽间。沛县县令打算响应陈胜，主吏萧何、曹参说："你是秦朝的官员，如果现在背叛秦朝，恐怕沛县子弟不会听命。希望你召集逃亡在外的人来挟持众人。"沛县县令便召回刘邦，这时刘邦的部众已经有几十百把人了。沛县县令又觉后悔，关闭了城门。刘邦在绢上写了一封给沛县父老的信，射到城上，向他们陈述利害。沛县父老便率领子弟杀死县令，迎接刘邦，立他为沛公。萧何、曹参招收子弟，得到两三千人，来响应反秦诸侯，一律采用赤色的旗帜。

【纲】楚国人项梁在吴县（今江苏苏州）起兵。　【目】项梁是下相（在今江苏宿迁西）人，楚将项燕的儿子。他曾经杀了人，与哥哥的儿子项羽在吴县躲避仇人。项羽年少时，读书一无所得，就放弃了。他去

人敌!"于是梁乃教籍兵法,籍大喜,略知其意,又不肯竟学。长八尺余,力能扛鼎。才器过人。会稽守殷通欲应陈涉,使梁将。梁使籍斩通,乃召故所知豪吏,喻以所为起大事,举吴中兵,收下县,得精兵八千人。梁自为会稽守,以籍为裨将。籍时年二十四。

【纲】齐人田儋自立为齐王。　【目】儋,故齐王族也。与从弟荣、横,皆豪健,宗强,能得人,遂自立为齐王。东略定齐地。

【纲】赵将韩广略燕地,自立为燕王。

【纲】燕军获赵王,既而归之。　【目】赵王与张耳、陈馀略地,王间出,为燕军所得。囚之,以求割地;使者往请,燕辄杀之。有厮养卒往见燕将曰:"君知张耳、陈馀何如人也?"曰:"贤人也。"曰:"知其志何欲?"曰:"欲得其王耳。"养卒笑曰:"君未知此两人所欲也。夫武臣、张耳、陈馀,杖马箠下赵数十城,此亦各欲南面而王。顾其势初定,且以少长先立武臣。今赵地已服,此两人亦欲分赵而王。今君乃囚赵王,此两人名为求之,实欲燕杀之而分赵自立。夫以一赵尚易燕,况以两贤王左提右挈,而责杀王之罪,灭燕易矣!"燕将乃归赵王,养卒为御而归。

【纲】楚将周市,立魏公子咎为魏王而相之。

【纲】秦废卫君角为庶人。　【目】初,秦并天下,而卫独存,至是二世废之,卫遂绝祀。

【纲】癸巳,二年,冬十一月,赵将李良弑其君武臣。秦嘉起兵

学习剑术，又没学成，项梁很生气，项羽说："读书识字，足够认识姓名的也就行了。剑术只能抵挡一人，不值得去学。我要学抵挡万人的本领！"于是项梁便教项羽兵法，项羽非常高兴，但是粗略了解了兵法的大意，又不肯学到底。项羽身高八尺有余，力能举鼎，才干器度超过常人。会稽郡守殷通打算响应陈胜，让项梁带兵。项梁指使项羽杀死殷通，便召集以往所了解的出色的官吏，说明这样做是要起兵反秦。项梁调集吴县军队，又在攻下的县内招收兵员，得到八千精兵。项梁自任会稽郡守，任命项羽为副将，当时项羽二十四岁。

【纲】齐人田儋自立为齐王。　　【目】田儋是已故齐王的同族，与堂弟田荣、田横都是地方上有势力的人物，宗族强盛，能得人心，于是自立为齐王，东进攻下齐国故地。

【纲】赵将韩广攻下燕国故地，自立为燕王。

【纲】燕军捉住赵王武臣，不久又把他放回。　　【目】赵王武臣与张耳、陈馀出兵攻掠土地时，赵王武臣私下外出，被燕军捉获。韩广将武臣囚禁起来，要求赵国割让土地。赵国使者前去请求放人，总是被燕国杀死。有一个伙役去见燕国将领说："你知道张耳、陈馀是什么样的人吗？"燕将说："是贤人。"伙役说："你知道他们安的什么心？"燕国将领说："想把赵王要回去。"伙役笑着说："你还不知道这两个人的用心。武臣、张耳、陈馀马鞭一挥，攻下赵国故地的几十座城邑，这三个人也各自都想南面称王。只是当时局势初定，姑且按年纪大小，先立武臣为王。如今赵地已经归服，张耳、陈馀这两个人也想瓜分赵地，各自称王，而现在你却囚禁了赵王武臣！这两个人名义上是来要赵王，实际上却希望燕国杀死赵王，从而使他们二人可以平分赵地，自立为王。仅仅一个赵国还瞧不起燕国，何况再来两个贤王互相支持，前来责问燕国杀害赵王的罪行，那时消灭燕国就轻而易举了！"燕国将领便将赵王武臣放回，伙役驾车与赵王一齐回国。

【纲】楚将周市立原魏国的公子咎为魏王，由自己担任国相。

【纲】秦二世将卫君角废为庶人。　　【目】起初，秦国统一天下，只有卫国尚存。至此，秦二世废黜卫君角，于是卫国灭亡。

【纲】二年（癸巳，前208），冬十一月，赵将李良杀死国君武臣。

于郯。

【纲】秦益遣兵击楚。腊月，楚庄贾弑其君胜，以降于秦。吕臣讨贾，杀之，复以陈为楚。　【目】二世益遣长史司马欣、董翳佐章邯击楚。腊月，楚王至下城父，其御庄贾杀之以降。胜故涓人吕臣赵攻陈，杀贾，复以陈为楚。葬胜于砀，谥曰隐王。

【纲】春正月，赵将张耳、陈馀立赵歇为王。　【目】张耳，陈馀收散兵，得数万人，击李良，良败走。客有说之者曰："两君羁旅，难可独立。立赵后，辅以谊，可就功。"乃求得歇立之，居信都。

【纲】秦嘉立景驹为楚王。

【纲】秦攻陈下之，吕臣走，得英布军，还复取陈。　【目】布，六人也，尝坐法黥，论输骊山。骊山之徒数十万人，布皆与其徒长豪杰交通，乃亡之江中为群盗。番阳令吴芮，甚得江、湖间心，号曰番君。布往见之，其众已数千人。番君以女妻之，使将其兵击秦。

【纲】沛公得张良，以为厩将。　【目】楚王景驹在留，沛公往从之。张良亦聚少年百余人，欲从驹，道遇沛公，遂属焉。公以良为厩将，良数以太公兵法说沛公；公善之，常用其策。良与他人言，辄不省，良曰："沛公殆天授！"遂从不去。

【纲】项梁击楚王驹杀之。夏六月，立楚怀王孙心为楚怀王，韩公子成为韩王。　【目】广陵人召平，为楚徇广陵，未下。闻陈王败，乃渡江，矫王令拜项梁为上柱国，曰："江东已定，急引兵西击

秦嘉在郯县（在今山东郯城西南）起兵。

【纲】秦朝增派军队进击楚国。腊月（十二月），楚国的庄贾杀害了国君陈胜，向秦朝投降。吕臣声讨并杀死庄贾，又将陈县作为楚都。
【目】秦二世增派长史司马欣、董翳帮助章邯进击楚国。腊月，楚王陈胜来到下城父（在今安徽蒙城西北），车夫庄贾杀死陈胜投降。陈胜的近侍吕臣起兵攻打陈县，杀死庄贾，又将陈县作为楚都，把陈胜安葬在砀山，追谥他为隐王。

【纲】春正月，赵将张耳、陈馀立赵歇为赵王。【目】张耳、陈馀招集逃散的士兵，得到几万人，便去攻打李良，李良败逃。有位宾客劝他们说："二位是外地人，难以独自称王。二位拥立一位故赵君的后人，本着道义辅佐他，才能够成就大功。"张耳、陈馀便找到赵歇，拥立他为王，让他住在信都（今河北衡水西南冀州镇）。

【纲】秦嘉拥立景驹为楚王。

【纲】秦军攻下陈县，吕臣逃走，得遇英布军，便又回军占领陈县。【目】英布是六县（在今安徽六安北）人，曾经因犯法遭受黥刑，被押往骊山服役。骊山的役夫多达几十万人，英布与那些役夫的头领和豪杰都有交往，便逃到长江一带去当强盗。番阳县（在今江西波阳东）县令吴芮很受江湖人物的拥护，号称番君。英布去见吴芮，当时吴芮的部众已有几千人。番君吴芮把女儿许配给英布，让他率领军队攻打秦朝。

【纲】沛公刘邦得到张良，任命他为厩将。【目】楚王景驹居守留县（在今江苏沛县东南），沛公刘邦前去投奔。张良也聚集了一百多个年轻人，打算投奔景驹，途中遇见沛公刘邦，便归属刘邦，刘邦任命张良为厩将。张良多次根据《太公兵法》为沛公刘邦出主意，刘邦觉得很好，经常采用他的计策。然而，张良与别人谈《太公兵法》，却无人能够听懂。张良说："沛公的秉赋大约是出于天授！"便归依刘邦，没有去投奔景驹。

【纲】项梁进击楚王景驹，将他杀死。夏六月，项梁拥立楚怀王的孙子芈心为楚怀王，拥立韩国的公子成为韩王。【目】广陵（在今江苏扬州东北）人召平为楚国攻取广陵，未能攻克。他听说陈王败死，便渡过长江，假托陈王的命令，任命项梁为上柱国，说："江东已经平定，

秦。"梁乃以八千人渡江而西。东阳少年杀令，相聚，得二万人，以故令史陈婴素谨信长者，欲立以为王。婴母曰："暴得大名，不祥，不如有所属。事成犹得封侯，事败易以亡，非世所指名也。"婴乃谓军吏曰："项氏世世将家，有名于楚。今欲举大事，将非其人不可。我倚名族，亡秦必矣！"众从之。于是婴及英布、蒲将军皆以兵属梁，众遂六七万。梁曰："陈王首事，战不利，未闻所在。今秦嘉立景驹，大逆无道！"乃进击杀嘉，驹走死。

居鄛人范增，年七十，好奇计，往说梁曰："陈胜败，固当。夫秦灭六国，楚最无罪。自怀王入秦不反，楚人怜之至今。故楚南公曰：'楚虽三户，亡秦必楚。'今胜首事，不立楚后而自立，其势不长。今君起江东，楚蜂起之将皆争附君者，以君世世楚将，为能复立楚之后也。"梁然其言，乃求得怀王孙心于民间，为人牧羊；六月，立以为楚怀王，从民望也。都盱眙。以陈婴为上柱国，梁自号武信君。

张良说梁曰："君已立楚后，韩诸公子横阳君成最贤，可立为王，益树党。"梁从之，立为韩王。以良为司徒，西略韩地。

【纲】章邯击魏，齐、楚救之；齐王儋、魏相市败死，魏王咎自杀。　【目】章邯击魏，魏使周市求救于齐、楚；齐王及楚将项它皆将兵随市救魏。章邯大破之，杀齐王及周市。魏王自烧死，其弟豹亡走楚，楚予兵复徇魏地。

【纲】齐人立田假为王。秋七月，大霖雨。齐王儋弟荣，逐王

你赶紧率领军队西进攻打秦朝。"项梁便带领八千人渡过长江,向西挺进。东阳(在今安徽天长西北)的年轻人杀死县令,聚集了两万人。由于以前本县令史陈婴一向谨慎,言而有信,是位长者,大家打算立他为王。陈婴的母亲说:"你骤然得此大名,不是好事。不如归属别人,事情成功了还能封侯,事情失败了也容易逃走,因为你不是世上指名道姓捉拿的人。"陈婴便对军官们说:"项氏一家世代为将,在楚国很有名望。现在要举义反秦,非由项家人主持不可。我们依靠名家大族,一定能消灭秦朝!"大家依言而行。这时,陈婴以及英布、蒲将军都率领军队归属项梁,于是项梁的部众达到六七万人。项梁说:"陈王首先起事,作战失利,下落不明。如今秦嘉拥立景驹为楚王,实属大逆不道!"便进军攻打秦嘉,将他杀死,景驹在逃亡中死去。

居鄛(在今安徽巢县东北)人范增年已七十,好出奇计。他前去劝项梁说:"陈胜失败,本来应该。秦国消灭六国,楚国最为无辜。自从楚怀王前往秦国,有去无回,直到现在楚人还在同情他。所以楚国的南公说:'即使楚国只有三户,消灭秦国的也一定是楚人。'如今陈胜首先起事,没有拥立楚王后裔,却自立为王,他的势力难以长久。现在你由江东起事,楚地蜂拥而起的将领纷纷争着归附你,是因为你家世世都是楚将,认为你能重新拥立楚王后裔为王。"项梁认为言之有理,便在民间找到楚怀王的孙子芈心,当时他在替别人放羊。六月,项梁拥立他为楚怀王,为的是顺应人民的愿望。楚怀王定都盱眙(在今江苏盱眙东北),任命陈婴为上柱国,项梁自称武信君。

张良劝项梁说:"既然你已经拥立楚王后裔为王,韩国各位公子中横阳君最为贤明,也可以拥立他为王,以便增树党羽。"项梁依言而行,立横阳君为韩王,任命张良为司徒,向西攻取韩国故地。

【纲】章邯攻打魏国,齐、楚两国前去营救。齐王田儋、魏相周市败死,魏王咎自杀。 【目】章邯攻打魏国,魏国派周市向齐、楚两国求救,齐王田儋和楚将项它都率领军队跟随周市前去营救魏国。章邯大破各国军队,杀死齐王田儋和魏相周市。魏王咎自焚而死,其弟魏豹逃亡到楚国,楚国拨给他军队,让他再去攻取魏地。

【纲】齐人拥立田假为王。秋七月,齐王田儋的弟弟田荣赶走齐王

假,立僖子市为王而相之。

【纲】秦下右丞相冯去疾、左丞相李斯吏。去疾自杀,要斩斯,夷三族。以赵高为中丞相。 【目】二世数诮让左丞相李斯:"居三公位,如何令盗如此!"斯恐惧,重爵禄,乃阿二世意,以书对曰:"夫贤主者,必能行督责之术者也。故申子曰:'有天下而不恣睢,命之曰以天下为桎梏。'夫不能行督责之术,专以天下自适,而徒劳形、苦神,以身徇百姓,若尧、禹然,则是黔首之役,非畜天下者也,故谓之桎梏也。惟明主能行督责,以独断于上,则权不在臣下,然后能灭仁义之涂,绝谏说之辩,荦然行恣睢之心,而莫之敢逆。如此,群臣、百姓救过不给,何变之敢图!"二世说。于是行督责益严,刑者相半于道,而死人日成积于市,秦民益骇惧思乱。

郎中令赵高恃恩专恣,多以私怨杀人;恐大臣言之,乃说二世曰:"天子所以贵者,但以闻声,群臣莫得见其面也。今坐朝廷,谴举有不当,则见短于大臣,非所以示神明于天下也。不如深拱禁中,与臣及侍中习法者待事;事来有以揆之,则大臣不敢奏疑事,天下称圣主矣。"二世乃不坐朝廷,事皆决于高。

李斯以为言,高乃见斯曰:"关东群盗多,而上益发繇,治阿房宫。臣欲谏,为位贱,此真君侯之事,君何不谏?"斯曰:"上居深宫,欲谏无间。"高曰:"请候上间语君。"于是待二世方燕乐,妇女居前,使人告斯"可奏事矣"。斯至上谒,如此者三。二世怒,高因曰:"沙丘之谋,丞相与焉。今陛下为帝,而丞相贵不益,其意亦裂地而王矣。且其长男由守三川,楚盗皆其傍县子,以故公行过三川。闻其文书相往来,未得其审,故未敢以闻。且丞相居外,权重于陛

田假，拥立田儋的儿子田市为王，由自己担任国相。

【纲】秦二世将右丞相冯去疾、左丞相李斯交付法官治罪。冯去疾自杀，李斯被腰斩，诛灭三族。秦二世任命赵高为中丞相。【目】秦二世多次责问左丞相李斯说："你位居三公，怎么让盗贼如此横行！"李斯深感恐惧，但又贪恋官爵俸禄，便顺着秦二世的心意曲意逢迎，上书回答说："贤明的君主一定能运用督责臣属的方法。所以申不害说：'拥有天下而不肯放纵，这叫做把天下当作镣铐。'如果不会运用督责臣属的方法，本来一心想拿天下满足自己的享乐，却只是徒然操心费力，让自己顺从百姓的要求，像唐尧、虞舜那样，这就成了百姓的仆役，不算是统治天下的帝王，所以把天下称作镣铐。只有贤明的君主才能运用督责臣下的方法，君主在上面独断专行，大权就不会旁落到臣属手里，然后才能消灭仁义的说教，杜绝劝谏的言论，超出众人，满足任意而为的心愿，而没人敢于反对。这样，群臣、百姓无暇补救过失，怎敢图谋变乱！"秦二世大悦，于是更加严厉地实行督责，道路上一半是受刑的罪犯，闹市中每天死人成堆，秦朝百姓更加惊恐不安，都希望推翻秦朝。

郎中令赵高仗着受宠，专断独行，为所欲为，经常因个人仇怨杀人。他担心大臣进言，劝秦二世说："天子之所以尊贵，是因为群臣只能听到他的声音，无法见到他的容颜。现在陛下坐在朝廷上，一旦赏罚不当，就会受到大臣的非难，不能向天下显示陛下的神圣高明。陛下不如拱手深居宫中，与我和熟悉法令的内廷随侍人员等候奏事，事情奏报上来还有研究余地，大臣不敢奏报难以判断的事情，天下就会称陛下为圣主了。"秦二世便不去朝廷面见大臣，凡事都由赵高决定。

李斯对此有所议论，赵高便去见李斯说："关东盗贼群起，皇上却加征徭役，去修建阿房宫。我打算进谏，却地位卑贱。这正是您的职责，您怎么不加劝阻！"李斯说："皇上住在深宫里，想进谏也没有机会。"赵高说："等皇上有空时，我告诉您。"于是等到秦二世正在饮酒作乐，妇女都在面前时，赵高派人告诉李斯："可以去奏事了。"李斯便前来求见，一连三次都是这样。秦二世大怒，赵高乘机说："沙丘定计，丞相也是参与者。现在陛下当了皇帝，但丞相的地位没有更加尊

下。"二世乃使人按验三川守与盗通状。

斯闻之,乃上书言高罪,又与右丞相冯去疾、将军冯劫进谏曰:"群盗并起,皆以戍、漕、转、作事苦,赋税大也。请且止阿房宫作者,减四边戍、转。"二世曰:"君不能禁盗,又欲罢先帝所为,是上无以报先帝,次不为朕尽忠力,何以在位!"下吏按罪。去疾、劫自杀。

斯自负其辩,有功,无反心,乃就狱。二世属高治之,高皆妄为反辞以相傅,遂具斯五刑论,腰斩咸阳市。斯顾谓其中子曰:"吾欲与若复牵黄犬,俱出上蔡东门逐狡兔,岂可得乎!"遂父子相哭,而夷三族。二世乃以高为中丞相,事皆决焉。

【纲】章邯击破楚军于定陶,项梁死。【目】梁再破秦军,益轻秦,有骄色。宋义谏曰:"战胜而将骄卒惰者败。臣为君畏之!"弗听。二世悉起兵益章邯击楚军,大破之定陶,梁死。怀王徙都彭城,并项羽、吕臣军自将之,号羽为鲁公。

【纲】楚立魏豹为魏王。
【纲】章邯击赵,围赵王于巨鹿,楚以宋义为上将军救之。【目】章邯北击赵,破邯郸。张耳以赵王走巨鹿,王离围之。陈馀北收兵,得数万人,军其北,章邯军其南。赵数请救于楚。楚王闻宋义先策武信君必败,召与计事,大悦之,因以为上将军,项羽为次将,范增为末将,以救赵。义号"卿子冠军",诸别将皆属焉。

贵，他的意思是希望也能分地称王了。况且他的长子李由担任三川（治荥阳，在今河南荥阳西南）郡守，楚国的盗贼都是邻县之人，因此他们敢于公开经过三川。我听说他们互有文书往来，但是还不知道详情，所以没敢告诉陛下。而且丞相在外，权力比陛下还大。"秦二世便派人审查核实三川郡守李由勾结盗贼的罪状。

　　李斯得知后，便上书陈述赵高的罪行，又与右丞相冯去疾、将军冯劫进谏说："群盗并起，都因为戍边、水运、陆运、工程等事劳苦，赋税繁重。请陛下暂且停止阿房宫的兴建，减少边疆戍守和物资转运的兵役、徭役。"秦二世说："你们不能禁止盗贼，又打算终止先帝所作的事情，这第一不能报答先帝，其次不能为朕尽忠效力，凭什么占据相位！"便将他们交付法官审讯治罪。冯去疾、冯劫自杀。

　　李斯自恃雄辩，立有大功，又没有反叛的意图，便接受审讯。秦二世让赵高审理此案，赵高一律牵强附会地捏造成谋反的供词，于是判决李斯以五刑论罪，在咸阳闹市中腰斩。李斯回头望着次子说："我想和你再牵着黄犬一齐到上蔡（在今河南上蔡西）东门外去追逐狡兔，还能做到吗？"于是父子相对哭泣，三族都被诛灭。秦二世便任命赵高为中丞相，凡事都由赵高决定。

　　【纲】章邯在定陶（在今山东菏泽南）打败楚军，项梁战死。
【目】项梁再次打败秦军，越发轻视秦军，脸上流露出骄傲的神色。宋义劝告他说："打了胜仗，将军骄傲，士兵怠惰，就会失败。我真为你担心！"项梁不听。秦二世调集所有的军队增援章邯，章邯攻打楚军，在定陶大破楚军，项梁战死。楚怀王迁都彭城，将项羽、吕臣的军队合并起来，亲自指挥，给项羽进号鲁公。

　　【纲】楚怀王立魏豹为魏王。

　　【纲】章邯攻打赵国，把赵王赵歇围困在巨鹿（在今河北巨鹿西南）城中。楚怀王任命宋义为上将军，前去援救赵国。　【目】章邯进击赵国，攻克邯郸。张耳带着赵王逃到巨鹿，王离将巨鹿包围。陈馀北去招集兵马，得到好几万人，驻扎在巨鹿北面，章邯驻扎在巨鹿南面。赵国屡次向楚国求救，楚怀王听说宋义事先算定武信君项梁必败，便召他议事，对他非常赏识，因此任命他为上将军，项羽为次将，范增为末

【纲】楚遣沛公伐秦。 【目】初，楚怀王与诸将约："先入定关中者王之。"是时秦兵尚强，诸将莫利先入关；独项羽怨秦，奋身愿与沛公西。诸老将曰："羽剽悍猾贼，所过无不残灭，不如更遣长者，扶义而西，无侵暴，宜可下。羽不可遣；独沛公素宽大长者，可遣。"王乃遣沛公收陈王、项梁散卒以伐秦。

【纲】甲午，三年，冬十一月，楚次将项籍矫杀宋义而代之，大破秦军，虏其将王离。 【目】宋义至安阳，留四十六日不进。项羽曰："秦围赵急，宜疾引兵渡河；楚击其外，赵应其内，破秦军必矣！"宋义曰："今秦攻赵，战胜则兵罢，我乘其敝；不胜，则我鼓行而西，必举秦矣。"因下令曰："有猛如虎，很如羊，贪如狼，强不可使者，皆斩之！"遣其子襄相齐，送之无盐，饮酒高会。项羽曰："今岁饥民贫，卒食半菽，而饮酒高会。不引兵渡河，因赵食，并力攻秦，乃曰'承其敝'。夫以秦之强，攻新造之赵，其势必举，何敝之承？且国兵新破，主坐不安席，扫境内而属将军，国家安危，在此一举。今不恤士卒，而徇其私，非社稷之臣也！"十一月，羽晨朝义，即其帐中斩之。遣使报命于王，王因以羽为上将军。

羽乃悉引兵渡河，已渡，皆沉船破甑，烧庐舍，持三日粮，以示士卒必死，无还心。与秦军遇，九战，皆破之。章邯引却，遂虏王离。时诸侯军救巨鹿者十余壁，莫敢纵兵；及楚击秦，皆从壁上观。

将，前去援救赵国。宋义号称"卿子冠军"，各部将领都归宋义指挥。

【纲】楚怀王派遣沛公刘邦讨伐秦朝。　【目】起初，楚怀王与诸将约定："谁先进入并平定关中，就封谁为关中王。"这时秦兵还很强大，诸将认为先入关中不利，只有项羽怨恨秦朝，挺身而出，愿意与沛公刘邦西进。各位老将说："项羽勇猛凶残，所过之处无不遭到残杀。不如改派宽厚长者，仗义西进，不侵害百姓，应该能够攻下关中。不可派遣项羽前去，只有沛公一向宽大为怀，是一位长者，可以派遣。"楚怀王便派遣沛公刘邦招集陈王和项梁逃散的士兵，前去讨伐秦朝。

【纲】三年（甲午，前207），冬十一月，楚国次将项羽假托楚怀王的名义杀死宋义，取而代之，大破秦军，俘虏秦将王离。　【目】宋义来到安阳（在今山东曹县东），逗留了四十六天，没有进军。项羽说："秦军围困赵军，形势危急，应该赶紧率领军队渡过漳河（在今河南北部）。楚军从外面进击，赵军在城内响应，准能打败秦军！"宋义说："现在秦军攻打赵军，如果打了胜仗，军队疲劳，我们就趁秦军疲劳时发动攻击；秦军不能取胜，我们就擂鼓西行，一定能推翻秦朝了。"于是下达命令说："对于猛如虎，狠如羊，贪如狼，态度强横，不听指挥的人，一律斩首！"他打发儿子宋襄去辅佐齐国，送行到无盐（在今山东东平东）时，摆下酒宴，大会宾客。项羽说："如今年景荒歉，百姓贫困，士兵只能吃芋头和豆子（原文作"卒食半菽"，《资治通鉴》同，并误。今据《史记·项羽本纪》改"半"为"芋"，并依此适译），宋义却大摆酒宴，盛会宾客。他不肯率领军队横渡漳河，就地去吃赵国的粮食，与赵国合力进攻秦军，却说'等秦军疲惫了再发动进攻'。就凭秦军这么强大，来攻打刚刚建立的赵国，势必取胜，哪有军队疲惫的时机可乘！何况我国军队新近战败，楚王坐不安席，调集全国军队交给宋将军指挥，国家安危，在此一举。现在，他不体恤士兵，反而谋求私利，不能算是国家的大臣！"十一月，一天早晨项羽去进见宋义，就在营帐中杀死宋义。项羽派遣使者报告楚怀王，楚怀王便任命项羽为上将军。

于是，项羽率领全部军队横渡漳河，过河后，一律凿沉船只，砸破锅甑，烧毁营房，携带三天的口粮，以显示将士决一死战，无意生还的决心。项羽与秦军遭遇，经过九次战斗，都打败秦军。章邯领兵退却，

楚战士无不一当十，呼声动天地，观者人人惴恐。既破秦军，诸侯将入辕门，膝行而前，莫敢仰视。羽由是始为诸侯上将军，诸侯兵皆属焉。

【纲】春二月，沛公击昌邑，彭越以兵从。 【目】越，昌邑人，常渔巨野泽中，为群盗。楚兵起，泽间少年相聚百余人，请越为长。略地收散卒，得千余人，至是以其兵归沛公。

【纲】沛公使郦食其说陈留，下之。 【目】沛公过高阳，高阳人郦食其，家贫落魄，为里监门。其里人有为沛公骑士者，食其谓曰："吾闻沛公慢而易人，多大略，此真吾所愿从游。"骑士曰："公不好儒，客冠儒冠来者，辄解而溺其中。与人言，常大骂。未可以儒生说也。"郦生曰："第言之。"骑士从容言之。沛公至传舍，则使人召郦生。生至，入谒，沛公方踞床，使两女子洗足而见生。生长揖不拜，曰："足下必欲诛无道秦，不宜倨见长者！"公乃辍洗而起，延生上坐，问计。生曰："足下兵不满万，欲以径入强秦，此所谓探虎口者也。夫陈留，天下之冲，又多积粟。臣善其令，请得使之令下。"于是遣生行，而引兵随之，遂下陈留。号生为广野君，为说客，使诸侯。其弟商亦聚众四千人，来属沛公。

【纲】夏四月，沛公攻颍川，略南阳。秋七月，南阳守齮降。
【目】四月，沛公攻颍川，因张良略韩地。六月，略南阳。七月，郡守

于是活捉王离。当时,营救巨鹿的诸侯军队有十多座营垒,可是都不敢出兵。及至楚军攻打秦军时,他们都在营垒上观看。楚军将士无不以一当十,喊杀声震天动地,旁观的人们个个惊恐不安。打败秦军后,诸侯各国将领走进辕门,都跪在地上膝行向前,没人敢于抬头观看。从此,项羽开始成为诸侯各国的上将军,诸侯的军队都归他指挥。

【纲】春二月,沛公刘邦攻打昌邑(在今山东金乡西北),彭越率领军队投奔刘邦。 【目】彭越是昌邑人,经常在巨野泽(在今山东巨野北)中打鱼,结伙为盗。楚国起兵时,泽中一百多个年轻人聚集起来,请彭越担当首领。彭越攻取土地,招收逃散的士兵,得到一千多人。至此,彭越率领部下兵马投奔沛公刘邦。

【纲】沛公刘邦派郦食其前往陈留(今河南开封东南陈留镇)游说,陈留归服。 【目】沛公刘邦经过高阳(在今河南杞县西)。高阳人郦食其家境贫困,很不得志,为本里看守里门。同里有人当了沛公刘邦的骑士,郦食其对他说:"我听说,沛公态度傲慢,看不起人,谋略远大,这真是我愿意结交的人物。"骑士说:"沛公不喜欢儒生,头戴儒冠前来的宾客,沛公总是摘下儒冠,在里面撒尿,与人谈话,经常破口大骂。所以你不能以儒生身份前去游说。"郦食其说:"你只管如实道来。"骑士就找机会把郦食其介绍给沛公刘邦。沛公刘邦来到驿馆,就派人去叫郦食其。郦食其来到后,进门去见沛公刘邦。沛公刘邦正伸着双腿坐在床上,让两个女子洗脚,就这样接见郦食其。郦食其只行了一个弯腰到地的拱手礼,并不跪拜,说:"如果您想讨伐无道的秦朝,就不应该用傲慢的态度会见长者!"沛公刘邦便停止洗脚,站起身来,请郦食其在上首坐下,问他有什么主意。郦食其说:"您的军队不满一万人,却想直接深入到强大的秦朝境内,这就是人们所说的虎口探物的做法。陈留是天下的交通要冲,又储存着许多粮食。我与陈留县令交好,请让我出使陈留,使陈留归顺。"于是刘邦让郦食其前去,而自己率领军队跟在后面,于是占领陈留。刘邦封郦食其为广野君,充当说客,出使诸侯各国,郦食其的弟弟郦商也招集了四千人,前来投奔沛公刘邦。

【纲】夏四月,沛公刘邦攻打颍川(今河南禹县),夺取南阳(今河南南阳)。秋七月,南阳郡守齮投降。 【目】四月,沛公刘邦攻打颍川,

齮降。引兵而西,无不下者。所过亡得卤掠,秦民皆喜。

【纲】章邯以军降楚。 【目】章邯军棘原,项羽军漳南。秦兵数却,二世使人让邯。邯恐,使长史欣请事咸阳,留司马门三日,赵高不见。欣恐,走还报曰:"赵高用事于中,下无可为者。今战胜,高疾吾功;不胜,不免于死。"邯遂与羽约,请降。乃与盟于洹水上,立邯为雍王,置楚军中,而使欣将其军为前行。

【纲】八月,沛公入武关。赵高弑帝于望夷宫,立子婴为王。九月,子婴讨杀高,夷三族。 【目】初,中丞相赵高欲专秦权,恐群臣不听,乃持鹿献于二世曰:"马也。"二世笑曰:"丞相误邪,谓鹿为马?"问左右,或默,或言鹿。高因阴中诸言鹿者以法。后群臣皆莫敢言其过,

八月,沛公攻入武关。高前数言"关东盗无能为",至是二世使责让高。高惧,乃与其婿咸阳令阎乐谋,诈为有大贼,召吏发卒,使乐将之入望夷宫。乐前数二世曰:"足下骄恣,诛杀无道,天下皆畔。其自为计!"二世曰:"吾愿得一郡为王。"弗许。"愿为万户侯。"又弗许。"愿与妻子为黔首。"乐曰:"臣受命丞相,为天下诛足下;足下虽多言,臣不敢报!"麾其兵进。二世自杀。赵高乃立子婴为秦王。

九月,高令子婴朝见受玺,子婴称疾不行。高自往请,子婴遂刺杀高,三族其家以徇。

通过张良去夺取韩国故地。六月,刘邦攻取南阳。七月,南阳郡守齮投降。刘邦率领军队西进,沿途无不归降。刘邦在经过的地方禁止掳掠,秦朝百姓都很喜欢。

【纲】章邯率领军队投降楚国。 【目】章邯驻扎在棘原(在今河北巨鹿西南),项羽驻扎在漳水南岸。秦兵屡次败退,秦二世派人责问章邯。章邯害怕了,便派遣长史司马欣前往咸阳请求奏事。司马欣留在司马门等了三天,赵高不肯接见。司马欣心怀恐惧,逃回去报告说:"赵高在朝中当权,下面的人不能有所作为。现在,如果作战取胜,赵高就会嫉妒我们的功劳;不能取胜,我们仍然难免一死。"于是章邯与项羽订约,请求投降,项羽便与章邯在洹水岸边举行盟会,立章邯为雍王,将他安置在楚军中,而让司马欣率领原来的秦军,充当先头部队。

【纲】八月,沛公刘邦进入武关(在今陕西商县东)。赵高将秦二世杀死在望夷宫(在今陕西三原南),立子婴为王。九月,子婴攻杀赵高,诛灭他的三族。 【目】起初,中丞相赵高打算独揽秦朝大权,唯恐群臣不肯听命,便牵来一只鹿献给秦二世,说:"这是一匹马。"秦二世笑着说:"丞相错了,怎把鹿说成是马?"秦二世问身边的人,有人沉默不语,有人说是鹿,赵高便暗中中伤说是鹿的人,使他们受到惩处。以后,群臣都不敢说他的过失。

八月,沛公刘邦攻进武关。以前赵高屡次说:"关东盗贼不能有所作为。"至此,秦二世让人责备赵高。赵高害怕了,便与女婿咸阳县令阎乐商量,诈称出现大盗,召集将官发兵,让阎乐率领军队进入望夷宫。阎乐走上前去,数落秦二世说:"您骄横放纵,大肆诛杀,昏庸无道,天下人都背叛了您。您自作打算吧!"秦二世说:"我希望得到一个郡,去当郡王。"阎乐不答应。秦二世说:"我希望当万户侯。"阎乐又没答应。秦二世说:"我希望与妻子儿女去当百姓。"阎乐说:"我接到丞相的命令,让我为天下人杀您。即使您说得再多,我也不敢去报告丞相!"便指挥士兵前进,秦二世自杀。赵高便立子婴为秦王。

九月,赵高让子婴上朝会见百官,接受玺印,子婴托称有病,没有前去。赵高亲自去请子婴,子婴便刺死赵高,诛灭他的三族,陈尸示众。

【纲】沛公击峣关,破之。 【目】秦遣兵拒峣关,沛公欲击之。张良曰:"未可。愿益张旗帜为疑兵,而使郦生、陆贾往说秦将,啖以利。"秦将果欲连和,沛公欲许之。良又曰:"不如因其怠而击之。"沛公遂引兵击秦军,大破之。

右秦自庄襄王至子婴,合四十三年。子婴为王四十六日降于汉。

【纲】沛公刘邦进击并攻克峣关（在今陕西蓝田东南）。【目】秦朝派兵防守峣关，沛公刘邦打算攻打峣关。张良说："不行。希望多张旗帜，设置疑兵，同时派郦食其、陆贾前去劝告秦将，并加以利诱。"秦将果然打算与刘邦联合，沛公邦也想答应他们。张良又说："不如趁秦将懈怠之机发起进击。"沛公刘邦便率领军队攻打秦军，把秦军打得大败。

以上秦朝自秦庄襄王至子婴，一共四十三年。子婴称王仅四十六天，便归降于汉。

纲鉴易知录卷九

汉纪

太祖高皇帝

【纲】乙未,冬十月,沛公至霸上,秦王子婴奉玺、符、节以降。【目】沛公至霸上,秦王子婴素车、白马,系颈以组,封皇帝玺、符、节,降轵道旁。诸将请诛之。沛公曰:"始怀王遣我,固以能宽容。且人已降,杀之不祥。"乃以属吏。

【纲】沛公入咸阳,还军霸上,除秦苛法。 【目】沛公西入咸阳,诸将皆争取金帛财物;萧何独先入收丞相府图籍藏之,以此得具知天下厄塞、户口多少、强弱之处。沛公见秦宫室、帷帐、宝货、妇女,欲留居之。樊哙谏曰:"凡此奢丽之物,皆秦所以亡也,公何用焉!愿急还霸上,无留宫中!"不听。张良曰:"秦为无道,故公得至此。夫为天下除残贼,宜缟素为资。今始入秦,即安其乐,此所谓'助桀为虐'。且忠言逆耳利于行,毒药苦口利于病,愿听哙言!"公乃还军霸上,悉召父老豪杰谓曰:"父老苦秦苛法久矣!诸侯约,先入关者王之;吾当王关中。与父老约,法三章耳:杀人者死,伤人及盗抵罪。余悉除去。凡吾所以来,为父老除害,非有所侵暴,毋恐!"乃使人与秦吏行县、乡、邑,告谕之。秦民大喜,惟恐沛公不为秦王。

太祖高皇帝

【纲】太祖高皇帝刘邦元年（乙未，前206），冬十月，沛公刘邦到达霸上（在今陕西西安东），秦王子婴捧着玺、符、节来投降。 【目】沛公刘邦到达霸上，秦王子婴坐着白马拉的丧车，把印绶挂在脖子上，拿着皇帝用的各种玺、符、节，在轵道（在今陕西西安东北）道旁下车降迎。诸将请求把他杀掉。沛公刘邦说："当初楚怀王派我西入关中，就是因为我能够宽容。况且人家已经投降，杀掉他是不吉祥的。"于是把子婴交给有关官吏看管。

【纲】沛公刘邦进入咸阳（今陕西咸阳东），又回师驻扎在霸上，取消了秦朝苛刻的法令。 【目】沛公刘邦向西进入咸阳后，将领们都争先恐后地夺取秦国府库里的金帛财物，只有萧何先进入宰相府去收取图籍，加以保藏起来，利用这些图籍了解到天下的险要关塞、各地人口的多少和各处兵力的强弱情况。沛公刘邦看到秦国豪华的宫室、帷帐、宝货、美女，就想留下来住在里面。樊哙劝他说："凡是这些奢侈华丽的东西，都是秦朝所以灭亡的原因，您为什么要用这些东西呢？希望您赶快回到霸上，不要留在宫中。"刘邦没有听从樊哙的规劝。张良说："正因为秦国无道，所以您才能到了这个地方。为了给天下铲除残暴的坏人，应当以俭朴为本。现在刚刚进入秦国，就安心享受秦宫中的逸乐，这就是所谓'助桀为虐'。忠言逆耳利于行，毒药苦口利于病，希望您能听从樊哙的话。"沛公这才回到霸上的军营。他将当地所有父老豪杰召来对他们说："父老们深受秦国苛法的苦已经很久了，诸侯相约，先进入关中的就在这里为王，我应当在关中为王。现在和父老们约法三章：杀人者要处死罪，伤人者及偷盗者要按情节轻重来抵罪。其余秦朝的一切法令全部取消。我之所以来到这里，是为父老们消除祸害，不会有所侵犯，不要害怕！"于是派人和原来秦国的官吏一起到县、乡、邑，把约法三章告诉他们，并给他们讲明白。秦国的百姓听了之后都非常高兴，唯恐刘邦不当关中王。

【纲】项籍诈坑秦降卒二十余万于新安。 【目】项羽率诸侯兵欲西入关。先是，诸侯吏卒、徭戍过秦中，秦人遇之多无状。及秦军降楚，诸侯吏卒乘胜折辱，奴虏使之，秦吏卒多怨，窃言。羽计众心不服，至关必危。于是夜击坑二十余万人新安城南，而独与章邯及长史欣、都尉翳入秦。

【纲】沛公遣兵守函谷关，项籍攻破之，遂屠咸阳，杀子婴，掘始皇帝冢，大掠而东。 【目】或说沛公："急遣兵守函谷关，无内诸侯军。"沛公从之。项羽至，大怒，攻破之，进至戏，飨士卒，欲击沛公。时羽兵四十万，在鸿门；沛公兵十万，在霸上。范增曰："沛公居山东时，贪财、好色；今入关，财物无所取，妇女无所幸，此其志不在小。急击勿失！"羽季父项伯素善张良，夜驰告之，欲与俱去。良曰："良为韩王送沛公；今有急亡去，不义。"因固要伯入见沛公。公奉卮酒为寿，约为婚姻。曰："吾入关，秋毫不敢有所近，籍吏民、封府库而待将军，所以守关者，备他盗耳。日夜望将军至，岂敢反乎！愿伯具言臣之不敢倍德。"项伯许诺，曰："旦日不可不蚤自来谢。"去，具以告羽，且曰："人有大功而击之，不义；不如因善遇之。"羽曰："诺。"

沛公旦日从百余骑来见羽，谢。羽因留饮。范增数目羽，举所佩玉玦示之者三，羽不应。增出，使项庄入前为寿，请以剑舞，因击

【纲】项羽用欺诈的手段在新安(今河南新安西)掘坑活埋了二十余万投降的秦国士卒。　【目】项羽打算率领各诸侯的士卒向西进入函谷关。在此之前,各诸侯国的官吏和士卒,因服役或戍守经过秦地,秦国人对待他们大都无礼。等到秦军投降楚军以后,各诸侯国的官吏和士卒乘胜羞辱他们,或把秦人当作奴隶驱使,秦国的官吏和士卒大多怨恨,并且私下有所议论。项羽估计秦人众心不服,到了函谷关后一定很危险。于是乘夜在新安城南袭击并活埋了二十余万秦国投降的人,只和章邯及长史司马欣、都尉董翳进入秦国。

【纲】沛公刘邦派遣军队守函谷关,项羽攻下了函谷关。接着,项羽在咸阳实行屠杀,杀死了子婴,挖掘了秦始皇的坟墓,大肆抢掠后向东而去。　【目】有人劝沛公说:"赶快派遣军队去守函谷关,不要让诸侯的军队进来。"沛公听从了这个建议。项羽到了函谷关后十分生气,于是攻下了函谷关,直抵戏水(在今陕西临潼东),项羽犒劳士卒,想攻击沛公。当时项羽有兵四十万,驻扎在鸿门(在今陕西临潼东);沛公的兵十万,驻扎在霸上。范增说:"沛公在山东时,贪财好色;现在进入关中,没有夺取任何财物,也没宠幸美女,由此可看出他的志向不小。应当赶快向他发起进攻,勿失良机。"项羽的叔父项伯平素和张良很好,于是连夜乘马直奔张良住地,把这件事告诉了张良,并打算和张良一同逃离。张良说:"我奉韩王之命送沛公入关,现在沛公危急,我却逃去,这是不义的行为。"因此执意要项伯进去与沛公相见,沛公手捧酒杯为项伯祝寿,并彼此为儿女缔结婚约。并说:"我入关后,秋毫不敢有所侵犯,只是对官吏和百姓们进行了登记,把仓库给封存起来,然后等待项将军的到来。我之所以派兵去把守函谷关,是为了防备其他盗贼的侵入。我日日夜夜都在盼望项将军的到来,哪敢反对他,请项伯把我不敢背弃恩德的话全部告诉项将军。"项伯答应了他的请求,并说:"明天早晨你自己一定要早早前来致谢。"说完后就回去了,他把刘邦的话全都转告项羽,并且说:"别人有大功而去攻击他,这是不义的行为,不如因此而好好地对待他。"项羽说:"好吧。"

第二天早晨,沛公刘邦带着百余名骑兵来见项羽,向他致谢。项羽留下沛公请他饮宴。范增多次向项羽使眼色,并且举起他佩戴的玉

沛公杀之。庄入为寿，毕，拔剑起舞。项伯亦拔剑起舞，常以身翼蔽沛公，庄不得击。于是张良出见樊哙，告以事急。哙带剑拥盾直入，瞋目视羽，头发上指，目眦尽裂。羽曰："壮士！"赐斗卮酒，一生彘肩，哙立饮啖之。羽曰："能复饮乎？"哙曰："臣死且不避，卮酒安足辞！夫秦有虎狼之心，天下皆叛。怀王与诸将约曰：'先入咸阳者王之。'今沛公先破秦入咸阳，劳苦功高，未有封爵之赏，而将军听细人之说，欲诛有功之人。此亡秦之续耳，窃为将军不取也！"羽无以应，命之坐。沛公遂起如厕，脱身独骑，哙等步从趣霸上，留张良使谢羽。羽问："沛公安在？"良曰："闻将军有意督过之，脱身独去，已至军矣。"因以白璧一双献羽，玉斗一双与增。羽受璧。增拔剑撞破玉斗，曰："唉，竖子不足与谋！夺将军天下者，必沛公也，吾属今为之虏矣！"

居数日，羽引兵西，屠咸阳，杀秦降王子婴，烧宫室，火三月不灭。掘始皇帝冢，收货宝、妇女而东。秦民大失望。韩生说羽曰："关中阻山带河，四塞之地，地肥饶，可都以霸。"羽见秦残破，又思东归，曰："富贵不归故乡，如衣绣夜行耳！"韩生退曰："人言楚人沐猴而冠，果然！"羽闻之，烹韩生。

【纲】春正月，项籍尊楚怀王为义帝。【目】项羽既入关，使人致命怀王。王曰："如约。"羽怒曰："怀王者，吾家所立耳，非有功伐，何以得专主约！"乃阳尊怀王为义帝，徙于江南，都郴。

玦再三向项羽示意，项羽没有答理。范增走出去，让项庄进去为沛公祝寿，并请求舞剑助兴，从而寻机击杀沛公。项庄进入帷帐，祝完寿后就拔剑起舞。项伯也跟着拔剑起舞，经常用身体来掩护沛公，使项庄不能攻击沛公。张良于是走出营帐去见樊哙，告诉他情况非常危急。樊哙就提剑持盾，直入帷帐，怒目望着项羽，气得头发都竖了起来，眼角都要裂开了。项羽说："此乃壮士。"并赐给他一斗卮酒，一条生猪肩，樊哙站在那里就一边吃一边喝起来。项羽说："你还能再喝吗？"樊哙说："我死都不避，一卮酒怎么还能推辞。秦国有虎狼一样的凶恶之心，天下都反叛了。楚怀王和诸将相约说：'首先攻入咸阳的人就在那里为王。'现在沛公首先打败秦国进入咸阳，劳苦功高，没有给封爵的赏赐，而将军却听信小人的话，想杀掉有功之人，这样做就会像秦国一样跟着灭亡，为将军考虑，这是不足取的。"项羽无言可答，只是命他坐下。沛公这时起来上厕所，乘机脱身，他一个人骑马，樊哙等步行跟从，直奔霸上。只留下张良让他答谢项羽。项羽问张良："沛公在哪里？"张良说："沛公听说将军要责备他的过错，一个人脱身跑了，现在大概已经回到军营了。"说完就捧着一双白璧献给项羽，一双玉斗献给范增。项羽接受了双璧。范增拔出剑来击破玉斗，说："唉！小子不足与他共谋大事。夺取将军天下的人，一定是沛公，我们今后将成为他的俘虏。"

　　几天以后，项羽率兵向西，在咸阳实行屠杀，杀死了投降的秦王子婴，焚烧了秦王朝的宫室，大火三个月还没有熄灭。挖掘了秦始皇的坟墓，抢掠了金银财宝、美女，就返回东方。秦国的百姓大失所望。韩生劝项羽说："关中地区拥有山川险阻，是四周都有要隘的地方，土地肥沃，可以在这里建都以称霸天下。"项羽看到秦国的都城已经残破，又想回到东方，于是说："富贵以后不归故乡，就像穿着锦绣衣裳在夜间行走一样。"韩生退出后说："人们都说楚人性情急躁，像猕猴穿了衣冠，只是貌似人而已，果然如此。"项羽听到韩生说的话后，就把韩生给烹杀了。

　　【纲】春正月，项羽尊奉楚怀王为义帝。　　【目】项羽入关以后，派人向楚怀王禀报。楚怀王说："遵守原来的约定。"项羽生气地说："楚怀王是我们项家立他为王的，他并没有什么功劳，怎么可以专断定约。"

【纲】二月，项籍自立为西楚霸王。　【目】王梁、楚地九郡，都彭城。

【纲】立沛公为汉王。　【目】项羽与范增疑沛公，而业已讲解，又恶负约，以巴、蜀道险，秦之迁人居之，乃曰："巴、蜀亦关中地也。"故立沛公为汉王，王巴、蜀、汉中，都南郑。而三分关中，王秦降将，以距塞汉路。

【纲】夏四月，诸侯罢兵就国。

【纲】汉以萧何为丞相，遣张良归韩。　【目】初，汉王以项羽负约，怒欲攻之。萧何曰："虽王汉中之恶，不犹愈于死乎？"王曰："何也？"何曰："今众不如，百战百败，不死何为！夫能绌于一人之下而信于万乘之上者，汤、武是也。臣愿大王王汉中，养其民以致贤人，收用巴、蜀，还定三秦，天下可图也。"王曰："善。"乃就国，以何为丞相。

项王使卒三万人从汉王之国。张良送至褒中，王遣良归韩；良因说王烧绝所过栈道，以备盗兵，且示羽无东意。

【纲】五月，齐田荣击走齐王都，遂弑胶东王市，自立为齐王。秋七月，使彭越击杀济北王安，又击破西楚军。　【目】田荣闻项羽徙田市而立田都为齐王，大怒，拒击都，走之，因留市不令之胶东。市畏羽，窃亡之国，荣怒，追击杀之。是时彭越在巨野，有众数万人，无所属。荣与越将军印，使击田安杀之，遂并王三齐。又使越击楚，大破其军。

于是表面上尊奉楚怀王为义帝，把他迁到了江南，在郴（今湖南郴县）建都。

【纲】二月，项籍自立为西楚霸王。　【目】在过去梁国、楚国故地的九个郡称王，建都彭城（今江苏徐州）。

【纲】立沛公为汉王。　【目】项羽和范增都怀疑沛公，但已经和解，又不好负约。他们认为巴、蜀的道路艰险，秦王朝时曾迁移人们来这里居住，于是就说："巴、蜀也是关中之地。"所以就立沛公为汉王，管辖巴、蜀和汉中，在南郑（今陕西南郑）建立都城。把关中分成三个部分，封秦国的投降将领为王，让他们来阻塞汉军的通道。

【纲】夏四月，各诸侯撤兵回到各自的封国。

【纲】汉王任命萧何为丞相，遣张良回到韩国。　【目】起初，汉王沛公认为项羽背弃了约定，感到很生气，打算进攻项羽。萧何说："虽然在汉中做王不好，不是也比死好吗？"汉王说："为什么呢？"萧何说："现在我们军队比不了项羽的军队多，如果交战百次，就会失败一百次，不死还能怎么样呢？能够受屈于一人之下，而在万人之上能伸展自己的志向，商汤、周武是这样的人。我希望大王在汉中做王，使这里的百姓得到休养生息，招致贤能的人才，将巴、蜀二地好好利用起来，然后回军平定三秦之地，这样就可以进一步图取天下了。"汉王说："很好。"于是就前往封国，任命萧何为丞相。

项羽派了三万士卒跟随汉王沛公到了封国。张良送汉王到了褒中（今陕西褒城），汉王让张良返回韩国。张良也就此劝说汉王要烧毁所经过的栈道，以防备偷袭他的军队，同时也向项羽表示没有东进的意思。

【纲】五月，齐国的田荣赶走了齐王田都，杀死了胶东王田市，自立为齐王。秋七月，派遣彭越击杀了济北王田安，同时还攻破了西楚的军队。　【目】田荣听说项羽调迁了田市而立田都为齐王，因此大怒。他拒绝田都为王，并发兵攻打田都，把田都打跑了，就留下田市，不让他到胶东。田市畏惧项羽，偷偷前往他的封国。田荣知道后十分生气，就追击田市，把他杀死。当时彭越在巨野（今山东巨野南），他拥有数万兵众，谁都不隶属。田荣授给了彭越将军印信，派他去攻击并杀死田安。于是

【纲】西楚杀韩王成，张良复归汉。　【目】项王以张良从汉王，废韩王成而杀之，良遂间行归汉。良多病，未尝特将，常为画策臣，时时从汉王。

【纲】汉王以韩信为大将，留萧何给军食。八月，还定三秦，雍王邯迎战，败走废丘；塞王欣、翟王翳降。　【目】初，淮阴人韩信，家贫，无行，数从其下乡南昌亭长寄食。数月，亭长妻患之，乃晨炊蓐食，食时，信往，不为具食。信怒，竟绝去。钓于城下，有漂母见其饥而饭之。信喜，曰："吾必有以重报母。"母怒曰："大丈夫不能自食，吾哀王孙而进食，岂望报乎！"淮阴少年或众辱之曰："若虽长大，好带刀剑，中情怯耳。能死，刺我。不能死，出我胯下！"于是信熟视之，俯出胯下。一市皆笑。

及项梁渡淮，信仗剑从之；后又数以策干羽，不用。亡归汉，未知名。坐法，当斩，其辈皆已斩，次至信，信仰视，适见滕公，曰："上不欲就天下乎，何为斩壮士？"滕公奇其言，壮其貌，释不斩。与语，说之，言于王；王亦未之奇也。

信数与萧何语，何奇之。王至南郑，将士皆歌讴思归，多道亡者。信度何等已数言，王不我用，即亡去。何不及以闻，自追之。人言于王曰："丞相何亡。"王怒，如失左右手。居一、二日，何来谒，王骂曰："若亡，何也？"曰："臣不敢亡，追亡者耳。"王曰："所追者谁？"曰："韩信也。"王复骂曰："诸将亡者以十数，公无所追；追

田荣称王三齐。他又派遣彭越向西楚进攻，结果大破楚军。

【纲】西楚项王杀了韩王成，张良又归属了汉王。 【目】项羽因为张良追随过汉王刘邦，所以废掉了韩王成并把他杀死。张良就秘密地出行，归附汉王。因为张良身体多病，未曾独自带兵打仗，经常为汉王出谋划策，时时跟随在汉王的身边。

【纲】汉王任命韩信为大将，萧何留在后方负责供给军饷。八月，汉王还军平定三秦，雍王章邯迎战，战败而逃到废丘（在今陕西兴平东南）。塞王司马欣、翟王董翳投降汉王。 【目】起初，淮阴人韩信家境贫寒，也没有什么好品行，经常跟着下乡南昌亭长混口饭吃。几个月后，亭长的妻子讨厌他，于是就早早把饭煮好，在室内卧席上就把饭给吃了。到了吃饭的时候，韩信来了，不给他准备饭。韩信非常生气，就和他们断绝关系而离去了。韩信在城下钓鱼时，有一个在河边漂洗衣服的老大娘看见他饿了就给他饭吃。韩信很高兴，就对她说："我一定要重重报答老母。"老大娘生气地说："大丈夫不能自食其力，我是可怜公子才给饭吃的，难道是希望将来报答吗？"淮阴地方的年轻人或聚众侮辱他说："你虽然长的高大，喜欢佩带刀剑，其实内心是很胆怯的。你如果不怕死，就用剑来刺我。如果你怕死，就从我的胯下爬过去。"于是韩信看了他很久，低下身子从他的胯下爬了过去。街上的人都嘲笑韩信。

当项梁渡过淮河以后，韩信佩着剑跟随着他。后来又曾多次向项羽献策，没有被采用。以后他逃归汉王，也没有出什么名。一次他犯了法，应当处以斩刑，他的同案人都已经被斩杀了，依次轮到韩信时，他抬头仰视，正好看见了滕公夏侯婴，说："汉王不是想取得天下吗？为什么要斩杀壮士？"滕公感到他说话不凡，又见他的容貌壮伟，于是就把他释放了，没有杀他。和他交谈了一番，很欣赏他，就告诉了汉王，但汉王也没有感到他有什么突出的地方。

韩信曾多次和萧何谈论事情，萧何很赏识他。汉王到了南郑，将士们都唱着歌想返回故乡，在路上就有很多人逃亡了。韩信揣想萧何等人已经多次向刘邦推荐过自己，但汉王没有起用他，他也就逃走了。萧何来不及向汉王禀告，就亲自追赶韩信去了。有人告诉汉王说："丞相萧何逃跑了。"汉王听了很生气，就像失去了左右手一样。过了一、二

信,诈也!"何曰:"诸将易得;如信,国士无双。王必欲长王汉中,无所事信;必欲争天下,非信无足与计事者。顾王策安决耳!"王曰:"吾亦欲东耳,安能郁郁久居此乎!"于是王欲召信拜大将。何曰:"王素慢无礼,今拜大将,如呼小儿,此信之所以亡也。必欲拜之,择日,斋戒,设坛,具礼,乃可耳。"王许之。诸将皆喜,人人自以为得大将。至拜,乃韩信也,一军皆惊。礼毕,上坐。王曰:"丞相数言将军,将军何以教寡人乎?"信辞谢。因曰:"大王自料,勇悍仁强孰与项王?"王默然良久,曰:"不如也。"信再拜贺曰:"惟信亦以为大王不如也。然臣尝事项王,请言项王之为人也:项王喑恶叱咤,千人皆废,然不能任属贤相,此匹夫之勇耳。见人慈爱,言语呕呕,至人有功当封爵者,印刓敝忍不能予,此妇人之仁也。虽霸天下,不居关中而都彭城;逐义帝置江南,所过残灭;民不亲附。名虽为霸,实失天下心,故其强易弱。今大王诚能反其道,任天下武勇,何所不诛?以天下城邑封功臣,何所不服?以义兵从思东归之士,何所不散?且三秦王将秦子弟数岁,所杀亡不可胜计;又欺其众降诸侯,及项王坑秦卒,惟此三人得脱。秦父兄怨之,痛入骨髓,而楚强以威王之。大王入关,秋毫无所害,除秦苛法。于诸侯之约,又当王关中,而失职入汉中,秦民无不恨者。今举而东,三秦可传檄而定也。"王大喜,自以为得信晚,遂部署诸将,留萧何收巴、蜀租,给军粮食。

天,萧何来拜见汉王,汉王骂道:"你为什么要逃跑呢?"萧何说:"臣下不敢逃跑,是追逃亡的人去了。"汉王问道:"你所追赶的是谁?"萧何回答说:"是韩信。"汉王又骂道:"将领已逃跑了几十个,你都没有去追赶,你去追赶韩信,这是骗人。"萧何说:"那些将领容易得到,像韩信这样的人,是国内独一无二的人才。大王如果想长期称王汉中,那就不用韩信,如果一定要争夺天下,除了韩信就没有能与之共商大事的人了。这就要看大王怎么决策了。"汉王说:"我也想向东发展,怎么能愁绪满腹地久居于此呢?"于是汉王就要召见韩信拜授他为大将。萧何说:"大王一向对人轻慢无礼,现在拜授大将,就像呼叫小孩儿似的,这就是韩信所以要离开的原因。如果一定要拜他为大将,就要选择一个吉日,沐浴斋戒,设置拜将坛,准备好拜大将的礼仪,这样才可以。"汉王应许了。诸将都高兴起来,人人都自以为要当大将了。等到拜授大将时,才知道是韩信,全军都感到惊讶。拜授大将仪式结束后,大家坐了下来。汉王说:"萧丞相曾多次谈到将军,将军用什么良策来教导我呢?"韩信谦让了一番后就对汉王说:"大王自己估计一下,在勇猛善战、待人仁慈方面与项王相比怎么样呢?"汉王沉默了好大一会儿后说:"我不如项王。"韩信拜了两拜后赞同地说:"我也认为大王不如项王。然而我曾事奉过项王,请让我谈谈项王的为人:项王厉声怒喝时,千百人都吓得胆战腿软,然而他不能任用贤相,这只不过是匹夫之勇罢了。平时他对人慈爱,言语温和,至于有人立了功应当封爵时,他却把封爵的印信拿在手里,弄得印角都磨掉了还舍不得授给人家,这就是所谓的妇人之仁。项王虽然称霸天下,但他不据守关中而以彭城为都城,把义帝赶走,安置于江南,凡是项王军队经过的地方都遭到了蹂躏和破坏,百姓不愿归附于他,他名义上虽为霸王,但实际上却已失去了天下的人心,所以他的强大容易转为衰弱。现在大王如果确实能够反其道而行之,任用天下勇敢善战的人,有什么敌人不能诛灭呢?把天下的城邑封给功臣,有什么人不归服你呢?率领正义的军队,顺从思乡东归将士的心愿,向东进军,还有什么人不被打败的呢?况且分封在秦地的三个王都是秦国的将领,他们率领秦国子弟出来作战好几年,其中被杀死的和逃亡的人不计其数,又欺骗了他们的部下投降了诸侯,等到项王坑

八月，从故道出，章邯迎战，败走废丘。王至咸阳，欣、翳皆降。张良遗项王书曰："汉王失职，欲得关中；如约即止，不敢东。"又以齐、梁反书遗之，羽以故无西意，而北击齐。

【纲】王陵以兵属汉。　【目】陵，沛人，聚党居南阳，至是始以属汉。楚执其母，欲以招之。其母因使者语陵曰："汉王长者，终得天下；无以我故持二心。"遂伏剑而死。

【纲】丙申，冬十月，西楚霸王项籍弑义帝于江中。　【目】项籍使人趣义帝行，其大臣稍稍叛之。籍乃密使吴芮、黥布、共敖击杀之江中。

【纲】汉王如陕，镇抚关外父老。
【纲】十一月，汉王还都栎阳。
【纲】春正月，楚击齐，王荣败走死。楚复立田假为齐王。

【纲】三月，汉王渡河，魏王豹降。虏殷王卬。以陈平为护军中尉。　【目】阳武人陈平，家贫，好读书。里中社，平为宰，分肉食甚

杀秦国的士卒时，只有章邯、司马欣、董翳三个人得以逃脱。秦国的父老兄弟都怨恨这三个人，恨之入骨，而楚王倚仗威势强封了这三个人为王。大王入武关时，秋毫无犯，废除了秦国苛刻的法律。根据当初各诸侯的约定，大王应当在关中为王，可是大王失掉了应该得到的封爵而去了汉中，秦地的百姓没有不怨恨的。现在大王举兵东进，三秦地区只要发出一道檄文就可以平定。"汉王听了之后非常高兴，自己也认为得到韩信已经迟了，于是部署诸将，留下萧何收缴巴、蜀地区的赋税，以便供给军饷。

八月，汉军经故道（在今陕西凤县地）出兵，章邯迎战，结果战败，逃到了废丘。汉王到了咸阳以后，司马欣、董翳都投降了。张良派人送给项王一封信说："汉王失去了应该封他的爵位，打算攻取关中；能照原约成为关中王，就停止进攻，不再向东进军。"他又把齐、梁等地反楚的信件送给项羽，项羽因此也就打消了向西进攻的念头，改为向北进攻齐地。

【纲】王陵率领军队归属了汉王。【目】王陵是沛县（今江苏沛县东）人，他曾纠集党徒驻居南阳（今河南南阳），到了这时才归属汉王。楚王抓住王陵的母亲，打算以此来招回王陵。他的母亲通过使者向王陵转告说："汉王是位长者，最终会得到天下，不要因为我的缘故而有二心。"说完就抽剑自杀了。

【纲】二年（丙申，前205），冬十月，西楚霸王项羽派人在长江中杀害了义帝。【目】项羽派人催促义帝前往江南，义帝的左右大臣也纷纷背离了他。于是项羽就秘密派遣衡山王吴芮、九江王黥布、临江王共敖在江中杀害了义帝。

【纲】汉王到达陕县（在今河南陕县），在那里安抚关外父老。

【纲】十一月，汉王回到了栎阳，并在那里建立了都城。

【纲】春正月，楚王率军进攻齐国，齐王田荣在败逃中死去。楚王又立田假为齐王。

【纲】三月，汉王渡过了黄河，魏王魏豹投降。汉军俘虏了殷王司马卬。汉王任命陈平为护军中尉。【目】阳武（今河南原阳东）人陈平，家境贫穷，但喜欢读书。乡里碰到社日时，陈平管社事，他分肉分得很

均。父老曰:"善,陈孺子之为宰!"平曰:"嗟乎,使平得宰天下,亦如是肉矣!"事魏王咎,为太仆。不用,去事项羽。殷王反,羽使平击降之;还,拜都尉,赐金二十镒。及汉下殷,羽怒,将诛定殷将吏。平惧,乃封其金与印,使使归羽,乃挺身仗剑间行归汉。因魏无知求见。王与语,悦之。问:"居楚何官?"曰:"为都尉。"即拜都尉,使参乘,典护军。诸将尽谨;王闻之,益厚平。周勃等言于王曰:"陈平虽美如冠玉,其中未必有也。居家时,尝盗其嫂。平为护军,多受诸将金。愿王察之!"王召让魏无知,无知曰:"臣所言者,能也;王所问者,行也。今有尾生、孝已之行,而无益胜负之数,王何暇用之乎?"王召让平曰:"先生事魏不中,事楚而去,今又从吾游,信者固多心乎?"平曰:"魏王不能用臣,故去。项王不能信人,所任爱,非诸项,即妻之兄弟。臣闻汉王能用人,故来归。然裸身来,不受金无以为资。诚臣画计有可采者,愿大王用之;使无可用者,金具在,请封输官,得乞骸骨。"王乃谢平,厚赐之,拜护军中尉,尽护诸将。诸将乃不敢复言。

【纲】汉王至洛阳,为义帝发丧,告诸侯讨项籍。 【目】汉王至洛阳新城,三老董公遮说曰:"顺德者昌,逆德者亡。兵出无名,事故不成。故曰:'明其为贼,敌乃可服。'项羽无道,放杀其主,天下之贼也。夫仁不以勇,义不以力,大王宜率三军为之素服,以告

均匀。乡里父老夸奖他说："陈孺子负责切肉分配，他管得很好。"陈平说："假使我陈平有一天能管天下，也会像这分肉一样。"他曾事奉过魏王咎，做魏王的太仆。后来魏王不用他了，他去事奉项羽。殷王司马卬反楚，项羽派遣陈平去攻打司马卬，结果使司马卬投降。返回后，项羽任命他为都尉，赏赐给他黄金二十镒。等到汉王打败殷王司马卬时，项羽非常生气，准备诛杀平定殷国的将吏。陈平感到害怕，于是将项羽分给他的官印和赏赐给他的黄金包装起来，派人去送给项羽，他自己挺身佩剑，偷偷地投奔刘邦。他通过魏无知求见汉王，汉王和他谈了话，很喜欢他，就问他说："你在楚国时任什么官？"陈平回答说："任都尉。"汉王马上就任命他为都尉，让他在汉王乘车时陪乘，又令他主管护军。对这样的任命，将领们全都哗然，汉王听说以后，却更加厚待陈平。周勃等对汉王说："陈平长的虽然美如冠玉，但未必有真才能。他在家里时，曾经和他嫂嫂私通。陈平任护军时，曾多次接受将领们的贿赂。请大王好好考察他。"汉王召见魏无知，加以责备，魏无知说："我过去推荐陈平时所讲的是他的才能，大王所责问我的是陈平的品行。假如有人具有尾生、孝己那样的品行，而对战争胜负毫无裨益，大王哪里会使用他们呢？"汉王又召见陈平，责问他说："先生事奉魏国时不得意，事奉楚国时又逃跑，今天又来投奔我，一个讲信义的人能这样三心二意吗？"陈平回答说："魏王不能任用我，所以我就离开了他。项王不相信别人，他所任用信赖的人，不是姓项的就是他妻子的兄弟。我听说汉王能用人，所以我就投奔于您。然而我空手而来，不接受赠金生活就困难。如果我的建议确实有可采纳的，就请大王任用我；如果我的建议无所可取，这些赠金都在，请求把赠金封存没收入官，允许我离职回乡。"于是汉王向陈平致歉，又给了他丰厚的赏赐，任命他为护军中尉，统管所有将领。诸将因此再也不敢说他的坏话。

【纲】汉王到了洛阳，为义帝发丧，通告诸侯讨伐项羽。 【目】汉王到了洛阳的新城（今河南洛阳东南），三老董公在路上拦住他说："顺德者昌，逆德者亡。兵出无名，事情是不会取得成功的。所以说：'只有让大家明白他是贼，敌人才可以降服。'项羽无道，驱逐他的君主义帝，并把他杀死，这是天下的逆贼。仁德不是靠勇猛，信义不是靠力量

诸侯而伐之，则四海之内莫不仰德，此三王之举也。"于是汉王发丧，哀临三日，告诸侯曰："天下共立义帝，北面事之。今项羽弑之，大逆无道！寡人悉发关中兵，收三河士，愿从诸侯王击楚之杀义帝者！"

【纲】夏四月，齐王荣弟横立荣子广为王，击王假走之。

【纲】汉王率五诸侯兵伐楚，入彭城。项籍还破汉军，以汉太公、吕后归。【目】项羽虽闻汉东，欲遂破齐而后击汉，以故汉王得率五诸侯兵，凡五十六万人伐楚。彭越收魏地，得十余城，至是将其兵三万人归汉，请立魏后。汉王曰："西魏王豹，真魏后。"乃以彭越为魏相国，将其兵略梁地。遂入彭城，收其货宝美人，日置酒高会。羽闻之，自以精兵三万，还击破汉军。汉军入谷、泗、睢水，死者二十余万人，水为不流。围汉王三匝，会大风，昼晦，王乃得与数十骑遁去。欲过沛，收家室，道逢子盈及女，载以行，而太公、吕后为楚军所获。诸侯复背汉与楚。王间往从吕后兄周吕侯于下邑，收其兵。

【纲】汉王遣随何使九江。【目】初，项羽击齐，征兵九江，黥布称疾，遣将将数千人往。及汉入彭城，布又不佐楚。羽由是怨之。至是，汉王西过梁地，问群臣曰："吾欲捐关以东等弃之，谁可与共功者？"张良曰："九江与楚有隙，彭越与齐反梁地，此两人可急使，而汉将独韩信可属大事，当一面。捐之此三人，则楚可破也。"王谓左右曰："孰能为我使九江，令倍楚，留项王数月，我取天

强大，大王应该率领三军为义帝素服服丧，并通告各诸侯来讨伐项羽，这样，四海之内无不仰慕您的德义，这是古代三王的举动。"于是汉王为义帝发丧，哀哭了三天，然后通告各诸侯说："天下共同拥立义帝，共同事奉他，而今项羽杀害了他，这是大逆不道，寡人调出全部关中的士卒，征召河内、河南、河东三郡将士，希望随从各诸侯王一起去讨伐楚国杀害义帝的人。"

【纲】夏四月，齐王田荣的弟弟田横拥立田荣的儿子田广为齐王，并将田假赶跑。

【纲】汉王率领五个诸侯的兵力一起前去讨伐楚王，进入了彭城。项羽返回来打败了汉王的军队，并抓去了汉王的父亲和吕后。　【目】项羽虽然听说汉军东进，于是就想打垮齐军之后再攻击汉军，因此汉王得以率领五个诸侯的兵力，一共有五十六万人前往讨伐楚国。彭越攻取魏地，夺取了十多个城邑，到了这个时候，他率领着三万多士卒归附了汉王，并请求立魏王的后嗣。汉王说："西魏王魏豹是真正的魏王后裔。"于是任命彭越为魏相国，率领着他的军队去攻取梁地。汉王进入彭城以后，夺取了那里的财物珍宝和美女，天天设宴会饮。项羽听说以后，亲自率领精兵三万返回，打败了汉军。汉军败逃落入谷水、泗水、睢水，被斩杀及溺死的人有二十多万，河床被阻塞，河水为之不流。楚军把汉王包围了三层，这时正好遇上刮大风，白昼昏暗得如同黑夜，汉王才得到机会和几十个骑兵逃走。他打算路过沛县，接取家眷西行，在路上遇到了他的儿子刘盈和女儿，就用车拉着一块儿逃走，而太公、吕后却被楚军所抓获。诸侯们又背汉而归楚。汉王从小路投奔到吕后的哥哥周吕侯屯兵的下邑，在那里又收集溃散的士兵。

【纲】汉王派遣随何出使九江。　【目】起初，项羽攻击齐国时，曾向九江王征调过军队，黥布声称身体有病，就派了一个将领率领着几千人前往。等到汉王进入彭城以后，黥布又不帮助楚军。项羽因此怨恨黥布。到了这时，汉王向西路过梁地，问群臣们说："我打算把函谷关以东地区送给别人，不知谁可以和我共同建功立业？"张良说："九江王黥布和项羽有隔阂，彭越和齐王田荣在梁地反楚，这两个人马上就可以使用。而汉王的将领只有韩信可以委任大事，独当一面。如果把关东地

下可以百全。"谒者随何请使,王遣之。

【纲】五月,汉王至荥阳。 【目】王至荥阳,诸败军皆会,萧何发关中老弱未傅者,悉诣荥阳,汉军复大振。楚以故不能过荥阳而西。汉遂筑甬道,属之河,以取敖仓粟。

【纲】魏王豹叛汉。

【纲】汉王还栎阳,立子盈为太子。

【纲】关中饥,人相食。

【纲】秋八月,汉王如荥阳,命萧何守关中,立宗庙、社稷。【目】王如荥阳,命萧何侍太子,守关中,为法令约束,立宗庙、社稷。事有不及奏决者,辄以便宜施行,上来以闻。计关中户口,转漕、调兵以给军,未尝乏绝。

【纲】汉韩信击魏,虏王豹,遂北击赵代。 【目】汉使郦生说魏王豹,且召之。豹不听曰:"汉王慢而侮人,骂诸侯、群臣如骂奴耳,吾不忍复见也!"于是汉王以韩信为左丞相,与灌婴、曹参俱击魏。王问食其:"魏大将谁也?"对曰:"柏直。"王曰:"是口尚乳臭,安能当韩信!""骑将谁也?"曰:"冯敬。"曰:"虽贤,不能当灌婴。步卒将谁也?"曰:"项它。"曰:"不能当曹参。吾无患矣!"信亦问:"魏得无用周叔为大将乎?"曰:"柏直也。"信曰:"竖子耳!"遂击虏豹,定魏地。

信请兵三万人,愿以北举燕、赵,东击齐,南绝楚粮道。王遣张

区送给这三个人,楚军就可以打败。"汉王又对左右的臣子说:"谁能为我出使九江,让九江王背叛楚王,把项羽牵制几个月,我们夺取天下就可以有百分之百的把握了。"谒者随何请求出使,汉王派遣他前往九江。

【纲】五月,汉王到达荥阳。 【目】汉王到达荥阳后,各路被击败的军队也都会合起来,萧何又征调关中地区没有登记在徭役名册上的老弱为兵,都派往荥阳,这样,汉军的声势又为之大振。楚军因此也就不能越过荥阳而向西进发。汉军于是在那里修筑甬道,直抵黄河边上,以便运输敖仓的粮食。

【纲】魏王魏豹背叛汉王。

【纲】汉王回到栎阳,立儿子刘盈为太子。

【纲】关中发生饥荒,出现人食人的情况。

【纲】秋八月,汉王到荥阳,命萧何守关中,在那里修建宗庙、社稷。 【目】汉王前往荥阳,命萧何侍奉太子,守护关中,制定各种法令规章,修建宗庙、社稷。如果有事来不及上奏裁决的,就根据情况所宜,先行相机办理,等到汉王回来以后,再报告。萧何在关中清查户口、转运军粮、调兵补充军队,从来没有间断和困乏过。

【纲】汉将韩信攻打魏国,俘获了魏王魏豹,于是向北进攻赵地、代地。 【目】汉王派遣郦生去劝说魏王魏豹,而且召他前来荥阳。魏豹拒绝,并说:"汉王态度傲慢,而且侮辱别人,辱骂诸侯、群臣就像辱骂奴隶一样,我不忍再见到他。"于是汉王任命韩信为左丞相,和灌婴、曹参一起进攻魏国。汉王问郦食其说:"魏国的大将是谁?"郦食其回答说:"是柏直。"汉王说:"这个人乳臭未干,怎么能比得过韩信!"又问:"魏国的骑兵将领是谁?"郦食其说:"冯敬。"汉王说:"此人虽然有才干,但比不过灌婴。还有步兵将领是谁?"郦食其说:"项它。"汉王说:"比不过曹参。我没有什么顾虑了。"韩信也问郦食其说:"魏国会不会用周叔为大将呢?"郦食其说:"用的是柏直。"韩信说:"那是个无知的小子而已!"于是就进攻魏国,俘获了魏豹,平定了魏地。

韩信请求率领三万军队,希望向北进攻燕国和赵国,向东进攻齐

耳与俱。九月，破代兵，禽夏说。

【纲】丁酉，冬十月，韩信大破赵军，禽王歇，斩代王馀，遣使下燕。【目】韩信、张耳击赵，赵聚兵井陉口，号二十万。广武君李左车谓陈馀曰："信、耳乘胜远斗，其锋不可当。今井陉之道，车不得方轨，骑不得成列，其势粮食必在后。愿假臣奇兵三万，从间道绝其辎重，足下深沟高垒勿与战。彼前不得斗，退不得还，野无所掠，不十日而两将之头可致麾下，否则必为二子所禽矣。"馀常自称义兵，不用诈谋奇计，不用左车策。

信间视知之，大喜，乃敢遂下。未至井陉口，止舍。夜半，传发，遣轻骑二千人，人持一赤帜，从间道萆山而望赵军。戒曰："赵空壁逐我，即疾入赵壁，拔其帜而易之。"令裨将传飧，曰："今日破赵会食！"乃使万人先行，出，背水阵；赵望见皆大笑。平旦，信建大将旗鼓，鼓行出井陉口；赵开壁击之，大战良久。于是信、耳佯弃旗鼓，走水上军，赵果空壁逐之。信所遣骑驰入赵壁，拔赵帜立汉帜。水上军皆殊死战，赵军已不能得信等，欲归壁，见帜，大惊，遂乱，遁走。汉兵夹击，大破之，斩陈馀，禽赵王歇。

诸将问曰："兵法：'右倍山陵，前左水泽。'今背水而胜，何也？"信曰："兵法不曰'陷之死地而后生，置之亡地而后存，'乎？且

国,南面切断楚国的粮道。汉王派遣张耳和他一起前往。九月,打败了代兵,擒获了夏说。

【纲】三年(丁酉,前204),冬十月,韩信大破赵军,擒获了赵王赵歇,斩杀了代王陈馀,又派遣使者说降了燕国。 【目】韩信、张耳进攻赵国。赵国把军队集中在井陉口,号称二十万大军。广武君李左车对陈馀说:"韩信、张耳乘胜到远离本土的地方作战,他的前锋部队锐不可挡。但现在井陉的道路狭窄,不能并排通过两辆车,骑兵也不能列队前进,在这种情况下,粮饷一定落在后面。希望给我三万奇兵,从小道去断绝他们供应军需的车辆,足下在此深沟高垒,不要和他们交战。这样,他们向前不能作战,向后不能撤退,在野外抢不到什么东西,过不了十天,韩信、张耳两个将领的头就可以送到大将的旗下,否则,我们一定会被这两个人所擒获。"陈馀经常自称他的军队是仁义之师,不用诈谋奇计,所以没有采纳李左车的计策。

韩信的间谍侦察到陈馀没有采纳李左车的计策后,韩信十分高兴,方才勇敢地率兵直下。还没有到井陉口,停下来休息。半夜时,传令出发,派出轻骑二千人,每人手里拿着一面赤色旗帜,从小路前进,埋伏在山上探望赵军,并告诫他们说:"如果赵军倾巢出来追赶我们,你们就快速冲进赵军的营地,拔掉赵军的旗帜,树起汉军的旗帜。"同时令副将先给士兵们吃点食物,并说:"今天打败赵军后正式会餐。"于是先派出一万名士兵作为先头部队,出了井陉口就背靠河水摆开阵势。赵军望见以后都大笑起来。天刚亮的时候,韩信竖起大将的旗帜,敲起战鼓,开出井陉口,赵军开营出击汉军,两军激战了很久,在这个时候,韩信、张耳假装战败,丢弃了旗鼓,逃向河边的汉军阵地,赵军果然倾巢而出,追击韩信。韩信派遣的二千骑兵飞奔进入赵军营垒,拔掉了赵军的旗帜,树起了汉军的旗帜。韩信在河边的军队殊死奋战,赵军已不能擒获韩信等人,想返回营垒,发现军营里已插上了汉军的旗帜,因此大为惊慌,顿时队伍大乱,士兵们纷纷逃跑。这时汉军从两面夹攻,大破赵军,斩杀了陈馀,擒获了赵王歇。

诸将问韩信道:"兵法上说:'布置阵地要右靠山陵,前对川泽。'现在背水列阵,反而取得胜利,这是为什么呢?"韩信说:"兵法上不是

信非得素拊循士大夫也，所谓'驱市人而战之'，非置死地，使人自为战，彼将皆走，尚可得而用之乎！"诸将皆服。

信以千金募生得李左车者，解其缚，东乡坐，师事之。问曰："仆欲北攻燕，东伐齐，何若而有功？"左车谢曰："臣，败亡之虏，何足以权大事！"信曰："诚令成安君听足下计，信亦已禽矣！今愿委心归计，足下勿辞。"左车曰："将军虏魏王，禽夏说，不终朝而破赵二十万众，威震天下，此将军之所长也。然众劳卒罢，其实难用。燕若不服，齐必自强，此将军之所短也。善用兵者，不以短击长，而以长击短。为将军计，莫若按甲休兵，北首燕路，而遣辩士奉书于燕，暴其所长，燕必不敢不听从。燕已从而东临齐，虽有智者不知为齐计矣。兵固有'先声而后实'者，此之谓也。"信从其策，燕从风而靡，遣使报汉，请以张耳王赵，汉王许之。

【纲】是月晦，日食。十一月，晦，日食。

【纲】十二月，随何以九江王布归汉。【目】随何至九江，说黥布曰："汉王使臣敬进书大王御者，窃怪大王与楚何亲也？"布曰："寡人北乡而臣事之。"何曰："大王与楚俱为诸侯，而北乡臣事之者，必以楚为强，可托国也。项王伐齐，身负版筑，为士卒先。大王宜悉众自将，为楚前锋；乃发四千人以助楚。汉入彭城，项王未出齐也。大王宜悉兵渡淮，日夜会战彭城下；乃无一人渡淮者，垂拱而观其孰胜。夫托国于人者，固若是乎？大王提空名以乡楚，而欲厚自

说'陷之死地而后生，置之亡地而后存'吗？我韩信平时来不及训练部下军佐，这就像所谓'赶着街市上的百姓去作战'一样，如果不置于死地，使每个人都为求生存而奋力作战，那他们都会逃跑，怎么还能用他们去作战呢？"诸将领听了都很佩服。

韩信用千金来招募能够活捉李左车的人，李左车被抓到后，韩信解去捆绑他的绳索，像对待老师那样，请他面向东坐下。韩信问李左车说："我准备北攻燕国，东伐齐国，怎么做才能获得成功呢？"李左车谦让地说："我是个兵败国亡的俘虏，怎么可以参与商谋大事呢？"韩信说："如果成安君真的听从了足下的计策，我韩信也早被擒获了。现在我愿倾心听从你的计策，足下不要推辞了。"李左车说："将军俘虏了魏王，擒获了夏说，不到一个上午就击败了赵国二十万军队，威震天下，这是将军的长处。然而兵众疲劳，实在是难以继续作战。燕国如果不投降，齐国一定会寻机自强，这是将军的短处。善于用兵的人不以自己的短处去对付敌人的长处，而是以自己的长处去对付敌人的短处。现在为将军考虑，不如按兵不动，让士卒得到休息，然后向着北面的燕国开进军队，同时派遣辩士送信给燕国，向燕国显示出自己的长处，燕国一定不敢不听从。燕国归服以后再移兵东临齐国，这样，虽然有聪明的人也不知道能为齐国出什么计策了。用兵之道本来就有先虚声而后实力的情况，我说的就是这个道理。"韩信采纳了李左车的计策，燕国闻风而降。后来又派遣使者去报告汉王，并建议立张耳为赵王，汉王同意了这个意见。

【纲】十月三十日，出现日食。十一月三十日，又出现日食。

【纲】十二月，随何带着九江王黥布归附了汉王。　【目】随何到达九江，劝黥布说："汉王派我给大王来送书信，我奇怪大王和楚王为什么这样亲近？"黥布说："我以臣子的身份来事奉他。"随何说："大王和楚王都是诸侯，大王以臣子的身份事奉他，一定是认为楚国强大，可以依托。项王讨伐齐国的时候，他亲自背负修筑营垒的器具，身先士卒。大王就应该动员你的全部军队，亲自率领，充当楚军的先锋，而你却只派了四千人去援助楚国。汉王进入彭城时，项王还没有离开齐国，大王应该调全部军队渡过淮河，日日夜夜参加彭城大战，但你却没有派

托,臣窃为大王不取也!然大王不倍楚者,以汉为弱也。夫楚虽强,天下负之以不义之名,以其背盟约而杀义帝也。今汉王收诸侯,守荥阳,下蜀、汉之粟,坚守而不动。楚人深入敌国,老弱转粮,进不得攻,退不能解。楚不如汉,其势亦易见矣。大王不与万全之汉,而自托于危亡之楚,臣窃为大王不取也!"布阴许之,未敢泄。

楚使者在传舍,方急责布发兵,何直入曰:"九江王已归汉,楚何以得发兵?"因说布杀楚使而攻楚。楚击破之,布乃间行与何归汉。十二月,至汉。汉王方踞床洗足,召布入见。布悔,怒,欲自杀。及出就舍,帐御、食饮、从官皆如汉王居,布又大喜过望。汉益其兵,与俱屯成皋。

【纲】汉遣郦食其立六国后,未行而罢。 【目】楚数侵夺汉甬道,汉军乏食。郦食其曰:"昔汤放桀,武王代纣,皆封其后。秦伐诸侯,灭其社稷。今诚能立六国后,其君臣、百姓,必皆戴德慕义,愿为臣妾。大王南乡称霸,楚必敛衽而朝。"王曰:"善。趣刻印,先生因行佩之矣。"未行,张良来谒。王方食,具以告良。良曰:"臣请借前箸,为大王筹之:昔汤、武封桀、纣之后者,度能制其死生之命也;今大王能制项籍之死命乎?武王入殷,发粟散财,休马放牛,示不复用;今大王能之乎?且天下游士,离亲戚,弃坟墓,从大王游者,徒欲望咫尺之地,今复立六国后,游士各归事其主,大王谁与取天下乎?且夫楚唯无强,六国复桡而从之,大王焉得而臣之乎?诚用客谋,大事去矣!"汉王辍食,吐哺,骂曰:"竖儒几败而公事!"令趣销印。

一个兵渡过淮河,袖手旁观,坐看胜败。把自己国家依托于人,难道应该这样吗?大王徒有臣属于楚的空名,而还想牢牢地依靠它,我认为大王这样做是不足取的。然而大王不想背叛楚国,就是认为汉王比较软弱。楚王虽然强大,但天下的人都认为他所行不义,因为他背叛盟约,杀害了义帝。现在汉王联合诸侯,坚守荥阳,从蜀、汉运输军粮,固守不动。楚军深入敌国,靠老弱来运输军饷,进不能攻,退又退不下来。所以说楚不如汉,这种形势是显而易见的。大王不亲近万无一失的汉王,却自托于危亡在即的楚王,我认为大王的做法是不足取的。"黥布私下答应了随何,但对外不敢泄露。

这时楚国的使者住在驿馆里,正在急着督责黥布发兵。随何便直接闯入他的住地,说:"九江王已经归服汉王,楚王怎么还能叫他发兵呢?"因此劝说黥布杀死楚国使者而起兵攻楚。楚军打败了黥布,黥布于是就悄悄地从小路出走,随同随何,投奔汉王。十二月,到了汉王那里,汉王正坐在床上洗脚,就召黥布进见。黥布感到后悔,十分生气,想自杀。等他出去到了为他安排的住处时,他看见这里的帷帐、饮食和随从官员都和汉王的住处一样,黥布又不禁大喜过望。汉王给黥布增调了一些军队,和他一起驻扎在成皋(今河南荥阳西北)。

【纲】汉王派遣郦食其去分封原六国的后裔,还没有出发就罢止了。 【目】楚军多次侵入汉军的甬道,汉军缺乏粮饷。郦食其说:"从前商汤放逐夏桀,武王讨伐商纣,但都封了他们的后裔。秦朝讨伐各诸侯国,消灭了他们的国家。现在如真的能分封六国的后裔,让他们立国,他们的君臣、百姓一定都会感德慕义,甘愿做大王的臣属。大王就可以面南为帝,称霸天下,楚王一定会恭敬地前来朝拜。"汉王说:"很好。赶快去刻制印信,先生此行就给他们带去。"郦食其还未出发,张良前来拜见汉王。汉王正在吃饭,把郦食其的话全部告诉了张良。张良说:"请让我借助面前的筷子为大王作一番筹划:从前商汤、武王分封夏桀、商纣的后代,是估计到能控制他们生死命运,现在大王能置项籍于死命吗?武王进入殷都后,发放粮食,分散钱财,把牛马牧养起来,表示不再用它们来运输军饷。现在大王能这样做吗?况且天下的游士离开他们的亲戚,离弃了祖坟,跟从大王辗转各地,只是盼望能

【纲】夏四月,楚围汉王于荥阳。亚父范增死。 【目】汉王谓陈平曰:"天下纷纷,何时定乎?"平曰:"项王骨鲠之臣,亚父、钟离眛之属,不过数人耳。项王为人,意忌信谗,诚能捐金行间,以疑其心,破楚必矣。"王乃与平黄金四万斤,不问其出入。平多纵反间,言眛等功多,不得裂地,欲与汉灭楚而分其地。羽果疑眛等。及楚围荥阳急,汉王请和。羽使至汉,陈平为太牢具举进,而佯惊曰:"吾以为亚父使也!"乃持去,而更以恶草具进。使归以报,羽大疑亚父。亚父欲急攻下荥阳,羽不听。亚父怒曰:"天下事大定矣,君王自为之,愿请骸骨归!"未至彭城,疽发背死。

【纲】五月,汉王走入关。彭越击楚,楚还兵击之,汉王复军成皋。 【目】楚围荥阳益急,汉将军纪信曰:"事急矣!臣请诳楚。"于是陈平夜出女子东门二千余人,楚因击之。信乃乘王车,出东门,曰:"食尽,汉王降楚。"楚皆之城东观。王乃令周苛守荥阳,而与数十骑出西门去。羽烧杀信。

王入关,收兵欲复东。辕生曰:"愿君王出武关,羽必南走。王深壁勿战,令荥阳、成皋间且得休息,而韩信等亦得安辑赵地,连

够得到一小块封地。现在重新分封六国的后代，游士们都各自回去事奉他们的君主，大王还和谁一起去夺取天下呢？现在只有使楚国不再强大，如果强大了，重新分封的六国再屈从楚国，大王怎么能够使他们臣服于汉呢？如果真的采用了食客的计谋，大事就全完了。"汉王停止吃饭，把嘴里的饭都吐了出来，骂道："这个竖儒，差点儿坏了老子的大事。"立即下令销毁印信。

【纲】夏四月，楚军在荥阳包围了汉王。亚父范增去世。　【目】汉王对陈平说："天下纷纷，什么时候才能平定？"陈平说："项王身边忠心耿直的大臣就是亚父、钟离眜之辈，不过几个人罢了。项王的为人，好猜忌别人，容易听信谗言，大王如果能拿出金钱施行反间之计，使项王产生猜疑之心，楚国一定可以被击败。"于是汉王给了陈平黄金四万斤，任他使用，不过问他的开支情况。陈平派出许多间谍，扬言说："钟离眜等人有很多功劳，但一直没有给他封地，打算联汉灭楚，瓜分楚国的土地。"项羽听后果然对钟离眜等人产生了怀疑。等到楚军包围了荥阳，形势很危急时，汉王求和。项羽派遣使者到汉王那里，陈平准备了最丰盛的酒席，派人端着呈献上去，见到使者后假装吃惊地说道："我以为是亚父的使者呢！"于是把菜肴端走，又换了一些粗劣的饭食送上去。使者回去把这件事禀告了项羽，项羽对亚父大加怀疑。亚父想很快地攻下荥阳，项羽不听从他的建议。亚父生气地说："天下大事基本已定，君主自己看着办吧，我请求告老还乡。"亚父还没有回到彭城，背上的疽疮发作，因而死去。

【纲】五月，汉王逃入关中。彭越进攻楚军，楚军又回过头来进攻彭越，汉王才又占领了成皋。　【目】楚军加紧围攻荥阳，汉将军纪信说："情况十分危急，我建议欺骗楚军。"于是陈平趁着黑夜让两千名妇女从荥阳城东门出去，楚军随即向她们发起进攻。纪信于是乘坐着汉王的车子也奔出东门，一边喊道："我们的粮食吃完了，汉王前来投降楚军。"楚军都来到城东观看。汉王于是令周苛守荥阳，而自己和几个骑兵从西门逃出。项羽就烧死了纪信。

汉王进入关中后，又调集军队，准备重新东进。辕生说："希望大王率兵出武关，项羽一定会南下。大王深沟筑垒，不要和他们交战，让

燕、齐，王乃复还荥阳，则楚备多而力分，复与之战，破之必矣！"王从之。羽果南，王不与战。会彭越破楚军杀薛公，羽东击越，汉王复军成皋。

【纲】六月，楚破彭越，还拔荥阳及成皋。汉王走渡河，夺韩信军，遣信击齐。　【目】项羽既破彭越，还拔荥阳，烹周苛，遂围成皋。汉王逃去，北渡河，宿小修武。晨，自称汉使，驰入赵壁。张耳、韩信未起，即卧内夺其印符，以麾召诸将，易置之。令耳守赵，信收赵兵未发者击齐。

楚遂拔成皋欲西。王欲捐成皋以东而屯巩、洛以距楚。郦生曰："王者以民为天，而民以食为天。夫敖仓，天下转输久矣，闻其下藏粟甚多。楚拔荥阳不坚守敖仓，乃引而东，此天所以资汉也。愿急进兵，收取荥阳，据敖仓之粟，塞成皋之险，杜太行之道，距蜚狐之口，守白马之津，以示诸侯形制之势，则天下知所归矣。"王乃复谋取敖仓。

【纲】秋七月，有星孛于大角。八月，汉王军小修武，遣人烧楚积聚。　【目】汉王得韩信军，复大振。引兵临河，南乡，欲复与楚战。郑忠说止。王乃使刘贾、卢绾渡白马津，入楚地，佐彭越，烧楚积聚，以破其业。

【纲】彭越下梁十七城，楚复击取之。　【目】彭越下梁地十七城。项羽闻之，使曹咎守成皋，戒曰："即汉欲战，慎勿与战！"而自引兵东击越所下城。围外黄，数日乃降，羽欲尽坑之。外黄令舍人儿，年十三，说羽曰："彭越强劫外黄，外黄恐，故且降，以待大王。

荥阳、成皋之间的军队得到休息，而韩信等人也可以安抚赵地，再联合燕国、齐国，然后大王再返回荥阳，这样，楚军必须处处防备，兵力就分散了，这时再和楚军交战，一定能够击败他们。"汉王听从了辕生的建议。项羽果然南下，汉王不和他交战。这时正好彭越打败楚军，杀死了薛公，项羽又向东进攻彭越，于是汉王又占领了成皋。

【纲】六月，楚军打败彭越，返回时又攻下了荥阳、成皋。汉王逃跑，渡过黄河，夺取了韩信的军队，派遣韩信攻打齐国。【目】项羽打败彭越以后，还军攻下荥阳，烹杀了周苛，于是又包围了成皋。汉王逃跑，北渡黄河，当夜宿在小修武（在今河南获嘉县东）。凌晨时，汉王自称是汉王的使者，驰马直入赵军营地。这时张耳、韩信还没有起床，于是就闯入卧室，夺取了他们的印信和符节，用以召集诸将，调换了他们的职位。汉王命令张耳坚守赵地，韩信征集没有出发的赵军去进攻齐国。

楚军攻下了成皋，打算向西进军。汉王想舍弃成皋以东的地方而驻军于巩县、洛阳，以阻挡楚军。郦生说："君主是以民为天，而百姓是以食为天。各地向敖仓转输粮食，已有很长时间，听说敖仓里的藏粮仍还有很多。楚军攻下荥阳后，没有坚守敖仓，却率军东进，这是上天要帮助汉王。希望急速进军，收复荥阳，占据了敖仓的粮食，堵塞成皋的险要之地，断绝太行的通道，控制住蜚狐口（在今河北涞源，北跨蔚县界），把守好白马津（在今河南滑县北），以此来向诸侯显示自己有利的形势，这样天下的人就知道自己应该归属谁了。"汉王这才又重新计划夺取敖仓。

【纲】秋七月，大角星旁出现彗星。八月，汉王驻扎在小修武，派人去焚烧了楚军积聚的物资。【目】汉王夺取韩信的军队以后，声势再度大振。于是率领军队到达黄河边上，打算向南进军，再和楚军交战。郑忠劝说以后才停止行动。汉王于是又派刘贾、卢绾渡过白马津，深入楚地，协助彭越，焚烧了楚军积聚的物资，以破坏楚国的大业。

【纲】彭越攻下梁地十七座城邑，楚军又夺了回去。【目】彭越攻下梁地十七座城邑。项羽听到以后，派曹咎坚守成皋，并告诫他说："即使汉军要交战，你也要谨慎，不得和他交战。"而后就亲自率军向东进攻被彭越攻下的城邑。楚军包围了外黄县（今河南杞县东），几天以后，

今又坑之,百姓安所归心哉!且如此,则从此以东十余城皆莫可下矣!"羽从之。梁复为楚。

【纲】汉王遣郦食其说齐,下之。 【目】郦食其说汉王曰:"今燕、赵已定,惟齐未下。诸田宗强,近楚,多诈;虽遣数万之师,未可以岁月破也。臣请得奉明诏说齐王,使为东藩。"王曰:"善。"郦生乃说齐王曰:"王知天下之所归乎?"王曰:"不知也。"请问之,生曰:"归汉。"王曰:"何也?"生曰:"汉王先入咸阳,收天下兵,以责义帝之处,立诸侯之后,与天下同其利,天下贤才乐为之用。项王有倍约之名,有弑义帝之负,记人之罪,忘人之功,贤才怨之,莫为之用。故天下之事归于汉王,可坐而策也。今又已据敖仓,塞成皋,守白马,距蜚狐,天下后服者先亡矣。"齐王纳之,遂与汉平,而罢守备,日与生纵酒为乐。

韩信欲东兵,闻之而止。蒯彻说曰:"将军受诏击齐,而汉独发间使下之,宁有诏止将军乎?且郦生一士,伏轼,掉三寸舌,下齐七十余城;将军以数万众,岁余乃下赵五十城耳。为将数岁,反不如一竖儒之功乎!"信遂渡河。

【纲】戊戌,冬十月,汉韩信袭破齐,齐王烹郦食其,走高密。

【纲】汉王复取成皋,与楚皆军广武。 【目】汉数挑楚战,曹咎不出。使人辱之,咎怒,渡兵汜水。半渡,汉击破之,咎自刭。汉王

外黄投降了楚军。项羽打算坑杀城内所有的人。外黄县令的一个侍从人员的儿子,年方十三,劝项羽说:"彭越用武力威胁外黄,外黄人害怕,所以暂且投降,等待大王的到来。现在大王又要坑杀他们,这些百姓怎么能够归心于大王呢?况且这样做了之后,从此以东十余城就都不可能攻下来了。"项羽听从了他的话。梁地又重新归属于楚。

【纲】汉王派遣郦食其去劝说齐王,齐国不战而降。 【目】郦食其劝汉王说:"现在燕、赵已经平定,只有齐国还没有攻下来。各支田氏宗族势力强大,又靠近楚国,人多狡诈,即使派遣几万军队去进攻,短期内是难以攻破的。我请求奉您的诏令去劝说齐王,使他成为东方的属国。"汉王说:"很好!"郦生于是就去劝齐王说:"大王知道天下人心的归向吗?"齐王说:"不知道。请问人心归向哪里?"郦生回答说:"归汉。"齐王说:"为什么呢?"郦生说:"汉王先入咸阳,收集天下的军队,向项王责问义帝何在,分封各诸侯国的后代,与天下人共享利益,天下的贤才乐意为他所用,而项王有违背盟约的恶名,有杀死义帝的罪责,只记住别人的罪过,而忘掉别人的功劳,贤才都怨恨他,不愿被他所用。所以天下将归属汉王,是可以很容易就料到的。现在汉军已经占据了敖仓,堵塞了成皋,把守住白马津,设防于蜚狐口,天下诸侯后归服的将会首先被消灭。"齐王采纳了郦生的建议,于是就和汉王讲和,解除了守备,每天和郦生饮酒作乐。

韩信本想率兵东进,听说齐王归服就又停止了行动。蒯彻劝韩信说:"将军接受诏令攻打齐国,而汉王只派了个伺机行事的使者去劝说齐王归服,难道有诏令让将军停止行动吗?况且郦生一个游说之士,靠摇唇鼓舌说降了齐国七十余座城;而将军率领数万之众,一年多才攻下了赵国五十座城池。您当将军几年,功劳反倒不如一个竖儒吗?"韩信听后就渡过了黄河。

【纲】四年(戊戌,前203),冬十月,汉将韩信袭击齐军,并攻下齐国。齐王烹杀了郦食其,逃到高密(今山东高密西南)。

【纲】汉王又夺取了成皋,与楚军都驻扎在广武。 【目】汉王几次挑动楚军出战,曹咎坚守不出。汉王就派人去侮辱曹咎,曹咎一生气,就率兵横渡汜水。军队刚渡过一半,汉军发起攻击,打败了楚军,曹

乃引兵渡河，复取成皋，军广武，就敖仓食。羽闻之，亦还军广武，相守。楚食少，乃为高俎，置太公其上，告汉王曰："今不急下，吾烹太公。"王曰："吾与若俱北面受命怀王，约为兄弟，吾翁即若翁；必欲烹而翁，幸分我一杯羹！"羽怒，欲杀之。项伯曰："为天下者不顾家，杀之无益，只益祸耳！"羽谓汉王曰："天下匈匈数岁，徒以吾两人。愿与王挑战，决雌雄，毋徒苦天下父子为也！"王笑谢曰："吾宁斗智，不能斗力。"因数之曰："羽负约，王我于汉，罪一；矫杀卿子冠军，罪二；救赵不报，而擅劫诸侯入关，罪三；烧秦宫室，掘始皇帝冢，私其财，罪四；杀秦降王子婴，罪五；诈坑秦子弟新安二十万，罪六；王诸将善地，而徙逐故主，罪七；、出逐义帝，自都彭城，夺韩、梁地，罪八；使人阴杀义帝江南，罪九；为政不平，主约不信，天下所不容，大逆无道，罪十也。"羽大怒，伏弩射汉王，伤胸，王乃扪足曰："虏中吾指。"因病创卧。张良强请起行劳军，以安士卒，王从之。疾甚，因驰入成皋。

【纲】楚救齐。十一月，汉韩信击破之，杀其将龙且，虏齐王广。田横自立为齐王，战败走，信遂定齐地。 【目】楚使龙且将兵二十万救齐。或曰："汉兵远斗穷战，其锋不可当，不如深壁。汉兵客居，其势无所得食，可不战而降也。"且曰："吾知韩信为人，易与耳！寄食于漂母，无资身之策；受辱于胯下，无兼人之勇；不足畏也！"进与汉军夹潍水而陈。信夜令人囊沙，壅水上流。旦渡击且，

咎自杀。汉王就率领军队渡过黄河,又夺取了成皋,驻扎在广武,就近从敖仓取得军粮。项羽听说这件事后,也率军回到广武,与汉军互相对峙。楚军缺乏粮食,于是项羽就设置了一个高高的切肉用的砧板,把汉王的父亲太公放在上面,告诉汉王说:"现在你不赶快投降,我就烹杀太公。"汉王说:"我和你一起受命于怀王,约为兄弟,我的父亲就是你的父亲,如果你一定要烹杀你的父亲,希望分给我一杯肉羹。"项羽听后十分生气,想杀死太公。项伯说:"打算夺取天下的人是不顾自己家庭的,杀了太公没有什么好处,只能加重祸害。"项羽对汉王说:"天下大乱已有数年,只是因为我们两个人的原因。我希望和大王挑战,一决雌雄,不要让天下的父老兄弟们白白受苦了。"汉王笑着谢绝说:"我宁肯斗智,不能斗力。"因此历数项羽说:"项羽你违背盟约,让我在汉中称王,这是罪之一;假传命令杀死了卿子冠军,这是罪之二;援救赵国后不回去禀告怀王,而擅自胁迫诸侯进入函谷关,这是罪之三;楚烧秦朝的宫室,挖掘秦始皇的坟墓,把秦朝的财产收为己有,这是罪之四;杀死投降的秦王子婴,这是罪之五;用欺骗的手段在新安坑杀了秦国子弟二十万人,这是罪之六;把自己的将领安排在好地方做王,而迁走或驱逐原来的诸侯王,这是罪之七;把义帝逐出彭城,自己建都彭城,夺取了韩王、梁王的土地,这是罪之八;派人到江南秘密杀死义帝,这是罪之九;执政不公允,立约而不守信用,为天下人所不容,大逆无道,这是罪之十。"项羽听后大怒,用埋伏的弓弩射向汉王,汉王的胸部受伤,他却摸着脚说:"这个贼人射中了我的脚趾!"汉王因受伤而卧床。张良请求汉王勉强起来巡行慰劳士卒,以安定军心,汉王听从了他的建议。汉王伤势加重,因此就进入成皋休养。

【纲】楚军援救齐国。十一月,汉将韩信击败了楚军,杀死了项羽的将领龙且,俘虏了齐王田广。田横自立为齐王,与汉军交战,结果战败逃跑。韩信于是平定了齐地。 【目】楚王派遣龙且率领二十万大军前往援救齐国。有人说:"汉兵远征奋战,其锋不可阻挡,不如深沟高垒。汉军客居外地,势必没有地方得到粮食,这样就可以使汉军不战而降。"龙且说:"我知道韩信的为人,是容易对付他的。他曾寄食于漂母,连养活自己的办法都没有;他曾经受辱于胯下,没有胜过别人的勇

佯败还走,且喜曰:"吾固知信怯也。"遂追之。信使决壅囊,水大至,且军大半不得渡。信急击杀且。追至城阳,虏齐王广。田横遂自立为齐王,灌婴击走之,尽定齐地。

【纲】汉立张耳为赵王。

【纲】汉王还栎阳,留四日,复如广武。

【纲】春二月,汉立韩信为齐王,征其兵击楚。 【目】韩信使人言于汉王曰:"齐伪诈多变,反覆之国也,请为假王以镇之。"汉王大怒,骂曰:"吾困于此,旦暮望若来;乃自立邪!"张良、陈平蹑王足,附耳语曰:"汉方不利,宁能禁信之自王乎?不如因而立之,使自为守;不然,变生。"王悟,复骂曰:"大丈夫定诸侯,即为真王,何以假为!"二月,遣良操印立信为齐王,征其兵击楚。

项羽闻龙且死,大惧,使武涉说信,欲与连和,三分天下。信谢之曰:"臣事项王官不过郎中,位不过执戟;言不听,画不用,故倍楚而归汉。汉王授我上将军印,予我数万众,解衣衣我,推食食我,言听计用,故吾得至于此。夫人深亲信我,我倍之,不祥;虽死不易!幸为信谢项王。"

武涉已去,蒯彻以相人之术说信曰:"仆相君之面,不过封侯;相君之背,贵不可言。"信曰:"何谓也?"彻曰:"楚、汉分争,智勇俱困,两主之命,县于足下。莫若两利而俱存之,三分天下,鼎足而居,其势莫敢先动。足下据强齐,从燕、赵,因民之欲,西向为百姓

力,不必害怕他。"于是率兵前进,与汉军隔着潍水摆开了阵势。韩信派人在夜里用口袋装满沙子,堵塞了潍水的上游。天亮的时候,渡过潍水进攻龙且,韩信假装战败逃回。龙且高兴地说:"我本来就知道韩信胆子小。"于是就追赶汉军。韩信派人挖开了堵水的沙袋,大水一涌而至,龙且的军队有一大半还没有渡过潍水。韩信急速发起进攻。杀死了龙且。韩信的军队追到城阳(今山东营县),俘虏了齐王田广。田横于是自立为齐王,灌婴打跑了田横,齐地全部平定。

【纲】汉王立张耳为赵王。

【纲】汉王回到栎阳,在那里住了四天,又前往广武。

【纲】春二月,汉王立韩信为齐王,征调他的军队进攻楚国。

【目】韩信派人对汉王说:"齐国狡诈多变,是个反复无常的国家,请求让我作为'假王',代理齐王去镇抚齐国。"汉王听了大怒,骂道:"我被围困在这里,时时刻刻都盼望你来,你却想自立为王!"张良和陈平暗暗地踩了一下汉王的脚,凑近汉王的耳边说:"汉军正处境不利,怎么能禁止韩信自己称王呢?不如趁势立他为王,使他自守一方,不然就会发生变乱。"汉王明白过来,又骂道:"大丈夫平定了诸侯,就该当个真王,为什么还要做什么'假'王呢?"二月,汉王派遣张良拿着印信去立韩信为齐王,征调了他的部队去进攻楚国。

项羽听说龙且被杀死,大为恐惧,就派武涉去劝说韩信,打算和韩信联合,三分天下。韩信辞谢说:"我事奉项王,官不过是个郎中,位不过是个持戟的卫士,但是进言他不听,计策他不用,所以就背离项王而归附汉王。汉王授予我上将军的印信,给了我数万军队,脱下他的衣服给我穿,拿他的饭菜给我吃,言听计用,所以我才能到了这个地位。人家对我十分亲近和信任,我背叛他,是不会有好结果的,即使死了也不会改变我的主意,请为我韩信辞谢项王。"

武涉走了以后,蒯彻就用相人之术来劝韩信说:"我相您的面,不过封侯;相您的背,贵不可言。"韩信说:"为什么这样说呢?"蒯彻说:"楚、汉对立争斗,智谋和勇力都使用尽了,两个君主的命运都决定于足下。不如让双方都不受损害共存下来,三分天下,鼎足而立,在这种形势下,谁也不敢先动手。足下占有强大的齐国,使燕、赵服从自己,顺

请命,则天下风走而响应矣。盖闻'天与不取,反受其咎;时至不行,反受其殃'。愿足下熟虑之!"信曰:"汉王遇我甚厚,吾岂可以乡利而倍义乎?"彻曰:"勇略震主者身危,功盖天下者不赏。今足下戴震主之威,挟不赏之功,欲持是安归乎?"信谢曰:"先生休矣,吾方念之。"数日,彻复说曰:"夫功者,难成而易败;时者,难得而易失。时乎,时乎,不再来!"信犹豫,不忍倍汉;又自以功多,汉终不夺我齐,遂谢彻。彻因去,佯狂为巫。

【纲】秋七月,汉立黥布为淮南王。

【纲】汉初为算赋。 【目】民年十五以上至五十六,出赋钱,人百二十,为一算。治库兵车马。

【纲】汉以周昌为御史大夫。

【纲】楚与汉约,中分天下。九月,归太公、吕后于汉,解而东归。 【目】项羽自知少助,食尽,韩信又进兵击之。汉遣侯公说羽,请太公。羽乃与汉约,中分天下,鸿沟以西为汉,以东为楚。九月,归太公、吕后,解而东归。汉王欲西归,张良、陈平曰:"汉有天下大半,楚兵饥疲,今释弗击,此养虎自遗患也。"王从之。

应百姓的愿望，向西制止楚、汉之争，为百姓请命，那么天下就会闻风响应。我听说：'上天赐给的不接受，反而会遭到灾祸；时机来了不采取行动，反会遭受灾殃。'希望足下深思熟虑。"韩信说："汉王待我极厚，我怎么能够见利而背义呢？"蒯彻说："勇敢和谋略震动君主的人自身危险，功盖天下的人无法再加封赏。现在足下拥有震主的威势，持有无法封赏的功劳，有这样的威势和功劳，打算以何处为归宿呢？"韩信辞谢说："先生请不要说了，我将考虑你的意见。"过了几天以后，蒯彻又劝韩信说："功业，难以成功而容易失败；时机，难以得到而容易错过。机不可失，时不再来。"韩信犹豫不决，不忍心背叛汉王，又自认为功劳多，汉王不会夺取自己的齐国，于是就谢绝了蒯彻。蒯彻因此离去，假装成疯子，做了巫师。

【纲】秋七月，汉王立黥布为淮南王。

【纲】汉王开始征收算赋。 【目】百姓年龄在十五以上到五十六岁的，要交纳赋钱，每年每人交一百二十钱，为一算，用来供给车马兵甲之用。

【纲】汉王任命周昌为御史大夫。

【纲】楚王和汉王约定中分天下。九月，项羽把太公、吕后送还汉王，然后撤兵东归。 【目】项羽自知帮助他的人少，粮食也快吃完了，韩信又率兵进攻他们。汉王派遣侯公去劝说项羽，请求放回太公。项羽于是和汉王约定：中分天下，鸿沟（古为汴水支流，今名贾鲁河）以西属汉，以东属楚。九月，项羽把太公、吕后送还汉王，撤兵东归。汉王想西归关中，张良、陈平说："汉已拥有大半天下，而楚军疲惫乏粮，现在如果放弃机会，不进攻他们，这就是养虎自留祸患。"汉王听从了他们的建议。

纲鉴易知录卷十

汉纪

太祖高皇帝

【纲】己亥,汉太祖高皇帝五年,冬十月,王追项籍至固陵,齐王信、魏相国越及刘贾诱楚周殷,迎黥布皆会。十二月,围籍垓下,籍走自杀。楚地悉定。 【目】十月,汉王追项羽至固陵,齐王信、魏相国越,期会不至;楚击汉军大破之。汉王复坚壁自守,谓张良曰:"诸侯不从,奈何?"对曰:"楚兵且破,二人未有分地,其不至固宜。君王能与共天下,可立致也。信之立,非君王意,不自坚;且其家在楚,欲得故邑。越本定梁地,亦望王,而君王不早定。今能出捐此地以许两人,使各自为战,则楚易破也。"王从之。于是信、越皆引兵来。

十一月,刘贾围寿春,诱楚大司马周殷,殷畔楚,举九江兵迎黥布皆会。

十二月,羽至垓下,兵少食尽,信等以大军乘之,羽败入壁,汉及诸侯兵围之数重。羽夜闻汉军四面皆楚歌,乃大惊曰:"汉皆已得楚乎,是何楚人之多也!"起饮帐中,悲歌慷慨,泣数行下;左右皆泣,莫能仰视。于是羽乃乘其骏马,从八百余骑,直夜,溃围南出,驰走渡淮。至阴陵,迷失道,问一田父,田父绐曰:"左。"左,乃陷大泽中,汉骑将灌婴追及之。

太祖高皇帝

【纲】太祖高皇帝五年（己亥，前202），冬十月，汉王刘邦追击项籍追到固陵，齐王韩信、魏相国彭越以及刘贾一起诱降楚国大司马周殷，迎接黥布，都来会师。十二月，在垓下（今安徽灵璧东南）包围了项籍，项籍逃跑自杀。楚国地区全部被平定。　【目】十月，汉王刘邦追击项羽，到了固陵，原来和齐王韩信、魏相国彭越约定日期在这里相会，但韩信、彭越到期没有来。楚国的军队攻击汉军，大破汉军。汉王坚壁自守，他对张良说："诸侯们不服从指挥，怎么办呢？"张良回答说："楚军即将被打败，而韩信、彭越二人还没有得到封地，他们不来相会是可以想到的。如果君王能和他们共有天下，就可以立即把他们召来。韩信立为齐王，并非君王的本意，他自己也感到这个王位不可靠。况且他的家室都在楚地，所以他想得到原来的楚地。彭越本来在平定梁地后，也希望在那里做王，而君王没有及早地确定下来。如果现在能拿出这两块地方许给他们两个人，让他们各自为自己的利益去作战，这样，楚国就容易攻破了。"汉王听从了张良的建议。于是韩信、彭越都率领自己的军队前来会合。

十一月，刘贾包围了寿春（今安徽寿县），诱使楚国大司马周殷投降。周殷背叛了楚国，率领九江的军队迎接黥布来会合。

十二月，项羽来到垓下，兵少粮尽，韩信等人率领大军乘机袭击他们，项羽战败后退入营垒；汉军和各路诸侯的军队重重包围了项羽。项羽在夜里听到四面的汉军都在唱楚地歌曲，于是大为震惊地说："汉军已经全部占领了楚地吗？为什么汉军中楚人如此之多？"项羽夜间起来在帐幕里饮酒，慷慨悲歌，泪流满面，左右侍从也都哭泣，悲痛得不能抬头仰视。于是项羽跨上他的骏马，随从他的有八百多骑兵，当夜从南面冲破包围，飞驰逃走，渡过淮河，到了阴陵（在今安徽和县北）以后，迷失了道路，向一位老农打听道路，那个老农欺骗他说："向左走。"项王往左走，结果陷入一片沼泽之中，汉军骑将灌婴追上了他们。

至东城,乃有二十八骑,汉追者数千人。羽谓其骑曰:"吾起兵八岁,七十余战,未尝败北。今卒困此,此天亡我,非战之罪也!今日固决死,必溃围斩将,令诸君知之。"于是大呼驰下,斩汉一将,一都尉,杀数十百人。谓其骑曰:"何如?"皆曰:"如大王言!"于是羽欲东渡乌江,亭长舣船待,曰:"江东虽小,地方千里,亦足王也。愿大王急渡!"羽笑曰:"籍与江东子弟八千人渡江而西,今无一人还;纵江东父兄怜而王我,我独不愧于心乎!"乃刎而死。

　　楚地悉定,独鲁不下,王欲屠之。至城下,犹闻弦诵之声。谓其守礼义之国,为主死节,因持羽头示之,乃降。以鲁公礼,葬羽于谷城。封项伯等四人为列侯,赐姓刘氏。

　　【纲】王还至定陶,驰入齐王信壁,夺其军。

　　【纲】春正月,更立齐王信为楚王,魏相国越为梁王。 【目】韩信至楚,召漂母赐千金。召辱己少年以为中尉,曰:"此壮士也。"

　　【纲】二月,王即皇帝位。 【目】诸侯王皆请尊汉王为皇帝。二月甲午,即位于氾水之阳。

　　【纲】帝西都洛阳。

　　【纲】夏五月,兵罢归家。

　　【纲】置酒南宫。 【目】置酒洛阳南宫,上曰:"吾所以有天下者何?项氏所以失天下者何?"高起、王陵对曰:"陛下使人攻城略

到了东城县（今安徽定远东南），项羽只剩下二十八个骑兵，追击的汉军有数千人。项羽对他的骑兵们说："我起兵到现在已经八年了，打过七十多次仗，未曾打过败仗。然而现在竟被困在这里，这是上天要灭亡我，不是我打仗打的不好。今天固然要决心战死，一定要突破包围，斩杀敌将，让各位知道我说的话是否如此。"于是高声疾呼着飞驰而下，斩杀了一个汉军将领，一个汉军都尉，共杀死了汉军近百人。项羽对他的骑兵们说："怎么样？"骑兵们都说："正像大王所说的那样。"接着项羽想向东渡过乌江（今安徽和县东北，今名乌江浦），乌江亭长把船靠在岸边等待着项羽，他对项羽说："江东虽小，但地方千里，也足以称王。希望大王赶快渡江。"项羽笑着说："我项籍和江东子弟八千多人渡江西进，现在没有一个人回来，即使江东父兄们怜悯我，让我为王，难道我不于心有愧吗？"于是自刎而死。

楚国的地方全部被平定，只有鲁城不肯投降，汉王打算实行屠杀。汉军到了鲁城城下之后，听到城内还有弦歌诵读之声，因为鲁城人坚守礼义，为君主以死守节。汉军就拿着项羽的头给鲁城人看，鲁城才投降了汉军。汉王用安葬鲁公的礼仪在谷城（在今山东平阴县西南）埋葬了项羽；同时分封项伯等四人为列侯，并赐姓刘氏。

【纲】汉王回到定陶（今山东定陶西北）以后，直奔入齐王韩信的营垒，夺取了他的军队。

【纲】春正月，改立齐王韩信为楚王，立魏相国彭越为梁王。
【目】韩信到了楚地以后，召见了当年给他饭吃的漂母，赐给她千金。又召见曾经侮辱过自己的那少年，任命他为楚国中尉，并对大家说："这是一位壮士。"

【纲】二月，汉王刘邦即皇帝位。　【目】诸侯王都请求尊奉汉王为皇帝。二月甲午（初三），在汜水（在今山东曹县北）的北面即皇帝位。

【纲】汉高帝向西定都洛阳。

【纲】夏五月，士卒都解甲回家。

【纲】汉高帝在洛阳南宫摆设酒宴。　【目】汉高帝在洛阳南宫摆设酒宴。高帝问道："我所以能够得到天下是什么原因呢？项氏所以失

地，因以与之，与天下同其利；项羽不然，有功者害之，贤者疑之，战胜而不予人功，得地而不予人利，此其所以失天下也。"上曰："公知其一，未知其二。夫运筹帷幄之中，决胜千里之外，吾不如子房；镇国家，抚百姓，给饷馈，不绝粮道，吾不如萧何；连百万之众，战必胜，攻必取，吾不如韩信。三者皆人杰，吾能用之，此吾所以取天下者也。项羽有一范增而不能用，此所以为我禽也。"群臣悦服。

【纲】召故齐王横，未至，自杀。 【目】田横与有徒属五百余人入海，居岛中。帝恐其为乱，赦横罪，召之曰："横来，大者王，小者侯；不来，且举兵加诛。"横乃与其客二人乘传诣洛阳。至尸乡厩置，谓其客曰："横始与汉王俱南面称孤，今汉王为天子，而横乃为亡虏，北面事之，其耻固已甚矣。且吾烹人之兄，与其弟并肩而事主；纵彼不动，我独不愧于心乎！"遂自刭，令客奉其头，从使者驰奏之。帝为流涕，以王礼葬之。二客自刭，余五百人在岛中者，闻之亦皆自杀。

【纲】以季布为郎中。斩丁公以徇。 【目】初，楚人季布为项籍将，数窘辱帝。籍灭，帝购求布千金；敢有舍匿，罪三族。布乃髡钳为奴，自卖于鲁朱家。朱家心知其季布也，买置田舍；身之洛阳见滕公，曰："季布何罪！臣各为其主用，职耳。今上始得天下，而以私怨求一人，何示不广也！且以布之贤，汉求之急，此不北走胡，南走越耳。夫忌壮士以资敌国，此伍子胥所以鞭荆平之墓也。"滕公言于上，上乃赦布，召拜郎中，朱家遂不复见之。

掉天下是什么原因呢？"高起、王陵回答说："陛下派人攻城略地，就把这些土地封给他们，与大家共同享受利益；项羽却不是这样，对有功者加以陷害，对贤者加以怀疑，战争取得胜利后不能论功行赏，取得土地后不能给别人分得利益，这就是他所以失掉天下的原因。"高帝说："你只知其一，不知其二。在军帐里运筹划策，决胜于千里之外，我不如张良；镇守国家，安抚百姓，供给粮饷，畅通粮道，我不如萧何；连百万之众，战必胜，攻必克，我不如韩信。这三个人都是人中俊杰，我能任用他们，这就是我能取得天下的原因。项羽有一个范增而不能用，这就是他所以被我擒杀的原因。"群臣们听了后都心悦诚服。

【纲】高帝召见原来的齐王田横，田横没有到洛阳，自杀身亡。【目】田横和他的部属五百余人进入大海，住在海岛上。高帝担心他们作乱，赦免了田横的罪，召他前来，并说："田横如果前来，官大一点的人可以封为王，官小一点的人可以封为侯；如果不来，将会发兵消灭他们。"田横于是和他的两位宾客乘驿车前往洛阳，到了尸乡（今河南偃师西南）后，把马安置在驿站的马房，田横对他的宾客说："我起初与汉王都是南面称孤的王，如今汉王做了天子，而我田横却成了逃亡的罪人，面向北来事奉他，这种耻辱本来就很大了。况且我还烹杀了别人的兄长（指郦高之兄郦食其），又和被烹杀者的弟弟一起事奉君主，即使他不敢动我，我内心能不感到惭愧吗？"于是自刎而死，让他的宾客捧着他的头，跟着使者急奔洛阳，奏报高帝。高帝为他的死流下了眼泪，依照侯王的礼节埋葬了田横。安葬田横后，那两个宾客也自刎而死；其余在岛上居住的五百多人听到这件事后也都自杀了。

【纲】任命季布为郎中。斩杀丁公以告示天下。【目】起初，楚国人季布是项籍的部将，曾多次窘辱过汉高帝。项籍被消灭以后，汉高帝曾悬赏千金来捉拿季布，并下令有敢藏匿季布的人就要罪连三族。季布于是就剃掉头发，用铁箍束住脖子，装成奴隶，把自己卖给鲁地的朱家。朱家心里知道他是季布，就把他买下来安置在田庄上。朱家亲自到洛阳拜见滕公夏侯婴，对他说："季布有什么罪？作为臣子，都各自为他的君主效力，这是分内的事。现在皇上刚刚得到天下，就以自己的私怨来追捕一个人，为什么要向天下的人显露自己心胸不宽广呢？况且凭着

布母弟丁公，亦为项羽将，逐窘帝彭城西。短兵接，帝急，顾谓丁公曰："两贤岂相厄哉！"丁公乃还。至是来谒，帝以徇军中，曰："丁公为臣不忠，使项王失天下者也。"遂斩之，曰："使后为人臣无效丁公也！"

【纲】帝西都关中。以娄敬为郎中，赐姓刘氏。 【目】齐人娄敬戍陇西，过洛阳，求见上曰："陛下都洛阳，岂欲与周室比隆哉？"上曰："然。"敬曰："洛邑天下之中，有德则易以王，无德则易以亡。夫秦地，被山带河，四塞以为固；卒然有急，百万之众可具。此亦扼天下之亢而拊其背也。"帝问群臣。群臣皆山东人，争言："周王数百年，秦二世即亡。洛阳东有成皋，西有渑池，倍河向洛，其固足恃也。"上问张良。良曰："洛阳虽有此固，四面受敌，非用武之国也。关中左殽、函，右陇、蜀，沃野千里。阻三面而固守，独以一面东制诸侯，此所谓金城千里，天府之国，敬说是也。"上即日西都关中。拜敬郎中，号奉春君，赐姓刘氏。

【纲】张良谢病辟谷。 【目】良素多病，入关，即杜门，道引不食谷。曰："家世相韩；及韩灭，不爱万金之资，为韩报雠强秦，天下振动。今以三寸舌，为帝者师，封万户侯，此布衣之极，于良足矣。愿弃人间事，欲从赤松子游耳。"

季布的贤能，汉朝追捕他过急，逼着他不是向北投奔胡地，就是向南投奔越地。因为忌恨壮士而帮助了敌国，这就是伍子胥所以要鞭打楚平王尸体的缘故啊！"滕公把这件事告诉了高帝，高帝就赦免了季布，并召见季布，任命他为郎中，朱家从此也就不再去见季布了。

季布母亲的弟弟叫丁公，也曾是项羽的将领，他在彭城西面把高帝刘邦追得窘迫之至。当时短兵相接，高帝非常危急，回过头来对丁公说："难道我们两个人要互相逼迫吗？"丁公于是就领兵返回。到了这时他来谒见高帝，高帝把他拉到军中示众，并说："丁公为臣不忠，是使项王失掉天下的人。"就把他给斩了，并说："使后来为人臣子的人不要效仿丁公。"

【纲】汉高帝向西定都关中。任命娄敬为郎中，并赐姓刘氏。
【目】齐人娄敬去戍守陇西，路过洛阳时，他请求拜见高帝，并对高帝说："陛下定都洛阳，难道想要和周朝比美吗？"高帝说："是的。"娄敬说："洛阳位于天下的中心，君主有德就容易靠着他统治天下，君主无德就容易由此而灭亡。至于关中秦地，被山带河，四面都有关塞，十分坚固，如果突然有了紧急情况，百万军队可以调集。这里的形势就是扼天下之咽喉而又能加以攻击。"高帝又询问群臣，群臣都是关东地区人，他们争着说："周朝历世数百年，秦朝到二世就灭亡了。洛阳东面有成皋，西面有渑池（今河南渑池），背靠黄河，面向洛水，这里的形势坚固，足足可以凭依。"汉高帝又问张良，张良说："洛阳虽然有所说的那样坚固，但是四面受敌，不是用武之地。而关中左有崤山、函谷关，右有陇西、巴、蜀，沃野千里。有三面可以依靠险要来坚守，独以一面东向控制诸侯，这就是所谓的金城千里，天府之国啊！娄敬所讲的是对的。"汉高帝当天就决定西迁，定都关中；他任命娄敬为郎中，封号奉春君，赐姓刘氏。

【纲】张良因身体有病不吃饭。【目】张良平素身体多病，进入关中以后就闭门不出，施行导引养生之术，不食谷物。他说："我家世世代代为韩相，到韩国灭亡之后，我不惜万金家产，为了韩国向强大的秦国报仇，天下震动。现在凭三寸之舌成了皇帝的老师，封万户侯，这对于平民来说已经到了极点，对于我张良来说也很满足了。我希望丢开人世

【纲】秋七月,赵王张耳卒。 【目】子敖嗣。敖尚帝长女鲁元公主为后。

【纲】后九月,治长乐宫。

【纲】庚子,六年,冬十二月,帝会诸侯于陈,执楚王信以归。至洛阳,赦为淮阴侯。 【目】楚王信初之国,行县邑,陈兵出入。人有上书告信反者,帝以问诸将,皆曰:"亟发兵坑竖子耳!"帝默然。又问陈平。平曰:"陛下兵精孰与楚,诸将用兵孰过信?"上曰:"皆不及也。"平曰:"如此而举兵攻之,是趣之战也。古者天子有巡狩,会诸侯。陛下第出,伪游云梦,会诸侯于陈。陈,楚之西界,信闻天子以会出游,其势必无事,而郊迎谒;谒而因擒之,此特一力士之事耳。"帝以为然。乃告诸侯会陈:"吾将南游云梦。"因随以行。上至陈,信谒上;上令武士缚信,载后车。信曰:"果若人言:'狡兔死,走狗烹;高鸟尽,良弓藏;敌国破,谋臣亡。'天下已定,我固当烹!"遂械系以归。

田肯贺曰:"陛下得韩信,又治秦中。秦,形胜之国也,带河阻山,地势便利;其以下兵于诸侯,譬犹于高屋之上建瓴水也。夫齐,东有琅邪、即墨之饶,南有泰山之固,西有浊河之限,北有渤海之利;地方二千里,持戟百万,此东西秦也。非亲子弟,莫可使王齐者。"上曰:"善!"至洛阳,赦信,封淮阴侯。

信知帝畏恶其能,多称病,不朝从。居常鞅鞅,羞与绛、灌等

间的事情，打算跟从赤松子交游。"

【纲】秋七月，赵王张耳去世。　【目】张耳的儿子张敖继承了王位。张敖娶高帝的长女鲁元公主为王后。

【纲】后九月，修治长乐宫。

【纲】六年（庚子，前201），冬十二月，高帝在陈县（今河南淮阳）会见诸侯，把楚王韩信抓了起来，带着韩信返回。到了洛阳之后，赦免韩信为淮阴侯。　【目】楚王韩信刚到封国时，巡视所属的县邑，进进出出都跟着大队士兵。有人上书告发韩信谋反，汉高帝问诸将怎么办，大家都说："赶快发兵坑死这个小子！"高帝默然无语。高帝又问陈平，陈平说："陛下的士兵和楚兵比起来谁精锐？诸将用兵有谁能超过韩信？"高帝说："都不如。"陈平说："如此而发兵进攻他，这是促使他起兵应战。古代的天子经常出去巡视，去会见诸侯。陛下只管出行，假装巡游云梦泽（在今湖北京山以南，湖南岳华以北），在陈县会见诸侯。陈县在楚国的西部边界，韩信听说天子出游并会见诸侯，认为这种情况一定不会有事，因而也会到郊外迎接拜见陛下，他拜见时陛下乘机抓住他，这只是一个力士就可以办到的事。"高帝认为他讲的对，于是通告各诸侯到陈县会集，并说："我将向南巡游云梦。"因此随即起程。高帝到了陈县以后，韩信拜见高帝，高帝令武士将韩信捆绑起来，装载在随从的车辆中。韩信说："果然像人们说的那样：'狡黠的兔子死了，出色的猎狗也就给烹杀了；高飞的鸟射完了，精良的弓箭也就收藏起来了；敌国被攻破了，谋臣也就被处死了。'现在天下已经平定，我当然应该被烹杀了。"于是给韩信戴上刑具而归。

田肯祝贺高帝说："陛下抓获了韩信，又定都于关中。秦地是形势优越的地方，有阻山带河之险，地势便利。从这里出兵到诸侯各国，犹如高屋建瓴，势不可挡。至于齐地，东面有琅邪、即墨的富饶，南面有泰山的险固，西面有黄河这一天然界限，北面有渤海渔盐之利，地方二千里，兵士一百万。这两个地方可说是东秦和西秦，不是陛下的亲子弟，不可以派他去齐地做王。"高帝说："很好！"到了洛阳之后，赦免了韩信，封他为淮阴侯。

韩信知道高帝害怕而且嫉妒自己的才能，经常称病，不去朝见

列。上尝从容与信言诸将能将兵多少。上问曰："如我能将几何？"信曰："陛下不过能将十万。"上曰："于君何如？"曰："臣多多益善。"上笑曰："多多益善，何为为我擒？"信曰："陛下不能将兵，而善将将，此信之所以为陛下擒也。且陛下乃所谓'天授'，非人力也。"

【纲】始剖符封功臣为彻侯。　【目】始封功臣，酂侯萧何食邑独多。功臣皆曰："臣等身被坚执锐，多者百余战，少者数十合。今萧何未尝有汗马之劳，徒持文墨议论，顾反居臣等上，何也？"帝曰："诸君知猎乎？追杀兽兔者，狗也；发纵指示者，人也。今诸君徒能得走兽耳，功狗也；至如萧何，发纵指示，功人也。"群臣皆莫敢言。张良亦无战斗功，帝使自择齐三万户。良曰："臣始起下邳，与上会留，此天以臣授陛下。陛下用臣计，幸而时中。臣愿封留足矣，不敢当三万户。"乃封良为留侯。封陈平为户牖侯，平辞曰："此非臣之功也。"上曰："吾用先生谋，战胜克敌，非功而何？"平曰："非魏无知，臣安得进？"上曰："子可谓不背本矣！"乃赏无知。

【纲】春正月，立从兄贾为荆王，弟交为楚王，兄喜为代王，子肥为齐王。

【纲】以曹参为齐相国。　【目】参之至齐，尽召诸先生，问所以安集百姓。而齐故诸儒以百数，言人人殊。参闻胶西有盖公，善治黄、老言，使人请之。盖公为言："治道贵清静，而民自定。"参乃避正堂以舍之。用其言，齐国安集，称贤相焉。

或随从出行。他平时常怏怏不乐，对自己和绛侯、灌婴处于同等地位而感到羞耻。高帝曾经从从容容地同韩信谈论诸将能带多少兵的事。高帝问他说："像我这样能够带多少兵呢？"韩信说："陛下不过能带十万。"高帝说："那么你怎么样呢？"韩信说："我是多多益善。"高帝笑着说："多多益善，为什么被我擒获呢？"韩信说："陛下不善于带兵，却善于带将，这就是我韩信之所以被陛下擒获的原因。况且陛下的才能是出于所谓'天授'，不是人力所能达到的。"

【纲】高帝开始剖分符信，分封功臣为列侯。　【目】高帝开始分封功臣。酂侯萧何分封的食邑特别多。功臣们都说："我们亲自身披铠甲，手执兵器作战，多的打过一百多仗，少的也经历了数十次战斗。现在萧何没有立过汗马功劳，只不过靠舞文弄墨，发发议论，反而位居我们之上，这是为什么？"高帝说："诸位懂得打猎吗？追赶捕抓野兽、兔子的是猎狗，而发现踪迹指挥猎狗的是猎人。现在诸位只能算是奔走追获野兽的有功之狗；至于萧何，他发现踪迹，指示方向，是有功的猎人。"群臣听后都不敢再说什么。张良也没有什么战功，高帝让他自己在齐地选择三万户作为封邑。张良说："当初我在下邳参加起兵，与陛下在留县会见，这是上天把我给了陛下。陛下采用了我的计策，幸而时时得实现。我希望把留地封给我就满足了，不敢接受三万户的封地。"于是高帝封张良为留侯。高帝封陈平为户牖侯，陈平辞谢说："我没有那么多的功劳。"高帝说："我采用先生的计谋，克敌制胜，这不是功劳又是什么呢？"陈平说："如果没有魏无知，我怎么能够得到进用呢？"高帝说："你可以说是不忘本啊！"于是高帝又赏赐了魏无知。

【纲】春正月，高帝立堂兄刘贾为荆王，弟弟刘交为楚王，哥哥刘喜为代王，儿子刘肥为齐王。

【纲】任命曹参为齐国相国。　【目】曹参到了齐国后，把那些受人尊敬的老先生都召集来，向他们请教安抚召集百姓的办法。而齐国原先的儒生有好几百人，每个人的意见都不一样。曹参听说胶西（今山东高密县）有个叫盖公的人，擅长于研究黄、老的学说，就派人去把他请来。盖公给他说："治理国家之道，贵在清静无为，这样百姓就会自行安定。"曹参于是就让出自己住的正房请盖公住进去。他采用盖公的意

【纲】更以太原郡为韩国,徙韩王信王之。

【纲】封雍齿为什方侯。 【目】上已封大功臣二十余人,其余争功不决,未得行封。上从复道望见诸将,往往相与坐沙中语。曰:"此何语?"留侯曰:"陛下起布衣,以此属取天下。今所封皆故人所亲爱,所诛皆平生所仇怨。此属畏陛下不能尽封,又恐见疑平生过失及诛,故相聚谋反耳。"上乃忧曰:"为之奈何?"留侯曰:"陛下平生所憎,群臣所共知,谁最甚者?"上曰:"雍齿与我有故怨,数尝窘辱我。"留侯曰:"今急先封雍齿,则群臣人人自坚矣。"于是乃封雍齿为什方侯,而急趣丞相、御史定功行封。群臣皆喜,曰:"雍齿尚为侯,我属无患矣。"

【纲】诏定元功位次。赐丞相何剑履上殿,入朝不趋。 【目】诏定元功十八人位次。皆曰:"曹参功最多,宜第一。"鄂千秋进曰:"参虽有野战略地之功,此特一时之事耳。上与楚相距五岁,失军亡众,跳身遁者数矣,萧何常从关中遣军补其处。又军无见粮,何转漕关中,给食不乏。陛下虽数亡山东,何常全关中以待陛下。此万世之功也。今奈何以一旦之功,而加万世之功哉!何第一,参次之。"上曰:"善。"于是乃赐何带剑履上殿,入朝不趋。上曰:"吾闻进贤受上赏。"乃封千秋为安平侯。

【纲】帝归栎阳。
【纲】夏五月,尊太公为太上皇。 【目】上五日一朝太公,太公家令说曰:"皇帝虽子,人主也;太公虽父,人臣也。奈何令人主拜人臣,而使威重不行乎?"后上朝,太公拥篲、迎门、却行。上大惊,

见，齐国的百姓们安居乐业，曹参被人们称为贤相。

【纲】重新把太原郡（治晋阳，今山西太原）改为韩国，调迁韩王韩信到那里去做王。

【纲】封雍齿为什方侯。 【目】高帝已经封了大功臣二十余人，其余的人因争功不决，未能进行分封。高帝在复道上望见将领们往往一起坐在沙地上窃窃私语。高帝问道："这些人在说些什么？"留侯说："陛下以平民的身份起兵，用这些人来夺取天下。现在陛下所封的都是老朋友或所亲所爱的人，所诛杀的都是平时有怨仇的人。这些人担心陛下不能全部封他们，又害怕被陛下疑心他们平时的过失因而受到诛杀，所以就相聚在一起密谋反叛。"高帝忧虑地说："怎么办呢？"留侯说："陛下平时所憎恨的人，又是群臣都知道的，谁最突出？"高帝说："雍齿和我有旧怨，他曾多次侮辱我。"留侯说："现在赶快先封雍齿，这样群臣就会人人自安了。"于是高帝就封雍齿为什方侯，并赶紧催促丞相、御史们对群臣定功分封。群臣都高兴地说："雍齿尚且被封为侯，我们这些人就没有什么可担忧的了。"

【纲】下诏议定元功位次。赐萧何可以带剑穿履上殿，朝见时不必小步疾走。 【目】高帝下诏议定元功十八人的位次。大家都说："曹参的功劳最大，应该第一。"鄂千秋进言说："曹参虽然有野战杀敌、夺取土地的功劳，这只不过是一时的事情。陛下与项羽相峙五年，失军亡众，只身逃走的情况就有好几次，萧何经常从关中派遣军队补充前线。前线军队缺乏粮食，萧何从关中转运军粮，供给不断。陛下虽然有几次失去山东，萧何却一直保全着关中等待着陛下。这是万世不朽之功。现在怎么能让一时的功劳凌驾在万世之功的上面呢？应该是萧何功居第一，曹参功居第二。"高帝说："很好！"于是就赐萧何可以带剑穿履上殿，朝见时不必小步疾走。高帝说："我听说进荐贤才的人应该受到重赏。"于是就封鄂千秋为安平侯。

【纲】高帝回到栎阳。

【纲】夏五月，尊奉太公为太上皇。 【目】高帝每隔五日朝拜一次太公。太公的家令对太公说："皇帝虽然是儿子，可他是人主。太公虽然是父亲，但属于人臣。怎么能让人主拜见人臣，而使君主失去尊威

下扶太公。太公曰："帝，人主，奈何以我乱天下法！"上乃诏尊太公为太上皇，赐家令金五百斤。

【纲】秋，匈奴寇边，围马邑。韩王信叛与连兵。 【目】初，匈奴畏秦，北徙。及秦灭，复稍南渡河。单于头曼有太子曰冒顿；后有少子，欲杀冒顿而立之。冒顿遂杀头曼自立。悉复蒙恬所夺故地，控弦之士三十余万。至是，围韩王信于马邑。信使使求和解，汉疑信有二心，使人让之。信恐诛，遂以马邑降之。匈奴遂攻太原，至晋阳。

【纲】令博士叔孙通起朝仪。 【目】帝悉去秦苛仪，法为简易。群臣饮酒争功，醉或妄呼，拔剑击柱，帝益厌之。叔孙通说上曰："夫儒者难与进取，可与守成。臣愿征鲁诸生共起朝仪。"帝曰："得无难乎？"通曰："五帝异乐，三王不同礼。礼者，因时世、人情为之节文者也。臣愿颇采古礼，与秦仪杂就之。"上曰："可试为之，令易知，度吾所能行者为之！"于是通使征鲁诸生。有两生不肯行，曰："今死者未葬，伤者未起，又欲起礼、乐。礼、乐所由起，积德百年而后可兴也。吾不忍为公所为，公去矣！"通笑曰："若真鄙儒，不知时变！"遂与所征及上左右与其弟子百余人，为绵蕞，野外习之。月余，言于上曰："可试观矣。"上使行礼，曰："吾能为此。"乃令群臣习肄。

呢？"后来高帝朝拜太公，太公抱着扫帚在门口迎接，倒退着行走。高帝感到很惊讶，下车搀扶着太公。太公说："皇帝是人主，怎么能因为我而乱了天下的大法呢？"高帝于是下诏尊奉太公为太上皇，赏赐给家令金五百斤。

【纲】秋季，匈奴人侵犯边境，包围了马邑。韩王韩信背叛汉王，与匈奴联合起来。　【目】起初，匈奴人畏惧秦国，向北面迁移。等到秦国灭亡以后，又渐渐向南，渡过了黄河。单于头曼有个太子叫冒顿，后来又有了个小儿子，头曼想杀死冒顿而立少子，冒顿于是就杀死了头曼自立为单于。冒顿收复了被蒙恬夺取的全部土地，拥有战士三十余万人。到这时，在马邑包围了韩王韩信，韩信派遣使者去请求和解。汉朝怀疑韩信有二心，派人去指责韩信。韩信害怕被杀，于是就带着马邑城投降了匈奴。匈奴于是攻打太原郡，一直打到晋阳。

【纲】高帝令叔孙通制定朝廷礼仪制度。　【目】高帝废除了所有秦朝繁苛的礼仪制度，简易法度。在朝廷上，群臣一边喝酒，一边争论功劳的大小，有的喝醉了就大呼乱叫，拔出剑来敲击柱子，高帝愈来愈厌恶这种情况。叔孙通对高帝说："儒生们虽然难于和他们一同进取天下，但可以和他们一起守住已成的大业。我愿意把鲁地的儒生召来共同制定朝会礼仪。"高帝说："这件事难不难？"叔孙通说："五帝、三王的礼乐制度都不一样。所谓礼，是要随着时世人情的变化而加以减省或添饰的。我希望多多采纳古代的礼法，和秦朝的礼仪制度参杂起来，拟就新的朝仪。"高帝说："可以试办一下，要使新的礼仪明白易懂，考虑好是我所能办得到的，然后再制定。"于是叔孙通担任使者前去征召鲁地的儒生。有两个儒生不愿跟着他走，他们说："现在死去的人还没有安葬，受伤的人还没有得到康复，又打算制定礼乐制度。制定礼乐制度，必须积德百年以后才能兴办。我不忍心做你所干的事，你走吧！"叔孙通笑着说："你真是见识鄙陋的儒生，不懂得时世的变化。"叔孙通于是和所征召的人及高帝的左右近侍，还有他的弟子，共一百余人，用绳索和茅草杆标出尊卑的次序，在野外演习。一个多月以后，叔孙通对高帝说："可以试看了。"高帝让他们演习行礼，看后说："我能够这样做。"于是令群臣们都学习这种礼仪。

【纲】辛丑,七年,冬十月,长乐宫成,朝贺,置酒。 【目】长乐宫成,诸侯群臣皆朝贺。先平明,谒者治礼,以次引入殿门,陈东、西乡。卫官侠陛及罗立廷中,皆执兵,张旗帜。于是皇帝传警出房,引诸侯王以下至吏六百石,以次奉贺,莫不震恐肃敬。礼毕,置法酒。诸侍坐者皆俯,抑首;以次起上寿。觞九行,谒者奏"罢酒";御史执法,举不如仪者,辄引去。竟朝罢酒,无敢喧哗失礼者。于是上曰:"吾乃今日知为皇帝之贵也!"拜通太常。初,秦悉内六国礼仪,择其尊君、抑臣者存之。及通制礼,颇有所增损,大抵皆袭秦故。

【纲】帝自将讨韩王信,信及匈奴皆败走。帝追击之,被围平城,七日乃解。 【目】上自将击韩王信,破其军。信亡走匈奴。上闻冒顿居代谷,使人觇之。冒顿匿其壮士、肥牛马,但见老弱羸畜。使者十辈来,皆言匈奴可击。上复使刘敬往,使未还,悉兵二十二万北逐之。敬还报曰:"两国相击,此宜矜夸,见所长。今臣往,徒见羸瘠边弱,此必欲见短,伏奇兵以争利。愚以为匈奴不可击也。"上怒,骂曰:"齐虏,以口舌得官,今乃妄言沮吾军!"械系敬广武。遂先至平城,兵未尽到,冒顿纵精兵四十万骑,围帝于白登七日,汉兵中外不得相救饷。帝用陈平秘计,使使间厚遗阏氏,冒顿乃解围去。汉亦罢兵归。斩前使十辈。赦刘敬,曰:"吾不用公言,以困平城。"号为建信侯。更封陈平为曲逆侯。平常从征伐,凡六出奇计,辄益封邑焉。

【纲】七年（辛丑，前200），冬十月，长乐宫落成。群臣朝贺，依礼饮酒。　【目】长乐宫落成，诸侯群臣都来朝贺。刚刚天亮，掌管赞引之事的谒者执行礼仪，依照次序引导群臣进入殿门，排列在东面，面向西。卫官们有的站在台阶上两边，有的排列在庭中，都拿着武器，打着旗帜。这时传出警令，皇帝从房中出来，赞礼官员引导诸侯王以下直到六百石的官吏依次上前向皇帝祝贺，没有人不震惊恐惧，严肃恭敬。礼毕，又上酒祝寿。在殿上侍坐的诸侯群臣都俯伏垂首，按次序起来向皇帝敬酒祝寿。斟酒九次以后，谒者宣布"上酒结束"。御史执法纠察，发现举动有不按照礼仪规定的人就将他拉出去。从开始朝会到上酒祝寿结束，没有一个人敢喧哗失礼。这时高帝说道："我到今天才知道当皇帝的尊贵。"于是任命叔孙通为太常。起初，秦国全部收集了六国的礼仪，选出其中尊崇君主、抑制臣下的规定保存下来。等到叔孙通制定礼仪时，作了一些增删，大体上都是沿袭了秦朝的旧制。

【纲】高帝亲自率领军队讨伐韩王韩信，韩信和匈奴人都战败逃跑。高帝追击他们，结果被包围在平城（今山西大同东），七天以后才解围。　【目】高帝亲自率领军队讨伐韩王韩信，打败了韩信的军队。韩信逃到匈奴那里。高帝听说冒顿住在代谷（在今山西繁峙西北），派人前去侦察。冒顿已把他的壮士、养肥了的牛马隐藏起来，侦察的人只看到老弱的人和瘦弱的牲畜。高帝派遣的侦察人员一共有十来个人，回去后都说可以攻打匈奴。高帝又派刘敬前去侦察，刘敬还没有返回时，高帝就令他所率全部兵马二十二万人向北追逐。刘敬回来报告说："两国相战，应当夸大自己的优势，显示自己的长处。现在我去匈奴，只看见些老弱残兵和消瘦的牲畜，这一定是故意显示自己的弱点，另外埋伏了奇兵以争取胜利。我认为不能对匈奴发动进攻。"高帝听后十分生气，骂他说："你这齐地的奴才，靠能说会道当了官，现在竟敢胡言乱语败坏我军的士气。"于是给刘敬上了刑具，将他关押在广武（今山西繁峙西）。高帝率军先到了平城，在军队还没有全部到达时，冒顿发出四十万精锐骑兵，在白登山（今山西大同东）包围了高帝，一连七天，汉军内外不能互相援救和供应军饷。这时高帝采用了陈平的密计，派遣使者从小道去用厚礼贿赂阏氏，冒顿才解除了包围。汉军撤兵返回。高帝下令

【纲】十二月,还至赵。 【目】上还过赵,赵王敖执子婿礼甚卑,上箕踞慢骂之。赵相贯高、赵午等皆怒曰:"吾王,孱王也!"乃说王,请杀之。敖啮其指出血,曰:"君何言之误!先人亡国,赖帝得复,德流子孙,秋毫皆帝力也。愿君无复出言!"高等相谓曰:"吾王长者,不倍德;且吾等义不辱,何污王为!事成,归王;事败,则独身坐耳。"

【纲】匈奴寇代,代王喜弃国自归。立子如意为代王。

【纲】春二月,帝至长安,始定徙都。 【目】上至长安。萧何治未央宫,上见其壮丽,甚怒,曰:"天下匈匈数岁,成败未可知,是何治宫室过度也!"何曰:"天下方未定,故可因以就宫室。且天子以四海为家,非壮丽无以重威,且无令后世有以加也。"上说,遂自栎阳徙都之。

【纲】壬寅,八年,冬,击韩王信余寇于东垣。 【目】上东击韩王信余寇,过柏人。贯高等壁人于厕中,上欲宿,心动而去。

【纲】十二月,还宫。

【纲】癸卯,九年,冬,遣刘敬使匈奴,结和亲。 【目】匈奴数苦北边,上患之。刘敬曰:"天下初定,士卒罢于兵,未可以武服也。

斩杀了以前去侦察的十几个人，赦免了刘敬，并说："我没有听从您的意见，以致被围困在平城。"于是封刘敬为建信侯，改封陈平为曲逆侯。陈平经常跟从高帝出去征伐，一共出过六次奇计，每次都增加了他的封邑户数。

【纲】十二月，高帝还军途中来到赵国。 【目】高帝往回返时路过赵国，赵王张敖向高帝恭恭敬敬地行女婿之礼，高帝却很傲慢地坐在那里责骂张敖。赵相贯高、赵午等人都十分生气地说："我们的王，真是个懦弱的国王啊！"于是就劝说赵王，请求杀死高帝。张敖咬自己的指头直至出血，表示坚决反对，说："你们怎么能说出这种错误的话呢？我已故的父亲亡国以后，依赖高帝又得以恢复，恩德流传子孙，这一丝一毫都是皇帝的功劳啊！希望诸位不要再说出这种话来。"贯高等人互相说道："我们的大王是忠厚的长者，不背叛恩德；但我们为不受辱而采取行动，何必玷污和连累大王呢？事情如果成功了，功归于大王；事情如果失败了，我们自己担当罪名。"

【纲】匈奴侵犯代郡（治桑乾，今河北蔚县东北），代王刘喜弃国，自己逃回。高帝立自己的儿子刘如意为代王。

【纲】春二月，高帝到了长安（今陕西西安西北），开始决定迁都长安。 【目】高帝到达长安。萧何主持修建未央宫，高帝看见未央宫十分壮丽，非常生气，说道："天下连年战乱，成败尚未可知，为什么要如此过份地修建宫室呢？"萧何说："正因为天下还没有定局，所以才乘这个机会来修建宫室。况且天子以四海为家，宫室不壮观华丽，就不足以显示天子的威严，并且也是为了不让后代的宫室有所追加。"高帝听后很高兴，于是就从栎阳迁都于长安。

【纲】八年（壬寅，前199），冬季，高帝在东垣（在今河北正定县南）攻打韩王韩信的残余部队。 【目】高帝率军向东，攻打韩王韩信的残余部队，经过柏人（今河北隆尧西），贯高等人把人藏在厕所中，准备行刺高帝，高帝本来想在这里过夜，因心中不安就离开了。

【纲】十二月，高帝回到长安宫中。

【纲】九年（癸卯，前198），冬季，高帝派遣刘敬出使匈奴，缔结和亲的盟约。 【目】匈奴人曾多次侵扰汉朝的北部边境，高帝对此很

冒顿杀父妻母，以力为威，未可以仁义说也。诚以适长公主妻之，彼必慕以为阏氏，生子必为太子。冒顿在，固为子婿；死则外孙为单于；可无战以渐臣也。"帝曰："善！"乃取家人子，名为长公主，以妻单于；使刘敬结和亲约。

【纲】十一月，徙齐、楚大族豪杰于关中。 【目】刘敬言："匈奴河南地，去长安近者七百里，轻骑一日一夜可以至秦中。且诸侯初起时，非齐诸田、楚昭、屈、景莫能兴。今关中少民，北近匈奴，东有强族；一旦有变，陛下未得高枕而卧也。愿徙六国后及豪杰、名家居关中，无事可以备胡，有变率以东伐，此强本弱末之术也。"于是徙昭、屈、景、怀、田氏及豪杰于关中，与利田宅，凡十余万口。

【纲】春正月，赵王敖废，徙代王如意为赵王。 【目】贯高怨家知其谋，上变告之。于是逮捕赵王敖及诸反者，诏敢从者族。赵午等皆自到，高独怒骂曰："公等皆死，谁白王不反者？"乃轞车胶致，诣长安。郎中田叔、客孟舒皆自髡钳，为王家奴，以从。高对狱曰："独吾属为之，王实不知。"榜笞刺爇，身无可击者，终不复言。廷尉以闻。上曰："壮士！谁知者？"泄公曰："臣素知之，此固赵国立义不侵为然诺者也。"上使泄公持节往问之曰："赵王果有谋不？"高曰："吾三族皆以论死，岂爱王过于吾亲哉。顾为王实不反。"具道所以王不知状。泄公以报，乃赦敖，废为宣平侯，而徙如意王赵。上贤高，赦之。高曰："所以不死者，白王不反也。今王已出，吾责已塞，死不恨矣。且人臣有篡弑之名，何面目复事上哉！"乃仰绝亢，

为忧患。刘敬说:"天下刚刚平定,士卒们由于长期作战而疲乏不堪,对匈奴不能用武力来迫使他们归服。冒顿杀死父亲,把后母当作妻子,凭借武力,行施威权,不可以用仁义来说动他。如果真能把嫡长公主嫁给冒顿为妻,他一定会爱慕公主,立为阏氏,公主生了儿子,一定就是太子,冒顿活着,他就是陛下的女婿,冒顿死后,陛下的外孙就会当单于,这样就可以不进行战争,慢慢地就使匈奴臣服了。"高帝说:"很好!"于是就以一名宫女冒称长公主,嫁给了冒顿单于,并派遣刘敬前往缔结和亲盟约。

【纲】十一月,把齐国、楚国的大族豪杰迁移到关中居住。 【目】刘敬说:"匈奴在河套以南的地方,最近的离长安七百里,轻装骑兵只要一天一夜就可以到达关中。当初,各诸侯刚刚立国的时候,如果不是依靠齐国的田氏、楚国的昭氏、屈氏、景氏等大族,是不能兴起的。现在关中人烟稀少,北边接近匈奴,东边有强大的旧王族,一旦发生变故,陛下就不能高枕而卧了。希望迁移六国的后裔和豪强俊杰、有名的大家族,到关中居住,没有事情时可以利用他们来防备匈奴,有事情时就可以率领他们向东进行讨伐,这是加强中央根本重地,削弱地方势力的方法。"于是就迁移楚、齐两国的大族昭氏、屈氏、景氏、怀氏、田氏以及豪强俊杰到关中,给他们提供便利和田宅,迁入关中的共十余万人。

【纲】春正月,赵王张敖被废黜,调迁代王刘如意为赵王。【目】贯高的怨家得知行刺高帝的阴谋后,向朝廷告发了这件非常之事。于是逮捕了赵王张敖和那些阴谋反叛的人,并下诏要把随从张敖反叛者诛灭三族。赵午等人都自刎而死,只有贯高一个人怒骂说:"你们都死了,谁来讲明白赵王不反的事?"他被装进密封的囚车中押运到长安。赵王的郎中田叔、宾客孟舒都自己剃了头发,用铁环束着脖子,作为赵王的家奴跟随着。贯高在被审时说:"只是我们这些人干的,赵王实在不知此事。"狱吏抽打并刀刺贯高,直到体无完肤再没有可打的地方时,贯高不再说话。廷尉把贯高的情况报告了高帝。高帝说:"真是位壮士!有谁了解他?"泄公说:"我平素了解他,他实在是赵国讲究道义、不背弃自己诺言的人。"高帝派泄公拿着符节前去探问他说:"赵王果真参与谋划没有?"贯高说:"我家三族都已定为死罪,我怎会爱赵王

遂死。上召叔等，与语，汉廷臣无能出其右者，尽拜守、相。

【纲】夏六月晦，日食。以萧何为相国。

【纲】甲辰，十年，夏五月，太上皇崩。秋七月，葬万年，令诸侯王国皆立庙。

【纲】以周昌为赵相，赵尧为御史大夫。　【目】定陶戚姬有宠，生赵王如意。吕后年长，益疏。上以太子仁弱，谓如意类己，常留之长安，欲废太子而立之。大臣争之，皆莫能得。御史大夫周昌廷争之强，上问其说。昌为人吃，又盛怒，曰："臣口不能言，然臣期期知其不可！陛下欲废太子，臣期期不奉诏！"上欣然而笑。吕后闻之，跪谢昌曰："微君，太子几废。"

时赵王年十岁，上忧万岁之后不全也；符玺御史赵尧请为赵王置贵强相，及吕后、太子、群臣素所敬惮者。上问其人，尧以昌对。上乃以昌相赵，而以尧代为御史大夫。

上犹欲易太子，于是吕后使建成侯吕释之，强要留侯画计。留侯曰："此难以口舌争也。顾上有所不能致者四人，曰东园公、绮里季、夏黄公、甪里先生。今令太子为书，卑辞安车，固请其来。来以为客，时从入朝，令上见之，则一助也。"于是吕后使人奉太子书招之；四人至，客建成侯家。

胜过爱我的亲属呢？赵王确实没有参与谋反。"他全部讲述了怎样谋反和赵王不知道的情况。泄公把这些情况报告了高帝。于是高帝赦免了张敖，废为宣平侯，又调刘如意为赵王。高帝很佩服贯高，也赦免了他。贯高说："我之所以不死，就是为了讲明白赵王没有参与谋反。现在赵王已经出狱，我已尽了职责，死无遗恨了。况且为人臣者有了谋杀君主的罪名，我还有什么脸面再事奉皇上呢？"于是仰头割断了自己的喉咙就死了。高帝召见田叔等人，和他们交谈，发现汉朝廷臣的才能没有人能超过他们，于是全部任命他们为郡守，或王国的国相。

【纲】夏六月三十日，出现日食。任命萧何为相国。

【纲】十年（甲辰，前197），夏五月，太上皇去世。秋七月，将太上皇安葬在万年（今陕西临潼东），并令诸侯王国都为太上皇立庙。

【纲】任命周昌为赵国相国，任命赵尧为御史大夫。　【目】定陶戚姬很受宠爱，生了赵王如意。吕后因为年长，与高帝的关系日益疏远。高祖认为太子仁慈柔弱，而如意像自己，经常把他留在长安，想废掉太子而立如意为太子。大臣们极力规劝，都没有效果。御史大夫周昌在朝廷中争辩的最强烈，高帝问他有什么理由。周昌口吃，又很生气，说："因为口吃，我嘴上讲不出来，但我却深深知道不能这样做。陛下如果想废掉太子，我万万不能服从命令。"高帝听后欣然而笑。吕后听到这件事后，跪谢周昌说："如果没有您，太子差点就被废掉。"

当时赵王十岁，高帝担心自己去世之后如意难以保全，符玺御史赵尧建议为赵王任命一个尊贵而且刚强的相国，是吕后、太子、群臣平时所敬畏的人。高帝问谁是这样的人，赵尧回答是周昌。于是高帝任命周昌为赵相，而以赵尧代周昌为御史大夫。

高帝还想更换太子，于是吕后就派建成侯吕释之去强求留侯出谋划策。留侯说："这件事难以用口舌去争取。不过皇上有四个人想请而请不到，他们是东园公、绮里季、夏黄公、甪里先生。现在让太子写封信，要言辞卑谦，并用安适的车子，一定请他们来。他们来了以后，以客相待，时时跟从太子上朝，让皇帝看见他们，这样一定会对太子有所帮助。"于是吕后就派人拿着太子的亲笔信去招致这四个人。这四个人来了之后就住在建成侯的家里。

【纲】九月,代相国陈豨反,帝自将击之。 【目】初,上以阳夏侯陈豨为代相国,监赵、代边兵。豨常慕魏无忌之养士,及告归过赵,宾客随之者千余乘。周昌求见上,言豨宾客甚盛,擅兵数岁,恐有变。上令人覆案豨客诸不法事,多连引豨。豨恐,遂反。上自击之。至邯郸,喜曰:"豨不南据邯郸而阻漳水,吾知其无能为矣!"昌奏:"常山亡二十城,请诛守、尉。"上曰:"守、尉反乎?"对曰:"不。"上曰:"是力不足,亡罪。"令昌选赵壮士可将者,白见四人,封各千户,以为将。左右谏曰:"封此何功?"上曰:"非汝所知。赵、代地皆豨有。吾徵天下兵未至,今独邯郸中兵耳;吾何爱四千户,不以慰赵子弟!"又闻豨将皆故贾人,上曰:"吾知所以与之矣。"乃多以金购之,豨将多降。

【纲】乙巳,十一年,冬,破豨军。春正月,后杀淮阴侯韩信,夷三族。 【目】冬,太尉周勃道太原,入代地,陈豨军败。

淮阴侯信舍人弟上变告:"陈豨前过赵、代,过辞信,信辟左右曰:'公之所居,天下精兵处也;而公,陛下之信幸臣也。人言公畔,陛下必不信;再至,则疑矣;三至,必怒而自将。吾为公从中起,天下可图也。'豨曰:'谨奉教。'今信阴与豨通谋,欲与家臣夜诈赦诸官徒奴,发以袭吕后、太子。部署已定,待报未发。"吕后与萧何谋,诈言豨已得死,绐信入贺,使武士缚信,斩之。信曰:"吾悔不用蒯彻之计,乃为儿女子所诈!"遂夷三族。

【纲】九月，代国的相国陈豨反叛，高帝亲自率领军队讨伐他。
【目】起初，高帝任命阳夏侯陈豨为代国相国，监管赵国、代国的边防军队。陈豨一向羡慕魏无忌养士的做法，等到他休假回乡经过赵国时，跟随他的宾客就有一千余辆车。周昌求见高帝，报告陈豨的宾客很多，独揽兵权有好几年，恐怕会发生变故。高帝令人查核按问陈豨宾客违法乱纪的各种事情，结果有很多事情都和陈豨有牵连。陈豨感到害怕，就反叛了。高帝亲自率领军队前去讨伐陈豨，到了邯郸以后，高帝高兴地说："陈豨不在南面占据邯郸并且依凭漳水来拒守，我知道他不能有所作为。"周昌上奏说："常山郡（治元氏，今河北元氏西南）丢掉二十座城，请求处死那里的郡守、郡尉。"高帝说："郡守、郡尉们反叛了吗？"周昌回答说："没有。"高帝说："这是力量不足所造成的，他们没有罪。"并命令周昌在赵国的壮士中挑选可以担任将领的人，经周昌禀告，高帝召见了那四个人，给每人封了一千户食邑，任他们为将。左右廷臣劝谏高帝说："以什么功劳封这几个人的？"高帝回答说："不是你们能够明白的。赵国、代国都被陈豨据有，我征调天下的军队还没有来到，现在只有邯郸城中的军队。我怎么能够吝惜四千户封邑，不用它来安慰赵国的子弟呢？"后来又听说陈豨的将领过去都是商人，高帝说："我知道怎样对付他们了。"于是就用很多的金银去收买他们，陈豨的将领大多投降了高帝。

【纲】十一年（乙巳，前196），冬季，打败了陈豨的军队。春正月，吕后杀死淮阴侯韩信，并诛灭三族。　【目】冬季，太尉周勃从太原进入代地，陈豨的军队被打败。

淮阴侯韩信舍人的弟弟告发了韩信谋反的事，他说："陈豨过去前往赵、代向韩信辞行时，韩信避开左右侍从对陈豨说：'你所在的地方是天下精兵聚集之处，而你又是陛下亲信宠幸的臣子。如果有人说你反叛，陛下一定不会相信；再有人去告你，陛下就会对你产生怀疑；第三次有人去告你，陛下一定会发怒而且亲自率兵去讨伐你。我为你在这里起兵做内应，就可以图取天下。'陈豨说：'一定听从你的指教。'现在韩信秘密和陈豨通谋，打算和家臣乘夜假传诏书，赦免在官府服劳役的罪人和奴隶，发动他们袭击吕后和太子。部署已定，在等待消息，

【纲】帝还至洛阳。 【目】上还,闻韩信言"恨不用蒯彻计",乃诏捕彻至。上曰:"若教淮阴侯反乎?"对曰:"然。"上怒曰:"烹之!"彻曰:"秦失其鹿,天下共逐之,高材疾足者先得。且当是时,臣独知信,非知陛下也。跖之狗吠尧;尧并不仁,狗固吠非其主。"上曰:"置之。"

【纲】立子恒为代王。

【纲】二月,诏郡国求遗贤。 【目】诏曰:"盖闻王者莫高于周文,伯者莫高于齐桓,皆待贤人而成名。今天下贤者智能,岂特古之人乎?患在人主不交故也,士奚由进。今吾以天之灵、贤士大夫定有天下,以为一家,欲其长久,世世奉宗庙亡绝也。贤人已与我共平之矣,而不与我共安利之,可乎?贤士大夫有肯从我游者,诸侯王、郡守必身劝,为之驾,遣诣相国府;有而弗言,觉免;年老癃病,勿遣。"

【纲】梁王越废徙蜀。三月,杀之,夷三族。 【目】上之击陈豨也,征兵于梁;梁王称病,使将将兵诣邯郸。上怒,让之。梁王恐,欲自往谢。其将扈辄曰:"往则为禽,不如遂反。"王不听。梁太仆得罪,亡走汉,告之。上使使掩梁王,囚之洛阳。有司治:"反形已具,论如法。"赦为庶人,传处蜀。至郑,逢吕后从长安来,王为吕后涕泣,自言无罪。后与俱至洛阳,白上曰:"彭王壮士,今徙之蜀,此自遗患;不如遂诛之。妾谨与俱来。"乃令人告越复谋反,夷三族。枭首洛阳,下诏:"收视者捕之。"梁大夫栾布使于齐,还,奏事头

还未发动。"于是吕后就和萧何谋划，谎称陈豨已经被抓获杀死，骗韩信入宫庆贺，派武士把韩信捆绑起来，斩杀了他。韩信说："我后悔没有采纳蒯彻的计策，竟被妇人小子们所欺骗。"于是诛灭了韩信的三族。

【纲】高帝回到洛阳。　【目】高帝回来后，听到说韩信讲到"后悔没有采纳蒯彻的计策"，于是下诏逮捕蒯彻。蒯彻被抓来后，高帝问他："是你教唆淮阴侯反叛的吗？"蒯彻回答说："是的。"高帝很生气地对左右说："烹杀他。"蒯彻说："秦朝失国，好似园林丢失了鹿，天下的人都来追逐，只有才能高、行动快的人才能抢先得到。在那个时候，我只知道韩信，却不知道陛下。盗跖的狗对着尧狂叫，并非尧不仁，是因为狗本来就要吠那些不是它主人的人。"高帝说："放了他。"

【纲】高帝立他的儿子刘恒为代王。

【纲】二月，高帝下诏令郡国访求在野的贤人。　【目】高帝下诏说："自古称王的人没有高过周文王的，称霸的人没有高过齐桓公的，他们都是靠贤人而成名的。现在天下贤者的智慧才能难道都不如古人吗？毛病就出在人主不跟他们交接，贤士们从哪里才得进用呢？现在我靠上天之灵和贤士大夫们平定天下，天下成为一家，想长治久安，世世代代奉祀宗庙，不要断绝。贤士们已经和我一起平定了天下，而不和我一起过安定生活，享受利益，这怎么可以呢？贤士大夫们有愿意跟随我的，诸侯王、郡守一定要亲自去鼓励，准备车辆，派人送到相国府；如果有这样的贤士大夫而不向朝廷报告，一旦发觉，诸侯王、郡守都要受到免官的处分；年老有病的人不要送来。"

【纲】梁王彭越被废黜，迁徙到蜀郡。三月，把他斩杀，并诛灭三族。　【目】高帝进攻陈豨时，向梁王彭越征兵，梁王说是自己身体有病，只派遣部将率领士兵前往邯郸。高帝发怒而且责备梁王。梁王感到害怕，打算亲自前往谢罪。他的部将扈辄说："你要去了就会被抓起来，不如就此反叛。"梁王没有听从。梁国太仆因获罪逃亡到朝廷那里，告发了这件事。高帝派人突然逮捕了梁王，把他囚禁在洛阳。有关官员加以审讯，认为："已经有了反叛的情事，应依法论处。"高帝赦免他为庶人，用驿车送他去蜀郡安置。到了郑地，正好碰上吕后从长安来，梁王向吕后哭诉，说自己没有罪过。吕后就把他一起带到了洛阳。

下,祠而哭之。吏捕以闻。上欲烹之,布曰:"方上之困彭城,败荥阳也,王与楚则汉破,与汉则楚破。且垓下之会,微彭王,项氏不亡。天下已定,而陛下以苟小案诛灭之,臣恐功臣人人自危也!"于是上乃释布,拜为都尉。

【纲】夏四月,还宫。

【纲】五月,立故秦南海尉赵佗为南粤王。 【目】初,秦南海尉任嚣病且死,召龙川令赵佗,行南海尉事。嚣死,佗即移檄绝道,聚兵诛秦吏,击并桂林、象郡,自立为南越武王。至是,诏立以为南越王,使陆贾即授玺、绶,与剖符通使,使和集百越,无为南边患害。贾至,说佗令称臣奉汉约。归报,帝大悦,拜贾为大中大夫。

贾时时前说称诗、书,帝骂之曰:"乃公居马上得之,安事诗、书!"贾曰:"居马上得之,宁可以马上治之乎?且汤、武逆取而以顺守之;文武并用,长久之术也。乡使秦已并天下,行仁义,法先圣,陛下安得而有之!"帝有惭色,曰:"试为我著秦所以失天下、吾所以得之者,及古成败之国。"贾乃粗述存亡之征,凡著十二篇。每奏一篇,帝未尝不称善,号其书曰"新语"。

吕后告诉高帝说："彭王是位壮士，现在把他迁徙到蜀郡，这是自留后患。不如把他杀掉，所以我才和他一起来到这里。"于是吕后指使人告发彭越又阴谋反叛，结果诛灭了他的三族。把彭越的首级在洛阳示众，高帝下诏说："有敢来收敛者，一律逮捕。"梁国大夫栾布出使到齐国，回来以后，到彭越的头下奏事，祭祀他并痛哭一场。官吏逮捕了栾布并报告了高帝。高帝要烹杀栾布。栾布说："当皇上困在彭城、兵败荥阳的时候，梁王和楚王联合起来汉王就会被打败，梁王和汉王联合起来楚王就会被打败。况且在垓下会战时，如果没有彭王，项王就不会被消灭。现在天下已定，而陛下以细小的案件而加以诛灭，我担心功臣们都会人人自危。"于是高帝释放了栾布，任命他为都尉。

【纲】夏四月，高帝回到长安宫中。

【纲】五月，立原来秦国的南海郡（治番禺，今广东广州）尉赵佗为南粤王。【目】起初，秦国南海郡尉任嚣病重将要死时，秦二世召来龙川（今广东龙川西北）县令赵佗，让他代行南海郡尉的职务。任嚣死后，赵佗就发出檄文，断绝通道，调集军队，诛杀了秦朝的官吏，进攻并且兼并了桂林郡（治广信，今广西苍梧）和象郡自立为南越武王。到了这时，高帝下诏封赵佗为南越王，并派遣陆贾去授给赵佗玺印和绶带，还送给他作为封王凭证的竹符，互通使节，让他在那里团结百越，不使他们成为南部边境的祸患。陆贾到了南越以后，劝赵佗让他对汉称臣，遵奉汉朝的规定。陆贾回来汇报了以后，高帝十分高兴，任命陆贾为大中大夫。

陆贾时时在高帝面前讲说引用《诗》《书》，高帝骂他说："你老子是在马上夺得天下的，哪里用得着《诗》《书》！"陆贾说："在马上夺得天下，难道可以在马上治理天下吗？商汤、周武都是用武力夺取天下，但是用顺应时势的文治来守天下，文武并用，才是长治久安之道。假使秦朝兼并天下以后，施行仁义，效法古代圣王，陛下怎么会拥有天下呢？"高帝面有惭色，说："你试着为我论述一下秦朝所以失掉天下，我所以能得到天下的原因，以及古代各国成败的事情。"陆贾就粗略地论述了国家存亡的要旨，共著十二篇。每奏一篇，高帝没有不称好的，并把他的书叫做《新语》。

【纲】帝有疾。 【目】帝有疾,恶见人,诏户者无得入群臣,十余日。舞阳侯樊哙排闼直入,大臣随之。上独枕一宦者卧。哙等流涕曰:"始陛下与臣等起丰、沛,定天下,何其壮也!今天下已定,又何惫也!且陛下独不见赵高之事乎?"帝笑而起。

【纲】秋七月,淮南王布反,帝自将击之。立子长为淮南王。布击杀荆王贾,又败楚军,遂引兵西。 【目】初,淮阴侯死,黥布已心恐。及彭越诛,醢其肉以赐诸侯,布大恐,发兵反。上召故楚令尹薛公问之。令尹曰:"往年杀彭越,前年杀韩信;此三人者,同功一体之人也,自疑祸及身,故反尔!使布出于上计,山东非汉之有也;出于中计,胜败之数未可知也;出于下计,陛下高枕而卧矣。"上曰:"何谓也?"对曰:"东取吴,西取楚,并齐,取鲁,传檄燕、赵,固守其所,此上计也。东取吴,西取楚,并韩,取魏,据敖仓之粟,塞成皋之口,此中计也。东取吴,西取下蔡,归重于越,身居长沙,此下计也。"上曰:"是计将安出?"对曰:"布故骊山之徒,自致万乘,此皆为身,不顾后虑者也;必出下计。"于是上自将兵而东。

布之初反,谓其将曰:"上老,厌兵,必不能来。淮阴、彭越皆死,余不足畏也。"东击荆,荆王贾走死;击楚,楚败;遂引兵西。

【纲】丙午,十二年,冬十月,帝破布军于蕲西,布亡走,长沙王臣诱而诛之。 【目】上与布兵遇于蕲西,布兵精甚。上望其置陈如项籍军,恶之。遥谓布曰:"何苦而反?"布曰:"欲为帝尔!"上怒骂

【纲】高帝有病。 【目】高帝有病,讨厌见人,命令看门的人不许群臣进入。十多天以后,舞阳侯樊哙推开宫门直奔内室,大臣们也跟着他进去。只见高帝一个人枕着一个宦者在那里躺着。樊哙等人边哭边说:"当初陛下和我们一起在丰、沛起兵,平定天下,是何等豪壮啊!现在天下已定,怎么又这样疲惫呢?难道陛下没有看见宦者赵高篡权的事吗?"高帝笑着起身。

【纲】秋七月,淮南王黥布反叛,高帝亲自率领军队去讨伐他。高帝立儿子刘长为淮南王。黥布攻击并杀死了荆王刘贾,又打败了楚军,于是就引兵西进。 【目】起初,淮阴侯被杀,黥布心中已感到恐慌。等到彭越被杀,又把彭越剁成肉酱分赐给诸侯,黥布大为恐慌,于是起兵反叛。高帝召来原来楚国的令尹薛公询问这件事,薛公说:"去年杀了彭越,前年杀了韩信,这三个人是具有同等功劳、关系十分密切的人,他自己怀疑祸患将要降临到自身,所以就反叛了。假使黥布采用上策,山东地区就不会归汉朝所有;如果采用了中策,胜败还不得而知了;如果采用下策,陛下就可以高枕无忧了。"高帝问说:"为什么这样说呢?"薛公回答说:"向东攻取吴国,向西攻取楚国,兼并齐国,夺取鲁国,向燕、赵发布檄文,号召他们坚守这些地方,这是上策。向东攻取吴国,向西攻取楚国,兼并韩国,夺取魏国,占有敖仓的粮食,封锁成皋的关口,这是中策。向东夺取吴国,向西夺取下蔡(在今安徽寿县北),把辎重送到越地,身居长沙,这是下策。"高帝问说:"这些计策他将采用哪一种呢?"薛公回答说:"黥布原来是骊山的徒犯,一直到成为国王,都是只考虑自身,从来不顾及未来的事,所认他一定采用下策。"于是高帝亲自率领军队向东进发。

黥布在反叛之初,对他的将领们说:"皇上年老,厌倦作战,肯定不会到来。淮阴侯、彭越都死了,其余的人不值得害怕。"于是向东进攻荆国,荆王刘贾在逃跑中死去;又进攻楚国,楚国也被击败,于是就引兵向西进发。

【纲】十二年(丙午,前195),冬十月,高帝在蕲水西边打败了黥布的军队,黥布逃走,长沙王吴臣诱杀黥布。 【目】高帝的军队和黥布的军队在蕲西相遇,黥布的军队非常精锐。高帝望见他的布阵就和当

之，遂大战。布军败走江南，长沙王臣使人诱与走越，杀之。

【纲】帝还，过沛，复其民，世世无有所与。 【目】上还，过沛，留，置酒沛宫，悉召故人、父老、诸母、子弟佐酒，道旧故为笑乐。酒酣，上击筑，自歌曰："大风起兮云飞扬，威加海内兮归故乡，安得猛士兮守四方！"于是起舞，慷慨伤怀，泣数行下，谓沛父兄曰："游子悲故乡。吾虽都关中，千秋万岁后，吾魂魄犹思沛。且朕自沛公以诛暴逆，遂有天下；其以沛为朕汤沐邑，复其民，世世无有所与。"

【纲】太尉周勃诛陈豨，定代地。

【纲】立兄子濞为吴王。 【目】更以荆为吴国。濞，喜之子也。

【纲】十一月，过鲁，以太牢祠孔子。

【纲】遂还宫。 【目】上还长安，疾益甚，愈欲易太子。张良谏，不听。叔孙通谏曰："晋献公以骊姬故，废太子，国乱数十年。秦以不蚤定扶苏，自使灭祀，此陛下所亲见。今必欲废适而立少，臣愿先伏诛，以颈血污地！"帝曰："吾直戏耳！"通曰："太子，天下本，本一摇，天下震动，奈何以天下为戏乎！"上佯许，而犹欲易之。后置酒，太子侍，留侯所招四人者从，年皆八十余，须眉皓白，衣冠甚伟。上怪问之，四人前对，各言姓名。上乃大惊曰："吾求公数岁，公避逃我；今何自从吾儿游乎？"四人曰："陛下轻士善骂，臣等义不辱，故恐而亡匿。今闻太子为人仁孝、恭敬、爱士，天下莫不延颈愿为太子死者，故臣等来耳。"上曰："烦公幸卒调护太子。"四人者出，上召戚夫人指视之曰："我欲易之，彼四人者辅之，羽翼已成，难动矣！"上起罢酒，遂不易太子，留侯本招此四人之力也。

年项羽的军队一样,高帝心中感到厌恶,远远地对黥布说:"你何苦要反叛呢?"黥布说:"想当皇帝。"高帝听了怒骂他一顿,双方就大战起来。黥布的军队战败,逃跑到江南,长沙王吴臣派人引诱黥布说一起逃往南越,就杀死了黥布。

【纲】高帝在返回的时候,路过沛县,免除了当地百姓的徭役,世世代代都不服役。 【目】高帝返回时路过沛县,停留下来,在沛宫摆设了酒宴,把过去的朋友和父老、母亲一辈的人,以及年轻子弟,全部召集来陪饮,共叙旧情,一起欢乐。酒兴正浓之时,高帝击筑,自己歌唱道:"大风起兮云飞扬,威加海内兮归故乡,安得猛士兮守四方!"于是又跳起舞来,慷慨伤怀,泪下数行,对沛县父兄们说:"游子思念故乡,我虽然定都关中,千秋万岁以后,我的魂魄还是会想念故乡。我从做沛公开始,诛暴讨逆,终于夺取了天下。现在沛县作为我的汤沐邑,免除沛县百姓的徭役,世世代代都不再服役。"

【纲】太尉周勃诛杀陈豨,平定了代地。

【纲】高帝立他哥哥的儿子刘濞为吴王。 【目】把荆国改名为吴国。刘濞,是刘喜的儿子。

【纲】十一月,高帝路过鲁地,用太牢祭祀孔子。

【纲】高帝回到长安宫中。 【目】高帝回到长安后,病情更重了,愈加想更换太子。张良规劝他,他没有听从。叔孙通劝谏说:"晋献公因为宠爱骊姬的缘故,废掉太子申生,国内动乱了数十年。秦朝因为没有及早决定立扶苏为太子,自己造成宗庙绝祀,这些都是陛下所亲眼看到的。现在一定想废掉嫡子改立少子,我情愿先行伏诛,让我的颈血流在此地。"高帝说:"我不过是开玩笑而已!"叔孙通说:"太子是天下的根本,根本一动,天下震动。怎么能够拿天下大事开玩笑呢?"高帝假装答应了他的请求,但心中仍然想更换太子。后来高帝备酒宴饮,太子在一旁侍候,留侯召来的四个隐士跟随着太子,这四个人年龄都有八十多岁,胡子眉毛都白了,衣冠很特别。高帝感到奇怪,就询问他们,他们上前回答了高帝的询问,并各自报了姓名。于是高帝大吃一惊地说:"我寻找了你们多年,你们躲避着我,今天你们为什么自行和我儿子交往呢?"四个老人回答说:"陛下轻视士人,好辱骂人,我们不愿受到侮

【纲】下相国何廷尉狱,数日赦出之。 【目】萧何以长安地狭,上林中多空地,弃;请令民得入田,毋收藁,为禽兽食。上大怒,下何廷尉,械系之。数日,王卫尉侍,前问曰:"相国何大罪,陛下系之暴也?"上曰:"相国多受贾竖金,而为之请吾苑以自媚于民,故系治之。"王卫尉曰:"夫职事苟有便于民而请之,真宰相事;且陛下距楚数岁,相国一摇足,则关以西非陛下有也!相国不以此时为利,今乃利贾人之金乎?"帝不怿,即赦出之。何入谢,帝曰:"相国为民请苑,吾不许,我不过为桀、纣主,而相国为贤相。吾故系相国,欲令百姓闻吾过也。"

【纲】燕王绾谋反。春二月,遣樊哙以相国将兵讨之,立子建为燕王。

【纲】诏陈平斩樊哙,以周勃代将其军。平传哙诣长安。【目】帝病甚,人或言:樊哙党于吕氏,即一日上晏驾,欲以兵诛赵王如意之属。帝大怒,用陈平谋,召绛侯周勃受诏床下,曰:"陈平驰传载勃代哙将,至军,即斩哙头。"二人行,计之曰:"哙,帝之故人也,功多,又吕后弟婴之夫。今帝特以忿怒故,欲斩之,恐后悔;宁囚而致上,上自诛之。"未至军,为坛,以节召哙,反接,载槛车,传诣长安。令勃代将,定燕反县。

辱,所以惶恐不安地躲藏起来。现在听说太子仁慈孝顺,恭敬爱士,天下没有一个人不愿为太子效死,所以我们就来了。"高帝说:"麻烦诸位善始善终地来调教和保护太子。"四个老人出去以后,高帝召来戚夫人指着这四个人说:"我想更换太子,但那四个人辅佐太子,羽翼已成,难以变动了。"高帝起身离去,结束了酒宴,终于没有改换太子,是因为留侯招来的这四个老人起了作用。

【纲】下令廷尉逮捕相国萧何入狱,几天以后又赦免释放了他。
【目】萧何认为长安一带土地狭窄,而上林苑中空地很多,废弃没有用,请求让百姓能进去种田,但禾秸不许拿走,留下来给苑中禽兽作饲料。高帝听后大怒,就下令把萧何交给廷尉,带上刑具拘禁起来。几天以后,姓王的卫尉侍奉高帝,上前问高帝说:"相国犯了什么大罪?陛下怎么突然把他关起来?"高帝说:"相国接受了很多商人贿赂的金钱,而为他们求取我的苑林,想以此来讨好百姓,所以就把他关了起来,追究罪责。"王卫尉说:"如果在自己的职责范围之内,为了有利于百姓而请求,这才是真正做宰相的事情,况且陛下和楚军相持数年,相国一动摇,函谷关以西的地区就不归陛下所有了。相国不在那时为自己谋利,难道现在才会贪求商人的金钱?"高帝听了之后不大高兴,但马上就赦免了萧何,放他出狱。萧何入宫谢罪,高帝说:"相国为百姓请求苑林中的空地,我没有答应,我不过是成了桀、纣那样的君主,而相国却成了贤相。我故意把相国抓了起来,是想让百姓们都知道我的过错。"

【纲】燕王卢绾谋反。春二月,高帝派遣樊哙以相国的身份率兵前往讨伐卢绾,立儿子刘建为燕王。

【纲】高帝下诏令陈平斩杀樊哙,命周勃代樊哙统率他的军队。陈平用囚车把樊哙押送到长安。 【目】高帝病重,有人说樊哙与吕氏结为朋党,如果高帝一旦去世,就想用兵诛杀赵王如意等一批人。高帝听后大怒,就采纳了陈平的建议,召来绛侯周勃,在床前接受诏旨,说:"陈平乘驿车载着周勃前去代替樊哙为将,到了军营后,马上将樊哙就地斩首。"二人接受诏旨后出发,他们商量说:"樊哙是高帝的老朋友,有很多功劳,又是吕后妹妹吕媭的丈夫。今天高帝只是因为一时发怒的缘故就想把他斩杀,恐怕会后悔的,宁可把他抓起来交给皇上,让皇上

【纲】夏四月,帝崩。 【目】上击黥布时,为流矢所中,行道,疾甚。吕后迎良医,入见,上嫚骂之曰:"吾以布衣提三尺取天下,此非天命乎!命乃在天,虽扁鹊何益!"罢之。后问:"陛下百岁后,萧相国死,谁令代之?"曰:"曹参。"其次,曰:"王陵,然少赣,陈平可以助之。平智有余,然难独任。周勃厚重少文,然安刘氏者必勃也。"复问其次,上曰:"此后亦非乃所知也。"遂崩于长乐宫。

【纲】卢绾亡入匈奴。

【纲】五月,葬长陵。 【目】初,高祖不修文学,而性明达,好谋,能听,自监门、戍卒,见之如旧。初顺民心,作三章之约。天下既定,命萧何次律、令,韩信申军法,张苍定章程,叔孙通制礼仪,又与功臣剖符作誓,丹书铁券,金匮石室,藏之宗庙。虽日不暇给,规模弘远矣。

【纲】太子盈即位,尊皇后曰皇太后。赦樊哙,复爵邑。令郡国立高庙。

亲自去诛杀他。"他们还没有到军营，就筑了一个高台，用符节召见樊哙，把樊哙反缚双手，装入囚车，从驿道送往长安。周勃受命代替樊哙为将，平定了燕地参与反叛的各县。

【纲】夏四月，高帝去世。　【目】高帝在攻打黥布时，被流箭射中，在行军途中病情加重。回到长安宫中后，吕后请来良医进宫见高帝，高帝谩骂医生说："我以一个平民手提三尺宝剑夺取天下，这不是天命吗？命运在天，虽然有扁鹊那样高明的医生又有什么用处呢？"高帝没有让医生治病。吕后问高帝道："陛下百岁以后，萧相国如果死了，让谁来接替他呢？"高帝说："曹参。"吕后问："其次呢？"高帝说："王陵，但王陵有些耿直，陈平可以帮助他。陈平智谋有余，然而难以独挡一面。周勃稳重厚道，缺少文才，然而能安定刘氏天下的人一定是周勃。"吕后又问其次，高帝说："这以后也不是你所能知道的。"不久，高帝就在长乐宫中去世。

【纲】卢绾逃亡到匈奴。

【纲】五月，把高帝安葬在长陵（在今陕西咸阳东）。　【目】起初，高帝没有很好地读过书，而性情明达，好用谋略，能听取别人意见，对看门人和戍卒也一见如故。当初顺应民心，定约法三章。天下平定以后，就命萧何编定律令，韩信申明军法，张苍制定历数和度量衡制度，叔孙通制定礼仪；又和有功之臣们剖符立誓，赐以封爵，给以丹书铁券，让他们的子孙长享爵禄，把誓书放在金柜石室里，藏在宗庙中。虽然高帝事务繁忙，日不暇给，但他立国规模却弘大久远。

【纲】太子刘盈即位，尊奉皇后为皇太后。赦免了樊哙，恢复了他的爵位和封邑。令各郡国修筑高庙。

纲鉴易知录卷十一

汉纪

孝惠皇帝

【纲】丁未,孝惠皇帝元年,冬十二月,太后杀赵王如意。
【目】太后令永巷囚戚夫人,令舂。召赵王如意,三反,相周昌曰:"高帝属臣赵王,闻太后欲诛之,臣不敢遣。王亦病,不能奉诏。"太后怒,召昌至,复召赵王来。帝自迎入宫,挟与起居饮食。太后欲杀之,不得间。帝晨出射,赵王少,不能蚤起;太后使人持鸩饮之。遂断戚夫人手足,去眼,煇耳,饮瘖药,使居厕中,命曰"人彘"。召帝观,帝惊大哭,因病,岁余不能起。使人请太后曰:"此非人所为。臣为太后子,终不能治天下。"遂日饮为淫乐,不听政。

【纲】戊申,二年,冬十月,齐王肥来朝。 【目】齐悼惠王来朝,饮太后前,帝以王,兄也,置之上坐。太后怒,酌鸩酒赐之。帝欲取饮;太后恐,自起泛之。齐王大恐,出,献城阳郡,为鲁元公主汤沐邑,乃得归。

【纲】春正月,两龙见兰陵井中。
【纲】陇西地震。
【纲】夏,旱。
【纲】秋七月,相国酂侯萧何卒,以曹参为相国。 【目】相国何病,上问曰:"君即百岁后,谁可代君?"对曰:"知臣莫如主。"帝曰:"曹参何如?"曰:"帝得之矣!"七月薨,谥曰文终。何置田宅,必居穷僻处,为家,不治垣屋,曰:"后世贤,师吾俭;不贤,毋为势

孝惠皇帝

【纲】孝惠皇帝元年（丁未，前194），冬十二月，吕太后杀死了赵王如意。 【目】吕太后命令将戚夫人囚禁在永巷中，让她舂米。吕太后又召见赵王如意，派人去了三趟，赵相周昌说："高帝把赵王托附给我，我听说太后要把他杀掉，我不敢让他去。况且赵王身体也有病，不能奉诏前往。"太后十分生气，就把周昌召到，再召赵王前来。汉惠帝亲自迎接赵王入宫，吃饭睡觉都保护着他。太后想杀死赵王，但没有机会。惠帝早晨出去打猎，赵王因为年少，不能早起。太后就派人拿着毒酒让赵王喝。后来太后砍断戚夫人的手脚，挖掉她的眼睛，用药把她的耳朵薰聋，让她喝了使她不能说话的药，并让她住在厕所中，叫她是"人彘"。太后让惠帝去看戚夫人，惠帝看了感到很吃惊，就大哭起来，因此得了病，一年多不能起床。惠帝派人请求太后说："这不是人干的事情。臣为太后的儿子，但最终还是不能治理天下。"于是他每天以喝酒为乐，不去处理朝廷政事。

【纲】二年（戊申，前193）冬十月，齐王刘肥前来朝见。 【目】齐悼惠王刘肥前来朝见，惠帝在太后面前摆了酒宴，惠帝认为齐王是自己的哥哥，所以请齐王坐在了上座。太后对此十分生气，就斟了一杯毒酒赏赐给齐王。惠帝打算接过来喝掉，太后心中感到害怕，自己就起来推翻了酒杯。齐王感到十分恐惧，退席以后，就献出城阳郡作为鲁元公主的汤沐邑。

【纲】春正月，在兰陵的一口井里出现了两条龙。

【纲】陇西发生地震。

【纲】夏季，发生干旱。

【纲】秋七月，相国酂侯萧何去世，任命曹参为相国。 【目】相国萧何身体有病，惠帝问他说："你百岁以后，谁可以代替你呢？"萧何回答说："了解臣属的莫过于君主。"惠帝说："曹参怎么样？"萧何说："皇帝讲得很对。"七月，萧何去世，谥号为文终。萧何生前购置的土地

家所夺。"

参闻何薨,告舍人:"趣治行!"居无何,使者果召参。参去,属其后相曰:"以齐狱、市为寄,慎勿扰也!"后相曰:"治无大于此者乎?"参曰:"狱、市,所以并容也;今扰之,奸人何所容乎?"

始参微时,与何善;及为将相,有隙。至何且死,所推贤唯参。参代何为相,举事无所变更,一遵何约束。择吏木讷重厚长者,召为丞相史;言文刻深、欲务声名者,辄斥去之。日夜饮醇酒。宾客见参不事事,皆欲有言,参辄饮以醇酒,莫得开说。见人有细过,专掩匿覆盖之,府中无事。参子窋为中大夫,帝怪参不治事,使窋私问之,参怒,笞窋曰:"趣入侍!天下事非若所当言也。"至朝时,帝让参曰:"乃者我使谏君也。"参免冠谢曰:"陛下自察圣武孰与高帝?"上曰:"朕乃安敢望先帝!""臣孰与萧何贤?"上曰:"君似不及也。"参曰:"陛下言是也。高帝与萧何定天下,法令既明。今陛下垂拱,参等守职,遵而勿失,不亦可乎!"帝曰:"善。"参为相三年,百姓歌之曰:"萧何为法,较若画一。曹参代之,守而勿失。载其清净,民以宁壹。"

【纲】己酉,三年,春,与匈奴和亲。 【目】匈奴冒顿方强,为书遗高后,辞极亵嫚。高后怒,议斩其使,发兵击之。樊哙曰:"臣愿得十万众,横行匈奴中!"季布曰:"哙可斩也!前匈奴围高帝于平

和房宅,都在穷乡僻壤,他的房屋从不修建围墙。他说:"我的后代如果贤能,就会学我俭朴;如果无能,这些陋屋也不会被有权势的人家夺去。"

曹参听说萧何去世,就告诉他的舍人说:"赶快准备行装。"没过多久,使者果然来召曹参入朝。曹参离开封国时,对后来接替任齐相的人说:"你要把齐国的监狱和市场当作寄托的场所,千万不要去打扰。"后任的齐相问说:"治理国家的办法难道就没有比这更重要的吗?"曹参说:"监狱和市场是好人和坏人都能容纳的地方,如果现在你去干扰,叫坏人去何处安身呢?"

当初曹参微贱时,与萧何要好,等到做了丞相以后,两人就有了隔阂。到萧何将要去世时,他推荐的贤人只有曹参。曹参接替萧何担任相国以后,办事毫无变更,一切都遵循萧何制定的法规。他选择不善于言辞和稳重忠厚的人来担任丞相史,官吏中那些能言善辩、苛刻阴险和一心想追求名声的人都被斥退。曹参不分白天晚上整天饮酒。宾客们看到曹参不理政事,都想提出忠告,曹参就让他们饮美酒,没有机会提出忠告。曹参发现别人有细小的过错后,总是为他们掩藏遮盖,府中相安无事。曹参的儿子曹窋做了中大夫,惠帝见曹参不理政事,感到奇怪,就派曹窋私下去询问曹参。曹参听了十分生气,用板子打了曹窋,并说:"赶快去侍奉皇帝,天下大事不是你所应当说的。"上朝的时候,惠帝责备曹参说:"先前是我让曹窋去规劝你的。"曹参脱下官帽谢罪说:"陛下觉得自己的圣明英武同高帝相比怎么样呢?"惠帝说:"我怎么敢指望比得上先帝呢?"曹参又说:"我和萧何相比谁更贤能一些呢?"惠帝说:"你好像比不上萧何。"曹参说:"陛下说得很对。高帝和萧何一起平定了天下,制定的法令也很明白。现在陛下垂衣拱手,我等谨守职责,遵循那些规定而不敢违背,不也就可以了吗?"惠帝说:"很好!"曹参做了三年丞相,百姓们编了一首歌称颂说:"萧何定法令,明白又整齐,曹参接替他,遵守不偏离。施政贵清静,百姓安宁又统一。"

【纲】三年(己酉,前192)春季,汉朝与匈奴和亲。 【目】匈奴冒顿正强大时,写信给高后,信中的文辞很傲慢。高后看后非常生气,商议斩杀匈奴的使者,派兵出击匈奴。樊哙说:"我愿意率领十万军队横扫匈奴。"季布说:"樊哙真该杀。从前匈奴人在平城包围了高帝,当时汉

城,汉兵三十二万,哙为上将军,不能解围。今歌吟未绝,伤夷甫起,而妄言以十万众横行,是面谩也。且夷狄,得其善言不足喜,恶言不足怒也。"高后曰:"善。"报书逊谢,遗以车马。冒顿复使使来谢,因献马,遂和亲。

【纲】庚戌,四年,冬十月,立皇后张氏。 【目】后,帝姊鲁元公主女也,太后欲为重亲,故以配帝。

【纲】春正月,举民孝弟力田者,复其身。

【纲】三月,帝冠。
【纲】除挟书律。
【纲】立原庙。 【目】帝以朝长乐宫,数跸烦民,乃筑复道武库南。叔孙通谏曰:"此高帝月出游衣冠之道也,子孙奈何乘宗庙道上行哉!"帝惧曰:"急坏之!"通曰:"人主无过举。今已作,百姓皆知之矣。愿陛下为原庙于渭北,衣冠月出游之,益广宗庙大孝之本。"乃诏有司立原庙。

【纲】宜阳雨血。
【纲】辛亥,五年,冬,雷,桃、李华,枣实。

【纲】夏,大旱。秋八月,相国、平阳侯曹参卒。
【纲】壬子,六年,冬十月,以王陵为右丞相,陈平为左丞相。

【纲】夏,留侯张良卒。
【纲】以周勃为太尉。
【纲】癸丑,七年,春正月朔,日食。

朝军队有三十二万，樊哙身为上将军，不能解围。现在悲歌未绝，伤病、创伤刚痊愈，而樊哙又妄言以十万军队横扫匈奴，这是当面撒谎。况且夷狄之人，听了他讲的好听的话也不必高兴，听了他讲的不好听的话也不足以发怒。"高后说："很好。"于是回信表示谢意，并送给匈奴国一些车马。匈奴冒顿又派遣使者前来感谢，因此也向汉王朝献马，于是与汉朝和亲。

【纲】四年（庚戌，前191），冬季十月，立张氏为皇后。　【目】张后是惠帝的姐姐鲁元公主的女儿，吕太后想亲上加亲，所以就把张后嫁给惠帝。

【纲】春正月，朝廷号召举荐孝敬父母、尊敬兄长、努力耕田的人，并免除他们的赋税劳役。

【纲】三月，惠帝加冕。

【纲】废除禁止藏书的律令。

【纲】修建原庙。　【目】惠帝认为到长乐宫朝见太后多次打扰百姓，于是在武库南面修筑了专用道路。叔孙通规劝他说："这是每月举行的高帝衣冠出巡仪式的道路，您为高帝子孙，怎么能在祭祀宗庙的道路上行走呢？"惠帝听后感到害怕，就说："赶快把它破坏掉。"叔孙通说："君主不应当有错误的举动。现在既然已经修好，百姓们也都知道这件事情。希望陛下在渭河的北面修建原庙，每月高帝衣冠出巡仪式到那里举行，这样既可以扩大宗庙，也是大孝的根本所在。"于是惠帝下诏有关官员在渭北修建原庙。

【纲】宜阳下雨如血。

【纲】五年（辛亥，前190），冬季，天空打雷，桃树、李树开花，枣树结果。

【纲】夏季，发生大旱。秋八月，相国平阳侯曹参去世。

【纲】六年（壬子，前189），冬十月，任命王陵为右丞相、陈平为左丞相。

【纲】夏季，留侯张良去世。

【纲】任命周勃为太尉。

【纲】七年（癸丑，前188），春正月初一，出现日食。

【纲】夏五月,日食既。

【纲】秋八月,帝崩。

【纲】太后使吕台、吕产将南、北军。 【目】帝崩,太后哭泣不止。张良孙辟疆,谓陈平曰:"帝无壮子,太后畏君等。今请拜吕台、吕产为将,居南、北军。诸吕皆居中用事,如此太后心安,君等脱祸矣。"从之,诸吕权由此起。

【纲】九月,葬安陵。太子即位,太后临朝称制。 【目】初,太后命张皇后取他人子养之,而杀其母,以为太子;至是即位。

高皇后吕氏

【纲】甲寅。

【纲】冬十一月,太后以王陵为帝太傅。陈平为右丞相,审食其为左丞相,任敖为御史大夫。 【目】太后议欲立诸吕为王,王陵曰:"高帝刑白马盟曰:'非刘氏而王,天下共击之。'"陈平、周勃曰:"高帝定天下,王子弟;今太后称制,王诸吕,无所不可。"及退,陵让平、勃曰:"始与高帝啑血盟,诸君不在邪!今欲阿意背约,何面目见高帝地下乎?"平、勃曰:"面折廷争,臣不如君。全社稷,定刘氏之后,君亦不如臣。"于是太后以陵为帝太傅,实夺之相权;陵遂病免归。乃以平为右丞相;审食其为左丞相,不治事,令监宫中。食其故得幸于太后,公卿皆因而决事。太后怨赵尧,乃抵尧罪。任敖尝为沛狱吏,有德于太后,故以为御史大夫。

【纲】夏四月,立张偃为鲁王。

【纲】夏五月，出现日全食。

【纲】秋八月，惠帝去世。

【纲】吕太后命令吕台、吕产统率南、北军。　【目】惠帝去世以后，吕太后痛哭不止。张良的孙子张辟疆对陈平说："皇帝没有成年的儿子，太后惧怕你们这些大臣。现在你请求拜吕台、吕产为将军，统帅南北军。等到吕氏一家都进入朝廷，并在朝廷掌握实权时，吕太后也就安心了，你们这些大臣才能摆脱灾难。"陈平听从了张辟疆的建议，吕氏的权势从此也开始崛起。

【纲】九月，惠帝安葬在安陵，太子即位，吕太后在朝廷上行使皇帝的权力。　【目】当初，吕太后命令张皇后收养了别人的一个儿子，然后把他的母亲杀死，把他立为太子，到这时登上了皇帝之位。

高皇后吕氏

【纲】高皇后吕氏元年（甲寅，前187）。

【纲】冬十一月，太后任命王陵为皇帝的太傅，陈平为右丞相，审食其为左丞相，任敖为御史大夫。　【目】吕太后在朝议时提出想立吕氏子弟为王，王陵说："高帝曾杀白马与大臣们盟誓说：'不是刘氏子弟而称王的，天下人一起消灭他。'"陈平、周勃说："高帝平定了天下，将子弟分封为诸侯王，现在太后临朝称制，分封诸吕为王，没有什么不可以的。"等到退下朝后，王陵责备陈平、周勃说："当初和高帝歃血盟誓，难道你们不在场吗？现在你们想阿谀逢迎，背弃盟誓，死后有什么脸面到九泉之下去见高帝？"陈平、周勃说："今天在朝廷上当面反对，我们不如你。但要保全国家，安定刘氏后代的君主地位，你就不如我们了。"于是吕太后任命王陵为皇帝的太傅，实际上是剥夺了他丞相的权力。后来，王陵称说身体有病，被免官回家。于是又任命陈平为右丞相，审食其为左丞相。左丞相不管理政务，让他监督宫中事务。审食其过去很得吕太后的宠幸，公卿大臣们都依靠他来决定事情。吕太后怨恨赵尧，于是就治赵尧的罪。任敖曾经任过沛县的狱吏，曾对太后有过恩德，所以太后任命他为御史大夫。

【纲】夏四月，立张偃为鲁王。

【纲】封山、朝、武为列侯。立强为淮阳王，不疑为恒山王。【目】皆太后所名孝惠子也。

【纲】立吕台为吕王。

【纲】秋，桃、李华。

【纲】乙卯，二年，冬十一月，吕王台卒。

【纲】春正月，地震，武都山崩。

【纲】夏五月，太后封齐王弟章为朱虚侯，令入宿卫。

【纲】六月晦，日食。

【纲】秋七月，恒山王不疑卒。

【纲】行八铢钱。

【纲】太后立山为恒山王，更名义。

【纲】丙辰，三年，夏，江、汉水溢。

【纲】秋，星昼见。

【纲】伊、洛、汝水溢。

【纲】丁巳，四年，夏四月，太后封女弟嫛为临光侯。

【纲】废少帝，幽杀之。五月，立恒山王义为帝，更名弘。以朝为恒山王。

【纲】戊午，五年，春，南越王佗反。【目】有司请禁南越关市、铁器。南越王曰："此必长沙王计，欲倚中国击灭南越而并王之，自为功也。"遂自称南越武帝，攻长沙，败数县而去。

【纲】己未，六年，冬十月，太后废吕王嘉，立台弟产为吕王。

【纲】春，星昼见。

【纲】行五分钱。

【纲】庚申，七年，春正月，日食，昼晦。

【纲】二月，太后徙梁王恢为赵王，吕王产为梁王。

【纲】分封刘山、刘朝、刘武为列侯。立刘强为淮阳王,刘不疑为恒山王。 【目】以上这些人都是被吕后认为是孝惠帝的儿子。

【纲】立吕台为吕王。

【纲】秋季,桃树、李树开花。

【纲】二年(乙卯,前186),冬季十一月,吕王吕台去世。

【纲】春正月,发生地震,武都的山被崩塌。

【纲】夏五月,吕太后封齐王的弟弟刘章为朱虚侯,让他们进宫中担任警卫。

【纲】六月底,出现日食。

【纲】秋七月,恒山王刘不疑去世。

【纲】发行八铢钱。

【纲】吕太后立刘山为恒山王,把他的名字改为刘义。

【纲】三年(丙辰,前185)夏,长江、汉水发生泛滥。

【纲】秋季,白天天空出现星星。

【纲】伊水、洛水、汝水发生泛滥。

【纲】四年(丁巳,前184),夏四月,吕太后封她的妹妹吕媭为临光侯。

【纲】废掉少帝,秘密把他杀死。五月,立恒山王刘义为帝,并改名叫刘弘。任命刘朝为恒山王。

【纲】五年(戊午,前183)春,南越王赵佗反叛。 【目】有关官员请求停止与南越的关市贸易,禁铁器输出。南越王说:"这一定是长沙王的计谋,他想依靠中国的力量来消灭南越并一起统治南越,居为己功。"于是南越王赵佗自称是南越武帝,向长沙发起进攻,打败了几个县以后就又逃跑了。

【纲】六年(己未,前182),冬十月,吕太后废掉吕王吕嘉,立吕台的弟弟吕产为吕王。

【纲】春季,白天天空出现星星。

【纲】发行五分钱。

【纲】七年(庚申,前181),春季正月,出现日食,白天一片昏暗。

【纲】二月,吕太后调梁王刘恢为赵王,调吕王吕产为梁王。

【纲】秋七月，赵王恢自杀，太后立吕禄为赵王。 【目】赵王恢以吕产女为后。王有爱姬，后鸩杀之。王悲愤，自杀。太后以为用妇人弃宗庙礼，废其嗣。使使告代王恒，欲徙王赵；代三谢，愿守代边。太后乃立兄子禄为赵王。

是时，诸吕擅权用事。朱虚侯章年二十，有气力，忿刘氏不得职。尝入侍燕饮，太后令为酒吏。章自请曰："臣将种也，请得以军法行酒。"太后许之。酒酣，章为耕田歌，曰："深耕概种，立苗欲疏；非其种者，锄而去之！"太后默然。顷之，诸吕有一人醉，亡酒，章追，斩之，还报，左右皆大惊，业已许其军法，无以罪也。自是诸吕惮之。

陈平尝燕居深念，陆贾往，直入坐，而平不见。陆生曰："何念之深也！"平曰："生揣我何念？"生曰："足下极富贵，无欲矣；不过患诸吕、少主耳。"平曰："然。奈何？"生曰："天下安，注意相；天下危，注意将。将相和调，则士豫附；天下虽有变，权不分。为社稷计，在两君掌握耳。君何不交欢太尉？"因为平画吕氏数事。平用其计，两人深相结，吕氏谋益衰。

【纲】九月，遣将军周灶将兵击南越。
【纲】辛酉，八年，夏，江、汉水溢。
【纲】秋七月，太后崩，遗诏产为相国，禄女为帝后。审食其为帝太傅。 【目】初，太后袚，还，过轵道，见物如苍犬，来撠掖。卜之，云"赵王如意为祟"，遂病掖伤。病甚，乃令禄为上将军，居北

【纲】秋七月,赵王刘恢自杀,吕太后立吕禄为赵王。　【目】赵王刘恢把吕产的女儿作为王后。赵王另有一个宠爱的姬妾,王后把她毒死,赵王悲愤自杀。吕太后认为赵王刘恢为了女人而背弃了宗庙的礼教,就废除他的后代继承王位的权利。太后派遣使者去告诉代王刘恒,打算改封他为赵王,代王再三谢绝,希望坚守在代国边地。太后才又立他哥哥的儿子吕禄为赵王。

到了这个时候,吕氏一家独揽大权。朱虚侯刘章,年方二十,很有力气,对刘氏得不到政权而忿忿不平。他曾经在宫内侍奉太后宴饮,太后命令他作监酒吏。刘章亲自请求太后说:"我本是将军的后代,请批准我用军法来监酒。"吕太后同意了他的请求。酒喝得正在高兴的时候,刘章唱了一首《耕田歌》,歌词说:"深耕密种,但立苗时要疏远一些,不是同种类的,就要锄掉。"太后听后默然无语。过了一会儿,姓吕的人中有一个人喝醉了,离开了酒席,刘章追上去把他斩杀,回来向太后报告时,左右在坐的人都感到十分惊恐。因为太后已经同意他用军法监酒,所以也就没有治他的罪。从此以后,姓吕的人都害怕他。

陈平曾经闲居深思,陆贾来拜访他,直入室中坐下,陈平都没看见他。陆贾说:"什么事情使你这样深思呢?"陈平说:"你猜猜我深思什么事情?"陆贾说:"你富贵无比,也没有什么想得到的了,只不过是忧虑诸吕及年轻的皇帝而已。"陈平说:"是的。但怎么办呢?"陆贾说:"天下安定时注重的是国相,天下危险时注重的是将领。如果将相和谐,士卒们就乐于依附,天下即使有所变化,大权也不会被分割。为了国家考虑,你们俩掌握着大权,你为什么不和太尉处好呢?"于是,陆贾为陈平谋划了有关诸吕的几件事情。陈平采纳了陆贾的建议,太尉周勃和陈平两人结为知友,吕氏的阴谋日益难行。

【纲】九月,吕太后派遣将军周灶率军出击南越。

【纲】八年(辛酉,前180)夏,长江、汉水发生泛滥。

【纲】秋七月,吕太后去世,留下遗诏任命吕产为相国,吕禄的女儿为帝后,审食其为皇帝的太傅。　【目】当初,太后去祓除不祥回来时路过轵道,看见一个东西就像灰白色的狗一样,扑向太后的腋窝。让人占卜这件事,说是"赵王刘如意在作祟",于是太后的腋窝就得了病。太

军；产居南军。戒曰："我崩，大臣恐为变，必据兵卫宫，慎毋送丧，为人所制！"至是崩。

【纲】齐王襄发兵讨诸吕，相国产使大将军灌婴击之。婴留屯荥阳，与齐连和。九月，太尉勃、丞相平、朱虚侯章诛产、禄及诸吕，齐王、灌婴兵皆罢。　【目】诸吕欲为乱，未敢发。朱虚侯以吕禄女为妇，知其阴谋，告其兄齐王襄，令发兵西，己为内应，以诛诸吕，立齐王为帝。于是齐王发兵击济南，遗诸侯王书，陈诸吕罪。产等遣灌婴将兵击之。婴至荥阳，谋曰："诸吕欲危刘氏，今我破齐，是益其资也。"乃谕齐王与连和，以待吕氏变，共诛之。齐王乃还兵西界待约。

时太尉勃不得主兵。郦商老病，其子寄与禄善，平、勃使人劫商，令寄绐说禄曰："高帝与吕后共定天下，刘氏所立九王，吕氏所立三王，皆大臣之议，诸侯亦以为宜。今太后崩，帝少，而足下不急之国，乃将兵留此，为大臣诸侯所疑。何不归将印，以兵属太尉；请梁王归相印，与大臣盟而之国。齐兵必罢，足下高枕而王千里，此万世之利也。"禄然其计，犹豫未决。

九月，平阳侯窋见产，会郎中令贾寿使从齐来，具以灌婴与齐、楚合从告产，且趣产急入宫。窋闻其语，驰告平、勃。勃欲入北军，不得，乃令襄平侯、纪通持节，矫内勃北军。复令寄语禄，解印以兵授勃。勃入军门，令曰："为吕氏右袒，为刘氏左袒！"军中皆左

后病重的时候，就任命吕禄为上将军，统率北军，任命吕产统率南军。并告诫他们说："我死了之后，大臣们恐怕会发生政变，你们一定要率兵保卫宫廷，要谨慎送丧，不要因为送丧而被别人控制了朝廷。"到了这时，太后就去世了。

【纲】齐王刘襄发兵讨伐诸吕，相国吕产派大将军灌婴还击刘襄。灌婴驻扎在荥阳，和齐王刘襄联合起来。九月，太尉周勃、丞相陈平、朱虚侯刘章诛杀了吕产、吕禄以及诸吕，齐王刘襄、灌婴都停止用兵。

【目】诸吕打算作乱，但没有敢发动，朱虚侯刘章因为娶了吕禄的女儿为妻，所以知道他们的阴谋，于是就告诉了他的哥哥齐王刘襄，并命令他发兵西征，自己在内接应，以此来诛杀掉诸吕，立齐王刘襄为皇帝。于是齐王刘襄发兵进攻济南，同时送给各诸侯王一封信，信中陈述了诸吕的罪行。吕产等派遣灌婴率兵进攻刘襄，灌婴到了荥阳以后，和部下商量说："诸吕打算危害刘氏，现在如果我攻败了齐王，就会增加吕氏危害刘氏的资本。"于是就告诉齐王，打算和他联合，来等待吕氏发动政变，然后一起消灭他们。齐王刘襄于是就率兵回到齐国的西部边界伺机而动。

当时太尉周勃主不了兵权。郦商年老有病，他的儿子郦寄和吕禄很好，陈平、周勃就派人劫持了郦商，并命令郦寄去欺骗吕禄说："高帝和吕后共同平定了天下，刘氏分封了九个诸侯王，吕氏分封了三个诸侯王，都是经过大臣们商议后决定的，各诸侯也认为是合适的。现在太后去世，皇帝又年少，而足下不是赶快回封国去，却是率领军队在这里居留，被大臣和诸侯们所猜疑。你何不归还将军印绶，把军队交给太尉，并请梁王归还相印，和大臣们订立盟约，前往自己的封国！这样齐王一定会息兵，足下就可以高枕无忧，称王千里，这样对子孙万代都有好处。"吕禄赞称郦寄的建议，但还犹豫未决。

九月，平阳侯曹窋去拜见吕产，正好遇上郎中令贾寿从齐国出使回来，贾寿把灌婴和齐、楚联合起来的事全部告诉了吕产，并催促吕产急速进入宫廷。曹窋听到这些话以后，就骑着马飞驰去告诉了陈平、周勃。周勃打算进入北军，但没有进去，于是就命令襄平侯纪通拿着符节，假传诏令让周勃进入北军。又命令郦寄告诉吕禄让他归还将军印

祖。然尚有南军，平乃召朱虚侯章佐勃。勃令章监军门，令窋告卫尉："毋入产殿门！"产欲入宫为乱，至殿门，弗得入，徘徊往来。勃尚恐不胜，未敢公言诛之，乃谓章曰："急入宫卫帝！"予卒千余人，入宫门，击产杀之。帝遣谒者持节劳章，章欲夺其节，不得，则从舆载，因节信驰斩长乐卫尉吕更始。还报勃，勃起拜贺。遂遣人分部悉捕诸吕男女，无少长皆斩之，而废鲁王张偃，遣章告齐王罢兵，灌婴兵亦罢归。

【纲】诸大臣迎立代王恒。后九月，至，即位。诛吕后所名孝惠子弘等。赦。　【目】诸大臣谋曰："少帝及诸王，皆非真孝惠子也；吕后诈名他人子而立之，以强吕氏。即长用事，吾属无类矣！"或言："齐王，高帝长孙，可立。"大臣皆曰："吕氏几危宗庙。今齐王舅驷钧，虎而冠，即立齐王，复为吕氏矣。代王，高帝子，最长，仁孝宽厚；太后家薄氏，谨良。"乃召代王。

代郎中令张武等曰："汉大臣习兵，多诈。愿称疾毋往，以观其变。"中尉宋昌曰："秦失其政，豪杰并起，卒践天子之位者，刘氏也；天下绝望，一矣。高帝封王子弟地，犬牙相制，此所谓磐石之安也；天下服其强，二矣。除秦苛政，约法令，施德惠，人人自安，难动摇，三矣。夫以吕太后之严，立三王，擅权制；然而太尉以一节入北军，一呼士皆左袒。此乃天授，非人力也。今大臣虽欲为变，百姓弗为使，故因天下之心，而欲迎立大王。大王勿疑也！"王乃命昌参乘，武等六人乘传，诣长安，至渭桥，群臣拜谒称臣，王下车答拜。

绶，把兵权交给周勃。周勃进入军门后下令说："拥护吕氏的袒露右臂，拥护刘氏的袒露左臂。"军中将士都袒露出左臂。然而还有南军没有控制。陈平就召来朱虚侯刘章协助周勃。周勃命令刘章监守营门，命令曹窋去告诉卫尉说："不要让吕产进入殿门。"吕产打算进入宫中作乱，到了殿门时没有让他进去，他在门前来回徘徊。周勃还是担心怕不能取得胜利，没有敢公开说诛灭吕产，于是就对刘章说："赶快进宫保卫皇帝。"并给他调去一千多名士卒，刘章进入宫门后，就进击吕产，并杀死了吕产。皇帝派遣谒者拿着符节来慰劳刘章，刘章打算夺取符节，但没有拿到，于是就和谒者一同乘车，利用符节驱车斩杀了长乐宫卫尉吕更始。回来后把此事报告了周勃，周勃起身向刘章祝贺。于是马上派人分别把吕氏的男男女女全部逮捕起来，不论老少，全部处死，废黜了鲁王张偃，又派刘章去告诉齐王撤兵，灌婴的军队也撤回到都城。

【纲】各位大臣迎立代王刘恒为帝。闰九月，刘恒到达长安，登上帝位。诛杀了吕后认为是孝惠帝儿子的刘弘等人。大赦天下。　【目】大臣们互相商量说："少帝和各诸侯王都不是孝惠帝的真儿子，吕后使用欺诈的手段把别人的儿子称作孝惠帝的儿子而立为皇帝的继承人和诸侯王，以此来加强吕氏的势力。等到他们长大掌握大权以后，我们就会被杀戮无遗。"有的人说："齐王是高帝的长孙，可以立为皇帝。"大臣们都说："吕氏几乎要倾危刘氏宗庙。现在齐王的舅舅驷钧，为人暴恶，如果立齐王为帝，就会出现又一个吕氏。代王是高帝的儿子，行次最长，为人仁孝宽厚，太后薄氏一家谨慎善良。"于是就召代王到都城。

代国郎中令张武等说："汉王朝的大臣们都很熟习军事，诡计多端。希望大王假称身体有病不要前往，以观变化。"中尉宋昌说："秦王朝失去了政权，豪杰并起，最后登上天子之位的是刘氏，天下逐鹿的人断绝了做皇帝的希望，这是第一点。高帝封子弟为王，封国领土犬牙交错，这就像人们所说的磐石一样的坚固，天下的人都屈服于刘氏的强大，这是第二点。废除秦朝苛刻的政令，简化法令，推行德政，人人都生活的安宁，难以动摇，这是第三点。以吕太后的威严，立吕氏子弟三人为王，擅权专制，然而太尉以一个符节进入北军，一声呼唤，士卒都袒露左臂，这是上天所授，不是人的力量可以做到的。现在大臣们虽然

太尉勃进曰:"愿请问。"昌曰:"所言公,公言之;所言私,王者无私。"勃乃跪上天子玺、符。王谢曰:"至邸而议之。"

后九月晦,至邸。丞相平等皆再拜言曰:"愿大王即天子位!"王西乡让者三,南乡让者再,遂即位。章弟东牟侯兴居请除宫,乃与太仆滕公入宫,载少帝出。奉法驾迎帝,即夕入未央宫。夜,拜宋昌为卫将军,镇抚南、北军;以张武为郎中令,行殿中。有司分部诛少帝及诸王于邸。帝还至前殿,夜下诏书,赦天下。

太宗孝文皇帝

【纲】壬戌,太宗孝文皇帝元年,冬十月,以陈平为左丞相,周勃为右丞相,灌婴为太尉。论功,益户有差。 【目】陈平谢病,曰:"高祖时,勃功不如臣,及诛诸吕,臣功亦不如勃;原以右丞相让勃。"从之。

勃朝罢趋出,意得甚,上礼之恭,常目送之。郎中袁盎进曰:"丞相何如人也?"上曰:"社稷臣。"盎曰:"丞相功臣,非社稷臣。夫社稷臣,主在与在,主亡与亡。方吕氏时,刘氏不绝如带。时丞相本兵柄,不能正。吕后崩,大臣共诛诸吕,丞相适会其成功。今丞相如有骄主色,而陛下谦让;臣主失礼,窃为陛下不取也!"后朝,上益庄,丞相益畏。

想叛变，百姓们也不肯受他们驱使，所以大臣们顺应天下百姓的心愿，而想迎接大王立为皇帝。大王不要再疑虑了。"代王于是命令宋昌在车的右面陪乘，张武等六人乘传车前往长安。到了渭桥以后，大臣们都来拜见，自称为臣，代王也下车答拜。太尉周勃上前说："希望单独跟你说话。"宋昌说："你所讲的是公事就公开讲，你所讲的是私事，为王的人不接受私情。"周勃于是跪下呈上天子专用的印玺和符节。代王辞谢说："到了代国官邸后再商议这件事。"

后九月底，代王到达长安的代国官邸。丞相陈平等人都再拜后进言说："希望大王登上天子之位。"代王面向西谦让了三次，面向南谦让了两次，于是就登上了天子之位。刘章的弟弟东牟侯刘兴居请求清除宫廷，于是他和太仆滕公进入宫内，用车子拉着少帝送出宫外。后又用天子的法驾去迎接文帝，当天晚上进入未央宫。当夜任命宋昌为卫将军，统帅南北军；任命张武为郎中令，巡行殿中。有关人员分别在各王官邸诛杀了少帝及各诸侯王。文帝回到前殿后，当夜下发诏书，大赦天下。

太宗孝文皇帝

【纲】太宗孝文皇帝前元元年（壬戌，前179），冬十月，任命陈平为左丞相，任命周勃为右丞相，任命灌婴为太尉。按照功劳的大小，各自增加不同的封户。 【目】陈平因病请求辞职，他说："高祖时，周勃的功劳不如我，到诛灭诸吕时，我的功劳不如周勃，我希望将右丞相的职位让给周勃。"文帝听从了他的意见。

周勃退朝出来时，觉得很得意，文帝对他也恭敬礼貌，经常目送他退朝。郎中袁盎进谏说："周丞相是怎么样的人呢？"文帝说："他是国家大臣。"袁盎说："周丞相是有功之臣，不是国家大臣。国家的大臣应当是与君主共存亡。正当吕氏掌权时，刘氏不绝如带。当时周丞相本来掌握着兵权，但不能正本。吕后死后，大臣们一起诛灭了诸吕，周丞相又恰好得到了这份功劳。现在周丞相在君主面前好像有居功自傲的现象，而陛下却一直谦让，臣主之间失去了应有的礼节，我私下认为陛下不应当这样。"在以后的朝会时，文帝更加庄重，丞相周勃也感到更加害怕。

【纲】十二月,除收孥相坐律令。 【目】诏曰:"法者,治之正也。今犯法已论,而使无罪之父母、妻子、同产坐之,及为收孥,朕甚不取!其除收孥诸相坐律令!"

【纲】春正月,立子启为皇太子。

【纲】三月,立窦氏为皇后。 【目】后,太子母也,故立之。后弟广国与兄长君,厚赐田宅,家于长安。周勃、灌婴等曰:"吾属不死,命且悬此两人。两人所出微,不可不为择师傅、宾客。又复效吕氏,大事也!"于是乃选士之有节行者与居。两人由此为退让君子,不敢以尊贵骄人。

【纲】诏定振穷养老之令。 【目】诏曰:"方春和时,草木群生,皆有以自乐,而吾百姓鳏、寡、孤、独,或阽于危亡,而莫之省忧。为民父母,将何如?其议所以振贷之。"又曰:"老者非帛不暖,非肉不饱。今岁首,不时使人存问长老,又无布帛、酒肉之赐,将何以佐天下子孙孝养其亲哉!具为令。"有司请八十已上,月赐米、肉、酒;九十已上,加帛、絮。

【纲】夏四月,齐、楚地震,山崩,大水溃出。

【纲】令四方毋来献。 【目】时有献千里马者。帝曰:"鸾旗在前,属车在后,吉行日五十里,师行三十里;朕乘千里马,独先安之?"下诏曰:"朕不受献也,其令四方毋复来献!"

【纲】封宋昌为壮武侯。 【目】帝既施惠天下,诸侯、四夷,远近欢洽;乃修代来功,封宋昌为壮武侯。

【纲】十二月，废除了妻子儿女连坐，没为官府奴婢的法令。
【目】文帝下诏说："法律是治理国家的准则。现在一人犯法定罪后，而使无罪的父母、妻子、兄弟连坐，甚至把他们没为官府奴婢，我很不赞成。应废除一人有罪而妻室连坐，没为官府奴婢的法令。"

【纲】春正月，文帝立他的儿子刘启为皇太子。

【纲】三月，立窦氏为皇后。　【目】皇后是皇太子的母亲，所以立她为皇后。皇后的弟弟窦广国和哥哥窦长君也因此被赏赐给大量的田宅，并让他们住在长安。周勃、灌婴等人说："我们如果不死，性命就全掌握在这两人手中。这两个人出生都很微贱，不能不为他们选择师傅和宾客。否则就会又效法吕氏，这是根本大事啊！"于是就在士人中选择了有节气品行的人和他们住在一起。两人从此也成为退让君子，不敢以尊贵在别人面前骄傲。

【纲】下诏规定赈穷养老的法令。【纲】诏书说："正当春天风和日丽的时候，花草树木重新苏醒，各自都有自己的乐趣，而我们的百姓中那些鳏寡孤独的人们，有的面临死亡而没有关心他们的疾苦，身为百姓的父母该怎么办呢？大家可以商议赈救的办法。"诏书又说："老年人没有布帛就不能保暖身子，没有肉就不会吃饱。今年年初，虽然随时都要派人去慰问老人，但又没有布帛、酒肉赏赐给他们，这样怎么可以帮助天下的子孙们去孝敬和赡养亲人呢？这些都要具体写为条令。"有关官员请求对八十岁以上的老人，每月都要赏赐给他们米、肉、酒。九十岁以上的老人，每月还要加赐帛絮。

【纲】夏四月，齐地、楚地发生地震，发生山崩，大水涌出。

【纲】下令四方不要前来向皇帝贡献。　【目】当时，有人向皇帝贡献千里马。文帝说："每次出行，鸾旗在前，后面还要跟随着不少车辆，每天巡行五十里，军队出发每天才走三十里，我一个人骑千里马，能独自安心吗？"于是又下诏说："朕不接受任何贡献之物，下令四方不要再来贡献东西。"

【纲】封宋昌为壮武侯。　【目】文帝对天下普施恩惠，各诸侯国、四夷部族以及远近的人们都相处的非常融洽。于是就加赏从代国来的人们的功劳，封宋昌为壮武侯。

【纲】秋八月,右丞相勃免。 【目】帝益明习国家事。朝而问右丞相勃曰:"天下一岁决狱几何?"勃谢不知。又问:"一岁钱谷出入几何?"勃又谢不知;惶愧,汗出沾背。上问左丞相平。平曰:"有主者。陛下即问决狱,责廷尉;问钱谷,责治粟内史。"上曰:"然则君所主者何事也?"平谢曰:"宰相者,上佐天子,理阴阳,顺四时;下遂万物之宜;外镇抚四夷诸侯;内亲附百姓,使卿大夫各得任其职焉。"帝乃称善。勃大惭,乃谢病免,平专为丞相。

【纲】遣大中大夫陆贾使南越,南越王佗称臣奉贡。 【目】初,隆虑侯灶击南越,会暑湿,大役,不能逾岭。赵佗因此以兵威、财物赂遗闽越、西瓯、骆,役属焉,东西万余里。乘黄屋左纛,称制与中国侔。

帝乃为佗亲冢在真定者置守邑,岁时奉祀;召其昆弟厚赐之。复使陆贾使南越,赐佗书曰:"朕,高皇帝侧室之子也,弃外,奉北藩于代。孝惠皇帝即世,高后自临事,不幸有疾,诸吕为变,赖功臣之力诛之。朕以王、侯、吏不释之故,不得不立。乃者,闻王遗将军隆虑侯书,求亲昆弟,请罢长沙两将军。朕以王书,罢将军博阳侯。亲昆弟在真定者,已遣人存问,修治先人冢。前日闻王发兵于边,为寇不止,长沙苦之;虽王之国,庸独利乎?必多杀士卒,伤良将吏,寡人之妻,孤人之子,独人父母;得一亡十,朕不忍为也。虽然,王之号为帝。两帝并立,亡一乘之使以通其道,是争也;争而不让,仁者不为也。愿与王分弃前恶,终今以来,通使如故。"

【纲】秋八月,右丞相周勃被罢免。 【目】文帝越来越明白熟习了国家政事。有一次在朝廷上问右丞相周勃说:"全国一年内审判多少件案件?"周勃谢罪说不知道。文帝又问说:"全国一年钱粮的收入和支出是多少?"周勃又谢罪说不知道。周勃感到惶恐和惭愧,汗流沾背。文帝又问左丞相陈平,陈平回答说:"各类事情都有主管官员。陛下如果要问一年处理的案件,请问廷尉。如果要问钱谷的收入和支出,请问治粟内史。"文帝又问说:"那么你所主管的是哪些事情呢?"陈平谢罪后说:"做宰相的是对上辅佐天子,理顺阴阳四时;对下要使万物各得其所;对外要镇抚四夷诸侯;对内要使百姓和睦安定,使卿大夫们各尽其职。"文帝听后很称道陈平的回答。周勃感到十分惭愧,于是自称身体有病,请求免去右丞相的职务,陈平一个人担任丞相。

【纲】文帝派遣大中大夫陆贾出使南越,南越王赵佗向汉王朝称臣,并向汉王朝进贡物品。 【目】当初,隆虑侯周灶出击南越时,正好遇上酷暑潮湿,士卒发生疾病,不能翻山越岭。赵佗因此就用兵威、财物等方法来贿赂闽越、西瓯、骆等部族,使他们役属于南越,这样南越的国土东西横跨有一万余里。赵佗乘坐黄屋左纛的车子,行使着皇帝的权力,与汉王朝一样。

文帝于是为赵佗家在真定的墓坟增置了守墓的人,每年按时让人去祭祀。还把赵佗的哥哥弟弟们召来,赏赐给他们丰厚的礼物。后来又派遣陆贾出使南越,文帝送给赵佗的信中说:"朕是高皇帝侧室所生的儿子,被安置在皇宫外面,奉命在代国藩守。孝惠皇帝去世以后,高后亲自处理政事,不幸身体患病,诸吕发动叛乱,依靠开国功臣们的力量诛灭了诸吕。朕因为无法推辞各封国国王、诸侯以及官吏们的拥戴,不得不登上帝位。那时听说大王派遣将军隆虑侯送来一封信,请求寻找到你的亲兄弟,还请求罢免长沙封国的两位将军。朕已按照大王书信的意思罢免了将军博阳侯。你在真定的亲兄弟,也已经派人去慰问,并且修整了你先辈的坟墓,前日听说大王发兵边境,侵略不止,长沙一带深受其苦,即使是大王的国家,怎么能只得到利益呢?也一定会死伤很多士卒和将吏,也会因战争使不少人家出现孤儿、寡妇和孤独的老人,这种得一亡十的事情朕是不忍心做的。虽然大王也称为皇帝,两帝并立,

贾至南越，佗恐，顿首谢罪，愿奉明诏，长为藩臣，奉贡职。下令国中曰："两雄不俱立，两贤不并世。汉皇帝，贤天子，今去帝制、黄屋、左纛。"因为书，称"蛮夷大长老夫臣佗，昧死再拜上书皇帝陛下：老夫，故越吏也，高皇帝幸赐臣佗玺，以为南越王。孝惠皇帝义不忍绝，所赐老夫者甚厚。高后用事，别异蛮夷，出令曰：'毋与蛮夷越金铁、田器、马、牛、羊；即予，予牡，毋予牝。'老夫处僻，马、牛、羊齿已长。自以祭祀不修，有死罪，使内史藩、中尉高、御史平，凡三辈上书谢过，皆不反。又风闻父母坟墓已坏削，兄弟宗族已诛论。吏相与议曰：'今内不得振于汉，外无以自高异。'故更号为帝，自帝其国，非敢有害于天下。高皇后闻之，大怒，削去南越之籍，使使不通。老夫窃疑长沙王谗臣，故发兵以伐其边。老夫处越四十九年，于今抱孙焉。然夙兴夜寐，寝不安席，食不甘味者，以不得事汉也。今陛下幸怜，复故号，通使汉如故，老夫死，骨不腐矣"。

【纲】召河南守吴公为廷尉。以贾谊为大中大夫。 【目】上闻河南守吴公治平，为天下第一，召以为廷尉。吴公荐洛阳人贾谊，帝召以为博士，时年二十余。一岁中，超迁至大中大夫。请改正朔，易服色，定官名，兴礼乐，以立汉制，更秦法；帝谦让未遑也。

【纲】癸亥，二年，冬十月，丞相、曲逆侯陈平卒。

却没有一个使者来勾通来往,这是互相在抗争,争而不让,仁义之人是不这样做的。我希望和大王分别放弃前嫌,从今以后,互相派遣使者勾通往来,就像过去一样。"

陆贾到了南越之后,赵佗感到害怕,叩头谢罪,愿意接受诏书,永远称臣,尽贡献的职责。于是向全国下令说:"两雄不能并立,两贤不能并世。汉王朝的皇帝是位贤明的天子。现在取消帝制、黄屋、左纛。"因此又向文帝写了封信,信中说:"蛮夷大长、老夫臣赵佗昧死再拜上书皇帝陛下:老夫我是原来南越的官吏,高皇帝赏赐给我赵佗官玺,任命我为南越王。孝惠皇帝不忍心断绝与南越的来往,也曾赏赐给老臣我丰厚的礼物。高后掌管大权时,另眼看待蛮夷,并下令说:'不要供给蛮夷南越金铁、田器、马、牛、羊,即使要给,也只能给雄性牲畜,不能给雌性牲畜。'老夫我处于偏僻地带,马、牛、羊等也已经老了。深深感到不能进行祭祀之礼,犯有死罪,曾派遣内史藩、中尉高、御史平等三辈人上书谢罪认错,但都没有回音。又风闻老夫父母的墓坟已被毁坏或铲除,兄弟宗族已经被论罪诛灭。我的官吏们曾和我商议说:'现在对内得不到汉朝的支持,对外没有显示高超的资本。'所以就改称为帝,在自己的国内做皇帝,没敢对天下造成危害。高皇后听说这件事后,非常生气,取消了南越封国的国号。断绝了使臣的来往。老夫私下认为是长沙王在背后说了我的坏话,所以就发兵侵略长沙国的边境。老夫我身处南越已有四十九年,现在已经抱上了孙子。然而夙兴夜寐,寝不安席,食不甘味,原因是不能事奉汉王朝。现在有幸得到陛下的哀怜,恢复原来的封号,像原来一样互通和汉王朝的来往,即使老夫我死了,也和活着一样。"

【纲】召河南郡太守吴公入朝任廷尉。任命贾谊为大中大夫。
【目】皇帝听说河南郡太守吴公政治均平,是全国第一,于是就召入朝廷,任命为廷尉。吴公又推荐了洛阳人贾谊,皇帝召入朝廷任命为博士官,当时他才有二十余岁。一年之中,又破格提拔贾谊为大中大夫。贾谊请求皇帝改定历法,更改朝服的颜色,确定官名,创制礼乐,重新建立汉王朝制度,改变秦朝的法律。文帝谦逊自抑,也没顾及这些事。

【纲】前元二年(癸亥,前178),冬十月,丞相、曲逆侯陈平去世。

【纲】十一月,以周勃为丞相。

【纲】是月,晦,日食,诏举贤良方正能直言极谏者。 【目】颍阴侯骑贾山上书曰:"臣闻雷霆之所击,无不摧折者;万钧之所压,无不糜灭者。今人主之威,非特雷霆也;势重,非特万钧也。开道而求谏,和颜色而受之,用其言而显其身,士犹恐惧而不敢自尽,而况于纵欲、恣暴,恶闻其过乎! 昔者周盖千八百国,以九州岛之民,养千八百国之君,君有余财,民有余力,而颂声作。秦皇帝以千八百国之民自养,力罢不能胜其役,财尽不能胜其求,身死才数月耳,天下四面而攻之,宗庙灭绝矣。秦皇帝居灭绝之中,而不自知者,何也? 亡养老之义,亡辅弼之臣,退诽谤之人,杀直谏之士,是以天下已溃而莫之告也。今陛下使天下举贤良方正之士,天下之士,莫不精白以承休德;乃直与之驰驱射猎,一日再三出,臣恐朝廷之懈弛也。陛下节用爱民,平狱缓刑,天下莫不说喜。臣闻山东吏布诏令,民虽老羸癃疾,扶杖而往听之,愿少须臾毋死,思见德化之成也。今功业方就,名闻方昭,豪俊之臣,方正之士,直与之日日猎射,击兔、伐狐,以伤大业,绝天下之望,臣窃悼之! 夫士,修之于家而坏之于天子之庭,臣窃愍之。陛下与众臣宴游,与大臣、方正朝廷论议,游不失乐,朝不失礼,议不失计,轨事之大者也。"上嘉纳其言。

上每朝,郎、从官上书疏,未尝不止辇受其言。言不可用置之,言可用采之,未尝不称善。

【纲】十一月，任命周勃为丞相。

【纲】在十一月月底出现日食。皇帝下诏让举荐贤良、方正、能直言进谏的人。　【目】颍阴侯灌婴的骑郎贾山上书说："我听说雷霆所击，无所不摧；万钧所压，无所不灭。现在君主的威力，不只是像雷霆一样；权势之大，不只是像万钧一样。君主开通道路要求进谏，并和颜悦色接受进谏，采纳了他们的建议并使他们身份显贵起来，尽管这样，士人还是有所恐惧而不敢全部说出来，更何况君主纵欲恣暴，不喜欢听别人讲自己的过错呢？过去在周王朝时大概有一千八百多个封国，用九州的百姓来供养一千八百多个封国的国君，那时君主也有多余的财物，百姓也有多余的力量，因而到处都可以听到歌功颂德的声音。秦始皇时，一千八百多个封国的百姓供养他一个人，百姓们都精疲力竭还不能全部完成皇帝的劳役，家中财产都用尽了还不能满足皇帝的索求。秦始皇死后没几个月，天下四面八方向秦国发起进攻，结果秦王朝被消灭了。秦始皇身处灭绝之中而自己却不明白，这是为什么呢？是因为他没有提倡养老，没有辅佐他的大臣，辞退提建议的人，杀害直言进谏的士，所以国家已经溃败而没有敢告诉他。现在陛下让天下举荐贤良方正之士，天下的士人没有一个不是以纯洁的心情希望录用。于是陛下和他们一起骑马射猎，一天出去好多次，我很担心耽误了朝廷的政事。陛下省支俭用，爱护百姓，公正决狱，用刑平缓，天下的人没有一个对此不感到高兴。我听说山东的官吏在公布诏令时，虽然是年老有病的人也都挂着手杖前往听诏，都希望多活几年，盼望能看到德化盛世的到来。现在功业即将成功，好名声即将家喻户晓，但豪俊之臣、方正之士天天与您打猎、击兔、捕狐，伤害了国家大业，辜负了天下人对您的期望，我私下为此深感痛心。那些士人在家修养的好品行却在天子的朝廷里遭到破坏，我私下对此也深感痛惜。陛下与大臣们宴请玩耍，与大臣、方正们在朝廷商议国事，应该在游玩时不失去快乐，在朝廷时不失去礼节，在商议国事时不要失去长远的考虑，这是做事时应遵守的大法。"文帝很赞赏并采纳了他的建议。

文帝每次上朝，郎官、从官们送上奏书时他没有一次不是停下车来接受他们的意见。他们的意见不能采用的就先放在一边，可以采用

帝从霸陵上，欲西驰下峻阪。中郎将袁盎骑，并车揽辔。上曰："将军怯邪？"盎曰："臣闻'千金之子，坐不垂堂。'圣主不乘危，不徼幸。今陛下骋六飞，驰下峻山，有如马惊车败，陛下纵自轻，奈高庙、太后何！"上乃止。

上所幸慎夫人，在禁中常与皇后同席坐。及幸上林，布席，盎引却慎夫人坐。夫人怒，上亦怒。盎因前说曰："臣闻尊卑有序，则上下和。今已立后，夫人乃妾；妾、主岂可与同坐哉！且陛下独不见'人彘'乎？"上说，语夫人，赐盎金五十斤。

【纲】春正月，亲耕藉田。 【目】贾谊说上曰："一夫不耕，或受之饥；一女不织，或受之寒。生之有时，而用之亡度，则物力必屈。古之治天下，至纤，至悉，故其畜积足恃。今背本而趋末者甚众，淫侈之俗，日日以长，天下财产，何得不蹶！即不幸有方二三千里之旱，国胡以相恤？卒然边境有急，数十百万之众，国胡以馈之？夫积贮者，天下之大命也。苟粟多而财有余，何为而不成！以攻则取，以守则固，以战则胜，怀敌附远，何招而不至！今驱民而归之农，皆著于本，使天下各食其力，末技、游食之民转而缘南亩，则畜积足而人乐其所矣。"上感谊言，诏曰："夫农者，天下之本也。其开藉田，朕亲率耕，以给宗庙粢盛。"

【纲】三月，立赵幽王子辟疆为河间王，朱虚侯章为城阳王，东

的意见就写上落实，没有人说这样做不好。

文帝从霸陵县上山，打算从西奔驰直下陡峻的山坡。中郎将袁盎骑着马，拉着文帝乘坐的车的马的缰绳，并驾齐驱。文帝说："将军害怕吗？"袁盎说："我听说'家有千金的人，不坐在房屋的边上'。圣明的君主不能冒险，不能侥幸。现在陛下乘坐着六匹马驾的车飞奔下山，如果发生马惊车坏的事，即使陛下不看重自己，高庙、太后怎么办呢？"于是文帝没有飞奔下山。

文帝很宠幸慎夫人，在宫禁中她经常和皇后同席而坐。在文帝巡幸上林苑时，安排好坐席后，袁盎就领着慎夫人坐在后面。慎夫人很生气，文帝也很生气。袁盎因此上前劝文帝说："我听说尊卑有了次序，上下才能和睦。现在皇后已经册立，慎夫人是妾，妾怎么可以和君主在一起坐呢？陛下难道忘记了'人彘'的事吗？"文帝听了以后心中才转为高兴，并把袁盎的话告诉了慎夫人，慎夫人赏赐给袁盎五十斤黄金。

【纲】春正月，文帝亲自进行了耕作。 【目】贾谊劝文帝说："如果有一个农民不种田就会有人受饥饿，如果有一个妇女不纺织就会有人受寒冷。万物都有它生长的时节，如果使用时没有限度，那么物力一定会穷尽。古代的人治理天下，想得很周密全面，所以他们的积蓄足以维持生活。现在有很多人放弃了重要的事情去做不重要的事情，荒淫奢侈的风气日益增长，天下的财产怎么能够不被用完呢？假如有方圆二三千里的地方不幸发生旱灾，国家用什么办法来抚恤人民呢？假若国家的边境上突然发生紧急状态，数十百万军队，国家拿什么东西给他们给养？积蓄财物是国家的根本大事，如果积蓄的粮食多而且财用有所富余，干什么还发愁办不成呢？进攻可以夺取，退守可以坚固，作战可以取胜，如果再能安抚敌人、使远方的人归服，这样招什么人来还发愁招不来呢？现在要引导百姓从事农业生产，以务农为本，使天下的人们各食其力，让经商的人们和靠游说混饭的人们都去从事农业生产，这样就会积蓄充足而人们乐得其所。"文帝听了贾谊的劝说后很受感动，于是下诏说："从事农业生产是天下的根本问题，要开垦农田，朕将亲自率先耕种，来满足供给宗庙祭祀所用。"

【纲】三月，立赵幽王的儿子刘辟疆为河间王，朱虚侯刘章为城阳

牟侯兴居为济北王,子武为代王,参为太原王,揖为梁王。 【目】有司请立皇子为诸侯王。诏先立河间、城阳、济北王,然后立皇子。

【纲】夏五月,除诽谤、妖言法。 【目】诏曰:"古之治天下,朝有进善之旌,诽谤之木,所以通治道而来谏者也。今法有诽谤、妖言之罪,是使众臣不敢尽情,而上无由闻过失也;将何以来远方之贤良!其除之!"

【纲】秋九月,赐天下今年田租之半。 【目】诏曰:"农,天下之大本也,民所恃以生也。而民或不务本而事末,故生不遂,朕今亲率群臣农以劝之。其赐天下民今年田租之半。"

【纲】甲子,三年,冬十月晦,日食。十一月晦,又食。

【纲】丞相绛侯勃免就国。
【纲】以灌婴为丞相。罢太尉官。
【纲】淮南王长来朝,杀辟阳侯审食其。 【目】初,赵王敖献美人于高祖,得幸,有娠。及贯高事发,美人亦坐系。美人弟因审食其言吕后;吕后妒,弗肯白。美人已生子,恚,即自杀。吏奉其子诣上,上悔之,封以为淮南王。

王蚤失母,附吕后,故吕后时得无患。而常怨食其,以为不强争之,使其母恨而死也。及上即位,骄蹇不奉法;上常宽假之。是岁入朝,往见食其,自袖铁椎椎杀之,驰走阙下,肉袒谢罪。帝伤其志为亲,故赦弗治。以此归国益骄恣,警跸称制,拟于天子。袁盎谏曰:"诸侯太骄,必生患。"上不听。

王、东牟侯刘兴居为济北王，文帝的儿子刘武为代王、刘参为太原王、刘揖为梁王。【目】有关官员请求立皇子为诸侯王。文帝下诏先立河间王、城阳王、济北王，然后才立皇子。

【纲】夏五月，废除有关诽谤、妖言的法律。【目】文帝下诏说："古代人统治天下，朝廷里设有提好建议的旌幡和提出批评的木柱，这是专门为了治理国家而招徕进谏者的方法。现在法令规定有关诽谤、妖言罪过的条律，这就使得大臣们不敢尽情地表述自己的意见，因此君主也就无法听到自己的过失，这样还有什么方法能招来远方的贤良人士呢？因此应废除这些法令。"

【纲】秋九月，皇帝赏赐天下百姓今年只交一半田租。【目】文帝下诏说："农业生产是天下的根本，也是百姓赖以生存的基础。如果百姓中有人不务农业而从事商业等，所以就不能保证生存。现在朕亲自率领大臣和百姓们努力耕作。并赏赐天下百姓今年只交一半田租。"

【纲】前元三年（甲子，前177），冬十月底，出现日食。十一月底，又出现日食。

【纲】丞相绛侯周勃被罢免，回到了封国。

【纲】任命灌婴为丞相。免除太尉官。

【纲】淮南王刘长来朝见天子，杀死了辟阳侯审食其。【目】当初，赵王张敖向高祖进献了一位美女，很得高祖宠幸，后来美女怀孕了。等到贯高的事暴露之后，美女也被逮捕入狱。美女的弟弟通过审食其告诉了吕后这件事，吕后很嫉妒美女，不肯向皇帝求情。美女生了儿子以后，感到很怨恨而自杀。官吏们把她的儿子送给了高祖，高祖对此事感到很后悔，因此就封他为淮南王。

【纲】淮南王很早就失去了母亲，投靠了吕后，所以在吕后当政时也没有发生什么祸患。但他经常怨恨审食其，认为审食其当时没有在吕后面前为他的母亲力争求情，使他的母亲含恨而死。等到文帝即位之后，淮南王很骄横不守法令，文帝也经常宽大他。这一年淮南王入朝拜见文帝，并前去看望审食其，于是从袖中拿出铁椎击杀了审食其，然后直奔朝廷门下袒胸请罪。文帝同情他是为了母亲而犯了罪，所以就把他给释放了，没有治他的罪。因此淮南王回到封国以后就更加骄横放肆，出

【纲】夏五月，匈奴入寇。帝如甘泉，遣丞相婴将兵击走之；遂如太原。济北王兴居反，遣大将军柴武击之。秋七月，还宫。八月，兴居兵败自杀。　【目】初诛诸吕，朱虚侯功尤大，大臣许以赵王章，以梁王兴居。帝闻其初欲立齐王，故绌其功，割齐二郡以王之。兴居自以失职夺功，颇怏怏；闻帝幸太原，以为天子且自击胡，遂发兵反。帝遣柴武击之，济北王兴居兵败自杀。

【纲】以张释之为廷尉。　【目】释之初为骑郎，十年不得调。袁盎荐之为谒者。朝毕，因前奏事。上曰："卑之毋甚高论，令今可行也。"释之乃言秦、汉间得失。上说，拜谒者仆射。

从行，登虎圈。上问上林尉诸禽兽簿，尉不能对。虎圈啬夫从旁代尉对，甚悉，欲以观其能。口对响应，无穷者。帝曰："吏不当若是邪！"召释之拜啬夫为上林令。释之曰："陛下以周勃、张相如何如人也？"上曰："长者。"释之曰："此两人言事曾不能出口，岂效此啬夫喋喋利口捷给哉！以啬夫口辩而超迁之，臣恐天下随风而靡，争为口辩而无其实。举错不可不审也！"帝曰："善。"就车，召使参乘。徐行，问秦之敝。拜公车令。

顷之，太子与梁王共车入朝，不下司马门。释之追止之，劾不

入驻跸称制都像皇帝一样。袁盎进谏文帝说:"诸侯王太骄横了一定会产生祸患。"文帝没有听从他的意见。

【纲】夏五月,匈奴入侵。文帝到了甘泉山以后派遣丞相灌婴率兵出击匈奴军,并赶走了匈奴军,于是文帝又到了太原。济北王刘兴居反叛,文帝派遣大将军柴武攻击济北王。秋七月,文帝到了宫廷。八月,刘兴居的军队被击败,他自杀身亡。 【目】当初,诛灭吕氏时朱虚侯刘章的功劳最大,大臣们都许诺让刘章做赵王,让刘章的弟弟刘兴居做梁王。文帝听说他们当初打算拥立齐王刘襄为帝,所以就贬低他们的功劳,并从齐国分出两个郡来让他们去做王。刘兴居认为自己被降职减功,所以闷闷不乐。后来又听说文帝巡幸太原,认为天子将亲自率兵出击胡人,于是就起兵反叛。文帝派遣大将军柴武进攻刘兴居,济北王刘兴居因为被打败而自杀。

【纲】任命张释之为廷尉。 【纲】张释之当初任骑郎,十年来没有对他进行提拔,袁盎推荐他出任谒者。文帝处理完朝廷政事之后,张释之上前向皇帝奏事。文帝说:"你的话要实际一些,不要高谈阔论,要讲一些使今天可以实行的。"张释之于是就讲了秦、汉间事情的得失。文帝听后称赞他讲的好,于是就任命张释之为谒者仆射。

张释之跟随文帝出行,临观虎圈,文帝询问上林尉苑中登记的各种禽兽的情况,上林尉回答不上来。虎圈啬夫在旁边代替上林尉回答了文帝的询问,他回答的很详细全面,虎圈啬夫想以此来显示一下自己的才能,所以他在回答文帝的询问时对答如流,无穷无尽。文帝说:"做官吏的人不应当像这样吗?"于是命令张释之传旨任命啬夫为上林令。张释之说:"陛下认为周勃、张相如是什么样的人物呢?"文帝说:"他们是长者。"张释之说:"这两个人在谈论事情时口齿不太利落,难道让人们去效仿这位啬夫喋喋不休的伶牙利嘴吗?因为啬夫的口齿伶利就越级提拔他,我很担心天下人都随着附和,争相浮夸而不讲求实际。君主的一举一动不可不谨慎啊。"文帝说:"很好。"于是就上了车,让张释之陪乘。车子慢慢地走着,文帝向张释之询问秦王朝的弊病。回去后就任命张释之为公车令。

不久以后,太子和梁王一起乘着车进入朝廷,在经过司马门时都

敬。薄太后闻之；帝免冠，谢教儿子不谨。后乃使使承诏赦太子、梁王，然后得入。帝由是奇释之，拜为中大夫；是岁为廷尉。

上行出中渭桥，有一人从桥下走，乘舆马惊；捕属廷尉。释之奏："犯跸，当罚金。"上怒，释之曰："法者，天子所与天下公共也。今法如是，更重之，是法不信于民也。且方其时，上使使诛之则已。今已下廷尉；廷尉，天下之平也，壹倾，天下用法皆为之轻重，民安所措其手足！"上曰："廷尉言是也。"

其后人有盗高庙坐前玉环，得，下廷尉治。释之奏当："弃市。"上大怒曰："人无道，乃盗先帝器！吾欲致之族，而君以法奏之，非吾所以共承宗庙意也。"释之免冠，顿首谢曰："法如是，足也。今盗宗庙器而族之，假令愚民取长陵一抔土，陛下且何以加其法乎？"帝乃白太后许之。

【纲】乙丑，四年，冬十二月，丞相婴卒，以张苍为丞相。
【目】苍好书，博闻，尤邃律历。
【纲】召河东守季布，至，罢归郡。 【目】上召河东守季布，欲以为御史大夫。有言其使酒难近者；至，留邸一月，见罢。布因进曰："臣待罪河东，陛下无故召臣，此人必有以臣欺陛下者。今臣至，无所受事，罢去，此人必有毁臣者。夫以一人之誉而召臣，以一人之毁而去臣，臣恐天下有以窥陛下之浅深也！"上良久曰："河东，吾股肱郡，故特召君尔。"

没有下车。张释之追上去禁止他们前进，并弹劾他们犯了不敬之罪。薄太后听说这件事后，文帝免冠谢罪，承认是自己教子不严的过错。太后才派遣使者传令赦免了太子、梁王的罪，然后才让他们入朝。文帝因此才感到张释之与众不同，于是就任命他为中大夫，这一年里又提拔他为廷尉。

　　文帝出行经过中渭桥，有一个人从桥下跑了出来，驾车的马受了惊，于是文帝下令把那个人逮捕起来交给廷尉处理。张释之上奏说："这个人犯了警跸令，应处以罚金。"文帝听后非常生气，张释之说："法令是天子和天下的人都应当遵守的，现在的法令是这样规定的，却要从重处理他，这样法令就不能取信于民。如果正当那个时候，皇上派遣使者去把他杀掉也就算了。现在已经让廷尉去处理，廷尉，是天下执法公平的人，一旦有偏向，天下执法的人就会发生或轻或重的现象，老百姓怎么能有所适从呢？"文帝说："廷尉讲的很对。"

　　在这以后，有人偷盗了高庙内神座前面的玉环，被抓了起来，并交给廷尉去处理。张释之上奏认为："应当当众斩首。"文帝听了之后很生气地说："此人无法无天，竟敢偷盗先帝宗庙中的器物，我本想诛灭他的全族，而你却按照法令上奏，这不是我恭奉宗庙的本意。"张释之免冠叩头谢罪说："法律规定是这样的，这样处理也就足可以了。现在偷盗宗庙的器物就诛灭全族，假如不懂事的百姓挖走了长陵上的一抔土，陛下将用什么样的法律来处理他呢？"文帝于是把这件事告诉了太后，才同意了张释之的判决。

　　【纲】前元四年（乙丑，前176），冬十二月，丞相灌婴去世。任命张苍为丞相。　【目】张苍很喜欢读书，博闻多识，尤其精通律历。

　　【纲】文帝召见河东郡守季布，季布到了之后，文帝又让他回到河东郡。　【目】文帝召见河东郡太守季布，打算任命他为御史大夫。有人说他酗酒任性，难以担任亲近大臣。季布到了京师后，在官邸住了一个月，召见后又让他回到河东郡。季布因此进言说："我在河东郡任职，陛下无缘无故召见我，这一定有人用我来欺骗了陛下。现在我来到了京师，没有接受什么任务就又回到了河东郡，这一定有人诽谤了我。陛下因为一个人的赞誉而召见我，又因一个人的诽谤而辞退我，我很担心

【纲】以贾谊为长沙王太傅。 【目】上议以贾谊任公卿之位。大臣多短之曰:"年少初学,专欲擅权,纷乱诸事。"上于是疏之,不用其议,以为长沙王太傅。

后帝思谊,召至。入见,上方受釐,坐宣室,因感鬼神事,而问鬼神之本。谊具道所以然之故;至夜半,帝前席。既罢,曰:"吾久不见贾生,自以为过之,今不及也。"

【纲】下绛侯周勃廷尉狱,既而赦之。 【目】周勃既就国,每河东守、尉行县至绛,勃恐诛,常被甲,令家人持兵以见之。人有告勃欲反,下廷尉逮治。薄太后谓帝曰:"绛侯始诛诸吕,绾皇帝玺,居北军,不以此时反,今居一小县,顾欲反邪!"帝乃使使持节赦之,复爵邑。勃既出,曰:"吾尝将百万军,然安知狱吏之贵乎!"

【纲】丙寅,五年,春二月,地震。
【纲】夏四月,更造四铢钱,除盗铸令。 【目】初,秦用半两钱,高祖嫌其重,更铸荚钱。于是物价腾踊,米石万钱。至是更造四铢钱,除盗铸钱令。

贾谊谏曰:"法使天下公得铸钱,敢杂以铅、铸者,其罪黥。然铸钱非殽杂为巧,则不可得赢;而殽之甚微,为利甚厚。夫事有召祸而法有起奸;今令细民人操造币之势,各隐屏而铸作,因欲禁其厚利微奸,虽黥罪日报,其势不止。不如收之。"贾山亦谏,以为"钱

天下有人会以此来窥察陛下的得失啊！"文帝停了很久才说："河东郡是我视为手足的重要郡，所以才特地召见了你。"

【纲】任命贾谊为长沙王太傅。 【目】文帝提议认为贾谊能担任公卿的职位。许多大臣都说他坏话，说："他年轻学浅，一心想独揽大权，扰乱朝廷大事。"文帝于是就疏远了他，不采纳他的意见，任命他为长沙王太傅。

后来文帝又想念贾谊，召他回京师。他入朝去朝见文帝时，文帝正在祭祀求福，坐在宣室里。文帝因对鬼神的事感兴趣，于是就向贾谊询问鬼神的原本。贾谊全部讲出了所以会这样的缘故，他们一直谈到半夜，文帝在坐席上渐渐向前靠近贾谊。接见完之后，文帝说："我很久没有看见贾生了，自以为超过了贾生，现在看来还是不如他。"

【纲】廷尉把绛侯周勃逮捕入狱，不久又赦免了他。 【目】周勃回到他的封国以后，每当河东郡守、郡尉巡视各县来到绛县时，周勃就害怕自己被诛杀，所以经常身披铠甲，命令家人手持武器来见郡守、郡尉。有人告发周勃想阴谋反叛，文帝就交给廷尉去逮捕处理。薄太后对文帝说："绛侯当初诛灭诸吕的时候身上佩带着皇帝的玺印，统帅北军，他没有在这个时候反叛；现在他住在一个小小的县城里，难道还打算反叛吗？"文帝于是才派遣使者拿着符节去赦免了他，恢复了他的爵位和食邑。周勃出狱以后，感慨地说："我曾统帅过百万军队，但怎么会知道一个狱吏会有这样威风！"

【纲】前元五年（丙寅，前175），春二月，发生地震。

【纲】夏四月，重新铸造四铢钱，废除了盗铸钱的禁令。 【目】当初，秦王朝使用半两钱，高祖嫌它过重，所以就重新铸造了一种荚钱。到了这个时候，物价暴涨，每石米值一万钱。于是在这个时候就重新铸造了一种四铢钱，并废除了盗铸钱的禁令。

贾谊进谏说："法律规定让天下的人都公开铸钱，如果有敢在铸钱的溶液中掺杂铅、铁的人，就要处以黥罪。但是铸造钱的人如果不掺杂作弊，就不会得到盈利；只要掺杂上很少的铅铁，就会获得丰厚的利益。有的事情会招来祸端，有的法令可以引起坏事。现在让百姓们都把持了造币的大势，他们都各自隐身屏迹在铸造钱币，因此想要禁止

者，无用器也，而可以易富贵。富贵者，人主之操柄也。令民为之，是与人主共操柄，不可长也。"皆不听。

时大中大夫邓通方宠幸，上欲其富，赐之蜀严道铜山，使铸钱。吴王濞有豫章铜山招致天下亡命者以铸钱，东煮海水为盐，以故无赋，而国用饶足。以是吴、邓钱布天下。

【纲】徙代王武为淮阳王。

【纲】丁卯，六年，冬十月，桃、李华。

【纲】淮南王长谋反，废徙蜀，道死。 【目】淮南王长谋反，事觉，召至长安。赦，徙处蜀。袁盎谏曰："上素骄淮南王，弗为置严傅、相，以故至此。今暴摧折之，臣恐卒逢雾露病死，陛下有杀弟之名，奈何？"上曰："吾特苦之尔！"王果愤恚不食死。上闻，哭甚悲，谥曰厉王。

【纲】以贾谊为梁王太傅。 【目】谊上疏曰："臣窃惟今之事势，可为痛哭者一，可为流涕者二，可为长太息者六。进言者皆曰：'天下已安已治矣。'臣独以为未也。夫抱火厝之积薪之下而寝其上，火未及然，因谓之安；方今之势，何以异此！

夫树国固必相疑之势，甚非所以安上而全下也。今或亲弟谋为东帝；亲兄之子西乡而击；今吴又见告矣。天子春秋鼎盛，行义未过，德泽有加焉，犹尚如是；况莫大诸侯，权力且十此者乎！屠牛坦一朝解十二牛，而芒刃不钝者，其排击剥割，皆众理解也；至于髋髀之所，非斤则斧。夫仁义恩厚，人主之芒刃也；权势法制，人主之斧

他们为了获得厚利而弄虚作假的事，即使每天都报告有人受到黥刑，也是难以禁止的。不如将铸造钱币的权力收归官有。"贾山也进谏，他认为："钱币本身是没有用处的东西，但用它却可以换来富贵。使人富贵是君主的权力，现在却让百姓们掌握了这个权力，这就成为和君主共同掌握这个权力，这种情况不可以长期下去。"文帝都没有采纳他们的意见。

当时，大中大夫邓通正受皇帝的宠幸，皇帝想让他富起来，于是就把蜀郡严道的铜山赏赐给他，让他开山炼铜铸钱。吴王刘濞拥有豫章铜山，他招集了很多天下的亡命之徒来此铸钱，还利用东面的海水来煮盐，因此吴王刘濞用不着收取赋税，封国的财用就很富裕。所以吴王刘濞、邓通铸造的钱币遍布天下。

【纲】改封代王刘武为淮阳王。

【纲】前元六年（丁卯，前174），冬十月，桃树、李树开了花。

【纲】淮南王刘长阴谋反叛，被废去王号徙到蜀郡，结果死在路上。　【目】淮南王刘长阴谋反叛，事情败露以后被召到长安。后来赦免了他的罪，把他徙到蜀郡。袁盎进谏说："皇上平时很骄生惯养淮南王，不给他配置严格的太傅和丞相，所以才到了这个地步。现在突然摧残他，我很担心他受了风寒得病而死，陛下落个杀害弟弟的名声，怎么办呢？"文帝说："我只是想让他受受苦罢了。"淮南王果然因此怨恨绝食而死。文帝听说以后，哭的很悲痛。淮南王的谥号厉王。

【纲】任命贾谊为梁王太傅。　【目】贾谊上奏说："我私下认为现在的事态，有一件事可以为之痛哭，有两件事可以为之流涕，有六件事可以为之叹息。进谏的人们都说'天下已经安定、治理好了'，我却认为没有达到这种程度。有人拿着火放在柴堆之下而睡在柴堆之上，火还没有燃起来时，就说是安全的。方今之势，与此有什么不同的呢？

"封国如果强大，一定会和天子势力相当，这最不是安定朝廷保全诸侯王的办法。现在有的是皇帝的亲弟弟却阴谋做东帝，亲哥哥的儿子却要向西出击，现在吴王刘濞又被告发。现在陛下年富力强，行事合乎道义，没有什么过错，恩德又施加到他们身上，他们尚且如此，更何况最大的诸侯、力量十倍于此的人呢？屠牛坦一个早晨宰了十二头牛，而屠刀的芒刃并没有变钝，这是因为他排击剥割的地方都在肌肉和

斤也。今诸侯王皆众髋髀也，释斧斤之用，而欲婴以芒刃，臣以为不缺则折。欲天下之治安，莫若众建诸侯而少其力。力少则易使以义，国小则亡邪心。令海内之势，如身之使臂，臂之使指，莫不制从，下无倍畔之心，上无诛伐之志，法立而不犯，令行而不逆，卧赤子天下之上而安，植遗腹，朝委裘，而天下不乱。陛下谁惮而久不为此！

天下之势方病大瘇，一胫之大几如腰，一指之大几如股，平居不可屈伸。失今不治，必为痼疾，后虽有扁鹊，不能为已。可痛哭者，此病是也！

天下之势方倒县。天子者，天下之首也；蛮夷者，天下之足也。今匈奴慢侮侵掠，而汉岁致金、絮、采、缯以奉之。足反居上，首顾居下，倒县如此，莫之能解，犹谓国有人乎？可为流涕者此也！今不猎猛兽而猎田彘，不搏反寇而搏畜菟，玩细娱而不图大患，德可远施，威可远加，而直数百里外，威令不伸，可为流涕者此也！今帝之身自衣皂绨，而富民墙屋被文绣；天子之后以缘其领，庶人孽妾以缘其履：此臣所谓舛也。夫百人作之，不能衣一人，欲天下亡寒，胡可得也。一人耕之，十人聚而食之，欲天下亡饥，不可得也。饥寒切于民之肌肤，欲其亡为奸邪，不可得也。可为长太息者此也！

骨头的缝隙之间，遇到那些胯骨、股骨的地方，他不是用砍刀就是用斧子。仁义厚恩就是君主的芒刃，权势和法制就是君主的砍刀和斧子。如今的诸侯王就都像众多的胯骨和股骨，不发挥砍刀和斧子的作用而要用芒刃去切割，我认为这样做不碰出缺口就得折断。如果想让天下长治久安，不如多多建立些小诸侯国来减小他们的势力，势力小就容易用道义来指挥他，国小就不会产生邪心。如果使全国的形势就像身体指挥胳臂、胳臂指挥手指一样，没有不服从的，诸侯王也没有背叛之心，天子也没有讨伐诛杀他们的想法，法制虽建立起来但无人触犯，命令通行，无人违抗，这样，就是让幼主当天子，天下也会是安定的，即使立遗腹子，让臣下朝拜先帝遗留下来的皮裘，天下也不会混乱。陛下还顾虑什么而长期不这样做呢？

"天下的形势就像一个人正在患严重的脚肿病，一条小腿肿得差不多像腰一样粗，一个脚趾头肿得差不多像大腿一样粗，平放着不能屈伸。现在不及时治疗，一定会变成难治的顽症，以后即使有了像扁鹊一样的好大夫也无能为力。使人痛哭的，就是这种病啊！

"天下的形势就像一个人正在倒挂着一样。天子就像是天下的一个头，蛮夷就像是天下的一只脚。现在匈奴又傲慢又发动侵略，而汉王朝每年还赠送给他黄金、丝絮、彩缯。脚反而到了上面，头反而到了下面，就像这样倒挂着而没有人能解救，还能说国家有贤能的人吗？可以为之流涕的这是一件事啊！现在不去征服猛兽而去征服野猪，不去捕捉反叛的盗寇而去捕捉饲养的老虎，沉湎于小的娱乐之中而不考虑大的祸患。恩德可以施得很远，威力也可以施加很远，但仅在数百里之外，威令就不能执行，可以为之流涕的这又是一件事啊！现在皇帝的身上穿着用厚缯做的黑色衣服，而富裕百姓家的墙上却装饰着华丽的绣织品；天子的皇后用来装饰领边的东西，百姓的妻妾们却用来装饰她的鞋，这就是我所讲的舛逆的事。一百个人去纺作，不能满足一个人的衣用，想使天下的人不受饥寒，怎么会办到呢？一个人去耕作，十个人聚在一起大吃，想使天下没有逃亡受饿的人，是办不到的。受饥受寒与百姓的生存切切相关，要想让他们不做奸邪的事是不可能的。可以为之长叹息的就是这件事啊！

商君遗礼义，弃仁恩，并心于进取；行之二岁，秦欲日败。故家富子壮则出分，家贫子壮则出赘；借父耰鉏，虑有德色；母取箕帚，立而谇语；抱哺其子，与公并倨；妇姑不相说，则反唇而相稽；其慈子、嗜利，不同禽兽者亡几矣。今其遗风余俗，犹尚未改，弃礼义、捐廉耻日甚，月异而岁不同矣，今其甚者杀父兄矣。而大臣特以簿书不报期会之间，以为大故，至于俗流失，世坏败，因恬而不知怪，以为是适然尔。夫移风易俗，使天下回心乡道，类非俗吏之所能为也。管子曰：'礼、义、廉、耻，是谓四维。四维不张，国乃灭亡。'是岂可不为寒心哉！岂如今定经制，令君君、臣臣，上下有差，父子六亲，各得其宜。此业一定，世世常安，而后有所持循矣。若夫经制不定，是犹渡江、河，亡维楫，中流而遇风波，船必覆矣。可为长太息者此也！

夏、殷、周为天子，皆数十世；秦为天子，二世而亡。人性不甚相远也，何三代之君有道之长，而秦无道之暴也？古之王者，太子乃生，固举以礼，有司斋肃端冕，见之南郊，过阙则下，过庙则趋，故自为赤子而教固已行矣。孩提有识，三公、三少，明孝仁礼义，以道习之，逐去邪人，不使见恶行，选天下之端士有道术者，使与居处，故太子乃生而见正事，闻正言，行正道，左右前后皆正人也。夫三代之所以长久者，以其辅翼太子有此具也。秦使赵高傅胡亥，而教之狱，所习者非斩、劓人，则夷人之三族也。故今日即位，而明日射人，忠谏者谓之诽谤，深计者谓之妖言，其视杀人，若艾草菅然。岂惟胡亥之性恶哉？彼其所以道之者非其理故也。鄙谚曰：'前车覆，

"商鞅丢掉了礼义,抛弃了仁义恩德,一心想吞并天下,他的法令执行了二年,秦国的风俗一天比一天败坏。所以在秦国富裕家庭中,孩子长大以后就与父母分家,贫穷家庭中的孩子长大以后就到女家当了赘婿;儿子借给父亲农具使用,父亲脸上都要显示出感恩戴德的表情;婆母拿簸箕扫帚使用,儿媳就会站在那里责骂她,抱着还吃奶的孩子,和公公相持抗拒;媳妇和小姑关系不和睦就会吵架计较;秦人只知爱子贪利,几乎没有与禽兽不同的地方。现在这种遗风余俗尚未改变,抛弃礼义、不顾廉耻的恶习仍日新月异,一年和一年不一样,现在更为严重的是还有敢杀死自己父兄的人。而朝廷大臣们只是认为在规定期间不能送上有关统计文书是大的错误,至于世俗的流失败坏,他们感到安然而不足为怪,认为是理所当然的。想移风易俗,使天下的人回心转意,这类事情绝不是一般官吏可以做到的。《管子》书上说:'礼、义、廉、耻,是四条做人的准绳,这四条准绳得不到宣传,国家就会灭亡。'这些情况难道还不够寒心的吗? 怎么现在还不制定常法,使君主像君主的样子,大臣像大臣的样子,上下有所区别,父子六亲,各得其宜! 这些事一定下来,世世代代就会长治久安,而且后代人也有了可遵循的法则。如果不定常法,这就会像渡江河而没有维楫一样,在江河中遇到风波,船只一定会翻入江河之中。这些就是所讲的经常为之叹息的事情。

"夏、殷、商三代做天子的,都传了数十世;秦王朝的天子,只传到二世就灭亡了。人们的习性相差不是很远,为什么三代的君主们有道德而能长久,而秦王朝却无道残暴呢? 古代做君主的人,太子刚出身时,就按照礼仪,让有关官员整装衣冠抱着太子去南郊向天祭祀,路过官门就下车,路过宗庙就快走,所以从幼年就开始执行对他的教育。到了孩提有了识别时,三公三少就教他明晓孝仁礼义,培养道德习惯,驱逐走周围不好的人,不让他看到恶劣的行为,选择天下行为端正有道德的人和他生活在一起,所以太子从一诞生就看见的是正直的事,听到的是正直的话,走的是正道,左右前后都是正直的人。夏、商、周三朝之所以能够长久,就是因为他们辅佐太子全是按照这一套去做的。秦始皇让赵高去做胡亥的师傅,教胡亥学习司狱之法,胡亥所学习到的不是斩、剐人,就是灭三族。所以,他今日即位,明天就射人,那些忠心规

后车诫。'天下之命,县于太子,太子之善,在于蚤谕教与选左右。夫心未滥而先谕教,则化易成也;教得而左右正,则太子正,而天下定矣。

　　凡人之智,能见已然,不能见将然。夫礼者禁于将然之前,而法者禁于已然之后,是故法之所为用易见,而礼之所为用难知也。若夫庆赏以劝善,刑罚以惩恶,先王执此之政,坚如金石;行此之令,信如四时;据此之公,无私如天地;岂顾不用哉?然而曰礼云、礼云者,贵绝恶于未萌而起教于微眇,使民日迁善、远罪而不自知也。为人主计者,莫如先审取舍,取舍之极定于内,而安危之萌应于外矣。夫人之置器,置诸安处则安,置诸危处则危。天下,大器也,在天子之所置之。汤、武置天下于仁、义、礼、乐,累子孙数十世,此天下所共闻也。秦王置天下于法令刑罚,祸几及身,子孙诛绝,此天下所共见也。今或言礼义之不如法令,教化之不如刑罚,人主胡不引殷、周、秦事以观之也!

　　人主之尊,譬如堂,群臣如陛,众庶如地。故陛九级上,廉远地,则堂高;陛无级,廉近地,则堂卑。高者难攀,卑者易陵,理势然也。故古者圣王制为等列,内有公、卿、大夫、士,外有公、侯、伯、子、男,然后有官师、小吏,延及庶人,等级分明,而天子加焉,故其尊不可及也。

劝的人称他们是诽谤朝政,那些为国家深谋远虑的人称他们是妖言惑众,胡亥把杀人看作就像割草一般。难道这只是因为胡亥的性情是凶恶的吗?是因为教导他的人没有按照正确的道理去教育他。民间俗语说:'前车覆,后车诫。'全天下人的性命,都掌握在太子手中,要想太子成为好的继承人,就在于及早地对他进行教育和选择好他左右的人。在童心未失时就先进行教育,就容易教化和收到成效;待教育有了成效以后,身边选择的人又很正直,这样太子也就会正直,天下就会安定。

"人的智力能够知道已经发生的事情,但不能预见将要发生的事情。礼是在将要发生事情之前进行制止,法是在事情发生之后进行制止,所以,法的作用是很容易能看见的,而礼的作用就难以了解到。就像举行庆功赏赐来劝人们行善,执行刑罚来惩罚罪恶,先王执行这样的政策,坚如金石,执行这样的命令,信如四时,根据如此公平的法令政策,就像天地一般没有私欲,怎么还怕得不到实施呢?然而说'礼云礼云'的人,贵在将邪恶杜绝在还没有发生之前,从细微的地方进行教育,使百姓们一天天向好处发展、远离罪恶而自己都不知道。为君主出谋献计的人,最好是事先审清哪些该采纳哪些该舍弃。取舍的范围在心中确定以后,产生安危的后果就能在外界表现出来。比如人们放置一个器物,放在安全的地方它就会安全,放在危险的地方它就会危险。国家就像一个大的器物,全在于天子怎么安置它了。商汤、周武王把国家安置在仁、义、礼、乐之地,数十代子孙继承了王位,这是天下的人都听到过的。秦王把国家安置在法令刑罚之上,祸患差点儿伤害了自身,他的子孙被杀绝,这是天下的人们都看到过的。现在也许有人说礼义不如法令,教化不如刑罚,君主为什么不引商、周、秦三朝的事为鉴呢?

"君主的尊贵就好像殿堂一样,大臣们就好像殿堂前的台阶,百姓们就像台阶下的平地。所以,殿堂在九层台阶以上,堂隅就远离地面,殿堂也显得很高;如果殿堂没有设置台阶,堂隅就离地很近,殿堂就显得很低。高大的殿堂就难以攀登,矮小的殿堂就容易被人践踏,这是高低的道理所决定的。所以,古代的圣王制定了等级序列,内有公、卿、大夫、士,外有公、侯、伯、子、男,然后又有官师、小吏,一直到老百姓,等级分明,而天子在最上面,所以天子的尊贵是高不可及的。

谚曰:'欲投鼠而忌器。'此善喻也。鼠近于器尚惮不投,恐伤其器,况于贵臣之近主乎!廉耻节礼以治君子,故有赐死而亡戮辱,是以黥劓之罪不及大夫,以其离主上不远也。臣闻之:履虽鲜不加于枕,冠虽敝不以苴履。夫已尝在贵宠之位,天子改容而礼貌之矣,吏民尝俯伏以敬畏之矣;今而有过,帝令废之可也,退之可也,赐之死可也,灭之可也;若夫束缚之,系绁之,输之司寇,编之徒官,小吏詈骂而搒笞之,殆非所以令众庶见也。古者,大臣有坐不廉而废者,曰'簠簋不饰';坐污秽淫乱者,曰'帷薄不修';坐罢软不胜任者,曰'下官不职'。故贵大臣定有罪矣,犹未斥然正以呼之也,尚迁就而为之讳也。其在大谴、大呵之域者,则白冠牦缨,盘水加剑,造请室而请罪尔,不执缚系引而行也。其有中罪者,闻命而自弛,上不使人颈盭而加也。其有大罪者,北面再拜,跪而自裁,上不使人捽抑而刑之也。曰:'子大夫自有过尔,吾遇子有礼矣。'遇之有礼,故群臣自憙;婴以廉耻,故人矜节行。化成俗定,则为人臣者皆顾行而忘利,守节而仗义,故可以托不御之权,可以寄六尺之孤,此厉廉耻、行礼谊之所致也,主上何丧焉!此之不为,而顾彼之久行,故曰可为长太息者此也。"

上深纳其言,养臣下有节。是后大臣重有罪,皆自杀,不受刑。

"谚语说:'想打老鼠又害怕损坏了器物。'这是个很好的比喻。老鼠接近器物时还不敢掷东西打鼠,害怕损坏器物,更何况那些君主周围尊贵的大臣们呢?廉耻节礼是用来约束君子的,所以对君子规定有赐死而没有戮辱,所以黥刑、劓刑都不施加于大夫,因为他们经常靠近君主。我曾听说,再新的鞋子也不放在枕头上,再破烂的帽子也不用来做鞋垫。那些已经受到赏赐而处于尊贵宠幸地位的人,天子都要以礼相待,百姓们见到他们都俯首敬畏他们;现在如果他有了过失,皇帝命令罢免他的官爵是可以的,辞退他也是可以的,赐他死也是可以的,诛灭他也是可以的,如果把他捆绑起来,送交给司寇,编入徒官之列,让小官吏们责骂和笞打他,大概这些事情都是不能让老百姓们看到的。在古代,朝廷大臣有因犯了不廉洁的罪而被罢免的人,而只是说他们'簠簋不饰';有犯了污秽淫乱罪的人,而只是说他们'帷薄不修';有犯了软弱不胜任罪的人,而只是说他们'下官不职'。所以,那些尊贵的大臣确实犯了罪,还是不能不客气地直接呼出他所犯的罪名,还是应该迁就地为他避讳一些。那些应当受到严厉的谴责、呵斥的大臣,应该自己穿戴着白帽丧服,端着盛水的盘子和剑到请罪之室去请罪,不应用绳子捆绑牵引着去。如果有犯了中等罪恶的人,听到判决后就应自废而死,君主就不用派人去斩杀他,如果有犯了大罪的人,就应当面向北拜两次,跪着就自杀了,君主就不用派人去抓着头发、按着脖子去斩杀他。君主就可以说:'你自己犯了错误,我对你是很有礼的。'对他们以礼相待,大臣们就会有志气,再加上用廉耻来教育他们,他们就会注意气节和品行。这种教化有了成效或约定成俗后,做大臣的就会注意品行而忘掉私利,坚守气节而主持大义,因此就可以委托他们掌管大权,可以把幼小的孤儿交付给他们,这就是鼓励廉耻、推行礼义的结果,君主有什么损失的呢?这样的事不去做,反而长久地推行投鼠忌器之法,所以说,可以为之长叹息的就是这些事情。"

文帝很认真地采纳了他的建议,教养臣下时很注意礼义气节。此后大臣们犯了罪,都是主动自杀,没有人受过刑罚。

纲鉴易知录卷十二

汉纪

太宗孝文皇帝

【纲】戊辰,七年,六月,未央宫东阙罘罳灾。

【纲】己巳,八年,夏,封淮南厉王子四人为列侯。 【目】民有歌淮南王者曰:"一尺布,尚可缝;一斗粟,尚可舂;兄弟二人不相容!"帝闻而病之。封王子安等四人为列侯。

【纲】长星出东方。

【纲】辛未,十年,冬,将军薄昭有罪,自杀。 【目】薄昭杀汉使者,帝不忍加诛,使公、卿从之饮酒,欲令自引分。昭不肯,使群臣丧服往哭之,乃自杀。

【纲】壬申,十一年,夏,梁王揖卒,徙淮阳王武为梁王。 【目】梁怀王薨,无子。徙淮阳王武为梁王。后岁余,贾谊亦死,死时年三十三矣。

【纲】匈奴寇狄道。 【目】时匈奴数为边患,太子家令晁错言曰:"兵法曰:'有必胜之将,无必胜之民。'由此观之,安边境,立功名,在于良将,不可不择也。臣又闻用兵之急者有三:一曰得地形,二曰卒服习,三曰器用利。故器械不利,以其卒予敌也;卒不可用,以其将予敌也;将不知兵,以其主予敌也;君不择将,以其国予敌也。四者,兵之至要也。臣又闻以蛮夷攻蛮夷,中国之形也。今匈奴地形、技艺,与中国异。上下山坂,出入溪涧,险道倾仄,且驰且射,风雨罢劳,饥渴不困,此匈奴之长技也。若夫平原易地,轻车突骑,劲弩长戟,射疏及远,下马地斗,剑戟相接,此中国之长技也。帝王之道,出于万全。今降胡、义渠,来归义者,长技与匈奴同,可赐之坚甲利兵,益以边郡之良骑,平地通道,则以轻车、材官制之;两军相

太宗孝文皇帝

【纲】前元七年（戊辰，前173），六月，未央宫（遗址在今陕西西安西北长安故城）东面宫阙的屏风失火。

【纲】前元八年（己巳，前172），夏季，文帝封淮南厉王的四个儿子为列侯。　【目】民间有人用歌谣悼念淮南王刘长："一尺布，还可以缝；一斗粟，还可以舂；兄弟二人却不能相容！"文帝听见，感到很不安，封淮南厉王刘长的儿子刘安等四人为列侯。

【纲】长星出现在东方。

【纲】前元十年（辛未，前170）冬季，将军薄昭有罪，自杀。　【目】薄昭杀害了朝廷派来的使节，文帝不忍心处决薄昭，于是派公、卿等高级官员陪他饮酒，希望他自杀。薄昭不肯，文帝就再派群臣穿着丧服到他家哭丧，薄昭这才自杀。

【纲】前元十一年（壬申，前169）夏季，梁怀王刘揖去世，改封淮阳王刘武为梁王。　【目】梁怀王去世，没有儿子。改封淮阳王刘武为梁王。过了一年多，贾谊也去世，死时三十三岁。

【纲】匈奴攻击狄道（在今甘肃临洮西南）。　【目】当时匈奴多次在边境发起进攻。太子家令晁错说道："《兵法》上说：'有必胜的将军，没有必胜的人民。'由此看来，保持边境的安定，建立功名，在于有优秀的将领，不可不做慎重的选择呀！我又听说用兵作战最紧急的要务有三条：一是取得有利地形；二是士兵经过严格训练演习；三是武器锐利。所以说武器不精良，是把士兵送给敌人；士兵不能作战，是把将领送给敌人；将领不懂用兵，是把君王送给敌人；君王不能选择将领，是把国家送给敌人。这四项是军事上最重要的了。我又听说，用蛮夷攻击蛮夷，是中国应有的决策。当今匈奴地形、技艺与中国的不一样。翻山越岭，跨河跳涧，险道危径上，一边奔驰一边射箭，风雨疲劳，忍饥挨渴，仍坚持战斗，这些都是匈奴的优点。至于平原大地，轻车快马，强弓长戟，都可以在远距离造成杀伤，士兵下马格斗，剑戟相接，

为表里，而各用其长技，此万全之术也。"帝嘉之，赐书宠答焉。错为人峭直刻深，以其辩得幸太子，号曰"智囊"。

【纲】募民徙塞下。 【目】晁错又言曰："胡人扰乱边境，备塞卒少则入。不救，则边民绝望而降敌；救之，才到则胡又已去。聚而不罢，为费甚大；罢之，则胡复入。如此连年，则中国贫苦，而民不安矣。陛下幸忧边境，发卒治塞，甚大惠也。然令远方之卒，守塞一岁而更，不知胡人之能。不如选常居者，先为室屋，具田器，乃募民，免罪，拜爵，复其家，予冬夏衣、廪食。胡人入驱，而能止其所驱者，以其半予之，如是则邑里相救助，赴胡不避死。其与东方之戍卒，不习地势而心畏胡者，功相万也。"上从其言，募民徙塞下。

【纲】癸酉，十二年，冬十二月，河决酸枣，东溃金堤；兴卒塞之。

【纲】春三月，除关，无用传。

【纲】诏民入粟边，得拜爵、免罪。赐农民今年半租。 【目】晁

这些是中国的优点。帝王处理国家事务，必须有万全之策。现在降服胡人、义渠，来归顺我们，他们的优点同匈奴一样。可以发给他们盔甲、强弓、利剑，再拨给他们边塞战马，平原地区道路通畅，则以轻车、力士对付敌人，这样两军互相声援，各自发挥长处，这应是万全之策。"文帝刘恒对晁错的建议十分欣赏，特别写了一封回信，表示宠爱。晁错这个人，性情峻急严苛，不徇私情，以口才敏捷，受到太子刘启的宠爱，太子家人称他为"智囊"。

【纲】文帝采纳了晁错的建议，召募百姓迁移到边塞定居。

【目】晁错再一次上书说："胡人扰乱边境，边塞配备的士兵人数过少，他们就会乘虚而入。如果不救援，那么边塞的人民就会绝望而投降敌人。如果发兵救援，等赶到边塞，胡人也早就溜之大吉了。结集部队长期驻扎，费用太大，如果部队驻扎一段时间又撤走，胡人就会再度入塞侵扰。几年下来，中国就会被搞得国库空虚，人民更加贫穷不安了。陛下有幸忧虑边境之事，征调士兵，治理边塞，这是陛下对百姓很大的恩惠。然而现在规定，让远方的士兵守护边塞，每年都要轮换一次，时间短，不容易了解和熟悉胡人的能力。不如提倡鼓励百姓到边塞定居，先为他们修建好房屋，配置器物，一切准备就绪，就召募百姓。让百姓中有罪的赦免他们的罪行，无罪的赐给爵位，免除他们全部的赋税、徭役，发给冬天、夏天穿的衣服和粮食。这样，边塞的居民就会永久居留。胡人入侵掠夺，如果能截获所掠财物，就把其中的一半赏赐给他。如此办理，那么乡里邻居就会互相帮助，对胡人的攻击也会冒死以赴。这同征调远方士兵，既不熟悉地理环境，又心怀畏惧的做法比较起来，功效将在万倍以上。"文帝采纳了晁错的建议，召募百姓，迁移到边塞定居。

【纲】前元十二年（癸酉，前168），冬十二月，黄河在酸枣县（今河南延津西南）决口，洪峰东流冲垮金堤（今河南省滑县东）。朝廷征调大量士兵堵塞决口。

【纲】春三月，朝廷宣布废除关隘检查制度，吏民来去不用通行证。

【纲】朝廷下令，让百姓往边塞运送粮食，依据运粮多少，封给爵

错言曰:"圣王在上而民不冻饥者,非能耕而食之,织而衣之也,为开其资财之道也。今海内为一,无有水旱之灾,而畜积未及者,何也? 地有遗利,民有余力,生谷之土未尽垦,山泽之利未尽出,游食之民未尽归农也。夫腹饥不得食,肤寒不得衣,虽慈母不能保其子,君安能以有其民哉! 夫珠、玉、金、银,饥不可食,寒不可衣;粟、米、布、帛,一日弗得,而饥寒至。是故明君贵五谷而贱金玉。方今之务,莫若使民务农而已矣。欲民务农,在于贵粟。今募天下入粟县官,得以拜爵、除罪,则富人有爵,农民有钱,粟有所漯。而贫民之赋可损,所谓损有余,补不足,令出而民利者也。爵者,上之所擅,出于口而无穷;粟者,民之所种,生于地而不乏。使人入粟于边,以受爵、免罪,不过三岁,塞下之粟必多矣。"帝从之。错复言:"边食足以支五岁,可令入粟郡县;郡县足支一岁,可时赦,勿收农民租。如此,德泽加于万民,民愈劝农,大富乐矣。"诏赐农民今年租税之半。

【纲】甲戌,十三年,春二月,诏具亲耕、桑礼仪。 【目】诏曰:"朕亲耕以供粢盛,皇后亲桑以奉祭服;其具礼仪。"

【纲】夏,除秘祝。 【目】初,秦时祝官有秘祝,即有灾祥,辄移过于下。至是诏曰:"祸自怨起,福由德兴,百官之非,宜由朕躬。今秘祝之官,移过于下,朕甚不取。其除之!"

位,有罪的除罪,让农民今年上交一半的租税。 【目】晁错又上书文帝说:"圣明的君主在位,而百姓不挨饿受冻,并不是君主耕田种粮给他们吃,织布缝衣给他们穿,而是为他们开辟了生财之道。当今国家统一,没有水旱之灾,而蓄积又没有达到标准,原因何在?在于土地尚有遗利,百姓尚有余力。可以种粮的土地没有完全开垦,山林水泽的资源没有全部利用。不从事生产的工商游民还没有全部投入到农业生产上去。肚子饿没有粮食吃,肌肤受冻没有衣服穿,即使是慈母也无法养育她的子女,君主又怎么能拥有自己的人民呢?珠、玉、金、银,饿了不能当饭吃,冷了不能当衣穿,粟、米、布、帛,一天没有,就会饥寒交迫。所以圣明的君主看重五谷,而轻视金玉。现在的当务之急,再没有比让百姓从事农业生产更重要的了。想让百姓务农,就要把粮食看作珍宝,号召天下的百姓把粮食捐给政府,政府就可以封他爵位,免除罪行,那么富人有爵位,农民有金钱,粮食不至于卖不出去。贫民的赋税可以减少,这样就可把多余的粮食救济给粮食少的贫困户。这项命令一旦公布实行,百姓就获益非浅。封爵位,是君主专有的权利,只要一张口,要封多少就有多少;粮食,是百姓耕种出来的,种在地上而不会匮乏。如果让百姓运送粮食到边塞,他们可以封爵除罪,用不了三年,边塞的粮食就必定多起来了。"文帝听从了晁错的建议。他又上书说:"边塞的粮食足够吃五年,就可以下令把粮食运到所属的郡县,郡县的粮食足够吃一年,可以随时下令赦罪,免除农民的税租,如此恩惠普降万民,百姓得到实惠会更加勤于生产,那么天下就富足快乐了。"文帝下令,把今年土地税租的一半赐给农民。

【纲】前元十三年(甲戌,前167),春二月,文帝下诏书,令有关官员准备天子亲耕、皇后亲桑的礼仪。 【目】诏书中说:"朕亲自率领臣民耕田,以备供奉祭祀的粮食,皇后亲自采桑养蚕,以备祭祀穿的衣服。有司准备礼仪。"

【纲】夏季,废除秘祝官职。 【目】当初,秦朝的祝官中有秘祝官职,遇到灾祸,秘祝秘密祷告上天,把罪过从皇帝身上移到大臣身上。到现在,文帝下诏书说:"灾祸由怨恨引起,幸福从恩德而兴,百官的过失,应该由朕来负责。现在,秘祝官秘密的把罪过移给臣僚,朕认

【纲】五月，除肉刑。【目】齐太仓令淳于意有罪，当刑，其少女缇萦上书曰："妾父为吏，齐中皆称其廉平，今坐法当刑。妾伤夫死者不可复生，刑者不可复属，虽欲改过自新，其道无由。愿没入为官婢，以赎父刑罪。"天子怜悲其意，诏"除肉刑，有以易之，具为令！"

上既躬修玄默，惩恶亡秦之政，论议务在宽厚，耻言人之过失；化行天下，告讦之俗易。吏安其官，民乐其业，畜积岁增，户口浸息。风流笃厚，禁罔疏阔，罪疑者予民，是以刑罚大省，至于断狱四百，有刑错之风焉。

【纲】六月，除田之租税。【目】诏曰："农，天下之本，务莫大焉。今勤身从事而有租税之赋，是为本末者无以异也。其除之！"

【纲】乙亥，十四年，冬，匈奴入寇；遣兵击之，出塞而还。【目】匈奴十四万骑，入朝那、萧关。上亲勒兵，欲自征匈奴。群臣谏，不听，皇太后固要，上乃止。以张相如、栾布为将军，击逐出塞而还。

【纲】赦作徒魏尚复为云中守。【目】上辇过郎署，问郎署长冯唐曰："父家安在？"对曰："赵人。"上曰："昔有为我言赵将李齐之贤，战于巨鹿下。今吾每饭，意未尝不在巨鹿也。"对曰："尚不如廉颇、李牧之为将也。"上拊髀曰："嗟乎，吾独不得颇、牧为将耳！岂忧匈奴哉！"唐曰："陛下虽得之，弗能用也。"上曰："公何以知之？"对曰："上古王者之遣将也，跪而推毂，曰：'阃以内，寡人制之；阃以外，将军制之。'军功爵赏皆决于外，归而奏之，此非虚言

为这种作法非常不可取。应该把它废除！"

【纲】五月，文帝下诏废除肉刑。　【目】齐国的太仓令淳于意犯了罪，应当处以肉刑。他的小女儿缇萦给文帝上书说："我父亲做官，齐国上下全都称道他的廉洁公平，现在他犯罪被判以肉刑，我悲哀人死不可能再复活，受刑人砍下的肢体不可能再接续，即便想改过自新，已经是不可能了。我愿意没入官府做个婢女，来赎回对父亲的刑罚。"文帝怜悯同情缇萦的心意，下诏书说："废除肉刑，用别的刑罚代替它，制定出具体的法令！"

这段时间，文帝既已修养清静无为之道，以秦朝亡国的弊政为借鉴，议论事情讲求宽厚，耻于谈论别人的过失；这种风气影响了全国，互相揭发的陋俗有所改变，官吏安于他们的职位，百姓乐于从事他们的工作，国家的积蓄年年增加，人口越来越多。臣民习惯于淳厚待人，各种禁令也宽松了许多，有犯罪嫌疑的从轻发落，因此刑罚大大减少，一年当中全国只判了四百起刑事案件，大有舍弃刑罚的势头。

【纲】六月，废除耕田的租税。　【目】文帝下诏书说："农业，是天下之根本，没有比农业更重要的了。现在鼓励百姓勤于耕田，而要让他们交纳赋税，这和商人没有什么两样了。应当废除农田赋税。"

【纲】前元十四年（乙亥，前166）冬季，匈奴入侵边塞，朝廷派兵反击，把他们赶出边塞就回来了。　【目】匈奴十四万骑兵，攻进朝那（在今宁夏固原东南）、萧关（在今宁夏固原东南）。文帝亲自率兵，准备征讨匈奴。大臣们都规劝文帝不要去，文帝执意不从，皇太后坚决阻拦，文帝这才打消率兵亲征的念头。于是任命张相如、栾布为将军，把匈奴驱逐出边塞，就撤了回来。

【纲】文帝下诏，赦免服苦役的魏尚让他重新做云中郡（治云中县，今内蒙古托克托）太守。　【目】文帝坐辇车路过郎官府署，问郎署长冯唐说："你的老家在什么地方？"冯唐回答说："老家是赵国人。"文帝说："过去有人对我说赵国将军李齐的贤能，在巨鹿城下打过仗。现在我每当吃饭时，心里总想着巨鹿这场战役。"冯唐回答说："赶不上廉颇、李牧他们做将领的才能。"文帝拍着大腿说："我怎么就没遇上廉颇、李牧这样的将领，有了他们还在乎匈奴吗？"冯唐说："陛下即使得到他

也。李牧为赵将,军市租,皆自用飨士;赏赐不从中覆,委任而责成功,故牧得尽其智能,而赵几霸。今魏尚为云中守,其军市租,尽以飨士卒,匈奴远避,不近云中之塞。虏曾一入,尚击之,所杀甚众。上功幕府,一言不相应,文吏以法绳之。且尚坐上功首虏差六级,陛下下之吏,削其爵,罚作之。由此言之,陛下虽有颇、牧,弗能用也!"上说。是日,令唐持节赦魏尚,复以为云中守,而拜唐为车骑都尉。

【纲】春,增诸祀坛场珪币。 【目】诏广增诸祀坛场珪币,且曰:"先王远施不求其报,望祀不祈其福,右贤左戚,先民后己,至明之极也。今吾闻祠官祝釐,皆归福于朕躬,不为百姓,朕甚愧之。其令祠官致敬,无有所祈!"

【纲】丙子,十五年,春,黄龙见成纪。 【目】初,张苍以汉得水德,鲁人公孙臣以为当土德,其应,黄龙见;苍以为非是,罢之。至是,帝召臣为博士,与诸生申明土德,草改历、服色事。苍由此自绌。

【纲】夏四月,帝如雍,始郊见五帝。
【纲】秋九月,亲策贤良能直言极谏者,以晁错为中大夫。【目】错以对策高第,擢为中大夫。又言宜削诸侯及法令可更定者,书凡三十篇。上虽不尽听,然奇其材。

们，也不见得会重用。"文帝说："你怎么知道我不会任用他们。"冯唐回答说："古代君王派遣将领出征，跪着推将军的车轮，而且说：'国门以内的事，由我作主；国门以外的事，由将军作主。'封爵受赏全决定于大将军，班师回朝后再上奏给朝廷，这决不是虚话。李牧做赵国的将军，在军内设立市场，所得利润和收入都用来犒劳士兵，赏赐不必请示朝廷批准。委以重任而强调必须成功，所以李牧得以充分发挥他的才智，而赵国几乎称霸。现在魏尚做云中郡太守，他在军内设立的市场，所得利润全部犒劳给士兵，士兵们士气高，匈奴躲避得远远的，不敢靠近云中郡的边塞。匈奴曾经进攻过一次，魏尚率军出击，杀伤众多，把斩首的数目上报给幕府，只要一个数字有出入，文职官吏就用法令条款来处罚他们。况且魏尚因上奏的斩首数目只差六个，陛下就把他逮捕入狱，削去他的爵位，罚作苦役。由此说来，陛下即使得到廉颇、李牧，也不会任用他们。"文帝听了冯唐这番话，很高兴。当天，派冯唐持符节赦免魏尚，恢复他云中郡太守的职务，并任命冯唐为车骑都尉。

【纲】春季，文帝下诏，增广各种祭祀场所和用于祭祀的玉帛。【目】诏书中要求大大增广各种祭祀的场所和用于祭祀的玉帛，并且说："先王远施恩德于我们而不求回报，遥祭山川而不祈求幸福，先贤能后亲戚，先百姓后自己，这是最英明的。我听说祭祀官在祭祀时，只祈求我一个人的幸福，没有为百姓祝福，我甚为惭愧。以后祭祀官员致敬时，不要再为朕祈福了。"

【纲】前元十五年（丙子，前165）春季，黄龙在成纪县（今甘肃秦安北）出现。 【目】最初，张苍认为汉王朝是水命，鲁人公孙臣认为汉王朝是土命。公孙臣的判断得到了验证，黄龙出现在人间。张苍认为公孙臣说的不对，就把这事放到了一边。直到现在，文帝下诏任命公孙臣为博士，让他和众儒士一同申明汉王朝是土命，并起草改革历法以及衣服颜色等事。张苍因此自贬自绌。

【纲】夏四月，文帝到了雍城（今陕西凤翔南）。开始祭祀五帝。

【纲】秋九月，文帝亲自出题考问那些贤良能直言极谏之士，最后以晁错为中大夫。 【目】晁错因对策最优，擢升为中大夫。他又上书建议应削减一些诸侯封地及更改有关的法令，上书前后共三十篇。文帝虽

【纲】作渭阳五帝庙。 【目】赵人新垣平言长安东北有神气,成五采。乃作渭阳五帝庙。

【纲】丁丑,十六年,夏四月,亲祠之。以新垣平为上大夫。【目】上郊祠渭阳五帝庙。贵平至上大夫,而使博士、诸生刺六经中作王制,议巡狩、封禅事。

【纲】分齐地,立悼惠王子六人为王。 【目】立悼惠王肥子将闾为齐王,志为济北王,贤为菑川王,雄渠为胶东王,卬为胶西王,辟光为济南王。

【纲】分淮南地,立厉王子三人为王。 【目】安为淮南王,勃为衡山王,赐为庐江王。

【纲】诏更以明年为元年。治汾阴庙。 【目】新垣平言:"阙下有宝玉气。"而使人持玉杯诣阙献之,刻曰"人主延寿"。又言:"候日再中。"居顷之,日却,复中。于是始更以十七年为元年,令天下大酺。平言:"周鼎在泗水中。今河决,通于泗,而汾阴有金宝气,意鼎出乎!"于是治庙汾阴,欲祠出鼎。

【纲】戊寅,后元年,冬十月,新垣平伏诛。 【目】人有上书告平"所言皆诈也",下吏治,诛夷平。

【纲】诏议可以佐百姓者。 【目】诏御史曰:"间者,数年不登,又有水旱、疾疫之灾,朕甚忧之。意朕之政有所失,而行有过与?何以致此?夫度田非益寡,计民未加益,而食之甚不足者,毋乃百姓之从事于末以害农者蕃,为酒醪以靡谷者多,六畜之食焉者众与?其与丞相、列侯、吏二千石、博士议之;有可以佐百姓者,率意

然没有完全听从，但还是佩服他的奇才。

【纲】修建渭阳五帝庙（五帝，指五天帝。庙在今陕西咸阳渭城）。
【目】赵国人新垣平说，长安东北有神气，呈现出五彩颜色。于是文帝下诏在渭阳建五帝庙。

【纲】前元十六年（丁丑，前164），夏四月，文帝亲自到渭阳五帝庙祭祀，任命新垣平为上大夫。　【目】文帝祭祀渭阳五帝庙，将新垣平升至上大夫，让他和博士、诸儒生吸取《六经》中的记载，撰写《王制篇》。又讨论布置了文帝巡狩及封禅的有关事宜。

【纲】分割齐国土地，封悼惠王的六个儿子为诸侯王。　【目】封悼惠王刘肥的儿子刘将闾为齐王，刘志为济北王，刘贤为菑川王，刘雄渠为胶东王，刘印为胶西王，刘辟光为济南王。

【纲】分割淮南土地，封厉王的三个儿子为诸侯王。　【目】封刘安为淮南王，刘勃为衡山王，刘赐为庐江王。

【纲】文帝下诏更改第二年为元年。建汾阴庙。　【目】新垣平说："皇宫门前有一股宝玉之气。"并派人拿着玉杯到皇宫进献，玉杯上刻着"人主延寿"。新垣平又说："据我观测，今天的太阳偏西后将再度回到中午。"过不一会儿，太阳果然退下，又慢慢回到正午。于是文帝把前元十七年改为后元元年。让天下的人举杯共饮来庆贺。新垣平又说："周王朝的一个大鼎沉在泗水中，现在黄河决口，流到泗水中，汾阴有金宝之气，估计周王朝的大鼎要在汾阴出现吧？"于是文帝下令在汾阴建庙，准备祭祀即将在汾阴出现的周朝大鼎。

【纲】后元元年（戊寅，前163），冬十月，新垣平被处死。　【目】有人上书揭发新垣平所说的全是欺诈。文帝交有关刑法部门治罪，诛灭新垣平全族。

【纲】文帝下诏商议如何帮助百姓。　【目】文帝下诏给御史说："近来，粮食连年不丰收，又发生了水旱、瘟疫之灾，朕非常忧虑。莫非是朕措施不当，行为有过失，为什么会这样呢？估计农田的数量并没有减少，人口也没有增加，而粮食越来越不够吃，莫非是百姓做生意的多而防碍了种田；还是酿酒消耗的粮食太多，牲畜吃粮太多呢？你们御

远思,无有所隐!"

【纲】己卯,二年,夏,复与匈奴和亲。 【目】匈奴连岁入边,杀略甚众。上患之,乃遗匈奴书。单于亦使当户报谢,复和亲。

【纲】秋八月,丞相苍免,以申屠嘉为丞相。 【目】张苍免。帝以后弟广国贤,有行,欲相之,曰:"恐天下以吾私广国,久念不可。"而申屠嘉故以材官蹶张从高帝,为人廉直,门不受私谒,遂以为丞相。

是时邓通方爱幸。嘉尝入朝,通居上旁,怠慢。嘉奏事毕,因言曰:"陛下幸爱君臣,即富贵之;至于朝廷之礼,不可以不肃。"罢朝,嘉坐府中,为檄召通:"不来,且斩!"通恐,言上;上曰:"汝第往。"通诣丞相,免冠徒跣,顿首谢。嘉坐自如,责曰:"朝廷者,高帝之朝廷也。通小臣,戏殿上,大不敬,当斩。吏,今行斩之!"通顿首出血,不解。上度丞相已困通,使使持节召通,而谢丞相曰:"此吾弄臣,君释之!"通至,为上泣曰:"丞相几杀臣!"

【纲】癸未,六年,冬,匈奴寇上郡、云中,诏将军周亚夫等屯兵以备之。 【目】匈奴入上郡、云中,杀略甚众,烽火通于甘泉、长安。遣将军令免屯飞狐,苏意屯句注,张武屯北地,周亚夫次细柳,刘礼次霸上,徐厉次棘门,以备胡。上自劳军,至霸上及棘门军,直驰入,将以下骑迎送。已而之细柳军,军士吏被甲,锐兵刃,彀弓弩

史与丞相、列侯、吏二千石、博士共同议论这个问题；有能帮助百姓度过难关的建议，就竭尽心意地作长远打算，不要有什么隐瞒。"

【纲】后元二年（己卯，前162）夏季，重新与匈奴和亲。【目】匈奴连年入侵边塞，杀害、掳掠了很多百姓及财物。文帝很忧虑，就派使臣给匈奴送去一封国书。匈奴单于也派一位当户来朝廷回报答谢，汉朝廷与匈奴又重新和亲。

【纲】秋八月，丞相张苍被罢免官职，任命申屠嘉做丞相。【目】张苍被免职。文帝认为皇后的弟弟窦广国贤能，有德行，打算让他做丞相，但又说："那样恐怕天下的人会议论我因窦广国是国舅而重用他，再三考虑还是不能用。"申屠嘉年轻时以勇武力士的身份追随高帝刘邦，为人廉洁耿直，在家中从不接见因私情前来拜访的人，于是文帝任命申屠嘉做了丞相。

当时邓通正受到文帝的宠爱。申屠嘉曾经入朝拜见文帝，看见邓通在文帝身旁，态度怠慢而随便。申屠嘉奏完政事，对文帝说："陛下宠爱的臣子，可以让他富贵；至于朝廷上的礼节，不能不严加整肃。"散朝之后，申屠嘉坐在丞相府中，写了一份文书召邓通来丞相府，附带说："如果不来，就斩首"。邓通害怕了，把这事告诉了文帝，文帝说："你尽管去。"邓通到了丞相府，摘下帽子赤着脚，向申屠嘉叩头谢罪。申屠嘉安然稳坐，斥责他说："朝廷，是高帝的朝廷。你邓通一个区区小臣，敢在大殿上戏闹，犯了大不敬的罪，应当杀头。来人，马上拉出去处决。"邓通吓得叩头哀求，头磕出了血，申屠嘉就是不撤回命令。文帝估计丞相已经教训了邓通，便派使臣持节前来召唤邓通，并且对丞相道歉说："他是供我娱乐的弄臣，请你放了他吧！"邓通回到皇宫，对文帝哭着说："丞相差点杀了我！"

【纲】后元六年（癸未，前158）冬季，匈奴入侵上郡（今陕西榆林东南）、云中，文帝下诏让将军周亚夫等人率兵驻守以防匈奴进犯。【目】匈奴入侵上郡、云中，杀害俘虏了很多百姓，报警的烽火直抵甘泉（今陕西淳化）、长安。文帝派遣将军令免驻扎在飞狐关（在今河北涞源北），苏意驻扎在句注（今山西繁峙西），张武驻扎在北地（今甘肃庆阳），周亚夫驻扎在细柳（今陕西咸阳西南），刘礼驻扎在霸上（今

持满,先驱至,不得入。曰:"天子且至!"军门都尉曰:"将军令曰:'军中闻将军令,不闻天子之诏。'"上至,又不得入。于是上乃使使持节诏将军:"吾欲劳军。"亚夫乃传言"开壁门"。门士请车骑曰:"将军约:军中不得驱驰。"于是天子乃按辔徐行。至营,亚夫持兵揖曰:"介胄之士不拜,请以军礼见。"天子为动,改容,式车,使人称谢:"皇帝敬劳将军。"成礼而去。群臣皆惊。上曰:"嗟乎,此真将军矣!曩者霸上、棘门军,若儿戏尔,其将固可袭而虏也。至于亚夫,可得而犯邪!"称善者久之。月余,匈奴远塞,兵罢。拜亚夫为中尉。

【纲】夏,大旱,蝗。诏弛利、省费以振民。

【纲】甲申,七年,夏六月,帝崩,遗诏短丧。

【纲】葬霸陵。 【目】帝即位二十三年,宫室、苑囿、车骑、服御,无所增益;有不便,辄弛以利民。尝欲作露台,召匠计之,直百金。上曰:"百金,中人十家之产也。吾奉先帝宫室,常恐羞之,何以台为!"身衣弋绨,所幸慎夫人,衣不曳地;帷帐无文绣,以示敦朴,为天下先。治霸陵,皆瓦器,因其山,不起坟。吴王诈病不朝,赐以几杖。群臣袁盎等谏说虽切,常假借纳用焉。张武等受赂金钱,觉,更加赏赐,以愧其心。专务以德化民。是以海内安宁,后世鲜能及之。

陕西西安东），徐厉驻扎在棘门（今陕西咸阳东北），以严加防备胡人。文帝亲自慰问军队，到了霸上及棘门军营，文帝一行人策马直入，将军和他的部属骑着马恭敬地迎送。接着文帝一行人又到了细柳军营，军官及士兵都穿着盔甲，手持锋利的兵刃，箭上弦，弓持满，严阵以待。文帝的先导部队到达军营，被哨兵阻拦不能进入，先导们说："文帝就要到了！"守卫军营的都尉说："将军有命令，'军队里只能听从将军的命令，不听从天子的诏令'。"过了一会儿文帝驾到，还是不让进入军营，于是文帝派使臣持节传诏将军说："我要慰劳士兵。"周亚夫这才传令说："打开军营大门。"营门军士对文帝车骑说："将军有规定，军营里不能策马奔驰。"于是，文帝一行人就揪住缰绳，缓慢前进，到了军营营帐前，周亚夫手持兵器作揖说："身穿铠甲的武士不便于跪拜，请准许用军礼参见。"文帝为之感动，不由得面容严肃，用手扶着车厢前的横木，派人称谢说："皇帝恭敬地慰劳将军。"完成礼仪后离去。随从大臣们都很惊讶。文帝说："哎！这可真是名副其实的将军呀！刚才看过的霸上、棘门的军队，简直跟儿戏一样，那些将军很容易受袭击被俘虏。至于周亚夫，能有机会冒犯他吗？"对周亚夫赞叹不止。过了一个多月，匈奴远远地离开边塞，朝廷派去的军队也撤了回来。文帝任命周亚夫为中尉。

【纲】夏季，发生大旱灾，蝗虫成灾，文帝下令废除山泽的禁令，节省经费来救济灾民。

【纲】后元七年（甲申，前157），夏六月，文帝去世。遗诏天下吏民吊丧以三天为限。

【纲】文帝被安葬在霸陵（在今陕西西安西北）。【目】文帝即位二十三年来，宫殿、苑囿、车骑、服装，都没有增加。有不便于百姓的禁令，就立即废止来造福于人民。文帝曾计划修筑一个露台，把工匠召来估价，需要花费一百斤黄金。文帝说："一百斤黄金，相当于十户中等家庭的财产。我继承先帝的宫殿，常常害怕羞辱了它，还要修筑露台做什么呢？"文帝常穿的是黑色粗丝衣服，最宠爱的慎夫人，穿的衣服长度也不拖到地，帷帐也没有刺绣花纹，用来显示朴素，给天下做表率。修筑霸陵坟墓，用的都是陶制器物，依着山陵的形势，不再增加坟的高

【纲】太子启即位。尊皇太后曰太皇太后,皇后曰皇太后。

【纲】秋九月,有星孛于西方。

孝景皇帝

【纲】乙酉,孝景皇帝元年,冬十月,尊高皇帝为太祖,孝文皇帝为太宗,令郡国立太宗庙。 【目】丞相嘉等奏:"功莫大于高皇帝,德莫圣于孝文皇帝。高皇帝宜为太祖之庙,孝文皇帝宜为太宗之庙,天子世世献。郡国宜各立太宗庙。"制曰:"可。"

【纲】夏,复收民田半租,三十而税一。

【纲】减笞法。 【目】初,文帝除肉刑,外有轻刑之名,内实杀人;笞五百者率多死。是岁,诏曰:"加笞重罪无异;幸而不死,不可为人。其定律:笞五百曰三百,三百曰二百。"

【纲】以张欧为廷尉。 【目】欧事帝于太子宫,虽治刑名家,为人长者,未尝言案人。专以诚长者处官,官属亦不敢太欺。

【纲】丙戌,二年,冬十二月,有星孛于西南。

【纲】夏四月,太皇太后崩。

【纲】六月,丞相嘉卒。 【目】时内史晁错数请间言事,辄听。宠幸倾九卿,法令多所更定。丞相嘉自绌,疾错。内史门东出不便,更穿一门南出。南出者,太上皇庙壖垣也。嘉闻,为奏,请诛错。客有语错,错恐,夜入宫自归。至朝,嘉请,上曰:"错所穿乃外壖垣,故冗官居其中;且我使为之,错无罪。"嘉罢朝,曰:"吾悔不先斩

度。吴王刘濞装病不上朝，反而赐给他几案手杖。袁盎等大臣常常言词尖锐地进谏，文帝总是宽容采纳他们的意见。张武等人接受金钱贿赂被发觉后，文帝更加倍地赏赐他们，以使他们心里惭愧。专心以仁德教化人民，所以天下安宁。后代君主，很少有能比得上他的。

【纲】太子刘启即位。尊奉皇太后为太皇太后，皇后为皇太后。

【纲】秋九月，西方天空出现彗星。

孝景皇帝

【纲】孝景皇帝刘启元年（乙酉，前156），冬十月，尊奉高皇帝为太祖，孝文皇帝为太宗，下令各郡、诸侯国修建太宗庙。　【目】丞相申屠嘉等人奏请："功劳没有人大于高皇帝，圣德没有人超过孝文皇帝。高皇帝的庙应命名为太祖庙，孝文皇帝的庙应命名为太宗庙，让后世的天子代代祭祀。各郡、诸侯国应修建太宗庙。"景帝批复："同意。"

【纲】夏季，恢复征收人民一半田税，税率为三十分之一。

【纲】减轻笞刑。　【目】当初，文帝废除肉刑，表面上有减轻刑罚的美名，实际上杀人更多，应该笞罚五百的大多数都给打死了。这一年，景帝下诏说："增加笞打数目与判死刑没什么两样；有人幸免一死，但也成了残废。改定法律：笞打五百的降为三百，笞打三百的降为二百。"

【纲】任命张欧做廷尉。　【目】张欧曾经在太子宫事奉过景帝，他虽研究刑名法律，但为人很忠厚，不曾表示要审理惩办什么人，只以诚恳忠厚的态度来履行职责。他的下属官员凡事也不敢欺瞒他。

【纲】前元二年（丙戌，前155），冬十二月，有彗星在西南方出现。

【纲】夏四月，太皇太后去世。

【纲】六月，丞相申屠嘉去世。　【目】当时，内史晁错多次请求私下与景帝单独谈论国事，景帝每次都听从他的意见。晁错受宠幸超过了九卿，法令多有所改定。丞相申屠嘉相形见绌，十分恼怒晁错。内史公府的门从东边开，来去很不方便，晁错就开一小门从南边出入，从南边出来的门口恰好是太上皇宗庙外空地围墙。申屠嘉听说此事，就上奏皇帝，要求杀了晁错。有人告诉了晁错，晁错害怕了，连夜进皇宫自首。上

错,乃为所卖!"欧血而死。

【纲】以陶青为丞相,晁错为御史大夫。

【纲】彗星出东北。

【纲】秋,衡山雨雹。

【纲】荧惑逆行守北辰,月出北辰间,岁星逆行天廷中。

【纲】丁亥,三年,冬十月,梁王武来朝。【目】梁孝王以窦太后少子,故有宠。居天下膏腴之地,赏赐不可胜道。上尝与宴饮,从容言曰:"千秋万岁后,传于王。"王辞谢,虽知非至意,然心内喜,詹事窦婴引卮酒进上曰:"天下者,高祖之天下。父子相传,汉之约也,何以得传梁王!"太后因此憎婴;婴因病免,太后除婴门籍。梁王以此益骄。

【纲】春正月,长星出西方。洛阳东宫灾。

【纲】吴王濞、胶西王卬、胶东王雄渠、菑川王贤、济南王辟光、楚王戊、赵王遂反。以周亚夫为太尉,将兵讨之。杀御史大夫晁错。二月,亚夫大破吴、楚军,濞亡走越,戊自杀。【目】初,孝文时,吴太子入见,得侍皇太子饮博,争道,不恭;皇太子引博局提杀之。吴王称疾不朝京师,始有反谋。文帝赐吴王几杖,老,不朝,吴谋益解。然以铜盐故,百姓无赋;他郡国吏欲来捕亡人者,公共禁弗予。如此者四十余年。

晁错数言吴过,可削;文帝不忍。及帝即位,错曰:"高帝封三庶孽,分天下半。今吴王不朝,于古法当诛。文帝不忍,德至厚,王

朝时，申屠嘉奏请杀晁错，景帝说："晁错打通的围墙是宗庙外边的一道围墙，原来是一些散官住在那里，而且是我要他这样做的，晁错无罪。"散朝之后，申屠嘉说："我后悔当初不先杀了他，被他愚弄了我。"吐血而死。

【纲】任命陶青做丞相，晁错做御史大夫。

【纲】东北方向出现彗星。

【纲】秋季，衡山降下冰雹。

【纲】荧惑（火星）向相反方向运行，接近北辰（北极星），月亮出现在北极星左右，岁星（木星）在天廷（太微星）区内逆行。

【纲】前元三年（丁亥，前154），冬十月，梁王刘武来朝拜见景帝。　【目】梁孝王因为是窦太后的小儿子，所以受到宠爱。拥有天下最肥沃的土地，赏赐无计其数。景帝经常和他一同饮酒吃饭，从容地对他说："等我百年死后，把皇位传给你。"刘武辞谢，虽然知道景帝说的不是真心话，但心里也十分高兴。詹事窦婴拿着酒杯给景帝进酒说："天下是高帝的天下，父子相传，是汉朝廷的规定，怎能传给梁王呢？"窦太后由此憎恨窦婴；窦婴也因此称病免职，窦太后开除了窦婴进出宫殿门的名籍。梁王从此更加骄横。

【纲】春正月，长星在西方天空出现，洛阳东宫失火。

【纲】吴王刘濞、胶西王刘卬、胶东王刘雄渠、蕾川王刘贤、济南王刘辟光、楚王刘戊、赵王刘遂谋反。景帝派周亚夫做太尉，率兵讨伐他们。景帝杀了御史大夫晁错。二月，周亚夫击溃吴王、楚王的部队。吴王刘濞逃到越国，楚国刘戊自杀。　【目】当初，文帝时，吴国太子进京朝见，得以陪伴皇太子饮宴、下棋，与皇太子在棋桌上争执，态度不恭敬；皇太子拿棋盘砸死了吴太子。吴王就此称病不到京师朝见，开始有谋反的意图。后来文帝派人赐给他几案手杖，考虑他年纪老迈，特准不必前来朝见。吴王谋反之心也渐渐淡漠了。吴王刘濞在他的封国内，拥有铜矿和食盐，人民没有赋税。别的郡国的官吏来追捕逃犯，刘濞都公开的加以阻拦，如此持续了四十多年。

　　晁错多次上书奏说吴王的罪过，认为应该削去他的封地。文帝不忍心。等到景帝即位，晁错又说："高帝分封三个并非嫡亲诸侯王的领

当改过自新，反益骄，诱天下亡人谋作乱，今削之亦反，不削亦反。削之，其反亟，祸小；不削，其反迟，祸大。"上令列侯、公卿、宗室杂议，莫敢难；独窦婴争之。错又言楚、赵有罪，皆削一郡。胶西有奸，削其六县。

方议削吴，吴王恐，因发谋举事。闻胶西王勇，好兵，使人说之，又身至胶西面约。遂发使约齐、菑川、胶东、济南，皆许诺。

初，楚元王好书，与鲁申公、穆生、白生俱受诗于浮丘伯，及王楚，以三人为中大夫。穆生不嗜酒，元王每为设醴。及孙戊即位，常设，后忘设焉。穆生退曰："可以逝矣！醴酒不设，王之意怠。不去，楚人将钳我于市。"遂谢病去。戊坐削地事，遂与吴通谋。申公、白生谏戊，戊胥靡之，使雅舂于市。

及削吴会稽、豫章郡书至，吴王遂起兵，杀汉吏。胶西、胶东、菑川、济南、楚、赵亦皆反。遗诸侯书，罪状晁错，欲合兵诛之。

初，文帝且崩，戒太子曰："即有缓急，周亚夫真可任将兵。"至是，上乃拜亚夫为太尉，将三十六将军往击吴、楚。遣郦寄击赵，栾布击齐。窦婴屯荥阳，监齐、赵兵。

初，错更令三十章，诸侯谨哗。错父闻之，从颍川来，谓错曰："上初即位，公为政用事，侵削诸侯，疏人骨肉，口语多怨，公何为也？"错曰："不如此，天子不尊，宗庙不安。"父曰："刘氏安矣而晁

地，把天下的一半分了出去。现在吴王不来朝见，依照古代的法律应当诛杀。文帝不忍心，恩德太厚重了。吴王应当改过自新，想不到反而更加骄横，引诱天下的亡命之徒阴谋叛乱。现在削去他的封地，他肯定谋反，不削也是反。现在削，谋反的快点，祸害会小一些；不削，谋反会拖一些日子，但灾祸更大。"景帝召集列侯、公卿、宗室参与讨论，没有谁敢提出反对意见，唯独窦婴反对晁错的方案。晁错又上奏，说楚王、赵王有罪，都该削去一个郡，胶西王有欺诈行为，该削去六个县。

　　正当朝廷议论削去吴国的封地时，吴王害怕了，就借此发兵叛乱。听说胶西王刘卬勇猛，喜好兵法，派人前往邀他一同参加，又亲自到胶西和刘卬当面约定。接着又派使臣约齐王、菑川王、胶东王、济南王同反，各国王都同意了。

　　最初，楚元王刘交爱读书，和鲁申公、穆生、白生一同拜浮丘伯为师，学习《诗经》，等他做了楚王，就任命他们三人为中大夫。穆生不喜欢饮酒，楚元王每次宴请，都为他准备上一杯甜酒。到了楚元王的孙子刘戊即位，也是如此。但以后就忘了这样做。穆生退席后说："可以走了，甜酒不摆了，说明楚王对我也懈怠了。不走，楚王将会给我戴上刑具游街示众了。"于是，称病离去。后来，刘戊因犯罪被削减封地之事，就和吴国串通谋反。申公、白生进言相劝，刘戊将他们罚为苦役，到街市上舂米。

　　等到朝廷削减吴国会稽、豫章郡的文书一到，吴王就起兵反朝，杀了汉朝廷派来的使臣。胶西王、胶东王、菑川王、济南王、楚王、赵王也都起兵。给各诸侯国王发了文书，列述了晁错的罪状，准备联合起来诛杀晁错。

　　当初，文帝临终前，告诫太子说："国家若有危难，周亚夫足以担当带兵的重任。"到这时，景帝任命周亚夫做太尉，率领三十六位将军的部队，攻击吴、楚联军。派遣郦寄攻击赵国，栾布攻击齐国。窦婴驻扎在荥阳（今河南荥阳东北），监视齐国、赵国的部队。

　　最初，晁错所更改的三十种法令，各诸侯国纷纷表示强烈反对。晁错的父亲听说此事，从颍川（治阳翟，今河南禹州）赶来京城，对晁错说："皇帝刚即位，你当政用事，就提出削减诸侯王的封地，疏远人

氏危！"遂饮药死，曰："吾不忍见祸逮身！"后十余日，七国反，以诛错为名。

上与错议出军事，错欲令上自将兵而身居守。错素与吴相袁盎不善。盎夜见窦婴，为言吴所以反，愿至上前，口对状。婴入言，上乃召盎。盎入，上方与错调兵食。问之，盎曰："愿屏左右。"上屏人，独错在，盎曰："臣所言，人臣不得知。"乃屏错。盎曰："吴、楚相遗书，言贼臣晁错擅适诸侯，削夺之地，以故反，欲西共诛错，复故地而罢。今独有斩错，发使赦之，复其故地，则兵可无血刃而俱罢。"上默然良久，曰："顾诚何如？吾不爱一人以谢天下。"错殊不知。上使中尉召错，绐载行市，错衣朝衣斩东市。乃使盎使吴。

谒者仆射邓公为校尉，以言军事见上，曰："吴为反计数十岁矣，以诛错为名，其意不在错也。夫晁错患诸侯强大不可制，故请削之，以尊京师，万世之利也。计画始行，卒受大戮。内杜忠臣之口，外为诸侯报仇，臣窃为陛下不取也！"帝喟然曰："吾亦恨之！"

盎至吴，吴欲劫使将，盎得间脱亡归报。

周亚夫言于上曰："楚兵剽轻，难与争锋，愿以梁委之，绝其饷道，乃可制也。"上许之。亚夫乘六乘传，将会兵荥阳。发至霸上，赵涉遮说亚夫曰："吴王知将军且行，必置人于殽、渑之间；且兵事尚

家的骨肉，人们都议论怨恨你，你为何这样做呢？"晁错说："不这样做，天子就失去尊严，国家就不得安宁。"他的父亲说："你这样做刘氏安宁了，可我们姓晁的就危险了！"于是喝毒药而死，死前说："我不忍心看到灾祸降临到我头上。"过了十多天，七个诸侯国以诛杀晁错为名举兵反叛。

景帝和晁错商议军事行动，晁错想让景帝亲自带兵出征，自己留守长安。晁错一向和吴国的丞相袁盎关系不好。袁盎深夜拜访窦婴，对他讲吴国谋反的原因，愿意到景帝面前当面陈述。窦婴进宫向景帝报告，景帝下令召见袁盎。袁盎进宫，景帝正和晁错计算所需军粮的数目。景帝问袁盎对吴楚反叛的看法，袁盎说："希望您身边的人退避。"景帝叫身边人退下，只有晁错留下不走。袁盎说："我所说的话，其他臣子不能知道。"景帝于是让晁错退去。袁盎说："吴王、楚王传递文告说，奸臣晁错擅自责罚诸侯王，削夺他们的封地，因此反叛，他们打算一同西进杀死晁错，恢复原有的封地就罢休。今天只有杀了晁错，派使者赦免他们，归还他们被削去的封地，那么兵不血刃，事情都可以解决了。"景帝沉默了很久说："就看他们有没有诚心，我不能为了爱惜一个人，而得罪天下的人。"晁错对此一点都不知道。不久，景帝派中尉召来晁错，骗他坐车巡行街市，晁错穿着上朝的衣服被斩于东市。随后，景帝派遣袁盎出使吴国。

谒者仆射邓公当时做校尉，以报告军事而谒见景帝，说："吴国阴谋叛乱已经酝酿几十年了，以杀晁错为借口，其实意本不在晁错。晁错忧虑封国强大，不好控制，所以请求削减封地，来保持国家的尊严，这是万世之福，想不到计划刚刚实行，竟遭到诛杀，对内堵住了忠臣的口，对外帮诸侯报了仇，我认为陛下做的不合适。"景帝叹气说："我也后悔杀了晁错。"

袁盎到了吴国，吴国想要胁迫他当将军，袁盎乘其不备逃了回来，向景帝禀报出使情形。

周亚夫对景帝说："楚军凶悍快捷，一时难以跟他们正面作战，希望暂时舍弃梁国，以便等待战机。先派兵断绝他们的粮道，这样才可以制服他们。"景帝同意这个建议。周亚夫乘坐六辆驿车，准备在荥阳会

神密,将军何不右去,走蓝田,出武关,抵洛阳,直入武库。诸侯闻之,以为将军从天而下也。"亚夫如其计,至洛阳,喜曰:"今吾据荥阳,荥阳以东,无足忧者。"使吏搜敖、渑间,果得吴伏兵。乃请涉为护军,而东北走昌邑。

吴攻梁急,亚夫使轻骑出淮泗口,绝吴、楚兵后,塞其饷道。吴兵欲西,梁城坚守,不敢西;即走汉军,亚夫坚壁不战。军中夜惊,内相攻击,扰乱至帐下,亚夫坚卧不起,顷之,复定。吴奔壁东南陬,亚夫使备西北;已而其精兵果奔西北,不得入。吴、楚士卒多饥死叛散,乃引而去。二月,亚夫出精兵追击,大破之。吴王濞弃军夜亡走,楚王戊自杀。

【纲】是月晦,日食。越人诛濞。齐王将闾及卬、遂皆自杀,雄渠、贤、辟光皆伏诛。

【纲】戊子,四年,春,复置关,用传出入。

【纲】夏四月,立子荣为皇太子,彻为胶东王。

【纲】己丑,五年,春正月,作阳陵邑,募民徙居之。

【纲】遣公主嫁匈奴单于。

【纲】庚寅,六年,冬十二月,雷,大霖雨。

【纲】秋九月,废皇后薄氏。

【纲】辛卯,七年冬十一月,废太子荣为临江王。 【目】初,燕王臧荼孙女臧儿嫁王仲,生男信与两女;仲死,更嫁田氏,生蚡。文

兵。发兵到了霸上，赵涉拦在路上对周亚夫说："吴王知道将军的部队启程，肯定在崤山、渑水之间设下埋伏，况且军事行动讲究神速秘密，将军为什么不向右走，经过蓝田，出武关（今陕西丹凤东南），抵达洛阳，直奔武库。叛乱的诸侯王听到，还以为将军是从天而降呢。"周亚夫按照他的计策行事，到达洛阳，高兴地说："今天我占据了荥阳，荥阳以东的地盘，没有什么可担忧的了。"派官吏搜索崤、渑地区，果然抓到了吴国伏兵。于是请求皇帝让赵涉担任护军。他又往东北趋向昌邑（今山东巨野东南）。

吴军进攻梁国很激烈，周亚夫派轻骑奔袭淮泗口，断绝吴、楚兵的后路，堵住他们运粮的道路。吴国军队准备往西攻打，但有梁国据城坚守，就不敢往西进兵。于是向汉朝军队袭来，周亚夫坚守军垒不迎战。夜里，汉军中突然惊乱，互相攻击，闹到周亚夫的营帐下，周亚夫始终躺着不起。过了一会儿，就恢复了平静。吴国军队又袭击军营的东南角。周亚夫却叫将士戒备西北。一会儿，吴国的精兵果然奔向西北，不能攻入。吴、楚的士兵很多饿死或者叛逃，吴王无奈撤兵回去了。二月，周亚夫派出精兵追击，大败吴、楚军队，吴王刘濞丢下部队连夜逃跑，楚王刘戊自杀。

【纲】二月三十日，出现日食。越国人杀了刘濞。齐王刘将闾及刘卬、刘遂都自杀。刘雄渠、刘贤、刘辟光都被诛杀。

【纲】前元四年（戊子，前153），春季，恢复关卡，出入都要凭通行证。

【纲】夏四月，景帝立他的儿子刘荣为皇太子，刘彻为胶东王。

【纲】前元五年（己丑，前152），春正月，修建阳陵邑（在今陕西高陵西南），召募百姓迁移到这里居住。

【纲】景帝遣送公主嫁与匈奴单于。

【纲】前元六年（庚寅，前151），冬十二月，天空打雷，下了好几天大雨。

【纲】秋九月，皇后薄氏被废。

【纲】前元七年（辛卯，前150），冬十一月，废太子刘荣为临江王。

【目】当初，燕王臧荼的孙女臧儿嫁给了王仲，生了一个儿子王信和两个

帝时，臧儿长女为金王孙妇，生女俗。卜筮之，曰："两女皆当贵。"臧儿乃夺金氏妇，内之太子宫，生男彻。及帝即位，长公主嫖，欲以女嫁太子荣，其母栗姬以后宫诸美人皆因公主见帝，怒不许；公主欲予彻，王夫人许之。由是公主日谗栗姬，而誉彻之美，帝亦自贤之。王夫人知帝嗛栗姬，因怒未解，阴使人趣大行请立栗姬为皇后，帝怒曰："是而所宜言邪！"遂按诛大行，而废太子。太傅窦婴力争不能得，乃谢病免。栗姬恚恨而死。

【纲】春，丞相青免，以周亚夫为丞相。罢太尉官。

【纲】夏四月，立夫人王氏为皇后，胶东王彻为皇太子。

【纲】以郅都为中尉。　【目】始都为中郎将，敢直谏。尝从入上林，贾姬如厕，野彘卒入厕。上目都，都不行；欲自救姬。都伏上前曰："亡一姬，复一姬进，天下所少，宁贾姬等乎！陛下纵自轻，奈宗庙、太后何！"上乃还。都为人，勇悍公廉，不发私书，问遗无所受，请谒无所听。及为中尉，尤严酷，行法不避贵戚；列侯、宗室见都，侧目而视，号曰"苍鹰"。

【纲】壬辰，中元年，夏四月，地震。

【纲】衡山、原都雨雹。　【目】大者尺八寸。

【纲】癸巳，二年，春三月，征临江王荣，下吏，荣自杀。

【纲】夏四月，有星孛于西北。

【纲】秋九月，梁王武使人杀袁盎。　【目】初，梁孝王以至亲

女儿。王仲死后，臧儿改嫁田氏，生了田蚡。文帝时，臧儿的大女儿嫁给了金王孙为妻，生了一个女儿叫俗。请巫师占卜，封词说："两个女儿都是贵人命。"臧儿于是把女儿从金王孙家中抢回来，送到太子宫中，生了儿子刘彻。等到景帝即位，长公主刘嫖想把女儿嫁给太子刘荣，刘荣的母亲栗姬因后宫的美女们都是由公主推荐给景帝的，非常恼怒，不同意这门亲事。公主又想把女儿嫁给刘彻，刘彻的母亲王夫人答应了。于是公主整日诋毁栗姬，而夸赞刘彻的美德。景帝也觉得刘彻有贤能。王夫人知道景帝恨栗姬，趁景帝怒火未熄，暗中派人督促鸿胪属官大行，奏请皇帝立栗姬为皇后。景帝生气地说："这是你应该说的话吗？"于是杀了大行，废了太子。太傅窦婴据理力争，而无济于事，就称病免去官职。栗姬气恨而死。

【纲】春季，丞相陶青被免去官职，任周亚夫为丞相。罢去太尉官职。

【纲】夏四月，立夫人王氏为皇后，胶东王刘彻为皇太子。

【纲】任命郅都为中尉。 【目】当初，郅都任中郎将，敢于向皇帝直言劝谏。他曾经跟随景帝游上林苑，贾姬去厕所，一只野猪突然闯入厕所。景帝用眼睛示意郅都前去救护贾妃，郅都却站立不动，景帝想自己去救贾姬，郅都跪在景帝面前说："死一个美女，又会有另一个美女进宫来，天下所缺少的，难道是贾姬这类美女吗？陛下纵然不爱惜自己，但也要为国家、太后着想！"景帝只好走回来。郅都为人勇猛、公正廉洁，不拆看私人求情的书信，不接受馈赠问候的礼品，请托谒见从不理会。等到任中尉，更为严酷，实行法令不回避皇亲国戚，列侯、宗室皇族见到郅都，都斜着眼看他，不敢正视，因此大家送给他一个"苍鹰"的绰号。

【纲】中元元年（壬辰，前149），夏四月，发生地震。

【纲】衡山、原都降冰雹。 【目】冰雹大的直径有一尺八寸。

【纲】中元二年（癸巳，前148），春三月，景帝征召临江王刘荣来朝廷，随即下狱，刘荣畏罪自杀。

【纲】夏四月，有彗星在西北天空出现。

【纲】秋九月，梁王刘武派人杀害袁盎。 【目】当初，景帝的同胞

有功，得赐天子旌旗，出跸入警。王宠信羊胜、公孙诡，胜、诡使王求为汉嗣。栗太子废，太后欲以梁王为嗣，尝因置酒谓帝曰："宫车晏驾，用梁王为继。"帝跪曰："诺。"袁盎等曰："昔宋宣公不立子而立弟，以生祸乱，五世不绝。小不忍，害大义，故春秋大居正。"由是太后议格。梁王由此怨盎，乃与胜、诡谋，阴使人刺杀盎及他议臣十余人。于是天子意梁，逐贼，果梁所为。遣田叔往按，捕胜、诡；胜、诡匿王后宫。内史韩安国见王，泣曰："大王述邪臣浮说，犯上禁，挠明法。天子以太后故，不忍致法；太后日夜涕泣，幸大王自改，大王终不觉寤。有如太后宫车即晏驾，大王尚谁攀乎？"语未卒，王泣数行下，令胜、诡自杀，出之。

使邹阳见皇后兄王信曰："长君弟得幸于上，而长君行迹多不循道理者。今梁王即伏诛，太后无所发怒，切齿侧目于贵臣，窃为足下忧之。长君诚为上言，毋竟梁事；太后德长君入骨髓，而长君之弟幸于两宫，金城之固也。"长君乘闲言之，帝怒稍解。时太后忧梁事，不食，日夜泣不止，帝亦患之。田叔等还至霸昌厩，悉烧梁狱辞，空手来见。帝曰："梁事安有？"田叔曰："上毋以梁事为问也！今梁王不伏诛，是汉法不行也；伏法而太后食不甘味，卧不安席，此忧在陛下也。"上大然之，使叔等谒太后，曰："梁王不知也；为之者，幸臣羊胜、公孙诡之属耳。谨已伏诛，梁王无恙也。"太后立起坐餐，气平复。梁王因上书请朝，伏阙谢罪，太后、帝大喜，相泣，复如故。然帝益疏王，不与同车辇矣。以田叔为贤，擢为鲁相。

兄弟梁孝王因平定七国之乱有功，景帝特别赐予他使用天子的旌旗，出入王宫都要清道戒严。梁孝王宠信羊胜、公孙诡，羊胜、公孙诡唆使梁孝王向景帝请求做汉朝的继承人。栗太子被废除后，太后想让梁王做继承人。曾经利用宴饮的机会对景帝说："等你百年之后，可以让梁王继承皇位。"景帝跪坐在席上说："好。"袁盎等人说："过去宋宣公不传位给儿子，而传给弟弟穆公，所以产生了祸乱，长达五代都不得安宁。在小事上不果断，就会伤害大义。所以《春秋》中主张以大义为第一。"于是太后的意见被阻止。梁王从此怨恨袁盎，便和羊胜、公孙诡商谋，暗中派人刺杀袁盎及参预议论的大臣十多人。景帝猜想是梁王干的，追踪杀人凶手，果然是梁王派人所为。景帝派田叔前往梁国审查此案，逮捕羊胜、公孙诡；羊胜、公孙诡藏在梁王后宫里。梁国内史韩安国求见梁王，哭着说："大王受奸邪之臣一派胡言的诱惑，冒犯了景帝禁令，轻视法律，景帝因太后的缘故，不忍心用法律处罚大王。太后日夜哭泣，希望你改过自新，大王始终不觉悟。太后一旦逝世了，大王还依靠谁去呢？"话没说完，梁王已是泪流满面，下令羊胜、公孙诡自杀，把尸体抬了出来。

梁王派邹阳拜见皇后的哥哥王信说："您妹妹受到皇帝的宠爱，而你的行为却有不循常理的地方。现在梁王一旦被杀，太后的怒气无处发泄，就会咬牙侧目地发泄到你们这些权贵身上，我私下里为您担忧。您如真能向景帝说不要追究梁王的事，太后会发自内心的感恩戴德，而您的妹妹也会得到太后、皇上的喜爱，地位也会像金城汤池一样稳固。"王信找了一个机会，向景帝说了此事，景帝的怒气稍有缓解，当时太后担忧梁王的事，不吃饭，日夜不停地哭泣。景帝也很担忧。田叔等人回到霸昌厩，把梁王谋反的口供、书面材料全部烧掉后，空手来见景帝。景帝说："梁王的犯罪证据还在吗？"田叔说："您不要再问梁王的事了。如果梁王不伏法，那就是汉朝的法律不能执行了；如果杀了梁王，而太后就会吃饭不香，睡不着觉，这会给陛下带来忧患。"景帝赞同他的意见，派田叔等谒见太后，并且说："梁王什么事也不知道，肇事者都是他宠幸的臣子羊胜、公孙诡之辈，已经处决了，梁王没有受到伤害。"太后听了，立即起来吃饭，心情也平静了。梁王借此上书请求拜

【纲】甲午,三年,夏四月,地震。

【纲】旱,禁酤酒。

【纲】秋九月,蝗。有星孛于西北。是月晦,日食。

【纲】丞相亚夫免。 【目】初,上废栗太子,周亚夫固争之,不得。而梁王每与太后言亚夫短。太后欲侯王信,帝与亚夫议之。亚夫曰:"高帝约:'非有功不侯。'信虽后兄,无功,侯之,非约也。"帝默然而止。后匈奴王徐卢等六人降,帝欲侯之以劝后。亚夫曰:"彼背其王而降,侯之,则何以责人臣不守节者乎?"帝曰:"丞相议不可用。"乃悉侯之。亚夫因谢病,免。

【纲】以刘舍为丞相。

【纲】丙申,五年,秋八月,未央宫东阙灾。

【纲】九月,诏狱疑者谳之。 【目】诏曰:"狱者,人之大命,死者不可复生,朕甚悯之。诸狱疑,若虽文致于法,而于人心不厌者,辄谳之。"

【纲】丁酉,六年,春二月,郊五畤。

【纲】三月,雨雪。

【纲】夏四月,梁王武卒,分梁地王其子五人。 【目】梁孝王薨。太后哭,不食,曰:"帝果杀吾子!"帝哀惧不知所为,乃分梁为五国,尽立孝王男五人为王,女五人皆食汤沐邑。太后乃说,为帝加一餐。

【纲】更减笞法。定箠令。 【目】既减笞法,笞者犹不全;乃更

见景帝,伏在宫阙下请罪,太后、景帝非常高兴,相对流泪,从而恢复了原来的骨肉亲情。但是,景帝越来越疏远梁王,不和他同车出入了。景帝认为田叔有贤德,擢升他为鲁国的相。

【纲】中元三年(甲午,前147),夏四月,发生地震。

【纲】发生大旱灾。禁止卖酒。

【纲】秋九月,蝗虫成灾,有彗星在西北出现。这个月三十日,出现日食。

【纲】免去周亚夫丞相职务。 【目】当初,景帝废掉栗太子,周亚夫极力争辩,没有成功,而梁王却常常和太后说周亚夫的短处。太后想给王信封侯,景帝和周亚夫商议,周亚夫说:"高帝有约:'没有立功的人不能封侯。'王信虽然是皇后的哥哥,但没功劳,封他为侯就违背了约定。"景帝无话可说,只好作罢。后来匈奴王徐卢等六人归降朝廷,景帝准备封给侯爵,以鼓励以后归降的人。周亚夫说:"他们背叛了自己的君王投降,给他们封侯,那么怎么责罚那些不守忠节的臣子呢?"景帝说:"你的建议不能采用。"就全封了侯。周亚夫因而称病,被免去职务。

【纲】任命刘舍做丞相。

【纲】中元五年(丙申,前145),秋八月,未央宫东门楼失火。

【纲】九月,景帝刘启下诏,所有疑难案件,都要重新审查定案。【目】诏书中说:"审判案件,人命关天,死了的人不可能复活,我非常怜悯他们。以后凡是遇到疑难案件,或有援据律文致人于罪而又人心不服的,应即时重新审判定案。

【纲】中元六年(丁酉,前144),春二月,景帝亲自祭祀五帝庙。

【纲】三月,下了雪。

【纲】夏四月,梁王刘武去世。梁国的封地分给了他的五个儿子。【目】梁孝王去世,太后哭泣,不进食,说:"皇帝果然杀了我的儿子。"景帝悲伤、恐惧,不知怎么办才好,于是把梁国封地分为五个诸侯国,把梁孝王的五个儿子全都封了王,五个女儿都分封食邑。太后这才高兴,表示对景帝的满意,吃了一顿饭。

【纲】更改减轻笞法,重定笞刑的法令。 【目】景帝已经下诏减少

减笞三百曰二百,笞二百曰一百。又定箠令:箠长五尺,其本大一寸,竹也;末薄半寸,皆平其节。当笞者笞臀;毕一罪,乃更人。自是笞者得全。

【纲】六月,匈奴寇雁门、上郡。 【目】匈奴入雁门、上郡。李广为上郡守,尝从百骑出,卒遇匈奴数千骑。广骑欲驰还。广曰:"吾去大军数十里,今走,匈奴追射我,立尽。今我留,匈奴必以我为大军之诱,不敢击。"令诸骑曰:"前!"未到匈奴陈二里所,令皆下马解鞍,以示不走。匈奴有白马将出,护其兵;广上马,与十余骑奔,射杀之而还,解鞍,令士卒皆纵马卧。会暮,胡兵终怪之,不敢击,夜引而去。

【纲】秋七月晦,日食。
【纲】以宁成为中尉。 【目】自郅都死,长安宗室多暴犯法。上乃召宁成为中尉。其治效郅都,其廉不如,然宗室、豪杰人人惴恐。
【纲】戊戌,后元年,春正月,诏治狱者务先宽。 【目】诏曰:"狱,重事也。人有智愚,官有上下。狱疑者谳有司;有司所不能决,移廷尉;谳而后不当,谳者不为失。欲令治狱者务先宽。"

【纲】夏,大酺五日,民得酤酒。

【纲】地震。 【目】震凡二十二日。
【纲】丞相舍免。

了对罪犯笞打的次数，而受笞刑的人还难保全活命。于是，再次更改减少，应该笞打三百的减到二百，笞打二百的减到一百。又制定了笞刑的法令，笞杖长五尺，它的上部直径为一寸，用竹子做成；末端打人之处薄为半寸，竹节全都削平。笞打时要打臀部，笞打完一个，才能更换人，不得中途另行换人。从此以后，受笞刑的人才得以保全性命。

【纲】六月，匈奴侵犯雁门（今山西右玉南）、上郡（今陕西延安、榆林一带）。　【目】匈奴攻入雁门、上郡。李广做上郡的太守，曾经带着一百多骑兵出行，半路遇到几千匈奴骑兵。李广手下骑兵打算赶快跑回去。李广说："我们离大部队数十里远，现在逃走，匈奴追射我们就会全被消灭。现在我们停留不退，匈奴肯定认为我们是故意为大军引诱敌人，就不敢贸然进攻了。"于是，向骑兵们下令说："前进！"还没走到距匈奴阵地二里的地方，又下令下马解鞍，以表示不走了。匈奴中有一位骑白马的将领冲出，监护他的队伍；李广上马，和十多个骑兵奔驰上去，用箭射死他，然后回来，解下马鞍，下令士兵都放开战马躺下来休息。这时恰好是黄昏，匈奴骑兵非常奇怪，不敢进攻，僵持到半夜，匈奴就带兵撤走了。

【纲】秋季，七月二十九日，出现日食。

【纲】任命宁成做中尉。　【目】自从郅都死后，京师长安的皇亲、贵族有许多人残暴犯法。景帝征召宁成任中尉。他的治理办法仿效郅都，却不如郅都廉洁。宗室、豪强都恐惧不安。

【纲】后元元年（戊戌，前143），春正月，景帝下诏，审判案件要务必从宽处理。　【目】诏书中说："审判案件，是国家的重大政事。人有智愚的差异，官有上下的不同。有疑问的案件，要上交主管官员；主管官员不能决定的，要交廷尉复审。呈报复审后，发现原判决不当，原判决人不必承担任何责任。主要目的是想让审判案件的司法官以从宽判案为先务。

【纲】夏季，景帝下诏，特别准允民间大宴饮五天，允许百姓卖酒。

【纲】发生地震。　【目】地震持续了二十二天。

【纲】丞相刘舍被免职。

【纲】秋七月晦,日食。

【纲】八月,以卫绾为丞相,直不疑为御史大夫。 【目】初,绾以中郎将事文帝,醇谨无他。上为太子时,召文帝左右饮,而绾称病不行。文帝且崩,属上曰:"绾长者,善遇之。"故上亦宠任焉。

不疑为郎,同舍有告归,误持其同舍郎金去。同舍郎疑不疑,不疑买金偿。后告归者至而归金,亡金郎大惭,以此称为长者。人或毁不疑,以为盗嫂。不疑曰:"我乃无兄。"然终不自明也。

【纲】下条侯周亚夫狱,亚夫不食死。 【目】帝召周亚夫赐食,独置大胾,无切肉,又不置箸。亚夫心不平,顾谓尚席取箸。上视而笑曰:"此非不足君所乎?"亚夫免冠谢上,上曰:"起!"亚夫因趋出。上目送之曰:"此鞅鞅,非少主臣也。"居无何,亚夫子为父买工官尚方甲楯可葬者,为人所告,事连污亚夫。召诣廷尉,不食五日,欧血而死。

【纲】己亥,二年,春正月,地一日三动。

【纲】夏四月,诏戒二千石修职事。 【目】诏曰:"雕文刻镂,伤农事者也;锦绣纂组,害女红者也。农事伤则饥之本也,女红害则寒之原也。夫饥寒并至,而能亡为非者寡矣。朕亲耕,后亲桑,以奉宗庙粢盛、祭服,为天下先,欲天下务农、蚕,素有蓄积,以备灾害。今岁或不登,民食颇寡,其咎安在?或诈伪为吏,以货赂为市,渔夺百姓,侵牟万民。其令二千石各修其职;不事官职、耗乱者,丞相以闻,请其罪。"

【纲】秋季，七月二十九日，出现日食。

【纲】八月，任卫绾为丞相，直不疑为御史大夫。　【目】当初，卫绾以中郎将的职位侍奉文帝，淳厚谨慎没有不轨的行为。景帝做太子时，召集文帝身边的官吏饮酒，卫绾却称病不去。文帝临死时嘱咐景帝说："卫绾是忠厚长者，要好好待他。"所以，景帝也宠爱信任他。

直不疑为郎官时，同住一块的人告假回家，错拿了同住另一位郎官的黄金。丢金子的同舍郎官怀疑是直不疑偷拿的，直不疑就买来黄金还给了他，后来告假人回来，交还了错拿的黄金，丢黄金的郎官非常惭愧。因此，直不疑被誉为忠厚长者。有人诽谤他与嫂子私通，直不疑听到后说："我没有哥哥。"可是始终不自我辩白。

【纲】把条侯周亚夫投入监狱，周亚夫绝食而死。　【目】景帝召见周亚夫，赐给他食物，在他面前只放了一大块肉，既不切开肉，又不摆筷子。周亚夫心里很不高兴，回头吩咐主管宴席的官员取筷子。景帝看着周亚夫，笑着说："这样您是不是感到不满意？"周亚夫摘下帽子，向景帝谢罪，景帝说："起来！"周亚夫快步走出来。景帝目送他说："这位愤愤不平的人，不能做幼年君主的臣子啊！"过不多久，周亚夫的儿子给父亲从造尚方器物的工官那里购买了皇家殉葬用的铠甲盾牌，被人告发，这件事牵连到周亚夫。景帝下诏把周亚夫关进了廷尉牢狱，周亚夫绝食五天，吐血而死。

【纲】后元二年（己亥，前142），春正月，一天发生三次地震。

【纲】夏四月，景帝下诏，告诫各郡国二千石级官吏，严于法律，忠于职守。　【目】诏令中说："从事精雕细镂，就会损害农业生产；致力美锦彩绣，就会损害女工纺织。农业受到损害，那是造成饥荒的根本原因；纺织业受到损害，是导致百姓受寒的根本原因。若饥寒一齐袭来，而不去为非作歹的人太少了。朕亲自从事农耕，皇后亲自采桑养蚕，以其收获来供奉宗庙所需的粮食和衣服，为天下百姓作表率，号召天下百姓从事农业生产、种桑养蚕，这样平常有储备积蓄，以防备发生自然灾害。假如今年粮食不丰收，百姓的食物很少，造成这种局面的原因在哪儿？或许是欺诈虚伪的官吏，公开行贿受贿、贪求钱财，用不正当的手段掠夺百姓，侵吞万民。我命令郡国二千石级官吏，各自严格遵守职责，

【纲】秋,大旱。

【纲】庚子,三年,冬十月,日、月皆赤。

【纲】十二月,雷,日如紫;五星逆行守太微;月贯天廷中。

【纲】春正月,诏劝农桑,禁采黄金、珠玉。

【纲】帝崩,太子彻即位。

【纲】尊皇太后为太皇太后,皇后为皇太后。二月,葬阳陵。

凡有渎职昏乱的官吏,丞相要向朕报告,议定处置的罪名。"

【纲】秋季,发生大旱灾。

【纲】后元三年(庚子,前141),冬十月,日月呈红色,持续了五天。

【纲】十二月,天空响雷,日光呈紫色;五星在太微垣中逆行;月亮从太微垣中穿过。

【纲】春正月,景帝下诏,鼓励天下百姓从事农耕养蚕,禁止开采黄金珠玉。

【纲】景帝去世,太子刘彻即位。

【纲】尊奉皇太后为太皇太后,尊奉皇后为皇太后。二月,将景帝葬在阳陵。

纲鉴易知录卷十三

汉纪

世宗孝武皇帝

【纲】辛丑,世宗孝武皇帝建元元年,冬十月,举贤良方正直言极谏之士,以董仲舒为江都相。治申、韩、苏、张之言者,皆罢之。

【目】举贤良方正直言极谏之士,上亲策问之。广川董仲舒对曰:"臣谨按《春秋》之中,视前世已行之事,以观天人相与之际,甚可畏也。国家将有失道之败,而天乃先出灾害以谴告之。不知自省,又出怪异以警惧之。尚不知变,而伤败乃至。以此见天心之仁爱人君,而欲止其乱也;自非大亡道之世者,天尽欲扶持而全安之。事在勉强而已矣,勉强学问,则闻见博而知益明;勉强行道,则德日起而大有功。此皆可使还至而立有效者也。道者,所繇适于治之路也,仁、义、礼、乐皆其具也。故圣王已没,而子孙长久,安宁数百岁,此皆礼乐教化之功也。夫周道衰于幽、厉,非道亡也,幽、厉不繇也。至于宣王,思昔先王之德,兴滞补敝,明文、武之功业,周道粲然复兴。故治乱兴废在于己,非天降命,不可反也。臣闻:命者,天之令也;性者,生之质也;情者,人之欲也。尧、舜行德则民仁寿,桀、纣行暴则民鄙夭,皆治乱之所生,故不齐也。王者欲有所为,宜求其端于天。天道之大者在阴阳。阳为德,阴为刑,刑主杀而德主生,是故阳常居大夏而以生育长养为事,阴常居大冬而积于空虚不用之处,以此见天之任德不任刑也。王者承天意以从事,故任德教而不任刑也。今废先王德教之官,独任执法之吏,而欲德教之被四海,难矣!为人君者,正心以正朝廷,正朝廷以正百官,正百官以正万民,正万民以正四方。四方正,远近莫敢不壹于正,而无有邪气奸其间者;是以阴阳调而风雨时,群生和而万物殖,诸福之物,可致之祥,莫不毕至,而王道终矣。今陛下贵为天子,富有四海,行高而恩

世宗孝武皇帝

【纲】世宗孝武皇帝刘彻建元元年（辛丑，前140），冬十月，举荐贤良方正直言极谏的人才，任董仲舒为江都国（都江都县，今江苏扬州西南）的相，凡是研究申不害、韩非、苏秦、张仪学说的人，全部罢去不用。　【目】汉武帝下诏，命令大臣举荐贤良方正直言极谏的人才，武帝亲自出题，进行考试。广川（今河北冀县）人董仲舒在答卷中说："我谨慎地考按《春秋》中的记载，看前代君王的所作所为，观察天人相互影响的分际，觉得十分可怕。国家将要发生失道的坏事，而上天就预先生出一些灾害谴告他。仍然不知道醒悟，又会生出一些奇怪异常的现象来警告他。还不知道改变自己的作法，那么祸害和危亡就会降临。由此可见上天对君王的仁爱之心，生出这些灾害，是想阻止将要发生的祸乱；除非大无道的社会，上天总是尽量地想扶持保全它。事情都是在勉力去做罢了。勉力去做学问，那么听到和看见的就多，而头脑就越来越聪明；勉力去行道，那么仁德日益兴起，而能建立大的功勋。这些都是可以很快扭转而又有立杆见影的效果的。所谓'道'，是指由此达到的天下大治的道路。仁、义、礼、乐都是推行道的工具。所以古代圣王去世后，他的子孙后代能长久地稳坐天下，国家几百年太平安宁，这些都是推行礼乐教化的功效。周王朝在幽王、厉王时出现衰败，不是因为治国的道不存在了，而是幽王、厉王不遵循治国之道。到了宣王执政时，仰慕先王的仁德，复兴被遗忘的善政，弥补过失，改革积敝，发扬文王、武王时的功业，周代的王道焕然复兴。所以，国家的治乱兴亡在于君主自己，不是天降下的命令，不能违背。我听说：命是天赐给的，性是生来就有的素质，情是人们的欲望。尧、舜推行道德，那么百姓就仁爱长寿；桀、纣实行暴政，那么百姓就粗俗短命，这都是国家的治和乱所形成的，所以两种结局不一样。君王想有所作为，应该向上天寻求端绪。天道最大的属性是阴阳。阳指道德，阴指刑罚，刑罚主管杀，仁德主管

厚，知明而意美，爱民而好士，可谓谊主矣。然而天地未应，而美祥莫至者，凡以教化不立而万民不正也。夫万民之从利，如水之走下，不以教化堤防之，不能止也。古之王者，莫不以教化为大务。立学校以教于国，设庠序以化于邑，渐民以仁，摩民以谊，节民以礼，故其刑罚甚轻而禁不犯者，教化行而习俗美也。圣王之继乱世也，扫除其迹而悉去之。譬之琴瑟不调，甚者必解而更张之，乃可鼓也。为政而不行，甚者必变而更化之，乃可理也。古人有言曰：'临渊羡鱼，不如退而结网。'今临政愿治，不如退而更化。汉得天下以来，常欲治，而至今不可善治者，失之于当更化而不更化也。"

上复策之，仲舒对曰："臣闻圣王之治天下也，少则习之学，长则材诸位，爵禄以养其德，刑罚以威其恶，故民晓于礼谊而耻犯其上。武王行大谊，平残贼，周公作礼乐以文之；至于成、康，囹圄空虚四十余年：此教化之渐，而仁义之流也。至秦则不然，师申、韩之说，憎帝王之道，以贪狼为俗，诛名而不察实，为善者不必免，而犯恶者未必刑也。是以百官皆饰虚辞而不顾实，外有事君之礼，内有

生。因此，阳常常处在盛夏，而以生育长养万物为事，阴常常处在隆冬而积存在空虚不用的地方，由此看来，上天是任用仁德而不任用刑罚。君主禀承上天的旨意来从事国政，所以重视仁德而不专任刑罚。现在废除先王执行仁德的官吏，唯独任用执行刑法的官吏，又想让仁德教化遍于四海，是很难的。做百姓的君主，首先要端正思想，然后才能端正朝廷，端正朝廷再端正百官，百官端正了得以端正万民，万民端正了，四方就可以端正，四方端正，远近没有敢于不统一于正道的，邪气自然就不会扰乱其中了，所以阴阳调合而风调雨顺，群生和谐而万物繁殖，所有象征幸福的事物，可以招来的吉祥征兆，无不全都集中到这里来，这样王道就完美到了极点。现在陛下贵为天子，富有四海，品行高尚而恩德深厚，头脑聪明，心地善良，热爱人民，尊重贤士，可称得上是仁义君主了。但是天地没有反应，吉祥没有到来，是因为教化没有很好地推行，百姓没有走上正路。百姓追求财利，就如同水往低处流一样，不用教化筑成的堤防来约束他们，就不能阻止。古代的君主，没有不把教化做为根本大事的。建立太学，用来施教化于国都；设立学校，用来施教化于乡邑。用仁爱疏导他们，用道义激励他们，用礼义来节制他们，当时之所以刑罚很轻，反而没有人触犯法律，原因在于教化的实施推行，社会风俗的敦美。圣明的君主继承了一个纷乱的世道，首先要扫除一切恶劣的遗迹，就好比琴瑟的声音不协调，严重时必须把旧的琴弦解下来，重新安好新弦，才可以弹奏。治理国家的政法行不通，严重时必须改变旧的更换新的，才可以治理好国家。古人有这样的话：'在河边爱慕水中的鱼，不如回家去织网。'如今君王希望治理好国家，不如退下来想办法实行改革。自从汉朝取得天下以来，一直想治理好国家，而至今仍不能很好地得到治理的原因，就在于应当实行变革，而没有变革。"

武帝再次出题考他，董仲舒在答卷中说："我听说圣明的君主治理天下，让他的臣民年幼时就学习知识，成年后根据他的才能授予职位，用官爵俸禄来培养品德，用刑罚震慑他们的罪恶，所以百姓通晓礼义，以犯上作乱为耻辱。周武王奉行天下大义，消灭残暴的贼君，周公制作礼、乐来修饰周朝的政令。到了成王、康王盛世，监狱空闲四十多年，这就是教化的疏导，仁义的传播。到秦朝就不这样了，他

背上之心，造伪饰诈，趋利无耻；是以刑者甚众，死者相望，而奸不息，俗化使然也。今陛下并有天下，莫不率服，而功不加于百姓者，殆王心未加焉。曾子曰：'尊其所闻，则高明矣；行其所知，则光大矣。高明光大，不在于他，在乎加之意而已。'愿陛下因用所闻，设诚于内而致行之，则三王何异哉！陛下夙寤晨兴，务以求贤，亦尧、舜之用心也，而未云获者，士不素厉也。夫不素养士而欲求贤，譬犹不琢玉而求文采也。故养士莫大乎太学。太学者，贤士之所关也，教化之本原也。愿兴太学、置明师，以养天下之士，数考问以尽其材，则英俊宜可得矣。郡守、县令，民之师帅，所使承流而宣化也；师帅不贤，则主德不宣，恩泽不流。臣愚以谓使诸列侯、郡守，各择其吏民之贤者，岁贡各二人，以给宿卫，且以观大臣之能；所贡贤者有赏，所贡不肖者有罚。夫如是诸侯、吏二千石尽心于求贤，天下之士可得而官使也。毋以日月为功，实试贤能为上，量材而授官，录德而定位，则廉耻殊路，贤不肖异处矣。"

上三策之，仲舒复对曰："臣闻：天者，群物之祖，故遍覆包函而无所殊。圣人法天而立道，亦溥爱而亡私。春者，天之所以生也；仁者，君之所以爱也；夏者，天之所以长也；德者，君之所以养也；霜者，天之所以杀也；刑者，君之所以罚也。孔子作春秋，上揆之天道，下质诸人情，书邦家之过，兼灾异之变，以此见人之所为，其美

们奉行申不害、韩非的学说，憎恶帝王的治世之道，以贪婪为风俗，只图虚名而不考察实际，做好事的未必免于刑罚，做坏事的未必受到惩罚，所以百官都追求虚假的辞令而不注重实际政务，表面上有侍奉君主的礼仪，内心却包藏背叛君王的意图，弄虚作假、追逐财利，没有廉耻，所以遭刑罚的人很多，死人接续不断，而犯罪仍不止息，这是因为风俗习惯造成的。现在陛下拥有天下，天下没有不服从的，但功德没有加在百姓身上，大概君主从心里就没重视这个问题。《曾子》一书中讲到：'重视所听到的，那么就算是高明了；推行所知道的，那么就算是光大了。高明光大，不在别的，在于认真注意罢了。'希望陛下根据所听到的，诚心诚意地推行它，那么和三王有什么不同呢？陛下您晚睡早起勤奋不懈，务必是要得到贤士，也是尧舜的用心，而没有听说您得到贤才，这是平时没有注意培养士人。平常不注意培养士人，就好像不去雕琢玉石，而要求它有美丽的花纹一样。因此培养士人没有比兴建太学更重大的了。太学，是培养贤士的场所，是推行教化的根基，希望陛下兴办太学，聘请高明有学问的老师，来培养天下的士人。经常考试以便使他们充分发挥自己的全部才能，就可以得到杰出的人才。郡守、县令是百姓的表率，禀承陛下的旨意，向下贯彻执行；表率不贤，那么君主的仁德就不能得到宣扬，恩惠就得不到传播。愚臣建议陛下，命令列侯、郡守分别在自己所管辖的吏民中选出贤能的人，每年向朝廷选送两个人，在宫廷中服务，而且得以观察大臣的才能。谁推荐的人贤能就给以赏赐，谁推荐的人不好，就给以惩罚。如此，诸侯、二千石就尽心于寻求贤士，天下的士人就可以成为国家的官员而受到差遣。不以任职时间长短计算功劳，把实际考察出来的贤士列为上等，根据才能授予官职，根据记载的功德来定爵位。那么廉洁和耻辱就自然分道，贤与不贤就区别清楚了。"

景帝第三次出题考问，董仲舒在答卷中说："我听说：天，是万物群生的始祖，所以普遍地覆盖包含万物而没有什么差异。圣人效法上天而建立治国之道，也是博爱和无私的。春天，是天用以生育的；仁，是君主用以施爱的；夏天，是天用以成长的；德，是君主用以培养的；霜，是天用以凋落的；刑罚，是君主用以惩罚的。孔子著《春秋》，上

恶之极，乃与天地流通而往来相应，此亦言天之一端也。天令之谓命，命非圣人不行；质朴之谓性，性非教化不成；人欲之谓情，情非制度不节。是故王者上谨于承天意，以顺命也；下务明教化民，以成性也；正法度之宜，别上下之序，以防欲也：修此三者，而大本举矣。人受命于天，固超然异于群生，入有父子兄弟之亲，出有君臣上下之谊，会遇相聚有耆老长幼之施，粲然有文以相接，欢然有恩以相爱。故孔子曰："天地之性人为贵。"明于天性，知自贵于物，然后知仁谊，知仁谊然后重礼节，重礼节然后安处善，安处善然后乐循理，乐循理然后谓之君子。臣又闻之：聚少成多，积小至巨，故圣人莫不以暗致明，以微致显。言出于己，不可塞也；行发于身，不可掩也。故尽小者大，慎微者著。积善在身，犹长日加益，而人不知也；积恶在身，犹火销膏，而人不见也。此唐、虞之所以得令名，而桀、纣之可为悼惧者也。夫乐而不乱，复而不厌者，谓之道。道者，万世亡敝；敝者，道之失也。先王之道，必有偏而不起之处，故政有眊而不行，举其偏者以补其敝而已矣。三王之道，所祖不同，非其相反。夏尚忠，殷尚敬，周尚文者，所继之捄当用此也。道之大原出于天，天不变道亦不变，是以禹继舜，舜继尧，三圣相授而守一道，亡捄敝之政也。繇是观之，继治世者其道同，继乱世者其道变。今汉继大乱之后，若宜少损周之文致，用夏之忠者。夫天亦有所分予：予之齿者去其角，傅之翼者两其足，是所受大者不得取小也。古之所予禄者，不食于力，不动于末，与天同意者也。天子大夫者，下民之所视效，岂可以居贤人之位，而为庶人行哉！夫皇皇求财利，常恐乏匮者，庶人之意也；皇皇求仁义，常恐不能化民者，大夫之意也。若居君子之位，当君子之行，则舍公仪休之相鲁，无可为者矣。春秋大一统者，天地之常经，古今之通谊也。今师异道，人异论，百家殊方，指意不同，是以上无以持一统，法制数变，下不知守。臣愚以为诸不在六艺之科、孔子之术者，皆绝其道，勿使并进，邪辟之说灭息，然

到揣度天道,下到问询人情,评论各诸侯国的过失,兼及灾害异常的变化,以此来看人的所作所为,它的美好达到了顶点,可以与天地上下流通往来相呼应,这也是讲天的一个方面。天令叫做命,命没有圣明的君主不行;生命的本质叫作性,性没有教化就不能成就;人的七情六欲叫作情,情没有制度就不能节制。所以君主在上谨慎地禀承天的旨意,以顺应命;在下要致力于教化百姓,以成就朴实的性;纠正法度使之适宜,区别上下使之有次第,来防止七情六欲的滥用。遵循这三点,那么根本的方针就定下来了。人受命于天,固然超出万物与它们不同,进家有父子兄弟的亲情,出外有君臣上下的礼义,相逢聚会有耆老长幼的礼遇,欢笑有礼地相接待,欣喜有恩情地来相爱。所以孔子说:'人是天地之性中最高贵的。'明白天性,知道自己比万物高贵,然后懂得仁义,懂得了仁义然后重视礼节,重视礼节然后安于友善相处,安于友善相处然后乐于遵循礼义的准则,遵循礼义的准则然后成为君子。我又听说:积少成多,积小成大,所以圣人没有不是从默默无闻到光明正大,从微小到显赫。话是自己说出来的,不可阻塞;事情是自己做出来的,不可掩盖。所以能从做小事开始才能建立大功勋,能够在细微处谨慎的才能功劳卓著。本身积累了善德,就好像春天的白昼每天都在延长,而人感觉不出来;本身积累了罪恶,就好像用火点燃蜡烛一点点减少,而人察觉不出来。这就是唐、虞所以得美名,而桀、纣使人恐惧战栗的原因。身心快乐而不淫乱,反复行善而不厌倦,这就叫做'道'。道只要实行,万世之后也不会有什么弊病;弊病的出现,是没有按照道来行事。先王执行的治国之道,肯定有偏废不得当的地方,所以政治昏乱、政令不行,改正它的方法,就是用王道中被遗漏的部分来补充积弊罢了。三王之道,他们所遵循的侧重点不一样,互相并不矛盾。夏王朝推崇忠直,商王朝推崇恭敬,周王朝推崇礼义,他们所以有不同之处,是因为要根据自己国家的实际情况来使用不同的治国之道。道之所以博大,是因为来源于天,只要天不变,治国之道也不会变。所以禹继承舜,舜继承尧,三个圣明的君主相互授受禅位而遵循一个道,没有弊病可以补救。以此来观察,继承盛世的君主,他们的治国之道相同;继承乱世的君主,他们的治国之道就要有所改变。当今汉王朝继承于乱世之后,应

后统纪可一,而法度可明,民知所从矣。"天子善其对,以仲舒为江都相。

丞相卫绾因奏:"所举贤良,或治申、韩、苏、张之言,乱国政者,请皆罢。"奏可。

仲舒少治春秋,为博士,进退容止,非礼不行,学士皆师尊之。及为江都相,事易王。王,帝兄,素骄,好勇。仲舒以礼匡正,王敬重焉。尝问之曰:"粤王句践与大夫泄庸、种、蠡伐吴,灭之。寡人以为粤有三仁,何如?"仲舒对曰:"昔鲁君问伐齐于柳下惠,惠有忧色,曰:'吾闻伐国不问仁人。此言何为至于我哉!'徒见问耳,犹且羞之,况设诈以行之乎?夫仁人者,正其谊,不谋其利;明其道,不计其功。是以仲尼之门,五尺之童,羞称五伯,为其先诈力而后仁义也。繇此言之,则粤未尝有一仁也。"王曰:"善。"

该略微地减少一点周王朝礼义上的繁琐,而采用夏王朝的忠直。天对万物也有一定的均衡分配:长有上齿的动物,就不让它再长出犄角,长有两个翅膀的飞禽,只让它长两只脚,这是让接受大利的就不要再接受小利。古代那些接受俸禄的官员,不靠出卖体力吃饭,不从事商业活动,这和天分配的原则一样。天子的官吏,是百姓效仿的对象,怎么可以处在贤才之位,做平民百姓所做的事呢?匆匆忙忙地去追求财利,常常怕穷困的是平民百姓的心态;匆匆忙忙去追求仁义,常常怕不能教化百姓的是官员的想法。身居君子之位,去做君子应干的事,那么,除了当年公仪休在鲁国做丞相的方法外,就没有别的办法了。《春秋》中的天下统一的理论,是天地之间的根本纲领,是古往今来贯通下来的道义。现在每个老师传授的道不同,人们的论点也不同,诸子百家治学的方法不同,意旨也不同。因此圣明的君王没有办法实行大一统的统治,法令制度多次变化,臣下不知该遵守什么。愚臣认为所有不在《六艺》范畴之内的,不符合孔子学说的其它学派思想,都要禁止它的传播,不能使它们和儒家思想一同发展。只有邪辟之说灭绝,然后才能使政令统一,法度明确,臣民也知道遵循什么了。"武帝很赞赏董仲舒的策对言论,便任命他做江都国相。

　　丞相卫绾上奏武帝说:"各地所推荐的贤良,有研究申不害、韩非、苏秦、张仪学说用以扰乱国家政治的人,请全部予以罢免。"武帝批准了他的奏请。

　　董仲舒从小就研究《春秋》,后来做博士官,平时进退的仪表举止都合乎礼义,不合乎礼义的事不做,学者们都像尊敬老师一样尊敬他。等到做了江都国相,在江都易王刘非身边奉职。易王是武帝的哥哥,一向骄横,喜好勇猛,董仲舒常用礼义来纠正约束他,易王也非常敬重董仲舒。曾经问董仲舒:"越王勾践和大夫泄庸、文种、范蠡讨伐吴国,并消灭了吴国,我认为越国有三仁,怎么解释?"董仲舒回答说:"从前鲁国的君王向柳下惠请教讨伐齐国的事,柳下惠面带忧虑,说:'我听说讨伐别国不会问有仁义之心的人。这问伐齐的话怎么问到我了呢?'只被你们问这件事,我就好羞愧,何况还要设下圈套去付诸行动!仁义之人,要端正大义,不谋私利;明确治国之道,不计较功劳。所

【纲】春二月，行三铢钱。

【纲】夏六月，丞相绾免。以窦婴为丞相，田蚡为太尉，赵绾为御史大夫，王臧为郎中令。迎申公为大中大夫。 【目】上雅向儒术，婴、蚡俱好儒，推毂赵绾为御史大夫，王臧为郎中令。绾请立明堂，荐其师申公。上使使者奉安车蒲轮，束帛加璧迎之。既至，问治乱之事，申公年八十余，对曰："为治者不在多言，顾力行何如耳！"时上方好文词，见申公对，默然；然已招致，则以为大中大夫，舍鲁邸，议明堂、巡狩、改历、服色事。

【纲】壬寅，二年，冬十月，赵绾、王臧下吏，自杀。丞相婴、太尉蚡免；申公免归。以石建为郎中令，石庆为内史。 【目】太皇太后好黄、老言，不悦儒术。赵绾请毋奏事东宫。太后大怒，阴求绾、臧奸利事，以让上；因废明堂事，下绾、臧吏，皆自杀。婴、蚡免，申公亦如疾免归。

初，景帝以石奋及四子皆二千石，号奋为"万石君"。万石君无文学，而恭谨无与比。子孙为小吏，来归谒，必朝服见之，不名。有过失，不责让，为便坐，对案不食；然后诸子相责，因长老肉袒谢罪，改之，乃许。子孙胜冠者在侧，虽燕居必冠。其执丧，哀戚甚悼。子孙遵教，皆以孝谨闻。及绾、臧获罪，太后以为儒者文多质少，今万石君不言而躬行，乃以其子建为郎中令，庆为内史。建在上侧，事有可言，屏人恣言极切；至廷见，如不能言者。上以是亲之。

以孔丘的门徒，五尺高的儿童，都以称赞春秋王霸为羞耻，是因为他们先去欺诈，然后实行仁义。由此说来，那么越国不曾有一样仁。"易王说："说得好。"

【纲】春二月，实行三铢钱。

【纲】夏六月，丞相卫绾被免职，任命窦婴为丞相，田蚡为太尉，赵绾为御史大夫，王臧为郎中令。迎接申公做太中大夫。【目】武帝素来偏重儒家学说，窦婴、田蚡也都喜好儒术，他们推荐赵绾做御史大夫，王臧做郎中令。赵绾请求武帝修建明堂，并推荐他的老师申公。武帝派遣使者，推着用蒲草包裹车轮的安车，携带束帛、玉璧迎接申公。申公到了朝廷后，武帝向他询问有关国家治乱的事情，已经八十多岁的申公回答说："治理国家的人，不在于说多少话，只看努力去干的怎么样。"当时，武帝恰好喜欢文学词藻，听到申公的回答，默不作声；虽然不满意他的回答，但既然已经请来，就任命申公为太中大夫，住在鲁王京城的官邸中，和他商议有关修建明堂、巡狩、改换历法、服装颜色等事情。

【纲】建元二年（壬寅，前139），冬十月，赵绾、王臧被逮捕，自杀。丞相窦婴、太尉田蚡被免职，申公免职遣送回家。任命石建做郎中令，石庆做内史。【目】太皇太后喜好黄、老的学说，不喜欢儒家学说。赵绾奏请武帝，以后国家大事就不要向东宫报告了。太后听了勃然大怒，暗地里搜集赵绾、王臧贪赃枉法的罪证，以此来责怪武帝用人不当。武帝听信后，废除了修建明堂的事，逮捕赵绾、王臧，俩人都自杀了。窦婴、田蚡被免去官职，申公也因为有病免职回家。

当初，景帝因为石奋和他的四个儿子，都是二千石官吏，称石奋为"万石君"。万石君没有学问，但是恭敬谨慎没有人比得上他。儿子、孙子做小官，回到家谒见他，石奋一定穿上朝服郑重其事地接见他们，只称官名，不叫他们的名字。子孙中谁有过错，不责怪，为此坐到旁侧座位，对着饭桌不吃饭，然后他的儿子们互相责怪，通过长辈来求情，并且脱去上衣来谢罪，表示一定改正，才答应吃饭。已经成年的子孙在他身旁时，即使是平时在家，也一定衣冠整齐。他主持丧事，非常悲哀。子孙都遵循教诲。都以孝敬恭谨闻名。及至赵绾、王臧犯了罪，太后

【纲】春二月朔,日食。

【纲】三月,以许昌为丞相。

【纲】以卫青为大中大夫。 【目】陈皇后骄妒擅宠而无子,宠浸衰。上尝过姊平阳公主,悦讴者卫子夫,主因奉送入宫,恩宠日隆。子夫同母弟青,冒姓卫氏,为侯家骑奴。召为建章监、侍中。既而以子夫为夫人,青为大中大夫。

【纲】夏四月,有星如日,夜出。

【纲】置茂陵邑。

【纲】癸卯,三年,冬十月,河水溢于平原。

【纲】大饥,人相食。

【纲】秋七月,有星孛于西北。

【纲】闽越击东瓯,遣使发兵救之,遂徙其众于江、淮间。

【纲】九月晦,日食。

【纲】帝始为微行,遂起上林苑。 【目】上招选天下文学材智之士,简拔其俊异者宠用之。庄助、朱买臣、吾丘寿王、司马相如、东方朔、枚皋、终军等,并在左右,每令与大臣辨论,中外相应以义理之文,大臣数屈焉。然相如特以辞赋得幸,朔、皋不根,持论好诙谐,上以俳优畜之。朔时直谏,有所补益。

认为儒者重文学而缺少质朴,万石君不善言辞而能身体力行,就任命他的儿子石建为郎中令,石庆任内史。石建在武帝身边任职,遇到有事需要进谏时,让人回避后,才慷慨陈词,直言劝谏,到了朝廷上和众官吏一同朝见武帝,就像不会讲话的人一样一言不发,武帝因此亲近宠信他。

【纲】春季,二月初一,出现日食。

【纲】三月,任命许昌为丞相。

【纲】任命卫青为太中大夫。 【目】陈皇后骄横、嫉妒、专宠而没有儿子,宠爱日渐衰落。武帝曾经过访姐姐平阳公主的家,看上了歌女卫子夫。平阳公主就把卫子夫送入宫中,卫子夫受恩宠日益深厚。卫子夫的同母弟弟卫青,用母亲的姓卫氏,在平阳侯家做骑奴,武帝召他担任建章宫的宫监兼侍中。不久,武帝以卫子夫为夫人,卫青为太中大夫。

【纲】夏四月,夜晚出现一颗像太阳一样的巨星。

【纲】设置茂陵邑(今陕西兴平东北)。

【纲】建元三年(癸卯,前138),冬十月,黄河水淹了平原郡(今山东平原南)。

【纲】发生大饥荒,人吃人。

【纲】秋七月,有彗星从西北出现。

【纲】闽越王(都东冶,今福建福州冶山山麓)袭击东瓯(今浙江温州一带)。朝廷派遣使者发兵救援东瓯,迁移他们的民众到江、淮一带。

【纲】九月三十日,出现日食。

【纲】武帝开始隐藏身份改装出行,于是修建上林苑。 【目】武帝在全国选拔富有文学才华的人,从中再挑出最优秀的给予重用。其中有庄助、朱买臣、吾丘寿王、司马相如、东方朔、枚皋、终军等人,都安排在武帝左右,常常命令他们与大臣辩论。中朝官与外朝官各自用义理的文辞互相辩论,大臣们多次屈服。然而司马相如不过是以擅长辞赋得到武帝的宠幸。东方朔、枚皋不通经术,论说喜好诙谐,武帝把他们当做谐戏打诨的艺人留在身边。东方朔时常能直言劝谏,对朝政也有所补益。

是岁，上始为微行，常入南山下射猎，驰骛禾稼之地，民皆号呼骂詈。鄠、杜令欲执之，示以乘舆物，乃得免。又尝夜至柏谷，逆旅主人疑为奸盗，聚少年欲攻之；主人妪异上状貌，饮翁以酒而缚之，上始得脱。

又使吾丘寿王除上林苑，属之南山。东方朔谏曰："夫南山，天下之阻，陆海之地也。山出玉、石、金、银、铜、铁、良材，百工所取给，万民所仰足也。又有秔、稻、梨、栗、桑、麻、竹箭之饶，土宜姜、芋，水多蛙、鱼，贫者得以给足。今规以为苑，绝陂池水泽之利，而取民膏腴之地，上乏国用，下夺农桑，其不可一也。盛荆、棘之林，大虎、狼之墟，坏人冢墓，发人室庐，其不可二也。垣而囿之，骑驰车鹜，有深沟大渠。夫一日之乐，不足以危无堤之舆，其不可三也。"上悦，乃拜朔为大中大夫、给事中，然遂起上林苑。

上又好自击熊、豕野兽，司马相如谏曰："天子清道而后行，中路而驰，犹时有衔橛之变；况乎涉丰草，骋丘墟，前有利兽之乐，而内无存变之意，其为害也不难矣。夫轻万乘之重不以为安乐，出万有一危之涂以为娱，臣窃为陛下不取。盖明者远见于未萌，而知者避危于无形，祸固多藏于隐微，而发于人之所忽者也。故鄙谚曰：'家累千金，坐不垂堂。'此言虽小，可以谕大。"上善之。

这一年，武帝开始隐藏身份改装出行，经常进入终南山脚下打猎。他们策马奔驰，践踏百姓的庄稼地，百姓都高声怒骂。鄠县（今陕西户县）、杜县（今陕西长安东南）的县令要把他们抓起来。他们拿出天子所用的物品作证，才免于被抓。武帝又曾经夜里闯到柏谷，投宿旅店，旅店主人怀疑他们是盗贼，召集一些青少年要收拾他们，旅店主人的妻子看武帝的长相与众不同，就把丈夫用酒灌醉后捆起来。武帝这才得以逃脱。

武帝又派吾丘寿王主管修建上林苑，要把上林苑和终南山连接起来。东方朔进谏说："终南山是国家的屏障，是物产丰富的水陆宝地。山里出产玉、石、金、银、铜、铁、优质木材，各行各业都取之做原料，百姓仰仗它维持生活。又盛产秔、稻、梨、栗、桑、麻、竹箭等物品。土地适合种植姜、芋，水里有许多青蛙和鱼类，贫困的人家靠它可以富足。现在规划把它圈到上林苑里去，断绝了河流、湖泊的财利来源，夺取百姓肥沃的土地，对上减少了国家的费用，对下掠夺了农田蚕桑，这是不该做的第一个理由。荆棘、杂草长得更茂盛，会扩大虎、狼的活动范围，破坏人家的坟墓，拆除人家的房屋，这是不该做的第二个理由。在四周筑上围墙，策马驱车东奔西驰，但里面有深沟大渠，只图一天的快乐，不值得至高无上的陛下去冒险，这是不该做的第三个理由。"武帝听了很高兴，于是任命东方朔为太中大夫、给事中。然而武帝仍然按吾丘寿王奏报的规模兴建上林苑。

武帝喜好亲自追击熊、野猪等野兽。司马相如进谏说："天子出外都要清道戒严后出发，车子在道路中央奔驰，即使这样，还时有发生马嚼环断裂或车轮脱轴的事故，更何况穿过茂密的草地，奔驰在丘陵地带，前面有捕获猎物的快乐，内心却没有突然发生变故的思想准备，危害的到来是不难的。陛下轻视天子的尊贵，不认为是安乐，而乐于在危险的道路上寻求刺激，以此为娱乐，我私下认为陛下这种娱乐之法是不可取的。大概聪明的人能预测到尚未发生的问题，有智慧的人能避开没有形成的祸乱，祸害大多藏在隐蔽的地方，在人有所忽略的情况下发生，所以俗语说：'家中积累千金的财产，不能坐在靠近屋檐的下面。'这话虽然说的是小事，但可以比喻大事。"武帝认为他说的好。

【纲】甲辰,四年,夏,有风如血。

【纲】秋九月,有星孛于东北。

【纲】乙巳,五年,春,罢三铢钱,行半两钱。

【纲】置五经博士。

【纲】丙午,六年,春二月,辽东高庙灾。

【纲】夏四月,高园便殿火;帝素服五日。

【纲】五月,太皇太后崩。

【纲】六月,丞相昌免,以田蚡为丞相。 【目】蚡骄侈:治宅甲诸第,田园极膏腴,多受四方赂遗。每入奏事,坐语移日,所言皆听;荐人或起家至二千石,权移主上。上乃曰:"君除吏已尽未? 吾亦欲除吏。"尝请考工地益宅,上怒曰:"君何不遂取武库!"是后乃稍退。

【纲】秋八月,有星孛于东方,长竟天。

【纲】闽越击南越;遣大行王恢等将兵击之。

【纲】以汲黯为主爵都尉。 【目】始黯为谒者,以严见惮。东越相攻,上使黯往视之;不至,还,报曰:"越人相攻,固其俗然,不足以辱天子之使。"河内失火,延烧千余家,上使往视之,还,报曰:"家人失火,屋比延烧,不足忧也。臣过河南,贫人伤水旱万余家,或父子相食。臣谨以便宜,持节发仓粟以赈之。臣请归节,伏矫制之罪。"上贤而释之。以数切谏,不得留内,迁为东海太守。好清静,择丞史任之,责大指而已,不苛小。黯多病,卧阁内不出;岁余,东海大治。召为主爵都尉。其治务在无为,引大体,不拘文法。为人,性倨

【纲】建元四年（甲辰，前137），夏季，刮起色如血红的风。

【纲】秋九月，有彗星从东北出现。

【纲】建元五年（乙巳，前136），春季，汉朝廷废止三铢钱，改铸半两钱。

【纲】设立五经博士。

【纲】建元六年（丙午，前135），春二月，辽东郡的高祖祭庙失火。

【纲】夏四月，高祖刘邦陵寝中的便殿着火，武帝为此穿了五天的素服。

【纲】五月，太皇太后去世。

【纲】六月，丞相许昌被免去官职，任命田蚡为丞相。 【目】田蚡骄横奢侈，他修建的住宅在所有贵族公馆中算第一，田地园林极其肥沃，他大量接受各郡县的贿赂。每次入朝奏事，和武帝对坐一说就是大半天，所提的建议都被武帝采纳。他推荐的人中，有的一下子从百姓升到二千石，侵犯了皇帝的权利。武帝不满地说："你任命的官吏任命完了没有？我也该任命官吏了。"田蚡曾经请求将考工官府的土地拨给他，以扩大宅基地。武帝怒气冲冲地说："你怎么不去直接占取武库！"从此以后，田蚡占有的欲望才稍稍有所收敛。

【纲】秋八月，有彗星从东方出现，长贯天际。

【纲】闽越王发兵进犯南越国，朝廷派遣大行王恢等率兵攻击闽越王国。

【纲】任命汲黯为主爵都尉。 【目】当初，汲黯担任谒者，以威严而被人敬畏。东越人互相攻击，武帝派汲黯前往东越察看，汲黯还没到达东越就回来了，向武帝报告说："东越人互相攻击，他们的习俗本来就是这样，不值得烦劳天子的使臣。"河内郡（治怀县，今河南武陟西南）发生火灾，大火蔓延烧了一千多家的房屋。武帝派汲黯前往察看，汲黯回来后向武帝报告说："普通百姓失火，房屋毗连，蔓延焚烧，不值得陛下忧虑。我路过河南郡，贫穷的人遭受水灾、旱灾有一万多家，有的甚至父亲吃儿子、儿子吃父亲，我慎重地趁着方便，凭着所持的符节，命令河南郡官员开仓向百姓分发粮食，以救济灾民。我请求归还符

少礼,面折,不能容人之过。时天子方招文学,尝曰:"吾欲云云。"黯对曰:"陛下内多欲而外施仁义,奈何欲效唐、虞之治乎!"上怒,罢朝,谓左右曰:"甚矣汲黯之戆也!"群臣或数黯,黯曰:"天子置公卿辅弼之臣,宁令从谀承意,陷主于不义乎!且已在其位,纵爱身,奈辱朝廷何?"黯多病,赐告者数,不愈。庄助复为请告,上曰:"汲黯何如人哉?"助曰:"使黯任职居官,无以逾人;然至其辅少主,守成深坚,招之不来,麾之不去,虽自谓贲、育,亦不能夺之矣。"上曰:"然。古有社稷之臣,至如黯,近之矣!"

【纲】丁未,元光元年,冬十一月,初令郡国举孝、廉各一人。【目】从董仲舒之言也

【纲】遣将军李广、程不识将兵屯北边。 【目】广与不识俱以将兵有名当时。广行无部伍、行陈,就善水草舍止,人人自便,不击刁斗自卫,莫府省约文书;然亦远斥候,未尝遇害。不识正部曲、行伍、营陈,击刁斗,治军簿至明,军不得休息;亦未尝遇害。然匈奴畏李广之略,士卒亦多乐从广而苦程不识。

节,甘受假托天子命令的处分。"武帝认为他很贤良,就免除了对他的处分。因汲黯多次极言劝谏,不适合留在皇帝身边做官,就调他到东海郡(治郯城县,今山东郯城北)做太守。汲黯喜好清静无为,选择郡丞和能干的书史,然后放开任用,他只是掌握与督责检查大纲罢了,不苛求细微小节。汲黯经常生病,每天躺在寝室中不出来。过了一年多,东海郡就太平安定了。武帝下诏任命他为主爵都尉。汲黯性情倨傲,缺少礼数客套,当面指摘对方,不能容忍别人的过失。当时,武帝正在征选文学儒者,常常爱说:"我想怎样怎样。"汲黯对武帝说:"陛下内心藏着许多私欲,而在外表却装出一副施行仁义的样子,怎么想要效法尧、舜的政治呢?"武帝听了大怒,停止朝见,回到内宫对左右官吏说:"汲黯的愚直也太过分了!"一些大臣责怪汲黯,汲黯说:"天子设置三公九卿等辅佐官吏,难道是要他们阿谀奉承,迎合上意,使君主陷于不合正道的地步吗?况且我已身居公卿,纵然爱惜自己的身体,那损害国家利益又怎么办?"汲黯身体多病,多次向武帝请假,仍然未痊愈。庄助又替他再次向武帝请假,武帝问道:"汲黯是个什么样的人物呀?"庄助说:"让汲黯任职当官,没有超越常人的地方,至于轮到他辅佐年少的君主,却能沉着坚定地守护已定的事业,招诱他也不会来,驱赶他也不会走,即使有人自认为有孟贲、夏育那样的勇力,也不能改变他的志向。"武帝回答说:"对!古时有所谓与国家共患难的社稷之臣。说到汲黯,近似他们了。"

【纲】元光元年(丁未,前134),冬十一月,武帝首次命令各郡国选举孝、廉各一人。 【目】这是听从了董仲舒的建议。

【纲】朝廷下令派遣将军李广、程不识带兵驻扎在北面的边塞。【目】李广和程不识都因善于带兵在当时很有名声。李广行军没有固定编制、队列,也不讲究阵势。选择靠近良好的水源、草地驻扎下来,人人自便。夜间也不派人敲击刁斗巡逻,军中幕府的文书一律从简,不过也在远处布置岗哨,部队不曾遭到危险。程不识严格要求部队编制、队列和阵势,夜间敲击刁斗巡逻。军官和文书处理军事文件到天亮,部队不能随便休息,同样不曾遇到危险。然而匈奴畏惧李广的谋略,士兵也大多喜欢跟随李广,而受不了程不识的苦。

【纲】夏五月，诏举贤良文学，亲策之。

【纲】戊申，二年，冬十月，帝如雍，祠五畤。

【纲】始亲祠灶，遣方士求神仙。　【目】李少君以祠灶却老方见，上尊之。少君善为巧发奇中。言"祠灶则致物，而丹砂可化为黄金，蓬莱仙者可见；见之，以封禅则不死。"于是天子始亲祠灶，遣方士入海求蓬莱安期生之属，而事化丹砂诸药齐为黄金。久之，少君病死，天子以为化去，不死；而海上燕、齐怪迂之士，多更来言神仙事矣。

【纲】立太一祠。

【纲】夏六月，遣间诱匈奴单于入塞，将军王恢等伏兵邀之，不获，恢以罪下吏，自杀。　【目】马邑豪聂壹，因大行王恢言："匈奴初和亲，亲信，边可诱以利，伏兵袭击，必破之道也。"上召问公卿，王恢以为击之便。上从恢议，以韩安国、李广、王恢为将军，将车骑、材官三十余万，匿马邑旁谷中。阴使聂壹亡入匈奴，谓单于曰："吾能斩马邑令、丞以城降，财物可尽得。"于是单于穿塞，将十万骑入武州塞。得雁门尉史，知汉兵所居。单于大惊，乃引兵还。汉兵追至塞，弗及，乃皆罢兵。上怒，下恢廷尉，恢自杀。自是匈奴绝和亲；然尚贪乐关市，嗜汉财物，汉亦关市不绝以中其意。

【纲】庚戌，四年，冬十二月晦，杀魏其侯窦婴。　【目】初，孝景时，窦婴为大将军，田蚡乃为诸郎。已而，蚡日益贵幸。婴失势，宾

【纲】夏五月,武帝下诏推举贤良文学之士,亲自出题考问他们。

【纲】元光二年(戊申,前133),冬十月,武帝到了雍城,祭祀五帝。

【纲】武帝开始祭祀灶神,派遣方士求神仙。 【目】李少君凭借祭祀灶神、延年益寿的方术来进见皇上,武帝很尊敬他。李少君善于用巧语猜中事情,说:"祭祀灶神可以招来神异之物,有了神异之物,丹砂就可以炼成黄金,可以见到蓬莱仙岛上的仙人。见到仙人,举行祭祀天地的典礼就可以长生不死。"于是武帝开始亲自祭祀灶神,派遣方士到海上去寻找蓬莱仙境和安期生一类的仙人。并且着手用丹砂等各种药炼制黄金。过了很长时间,李少君病死了,天子认为他化身升天,并没有死去;从而燕、齐等沿海一带许多怪诞荒唐的方士也都仿效李少君,相继前来谈论神仙之事。

【纲】武帝下令建立太一祠。

【纲】夏六月,武帝派遣间谍引诱匈奴单于进入边塞,将军王恢等预先布置好伏兵袭击他们,没有捕获到匈奴,王恢因有罪被逮捕下狱,自杀。 【目】雁门郡马邑县(今山西朔县)的豪强之士聂壹通过大行王恢向武帝说:"匈奴最近刚刚得以和我们汉朝结亲,亲近信任咱们汉朝,边境的吏民可以用财利引诱他们前来,然后埋伏好士兵袭击他们,这肯定是打败匈奴的好计谋。"武帝召集公卿商议此事,王恢认为打击匈奴对国家有利。武帝同意了王恢的建议,派韩安国、李广、王恢为将军,率领车骑、勇士三十多万人,藏在马邑县附近的山谷中,汉军暗中派聂壹当间谍逃到匈奴那里去,对匈奴单于说:"我能杀了马邑县的县令、县丞,献城做为归降的礼物,您可得到全城所有的财物。"于是,匈奴单于越过边塞,率领十多万骑兵进入武州县的边塞,抓获了雁门郡的尉史。从尉史口中得知汉兵埋伏的地点,匈奴单于大吃一惊,就带兵撤退。汉军追到边塞没有赶上,于是全军撤回来了。武帝非常恼怒,把王恢送交廷尉审判,王恢自杀。从此以后,匈奴断绝和汉朝和亲,不过,他们还乐意在边关进行贸易往来,他们喜欢汉朝的财物,汉朝也不关闭贸易市场以投其所好。

【纲】元光四年(庚戌,前131),冬十二月底,杀了魏其侯窦婴。 【目】当初,景帝在位时,窦婴做大将军,田蚡才是个普通的郎官。过不

客益衰，独颍阴灌夫不去。婴乃厚遇夫，相为引重。夫刚直使酒，数因醉忤蚡。蚡乃奏案夫家属横颍川，得弃市罪。婴上书论救，上令与蚡东朝廷辩之。上问朝臣："两人孰是？"唯汲黯是婴，韩安国两是之；郑当时是婴，后不敢坚。太后怒，不食，曰："今我在也，而人皆藉吾弟；令我百岁后，皆鱼肉之乎！"上不得已，遂族灌夫；使有司案治婴，得弃市罪，论杀之。

【纲】春三月，丞相蚡卒。

【纲】夏四月，陨霜杀草。

【纲】五月，以薛泽为丞相。

【纲】辛亥，五年，冬十月，河间王德来朝，献雅乐，对诏策。春正月，还而卒。　【目】河间献王修学好古，实事求是，以金帛招求四方善书，得书多与汉朝等。时淮南王安亦好书，所招致率多浮辨；献王所得，皆古文先秦旧书，《周官》《尚书》《礼》《礼记》《孟子》《毛氏诗》《左氏春秋》之属，采礼乐古事，稍稍增辑至五百余篇，被服造次必如儒者，山东诸儒多从之游。是岁十月来朝，献雅乐，对三雍宫及诏策所问三十余事，推道术而言，得事之中，方约指明。正月，王薨，谥曰献。

【纲】通南夷，置犍为郡。通西夷，置一都尉。　【目】番阳令唐蒙上书曰："南越王名为外臣，实一州主也。今以长沙、豫章往，水道多绝。窃闻夜郎精兵可十余万，浮船牂柯，出其不意，此制趯一奇

长时间，田蚡一天比一天显贵受宠。窦婴失去了权势，宾客也越来越少，唯独颍阴侯灌夫不离开他。窦婴就特别地厚待灌夫，俩人互相推重。灌夫刚强直爽，爱酗酒使性，多次趁醉顶撞田蚡。田蚡就向武帝报告，灌夫老家里的人住在颍川郡，横行霸道，应判处斩首示众。窦婴上书给武帝，极力为灌夫辩护挽救。武帝命令窦婴和田蚡到东宫公开辩论这件事。武帝问朝廷大臣们："俩个人谁对？"只有汲黯认为窦婴对，韩安国认为他们俩个都对，郑当时认为窦婴对，后来又不敢坚持己见。窦太后怒而绝食，说道："现在我还活着，别人就都来作践我弟弟，如果我死了以后，都得把我弟弟当鱼肉来宰割了吧！"武帝没有办法，只好下令处决了灌夫及其家族。武帝派司法部门审查窦婴，确定为斩首示众的罪名，根据所定罪行杀了他。

【纲】春三月，丞相田蚡去世。

【纲】夏四月，下了一场寒霜，冻死了青草。

【纲】五月，任命薛泽为丞相。

【纲】元光五年（辛亥，前130），冬十月，河间王刘德来京朝见，向武帝呈献典雅的正乐，并回答了武帝的出题考问。春正月，刘德回到河间国就去世了。　【目】河间献王刘德善于学习，喜好古籍，实事求是。他用黄金和丝帛来换取全国好的书籍，他所得到的书籍数量可以和汉朝廷的藏书相等。当时淮南王刘安也喜好藏书，他搜集到的书大多是浮华善辩一类的。献王获得的书，都是先秦时的古文旧书，有《周官》《尚书》《周礼》《礼记》《孟子》《毛氏诗》《左氏春秋》之类，摘辑有关礼、乐的古事，渐渐增辑达到五百多篇。他的穿戴和行为都以儒者为标准，山东地区的一些儒生们都跟他交往。这一年十月献王来京朝见，呈献典雅的正乐，回答了有关三雍宫的典章制度和武帝亲自拟定的三十多个问题。他的回答，都是依据儒家思想阐明问题，抓住事物的关键，文字简练，观点明确。正月，河间王刘德去世，谥号为"献"。

【纲】汉朝势力到达南夷，设置了犍为郡（治僰道县，今四川宜宾西南）。势力到达西夷，安置了一个都尉。　【目】番阳县（今江西鄱阳）的县令唐蒙给武帝上书说："南越王名义上是朝廷的外藩臣子，实际上是一州之主。现在如果从长沙国、豫章郡出兵征讨南越，水路大多数是

也。请通夜郎道，为置吏。"上乃拜蒙为中郎将，将千人，从筰关入，见夜郎侯多同，厚赐之，约为置吏。多同听约。蒙还报，上以为犍为郡。

时邛、筰君长闻南夷得赏赐多，欲请吏。上问司马相如，相如曰："邛、筰、冉、駹近蜀，易通；为置郡县，愈于南夷。"上乃拜相如为中郎将，建节往使，因巴、蜀吏币物以赂西夷；皆请为内臣。除边关；关益斥，西至沫、若水，南至牂柯为徼，为置一都尉。

【纲】秋七月，大风拔木。
【纲】皇后陈氏废。　【目】后以祠祭厌胜，媚道；事觉，册收玺绶，退居长门宫，供奉如法。窦太主惭惧，稽颡谢，上慰谕之。

初，上尝置酒主家，主见所幸卖珠儿董偃，上使之侍饮，常从游戏、驰逐、观鸡、鞠、角狗、马，上大欢乐之。因为主置酒宣室，使谒者引内偃。中郎东方朔辟戟而前，曰："董偃有斩罪三，安得入乎！"上曰："何也？"朔曰："偃以人臣私侍公主，一也。败男女之化，乱婚姻之礼，伤王制，二也。陛下富于春秋，方积思于六经，而偃以靡丽奢侈，极耳目之欲，乃国家之大贼，人主之大蜮，三也。"上默然，良久曰："吾业已设饮，后而自改。"朔曰："不可。夫宣室者，先帝之正处也，非法度之政，不得入焉。淫乱之渐，其变为篡。"上曰："善。"诏更置酒北宫，引从偃东司马门入；赐朔黄金三十斤。偃宠由是日衰。

阻塞的。我听说,夜郎国(今贵州西部)有精兵十多万,乘船从牂柯江而下,出其不意,这是制服南越的一条奇计。请打通前往夜郎国的道路,在那里设置官吏。"武帝任命唐蒙为中郎将,率领一千人,从筰关(今四川汉源东南)进入夜郎国境内,拜见了夜郎侯多同,赐给他丰厚的财物,约定由汉朝廷在当地任命官吏,多同服从了这个约定。唐蒙回朝廷向武帝报告,武帝便在这个地区设置了犍为郡。

当时,邛都国(今四川西昌东南)、筰都国的君长听说南夷得到很多赏赐,也想请求汉朝廷在他们国内安置汉朝官吏。武帝征求司马相如的意见,司马相如说:"邛人、筰人、冉人、駹人和蜀郡相近,容易到达;要是在这些地区设置郡县,准能胜过南夷地区。"武帝任命司马相如为中郎将,持皇帝符节出使西夷,利用巴、蜀两郡官府的财物,贿赂收买西夷,西夷人都请求做汉朝的内臣。废除原有的边关,关隘更加往远处开拓,西边到了沫水(今大渡河)、若水(今雅砻江),南到牂柯郡做边界。在这一地区安置了一个都尉。

【纲】秋七月,大风拔起了树木。

【纲】废皇后陈氏。　【目】陈皇后用祭神祈祷的方法,暗中祈求神灵除掉与其争宠的女人,来骗取武帝的欢心。事情败露后,武帝下册书收回皇后的玺印,贬居长门宫,而供奉规格不变。陈皇后的母亲窦太主惭惧不安,忙向武帝叩头谢罪,武帝以言劝慰。

当初,武帝曾在窦太主家设宴,窦太主将自己宠幸的珠宝商人董偃引见给武帝,武帝便让董氏陪同饮酒。此后,董偃常常随从武帝在宫中游戏,或出外打猎,观看斗鸡、踢球,与狗、马竞技,武帝非常喜欢他。一次,武帝在未央宫前殿的正室置酒款待窦太主,让谒者引导董偃入内。这时,中郎东方朔以戟置地说:"董偃犯有三条死罪,怎能让他进来呢?"武帝说:"你说什么?"东方朔说:"董偃以臣子的身份私通公主,这是第一条罪状。败坏男女风化,扰乱婚姻礼法,破坏圣主的制度,这是第二条罪状。陛下年轻有为,正在努力学习《六经》,董偃以奢侈华丽来引诱满足君主感官上的刺激,这是国家的大贼,人君的大害,这是他的第三条罪状。"武帝沉默不语,过了很久才说:"我已经准备好了宴席,以后再注意改正吧!"东方朔说:"不行。宣室是先帝处理政务

【纲】诏大中大夫张汤、中大夫赵禹定律令。 【目】上使张汤、赵禹共定律令,务在深文。拘守职之吏,作见知法,吏传相监司。用法益刻自此始。

【纲】八月,螟。

【纲】以公孙弘为博士。 【目】是时征吏民有明当世之务,习先圣之术者,县次续食,令与计偕。菑川人公孙弘对策曰:"臣闻尧、舜之时,不贵爵赏而民劝善,不重刑罚而民不犯,躬率以正而遇民信也。是故因能任官,则分职治;去无用之言,则事情得;不作无用之器,则赋敛省;不夺农时,不妨民力,则百姓富;有德者进,无德者退,则朝廷尊;有功者上,无功者下,则群臣逡;罚当罪,则奸邪止;赏当贤,则臣下劝。凡此八者,治之本也。故民者,业之则不争,理得则不怨,有礼则不暴,爱之则亲上,此有天下之急者也。礼义者,民之所服也,而赏罚顺之,则民不犯禁矣。气同则从,声比则应。今人主和德于上,百姓和合于下,故心和则气和,气和则形和,形和则声和,声和则天地之和应矣。故阴阳和,风雨时,五谷登,六畜蕃,山不童,泽不涸,此和之至也。臣闻:仁者,爱也;义者,宜也;礼者,所履也;智者,术之原也。四者,治之本也,得其要则天下安乐,不得其术则主蔽于上,官乱于下,此事之情也。"策奏,天子擢为第一,拜博士,待诏金马门。

的地方,不是讨论有关政务的人不能随便进入,使淫乱的苗头发展,最后一定会变成王位被篡夺。"武帝说:"好。"于是下诏重新在北宫置办酒席,带着董偃从东司马门进入北宫。武帝赐给东方朔黄金三十斤,董偃所受宠幸从此日益衰减。

【纲】武帝下诏,命令太中大夫张汤、中大夫赵禹制定法律条文。
【目】武帝命张汤、赵禹共同制定法律条文,力求严苛而精密。严格控制在职官员,制定了官吏如果知情不举就要判"见知法"的罪,使官吏互相监视。从此开始法令更加严厉苛刻了。

【纲】八月,农田发生蝗虫害。

【纲】任命公孙弘为博士。 【目】当时,武帝征召官吏与百姓中明晓当世政务、熟悉古代君主治国之术的人,命令应征者与各地进京的上计吏同行,沿途由各郡县提供食物。菑川人公孙弘在考试答卷中说:"我听说尧、舜时代,没有尊贵的官爵和丰厚的奖赏,但人们互相勉励行善,不重刑罚,而百姓却不犯法,这是因为君主为臣民做出了表率,对待百姓讲求信用。所以能根据人的才能委任官职,就能做好本职工作;抛弃无用的言论,就能获得事情的真实情况。不做没有实用价值的器物,就可以减少对百姓的赋税,不在农忙时征调劳力,不影响百姓生产,百姓就会富足;有德行的人受到重用,无德行的人被罢免,朝廷就有尊严;有功的人升官加赏,无功的降职任用,百官就会明白升降的道理。所判定的刑罚要与实际罪行相当,就能制止奸邪;给予的奖赏和贤德相符,就能使臣子互相勉励。上述八项,是治理国家的根本。所以天下的百姓,让他们从事生产而不发生争斗,让他们各自申明道理而不怀有怨恨,让他们懂得礼义而不使用暴力,君主爱护他们,就会换来他们对君主的爱戴,这是治理天下的当务之急。礼义,是百姓甘愿服从的,再用赏罚来推行礼义,百姓就不会违反禁令了。气相同就能互相带动,声音相同就能互相呼应。现在君主在上面使自己的言行符合道义,百姓在下面与君主相配合,所以心和而气能和,气和而形能和,形和而声能和,声和则天地的安和就能呼应了。所以,阴阳安和,风调雨顺,五谷丰收,六畜兴旺,山岭不光秃,湖泊不干涸,这是天地安和的至高境界。我听说:仁就是爱,义就是适宜,礼就是履行,智就是治理方法的

齐人辕固，年九十余，亦以贤良征。弘厌目事固，固曰："公孙子，务正学以言，无曲学以阿世！"诸儒多疾毁固，遂以老罢归。

弘每朝会议，开陈其端，使人主自择，不肯面折廷争。于是上大悦之。尝与汲黯请间，黯先发之，弘推其后，天子常悦其言，皆听弘。尝与公卿约议，至上前，皆倍其约以顺上旨。汲黯廷诘弘多诈不忠。弘谢曰："知臣者以臣为忠，不知臣者以臣为不忠。"上益厚遇之

【纲】壬子，六年，冬，初算商车。
【纲】春，匈奴寇上谷，遣车骑将军卫青等将兵击却之。
【目】匈奴寇上谷，遣卫青等四将军击之。李广军败，为胡所得，络盛置两马间。广佯死，暂腾而上胡儿马，夺其弓，鞭马南驰，遂得归。下吏，当死，赎为庶人。两将军亦无功，唯青得首虏多，赐爵关内侯。青虽出于奴虏，然善骑射，材力绝人，遇士大夫以礼，与士卒有恩，众乐为用，有将帅材，故每出辄有功。

【纲】夏，大旱，蝗。
【纲】癸丑，元朔元年，冬，定二千石不举孝、廉罪法。 【目】诏曰："朕深诏执事，兴廉，举孝，庶几成风，绍休圣绪。夫十室之

根源。这四项是治国的根本。掌握了它的要领，天下就安宁快乐，没掌握它的方法，君主在上就闭塞，官吏在下就扰乱国政，这是事务本来的情理。"对策的答卷送呈武帝亲阅。武帝把公孙弘的答卷成绩升为第一名，任命他担任博士，在金马门做待诏官。

齐人辕固，已九十多岁，也以贤良被征召。公孙弘心怀畏惧，斜着眼奉事辕固，辕固说："公孙先生，务必按照儒家的学说来谈论国政，不要曲解儒学来阿谀奉承当今的君主！"儒生们大多数都嫉妒诽谤辕固。于是，辕固以年老为由免官回家。

公孙弘每次上朝议论国政，先陈说处理事务的要点，让君主自己选择，不在朝廷上当面争辩，武帝因此非常喜欢他。他曾和汲黯请求武帝闲时接见，先由汲黯提出有关问题的处理意见，然后由公孙弘加以说明，武帝经常听的高兴，他所提的建议武帝都采纳。公孙弘曾和公卿们商定某一问题的处理意见，到了武帝面前，他却完全违背了原来的意见来顺从武帝的意旨，汲黯当即在朝廷上指责公孙弘欺诈不忠。公孙弘谢罪说："了解我的人认为我忠，不了解我的人认为我不忠。"武帝对他更加地优待了。

【纲】元光六年（壬子，前129）冬季，开始对商人的车辆征税。

【纲】春季，匈奴攻击上谷郡（治沮阳县，今河北怀来东南）。朝廷派遣车骑将军卫青等率兵打退了匈奴。　【目】匈奴攻击上谷郡，朝廷派遣卫青等四个将军率兵打击匈奴。李广的军队被匈奴打败，李广被活捉，让他躺在两匹马中间用绳子结成的大网袋里，李广假装死，趁匈奴不备，纵身跳到一匈奴人骑的马上，抢取他的弓箭，策马向南奔驰，得以逃了回来。朝廷把李广逮捕投入监狱，应当判死罪，后出钱赎为平民。另外两个将军也没有立功，只有卫青获得的敌人首级和俘虏最多，赐给他关内侯的爵位。卫青虽然出身于奴仆，但是善于骑马射箭，臂力超人，对待士大夫有礼，对待士兵有恩，将士们都愿为他效力。他有将帅的才能，所以，每次出兵打仗总有战功。

【纲】夏季，天气大旱，发生蝗灾。

【纲】元朔元年（癸丑，前128）冬季，朝廷制定二千石官吏不向朝廷举荐孝、廉犯罪的法令。　【目】诏书中说："我深切地嘱告官员们，

邑,必有忠信,三人并行,厥有我师。今或至阖郡而不荐一人,是化不下究,而积行之君子壅于上闻也。且进贤受上赏,蔽贤蒙显戮,古之道也。其议二千石不举者罪!"有司奏:"不举孝,不奉诏,当以不敬论。不察廉,不胜任也,当免。"奏可。

【纲】皇子据生。春三月,立夫人卫氏为皇后,赦。

【纲】秋,匈奴入寇,以李广为右北平太守。 【目】匈奴号广曰:"汉之飞将军",避之,数岁不敢入右北平。

【纲】以主父偃、严安、徐乐为郎中。 【目】临淄人主父偃,上书阙下,朝奏,暮召入。所言九事,其八事为律令,一事谏伐匈奴。其辞曰:"《司马法》曰:'国虽大,好战必亡;天下虽平,忘战必危。'夫怒者逆德也,兵者凶器也,争者末节也。夫务战胜穷武事者,未有不悔者也。昔秦吞战国,务胜不休,使蒙恬将兵攻胡,辟地千里。百姓靡敝,不能相养,盖天下始畔秦也。夫匈奴难得而制,非一世也;行盗侵驱,天性固然。虞、夏、殷、周,固弗程督。今上不观虞、夏、殷、周之统,而下循近世之失,此臣之所大忧,百姓之所疾苦也。"

偃同郡严安亦上书曰:"今人用财侈靡,逐利无已,犯法者众。臣愿为民制度,以防其淫。昔秦王意广心逸,欲威海内,北攻胡,南攻越。天下大畔,灭世绝祀,穷兵之祸也。今徇西南夷,建城邑,深入匈奴,燔其龙城;此人臣之利,非天下之长策也。"

奖励廉吏，举荐孝子，希望能养成一种风气，以继承古代先圣的美德。有十户人家的小村落，其中必有忠信之人。三人共同行走，其中必有我值得学习的老师。现在发展到整个郡都不向朝廷推荐一个贤人，这说明政令教化不能推行下去，使那些积累了美德善行的贤人君子被蔽塞，使天子无法得知。况且推荐贤能的人朝廷给予最高的奖赏，阻蔽贤能的人给以公开的杀戮，这是古代的治世原则。应议定二千石级官吏不向朝廷举荐人才的罪。"主管部门奏请："不举荐孝子，就是不遵照诏令办事，应当按'不敬'的罪名论罪。不察举廉吏，就是不胜任职务，应当罢免官职。"武帝批准了这个建议。

【纲】皇子刘据出生。春三月，立夫人卫氏为皇后，发布赦令。

【纲】秋季，匈奴侵入汉朝边境。武帝任命李广为右北平郡（治平刚，今辽宁凌原西南）太守。　【目】匈奴称李广是"汉朝的飞将军"，都畏惧躲避他，几年不敢入侵右北平郡。

【纲】武帝任命主父偃、严安、徐乐为郎中。　【目】临淄人主父偃向朝廷上书，早上呈献给皇帝，晚上就被召入宫中拜见武帝。他在上书中讲了九项事情，其中八项是关于律令问题，一项是劝谏讨伐匈奴。他写道："《司马法》中说：'国家虽大，好战必亡。天下虽然太平，忘战必危。'发怒是违背道德的，兵器是不祥之物，争斗是微末小节。致力于战争取胜、穷兵黩武的人，没有不招致悔恨的。从前秦朝吞并列国，求胜而没有休止，派蒙恬率军攻打匈奴，开辟土地千里，百姓精疲力尽，不能养活自己，就是这个缘故天下才开始反叛秦朝。匈奴难以控制，不是这一代才这样；他们侵犯边境掠夺财物是他们用以谋生的手段，天性本来如此。上溯到虞、夏、殷、周时代，从来不向他们征课赋税，不对他们监督检查。现在上不借鉴虞、夏、殷、周的统治方法，而下则蹈袭近世之失误，这是我深感忧虑之事，也是百姓深受痛苦之事。"

和主父偃同郡的严安也上书说："现在全国的臣民生活奢侈，追求财利没有止境，因此犯法的人多。我希望给百姓制定个制度，来防止他们过度的行为。过去秦始皇野心勃勃，贪得无厌，想威震海内，北边攻打匈奴，南边攻打越国，天下人群起反叛，秦朝统治灭亡，消灭子孙，断绝祭祀，这都是滥用兵力招来的祸害。现在朝廷征服西南夷，建置城

无终徐乐上书曰:"臣闻天下之患,在土崩,不在瓦解。陈涉起穷巷,奋棘矜,偏袒大呼,天下从风。此其故何也?由民困而主不恤,下怨而上不知,俗已乱而政不修。此三者,涉之所以为资也,此之谓土崩。吴、楚七国,号皆万乘,威足以严其境内,财足以劝其士民;然不能西攘尺寸之地,而身为禽者,此其故何也?当是之时,先帝之德未衰,而安土乐俗之民众,故诸侯无境外之助,此之谓瓦解。间者,关东谷数不登,民多穷困,重之以边境之事,推数循理而观之,民宜有不安其处者矣。不安,故易动;易动者,土崩之势也。故贤主独观万化之原,明于安危之机,修之庙堂之上,而销未形之患,其要期使天下无土崩之势而已矣。"

书奏,召见,谓曰:"公等皆安在,何相见之晚也!"皆拜为郎中。偃尤亲幸,一岁中凡四迁,为中大夫。大臣畏其口,赂遗累千金。或谓偃曰:"太横矣!"偃曰:"吾生不五鼎食,死即五鼎烹耳!"

【纲】甲寅,二年,冬,赐淮南王安几、杖,毋朝。

【纲】春正月,诏诸侯王得分国邑封子弟为列侯。 【目】主父偃说上曰:"古者诸侯不过百里,强弱之形易制。今诸侯或连城数十,地方千里,缓则骄奢,易为淫乱;急则阻其强,而合从以逆京师。以法割削之,则逆节萌起。然诸侯子弟或十数,而适嗣代立,余无尺寸之封,则仁孝之道不宣。愿陛下令诸侯得推恩分子弟,以地侯之,彼人人喜得所愿;上以德施,实分其国,不削而稍弱矣。"上从之。

邑，进军匈奴腹地，烧毁匈奴的龙城，这些对主持其事的官吏有好处，实际上不是国家的长久之策。"

无终（今天津蓟县）人徐乐上书说："我听说天下的祸患在土崩，不在瓦解。陈涉起自穷巷，舞动矛戟之柄，袒臂大呼，天下人闻风响应。这里的缘故是什么？这是因为百姓贫困而君主不体恤，下面怨恨而上层不知道，社会风俗已乱而国家政治不修明，这三条是陈涉用来凭借的客观条件，这就叫做土崩。吴楚七个国家，号称有万辆战车，其威力足以严管其境内，其财力足以奖励其士民，可他们不能西夺国家尺寸之地，而自身却被获遭擒，这是什么缘故呢？当时的形势，先帝的恩德遗泽尚未衰减，安土乐俗的百姓众多，许多诸侯没有封国境外的援助，这就叫做瓦解。近来关东五谷连年歉收，百姓大多穷困，再加上边境地区干戈不息，按照规律和常理来看，人民将有不安其居的动向了。因为不安宁，所以容易骚动，易动，就是土崩之势呀！所以贤明的君主独观万物变化之本源，明白安危之关键，治理于朝廷之上，消除尚未形成的祸患。其大要就是想办法使天下没有土崩的局势罢了。"

主父偃、严安、徐乐的上书奏报给武帝后，武帝召见了他们三人，对他们说："你们原来都在何处，为什么咱们相见的这么晚！"武帝都把他们任命为郎中。主父偃更受武帝的宠幸，一年之内升迁四次，担任了中大夫。大臣们都害怕主父偃伶牙利齿地诋毁自己，贿赂给他的财物累计有千金。有人对主父偃说："你太横了。"主父偃说："我活着如果享受不到五鼎进餐的生活，宁可受到五鼎烹的酷刑而死。"

【纲】元朔二年（甲寅，前127），冬季，武帝赐给淮南王刘安几案、手杖，恩准他不必来京朝见。

【纲】春正月，武帝下诏，诸侯王可以把所管辖的国邑分割给儿子、兄弟做列侯。　【目】主父偃对武帝说："古时的诸侯国土方圆不超过百里，朝廷强大、地方弱小的局势容易控制。现在诸侯有的连城数十座，方圆千里，朝廷管制宽松时，他们容易骄横、奢侈，发生淫乱的事情；朝廷控制紧时，他们就会联合起来，凭借强大的势力反叛朝廷。用法令来分割削弱他们，就会产生叛乱的念头。现在诸侯王的儿子兄弟有的多达十几个，而只有嫡长子继承王位，其他人却没有尺寸的封地，

【纲】匈奴入寇,遣卫青等将兵击走之;遂取河南地,立朔方郡,募民徙之。

【纲】三月,徙郡国豪杰于茂陵。 【目】主父偃说上曰:"天下豪杰并兼乱众之民,皆可徙茂陵;内实京师,外销奸猾,此所谓不诛而害除。"上从之。轵人郭解,关东大侠也,亦在徙中。卫青为言;"郭解家贫,不中徙。"上曰:"解,布衣,权至使将军为言,此其家不贫。"卒徙解家。解平生睚眦杀人甚众,上闻之,下吏捕治,所杀皆在赦前。轵有儒生侍使者坐,客誉郭解。生曰:"解专以奸犯公法,何谓贤!"解客闻,杀此生,断其舌。吏以此责解,解实不知。吏奏解无罪,公孙弘议曰:"解,布衣,为任侠行权,以睚眦杀人;解虽不知,此罪甚于解杀之,当大逆无道。"遂族郭解。

【纲】燕王定国、齐王次昌皆有罪,自杀,国除。诛齐相主父偃,夷其族。 【目】燕王定国与父姬奸,夺弟妻,杀肥如令郢人,郢人家告之,主父偃从中发其事。公卿请诛之,定国自杀,国除。

这就使得仁孝之道不明显了。希望陛下诏令诸侯可以把朝廷给他的恩惠，分到其他儿子、兄弟身上，用本国的封地立他们做诸侯，这样，他们都惊喜自己得到了所希望的东西。皇上用的是推行恩德的方法，实际上是分割了诸侯的土地，朝廷没有采用削夺的办法，而王国却逐渐削弱了。"武帝听从了主父偃的建议。

【纲】匈奴入侵汉朝边境，朝廷派遣卫青等人率兵击退了他们，于是夺取了河南的地盘，设置了朔方郡（治朔方县，今内蒙古杭锦北）。召募百姓徙居这里。

【纲】三月，汉朝廷下令，各郡国的豪强之士迁居到茂陵。 【目】主父偃劝说武帝道："可以把天下豪强之士，兼并别人的富家大户，鼓励百姓动乱的为首分子，都迁移到茂陵居住。这样，对内可以充实京师的力量，对外可以消除奸邪势力，这就是所说的不用杀戮就消除祸害了。"武帝听从了他的意见。轵县（今河南济源东南）人郭解，是函谷关以东地区的著名侠士，也在迁移之列。卫青替郭解向武帝求情说："郭解家中贫困，不应划入迁移之列。"武帝说："郭解是平民百姓，权力大得能使将军替他讲好话，这说明他家不贫困。"最终还是迁移了郭解全家。郭解平时随意杀了许多人，武帝听说了，就下令把郭解逮捕下狱。他所杀的人，都在颁布赦令之前。轵县有一个儒生陪侍朝廷派来的使者，有门客赞扬郭解，儒生说："郭解专门因私情触犯国法，怎么说他贤能呢？"郭解的门客听了这话，杀了儒生，并割去了他的舌头。官吏责问郭解，郭解确实不知道这件事。官吏奏报武帝郭解无罪。公孙弘议论说："郭解是一个平民百姓，做行侠弄权的事情，看谁不顺眼就杀谁。郭解虽然不知道杀儒生的实情，但是这一由郭解声誉引起的杀人罪过比郭解亲自杀人还要严重，应当按大逆无道的罪名论罪。"于是杀了郭解全族。

【纲】燕王刘定国、齐王刘次昌都有罪行，自杀，封国被废除。诛杀齐国的相主父偃及其全族。 【目】燕王刘定国和他父亲的姬妾通奸，并夺去了他弟弟的妻子做妾，还杀了肥如县（今河北卢龙北）的县令郢人，郢人家属向朝廷告发了他的丑行。主父偃从中朝把这份告状信转给外朝大臣，公卿们请求杀了刘定国，刘定国自杀。封国被废除。

齐厉王次昌亦与姊通。偃尝欲纳女于齐王，不许。因言于上曰："临淄殷富，非亲爱子弟不得王。今齐王属疏，又与姊通，请治之。"于是拜偃为齐相。至齐，急治王后宫宦者，辞及王；王惧，自杀。上闻，大怒，以为偃劫其王令自杀，乃征下吏。偃辞不服，上欲弗诛，公孙弘曰："齐王自杀，国除，偃本首恶，不诛之无以谢天下。"乃族诛之。

【纲】以孔臧为太常。 【目】上欲以孔臧为御史大夫，辞曰："臣世以经学为业，乞为太常，典臣家业，与从弟侍中安国，纲纪古训，使永垂来嗣。"上乃以为太常，其礼赐如三公。

【纲】乙卯，三年，以公孙弘为御史大夫。春，罢苍海郡。【目】时通西南夷，东置苍海，北筑朔方之郡。公孙弘数谏，以为罢敝中国以奉无用之地，愿罢之。天子使朱买臣等难以置朔方之便，发十策，弘不得一。乃谢曰："山东鄙人，不知其便若是，愿罢西南夷、苍海，而专奉朔方。"上乃许之。

弘为布被，食不重肉。汲黯曰："弘位三公，奉禄甚多；为此，诈也。"上问弘，弘谢曰："有之。臣诚饰诈，欲以钓名；且无黯忠，陛下安得闻此言！"上以为谦让，愈益厚之。

【纲】以张骞为大中大夫。
【纲】夏六月，皇太后崩。
【纲】秋，以张汤为廷尉。 【目】汤为人多诈，舞智以御人。汲

齐厉王刘次昌和他的姐姐私通。主父偃曾经想把自己的女儿嫁给齐王，齐王不同意。主父偃就借机对武帝说："临淄富足，不是天子最亲的子弟是不得在此地为王的。现在齐王和您的血缘关系疏远，又和他的姐姐私通，请查处齐王。"于是武帝任命主父偃担任齐国的国相。主父偃一到齐国，就立即逮捕齐王后宫的宦官，供词牵连到齐王，齐王害怕自杀了。武帝听说齐王自杀的消息，勃然大怒，以为是主父偃劫持齐王迫使他自杀的，就把主父偃逮捕下狱。主父偃不服罪，武帝也不想杀他，公孙弘说："齐王自杀，封国废除，主父偃本是首恶，如果陛下不杀主父偃，就无法告慰天下。"武帝就把主父偃全族诛灭。

【纲】武帝任命孔子十二世孙孔臧为太常。　【目】武帝想让孔臧做御史大夫，孔臧辞谢说："我家世世代代以传习经学为业，请任命我担任太常，执掌我家世传的职业，和堂弟侍中孔安国，一道纂辑古训，使儒学永传后世。"武帝就任命他为太常，对他的礼仪赏赐和三公的规格一样。

【纲】元朔三年（乙卯，前126），武帝任命公孙弘为御史大夫。春季，废除苍海郡。　【目】当时开通西南夷的道路，东边建置苍海郡，北边修筑朔方郡。公孙弘多次劝谏武帝，认为这是用中原疲惫不堪的代价来开发无用之地，希望废止这些举动。武帝派使朱买臣等人就设置朔方郡的便利，对公孙弘的意见提出质问，共提了十个问题，公孙弘一个问题也回答不上来，就谢罪说："我是山东地区的俗人，不知它有这么多的好处，希望废除西南夷、苍海地区的开发，而集中力量开发朔方郡。"武帝同意了他的请求。

公孙弘用麻布做被子，一顿饭不摆设两种肉菜。汲黯说："公孙弘居三公之位，朝廷赏赐的俸禄很多，他装出一副穷相，是骗人的。"武帝询问公孙弘，公孙弘谢罪说："有这回事，我确实是伪装欺骗，想以此沽名钓誉。而且没有汲黯的忠直，陛下怎么能听到这些话呢？"武帝认为他谦让，越加厚待他。

【纲】武帝任命张骞为太中大夫。

【纲】夏六月，皇太后去世。

【纲】秋季，任命张汤为廷尉。　【目】张汤为人多有欺诈，玩弄聪

黯数质责汤于上前，曰："君为正卿，上不能褒先帝之功业，下不能抑天下之邪心，安国富民，使囹圄空虚，何空取高皇帝约束纷更之为！"黯时与汤论议，汤辨常在文深小苛；黯伉厉守高，不能屈，忿发，骂曰："天下谓刀笔吏不可以为公卿，果然！必汤也，令天下重足而立，侧目而视矣！"

【纲】罢西夷。

【纲】丁巳，五年，冬十一月，丞相泽免，以公孙弘为丞相，封平津侯。 【目】丞相封侯自弘始。时上方兴功业，弘于是开东阁以延贤人。弘外宽内深。诸尝有隙，无远近，虽阳与善，后竟报之。汲黯常面触弘，弘欲诛之以事，乃言上曰："右内史界部中多贵人、宗室，难治，非素重臣不能任，请徙黯为右内史。"上从之。

【纲】春，匈奴寇朔方，遣卫青率六将军击之；还，以青为大将军。 【目】匈奴右贤王数侵扰朔方，天子令将军卫青等出右北平击之。右贤王饮，醉。青等夜至，围之。右贤王惊，溃围北去。得裨王十余人，众万五千余人，畜数十百万，于是引兵还。天子使使者持大将军印，即军中拜青为大将军，诸将皆属。尊宠于群臣无二，公卿以下皆卑奉之，独汲黯与亢礼。人或说黯曰："大将军尊重，君不可以不拜。"黯曰："夫以大将军有揖客，反不重邪！"青闻，愈贤黯，数请问国家朝廷所疑，遇黯加于平日。青虽贵，有时侍中，上踞厕而视之；丞相弘燕见，上或时不冠。至如汲黯见，上不冠不见也。上尝坐武帐中，黯前奏事，上不冠；望见黯，避帷中，使人可其奏，其见敬礼如此。

明来对付别人。汲黯多次在武帝面前质问、责备张汤,说:"你身为正卿,在上不能褒扬先帝的功业,在下不能抑制天下人的邪心,使国家安定,人民富足,使监狱空虚没有犯罪之人,为什么却只知道把皇帝定的法令胡乱更改。"汲黯经常和张汤争辩,张汤言词动听,常在条文上求深,在小节上过细,汲黯亢直峻厉,高谈阔论,不能屈服张汤,非常愤慨,骂道:"天下之人说刀笔吏不可以让他们做公卿大臣,果真如此。如果按照张汤讲的行事,将使天下人叠足不敢迈步,眼睛也不敢正眼看了。"

【纲】停止开发西夷。

【纲】元朔五年(丁巳,前124),冬十一月,丞相薛泽被免去官职,任命公孙弘为丞相,封平津侯。 【目】担任丞相而封侯是从公孙弘开始的。此时正是武帝大规模建功立业的时候,公孙弘为此专门开辟了相府的东门来招徕贤人。公孙弘外表宽厚,内藏心机,凡是曾经得罪过他的人,不分关系远近,虽表面上友善,过后总要报复人家。汲黯常常当面触犯公孙弘,公孙弘想找机会杀他,就向武帝建议说:"右内史(即右扶风,治长安,今陕西西安西北)管界中居住很多公卿大夫、皇亲宗族,难以治理,不是素有威望的大臣不能胜任。请调汲黯做右内史。"武帝听从了他的建议。

【纲】春季,匈奴攻击朔方,朝廷派遣卫青率领六个将军出击匈奴。凯旋归来,武帝任命卫青为大将军。 【目】匈奴右贤王多次率兵侵扰朔方郡,武帝命令将军卫青等率兵由右北平出塞反击。右贤王饮酒,喝的大醉,卫青等大部队夜里赶到,包围了右贤王的兵营,右贤王惊恐,冲出重围向北奔逃。卫青俘虏了各部首领十多人,士众一万五千多人,牲畜近百万头,于是率兵回朝。武帝派使者手持大将军印信赶到,就在军中任命卫青为大将军,各路将领都归卫青统属。他受尊敬宠爱超过别的大臣,公卿以下的官吏都谦卑奉事他,唯独汲黯仍用平等的礼节对待卫青。有人劝说汲黯:"大将军地位尊贵,你不能不下拜。"汲黯说:"大将军有向他只作揖礼的宾客,反而是不敬重他吗?"大将军听到,更加认为汲黯贤良,多次向他请教有关国家朝廷的疑难大事,礼遇汲黯超过平时。卫青虽然显贵了,有时入宫侍候,武帝就坐在床边看他。

【纲】夏六月,为博士置弟子五十人。 【目】诏曰:"盖闻导民以礼,风之以乐。今礼坏乐崩,朕甚悯焉,其令礼官劝学兴礼,以为天下先!"于是丞相弘等奏:"请为博士官置弟子五十人,复其身;第其高下,以补郎中、文学掌故;即有秀才异等,辄以名闻。又吏通一艺以上者,请皆选择以补右职。"上从之。自此公卿、大夫、士、吏彬彬多文学之士矣。

【纲】秋,削淮南二县。赐衡山王赐书,不朝。 【目】初,淮南王安好读书属文;招致宾客多轻薄士,常以厉王迁死感激安。安乃治战具,积金钱。郎中雷被愿奋击匈奴,安斥免之。是岁,被亡之长安,上书自明。事下廷尉,踪迹连安,诏削二县。安耻之,为反谋益甚。安与衡山王赐相责望,礼节间不相能。赐闻安有反谋,恐为所并,亦结宾客为反具。当入朝,过淮南,为昆弟语,除前隙,约束反具。上书谢痛;上赐书,不朝。

【纲】戊午,六年,春二月,遣卫青率六将军击匈奴。 【目】大将军青出定襄,公孙敖、公孙贺、赵信、苏建、李广、李沮咸属;斩首数千级而还。

【纲】夏四月,卫青复率六将军击匈奴,前将军赵信败降匈奴。 【目】青复将六将军出定襄,击匈奴,斩首虏万余人。右将军

丞相公孙弘平时因事进见，武帝有时也不戴冠。至于汲黯进见，武帝不戴冠就不敢接见。武帝曾经坐在武帐中，汲黯走上前去面奏公事，当时武帝没戴冠远远看到汲黯，立即躲入帐中，派人传话，批准他所奏的事。汲黯被武帝敬畏、礼遇到了这种程度。

【纲】夏六月，为博士官设置弟子五十人。 【目】武帝下诏说："听说百姓要用礼来引导，用乐来感化。现在礼败乐崩，我非常的忧虑。命令礼官劝学兴礼，为天下树立榜样。"于是丞相公孙弘等上奏武帝说："请求为博士官设置弟子五十人，免除他们的赋税、徭役，按水准区分高低，以补郎中、文学掌故等官；若有异常优秀的，就提名上奏。另外，掌握一门以上技艺的普通官吏，请求全部选拔上来借以补充高级官吏。"武帝听从了他的建议。从此公卿、大夫、士、吏等官吏多是彬彬有礼的文学之士了。

【纲】秋季，削去淮南国两个县。武帝赐书衡山王，同意他不入朝。 【目】当初，淮南王刘安喜好读书做文章，罗致的许多宾客中大多是轻薄之徒，他们经常用厉王刘长死于非命一事来刺激刘安，刘安就加紧制造打仗用的器具，积聚金钱。郎中雷被向淮南王表示愿意奋击匈奴，刘安斥责拒绝了他的要求。这一年，雷被逃到长安，给武帝上书说明自己的志愿及未能及早前来的原因。武帝将此事交给廷尉处理，牵连到了刘安，武帝下诏削去刘安封国的二个县，刘安以此为耻，加紧了谋反的准备。刘安和衡山王刘赐兄弟俩互相责怪，礼节上有些隔阂不大和睦。刘赐听说刘安有反叛朝廷的计谋，担心被刘安所吞并，也结交宾客制备武器。这一年，衡山王照例入朝谒见武帝，途经淮南国，和淮南王说了些兄弟间互相亲近的话，消除了从前的矛盾，约定共同谋反朝廷。于是，衡山王即上书武帝推托有病，武帝赐书同意他不必入朝。

【纲】元朔六年（戊午，前123），春二月，朝廷派遣卫青率领六个将军的部队袭击匈奴。 【目】大将军卫青由定襄郡（治成乐县，今内蒙古和林格尔西北土城子）出塞，公孙敖、公孙贺、赵信、苏建、李广、李沮都由他统属，斩杀数千名匈奴人而班师回朝。

【纲】夏四月，卫青再次率领六个将军的部队袭击匈奴，前将军赵信兵败投降了匈奴。 【目】卫青再次率领六个将军由定襄出塞，袭击

建、前将军信并军逢单于兵,与战一日余,汉兵且尽。信将其余骑降匈奴。建尽亡其军,脱身亡,自归。议郎周霸曰:"自大将军出,未尝斩裨将。今建弃军,可斩以明威。"青曰:"青幸得以肺腑待罪行间,不患无威。职虽当斩将,然以臣之尊宠,而不敢自擅诛于境外,于以见为人臣不敢专权,不亦可乎?"遂囚建诣行在所,诏赎为庶人。

青姊子霍去病,年十八,善骑射,为票姚校尉,与轻勇骑八百,直弃大军数百里赴利,斩捕首虏过当。于是封为冠军侯。校尉张骞以知水草处,军得不乏,封博望侯。信教单于益北绝幕,以诱罢汉兵,缴极而取之,毋近塞。单于从之。

【纲】六月,诏民得买爵赎罪,置武功爵。 【目】是时汉比岁击胡,斩捕首虏之士受赐黄金二十余万斤,而汉军士马死者十余万,兵甲转漕之费不与焉。于是大司农经用竭,不足以奉战士。乃诏令民得买爵赎罪,置赏官,名曰武功爵,级十七。买爵至千夫者,得先除为吏。吏道杂而多端,官职耗废矣。

匈奴，斩杀俘虏了一万多人。右将军苏建、前将军赵信两个部队和单于大军相遇，双方交战一天多，汉军即将全军覆灭。赵信率领他的残余骑兵投降了匈奴，苏建全军覆灭，独自一人逃了回来，向大将军自首。议郎周霸说："自大将军出兵以来，还没杀过一个副将，现在苏建丢弃部队，可以杀了他，以显示将军的权威。"卫青说："我有幸以皇上亲戚的身份统领大军，不怕没有权威。我虽有权斩将，但以我位高受宠的身份，不敢擅自专杀于国境之外，以此表明做臣子的不敢专权，不也是很好吗？"于是把苏建装进囚车，送到皇帝巡行的所在处。武帝下诏，令其交纳赎金，贬为平民。

卫青姐姐的儿子霍去病，十八岁，善于骑马射箭，担任票姚校尉，他带八百个轻捷勇猛的骑兵，甩开大军几百里去夺取战功，以少数兵力斩杀俘虏了大量的敌人，于是武帝封他为冠军侯。校尉张骞因能熟知什么地方水草好，使汉军得以免遭饥渴，封为博望侯。赵信投降匈奴后建议单于向北部沙漠地区迁徙，以引诱汉军，待汉军被拖得疲惫不堪时，然后乘机袭击，不必接近汉朝的边塞。单于听从了他的建议。

【纲】六月，武帝下诏，允许百姓可以用钱买爵位，及出钱减免罪行。设置武功爵位。　【目】当时，汉朝连年攻击匈奴，斩杀俘获敌人的将士共被赏赐黄金二十余万斤，而汉军的将士、马匹死亡达十多万，还不算往前方运送粮草的费用。因此，大司农掌管的经费已经枯竭，无法继续供应前方士兵的军饷。武帝于是下诏，允许百姓出钱买爵位及出钱赎罪。又设置了"赏官"，称为武功爵，共有十七级。买爵达到千夫级的人，可得以优先出任官吏。从此做官的途径繁杂，官职的授予更加混乱了。

纲鉴易知录卷十四

汉纪

孝武皇帝

【纲】己未,元狩元年,冬十月,祠五畤,获一角兽,以燎。始以天瑞纪元。 【目】行幸雍,祠五畤,获兽,一角而足有五蹄。有司言:"陛下肃祇郊祀,上帝报享,锡一角兽,盖麟云。"于是以荐五畤,畤加一牛,以燎。有司又言:"元宜以天瑞命,一元曰建,二元以长星曰光,今元以郊得一角兽曰狩云。"

【纲】淮南王安、衡山王赐谋反,自杀。 【目】淮南王安与宾客左吴等,日夜为反谋。召中郎伍被与谋反事,且曰:"汉廷大臣独汲黯好直谏,守节死义,难惑以非。至如说丞相弘等,如发蒙振落耳!"被自诣吏,告与安谋如此。上使宗正治安,未至,安自刭。诸所与谋反者皆族。捕得陈喜于衡山王子孝家。孝闻律:先自告,除其罪;即先自告所与谋反者陈喜等。公卿请逮捕赐治,赐自刭死。

【纲】夏四月,立子据为皇太子。

【纲】五月晦,日食。

【纲】遣博望侯张骞使西域。始通滇国,复事西南夷。 【目】初,张骞自月氏还,具为天子言西域诸国风俗:"大宛在汉正西,可万里,其俗土著,耕田,多善马,有城郭、室屋。其东北则乌孙,东则于寘。于寘之西,则水皆西流注西海;其东,水东流注盐泽。盐泽潜行地下,其南则河源出焉。盐泽去长安可五千里。匈奴右方居盐泽

孝武皇帝

【纲】元狩元年（己未，前122），冬十月，祭祀白帝、黑帝、赤帝、黄帝、青帝五帝，抓获一只只有一只角的野兽，用火焚烧祭天。并开始用上天所降的祥瑞来定年号。　【目】汉武帝巡幸雍城，祭祀五帝，并抓获了一只有一只角五只蹄的野兽。有关官员说："陛下恭敬地祭祀五帝，上帝回报，赏赐了一只一只角的野兽，可能是麒麟。"于是把它用来祭祀五帝，再加上一头牛，用柴火焚烧祭天。有关官员又说："帝王的年号应当用上天所降的祥瑞来命名，第一个年号应称'建'，第二个年号应当因长星出现而称'光'，今年的年号应当因为得到一只独角兽而称'狩'。"

【纲】淮南王刘安、衡山王刘赐阴谋反叛，后自杀。　【目】淮南王刘安和他的门客左吴等人日日夜夜在准备反叛。刘安召见中郎伍被来一起商量谋反的事，并且说："汉朝朝廷大臣只有汲黯能直言劝谏，严守节气，为正义而死，难以用错误的东西来迷惑他。其它像丞相公孙弘之流，就像撕去蒙在东西上的纸和振落树上的枯叶一样容易。"伍被亲自到有关官吏那里，告发了刘安阴谋叛乱的事就像上面说的那样。汉武帝派遣宗正前往处置刘安，还没有到淮南国，刘安就自刎身死。其它所有和刘安谋反的人一律灭族。并在衡山王的儿子刘孝家抓获陈喜。刘孝听说法律规定先自首的可以免罪，于是首先去告发了和他一起谋反的陈喜等人。公卿们请求逮捕刘赐治罪，刘赐自杀身亡。

【纲】夏季四月，立皇子刘据为太子。

【纲】五月三十日，出现日食。

【纲】汉武帝派遣博望侯张骞出使西域。开始与滇国（今云南境内）来往，又经营西南夷。　【目】当初，张骞从月氏（在葱岭以西）回到国内，向汉武帝全部汇报了西域各国的风土习俗，说："大宛国在汉王国的正西方，大约有一万里远，他们的风俗是过定居生活，耕田种地，那里盛产好马，有城郭、房舍。在它的东北面是乌孙国，再往东是于寘国。在于寘国的西面，河水都向西流，流入西海；在它的东面，河水都向

以东，至陇西长城，南接羌，鬲汉道焉。乌孙、康居、奄蔡、大月氏，皆行国，随畜牧，与匈奴同俗。大夏在大宛西南，与大宛同俗。臣在大夏时，见邛竹杖，蜀布，问：'安得此？'曰：'市之身毒。'身毒在大夏东南可数千里，其俗土著，与大夏同。度大夏去汉万二千里，居汉西南；今身毒又居大夏东南数千里，有蜀物，此其去蜀不远矣。今使大夏，从羌中，险；少北，则为匈奴所得；从蜀，宜径，又无寇。"天子既闻诸国多奇物，而兵弱，贵汉财物，诚得而以义属之，则广地万里，重九译，致殊俗，威德遍于四海，欣然以骞言为然。乃令骞因蜀、犍为，发间使四道并出，求身毒国；各行一二千里，终莫得通。于是始通滇国，乃复事西南夷。

【纲】庚申，二年，春三月，丞相弘卒。以李蔡为丞相，张汤为御史大夫。

【纲】以霍去病为票骑将军，击匈奴。败之，过焉支，至祁连山而还。 【目】霍去病为票骑将军，将万骑出陇西，击匈奴。转战六日，过焉支山千余里，斩首虏获甚众。夏，去病复深入二千余里，至祁连山，斩首虏获尤多。益封五千户。是时诸宿将皆不如去病，由此去病日以亲贵，比大将军矣。

【纲】秋，匈奴浑邪王降，置五属国以处其众。 【目】匈奴单于怒浑邪、休屠王为汉所杀虏数万人，欲召诛之。浑邪王与休屠王恐，谋降汉。休屠王后悔，浑邪王杀之，并其众以降汉。发车二万乘

东流,流入盐泽。盐泽水渗入地下,在盐泽的南面就是黄河的发源地。盐泽距离长安约有五千里。匈奴国的右边位于盐泽以东,到达陇西郡的长城,南面和羌族接壤,恰好把汉朝和西域的道路隔开。乌孙、康居、奄蔡、大月氏等都是逐水草畜牧而迁居的游牧民族,他们的风俗习惯与匈奴相同。大夏在大宛的西南面,那里的风俗与大宛相同。臣下在大夏时,曾见到用邛都产的竹子做的手杖,蜀地产的布,问他们:'怎么得到这些东西?'他们说:'在身毒国(今称天竺)买来的。'身毒国在大夏东南约几千里的地方,那里的风俗习惯与大夏相同。估计大夏距离汉王国约一万二千多里,位于汉朝的西南方;身毒国又位于大夏国东南数千里,那里有蜀郡出产的东西,说明这里距离蜀郡不是太远。我们出使大夏,如果经过羌中就很危险;稍微偏北一点,就会被匈奴抓获;如果经过蜀郡,应当距离近一些,又没有敌寇。"天子听说那些国家出产很多奇异的东西,武力又很弱,他们很喜欢汉王朝出产的货物,如果确实能够用道义使他们臣服,那就会扩大上万里的土地,经过多次翻译,招致异域外国,四海之内都接受汉王朝的威德。汉武帝欣然认为张骞所讲的都是正确的。于是命令张骞通过蜀郡、犍为郡秘密派出使者,从四路出发,寻找身毒国。各自都走了二千里,最终还是没有到达。于是开始通滇国,又重新经略西南夷。

【纲】元狩二年(庚申,前121),春三月,丞相公孙弘逝世。任命李蔡为丞相,张汤为御史大夫。

【纲】任命霍去病为票骑将军,进攻匈奴。打败了匈奴,越过焉支山,到达祁连山后才返回。 【目】任命霍去病为骠骑将军,率领一万多骑兵走出陇西,向匈奴发起进攻。转战了六天,越过焉支山一千多里,斩杀俘获了很多人。夏季,霍去病又向匈奴深入了二千余里,一直到达祁连山,斩杀俘获了更多的人,汉武帝给霍去病又加封了五千户采邑。这个时候一些老将领们都不如霍去病,因此霍去病一天比一天受武帝亲信,他的权力几乎和大将军一样。

【纲】秋季,匈奴浑邪王投降了汉朝,汉朝设置了五个属国来安顿他的部众。 【目】匈奴单于对于浑邪、休屠王被汉朝斩杀俘获了数万人非常生气,打算把他们召来杀掉。浑邪王和休屠王感到害怕,谋划投

迎之，县官无钱，从民贳马，民或匿马，马不具。上怒欲斩长安令，右内史汲黯曰："长安令无罪，独斩臣黯，民乃肯出马。且匈奴畔其主而降汉，何至罢敝中国以事夷狄之人乎！"上默然，曰："吾久不闻汲黯之言，今又复妄发矣！"居顷之，乃分徙降者边五郡故塞外，因其故俗为五属国。休屠王太子日磾没入官，输黄门养马。帝游宴见马，后宫满侧，日磾等数十人牵马过殿下，莫不窃视，至日磾独不敢。日磾长八尺二寸，容貌甚严，马又肥大，上奇焉，即日拜为马监，迁侍中、驸马都尉、光禄大夫，甚信爱之。贵戚多窃怨曰："陛下妄得一胡儿，反贵重之。"上愈厚焉。以休屠作金人为祭天主，故赐日磾姓金氏。

【纲】辛酉，三年，春，有星孛于东方。

【纲】秋，山东大水，徙其贫民于关西、朔方。

【纲】作昆明池。　【目】上将讨昆明，以昆明有滇池，方三百里，乃作昆明池以习水战。

【纲】得神马于渥洼水中。　【目】是岁得神马于渥洼水中。上方立乐府，及得神马，次以为歌。汲黯曰："凡王者作乐，上以承祖宗，下以化兆民。今陛下得马，诗以为歌，协于宗庙，先帝百姓岂能知其音邪？"上默然不悦。

降汉朝。后来休屠王感到后悔，浑邪王杀死了休屠王，合并了休屠王的部队，一起投降了汉朝。汉朝派出二万辆车前往迎接浑邪王，由于县官没有钱，只好从老百姓那里租马，有的百姓把马藏匿起来，因此就没有准备齐全马匹。汉武帝非常生气，想把长安县令杀掉，右内史汲黯说："长安县令没有罪，只有把我杀掉，老百姓才肯把马牵出来。况且匈奴浑邪王背叛了他的君主而投降了汉朝，何至于搞得中国穷困而去事奉夷狄的人呢？"汉武帝没有回答，后来说："我很久没有听见汲黯说话了，今天又胡说八道啦。"不久之后，就把浑邪王等投降的人分别安置在沿边五郡原来的要塞之外，根据他们过去的风俗习惯称为五个属国。休屠王太子日磾被送到官府当奴婢，派他去黄门养马。有一天，武帝出游吃过饭后，想看看少府黄门的马匹，后宫美女站满了两旁。日磾等十几个人牵着马走过殿下，这些牵马的人没有一个不偷偷看后宫美女的，到日磾牵马过殿下时，只有他不敢窥视美女。日磾身高八尺二寸，容貌非常严肃，他所喂养的马又肥又大。武帝对此大为惊异，当天就任命他为马监官，后来就一直提升到侍中、驸马都尉、光禄大夫，武帝非常信任和宠爱他。皇亲贵戚们都私下抱怨地说："陛下胡乱得到一个胡人，竟使他显贵。"武帝听后对日磾更加厚待。因为休屠王曾制作金人来祭祀天主，所以就赐给日磾姓金氏。

【纲】元狩三年（辛酉，前120）春，东方出现彗星。

【纲】秋季，山东发大水，把那里的贫苦百姓迁移到关西（指函谷关以西）、朔方（今内蒙古杭锦旗）。

【纲】开凿昆明池（一说在今陕西西安市西北；一说在今西安市南）。　【目】汉武帝准备讨伐昆明（即滇国），因为昆明有滇池，滇池方圆有三百里，于是就在西安开凿了昆明池来练习水上作战。

【纲】在渥洼水（在今甘肃安西县境）中获得神马。　【目】这一年，在渥洼水中获得神马。武帝正准备设立乐府，等到获得神马以后，就以它为题材谱成歌曲。汲黯说："凡是君主制作乐章，对上要继承祖宗的传统，对下要起到教化百姓的作用。现在陛下获得'神马'，又作诗谱歌，在宗庙里演奏，先帝、百姓难道能听懂唱的是什么音乐吗？"武帝没有说话，不大高兴。

上招延士大夫，常如不足；然性严峻，虽素所爱信者，小有犯法，辄按诛之。汲黯谏曰："陛下求贤甚劳，未尽其用，辄已杀之。以有限之士，恣无已之诛，臣恐天下贤才将尽，陛下谁与共为治乎！"上曰："何世无才，患人不能识之耳。且才，犹有用之器也，有才而不肯尽用，与无才同，不杀何施！"黯曰："臣虽不能以言屈陛下，而心犹以为非。愿陛下自今改之，无以臣为愚而不知理也。"居久之，坐法免。

【纲】壬戌，四年，冬，造皮币、白金，铸三铢钱，置盐、铁官，算缗钱、舟车。　【目】有司言："县官用度大空，请更钱造币以赡用。"时禁苑有白鹿，而少府多银、锡，乃以白鹿皮方尺，缘以藻缋，为皮币，直四十万。朝觐聘享，必以皮币荐璧，然后得行。又造银、锡为白金三品，大者直三千，次直五百，小直三百。销半两钱，更铸三铢钱。

于是以齐大煮盐东郭咸阳、南阳大冶孔仅为大农丞，领盐铁事。洛阳贾人子桑弘羊以心计，年十三，侍中。三人言利事析秋毫矣。又令诸贾人末作，各以其物自占，率缗钱二千而一算，及有船车者，皆有算。匿不自占，占不悉，没入缗钱。有能告者，以其半与之。其法大抵出张汤，百姓咸指怨之。

【纲】以卜式为中郎，赐爵左庶长。　【目】初，河南人卜式数输财县官以助边。天子使使问式："欲官乎？"式曰："臣少田牧，不习

武帝招纳士大夫，经常感到不满足。但是他的性格非常严肃苛刻，尽管是平素所喜爱和信赖的人，如果稍稍违犯一点法令，就审讯处死。汲黯规劝他说："陛下不辞劳苦地招纳天下贤才，还没有全部把他们的才能发挥出来，你就把他们杀掉。拿有限的士大夫，让你没完没了地任意去杀害，我很担心天下贤才将会杀尽，到时谁和陛下来共同治理国家呢？"武帝说："哪个时代没有贤才，怕的是人们不能去识别他们。况且所谓人才，就像有用的器具一样，如果有才干而不肯全部施展出来，就和没有才干的人完全一样，不杀掉他们又有什么办法呢？"汲黯说："我虽然不能用语言来说服陛下，但内心还是认为陛下不对。希望陛下从今以后能改掉这种做法，不要认为我愚蠢而且不懂道理。"过了很久以后，免除了连坐的法令。

　　【纲】元狩四年（壬戌，前119）冬季，制造皮币、白金，铸造三铢钱。设置了盐铁官员，征收缗钱，舟车之税。　　【目】有关官员报告说："县官的开支造成很大的亏空，请求重新铸造钱币来满足使用。"当时皇家园林里有白鹿，而少府内有很多银、锡，于是把白鹿皮裁成一尺见方，给四周绣上五彩花纹，称之为"皮币"，一张"皮币"值四十万钱。凡是到长安朝觐、或互相聘问、或参加祭祀，一定要用皮币托着礼物，然后才可以举行各种活动。又用银、锡制造成三种白金：大的值三千钱，第二种值五百钱，小的值三百钱。同时销毁了半两钱，重新铸为三铢钱。

　　这时任命齐国的大盐商东郭咸阳、南阳的大冶炼商孔僅为大农丞，主管盐铁事务。洛阳商人的儿子桑弘羊，很善于心里计算，当时有十三岁，任命为侍中。这三个人在谈论到对国家有利的事时，很小的事情都能够分析到。又命令所有从事工商业的人各自把自己的财产估算一下，每二千缗钱要交纳一算税钱，以及有车船的人也都要估算交税。如果隐匿起来不进行估算的，或虽然估算但又不确实的，全部没收充为税钱。如果有人检举揭发不估算纳税的人，将没收财产的一半赏赐给他。这些法律大都出自张汤之手，百姓们都指着张汤怨恨他。

　　【纲】任命卜式为中郎，赐给他左庶长的爵位。　　【目】当初，河南人卜式曾多次把自己的家产捐赠给县官来帮助边塞。武帝就派遣使者去

仕宦,不愿也。"使者问曰:"家岂有冤,欲言事乎?"式曰:"臣生与人无分争,邑人贫者贷之,不善者教之,何故有冤!无所欲言也。"使者曰:"苟如此,子何欲?"式曰:"天子击匈奴,愚以为贤者宜死节于边,有财者宜输委也。"上以问公孙弘,弘曰:"此非人情。不轨之臣,不可以为化。"至是上以式终长者,欲尊显以风百姓,乃召拜式为中郎,赐爵左庶长。

【纲】春,有星孛于东北。

【纲】夏,长星出西北。

【纲】遣卫青、霍去病击匈奴。青部前将军李广失道,自杀。去病封狼居胥山而还。诏以青、去病皆为大司马。 【目】上与诸将议曰:"赵信为单于画计,常以为汉兵不能度幕轻留,今大发士卒,其势必得所欲。"乃令大将军青、票骑将军去病各将五万骑,而敢力战深入之士皆属去病。去病出代郡,青出定襄。李广为前将军,公孙贺为左将军,赵食其为右将军,曹襄为后将军,皆属大将军。

青既出塞,捕虏知单于所居,乃自以精兵走之,而令前将军广并于右将军,军出东道。广自请曰:"臣部为前将军,且结发而与匈奴战,今乃一得当单于,愿置前先死。"青阴受上诫,以为广老,数奇,毋令当单于。广固自辞于青,青不听。广不谢而起行,意甚愠怒。

询问卜式说:"你想当官吗?"卜式回答说:"我从小就种田放牧,对做官的规矩很不熟习,也不愿意当官。"使者又问他说:"难道你家中有冤枉的事想申诉吗?"卜式回答说:"我生来与人无争,乡里有贫苦人家我就借钱给他们,有不善良的人我就去教育他们,怎么还会有冤枉事呢?也没有什么可申诉的。"使者又问他说:"如果是这样,你打算干什么呢?"卜式回答说:"天子派兵进攻匈奴,我认为有才能的人应当为边塞的事去英勇牺牲,有钱的人应当捐献出钱财来支援国家。"武帝拿这件事来问公孙弘,公孙弘说:"这个并非人之常情。不守法的人是不会被这些所感化的。"从此以后,武帝一直把卜式尊为长者,并打算使他更尊贵一些,以此来教化百姓。于是征召卜式,拜他为中郎,赐给他左庶长的爵位。

【纲】春季,东北天空出现彗星。

【纲】夏季,西北天空出现长星。

【纲】武帝派遣卫青、霍去病去攻打匈奴。卫青部队的前锋将领李广由于迷失道路自杀身亡,霍去病在狼居胥山(在今蒙古人民共和国境内肯特山。一说在今内蒙古克什克腾旗西北至阿巴嘎旗一带)祭祀了天神后就返了回去。武帝下诏任命卫青、霍去病都为大司马。【目】武帝和诸位将领商议说:"赵信为单于出谋划计,经常认为汉朝的军队不能够越过沙漠,也不敢在那里稍作停留。这次派士卒大举进攻,以这样的势力一定会得到我们想得到的。"于是命令大将军卫青、骠骑将军霍去病各自率领五万骑兵,而敢于深入乱境奋力作战的士卒都由霍去病率领。霍去病从代郡(治所在今河北蔚县西南)出塞,卫青从定襄(治所在今内蒙古和林格尔县西北)出塞。李广为前将军,公孙贺为左将军,赵食其为右将军,曹襄为后将军,他们都属大将军统率。

卫青走出塞外以后,捕获了一个俘虏,从而了解到单于居住的地方,于是他亲自率领精锐部队直奔单于住所,而命令前将军李广和右将军赵食其合并,从东边的道路进发。李广亲自请求说:"我的部队是前锋部队,况且年轻时我就和匈奴作战,今天才得到一个独挡单于的机会,我希望把我放在部队的前面,先为汉朝效死。"大将军卫青曾秘密接受了武帝的告诫,认为李广年纪已老,命运不佳,不要让他单独抵抗

青度幕，见单于兵陈而待。会日且入，大风起，砂砾击面，两军不相见，汉益纵左右翼绕单于。单于冒围而去，汉发轻骑夜追之，不得单于，捕斩万九千级。

广，食其军无导，惑失道，后期。青使长史急责广之幕府对簿。广谓其麾下曰："广年六十余矣，终不能复对刀笔之吏！"遂自刭。广为人廉，得赏赐辄分其麾下，饮食与士共之，士以此爱乐为用。食其下吏，当死，赎为庶人。

去病出代、右北平二千余里，封狼居胥山，禅于姑衍，登临瀚海，斩七万级。

两军出塞，塞阅官、私马凡十四万匹，而复入塞者不满三万匹。

乃益置大司马位，青、去病皆为之。自是之后，青日退而去病日益贵。青故人、门下士，多去事去病，独任安不背。

去病为人，少言不泄，有气敢往。天子尝欲教之孙、吴兵法，对曰："顾方略何如耳，不至学古兵法。"然少贵，不省士，其从军，天子为遣太官赍数十乘；既还，重车余弃粱肉，而士有饥者。其在塞外，卒乏粮，或不能自振，而去病尚穿域蹋鞠。事多此类。青为人仁，喜士，退让，以和柔自媚于上。两人志操如此。

单于。但李广仍然亲自向卫青请求,卫青没有听从他的请求。李广没有向卫青行礼起来就走,脸上显出很恼怒的样子。

卫青穿过沙漠后,发现单于的军队正列阵等待。正巧太阳快落山的时候,刮起了大风,大风卷起的砂砾打在士卒的脸上,两军相互都看不见,汉军增派从左右两翼包围单于的军队。单于部队突破包围,逃了出去,汉军派出轻骑连夜追击他们,没有抓获单于,但却捕获、斩杀了一万九千多人。

李广和赵食其的军队由于没有向导,迷失了道路,误期迟到。卫青派遣长史急速责成李广到幕府回答失期的原因。李广对他的部下说:"我已经六十多岁了,不能再面对这些舞文弄墨的官吏了。"于是拔刀自杀。李广为人廉洁,得到赏赐之后就分发给他的部下,经常和士卒们同甘共苦,士卒们因此也爱护他,并乐意接受他的指挥。赵食其被免了官,应当处以死刑,后来缴纳赎金,贬为平民。

霍去病从代(今河北蔚县西南)、右北平(今辽宁凌源县西南)出塞,走了二千余里,在狼居胥山祭祀了天神,在姑衍山祭祀了地神,登临瀚海,共斩杀了七万多人。

两军出塞的时候,军马和私马共有十四万匹,而重新返回塞内时马已经不足三万匹。

于是增加了大司马的人数,卫青、霍去病都成为大司马。从此以后,卫青的地位日益减退而霍去病的地位日益尊贵。卫青原来的一些朋友、门客,有很多人都去事奉霍去病去了,只有任安不肯背叛他。

霍去病的为人,平时很少说话,内心的想法不表露出来,但很有气派,很勇敢。武帝曾打算教他孙子、吴起的兵法,霍去病回答说:"只要注意战略战术就行了,不必去学那些古代的兵法。"霍去病从小就很富贵,不很关心士卒。当他随军出发时,天子就派太官用数十辆车拉着食品跟着他;等他回来以后,拉食品的车上有剩下的粮食和肉类,而士卒们却有饥饿难忍的。他们在塞外时,士卒们缺乏粮食,有的不能振作,而霍去病却还挖地修球场踢球,还有很多类似的事情。卫青为人仁慈,爱护士卒,遇事能够退让,他用和蔼柔顺的态度来博取武帝的喜欢。两个人的志趣品德就是这样。

是时汉所杀虏匈奴合八九万,而汉士卒物故亦数万。是后匈奴远遁,而幕南无王庭。

【纲】匈奴请和亲,遣使报之,单于留不遣。 【目】匈奴用赵信计,遣使于汉,好辞请和亲。天子下其议,丞相长史任敞曰:"匈奴新破困,宜可使为外臣。"汉使敞于单于,单于大怒,留之不遣。博士狄山议以为和亲便,张汤曰:"此愚儒无知。"山曰:"臣固愚,愚忠;若汤,乃诈忠。"于是上作色曰:"吾使生居一郡,能无使虏人盗乎?"曰:"不能。"曰:"居一县。"对曰:"不能。"复曰:"居一障间。"山自度,辩穷且下吏,曰:"能。"于是上遣山乘障。至月余,匈奴斩山头而去。自是群臣震慑,无敢忤汤者。

【纲】以义纵为右内史,王温舒为中尉。 【目】先是,甯成为关都尉,吏民出入关者号曰:"宁见乳虎,无值甯成之怒。"及义纵为南阳太守,至关,成侧行送迎,纵不为礼;至郡,遂按甯氏,破碎其家,南阳吏民重足敛迹。后徙定襄太守,初至,掩狱中重罪轻系,一日皆报,杀四百余人,其后郡中不寒而栗。时赵禹、张汤以深刻为九卿,然其治尚辅法而行;纵专以鹰击为治。是岁,汲黯坐法免,乃以纵为右内史。

王温舒始为广平都尉,择郡中豪敢往吏十余人,以为爪牙。纵

这时汉朝所斩杀和俘获的匈奴人合起来共有八、九万，而汉王朝死亡的士卒也有好几万。从此以后匈奴人就逃得远远得，沙漠以南就没有匈奴的王庭存在。

【纲】匈奴请求和汉王朝和亲。汉王朝派遣使者去匈奴回报这件事，单于扣留汉朝的使者不让他回去。　【目】匈奴采用了赵信的建议，派遣使者到汉王朝，用和善的语言请求和汉王朝和亲。武帝召集部下商议这件事。丞相长史任敞说："匈奴最近被击败后处于困境，应当使他们屈服，成为臣属。"汉王朝派遣任敞出使单于，单于听后感到十分生气，就扣留下任敞不让他回去。博士狄山在商议时认为与匈奴和亲很有利，张汤说："这是愚蠢的儒生所见，简直无知。"狄山说："我固然很愚蠢，但很忠心，像张汤那样才是奸臣。"这时武帝脸上显出不高兴的样子说："我派你去管理一个郡，你能使匈奴人不敢进来侵犯吗？"狄山说："不能。"武帝说："让你去管一个县呢？"狄山回答说："不能。"武帝又问说："让你去管一个山间亭障呢？"狄山自己估计，如果辩论不过武帝时将会降级交法官审讯，于是说："能。"于是武帝就派遣狄山去守卫一个亭障。过了一个多月以后，匈奴人斩杀了狄山，拿着他的头就离开了。从此以后官吏们都很震恐，再没有敢不顺从张汤的人。

【纲】任命义纵为右内史，王温舒为中尉。　【目】在这以前，宁成任函谷关都尉，小官吏和百姓们出入关时都哀号地说："宁可碰到正在哺乳虎崽的母老虎，也别碰到宁成发怒。"等到义纵任南阳太守到达函谷关时，宁成站在一边迎接欢送，义纵也不给他行礼。到了郡治后就查办宁氏罪状，搞得他家破人亡，南阳地区的官吏和百姓们都不敢随便举动。后来义纵调任定襄太守，刚到那里的时候，乘人们没有准备时就对狱中所有的重罪、轻罪犯人进行了复查，一日之内就得出结论，杀死了四百余人，从此以后郡中的人们对义纵都不寒而栗。当时赵禹、张汤因为执法残酷而位列九卿，然而他们在处理政事时还是以法行事，而义纵却像苍鹰搏击野兔一般果断处理政事。在这一年里，汲黯因为犯法免去了他的官位，于是就任命义纵为右内史。

王温舒一开始时任广平（今河北鸡泽县东南）都尉，他在郡中选

使督盗贼,盗贼不敢近广平。迁河内太守,捕郡中豪猾,相连坐二千余家。上书请,大者至族,小者乃死。论报,至流血十余里。会春,温舒顿足叹曰:"嗟乎!令冬月益展一月,足吾事矣!"上以为能,擢为中尉。

【纲】方士文成将军少翁伏诛。 【目】齐人少翁,以鬼神方见上。上有所幸王夫人卒,少翁以方夜致鬼,如王夫人貌,天子自帷中望焉。于是乃拜少翁为文成将军,以客礼之。文成又劝上为台室,而置祭具,以致天神。居岁余,其方益衰,乃为帛书以饭牛,言曰:"此牛腹中有奇。"杀视得书,书言甚怪,天子识其手书,于是诛之。

【纲】癸亥,五年,春三月,丞相蔡有罪,自杀。 【目】坐盗孝景园堧地也。

【纲】罢三铢钱,铸五铢钱。

【纲】以汲黯为淮阳太守。 【目】于是民多铸钱,楚地尤甚,乃召拜汲黯为淮阳太守。黯为上泣曰:"臣常有狗马之心,病力不能任郡事。臣愿为中郎,出入禁闼,补过拾遗,臣之愿也。"上曰:"君薄淮阳耶?吾今召君矣。顾淮阳吏民不相得,吾徒得君之重,卧而治之。"黯既辞行,过大行李息曰:"黯弃逐居郡,不得与朝廷议矣。"后上使黯以诸侯相秩居淮阳,十岁而卒。

【纲】夏四月,以庄青翟为丞相。

【纲】甲子,六年,冬十月,雨水,无冰。

择了办事豪猾果敢、无所顾忌的十几位官吏，把他们当作爪牙，让他们随意去督查盗贼，盗贼从此不敢靠近广平。后来王温舒提升为河内（治怀县，今河南武涉县西南）太守，逮捕了郡内豪夺狡猾的人，互相牵连犯法的有二千余家。他上书请求：罪大的诛杀全族，罪小的处以死刑。皇帝批准后，斩杀的人流血有十多里长。时值春天，王温舒跺着脚说："唉！如果能够让冬季延长一个月，就足够完成我的事业了。"武帝认为他有才能，于是就提拔他为中尉。

【纲】方士文成将军少翁被诛杀。　【目】齐人少翁正准备到武帝那里去施展法术。武帝去参加王夫人的丧礼，少翁用方术让王夫人的鬼魂在夜里出现，鬼魂的像貌和王夫人一样，武帝从帷帐中望见了王夫人的鬼魂。于是拜少翁为文成将军，给了他很多的赏赐，用对待客人的礼节来对待少翁。少翁又劝武帝修筑祭祀用的室屋，并摆上祭祀用的各种器具，来招请天神。过了一年多以后，少翁的法术越来越不管用，于是又将法术写在帛书上喂牛，并告武帝说："这只牛腹中有奇怪的东西。"杀死牛一看，果然得到帛书，帛书上讲的话很奇怪，武帝认出了是少翁的手迹，于是把少翁杀死。

【纲】元狩五年（癸亥，前118），春三月，丞相李蔡犯法自杀。【目】李蔡因为侵占了景帝坟墓外的空地而犯了法。

【纲】废除三铢钱，铸造五铢钱。

【纲】任命汲黯为淮阳太守。　【目】此时民间有很多百姓盗铸钱，楚国地方尤其严重，于是征召汲黯任淮阳太守。汲黯流着泪对武帝说："我常常怀有报效您的犬马之心，因为病得很重，不能出任淮阳郡守。我希望担任中郎，出入于宫禁，拾遗补过，这是我的一点希望。"武帝说："你是瞧不起淮阳吗？我不久就调你回来。只是淮阳的官吏百姓关系不够谐调，我只得借助你的威望，你可以躺在床上治理淮阳。"汲黯告辞出来以后，去见大行李息，说："我被放逐到郡里，不能参与朝廷的议政了。"后来武帝让汲黯享受诸侯相的待遇在淮阳居住，十年以后汲黯就死了。

【纲】夏四月，任命庄青翟为丞相。

【纲】元狩六年（甲子，前117），冬十月，降雨，水不结冰。

【纲】遣使治郡国缗钱,杀右内史义纵。 【目】上既下缗钱令,而尊卜式,百姓终莫分财佐县官。于是杨可告缗钱纵矣。可告缗遍天下,中家以上,大抵皆遇告。杜周治之,少反者。分遣御史、廷尉正监,即治郡国缗钱,得民财物奴婢以亿万计,田宅亦如之。于是,商贾中家以上皆破,民偷食好衣,不事畜业。内史义纵以为此乱民,部吏捕其为可使者。上以纵为废格沮事,弃纵市。

【纲】秋九月,大司马,票骑大将军、冠军侯霍去病卒。

【纲】杀大农令颜异。 【目】初,异以廉直,至九卿。上既造白鹿皮币,问异,异曰:"今王侯朝贺以苍璧,直数千,而其皮荐反四十万,本末不相称。"上不悦。人有告异他事,下张汤治。异与客语初令下有不便者,异不应,微反唇。汤奏当:"异见令不便,不入言而腹诽,论死。"自是之后,有腹诽之法比,而公卿大夫多谄谀取容矣。

【纲】乙丑,元鼎元年,夏,赦。

【纲】丙寅,二年,冬,十一月,张汤有罪,自杀。十二月,丞相青翟下狱,自杀。 【目】初,御史中丞李文与汤有郤,汤所厚吏鲁谒居阴使人告文奸事,事下汤治,论杀之。上问:"变事踪迹安起?"汤佯惊曰:"此殆文故人怨之。"谒居病,汤亲为之摩足。赵王告:"汤大臣,乃与吏摩足,疑与为大奸。"事下廷尉。谒居病死,事连其弟。弟告汤与谒居谋共变告李文,事下减宣,穷竟,未奏。会盗发孝文园瘗钱,丞相青翟朝,与汤约俱谢,至前,汤独不谢。上使御史案丞

【纲】武帝派遣使者去管理郡国的缗钱，杀死了右内史义纵。
【目】武帝已经下达了缗钱令，而且很尊崇卜式，但百姓始终没有分出一些财产来辅助县官。于是杨可告发民间逃避缗钱十分严重。杨可告缗的事遍及天下，中产人家以上大抵都被告发。杜周在处理此事时，很少有人得到平反。于是武帝又派遣御史、廷尉正、廷尉监去处理郡国关于缗钱的事，得到的民财和奴婢数以亿万计，得到的田宅也和这一样。在这种情况下，做买卖的中产人家以上都破产。百姓们偷偷吃好的穿好的，也不再积蓄家产。内史义纵认为这是扰乱百姓，他率领部下逮捕了那些被杨可役使的人。武帝认为义纵抗拒圣旨，阻挠公事，于是将义纵斩杀示众。

【纲】秋九月，大司马、骠骑大将军冠军侯霍去病逝世。

【纲】大农令颜异被处死。　【目】当初颜异因为廉洁正直，升到九卿。武帝已经决定制造白鹿皮币时，询问颜异意见，颜异说："现在各王、侯朝贺用的礼物都是白色的玉璧，价值只值几千钱，而白鹿皮币反而价值四十万，主次很不相称。"武帝听了很不高兴。有人告发颜异其它违法的事，武帝派张汤去处理。颜异和客人说话时，客人谈到缗钱等令刚颁布时有些不恰当的地方，颜异当时没有应和，只是微微地撅了撅嘴唇。张汤上奏说："颜异见法令有不恰当的地方，不到朝廷里陈述，反而在心里非议，应当处以死刑。"从这件事情之后，汉王朝就设立了有关"腹诽"一类的律令，而公、卿、大夫们只好谄媚奉承来求得保身。

【纲】元鼎元年（乙丑，前116）夏季，对犯人实行大赦。

【纲】元鼎二年（丙寅，前115），冬十一月，张汤犯罪自杀。十二月，丞相青翟被逮捕入狱，自杀。　【目】当初，御史中丞李文与张汤有矛盾，张汤厚爱的官吏鲁谒居偷偷派人去告发了李文不忠的事情，朝廷把此事下达给张汤去处理，张汤依法斩杀了李文。武帝问张汤说："引起背叛事情的踪迹在哪里？"张汤假装惊讶地说："这大概是李文的亲朋故旧在怨恨他吧。"后来鲁谒居得了病，张汤亲自为他按摩脚。赵王刘彭祖听说后就告发说："张汤是国家大臣，竟然给一个小官吏按摩脚，很怀疑他和鲁谒居之间有大的阴谋。"朝廷把此事交给廷尉去处理。

相,汤欲致其文"丞相见知"。丞相长史朱买臣、王朝、边通皆素怨汤,欲死之,乃与丞相谋,使史捕案贾人田信等,曰:"汤且欲奏请,信辄先知之,居物致富,与汤分之。"事辞颇闻。上问汤曰:"吾所为,贾人辄先知之,益居其物,是类有以吾谋告之者。"汤不谢,又佯惊曰:"固宜有。"减宣亦奏谒居等事。上以汤怀诈面欺,使赵禹切责汤,汤乃为书谢,因曰:"陷臣者,三长史也。"遂自杀。汤既死,家产直不过五百金。昆弟诸子欲厚葬汤,母曰:"汤为天子大臣,被污恶言而死,何厚葬乎!"载以牛车,有棺无椁。上闻之,乃尽案诛三长史;丞相青翟下狱,自杀。

【纲】春,起柏梁台,作承露盘。 【目】盘高二十丈,大七围,以铜为之。上有仙人掌以承露,和玉屑饮之,云可以长生。宫室之修,自此日盛。

【纲】以赵周为丞相。

【纲】三月,大雨雪。

【纲】夏,大水,人饿死。

【纲】置均输。禁郡国铸钱。 【目】孔僅为大农令,而桑弘羊为大农中丞,稍置均输,以通货物。悉禁郡国无铸钱,专令上林三官

鲁谒居因病去世，这件事牵连到他的弟弟。鲁谒居的弟弟揭发了张汤与鲁谒居共同谋划诬告李文的事，朝廷下达命令给减宣，让他来处理这件事，减宣穷追猛查，但还没有奏报武帝。正在这时，有人盗取了孝文园随葬的钱币，丞相青翟准备去晋见皇帝，与张汤约定一起去谢罪。到了武帝面前后，张汤却独自站那里不请罪。武帝派遣御史去审理丞相青翟，张汤打算上奏"青翟知情不报"的案文。丞相长史朱买臣、王朝、边通等平素都很怨恨张汤，欲置张汤于死地，于是就跟丞相青翟密谋，派遣官吏去逮捕审讯商人田信等人，并散布说："张汤每次打算奏请皇帝时，田信就能事先知道，于是他囤积居奇，成了富商，然后再和张汤私分财产。"散布的这些话很快就传到了武帝的耳朵里，武帝问张汤说："我所干的事情，商人们总是事先知道，就更加囤居奇物，像这类情况好像有人把我的打算告诉了他们。"张汤没有谢罪，反而又假装惊讶地说："一定应当有这种事情。"此时减宣也向武帝奏报了鲁谒居等人的事情。武帝认为张汤心怀狡诈，当面欺骗，于是就派遣赵禹去责问张汤。于是张汤就写下了一封谢罪的遗书，因此说："陷害我的人是三个长史。"于是就自杀身亡。张汤死了之后，他全部家产的价值不过五百金。张汤的兄弟侄子们打算要给张汤厚葬，张汤的母亲说："张汤是天子的大臣，被恶言伤害而死，为什么要厚葬呢？"于是用牛车把张汤的尸体拉到墓地，只有内棺而没有外椁。武帝听说以后，就把三个长史全部抓来审讯诛杀；丞相青翟被逮捕入狱，后来他也自杀而死。

【纲】春季，兴建起柏梁台，并用铜铸造了承露盘。 【目】承露盘有二十丈高，直径要七个人才能抱住，都是用铜铸造成的。盘上铸有一个神仙的手掌，用它来承接露水，用承接到的露水和玉璧的粉末搅拌起来喝下去，据说可以长生不老。修建宫室的风气，从此一天比一天盛行。

【纲】任命赵周为丞相。

【纲】三月，下了大雨雪。

【纲】夏季，发了大水，有人被饿死。

【纲】设置了均输官。严禁各郡、国铸造钱币。 【目】任命孔僅为大农令，任命桑弘羊为大农中丞，设置了少量的均输官，以此来使各地的货物互相流通。全部禁止各郡、国铸造钱币，专门命令上林三官铸造

铸,非三官钱不得行。

【纲】西域始通,置酒泉、武威郡。 【目】张骞建言:"以厚币招乌孙以益东,居故浑邪之地,则是断匈奴右臂也。既连乌孙,自其西大夏之属,皆可招来而为外臣。"上以为然,使骞使乌孙,因分遣副使使大宛、康居、大月氏、大夏、安息、身毒、于阗及诸旁国,于是西域始通于汉矣。汉乃于浑邪王故地置酒泉郡,后又分置武威郡,以绝匈奴与羌通之道。

上得宛汗血马,爱之,名曰"天马",使者相望于道以求之。

【纲】丁卯,三年,冬,徙函谷关于新安。

【纲】夏,令株送徒入财补郎。 【目】所忠言:"世家子弟,富人乱齐民。"乃征诸犯令相引数千人,名曰株送徒,入财者得补郎。郎选衰矣。

【纲】关东饥,人相食。
【纲】戊辰,四年,冬十一月,立后土祠于汾阴脽上,亲祠之。始巡郡国,至荥阳而还。

【纲】封周后姬嘉为子南君。
【纲】春,以方士栾大为五利将军,尚公主。 【目】方士栾大,敢为大言,处之不疑。见上言曰:"臣常往来海上,见安期、羡门之属,曰:'黄金可成,而河决可塞,不死之药可得,仙人可致也。'然臣师非有求人,人者求之。陛下必欲致之,则贵其使者,令为亲属,以客礼待之,则可使通言也。"乃拜大为五利将军,封乐通侯,以卫长公主妻之,贵震天下。于是海上燕、齐之间,莫不扼腕自言有禁

钱币,不是上林三官铸造的钱币不得在市场流通。

【纲】通往西域的道路刚刚开通,设置了酒泉(今甘肃酒泉)、武威(今甘肃武威)两郡。 【目】张骞建议说:"用重礼来招抚乌孙使它再向东边一点,居住在原来浑邪居住的地方,这样就可以切断匈奴的右臂。如果和乌孙连横成功,在它西方的大夏等国就都可以招抚过来而成为汉朝的藩属。"武帝认为他讲的很对,于是派遣张骞出使乌孙,同时分别派遣副使出使大宛、康居、大月氏、大夏、安息、身毒、于阗以及附近其它诸国,此时西域各国开始和汉朝来往。汉朝于是就在浑邪王原来居住的地方设置了酒泉郡,后来又分置了武威郡,用来断绝匈奴和羌族互相来往的道路。

武帝获得一匹大宛国出产的汗血马,非常爱惜它,给它起名叫"天马",并派遣出很多使者络绎不绝地前往寻求。

【纲】元鼎三年(丁卯,前114)冬,把函谷关(今河南灵宝县北)迁到新安(今河南新安县东)。

【纲】夏季,命令株送徒交纳钱财后可以充当郎官。 【目】所忠说:"世家子弟、富人扰乱了百姓。"于是征召这些犯法的人,让他们互相揭发多达几千人,名曰"株送徒",交纳钱财的人可以补充为郎官。从此郎官的选拔日渐衰落。

【纲】关东发生灾荒,人们互相残杀充饥。

【纲】元鼎四年(戊辰,前113),冬十一月,在汾阴(今山西万荣县西南庙前村北古城)北岸高起的地方修立了后土祠,武帝亲临祭祀了后土祠。开始巡视各郡国,到了荥阳(今河南荥阳县西南)后才返回去。

【纲】封周朝的后裔姬嘉为子南君。

【纲】春季,任命方术之士栾大为五利将军,并娶公主为妻。
【目】方士栾大,敢说大话,并对他的大话深信不疑。他见到武帝后说:"我经常在海上来往,曾经看见了安期、羡门等神仙,我的老师说:'黄金可以炼成,河堤决口可以堵塞,长生不老药可以得到,可以成为仙人。'然而我的老师不求于人,但人们有求于他。如果陛下一定想请到他的话,一定要尊敬他的使者,使使者成为你的亲属,用对待宾客一样的礼节来对待他,这样就可以请他去传话。"于是武帝任命栾大为五利

方,能神仙矣。

【纲】夏六月,汾阴得大鼎。【目】迎至甘泉,荐之郊庙,群臣皆贺。

【纲】以儿宽为左内史。【目】是时吏治皆以惨刻相尚,独左内史儿宽,劝农桑,缓刑罚,理狱讼,务在得人心;择用仁厚士,推情与下,不求名声,吏民大信爱之。收租税时,裁阔狭,与民相假贷,以故租多不入。后有军发,左内史以负租课殿,当免;民闻当免,皆恐失之,大家牛车、小家担负输租,繈属不绝,课更以最。上由此愈奇宽。

【纲】以方士公孙卿为郎。【目】上幸雍,且郊,齐人公孙卿曰:"汉兴,复当黄帝之时,宝鼎出而与神通。黄帝采首山铜,铸鼎于荆山下。鼎既成,有龙垂胡䫇下迎,黄帝上骑龙,与群臣后宫七十余人俱登天。"于是上曰:"嗟乎!诚得如黄帝,吾视去妻子如脱屣耳!"拜卿为郎。

【纲】遣使喻南越入朝。
【纲】己巳,五年,冬十月,帝祠五畤,遂猎新秦中,以勒边兵。

【纲】立泰乙及五帝祠坛于甘泉。十一月朔,冬至,亲郊见。【目】是为泰畤。自是,三岁天子一郊见。

将军，封他为乐通侯，把卫长公主嫁给了他，他的显贵震动了天下。于是在沿海的燕国和齐国之间的人，无不激动振奋，宣称自己有秘方，能成为神仙。

【纲】夏季六月，汾阴出土了一个大鼎。　【目】将大鼎隆重地迎到甘泉宫（今陕西淳化县西北甘泉山上），呈献给宗庙，大臣们都向武帝朝贺。

【纲】任命儿宽为左内史。　【目】当时官吏们治理国家都用严刑酷法，而且都崇尚这种风气，只有左内史儿宽勉励耕种农桑，减缓刑罚，处理讼案，一心想取得民心。他选用仁慈忠厚的人当官，对百姓推情置腹，不追求名声，官吏和百姓们都很相信和爱戴他。收取租税的时候，能够注意四季农时、粮食的多少、交税的缓急，有时他还借贷给百姓，由于这样，租税有很多收不上来。后来，国家军队要出发打仗，左内史儿宽因为没有收起租税，成绩属于下等，应当免职。老百姓们听说要免去儿宽的官职，都怕失去这位好官吏，于是富家用牛车、贫家挑着担子来交纳租税，络绎不绝，最后儿宽的税收成为最上等。武帝因此更觉得儿宽人才出众。

【纲】任命方士公孙卿为郎官。　【目】武帝到雍城（今陕西凤翔县西南）巡视，并且在郊外进行了祭祀。齐人公孙卿说："汉王朝兴起的时间恰好和黄帝兴起的时间一样，宝鼎的出现和上天的神灵沟通。黄帝开采首山（即首阳山，今山西永济县西南）的铜矿，在荆山（今河南灵宝县阌乡南）脚下铸造宝鼎，宝鼎铸成之后，天上有条龙把它的胡须垂下来。黄帝就骑在龙的背上，后来和很多大臣及宫女七十余人一起上了天。"于是武帝说："唉呀！如果真的能像黄帝一样，我认为抛弃妻子就跟脱去鞋子一样。"于是任命公孙卿为郎官。

【纲】派遣使者去告诉南越前来朝贡。

【纲】元鼎五年（己巳，前112），冬十月，武帝去祭祀五畤，后来又到新秦中（今内蒙古河套以南、宁夏清水河流域、甘肃环县、陕西吴旗县一带）狩猎，统率边防部队。

【纲】在甘泉设立泰乙和五帝祠的祭坛。十一月初一，冬至，武帝亲自主持郊祀。　【目】这就是泰畤。从此武帝每三年主持一次郊祀。

【纲】南越相吕嘉杀使者及其王兴,更立建德为王,发兵反。

【纲】秋,遣将军路博德等将兵击南越。 【目】遣伏波将军路博德、楼船将军杨仆等击之。

【纲】赐卜式爵关内侯。 【目】齐相卜式上书,请父子与齐习船者往死南越。诏褒美式,赐爵关内侯,布告天下;天下莫应。

【纲】九月,尝酎,列侯百有六人皆夺爵,丞相周下狱,自杀。【目】时列侯以百数,皆莫求从军击越。会九月,尝酎,祭宗庙,列侯以令献金助祭。少府省金,金有轻及色恶者,上皆令劾以不敬,夺爵者百六人。丞相赵周,坐知列侯酎金轻,下狱,自杀。

【纲】以石庆为丞相。 【目】时国家多事,桑弘羊等致利,王温舒之属峻法,而兒宽等推文学,皆为九卿,更进用事;事不关决于丞相,庆醇谨而已。

【纲】栾大伏诛。 【目】大装,为入海求其师,乃之泰山。上使人随验,无所见。而大妄言见其师,方又多不售,坐诬罔,腰斩。

【纲】庚午,六年,冬,路博德等平南越,获建德、吕嘉,置九郡。 【目】南越平,遂以其地为南海、苍梧、郁林、合浦、交趾、九真、日南、珠崖、儋耳郡。

【纲】南越宰相吕嘉杀了汉王朝的使者及其国王赵兴,重新立赵建德为国王,并率领士卒反叛。

【纲】秋季,汉朝派遣将军路博德等率兵向南越发起进攻。
【目】汉朝派遣伏波将军路博德、楼船将军杨仆等进攻南越。

【纲】武帝赐卜式爵位为关内侯。【目】齐国宰相卜式上书武帝,请求他和他的儿子率领齐国熟悉水上作战的人去南越效死。于是武帝下诏表扬卜式,赏赐卜式为关内侯,并告示天下。但没有人响应。

【纲】九月,祭祀宗庙,尝饮新酒,一百零六位列侯被免去官职,丞相赵周被逮捕入狱,后来自杀。【目】当时有一百多个列侯,他们都没有请求从军进攻南越。正好遇上九月尝饮新酒,祭祀宗庙,列侯们应奉命贡献黄金,帮助祭祀。少府审查列侯们贡献的黄金时,发现有些黄金重量不足或成色不好的,武帝命令以"不敬"罪弹劾列侯,有一百零六位列侯被夺去官职。丞相赵周被指控犯了明知列侯黄金的重量不足而知情不报的罪被逮捕入狱,后来自杀身亡。

【纲】任命石庆为丞相。【目】当时国家多事,桑弘羊等只管如何得到利益,王温舒之流实行峻法,而兒宽等人只管推崇儒学,他们都官至九卿,越权行事。好多事情都不由丞相来决定,石庆只是敦厚谨慎而已。

【纲】栾大被诛杀。【目】栾大整理行装,准备到海里寻求他的师傅,于是到了泰山。武帝派人跟随他并验证结果,栾大没有发现跟随他的人。回来后栾大却吹牛说见到了他的师傅,他说的很多方法都不能得到验证。于是判栾大诈骗欺罔罪,并把他给斩杀了。

【纲】元鼎六年(庚午,前111)冬,路博德平定了南越,抓获了南越王赵建德和丞相吕嘉,并在南越的故土上设置了九个郡。【目】南越被平定后,在它原来的土地上设置了南海(治番禺,今广东广州市)、苍梧(治广信,在今广西梧州)、郁林(治布山,今广西桂平县西南古城)、合浦(今广东徐闻县南)、交趾(今越南河内市西北)、九真(今越南清化省清化西北东山县阳舍村)、日南(今越南广治省甘露河与广治河合流处)、珠崖(在今广东琼山县东南)、儋耳(在今广东儋县西北南滩)九个郡。

【纲】帝如缑氏观大人迹。 【目】公孙卿言见仙人迹缑氏城上。上亲往观,问卿:"得毋效文成、五利乎?"卿曰:"仙者非有求人主,人主自求之。其道非宽假,神不来,积以岁月,乃可致也。"上信之,于是郡国各除道,缮治宫观、名山、神祠,以望幸焉。

【纲】平西南夷,置五郡。 【目】平南夷为牂柯郡。夜郎侯入朝,上以为夜郎王。西夷冉、駹之属皆振恐,请臣置吏,乃以邛都为越嶲郡,筰都为沈黎郡,冉、駹为汶山郡,广汉西白马为武都郡。

【纲】置张掖、敦煌郡。 【目】分武威、酒泉地置张掖、敦煌郡。

【纲】以卜式为御史大夫。 【目】式既在位,乃言"郡国多不便县官作盐铁,苦恶价贵,或强令民买之;而船有算,商者少,物贵。"上由是不悦。

【纲】帝自制封弹仪。 【目】初,司马相如病且死,有遗书劝上封泰山。会得宝鼎,上乃令诸儒草封禅仪,数年不成。以问兒宽,宽曰:"封泰山,禅梁父,昭姓考瑞,帝王之盛节也;然享荐之仪,不著于经,非群臣之所能列。唯天子建中和之极,兼总条贯,金声而玉振之,以顺成天庆,垂万世之基。"上乃自制仪,颇采儒术以文之,尽罢诸儒不用。

【纲】辛未,元封元年,冬十月,帝出长城,登单于台,勒兵而

【纲】武帝去缑氏（今河南偃师县东南）去看仙人的足迹。 【目】公孙卿说在缑氏城上发现了仙人的足迹。武帝亲自前往观看，并问公孙卿说："你是否想效法少翁、栾大？"公孙卿回答说："仙人没有什么可求人间君主的，而君主是会求仙人的。如果道路不宽，神仙就不会到来。等上一些年月，才可以来到。"武帝相信了他的话，于是让各郡国修建道路，修缮庙宇、名山、神祠，希望神仙到来。

【纲】汉王朝平定了西南夷，在那里设置了五个郡。 【目】汉王朝平定了南夷，在那里设置了牂柯郡（今贵州凯里西北）。夜郎侯来朝见武帝，武帝封他为夜郎王。西夷冉、駹等国听说后感到震恐，就请求称臣设置官吏，于是汉王朝把邛都国改为越巂郡（治邛都，今四川西昌县东南），筰都改为沈黎郡（治所在今四川汉源县东北），冉、駹改为汶山郡（治所在今四川茂汶北），广汉西白马改为武都郡（治所在今甘肃西和南）。

【纲】设立张掖郡（今甘肃张掖县西北）和敦煌郡（今甘肃敦煌县西）。 【目】分割武威、酒泉地区设立了张掖郡和敦煌郡。

【纲】任命卜式为御史大夫。 【目】卜式在朝廷做官后，就反映："大多数郡国认为生产盐铁不便，所生产的盐铁质量很差而且价钱很贵，有时还强行让百姓购买；做买卖的船只还要纳税，商人越来越少，物价很贵。"武帝从此就不喜欢卜式。

【纲】武帝亲自制定封禅仪式。 【目】当初，司马相如得病将要去世时，写下了遗书劝武帝到泰山祭祀天地。正好此时得到宝鼎，于是武帝命令好多儒生商议封禅的仪式，过了好几年都没有商量好。武帝就问儿宽，儿宽说："在泰山祭祀天神，在梁父祭祀地神，昭告人民，祈求祥瑞，这是帝王的盛大节日。然而祭祀献礼的仪式在经书中没有记载，也不是大臣们能够制定的。只有天子掌握中正和平，并综合照顾到原来的规定和惯例，奏起用金玉做的乐器来顺成天下的大庆，这样就可以奠定今后万世封禅仪式的基础。"于是武帝亲自制定封禅仪式，很多地方采用了儒家观点来修饰。把很多儒生都免去官职，不使用他们。

【纲】元封元年（辛未，前110），冬十月，武帝出了长城，登上单于

还。【目】上又以古者先振兵释旅,然后封禅,乃行自云阳历五原,出长城,北登单于台,勒兵十八万骑,旌旗径千余里。遣郭吉告单于令臣于汉。单于怒,留吉。上乃还,祭黄帝冢,而释兵。

【纲】贬卜式为太子太傅,以儿宽为御史大夫。

【纲】东越杀王馀善以降,徙其民江、淮间 【目】上以闽地险阻,数反复,终为后世患。乃悉徙其民于江、淮之间,遂虚其地。

【纲】春正月,帝如缑氏,祭中岳。遂东巡海上求神仙。夏四月,封泰山,禅肃然,复东北至碣石而还。五月,至甘泉。【目】正月,上幸缑氏,礼祭中岳,从官在山下,闻若有言"万岁"者三。

上遂东巡海上,益发船求蓬莱,及与方士求神仙。四月,还至奉高,封泰山。封下有玉牒书,书秘。明日,禅泰山下址东北肃然山。祠,夜若有光,昼有白云出封中。天子还坐明堂,群臣上寿,下诏改元。

天子既已封泰山,无风雨,而方士更言蓬莱诸神若将可得。于是上欣然庶几遇之,复东至海上,欲自浮海求蓬莱。东方朔谏曰:"夫仙者,得之自然,不必躁求。若其有道,不忧不得;若其无道,虽至蓬莱见仙人,亦无益也,臣愿陛下第还宫静处以须之,仙人将自至。"上乃还。是行凡周行万八千里云。

台，后率兵而还。　【目】武帝又认为上古之人都是先鼓动士兵出发，然后又解散了军队，最后才祭祀天地。于是就从云阳（今陕西淳化县西北）出发经过五原（今内蒙古包头市西北）出了长城，登上单于台（今内蒙古托克托县境），率领十八万骑兵，各种旗帜有一千里长。然后派遣使节郭吉去告诉单于要称臣于汉朝。单于听了很生气，扣留下汉朝的使节郭吉。于是武帝返回，祭祀了黄帝的坟墓，然后解散了军队。

　　【纲】贬卜式为太子太傅，任命兒宽为御史大夫。

　　【纲】东越人杀死了国王骆馀善，然后投降了汉朝。汉王朝将东越国的百姓迁到江淮之间。　【目】武帝认为闽地（今福建）地势险阻，那里的人又多次降叛，最终怕成为后世的祸患，于是把那里的百姓全部迁到江淮地区，那里的地方就空了。

　　【纲】春正月，武帝到了缑氏，祭祀了中岳（即嵩山）。后就向东在海上巡求神仙。夏四月，在泰山祭天，在肃然山（今山东莱芜县西北）祭天。后又向东北到了碣石山（今辽宁绥中县东南）才返回去。五月，到达甘泉（今陕西淳化县西北）。　【目】正月，武帝到缑氏巡视，按照礼仪祭祀了中岳，随从武帝出巡的官员们在山下听见好像有声音喊"万岁"，喊了三次。

　　武帝在东面的海上巡视，又增加了很多船只在海上寻求蓬莱，并和方术之士一起寻求神仙。四月，回到了奉高（今山东泰安县东），祭祀了泰山。祭坛下埋有玉牒，玉牒的内容十分隐密。第二天，又祭祀了泰山脚下东北面的肃然山。祭坛上夜晚好像有光，白天好像有白云从祭坛中冒出。后来武帝回到泰山脚下高坐明堂，大臣们为武帝祝寿，武帝下诏书改变年号。

　　武帝祭祀泰山以后，天气没有起风，没有下雨，而方术之士们更加宣称蓬莱诸神好像将要到来。在这个时候，武帝也兴高采烈，希望很快见到神仙。于是他又向东到了海上，打算亲自出海寻求蓬莱。东方朔劝他说："求得仙人，要出于自然，不能急躁地寻求他。如果有求得神仙的方法，不用担心求不到。如果没有求得神仙的方法，即使到了蓬莱见到了神仙，也不会有什么好处的。我希望陛下只管回到宫中安安静静地在那里等待神仙，仙人将会自己到来。"武帝这才返了回去。这次

【纲】赐桑弘羊爵左庶长。 【目】先是桑弘羊领大农,尽斡天下盐铁。令远方各以其物如异时商贾所转贩者为赋,而相灌输。置平准于京师,都受天下委输,贵即卖之,贱即买之,欲使富商大贾无所牟大利,而万物不得腾踊。至是,巡狩所过,赏赐用帛百余万匹,钱金以钜万计,皆取足大农。弘羊又请令吏得入粟补官及罪人赎罪,民不益赋而天下用饶。于是赐弘羊爵左庶长。是时小旱,上令官求雨。卜式言曰:"县官当食租衣税而已,今弘羊令吏坐市列肆,贩物求利。烹弘羊,天乃雨。"

【纲】秋,有星孛于东井,又孛于三台。 【目】望气王朔言:"候独见填星出如瓜,食顷,复入。"有司皆曰:"陛下建汉家封禅,天其报德星云。"

【纲】壬申,二年,冬十月,帝祠五畤,还祠泰乙,以拜德星。

【纲】春,如东莱。 【目】公孙卿言:"见神人东莱山,若云欲见天子。"于是幸东莱,留宿数日,无所见。时岁旱,天子既出无名,乃祷万里沙。还,过祠泰山。

【纲】夏,还,临塞决河,筑宣防宫。 【目】初,河决瓠子,二十余岁不塞,是岁发卒数万人塞之。上自泰山还,自临决河,沉白马、玉璧,令群臣负薪,卒填决河,筑宫其上,名曰宣防。

出行，一共走了一万八千里路程。

【纲】武帝赏赐给桑弘羊左庶长的爵位。　【目】在此之前，桑弘羊是代理大农令，主管天下盐铁事务。他命令边远地方的人们各自用他们的物产像不同时期的商人们贩卖东西一样缴纳赋税。在京师长安设立了平准官，接受天下的赋税物品。价钱贵时就卖出去，价钱贱时就买进来，这样做是想使富商大贾们从中得不到大的利益，使所有的物价不致波动。但到这个时候，凡是天子巡视所经过的地方，一路赏赐所用的丝绸就有一百多万匹，所用的金钱数以万计，这些钱物都是从大农令那里支取的。于是桑弘羊又请求下令允许小官吏捐献粮秣就可以升官，犯罪的人也可以用交纳钱物的方法来赎罪。这样做，百姓不但没有增加赋税而天下的物用却十分丰富，于是武帝赏赐桑弘羊为左庶长官。正当此时，气候小有旱灾，武帝命令官员们向上天求雨。卜式说："县官们只应当食用他们所收的租税。但现在桑弘养却让官吏们坐在市场上做起生意来，他们贩卖东西，牟取利益。只有烹杀桑弘羊，老天才会下雨。"

【纲】秋季，有一颗彗星出现在东井星旁边，后来又出现在三台星旁边。　【目】会望天象的王朔说："等一会儿就会单独看见填星出现，形状像瓜，吃一顿饭的工夫后就又退了回去。"有司官们都说："陛下开创了汉朝的封禅仪式，上天用'德星'来回报您。"

【纲】元封二年（壬申，前109），冬十月，武帝祭祀五畤，回来时又祭祀了泰乙，以此来拜谢德星。

【纲】春季，武帝到了东莱（今山东掖县）。　【目】公孙卿说："在东莱山上看见了仙人，好像是说他想见天子。"于是武帝到了东莱，在那里住了好几天后仍然什么也没有看到。当时天气干旱，武帝既然已经出宫，但又没有什么名义，于是就去祈祷了万里沙。在回来经过泰山时又祭祀了泰山。

【纲】夏季，武帝往回返，途中亲临黄河决口的地方，并在那里修筑了宣防宫。　【目】当初，黄河在瓠子（今河南濮阳县瓠子堤）决口，二十多年来没有堵塞。这一年，派出数万名士卒前往修补决口。武帝从泰山返回来的途中，亲临黄河的决口处，并将白马、玉璧投到黄河中，命

【纲】至长安,立越祠。 【目】越人勇之言:"越俗祠,皆见鬼有效,东瓯王敬鬼得寿。"乃令立越祠,亦祠天神、上帝、百鬼,而用鸡卜。

【纲】作蜚廉、桂观、通天茎台。 【目】公孙卿言仙人好楼居,于是上令长安、甘泉作诸台、观而候神人。

【纲】甘泉房中产芝九茎;赦。

【纲】旱。 【目】上以旱为忧,公孙卿曰:"黄帝时,封则天旱,干封三年。"上乃下诏曰:"天旱,意干封乎!"

【纲】秋,作明堂于汶上。

【纲】以杜周为廷尉。 【目】周外宽,内深次骨,其治大放张汤。时诏狱益多,一岁至千余章,逮至六、七万人,吏所增加十余万人。

【纲】癸酉,三年,冬十二月,雷;雨雹。 【目】雹大如马头。

【纲】遣将军赵破奴击楼兰,虏其王姑师;遂击车师,破之。 【目】楼兰王姑师攻劫汉使,为匈奴耳目,上遣赵破奴击之。破奴以七百骑虏楼兰王,遂破车师,因举兵威以困乌孙、大宛之属。封破奴浞野侯。于是酒泉列亭障至玉门矣。

【纲】乙亥,五年,夏四月,大司马、大将军、长平侯卫青卒。 【目】青凡七出击匈奴,再益封,并三子,凡二万二百户。后尚长公

令大臣们都去背柴草来堵决口,最终堵住了黄河决口,并在上面建了个宫室,起名叫宣防宫。

【纲】武帝回到了长安,按照南越人的风俗修建了祭祀用的祠堂。
【目】南越人勇之说:"南越人祭祀的风俗都是以见到鬼才算有效,东瓯王因为敬鬼而延年益寿。"于是武帝命令按照南越人的祭祀风俗修建祠堂,同时也祭祀天神、天帝、百鬼,并且用鸡来占卜凶吉。

【纲】修建了蜚廉、桂观、通天茎台。【目】公孙卿说神仙喜欢住在楼上,于是武帝命令在长安、甘泉修建台观来等候神仙的到来。

【纲】甘泉宫里长出了有九支茎的灵芝草。武帝大赦天下。

【纲】天气干旱。【目】武帝因为天气发生干旱而担扰,公孙卿说:"黄帝时期,祭祀就会发生天旱,天庭封闭了三年。"武帝于是下发诏书说:"天气干旱,莫非是天庭封闭?"

【纲】秋季,在汶水(今山东西部大汶河)岸边修建明堂。

【纲】任命杜周为廷尉官。【目】杜周外貌忠厚宽大,内心却苛刻入骨,他的管理方法一切效仿张汤。当时下诏入狱的人愈来愈多,一年之间就有一千多件案件,被逮捕的有六七万人,由于属吏的原因所累及的增加了十多万人。

【纲】元封三年(癸酉,前108),冬十二月,天空打雷,下了冰雹。【目】冰雹的大小就像马头。

【纲】武帝派遣将军赵破奴出击楼兰(今新疆尉犁县东罗布泊西北孔雀河北岸;一说在今新疆若羌县),俘虏了楼兰国王姑师。接着又进击车师国(车师后国国都在务涂谷,即今新疆吉木萨尔县南;车师前国国都在交河城,即今新疆吐鲁番县西北雅尔湖村附近),结果攻破了车师国。【目】楼兰国国王姑师劫持了汉朝的使者来当作匈奴人的耳目,于是武帝派遣赵破奴出击楼兰国。赵破奴率领七百骑兵俘虏了楼兰国国王姑师,又攻下了车师国,后来又乘胜率兵威胁、围困乌孙、大宛等国。武帝封赵破奴为浞野侯。到这时从酒泉修建的亭障一直延伸到玉门关。

【纲】元封五年(乙亥,前106),夏四月,大司马、大将军、长平侯卫青去世。【目】卫青前后共七次出击匈奴,武帝再次增加了他的食

主。苏建尝责青以招选贤者,青曰:"招贤绌不肖,人主之柄也。人臣奉法,何与招士!"霍去病亦放此意。

【纲】初置刺史。 【目】冀、幽、并、兖、徐、青、扬、荆、豫、益、凉州及朔方、交趾,凡十三部。

【纲】诏举茂材、异等,可为将相、使绝域者。 【目】上以名臣文武欲尽,乃下诏曰:"盖有非常之功,必待非常之人。故马或奔踶而致千里,士或有负俗之累而立功名。夫泛驾之马,跅弛之士,亦在御之而已。其令州、郡察吏、民有茂材、异等,可为将相及使绝国者。"

【纲】丁丑,太初元年,冬十一月,柏梁台灾。
【纲】春,作建章宫。
【纲】夏五月,造太初历,以正月为岁首。 【目】大中大夫公孙卿、壶遂、太史令司马迁等言:"历纪坏废,宜改正朔。"兒宽议以为宜用夏正。乃诏卿等造汉太初历,以正月为岁首,色尚黄,数用五,定官名,协音律。

【纲】秋,遣将军李广利将兵伐宛。 【目】汉使入西域,言宛有善马,在贰师城。上使壮士持千金及金马以请之,宛王不肯。汉使怒,携金马而去,宛贵人令其东边郁成王遮杀之。于是上欲侯宠姬李氏,乃拜其兄广利为贰师将军,以伐宛,期至贰师城取善马,故以为号。

邑，同时也封了他的三个儿子，共有食邑二万二百多户。后来又娶了长公主为妻。苏建指责卫青招纳有才能的人，卫青说："招纳有才能的人，罢免没有才能的人，这是君主的权力。我是奉命执法，怎么能说是我招揽士人呢？"霍去病也曾效仿这种做法。

【纲】开始设置刺史。　【目】设置了冀州、幽州、并州、兖州、徐州、青州、扬州、荆州、豫州、益州、凉州及朔方、交趾等州，一共有十三个州。

【纲】武帝下诏要全国举荐优秀人才及有特殊才能的人，推荐一些可以担任将军、宰相以及可以出使绝远异域国家的人才。　【目】武帝认为有名的大臣和文武将相都快选不出来了，于是下诏书说："大概要建立特殊功劳就一定要等待有特殊才能的人去完成。所以有的马一骑就又跳又踏，能跑一千里路；士人中有受世俗的指责，但却能建功立名的。那些凶暴不驯的马和不受礼法约束的人，关键看你是如何驾御而已。命令各州、郡要考察官吏和百姓中有没有有优秀才干和特殊才能等可以做将相官或能出使绝远国家的人。"

【纲】太初元年（丁丑，前104），冬十一月，柏梁台发生火灾。

【纲】春季，修建建章宫。

【纲】夏五月，拟定《太初历》，以正月为一年的第一个月。　【目】大中大夫公孙卿、壶遂、太史令司马迁等说："历法太混乱，应当改变正朔。"兒宽认为"应当用夏朝历法"。于是武帝下诏命令公孙卿等拟定汉朝《太初历》，以正月为一年的第一个月，崇尚黄颜色，把"五"作为祥瑞的数字，重新确定官名，协调音律。

【纲】秋季，派遣将军李广利率领部队讨伐大宛。　【目】汉王朝的使者进入西域后，报告说大宛出产好马，产地在贰师城（在今苏联吉尔吉斯南部马尔哈马特）。于是武帝派遣壮士拿着黄金和金马前去请求交换好马，大宛国王不肯交换。汉朝的使者很生气，拿着金马就离开了大宛。大宛贵族官命令他东边的郁成王拦住汉朝的使者，并把他杀死。在这个时候，武帝正打算分封宠姬李夫人，于是任命李夫人的哥哥李广利为贰师将军，并派他去讨伐大宛，希望他到了贰师城后能夺取那里的好马，所以称他为贰师将军。

【纲】关东蝗起,飞至敦煌。

【纲】中尉王温舒有罪,自杀,夷三族。 【目】温舒少文,居廷惛惛不辨,为中尉则心开。素习关中俗,豪恶吏皆为用。舞文巧请,行论无出者。至是坐为奸利,当族,自杀。时两弟及婚家,亦坐他罪族。光禄勋徐自为曰:"古有三族,而温舒罪至五族乎!"

【纲】戊寅,二年,春正月,丞相庆卒,以公孙贺为丞相。【目】时朝廷多事,督责大臣,丞相比坐事死。贺引拜,不受印绶,顿首涕泣。上起去,贺不得已拜,曰:"我从是殆矣!"

【纲】己卯,三年,秋,睢阳侯张昌有罪,国除。 【目】初,高祖封功臣为列侯,百四十有三人。时兵革之余,民人散亡,大侯不过万家,小者五六百户。其封爵之誓曰:"使黄河如带,泰山若砺,国以永存,爰及苗裔。"逮文、景间,流民既归,户口亦息,列侯大者至三四万户,小国自倍,富厚如之。子孙骄逸,多抵法禁,陨身失国。至是昌坐为太常乏祠,国除。见侯才四人,网亦少密焉。

【纲】大发兵从李广利围宛。宛杀其王毋寡以降,得善马数十匹。

【纲】庚辰,四年,春,封李广利为海西侯。

【纲】秋,起明光宫。

【纲】冬,匈奴呴犁湖单于死,弟且鞮侯单于立,使使来献。

【纲】关东地区蝗虫大起,向西飞到了敦煌。

【纲】中尉王温舒犯了罪,自杀身亡,并诛灭了他的三族。 【目】王温舒没有什么文化,他在朝廷办事时经常辨别不清是非,当了中尉后心情开朗。平素熟悉关中地区的习俗,豪门恶吏都能被他利用。舞弄文法,穿凿奏请,行法论罪时没有根据。到这时他犯了奸利罪,应当灭族,他自杀身亡。当时他的两个弟弟及他的妻子家,也都因为他犯罪而被灭族。光禄勋徐自为说:"古代有诛杀三族的刑法,而温舒的罪却被诛杀五族。"

【纲】太初二年(戊寅,前103),春正月,丞相石庆去世。任命公孙贺为丞相。 【目】当时朝廷连连发生事情,武帝经常督察责罚大臣,丞相们接连犯罪自杀。公孙贺被引进拜受丞相时,他推辞不接受印信,把头俯在地上,泪流满面。武帝起身退朝,公孙贺不得已只好把印信接受下来,他说:"从此我已经完了。"

【纲】太初三年(己卯,前102)秋,睢阳侯张昌犯了罪,撤除封国。 【目】当初,汉高祖刘邦分封有功之臣为列侯,共有一百四十三人。战乱之后,百姓死的死,逃的逃,大侯的食邑也超不过一万户,小侯的食邑只有五六百户。当初封爵时的誓言说:"即使黄河狭窄得像衣带一样,泰山毁坏得像小石头一样,封国都要永远存在,传给子孙后代。"到了文帝、景帝时候,流亡的百姓们又都回到了故乡,户口也在繁衍增加,列侯们的食邑,大者有三四万户,小者也比原来增加一倍,家产的积累也如此增加。子孙们骄奢懒惰,大多都为非作歹,违犯国法,结果自身受到刑罚,封国也被撤除。到了这个时候,张昌犯了为太常乏祠罪,撤去了他的封国。仍保留侯爵的只有四个人,对他们的防范也越来越严密了。

【纲】出动大军跟从李广利去围攻大宛国。大宛人杀死了国王毋寡而投降,得到了数十匹大宛产的好马。

【纲】太初四年(庚辰,前101)春,封李广利为海西侯。

【纲】秋季,修建成明光宫。

【纲】冬季,匈奴呴犁湖单于去世,他的弟弟且鞮侯单于继位,派遣使者来汉王朝贡献礼物。 【目】武帝打算乘讨伐大宛国的威风来围

【目】上欲因伐宛之威遂困胡，乃下诏曰："高皇帝遗朕平城之忧；高后时，单于书绝悖逆。昔齐襄公复九世之雠，春秋大之。"且鞮侯初立，恐汉袭之，乃曰："我儿子，安敢望汉天子！汉天子，我丈人行也。"因尽归汉使之不降者路充国等，使使来献。

【纲】辛巳，天汉元年，春三月，遣中郎将苏武使匈奴。【目】上嘉单于之义，遣苏武送匈奴使留在汉者。既至，单于使卫律召武，欲降之。武谓假吏常惠等曰："屈节辱命，虽生，何面目以归汉！"引佩刀自刺。卫律惊，自抱持之。武气绝，半日复息。单于壮其节，朝夕遣人候问武，而收系武副张胜，胜请降。

律谓武曰："苏君！律前负汉归匈奴，幸蒙大恩，赐号称王，拥众数万，马畜弥山，富贵如此！苏君今日降，明日复然；空以身膏草野，谁复知之！"武不应。律曰："今不听吾计，后虽欲复见我，尚可得乎！"武骂律曰："汝为人臣子，不顾恩义，畔主背亲，为降虏于蛮夷，何以汝为见！"律白单于，愈欲降之。乃幽武置大窖中，绝不饮食；天雨雪，武啮雪与旃毛并咽之，数日不死。匈奴以为神，乃徙武北海上无人处，使牧羝，曰："羝乳乃得归。"别其官属，各置他所。

【纲】雨白牦。
【纲】壬午，二年，夏，遣李广利将兵击匈奴，别将李陵战败降虏。【目】贰师出酒泉，击匈奴，斩万余级。师还，匈奴大围之，假

困匈奴，于是下诏书说："高皇帝把平城的忧患遗留给我，高后时期，单于的来信内容很荒谬狂悖。从前齐襄公报复了九世先祖的仇恨，《春秋》大大地赞扬了这件事。"且鞮侯刚继位的时候，非常担心汉朝袭击他们，于是说："我是儿子辈，怎么敢怨恨汉朝天子！汉朝天子是我的丈人辈。"因此全部释放了汉朝使者中那些不投降的人，如路充国等，并派遣使者来向汉朝贡献礼物。

【纲】天汉元年（辛巳，前100），春三月，武帝派遣中郎将苏武出使匈奴。 【目】武帝称赞单于的诚意，派遣苏武去送回扣留在汉朝的匈奴使者，到达匈奴后，单于派卫律去召见苏武，打算使他投降匈奴。苏武对暂代使者一职的常惠等说："如果屈节辱命，虽然让我活着，我还以什么面目回到汉朝？"于是拔出佩带的刀就要自杀。卫律感到很惊恐，亲自抱住了苏武。苏武昏厥气绝，半天的工夫又苏醒过来。单于很钦佩苏武的节烈，早晚都派人去问候苏武，而逮捕了苏武的副手张胜，张胜请求投降匈奴国。

卫律对苏武说："苏先生，我以前辜负了汉朝，后来投奔到匈奴国，侥幸蒙受大恩，赐我王爵，使我拥有数万部众和满山遍野的牛马，享受如此富贵。如果苏先生今日投降了匈奴，明天就会这样。否则白白地横尸旷野，谁又能知道你呢？"苏武没有答应。卫律说："今天你不听我的建议，以后想再见到我，还可能吗？"苏武骂卫律说："你当别人的臣子，不顾过去的恩义，叛主背亲，被蛮夷俘虏后投降了蛮夷，我为什么还要再见你？"卫律把这些情况告诉了单于，单于更加想使苏武投降，于是就把苏武囚禁在一个大窖中，断绝饮食。正巧天降大雪，苏武吃雪，并用雪与旃毛一起咽下去，好几天后还没有饿死。匈奴人认为他有神仙帮助，于是就又把苏武迁到北海（今西伯利亚贝加尔湖）上没有人居住的地方，派他放牧公羊，并告诉苏武说："等到公羊有了奶汁时你就可以回去。"其他属官被安置在别的地方。

【纲】天上下白毛。

【纲】天汉二年（壬午，前99）夏，派遣李广利率兵出击匈奴，副将李陵战败后被俘获投降。 【目】贰师将军李广利率军开出酒泉，出击匈奴，斩杀了一万多匈奴人。在率军返回的途中，匈奴出兵把贰师将军

司马赵充国与壮士百余人溃围陷陈，贰师引兵随之，遂得解。汉兵物故什六七。诏拜充国为中郎。

初，李广有孙陵，善骑射，爱人下士。帝以为有广之风，拜骑都尉，使将丹阳楚人五千人，教射酒泉、张掖以备胡。至是，上欲使为贰师将辎重，陵曰："臣所将皆荆楚勇士，奇材剑客，力扼虎，射命中，愿得自当一队，分单于兵，毋令专乡贰师军。"上曰："吾发军多，无骑予汝。"陵对："无所事骑，臣愿以步兵五千人，涉单于庭。"上壮而许之。陵于是出居延，至浚稽山，与单于相值，杀数千人。单于大惊，欲去，会军候管敢亡降匈奴，具言陵军无救，矢且尽。单于大喜，遮道急攻。陵军南行，一日五十万矢俱尽。陵曰："无面目报陛下！"遂降。

上闻陵降，怒甚，群臣皆罪陵，惟太史令司马迁盛言"陵事亲孝，与士信，常备不顾身以徇国家之急，其素所畜积也，有国士之风。今举事一不幸，全躯保妻子之臣随而媒蘖其短，诚可痛也！且陵提步卒不满五千，深蹂戎马之地，抑数万之师，虏救死扶伤不暇，悉举引弓之民共攻围之，转斗千里，矢尽道穷，士张空䇯，冒白刃，北首争死敌，得人之死力，虽古名将不过也。身虽陷败，然其所摧败亦足暴于天下。彼之不死，宜欲得当以报汉也"。上以迁为诬罔，欲沮贰师，为陵游说，下迁腐刑。

李广利给包围了。假司马赵充国率领一百多名壮士冲破了匈奴军队的包围阵势，贰师将军率兵跟随着假司马赵充国，才得以解脱。汉朝的军队死亡了十分之六七。武帝下诏任命赵充国为中郎。

　　当初，李广有个孙子叫李陵，善于骑马射箭而且对人友好，礼贤下士。武帝认为他有李广的风度，于是就任命他当骑都尉，派他率领丹阳郡（治所在今安徽宣城县）的楚国战士五千多人，在酒泉、张掖地区教他们射箭，以防匈奴人的袭击。到了这时，武帝打算派他为贰师将军去护送军用物资，李陵说："我所率领的都是原来楚国的勇士和奇才剑客，他们的力量可以扼死猛虎，射箭百发百中。我希望能够自己单独率一个部队独当一面，分散匈奴的兵力，不要让他们集中力量专门对着贰师将军。"武帝说："我派出的军队很多，没有马匹配备给你。"李陵回答说："我不需要骑兵。我希望率领五千步兵踏平单于的王庭。"武帝认为他壮志凌云，因而答应了他的请求。于是李陵率军走出居延（治所在今内蒙古额济纳旗东南哈拉和图），到了浚稽山（约在今蒙古共和国土拉河、鄂尔浑河上源以南一带），和单于军队相遇，斩杀了单于士卒几千人。单于感到十分惊恐，想逃跑，正好遇上军候管敢投降了匈奴，大家都说李陵的军队无法挽救了，而且箭已用完。单于听后非常高兴，挡住回路向李陵发动攻击。李陵的军队向南边移动，一日之间就发射了五十万支箭，箭也全部用完了。李陵说："我已没有脸回报陛下了。"于是就投降了匈奴。

　　武帝听说李陵投降了匈奴，十分生气。大臣们也都责备李陵，只有太史令司马迁赞美他说："李陵事奉父母十分孝敬，对待士卒也有恩信；经常奋不顾身地献身于国家的危急之中。这些都是他平素修养的积累，大有国士的风范。现在不幸失败，那些拥妻保子的大臣也跟着说他的短处，实在使人痛心！况且李陵率领的士卒不足五千，深入敌人阵地，面对数万强敌，使匈奴救死扶伤都没有时间，而他却率领带着弓箭的百姓一起围攻匈奴，转战千里，最后箭尽路绝，战士们张开没有箭的弓，冒着雪白的刀剑，面向北方和敌人拼死作战，能得到士卒如此效死尽力，即使是古代的名将也超不过他。他虽然被敌人攻陷失败，然而他奋力击败敌人的决心也足可以显露于天下。他之所以不死，是想得到

【纲】遣绣衣直指使者，发兵击东方盗贼。【目】上好尊用酷吏，吏民益轻犯法。东方盗贼滋起，上始使御史中丞、丞相长史督之，弗能禁，乃使光禄大夫范昆等，衣绣衣，持节，虎符，发兵以兴击。所至得擅斩二千石以下，诛杀甚众，一郡多至万余人。散亡复聚，无可奈何，于是作沉命法曰："盗起不发觉，发觉而捕弗满品者，二千石以下至小吏，主者皆死。"其后，虽有盗不敢发，上下相为匿，以文辞避法焉。

时暴胜之为直指使者，衣绣杖斧，所诛杀二千石以下尤多，威振州郡。至渤海，闻郡人隽不疑贤，请与相见。不疑曰："凡为吏，太刚则折，太柔则废，威行，施之以恩，然后树功扬名，永终天禄。"胜之深纳其戒；及还，表荐，召拜青州刺史。

王贺亦为绣衣御史，逐捕群盗，多所纵舍，以奉使不称免。叹曰："吾闻活千人，子孙有封。吾所活者万余人，后世其兴乎！"

【纲】癸未，三年，春二月，初榷酒酤。

【纲】甲申，四年，春正月，遣李广利等击匈奴，不利。族诛李陵家。

【纲】夏四月，立子髆为昌邑王。

【纲】令死罪人赎。

一个适当的机会来报效汉王朝。"武帝认为司马迁是胡言乱语,想败坏贰师将军李广利,为李陵来游说,下令处司马迁以腐刑。

【纲】派遣绣衣直指使率兵进攻东方的盗贼。 【目】武帝喜欢尊崇和使用严酷的官吏,而小吏和百姓更加轻易犯法。东方的盗贼蜂起,武帝开始派遣御史中丞、丞相长史前去监督,但未能禁止。于是就派光禄大夫范昆等穿上绣花的官服,拿着符节,率兵前往袭击盗贼,所到之处对失职的二千石以下的官员可以开杀,杀死了很多人,一个郡有的多至一万多人被杀。被打散的盗贼重新又聚集在一起,官方无可奈何,于是制定了《沉命法》。《沉命法》规定:"盗贼兴起而没有发觉,或虽然发觉而逮捕时又不能符合规定的,二千石以下官员至小的官吏、主管官吏都要处死刑。"从此以后,地方上虽然也有盗贼出现,但官吏们不敢告发,上下相互隐匿,用一些虚假的公文往来来逃避法律惩罚。

当时暴胜之任直指使,穿着绣图案的官服,手里拿着木杖和斧,他所杀死的二千石以下的官吏特别多,威振州郡。他到了渤海郡(治所在今河北沧州市东南)后,听说当地居民隽不疑很贤明,他请求和隽不疑相见。隽不疑说:"凡是做官吏的人,太刚强了就容易折断,太软弱了就办不成事情。威望既然已经传开,就要对百姓施点恩德,然后才能建立功勋,名扬天下,永远享受上天赐给的福禄。"暴胜之接受了隽不疑的告诫。等到暴胜之回去以后,上表推荐隽不疑,武帝召见了隽不疑,并任命他为青州(今山东益都)刺史。

王贺当时也任绣衣御史,也负责追捕盗贼,很多盗贼都让他给放了,他也因为执行使命不称职而被免去官职。他感叹地说:"我听说能够救活一千个人,子孙会得到封爵;我所救活的有一万多人,后代一定会兴旺。"

【纲】天汉三年(癸未,前98),春二月,官府开始实行酒类专卖权。

【纲】天汉四年(甲申,前97),春正月,派遣李广利等出击匈奴,结果没有打胜。武帝下令将李陵全族处死。

【纲】夏四月,武帝立他的儿子刘髆为昌邑王。

【纲】下令判处死罪的犯人可以交纳财物赎罪。

【纲】乙酉，太始元年，春正月，徙豪杰于茂陵。

【纲】丁亥，三年，春正月，皇子弗陵生。 【目】弗陵母曰河间赵倢伃，居钩弋宫，任身十四月而生。上曰"闻昔尧十四月而生"，乃命门曰尧母门。

【纲】以江充为水衡都尉。 【目】初，充为赵王客，得罪，亡；诣阙告赵太子阴事，太子坐废。上召充与语，大悦之，拜为直指绣衣使者，使督察贵戚、近臣。尝从上甘泉，逢太子家使乘车马行驰道中，充以属吏。太子使人谢充曰："非爱车马，诚不欲令上闻之，以教敕无素者；唯江君宽之！"充不听，遂白上。上曰："人臣当如是矣！"大见信用，威震京师。

【纲】己丑，征和元年，春三月，赵王彭祖卒。

【纲】冬十一月，大搜长安十日。 【目】上居建章宫，见一男子带剑入中龙华门，命收之，弗获。上怒，斩门候，发三辅骑士搜上林，索长安中，十一日乃解。巫蛊始起。

【纲】庚寅，二年，春正月，丞相贺有罪，下狱死，夷其族。【目】贺子敬声为太仆，骄奢不奉法，擅用北军钱，发觉，下狱。时诏捕阳陵大使朱安世甚急，贺自请逐捕安世以赎敬声罪。果得安世。安世笑曰："丞相祸及宗矣！"遂从狱中上书，告敬声与阳石公主私通，祝诅上，有恶言。遂下贺狱，父子死狱中，家族。

【纲】太始元年（乙酉，前96），春正月，把一些豪杰之士迁到茂陵（今陕西兴平）。

【纲】太始三年（丁亥，前94），春正月，皇帝的儿子刘弗陵降生。【目】皇子刘弗陵的母亲是河间（今河北献县东南）赵婕伃，她住在钩弋宫，怀孕十四个月才生下弗陵，武帝说："我听说过去尧帝也是怀孕十四个月才生下来。"于是下令把钩弋宫的宫门叫做尧母门。

【纲】任命江充为水衡都尉。【目】当初，江充是赵王刘彭祖的门客，因为犯了罪就逃跑了。后来到宫廷里告发了赵太子的隐私，太子也因犯法而罢免。武帝召见江充，并和他谈论了一番，武帝对他十分喜欢，任命他为直指绣衣使，并派他去督察皇亲国戚和皇帝周围的大臣。江充曾随从武帝去甘泉宫，正好碰上太子家的差役乘着车马在驰道上奔走，江充把他们交给了有关官吏处理。太子派人去向江充道歉说："我并不是爱惜那些车马，而是不想让皇上知道这件事，因为我平素没有教育好他们，只请江君从宽处理他们。"江充没有听从他的话，径自上奏武帝。武帝说："君主的大臣应当如此。"从此江充更加被武帝信用，他的声威振动了京师长安。

【纲】征和元年（己丑，前92），春三月，赵王刘彭祖去世。

【纲】冬季十一月，对长安进行了十天大搜查。【目】武帝在建章宫居住时，看见一个男子带着剑进入中龙华门，于是下令搜查他，但没有抓获。武帝非常生气，斩杀了守卫宫门的门侯，并派出三辅的骑兵去搜查上林苑，同时在长安城中也进行搜索。十一天以后才解除搜索。巫蛊之事开始发生。

【纲】征和二年（庚寅，前91），春正月，丞相公孙贺犯了罪，逮捕入狱后被处死，并把他的家族也全部杀掉。【目】公孙贺的儿子公孙敬声任太仆官，他骄傲蛮横，不守法纪，曾擅自动用北军的公款，后来被发觉后逮捕入狱。当时，武帝下诏正紧急地抓捕阳陵大使朱安世，公孙贺请求亲自追捕，并以此来赎儿子公孙敬声的罪行。公孙贺果然抓获朱安世。朱安世笑着说："丞相的祸患要连累整个家族了。"于是朱安世从狱中上书武帝，告发公孙敬声和阳石公主私通，并诅咒皇上，口出恶言。于是把公孙贺逮捕入狱，公孙贺父子二人都在狱中被处死，

【纲】以刘屈氂为左丞相。

【纲】夏四月，大风，发屋折木。

【纲】诸邑、阳石公主及长平侯卫伉皆坐巫蛊死。

【纲】帝如甘泉。秋七月，皇太子据杀使者江充，白皇后，发兵反。诏丞相屈氂讨之。据败走湖，皇后卫氏及据皆自杀。　【目】初，上年二十九乃生戾太子，甚爱之。及长，仁恕温谨，上嫌其材能少，不类己。皇后、太子常不自安，上觉之，谓大将军青曰："汉家庶事草创，加四夷侵陵中国，朕不变更制度，后世无法；不出师征伐，天下不安。若后世又如朕所为，是袭亡秦之迹也。太子敦重好静，必能安天下。欲求守文之主，安有贤于太子者乎！闻皇后与太子有不安之意，可以意晓之。"

上用法严；太子宽厚，多所平反，虽得百姓心，而用法大臣皆不悦。卫青薨后，臣下无复外家为据，竞欲构太子。

上与诸子疏，皇后希得见。太子尝谒皇后，移日乃出。黄门苏文告上曰："太子与宫人戏。"上益太子宫人。太子知之，衔文。文与小黄门宫融等常微伺太子过，辄增加白之。上尝小不平，使融召太子，融言"太子有喜色"，上默然。及太子至，上察其貌，有涕泣处，而佯语笑，乃诛融。

并诛灭了他的家族。

【纲】任命刘屈氂为左丞相。

【纲】夏季四月，刮大风，大风摧毁了房屋，刮断了树木。

【纲】诸邑公主、阳石公主以及长平侯卫伉都因犯了巫蛊罪而被处死。

【纲】武帝到了甘泉宫。秋季七月，皇太子刘据杀死了江充，并把此事告诉了皇后，起兵造反。武帝下诏令丞相刘屈氂率兵讨伐刘据。刘据被打败后逃到了湖县（治所在今河南灵宝县西北），皇后卫氏和刘据都自杀身亡。　【目】当初，武帝二十九岁时戾太子（即刘据）出生，武帝很喜欢他。等到他长大以后，性格仁慈敦厚，温柔谨慎。武帝嫌他没有什么才能，不像自己一样。皇后、太子经常感到心里不安。武帝觉察到这一点后，就对大将军卫青说："汉朝的事业刚刚草创，再加上四周的其他民族又经常侵犯中国，朕如果不变更制度，后世就没有可效法的，如果不派军队外出征伐，天下就不会安定。如果后代能像我这样做，就是沿袭了秦王朝灭亡的覆辙。太子敦厚稳重，喜欢安静，一定能够安定天下。如果想找到一个保持国家安定的君主，哪里有比太子更好的人呢？听说皇后和太子有不安的感觉，可以把我的意思去给他们讲明白。"

武帝应用法律很严格，太子性格宽厚，经常为一些量刑不恰当的人平反，这样做虽然深得民心，但那些执法大臣们都不大高兴。卫青死后，奸臣们认为太子再不会有母亲家的依靠，于是就都想来陷害太子。

武帝和儿子们疏远，皇后也很少见到他。太子曾进宫拜见皇后，过了很长时间才出来。黄门苏文报告武帝说："太子在宫内戏弄宫女。"于是武帝增加了太子宫的宫女。太子知道这件事后，很怨恨苏文。苏文和小黄门宫融等经常偷偷观察太子的过失，一旦发现就添枝加叶地向武帝报告。武帝曾经感到身体不舒服，派宫融去召太子。宫融说："太子听说你身体不舒服后面有喜色。"武帝听后没有说话。等到太子到来以后，武帝观察他的相貌，发现脸上有哭泣的泪痕，而且还假装有说有笑。于是将宫融诛杀。

是时，方士及诸神巫多聚京师，惑众变幻，无所不为。女巫往来宫中，教美人度厄，埋木人祭祀之。更相告讦，以为祝诅。上心既疑，尝昼寝，梦木人数千，持杖欲击上，上为惊寤，因是体不平。江充见上年老，恐晏驾后为太子所诛，因言上疾祟在巫蛊。于是上以充为使者，治巫蛊狱。以巫蛊坐而死者，前后数万人。充因言："宫中有蛊气。"上乃使充入宫。充掘地求蛊，云："于太子宫得木人尤多，又有帛书，所言不道；当奏闻。"太子惧，问少傅石德。德惧并诛，因曰："今无以自明，可矫以节收捕充等系狱，穷治其奸诈。且上疾在甘泉，皇后及家吏请问皆不报；存亡未可知，而奸臣如此，太子不念秦扶苏事邪！"太子曰："吾人子，安得擅诛！不如归谢，幸得无罪。"将往甘泉，而充持之急，太子不知所出，遂从德计。七月，使客诈为使者，收捕充等，自临斩之。骂曰："赵虏！前乱乃国王父子不足邪？乃复乱吾父子也！"使舍人持节夜入宫，白皇后，发兵。苏文亡归甘泉言状，上曰："太子必惧，又忿充等，故有此变。"乃使使召太子，使者不敢进，归报云："太子反已成，欲斩臣，臣逃归。"上大怒，赐丞相玺书曰："捕斩反者，自有赏罚。坚闭城门，毋令反者得出！"太子宣言："帝病困，疑有变。"上于是从甘泉来，幸城西建章宫，诏发三辅近县兵，丞相将之。太子亦矫制赦长安中都官囚徒，命石德及宾客张光等分将。召护北军使者任安，与节，令发兵。安拜受节；入，闭门不出。太子引兵，驱肆市人数万，至长乐西阙下，逢丞相军，合战五日，太子兵败，南奔覆盎城门。司直田仁部闭城门，以为太子父子之亲，不欲急之；太子得出亡。丞相欲斩仁，御史大夫暴胜之曰："司直，吏二千石，当先请，奈何擅斩之！"丞相释仁。上闻大怒，下吏责问，胜之皇恐自杀。诏收皇后玺、绶，后自杀。上以为任安老吏，欲坐观成败，有两心，与田仁皆要斩。诸太子宾客尝出入宫门，皆坐诛；其随太子发兵，以反法族。

这时，方术之士和各种神师、巫师都聚集到了京师长安，以神通变幻来迷惑群众，无所不为。一些女巫师经常往来于宫廷之中，教宫中美人及宫女们躲灾避难的方法，埋藏一些用木头做的小人并祭祀它们。有的互相告发，指控对方诅咒皇帝。武帝也产生了疑心，曾在白天睡觉时梦见好几千小木人手持木杖想打自己，武帝被恶梦惊醒，因此而感到身体不舒服。江充见武帝已经年老，怕武帝去世后被太子所杀，因此对武帝说，他的病恐怕是巫蛊在作祟。于是武帝派江充去专门处理巫蛊之事，因为犯了巫蛊之罪而被处以死刑的人前后有好几万人。江充也跟着别人说："宫中有蛊气。"于是武帝就召江充入宫。江充挖地寻找蛊气，他说："在太子宫中得到的小木人最多，还有写在帛上的文字，所讲的内容都大逆不道，应当奏报皇帝。"太子听后感到害怕。于是就去问他的老师石德。石德害怕被一起杀掉，就说："现在此事自己也无法讲明白，可以假传圣旨，把江充等逮捕入狱，彻底追究他们的奸谋。况且皇上现在有病住在甘泉宫，皇后和宫中官吏前往请安问候时都没有见到皇上，皇上是死是活还不知道，而奸臣们竟然如此大胆，你难道忘了秦朝扶苏的事了吗？"太子说："我是皇上的儿子，怎么可以擅自实行诛杀，不如前去向皇上谢罪，或许能侥幸无事。"太子准备去甘泉宫拜见皇帝，而江充却抓住太子的事逼迫甚急，太子不知道应该采取什么办法，于是就听从了石德的计策。七月，太子派遣食客假装成武帝的使者，逮捕了江充等人，并亲临现场把他们处死。太子骂道："你这个赵国的奴才，从前你扰乱了赵国国王父子还嫌不满足，今天你又来扰乱我们父子！"于是派遣随从人员拿着符节连夜进入未央宫，把这件事告诉了皇后，并率兵闹事。苏文逃到甘泉宫把长安的情况告诉了武帝，武帝说："太子一定是感到害怕，又怨恨江充等人，所以才会发生政变。"于是武帝派遣使者召见太子。使者不敢进入长安，返回来报告武帝说："太子已经反叛，他想把我斩杀，我才逃跑回来。"武帝听后十分生气，于是颁赐给丞相盖有皇帝玺印的诏书，诏书上说："逮捕斩杀反叛的人，我自有赏罚办法，把城门关闭好，并派人坚守，不要让反叛的人逃出去。"太子也宣告说："皇上因身体有病，精力不济，处境艰难，我怀疑发生变化。"武帝因而从甘泉

上怒甚，群下忧惧，不知所出。壶关三老茂上书曰："皇太子为汉适嗣，承万世之业，体祖宗之重，亲则皇帝之宗子也，江充，布衣之人，间阎之隶臣耳；陛下显而用之。衔至尊之命以迫蹴皇太子，造饰奸诈，群邪错谬。太子进则不得见上，退则困于乱臣，独冤结而无告，不忍忿忿之心，起而杀充，恐惧逋逃，子盗父兵，以救难自免耳，臣窃以为无邪心。往者，江充谗杀赵太子，天下莫不闻。陛下不察，深过太子，发盛怒，举大兵而求之，三公自将。智者不敢言，辩士不敢说，臣窃痛之！"书奏，天子感悟，然尚未显言赦之也。太子亡，东至湖，匿泉鸠里；主人家贫，常卖履以给太子。发觉；八月，吏围捕太子。太子自经，皇孙二人皆并遇害。初，上为太子立博望苑，使通宾客，从其所好，故宾客多以异端进。

宫返回长安，住在城西的建章宫，下诏书征调三辅附近的各县军队，让丞相统率。太子也假传武帝命令将长安中都官狱中的犯人全部释放，命令石德和门客张光等分别率领这些人，同时下令召见护北军使者任安，给了他符节，命令他起兵。但是任安拜受符节以后就回到了兵营，从此闭门不出。太子率领士卒，驱赶了数万名长安城内肆市的市民到长乐宫西门外，正好遇上了丞相的军队，双方交战了五天。太子的军队被战败后向南逃跑到覆盎城门那里。司直田仁的部下紧闭城门。田仁认为太子和武帝是父子关系，不忍心逼迫他太急，因此太子才得以逃出城外。丞相想把田仁杀掉，御史大夫暴胜之说："司直是俸禄二千石的官员，应当先请示皇上，怎么可以擅自斩杀他。"丞相才释放了田仁。武帝听说以后十分生气，派官吏下去责问暴胜之，暴胜之十分惊恐，也就自杀了。武帝下诏收缴了皇后的印信和绶带，皇后也因此而自杀。武帝认为任安是个老奸巨猾的官吏，想坐观成败，他怀有二心，把他和田仁都处以腰斩。过去太子的门客因为经常出入于宫门，都连坐被诛杀。那些跟随太子一起起兵造反的人，一律按谋反罪满门斩杀。

武帝十分生气，臣下们更是担忧害怕，不知如何是好。壶关三老令狐茂上书武帝说："皇太子是汉朝的继承人，他将继承汉朝的万世基业，体现祖宗的重托，从家庭讲他又是皇上的长子。江充是个平常的百姓，也是市井之中的卑贱之人。陛下使他显贵并且重用他，他掌管至尊的命令来逼迫太子，造谣欺诈，使邪恶的人纠结在一起。太子进入宫中却不能见到皇上，退出宫外又被乱臣贼子困扰，独自含冤凄苦，无处申告，他忍不住内心的忿恨，一怒之下杀死了江充，因为心里感到害怕而逃亡。儿子盗用父亲的兵力，用来解救自己而免于灾难，我私下认为是没有什么邪心的。过去，江充以谗言害死了赵太子，天下没有人不知道此事。陛下没有搞清楚就过分地责怪太子，生很大的气，并派出大量士卒去求捕太子，由三公亲自挂帅。知情的人不敢出来说话，能言善辩的人也不敢出来辩解，我私下深感痛心。"上书奏送皇帝后，武帝感到明白了，但还没有明显地表示赦免太子。太子继续逃亡，向东到了湖县，躲藏在泉鸠里。这一家的主人很贫穷，经常靠卖鞋子来供养太子。后来太

子被人发觉，八月间，地方官吏包围并抓获了太子。太子自己上吊而死，两个皇孙也一并遇害。当初，武帝为太子建立了博望苑（故址在今陕西西安北），让他在那里交往宾客，顺从他的喜好。但宾客多数靠异端邪说升官。

纲鉴易知录卷十五

汉纪

孝武皇帝

【纲】辛卯，三年，秋，以田千秋为大鸿胪。族灭江充家。 【目】吏民以巫蛊相告言者，案验多不实。上颇知太子皇恐无他意，会高寝郎田千秋上急变讼太子冤，曰："子弄父兵罪当笞。天子之子过误杀人，当何罪哉？臣尝梦见一白头翁教臣言。"上乃大感寤，召见千秋，谓曰："父子之间，人所难言也，公独明其不然。此高庙神灵使公教我，公当遂为吾辅佐！"立拜千秋为大鸿胪，而族灭江充家，焚苏文于横桥上。上怜太子无辜，乃作思子宫，为归来望思之台于湖，天下闻而悲之。

【纲】壬辰，四年，春正月，帝如东莱。 【目】上欲浮海求神仙，群臣谏，弗听；会大风晦冥，海水沸涌，留十余日乃还。

【纲】雍县无云如雷者三，陨石二，黑如黳。

【纲】三月，帝耕于巨定。还，至泰山，罢方士候神人者。 【目】上耕于巨定。还，幸泰山，修封禅，祀明堂。见群臣，乃言曰："朕即位以来，所为狂悖，使天下愁苦，不可追悔。自今事有伤害百姓糜费天下者，悉罢之！"田千秋曰："方士言神仙者甚众，而无显功，请皆罢斥遣之！"上曰："大鸿胪言是也。"于是悉罢诸方士候神人者。是后，上每对群臣自叹："向时愚惑，为方士所欺。天下岂有仙人？尽妖妄耳！节食服药，差可少病而已。"

孝武皇帝

【纲】征和三年（辛卯，前90），秋季，武帝任命田千秋为大鸿胪。将江充家族满门杀绝。　　【目】地方官吏和老百姓因巫蛊事件相互告发的人，经过调查核实，很多与事实不符。武帝现在也深知太子是因为害怕而反叛，别无他意，正巧遇上高寝郎田千秋紧急上书为太子申冤，他说："儿子调用父亲的军队，按法令当处以笞刑。天子的儿子误杀了他人，应当判处什么罪呢？我曾梦见一个白头发的老头儿教我这样说。"武帝于是恍然大悟，召见田千秋，对他说："父子之间的事，别人难以插言，只有你明白其中不实的地方。这是高庙的神灵派你来指教我的，你应当做我的辅佐大臣。"于是马上拜田千秋为大鸿胪，而将江充的家族全部斩杀，将苏文烧死在横桥上。武帝非常可怜太子冤枉无辜，于是修建了思子宫，并在湖县修建了归来望思台，天下人听说这件事后都为太子感到悲伤。

【纲】征和四年（壬辰，前89），春正月，武帝到了东莱郡（治所在今山东掖县）。　　【目】武帝打算到海上寻求神仙，大臣们都劝阻他，但他没有听从大臣们的意见。正巧遇上起大风，刮得天昏地暗，海水沸腾汹涌，在那里住了十几天才回去。

【纲】雍县（今陕西凤翔县西南）上空万里无云，但却出现了三声像打雷的声音，落下两块陨石，像黑色的玉石。

【纲】三月，汉武帝在巨定耕田。返回，到达泰山，罢免候神方士。　　【目】三月，武帝在巨定（今山东广饶北）耕田。在返回时经过了泰山，修整了祭祀用的坛，祭祀了明堂。他在会见大臣时说："朕即位以来，所作所为有一些狂妄悖谬，给天下的人们带来了忧愁和苦难，追悔莫及。从今以后，凡做事有伤害百姓或浪费天下财力的事全部停止。"田千秋说："方术之士说神道仙的人很多，但却没有明显的功绩，请求全部把他们罢黜，并把他们遣送回家。"武帝说："大鸿胪官讲得很对。"于是全部罢黜了所有等候神仙的方术之士。从此以后，每当武帝对大臣们叹息时总要说："从前我很愚笨糊涂，被方术之士所欺骗，天

【纲】夏六月，还宫。

【纲】以田千秋为丞相，封富民侯。以赵过为搜粟都尉。
【目】千秋无他材能术学，又无阀阅功劳，特以一言寤意，数月取宰相，封侯，世未尝有也。然为人敦厚有智，居位自称，逾于前后数公。

先是，桑弘羊言："轮台东有溉田五千顷以上，可遣屯田卒，置校尉，募民壮健敢徙者诣田所，垦田，筑亭，以威西国。"上乃下诏，深陈既往之悔，曰："前有司奏欲益民赋三十，助边用，是重困老弱孤独也。今又请遣卒田轮台，轮台西于车师千余里，前击车师，虽降其王，以辽远乏食，道死者尚数千人，况益西乎！匈奴常言：'汉极大，然不耐饥渴，失一狼，走千羊。'乃者，贰师败，军士死略离散，悲痛常在朕心。今又请远田轮台，欲起亭隧，是扰劳天下，非所以优民也，朕不忍闻！当今务在禁苛暴，止擅赋，力本农，修马复令，以补缺、毋乏武备而已。"自是不复出军，而封田千秋为富民侯，以明休息，思富养民也。又以赵过为搜粟都尉。过教民为代田。一晦三甽，岁代处，故曰代田。每耨辄附根，根深能风旱。其耕耘田器皆有便巧，用力少而得谷多，民皆便之。

【纲】癸巳，后元元年，秋七月，地震。

下哪里有什么神仙呢？全部是胡说八道！节制饮食，服用药物，只不过可以少生病而已。"

【纲】夏六月，武帝回到甘泉宫。

【纲】任命田千秋为丞相，封他为富民侯。任命赵过为搜粟都尉。　【目】田千秋没有其它才能和学术，又没有什么资历和功劳，只是因为一句话使皇帝醒悟，在几个月内就取得了宰相的官位，封侯爵，前世还没有过这种情况。但是他为人敦厚，又聪明，身居宰相位也称职，超过了前后几任宰相。

在此之前，桑弘羊说："轮台以东有五千多顷可以灌溉的土地，可以派遣士卒去屯田开垦，设置一些校尉官，招募一些身体健壮而且不怕远迁的百姓到那里开垦耕种，修筑亭障，以此来威镇西域各国。"于是武帝下颁诏书，对以前的事情深表后悔，说："以前有关官吏曾奏请每个人增加三十钱的赋税，来帮助边防的费用，这样就加重了老弱孤独者的困难。今天又奏请派遣士卒去轮台种田，轮台在车师西面一千多里的地方，以前进攻车师时，虽然使他的国王投降了汉王朝，但因为道路遥远，粮食供应不上，死在道路上的人就有好几千，何况再往西边走呢？匈奴人经常说：'汉朝地域很广大，但汉人却不耐饥饿和干渴，失掉一只狼，就会逃跑千只羊。'因此，贰师将军才被战败，军队的士卒死的死，散的散，这些悲痛的事情经常在我心中回荡。现在又奏请到边远的轮台去耕田，还打算修筑亭障，开凿隧道，这是困扰劳苦天下百姓，并没有给老百姓带来什么好处，朕不忍心再听到这种事情。当务之急是严格禁止苛刻残暴的行为，禁止一些额外的赋税，全力以赴发展农业，重新恢复实行养马可以免除徭赋的法令，以此来弥补缺失，不要使边防上缺乏戒备能力。"从此武帝不再派兵出征，封田千秋为富民侯，以此来表明让百姓休养生息。想把国家搞得富强一些，让百姓们过上好日子。同时还任命赵过为搜粟都尉。赵过教百姓实行代田法。即每亩田中开三道水沟，每一年要换个地方，所以叫做代田（轮耕）。每次锄草时把土培在庄稼的根部，庄稼的根长得深就能防风抗旱。在耕作用的农具方面都变得更加轻巧，百姓们用力少而收获多，人们都感到这些方法很便利。

【纲】后元元年（癸巳，前88），秋七月，发生地震。

【纲】杀钩弋夫人赵氏。 【目】燕王旦自以次第当为太子,上书求入宿卫。上怒曰:"生子当置齐、鲁礼义之乡;乃置之燕,果有争心。"乃斩其使。是岁,钩弋夫人之子弗陵年七岁,形体壮大,多知,上奇爱之,心欲立焉。以其年稚,母少,犹与久之。欲以大臣辅之,察群臣,唯奉车都尉、光禄大夫霍光,忠厚可任大事,上乃使黄门画周公负成王朝诸侯以赐光。光,去病之弟也。后数日,帝谴责钩弋夫人;夫人脱簪珥,叩头。帝曰:"引持去,送掖庭狱!"夫人还顾,帝曰:"趣行,汝不得活!"卒赐死。顷之,帝闲居,问左右曰:"外人言云何?"左右对曰:"人言且立其子,何去其母乎?"帝曰:"然,是非儿曹愚人之所知也。往古国家所以乱,由主少、母壮也。女主独居骄蹇,淫乱自恣,莫能禁也。汝不闻吕后邪?故不得不先去之也!"

【纲】甲午,二年,春二月,帝如五柞宫,立弗陵为皇太子,以霍光为大司马、大将军,金日䃅为车骑将军,上官桀为左将军,受遗诏辅少主。帝崩。 【目】二月,上幸五柞宫,病笃,霍光涕泣问曰:"如有不讳,谁当嗣者?"上曰:"君未谕前画意邪?立少子,君行周公之事!"光顿首让曰:"臣不如金日䃅。"日䃅亦曰:"臣外国人,不如光;且使匈奴轻汉!"乃立弗陵为皇太子。明日,命光、日䃅及上官桀受遗诏,辅少主,与御史大夫桑弘羊皆拜卧内床下。光出入禁闼二十余平,出则奉车,入侍左右,小心谨慎,未尝有过。为人沉静详审,每出入下殿门,进止有常处,郎、仆射窃识视之,不失尺寸。日䃅在上左右,目不忤视者数十年;赐出宫女,不敢近;上欲纳其女后宫,不肯;其笃慎如此。日䃅长子为帝弄儿,其后壮大,自殿下与宫人

【纲】杀死了钩弋夫人赵氏。 【目】燕王刘旦认为按次序自己应当封为太子,于是上书请求进宫担任警卫。武帝生气地说:"生下儿子后应当把他放在齐鲁礼义之乡去熏陶,放在燕地果然有争夺天下的野心。"于是武帝下令斩杀了太子的使者。这一年,钩弋夫人的儿子刘弗陵七岁,体形长得又壮又大,而且懂得很多事情,武帝特别喜欢他,想把他立为太子。但因为他年纪太小,他的母亲也年轻,对这件事武帝犹豫了很久。武帝想用大臣来辅佐他,观察分析了群臣,只有奉车都尉、光禄大夫霍光性格忠厚,可以担任大事,于是武帝让黄门官画了一张周公抱着成王朝见诸侯的图赐给霍光。霍光是霍去病的弟弟。几天以后,武帝谴责钩弋夫人,钩弋夫人摘下了首饰,向武帝叩头请求宽恕。武帝说:"把她拉出去,送到掖庭监狱里。"夫人回过头来看了看武帝,武帝说:"赶快走,你不能再活下去。"最终处以死刑。不久以后,武帝无事闲坐,问他左右的人说:"外面的人说些什么话呢?"左右的人回答说:"人们说将要立她的儿子为太子,为什么还要杀死他的母亲呢?"武帝说:"是这样的,这些事情不是你们这些愚蠢的人所能明白的。古往今来,国家之所以出现动乱,都是因为君主年纪小而母亲正当壮年。女主独居以后就会骄横不法,随意淫乱,没有人能够禁止她。你没有听说过吕后的事吗?所以不得不先把她杀掉。"

【纲】后元二年(甲午,前87),春二月,武帝到了五柞宫(今陕西周至县东),立刘弗陵为皇太子。任命霍光为大司马、大将军,金日䃅为车骑将军,上官桀为左将军,三人接受遗诏,共同辅佐太子。后来武帝就去世了。 【目】二月,武帝到了五柞宫,病情很重。霍光痛哭流涕地问武帝说:"如有不讳,由谁来继位呢?"武帝说:"你没有明白以前那幅画的意思吗?立小儿子为太子,你们就照着周公那样去做。"霍光边叩头边辞让说:"我不如金日䃅。"金日䃅也说:"我是个外国人,不如霍光。况且将会使匈奴人轻视汉朝。"于是立刘弗陵为皇太子。第二天,命令霍光、金日䃅以及上官桀接受遗诏,辅佐少主,并和御史大夫桑弘羊一起都在武帝的卧室内受职。霍光出入宫廷二十多年,外出则陪同武帝一起乘车,回宫后就侍奉在武帝的左右,他小心谨慎,未尝犯过错误。他的性格沉静细心,每次出宫入宫,上下殿门都有固定的地方,

戏，日䃅适见，遂杀之。上怒，日䃅具言所以。上为之泣；而心敬日䃅。桀，始以材力得幸，为未央厩令。上尝体不安，及愈，见马，马多瘦，上大怒曰："令以我不复见马邪！"桀顿首曰："臣闻圣体不安，日夜忧惧，意诚不在马。"言未卒，泣数行下。上以为爱己，由是亲近。又明日，帝崩。

【纲】太子弗陵即位。姊鄂邑长公主共养省中，光、日䃅、桀共领尚书事。　【目】光辅幼主，政自己出，天下想闻其风采。殿中尝有怪，一夜，群臣相惊，光召尚符玺郎，欲收取玺。郎不肯授，光欲夺之。郎按剑曰："臣头可得，玺不可得也！"光甚谊之。明日，诏增此郎秩二等。众庶莫不多光。

【纲】三月，葬茂陵。

【纲】秋七月，有星孛于东方。

【纲】追尊钩弋夫人为皇太后，起云陵。

孝昭皇帝

【纲】乙未，孝昭皇帝始元元年，秋七月，大雨，至于十月。

【纲】燕王旦谋反，赦弗治；党与皆伏诛。

那些郎官、仆射官曾偷偷地观察他，发现不差尺寸。金日䃅在武帝左右目不邪视地生活了数十年，武帝赏赐给他宫女，他不敢接近，武帝想把他的女儿娶到后宫，他也不答应，他诚恳谨慎就像这样。金日䃅的长子是供武帝玩戏的孩子，等他长大以后，曾在宫内与宫女们戏耍，正好让金日䃅遇见，于是就把他杀了。武帝听到以后十分生气，金日䃅把杀死儿子的原因全部告诉了武帝。武帝为此痛心落泪，但心里却十分敬重金日䃅。上官桀当初是因为才能而得到武帝宠爱，被任命为未央宫的养马官。武帝曾身体不舒服，等到身体好转之后，去看喂养的马，马有很多都瘦了。武帝很生气地说："你是不是认为我再不能看见这些马了！"上官桀边叩头边说："我听说圣上身体不舒服，每天日日夜夜又发愁又害怕，心思确实不在养马上。"话还没有说完，已经泪流满面。武帝认为上官桀是爱护自己，因此也越来越亲近。又过了两天，武帝去世。

【纲】太子刘弗陵即位。他的姐姐鄂邑长公主和他一起住在宫中，霍光、金日䃅、上官桀共同主管尚书事务。【目】霍光辅佐幼主刘弗陵，一切政令都由他决定，天下的人都想看到他的风采。宫中曾发生过一些怪事，有一天夜里，大臣们都很惊慌，霍光召见主管玺印的官员，想把玺印收回。主管玺印的官员不肯交出，霍光想夺取玺印。主管玺印的郎官按着宝剑说："我的头你可以得到，但玺印你不能得到。"霍光很赞赏他的这种举动。第二天，以皇帝的名义下诏给这位主管玺印的郎官提升两级俸禄。大家无不对霍光产生尊敬。

【纲】三月，把武帝安葬在茂陵（今陕西兴平东北）。

【纲】秋七月，有彗星出现在东方上空。

【纲】追尊钩弋夫人为皇太后。又从云陵（在今陕西淳化北）挖出来归葬。

孝昭皇帝

【纲】孝昭皇帝始元元年（乙未，前86），秋七月，天下大雨，一直到十月。

【纲】燕王刘旦密谋造反，但释放了他没有治罪，他的党羽都被处死。

【纲】以隽不疑为京兆尹。 【目】不疑为京兆尹,吏民敬其威信。每行县,录囚徒还,其母辄问不疑:"有所平反,活几何人?"即多所平反,母喜笑异他时;或无所出,母怒,为不食。故不疑为吏,严而不残。

【纲】九月,车骑将军秺侯金日磾卒。 【目】初,武帝以日磾捕反者马何罗功,遗诏封为秺侯。日磾以帝少,不受封;及病困,光白封之,卧受印、绶;一日薨,谥曰敬。日磾两子赏、建,俱侍中,与上卧起。赏奉车,建驸马都尉。

【纲】闰月,遣使行郡国,举贤良,问民疾苦。

【纲】冬,无冰。
【纲】丙申,二年,春正月,封大将军光为博陆侯。

【纲】三月,遣使振贷贫民种食。秋,诏所贷勿收责,除今年田租。
【纲】丁酉,三年,冬十月,遣祠凤皇于东海。
【纲】戊戌,四年,春三月,立倢伃上官氏为皇后,赦。 【目】霍光女为上官桀子安妻,生女,年甫五岁,安欲因光内之宫中;光以为尚幼,不听。盖长公主私近子客丁外人,安说外人曰:"安子容貌端正,诚因长主时得入为后,以臣父子在朝而有椒房之重。汉家故事,常以列侯尚主,足下何忧不封侯乎!"外人言于长主,以为然,召安女入为倢伃,遂立为后。

【纲】秋,令民勿出马。

【纲】任命隽不疑为京兆尹。　【目】隽不疑出任京兆尹后，官吏和百姓们都很敬重他的威信。每当他出巡各县审理案件回来时，他的母亲就问隽不疑："有没有平反冤狱？救活了多少人？"如果平反的冤狱多，母亲就比平素显得高兴；如果没有救出人来，母亲就会生气，有时就因此而不吃饭。所以，隽不疑担任官吏以来，虽然严厉，但不残暴。

【纲】九月，车骑将军秺侯金日䃅去世。　【目】当初，武帝因为金日䃅捕获反叛者马何罗有功，下诏封他为秺侯。金日䃅因为皇帝还年少，不肯接受封侯。等到金日䃅病重时，霍光才讲明白武帝时封他们的情况，金日䃅才在病床上接受了印信。过了一天后，金日䃅就死了，谥他曰敬。金日䃅的两个儿子金赏、金建都在宫中担任侍中，和昭帝住在一起。金赏任奉车都尉，金建任驸马都尉。

【纲】闰十月，昭帝派遣使者巡察各郡国，让他们推荐贤良人士，调查民间疾苦。

【纲】冬季，没有结冰。

【纲】始元二年（丙申，前85），春正月，昭帝封大将军霍光为博陆侯。

【纲】三月，昭帝派遣使者去向贫苦农民贷发粮种。秋季，昭帝下诏春季所贷的粮种不收回，同时免除今年的田租。

【纲】始元三年（丁酉，前84），冬十月，派人到东海祭祀凤皇。

【纲】始元四年（戊戌，前83），春三月，立上官倢伃为皇后，大赦天下。　【目】霍光的女儿做了上官桀儿子上官安的妻子，生了一个女儿，年龄刚五岁，上官安打算通过霍光把女儿送到宫内。霍光认为她年龄太小，没有听从上官安的意见。盖长公主与他儿子亲近的门客丁外人私通，上官安劝丁外人说："我女儿容貌端正，如果能真的依靠长主的帮助而入宫成为皇后，我们父子在朝做官，再加上有皇后的依靠，权力会更大。汉朝过去的惯例是公主常嫁给列侯为妻，你还有什么担忧怕封不上侯爵呢？"丁外人把这件事告诉了盖长公主，长公主也认为有道理，于是就让皇帝下诏封上官安的女儿进宫当了倢伃，后来就立为皇后。

【纲】秋季，命令百姓们不要卖马。

【纲】以上官安为车骑将军。

【纲】己亥,五年,春正月,男子成方遂诣阙,诈称卫太子,伏诛。 【目】有男子乘黄犊车诣北阙,自称卫太子。诏公卿、将军、中二千石杂识视,至者并莫敢发言。京兆尹隽不疑后到,叱从吏收缚,曰:"昔蒯聩违命出奔,辄拒而不纳,《春秋》是之。卫太子得罪先帝,亡不即死,今来自诣,此罪人也!"遂送诏狱。上与大将军光闻而嘉之,曰:"公卿大臣,当用有经术、明于大谊者。"由是不疑名重朝廷。廷尉验治,本夏阳人,姓成名方遂,居湖。有故太子舍人谓曰:"子状貌甚似卫太子。"方遂利其言,冀以得富贵。坐诬罔不道,要斩。

【纲】庚子,六年,春,诏问贤良、文学,民所疾苦。 【目】谏大夫杜延年言:"年岁比不登,流民未尽还。宜修孝文时政,示以俭约宽和,顺天心,说民意,年岁宜应。"光纳其言,诏有司问郡国所举贤良、文学,民所疾苦,教化之要。皆对:"愿罢盐铁、酒榷、均输,官毋与天下争利,示以节俭,然后教化可兴。"桑弘羊难,以为"此国家大业,所以制四夷,安边足用之本,不可废也。"于是盐铁之议起焉。

【纲】苏武还自匈奴,以为典属国。 【目】初,苏武既徙北海上,杖汉节牧羊,卧起操持,节旄尽落。单于使李陵至海上,为武置酒设乐,谓曰:"足下兄弟皆坐事自杀,太夫人已不幸,妇亦更嫁矣,独有女弟、男、女,存亡不可知。人生如朝露,何自苦如此!且陛下

【纲】任命上官安为车骑将军。

【纲】始元五年（己亥，前82），春正月，有一个叫成方遂的男子来到宫门口，诈称是卫太子刘据，后来把他杀掉。　　【目】有一个男子乘坐着小黄牛拉的车来到了北门，他自称是卫太子刘据。昭帝下诏让公卿、将军和俸禄在中二千石以上的官员们来一起辨认，凡是前来参加辨认的官员都不敢说是真是假。京兆尹隽不疑最后来到，命令随从他的官吏将此人收绑起来，说："从前卫国蒯聩违背命令出逃，他的儿子卫辄拒绝不让他回国，《春秋》认为他做的是对的。卫太子刘据得罪先帝，即使他逃亡后还没有死，如今又自己回来，这也是国家的罪人。"于是把他送进监狱。昭帝和大将军霍光听说后大赞隽不疑，说："公卿大臣，应任用懂经术、明大义的人。"因为这件事隽不疑的名声在朝廷大振。后来经过廷尉调查审讯，这个人本来是夏阳（今陕西韩城）人，姓成名方遂，现在住在湖县（今河南灵宝北）。有一位过去的太子舍人告诉他说："你的相貌长得很像卫太子。"成方遂听后认为这句话对自己很有利，并希望以此得到富贵。成方遂因犯了诬罔不道罪，被判处腰斩。

【纲】始元六年（庚子，前81）春，昭帝下诏向贤良、文学询问民间疾苦。　　【目】谏大夫杜延年说："近年来收成一年不如一年，流亡到外面的百姓们还没有全部回来。应当恢复文帝时的政策，告示大家要勤俭节约，宽厚和睦，顺应上天的安排，使百姓感到高兴，每年都应当这样。"霍光接受了他的建议，昭帝下诏有关官员向各郡国推荐的贤良、文学询问民间疾苦，以及教化的要点。大家都回报说："希望取消盐、铁、酒等的专卖和均输制度，不要和人民争夺利益，告诉大家要勤俭节约，然后才可以推行礼教。"桑弘羊反对大家的建议，他认为"盐、铁、酒等项专卖制度是国家大事，是用来控制四夷、安定边塞财用的根本，不能够废除"。于是引起一场关于盐铁专卖权的大辩论。

【纲】苏武从匈奴回来，任命他为典属国。　　【目】当初，苏武被放逐到北海以后，一直拿着符节在放羊，无论坐卧都拿着它，以至符节上的毛缨都磨掉了。单于派遣李陵到北海，为苏武摆设了酒宴，请来乐队，对苏武说："你的兄弟们都因为犯了罪而自杀，你的母亲已经去世，你的妻子也改嫁别人，只剩下你的妹妹和一个儿子、一个女儿，是死是

春秋高，法令无常，人臣无罪夷灭者数十家，安危不可知，子卿尚复谁为乎！"武曰："臣事君，犹子事父也。子为父死，无所恨。王必欲降武，请毕今日之欢，效死于前！"陵喟然叹曰："嗟乎！义士！陵与卫律之罪上通于天唉！"及是，匈奴国内乖离，常恐汉兵袭之，于是与汉和亲，乃归武及马宏等。于是陵置酒贺武曰："足下扬名匈奴，功显汉室，虽古竹帛所载，丹青所画，何以过子卿！陵虽驽怯，令汉贳陵罪。全其老母，使得奋大辱之积志，庶几乎曹柯之盟，此陵宿昔之所不忘也。收族陵家，为世大戮，陵尚复何顾乎！已矣，令子卿知吾心耳！"陵泣下数行，因与武决。官属随武还者九人。既至京师，诏武奉一太牢，谒武帝园庙，拜为典属国，秩中二千石，赐钱三百万，公田二顷，宅一区。武留匈奴凡十九岁，始以强壮出，及还须发尽白。

【纲】秋七月，罢榷酤官。【目】罢榷酤，从贤良、文学之议也。武帝之末，海内虚耗，户口减半。霍光知时务之要，轻徭薄赋，与民休息。至是，匈奴和亲，百姓充实，稍复文、景之业焉。

【纲】辛丑，元凤元年，秋七月晦，日食既。

【纲】八月，鄂邑长公主、燕王旦、上官桀、安等谋反，皆伏诛。【目】上官桀父子为丁外人求封侯，霍光不许。长主以是怨光，而桀、安亦惭。燕王旦自以帝兄不得立，常怀怨望。桑弘羊欲为子弟得官，亦怨恨光。于是盖主、桀、安、弘羊皆与旦通谋，诈令人为燕王上书，言："光出，都肄郎、羽林，道上称跸，擅调益幕府校尉，专

活,不得而知。人的一生就像早晨草上的露水,何必自讨苦吃到如此地步?况且汉武帝年事已高,政令反复无常,大臣们没有犯罪而被诛杀的已有好几十家,每个人的安危很难知道,你还这样是为了谁呢?"苏武说:"臣下侍奉君主就像儿子侍奉父亲一样。儿子为了父亲而死去,是没有什么遗憾的。大王一定要让我投降,请马上结束今天的欢聚,我就死在你的面前。"李陵十分感叹地说:"唉呀!你真是一位义士啊!我和卫律的罪过比天大!"这时,匈奴内部四分五裂,经常担心汉朝出兵来袭击他们,于是就和汉朝提出和亲的要求,并让苏武和马宏等人回国。这时李陵摆设了酒席为苏武祝贺说:"你的大名传遍了匈奴,你的功劳显赫于汉朝,即使是古代竹简帛书所记载的,用丹青所描画的人,他们怎么能超过你呢?我虽然愚蠢胆小,假使汉朝能宽恕我的罪过,保全我的老母亲,使我忍辱负重,就像曹沫在柯地劫持齐桓公的壮举那样,这是我过去念念不忘的志向。然而汉朝逮捕杀害了我的全家,这是世间最大的杀戮,我还有什么顾恋的呢?现在这些事都已经过去了,只是让你知道我的心情就是了。"李陵泪流满面,与苏武告别。跟随苏武返回来的官吏共有九人。他们回到京师以后,昭帝下诏,让苏武用太牢前往武帝的陵墓去祭祀武帝,并任命他为典属国,俸禄中二千石,赏赐给他三百万钱、二顷公田、住宅一区。苏武在匈奴拘留了十九年,当时出使匈奴时正当壮年,等到返回来时,头发、胡须都已经白了。

【纲】秋七月,撤除了负责酒类专卖的官吏。【目】废除了酒类专卖的政策,这是听从了贤良、文学人员的建议。武帝末年,国内消耗得快要空虚了,户口也减少了一半。霍光深知当时的要害是要减轻徭役和赋税,让老百姓休生养息。到这时,匈奴主张和汉朝和亲,百姓丰足,稍稍恢复了一些文帝、景帝时的繁兴。

【纲】元凤元年(辛丑,前80),秋七月三十日,出现日食。

【纲】八月,鄂邑长公主、燕王丹、上官桀、上官安等阴谋反叛,都被处以死刑。【目】上官桀、上官安父子俩为丁外人请求封侯爵,霍光不允许。鄂邑长公主因此很怨恨霍光,而上官桀、上官安也感到羞愧。燕王刘旦自认为他是昭帝的哥哥而未能继承帝位,心中经常怀有怨恨。桑弘羊打算为他的子弟们求得官爵,也很怨恨霍光。于是盖长公

权自恣,疑有非常。"候光出沐日奏之。桀欲从中下其事,弘羊当与诸大臣共执退光。书奏,帝不肯下。明旦,光闻之,止画室中不入。上问:"大将军安在?"桀对曰:"以燕王告其罪,故不敢入。"有诏:"召大将军。"光入,免冠,顿首谢。上曰:"将军冠!朕知是书诈也,将军无罪。"光曰:"陛下何以知之?"上曰:"将军之广明都郎,属耳;调校尉以来,未能十日,燕王何以得知之!且将军为非,不须校尉。"是时帝年十四,尚书、左右皆惊。而上书者果亡,捕之甚急。桀等惧,白上:"小事不足遂。"上不听。后桀党与有谮光者,上辄怒曰:"大将军忠臣,先帝所属以辅朕身,敢有毁者坐之!"自是桀等不敢复言。

桀等谋令长公主置酒请光,伏兵格杀之,因废帝而立燕王。驿书往来,外连郡国豪杰以千数。旦以语相平,平曰:"左将军素轻易,车骑少而骄,臣恐其不能成,又恐既成反大王也。"旦不听。安果谋诱燕王至而诛之,因废帝而立桀。会盖主舍人父燕仓知其谋,以告大司农杨敞。敞素谨,畏事,乃移病卧,以告杜延年;延年以闻。九月,诏捕桀、安、弘羊、外人等,并宗族悉诛之;盖主、燕王皆自杀。

主、上官桀、上官安、桑弘羊四人与燕王刘旦串通密谋，让人伪造了一封燕王给昭帝的上书，上书中说："霍光出去检阅郎官、羽林军时，在路上就像皇帝出巡一样禁止行人走动，还擅自增调幕府的校尉，独断专横，怀疑他有异常的行动。"等霍光出朝休息的时候把这封上书送给了昭帝。上官桀打算乘机查办霍光，让桑弘羊和各位大臣一起逮捕霍光。上书送给昭帝后，昭帝不肯下令查办。第二天早晨，霍光听说了这件事情，在上朝时就停在挂着"周公负成王"那张画的房间不敢上朝。昭帝询问说："大将军在哪里呢？"上官桀回答说："因为燕王告了他的状，所以他不敢进来。"于是昭帝下诏："召见大将军。"霍光入朝以后，摘下了帽子，叩头谢罪。昭帝说："将军把帽子戴上。朕知道这封上书是伪造的，将军没有罪过。"霍光说："陛下是怎样知道这是假的呢？"昭帝说："将军到广明检阅是近日的事情，调动校尉的事还不到十天，燕王怎能知道？况且将军要有非常的举动，也不需要调动校尉。"当时昭帝才十四岁，他身边的尚书和左右大臣都对此事感到惊讶。后来呈送上书的人果然逃跑，昭帝下令紧急追捕这个人。上官桀等人感到害怕，就告诉昭帝说："这件小事不必认真。"昭帝没有听从他的劝说。后来上官桀的党羽中有人说霍光的坏话，昭帝就生气地说："大将军是位忠臣，先帝嘱托他辅佐朕，再敢有人抵毁他，就以下诏逮捕他。"从此以后，上官桀等人不敢再说诬陷霍光的话。

上官桀等人密谋让盖长公主设酒席请霍光，并打算埋伏兵士杀死霍光，因此废掉昭帝而立燕王刘旦为皇帝。彼此书信往来很频繁，而且还向外联络了各郡国的豪杰之士数千人。燕王刘旦把这件事告诉了他的宰相平，宰相平说："左将军上官桀平素很轻率，车骑将军上官安年轻而且骄傲，臣下担心他们不能成功，又担心成功之后他们又背叛大王。"燕王刘旦没有听从他的劝说。上官安果然密谋将燕王刘旦引诱来后把他杀死，并乘机废掉昭帝而立上官桀为皇帝。正好盖长公主门人的父亲燕仓知道上官安的阴谋，因此就把这件事告诉了大司农杨敞。杨敞平素很谨慎，怕担事情，于是就上书称病把这件事告诉了杜延年，杜延年把这件事告诉了昭帝。九月，昭帝下诏逮捕了上官桀、上官安、桑弘羊、丁外人等，并把他们的家族全部诛灭。盖长公主、燕王刘旦也都因

【纲】冬，以韩延寿为谏大夫。 【目】文学魏相对策，以为："日者燕王为无道，韩义出身发谏，为王所杀。义无比干之亲而蹈比干之节，宜显赏其子以示天下，明为人臣之义。"乃擢义子延寿为谏大夫。

【纲】以张安世为右将军，杜延年为太仆。 【目】大将军光以朝无旧臣，安世自先帝时为尚书令，志行纯笃，乃白用安世为右将军兼光禄勋以自副焉。又以延年有忠节，擢为太仆右曹给事中。光持刑罚严，延年辅之以宽。安世，汤之子；延年，周之子也。

【纲】癸卯，三年，春正月，泰山石立；上林僵柳复起生。【目】泰山有大石自起立；上林有僵柳自起生，有虫食柳叶曰："公孙病已立。"符节令眭弘上书，言："大石自立，僵柳复起，当有匹庶为天子。当求贤人，禅帝位，以顺天命。"坐设妖言惑众，伏诛。

【纲】甲辰，四年，春正月，帝冠。
【纲】丞相千秋卒。二月，以王䜣为丞相。
【纲】夏五月，孝文庙正殿火，帝素服，遣使作治。

【纲】遣使诱楼兰王安归杀之。 【目】楼兰王安归数遮杀汉使；骏马监傅介子使大宛，诏因令责楼兰王，王谢服。介子还，谓大将军光曰："楼兰数反复，而不诛，无所惩艾。愿往刺之，以威示诸国。"大将军白遣之。介子赍金币，扬言以赐外国为名。至楼兰，王贪汉物，来见。介子与坐，饮醉，谓曰："天子使我私报王。"王起，随介子入帐中，壮士二人从后刺之。遂斩其首，驰传诣阙，县北

此自杀。

【纲】冬季,任命韩延寿为谏大夫。 【目】文学魏相参加对策,他认为:"前些时候燕王刘旦狂乱无道,韩义挺身归劝,结果被燕王所杀。韩义没有商朝比干和纣王的亲戚关系,但却有比干的那种节义,所以应该奖赏韩义的儿子来告示天下,让大家知道身为人臣的大义。"于是提拔韩义的儿子韩延寿为谏大夫。

【纲】任命张安世为右将军,任命杜延年为太仆。 【目】大将军霍光认为朝廷中没有什么过去的大臣了,张安世从武帝时就任尚书令,志向行为都很纯朴,于是就禀告昭帝起用张安世为右将军并兼任光禄勋作为自己的副手。霍光又认为杜延年忠心有节义,于是提升为太仆、右曹给事中。霍光执法很严厉,杜延年就建议他要宽厚一些。张安世是张汤的儿子,杜延年是杜周的儿子。

【纲】元凤三年(癸卯,前78),春正月,泰山上有块石头自己立了起来;上林苑中有棵僵死的柳树又忽然复活。 【目】泰山上有块大石头自己立了起来,上林苑有棵僵死的柳树自己又复活。有些虫子在吃柳树叶时啃出"公孙病已立"五个字来。符节令眭弘上书说:"大石头自己立起来,僵死的柳树又复活,将有一个平民百姓当天子。应当访求贤明的人,把皇帝的位置让给他,以此来顺应天命。"眭弘犯了制造妖言惑众的罪而被处死。

【纲】元凤四年(甲辰,前77),春正月,汉昭帝举行加冠典礼。

【纲】丞相田千秋去世。二月,任命王䜣为丞相。

【纲】夏五月,孝文帝庙中的正殿失火。昭帝穿着素服表示哀悼,并派遣了一些工匠去修建。

【纲】昭帝派遣使者去引诱楼兰王安归,并把他杀死。 【目】楼兰王安归曾多次拦截杀害汉朝的使者。骏马监傅介子出使大宛国,昭帝下诏让他顺路责问楼兰国王,楼兰国王表示服罪。傅介子回到汉朝后,对大将军霍光说:"楼兰国王曾多次反复,不把他杀掉,他就无所害怕。我愿意前去杀掉他,以此威势来告示各国。"大将军霍光把此事禀报了昭帝后就派傅介子去了。傅介子带了很多金钱,扬言说要把这些金币赏赐给外国,到了楼兰国以后,楼兰国王为了得到这些汉朝的财物,

阙下。立其弟在汉者尉屠耆为王，更名其国为鄯善。封介子为义阳侯。

【纲】乙巳，五年，夏，大旱。
【纲】冬，大雷。
【纲】丞相䜣卒。
【纲】丙午，六年，冬十一月，以杨敞为丞相。
【纲】丁未，元平元年，春二月，有流星大如月，众星皆随西行。

【纲】夏四月，帝崩。大将军光承皇后诏，迎昌邑王贺诣长安。六月，入即位，尊皇后曰皇太后。 【目】帝崩，无嗣，时武帝子独有广陵王胥，群臣欲立之。胥本以行失道，先帝所不用；大将军光不自安。郎有上书言："周太王废太伯立王季，文王舍伯邑考立武王，唯在所宜，虽废长立少可也。广陵王不可以承宗庙。"光即日承皇后诏，迎昌邑王贺诣长安邸。

贺，昌邑哀王髆之子，素狂纵，动作无节。武帝之丧，游猎不止。中尉王吉谏曰："大王不好书术而乐逸游，非所以全寿命之宗也，又非所以进仁义之隆也。夫广厦之下，细旃之上，明师居前，劝诵在后，上论唐、虞之际，下及殷、周之盛，休则俯仰屈伸以利形，专意积精以适神，则心有尧、舜之志，体有乔、松之寿，福禄臻而社稷安矣。且诸侯骨肉，莫亲大王，于属则子，于位则臣，一身而二任之责加焉。恩爱行义，孅介有不具者，于以上闻，非享国之福也。"王赐吉酒脯，而放纵自若。郎中令龚遂，忠厚刚毅，有大节，见王游戏无度，涕泣郲行，叩头曰："臣数言危亡之戒，大王不说。夫国之

就来与傅介子会晤。傅介子和他坐在一起饮酒,等楼兰国王喝醉以后,傅介子对他说:"汉朝天子有事派我来秘密报告大王。"楼兰国王起身跟着傅介子进入帷帐里,有两位壮士从他的后面向他刺去。于是斩下楼兰国王的头,让驿站的车马把消息快速送回长安,并把楼兰国王的头挂在北门上。汉朝拥立楼兰国王在汉朝的弟弟尉屠耆为楼兰国王,并把楼兰国的名字改为鄯善。昭帝封傅介子为义阳侯。

【纲】元凤五年(乙巳,前76)夏,发生大旱。

【纲】冬季,天空响大雷。

【纲】丞相王䜣去世。

【纲】元凤六年(丙午,前75),冬十一月,任命杨敞为丞相。

【纲】元平元年(丁未,前74),春二月,天空出现流星,像月亮那么大,有好多星星跟着它向西方落下。

【纲】夏四月,汉昭帝去世。大将军霍光秉承皇后下的诏书,迎接昌邑王刘贺到达长安。六月,刘贺即皇帝位,尊皇后为皇太后。 【目】汉昭帝去世。他没有儿子,当时汉武帝的儿子只有广陵王刘胥还在,大臣们想立他为皇帝。刘胥本来是因为行为有失体统而没有被武帝起用,大将军霍光感到心里不安。有位郎官上书说:"周太王废弃太伯而立王季,周文王舍弃伯邑考而立武王,只要认为他应该立为皇帝,即使是废弃年长的而立年少的也是可以的。广陵王刘胥不可以继承王位。"霍光当天就按照上官皇后的诏书迎接昌邑王刘贺进入长安的官邸。

刘贺,是昌邑哀王刘髆的儿子,他平素狂妄放纵,一举一动都没有什么规矩。汉武帝去世后,他仍没有停止到外面打猎。中尉王吉劝他说:"大王不喜欢读书而乐于安逸游乐,这不是保全寿命的根本方法,又不能促进仁义道德使之达到最高境界。在宽敞的大厦之下,细软的毛毡之上,应当把高明的老师请进来,然后努力背诵一些诗书,上起唐尧、虞舜时,下至殷、周的盛世,休息的时候就做一些利于身体的俯仰伸屈的动作,专心致志,养精蓄锐,使精神饱满,这样大王心中就会有尧、舜之志,身体就会有王乔、赤松子的寿命,福寿利禄都会到来,国家也能安定。况且在各诸侯的亲骨肉中,没有人比你和皇上更亲,从血缘关系讲就是皇上的儿子,从地位方面讲就是皇上的大臣,一身

存亡,岂在臣言哉!愿王内自揆度。大王诵《诗》三百五篇,人事浃,王道备。王之所行,中《诗》一篇何等也!"王终不改。及征书至,发书驰赴,王吉戒王曰:"大王以丧征,宜日夜哭泣悲哀而已,慎无有所发!大将军仁爱、勇智、忠信之德,天下莫不闻,愿大王事之、敬之。"王到霸上,使遂参乘,至广明东都门,遂曰:"礼,奔丧望见国都哭。此长安东郭门也。"王曰:"我嗌痛,不能哭。"至城门,遂复言,王曰:"城门与郭门等耳。"且至未央宫东阙,遂曰:"昌邑帐在是,大王宜下车,乡阙西面伏哭,尽哀止。"王曰:"诺。"到,哭如仪。六月,受玺、绶,袭尊号。

【纲】葬平陵。

【纲】昌邑王有罪,大将军光率群臣奏太后废之。 【目】昌邑王淫戏无度,大将军光忧懑,以问故吏大司农田延年。延年曰:"将军为国柱石,审此人不可,何不建白太后,更选贤而立之?"光曰:"今欲如是,于古尝有此不?"延年曰:"伊尹相殷,废太甲以安宗庙,后世称其忠。将军若能行此,亦汉之伊尹也。"光乃引延年给事中,阴与张安世图计。王出游,光禄大夫夏侯胜当乘舆前谏曰:"天久阴而不雨,臣下有谋上者,陛下出,欲何之?"王怒,缚胜属吏。光让安世,以为泄语。安世实不言,乃召问胜,胜对言"在《鸿范

兼有二任，责任重大。所以大王的恩爱忠义只要有一点点不具备的，让皇上听说后，就享受不了国家的福祚。"昌邑王刘贺赏赐给王吉一些酒肉，而他的行为仍然是放纵自若。郎中令龚遂，性格忠厚刚毅，有高风大节。他看到昌邑王刘贺整天游玩没有个完，就痛哭流涕地跪着到刘贺面前叩头说："我曾多次讲过危亡之戒，大王都感到不高兴。国家的存亡，哪里在我说不说，希望大王从内心好好想一想。大王也诵读过《诗经》三百零五篇，上面讲到人事恰当，王道就具备。大王的所作所为，符合《诗经》中的哪一篇呢？"但昌邑王的行为始终没有改变。等到召他进宫的诏书下达时，他看了诏书后就急忙骑马出发，王吉告诫刘贺说："大王因为丧事而被召去，应当日夜痛哭，显得很悲哀，应小心谨慎，不要率众闹事。大将军待人仁慈，智勇双全，他那忠诚守信用的品格天下的人没有一个没听说过，希望大王要事奉他、敬重他。"昌邑王刘贺到达霸上（今陕西西安东北）后，让龚遂陪同一起乘车到了广明东都门，龚遂说："按照丧礼的规定，凡是来奔丧的人看到国都后就应该痛哭，现在已经到达长安城的东城门了。"昌邑王刘贺说："我的咽喉痛，不能哭。"到了城门前，龚遂又说一遍上面的话，昌邑王说："城门和郭门是一样的。"快要到未央宫的东门时，龚遂说："昌邑国的丧帐就在这里，大王应该下车了，对着门阙的西面伏地痛哭，尽情痛哭后就停止。"昌邑王说："是。"到了那里之后，他按照丧礼的规定在那里痛哭。六月，刘贺接受了皇帝的玉玺，承袭了皇帝的尊号。

【纲】汉昭帝安葬在平陵（今陕西咸阳西北）。

【纲】昌邑王刘贺犯了罪，大将军霍光率领大臣们奏告皇太后，然后废弃了刘贺。　【目】昌邑王刘贺荒淫无度，大将军霍光感到忧虑和烦闷，因此就去询问老部下大司农田延年。田延年说："大将军是国家的梁柱磐石，如果经过考察觉得此人不可用，为什么不向太后建议，重新选择一个贤能的人而立他为皇帝？"霍光说："现在我是想这样做，但在过去是不是有这种做法？"田延年说："伊尹做商朝的宰相时，曾废弃了太甲，以此来安定国家，后世的人都称道他的忠心。大将军如果能够这样做，也会成为汉朝的伊尹。"于是霍光推荐田延年任给事中，并秘密和张安世商量办法。刘贺外出巡游，光禄大夫夏侯胜在他的车驾前

传》"。光、安世大惊,以此益重经术士。

既定义,召丞相、御史、将军、列侯、中二千石、大夫、博士会议未央宫。光曰:"昌邑王行昏乱,恐危社稷,如何?"群臣皆惊愕失色,莫敢发言。延年离席按剑曰:"先帝属将军以幼孤,寄将军以天下,以将军忠贤,能安刘氏也。今群下鼎沸,社稷将倾;且汉之传谥常为'孝'者,以长有天下,令宗庙血食也。如汉家绝祀,将军虽死,何面目见先帝于地下乎?今日之议,不得旋踵,群臣后应者,臣请剑斩之!"光谢曰:"九卿责光是也!"于是议者皆叩头曰:"唯大将军令!"光即与群臣俱见,白太后,太后乃幸未央承明殿,盛服坐武帐中,召昌邑王伏前听诏。光令王起,拜受诏,脱其玺组,奉上太后,扶王下殿,送至邸。诏归贺昌邑,赐汤沐邑二千户,国除,为山阳郡。

昌邑群臣,坐在国时不举奏王罪过,令汉朝不闻知,又不能辅道,陷王大恶,皆下狱,诛杀二百余人,唯中尉吉、郎中令遂得减死。师王式系狱,当死,使者责曰:"师何以无谏书?"式对曰:"臣以《诗》三百五篇朝夕授王,至于忠臣、孝子之篇,未尝不为王反复诵之也。至于危亡失道之君,未尝不流涕为王深陈之也。臣以三百五篇谏,是以无谏书。"亦得减死论。

面挡住他，并规劝他说："天气阴了好久但没有下雨，下面的大臣有想谋害皇上的人。陛下出巡，准备到哪里去呢？"刘贺听后很生气，把夏侯胜捆绑起来交给了有关官吏处治。霍光诘问张安世，以为是张安世泄漏了秘密。但张安世确实没有说什么，于是就召问夏侯胜，夏侯胜回答说"在《鸿范传》里讲过这样的事"。霍光、张安世听后大为惊讶，因此更加器重那些懂得经书的儒生。

事情商定以后，就召集丞相、御史、将军、列侯、中二千石、大夫、博士聚集在未央宫里议论这件事。霍光说："昌邑王品行昏乱，恐怕会危害国家，怎么办呢？"大臣们听后都吓得变了脸色，没有一个敢说话的。田延年离开座位按着剑说："武帝把幼弱的孤儿托给将军，把国家大事寄托给将军，这都是因为将军忠诚贤明，能够安定刘氏政权。而今朝廷一片混乱，国家将会危亡；汉朝历代皇帝的谥号中都有一个'孝'字，为的就是能长远地统治天下，使宗庙能经常有人祭祀。如果汉朝的宗庙断绝了祭祀，即使将军死后，又有什么脸在地下见先帝呢？今天的决议，不得退缩，在大臣们中谁最后才同意，请让我用剑斩杀他们。"霍光道歉地说："诸位责备我是对的。"于是参加会议的大臣都叩头说："只听大将军下令！"霍光马上就和大臣们一起去朝见太后，并把这件事告诉了她。于是太后来到未央宫的承明殿，衣冠整齐，坐在武帐中，召见昌邑王，让他跪在太后面前聆听诏书。霍光命令昌邑王起来去接受诏书，乘机就脱下他的佩带玉玺，送给太后，然后扶着昌邑王走下承明殿，并送他回到昌邑王的官邸。后来下诏让刘贺回到昌邑，赏赐给他二千户人家作为汤沐邑，并撤消了昌邑国，改为山阳郡（治所在今山东金乡西北）。

原来昌邑国的大臣们犯了在封国时不举报昌邑王的罪过，使汉朝没有听到昌邑王的罪行，又没有能辅佐昌邑王走向正道，使昌邑王犯了大罪，全部把他们逮捕入狱，诛杀了二百多人，只有中尉王吉、郎中令龚遂免除了死刑。昌邑王的老师王式被逮捕入狱，应当判处死刑，派去的人责问他说："你当老师的为什么没有上书规劝？"王式回答说："臣每天用《诗经》三百零五篇来教授昌邑王，讲到有关忠臣、孝子等篇时，从来没有不为昌邑王反复讲解朗诵的。至于讲到危亡失道的君主时，从来没有不泪声俱下地为昌邑王讲述的。我是用《诗经》三百零五篇来

光以太后省政，宜知经术，白令夏侯胜用《尚书》授太后，迁胜长信少府。

【纲】秋七月，迎武帝曾孙病已入即位，尊皇太后曰太皇太后。　【目】初，卫太子纳史良娣，生子进，号史皇孙。皇孙纳王夫人，生子病已，号皇曾孙。生数月，遭巫蛊事，太子男、女、妻、妾皆遇害，独皇曾孙在，亦坐收系狱。故廷尉监丙吉受诏治狱，心知太子无事实，重哀皇曾孙无辜，择谨厚女徒胡组、郭征卿令乳养，日再省视。望气者言长安狱中有天子气，武帝诏狱系者，无轻重，一切皆杀之。使者夜至狱，吉闭门不纳，曰："他人无辜死者犹不可，况亲曾孙乎！"使者不得入，还，以闻。武帝亦寤，曰："天使之也！"因赦天下。

吉闻史良娣有母贞君及兄恭，乃载皇曾孙付之。后有诏掖庭养视。时掖庭令张贺尝事卫太子，思顾旧恩，哀曾孙，奉养甚谨，欲以女孙妻之。贺弟安世为右将军，辅政，怒曰："曾孙乃卫太子后也，勿复言予女事！"时暴室啬夫许广汉有女，贺以家财聘之，曾孙因依倚广汉兄弟及史氏，受《诗》于东海澓中翁，高材好学，然亦喜游侠，斗鸡走马，上下诸陵，周遍三辅，以是具知闾里奸邪，吏治得失。

规劝他的，所以没有写规劝他的上书。"所以王式也获得免除死刑的判决。

霍光认为国家大事都由太后来省察，应当让太后通晓儒家的经书观点，于是告诉太后让夏侯胜给太后讲授《尚书》，并提拔夏侯胜到长信宫任少府。

【纲】秋七月，迎接汉武帝的曾孙刘病已登皇帝位，尊称皇太后为太皇太后。 【目】当初，卫太子刘据娶姓史的女子为良娣，后来生下儿子刘进，号称史皇孙。皇孙长大后娶了王夫人，王夫人生了儿子刘病已，号称皇曾孙。刘病已生下来几个月后，刘据就遇上了巫蛊事件，刘据的儿子、女儿、妻、妾都被杀害，只留下了皇曾孙刘病已，但也被关在监狱里。原来的廷尉监丙吉接受命令处理巫蛊案件，他心中知道太子刘据没有什么事实，更哀怜皇曾孙刘病已无辜入狱，于是就选择了谨慎忠厚的女犯人胡组、郭征卿让她们哺养刘病已，丙吉每天都要去看望两次。会看天象的一个人说长安狱中有天子气，于是武帝下诏，凡逮捕入狱的人，无论罪行轻重，一律都处死。派去执行命令的人晚上到达监狱时，丙吉关起门来不让他进去，并说："一般人没有罪过而被处死都是不应该的，何况是皇帝的亲曾孙呢？"派去执行命令的人终于没有能进去，返回去后把这件事告诉了武帝。武帝也醒悟过来，说："是上天使他这样做的。"因此大赦天下。

丙吉听说史良娣尚有母亲贞君和哥哥史恭在世，于是就用车拉着皇曾孙刘病已去交付给他们。后来武帝下诏掖庭令让他来抚养看护皇曾孙。当时的掖庭令张贺曾经事奉过卫太子刘据，他回想起刘据对他的恩情，很哀怜皇曾孙，所以在奉养皇曾孙时非常谨慎，并打算把他的孙女嫁给皇曾孙。张贺的弟弟张安世当时任右将军，辅佐管理国家，他听到此事后生气地说："皇曾孙是卫太子的后代，不要再提嫁孙女的事。"当时暴室啬夫许广汉也有个女儿，张贺用自己的家产为皇曾孙娶了她，皇曾孙因此也就依靠了许广汉兄弟们和祖母史家，跟着东海澓中翁学习《诗经》，皇曾孙天资聪明，很喜欢学习，然而他也喜欢游侠，经常斗鸡走马，在各个皇帝的陵墓上上上下下，跑遍了三辅地区，因此他十分了解下层社会的奸邪丑恶和官吏处理事情的好坏得失。

及是，吉奏记光曰："今社稷、宗庙、群生之命，在将军之一举。而武帝曾孙名病已在掖庭、外家者，今十八九矣，通经术，有美材，行安而节和，愿将军决定大策。"七月，光会丞相以下议定所立，遂上奏曰："孝武皇帝曾孙病已，年十八，师授《诗》《论语》《孝经》，躬行节俭，慈仁爱人，可以嗣孝昭皇帝后。"皇太后诏曰："可。"光迎曾孙入未央宫，见太后，即皇帝位。侍御史严延年劾奏："大将军光擅废立主，无人臣礼，不道。"奏虽寝，然朝廷肃然敬惮之。

【纲】丞相敞卒，以蔡义为丞相。

【纲】冬十一月，立皇后许氏。　【目】公卿议立皇后，皆心拟霍将军女，亦未有言。上乃诏求微时故剑。大臣知指，白立许倢伃为皇后。霍光以后父广汉刑人，不宜君国。岁余，乃封为昌成君。

中宗孝宣皇帝

【纲】戊申，中宗孝宣皇帝本始元年，春，大将军光请归政，不受。　【目】诏有司论定策安宗庙功，大将军光等皆益封。光稽首归政，上谦让不受。诸事皆先关白光，然后奏御。自昭帝时，光子禹及兄孙云皆为中郎将，山奉车都尉、侍中，领胡、越兵。两女婿为东、西宫卫尉，昆弟诸婿外孙皆奉朝请，为诸曹、大夫、骑都尉、给事中，党亲连体，根据于朝廷。及昌邑王废，光之权益重，每朝见，上虚己敛容，礼下之已甚。

到了这个时候，丙吉奏告霍光说："今天国家、宗庙以及百姓的性命就在于将军的一举一动。而武帝的曾孙刘病已在掖庭及他祖母家抚养着，今年已经十八九岁了，他精通经术，有材干，品行安稳平和，希望将军决定这一重大决策。"七月，霍光召集丞相以下各官员商议决定立谁为皇帝，于是他们上奏皇后说："孝武皇帝曾孙刘病已，今年十八岁，曾跟从老师学习过《诗经》《论语》《孝经》，他亲身实行节俭，慈祥爱人，可以继承孝昭皇帝的帝位。"皇太后下诏说："可以。"于是霍光迎接曾孙刘病已进入未央宫，拜见了皇太后，登了皇帝位。侍御史严延年弹劾霍光说："大将军霍光擅自废立皇帝，没有为人臣的礼义，大逆不道。"奏章虽然没有下文，但朝廷的官员们却对严延年肃然敬畏。

【纲】丞相杨敞去世。任命蔡义为丞相。

【纲】冬十一月，立许氏为皇后。　【目】公卿们在商议立皇后的事时，大家心目中都想的是霍光的女儿，但没有人说话。宣帝于是下诏寻求他微贱时用过的宝剑。大臣们才明白了宣帝的所指，于是就请立许倢伃为皇后。霍光认为皇后的父亲是受过刑罚的人，不适合当君封国。一年多以后，才封他为昌成君。

中宗孝宣皇帝

【纲】中宗孝宣皇帝本始元年（戊申，前73）春，大将军霍光请求交回手中大权，宣帝没有接受。　【目】宣帝下诏有关官吏议定决策，褒奖安定宗庙的有功之臣，大将军霍光等都增封了采邑。霍光叩头请求交回他掌握的大权，宣帝很谦让地没有接受。当时好多大事都要先报告霍光，然后才奏报宣帝。从昭帝时起，霍光的儿子霍禹和霍光哥哥的孙子霍云都被任命为中郎将，霍云的弟弟霍山被任命为奉车都尉、侍中，统帅胡、越的士卒。霍光的两个女婿被任命为东、西宫卫尉，他的兄弟、各个女婿以及外孙等都参加朝会，分别担任诸曹、大夫、骑都尉、给事中等官。霍光的亲戚党羽连成一体，在朝廷里根深蒂固。到了昌邑王被废弃时，霍光手中掌握的权力更大，每次朝见宣帝时，宣帝都特别谦恭，态度温顺，他的礼节远远低于宣帝自己的身份。

【纲】夏四月，地震。

【纲】凤凰集胶东，赦，勿收田租赋。

【纲】追谥戾太子、戾夫人悼考、悼后，置园邑。 【目】诏曰："故皇太子在湖，未有号谥，岁时祠，其议谥，置园邑。"有司奏："礼，为人后者，为之子也。故降其父母，不得祭，尊祖之义也。陛下为孝昭皇帝后，承祖宗之祀，亲谥宜曰悼，母曰悼后；故皇太子谥曰戾，史良娣曰戾夫人。"皆改葬焉。

【纲】召黄霸为廷尉正。 【目】霍光既诛上官桀，遂以刑法痛绳群下，由是俗吏皆尚严酷，而河南丞黄霸独用宽和为名。上在民间时，知百姓苦吏急迫，闻霸持法平，乃召以为廷尉正。数决疑狱，庭中称平。

【纲】己酉，二年，春，大司农田延年有罪，自杀。 【目】昭帝之丧，大司农僦民车，延年诈增僦直，盗取钱三千万，为怨家所告。御史大夫田广明谓杜延年曰："《春秋》之义，以功覆过。当废昌邑王时，非田子宾之言，大事不成。今县官出三千万自乞之，何哉？愿以愚言白大将军！"延年言之，光曰："诚然，实勇士也！当发大义时，震动朝廷。"因自抚心曰："使我至今病悸。谢田大夫晓大司农，通往就狱，得公议之。"广明使人语延年，延年曰："幸宽我耳，何面目入牢狱！"遂自刎死。

【纲】夏，尊孝武皇帝庙为世宗，所幸郡国皆立庙。 【目】诏

【纲】夏四月,发生地震。

【纲】有凤凰聚集在胶东一带。宣帝下令大赦天下,不征收田租赋税。

【纲】追谥戾太子和戾夫人悼考、悼后,并为他们修建了园林葬地。 【目】宣帝下诏说:"原来的皇太子葬在湖县,没有谥号,每年也没有祭祀,有关官员商议一下他的谥号,建立一个陵园。"有关官员奏报说:"按照礼仪的规定,做某人的继承人,就是某人的儿子。所以对亲生父母就不应当祭祀,这是尊敬祖先的大义。陛下是孝昭皇帝的继承人,继续了祖宗的祭祀。您的父亲应当谥悼,您的母亲应当谥悼后;原来的皇太子应当谥戾,史良娣应谥戾夫人。"将他们全部改葬别地。

【纲】召见黄霸并任命他为廷尉正。 【目】霍光杀了上官桀以后,就用严刑酷法来控制部下,因此一些庸俗的官吏都崇尚严酷的法令,只有河南守丞黄霸用法宽松而闻名于世。当初宣帝在民间时,深知老百姓被官吏逼迫的痛苦,他听说黄霸执法平和,于是就召见他,并任命他为廷尉正。黄霸曾多次裁决疑难案件,朝廷中都一致称他处理得公正合理。

【纲】本始二年(己酉,前72)春,大司农田延年犯了罪,自杀身亡。 【目】汉昭帝丧葬时,大司农田延年雇用百姓的车辆,虚报增加雇金,贪污了三千万钱,后来被怨恨他的人告发。御史大夫田广明对杜延年说:"《春秋》的大义是可以用功劳来掩盖过失的。当时废弃昌邑王时,如没有田延年说话,大事就不会成功。现在就当作是他自己乞求皇帝赏赐给他三千万钱,怎么样呢?希望把我浅陋的意见转告给大将军。"杜延年把这些话转告给了霍光,霍光说:"确实应当这样,田延年确实是位勇士,当初他提出那重要的决策时,震动了朝廷。"因而霍光用手抚着自己的胸脯又说:"那件事使我至今还心有余悸,我向田大夫道歉,请他转告大司农田延年到监狱去,听大家商议后裁决。"田广明派人去告诉田延年,田延年说:"就算侥幸宽恕了我,我又拿什么面目进入牢狱呢?"于是自刎而死。

【纲】夏季,尊孝武皇帝的庙号为世宗,凡是孝武皇帝所巡幸过

曰："孝武皇帝躬仁义，厉威武，功德茂盛，而庙乐未称，朕甚悼焉。其与列侯、二千石、博士议。"于是群臣皆曰："宜如诏书。"夏侯胜独曰："武帝虽有攘四夷、广土境之功，然多杀士众，竭民财力，奢泰无度，无德泽于民，不宜为立庙乐。"公卿共难胜曰："此诏书也。"胜曰："诏书不可用也。"于是丞相、御史劾奏胜非议诏书，毁先帝，不道。及丞相长史黄霸阿纵胜，不举劾；俱下狱。有司遂请尊武帝庙为世宗庙，奏《盛德》《文始》《五行之舞》。巡狩所幸郡国皆立庙。胜、霸既久系，霸欲从胜受《尚书》，胜辞以罪死。霸曰："朝闻道，夕死可矣。"胜贤其言，遂授之。系再更冬，讲论不怠。

【纲】庚戌，三年，春正月，大将军光妻显弑皇后许氏。【目】时霍光夫人显欲贵其小女成君，道无从。会许后当娠，病，女医淳于衍者，霍氏所爱，尝入宫侍疾。显谓衍曰："将军素爱成君，欲奇贵之。今皇后当免身，若投毒药去之，成君即为皇后矣。事成，富贵共之。"衍即捣附子，赍入长定宫。皇后免身后，衍取附子并合太医大丸以饮皇后，有顷，曰："我头岑岑也，药中得无有毒？"对曰："无有。"遂加烦懑，崩。后有人上书告诸医侍疾无状者，皆收系诏狱。显恐急，即具语光曰："既失计为之，无令吏急衍！"光大惊，欲自发举，不忍。奏上，光署"衍勿论"，显因劝光内其女入宫。

的郡国都立庙祭祀。 【目】宣帝下诏说:"孝武皇帝躬行仁义,振兴武威,建立了很多功勋,但祭祀他的庙乐还没有确定,朕很哀痛。这件事应由列侯、二千石、博士们共同商议决定。"于是大臣们都说:"应当按照诏书来办。"只有夏侯胜说:"武帝虽然有征服四夷、开拓疆域的功劳,但是他也伤亡了不少士卒,耗尽了民力财力,奢侈无度,没有给百姓带来恩泽,不应当为他建立庙号和庙乐。"公卿们都为难夏侯胜说:"这是诏书让办的。"夏侯胜说:"即使是诏书也不能依从。"于是丞相、御史等弹劾夏侯胜非议诏书,抵毁先帝,大逆不道。同时弹劾丞相长史黄霸纵容夏侯胜,不举报夏侯胜,于是一起把他们逮捕入狱。有关官员奏请尊武帝庙为世宗庙,奏请庙乐用《盛德舞》《文始舞》《五行之舞》。凡是武帝巡幸过的郡国都要建庙祭祀。夏侯胜、黄霸被逮捕入狱已经很长时间了,黄霸打算跟从夏侯胜学习《尚书》,夏侯胜以已判处死刑的理由来推辞黄霸。黄霸说:"只要早上明白了道理,即便晚上处死也是没有可遗憾的。"夏侯胜认为他的话讲得很好,于是就教黄霸学习《尚书》。他们在狱中过了两个冬天,讲论《尚书》的事一直没停。

【纲】本始三年(庚戌,前71),春正月,大将军霍光的妻子显杀死了皇后许氏。 【目】当时霍光的夫人显打算使他的小女儿霍成君显贵,可是没有个正当方法。此时正好遇上许皇后怀孕,身体有病。有个名叫淳于衍的女医生,很受霍家的信任,曾经在宫中侍奉过许皇后。显对淳于衍说:"大将军平素很喜欢霍成君,很希望她能显贵。现在许皇后就要生产了,如果乘机给她投些毒药毒死她,成君就可以成为皇后。事成之后,将来的富贵和你共同享受。"淳于衍就把附子捣碎,偷偷带入长定宫。许皇后生产以后,淳于衍就将附子掺入太医开的药丸里送给皇后服下,过了一会儿,许皇后说:"我的头有点发蒙,药中是不是有毒?"淳于衍回答说:"没有。"后来许皇后更加感到头疼烦闷,一会儿就死了。后来有人上书控告御医们没有很好地侍奉皇后,他们全部被逮捕入狱。霍光夫人显又害怕又着急,于是把事情的全部经过告诉霍光,说:"既然做出了这种失策的事情,不要让官吏们逼迫淳于衍。"霍光听后感到很惊讶,本想亲自举报这件事,但又没有忍心这样去做。正好狱吏

【纲】葬恭哀皇后于杜陵南园。

【纲】夏六月，丞相义卒。以韦贤为丞相，魏相为御史大夫。

【纲】以赵广汉为京兆尹。　【目】初，广汉为颍川太守。颍川俗，豪杰相朋党。广汉为缿筒，受吏民投书，使相告讦，于是更相咎怨，奸党散落，盗贼不得发。由是入为京兆尹。广汉尤善为钩距以得事情，闾里铢两之奸皆知之，其发奸摘伏如神。京兆政清，长老传以为自汉兴，治京兆者莫能及。

【纲】辛亥，四年，春三月，立大将军光女为皇后，赦。

【纲】夏四月，地震，山崩二郡，坏祖宗庙。帝素服避殿，诏问经学及举贤良、方正之士。

【纲】以夏侯胜为谏大夫，黄霸为扬州刺史。　【目】上以地震，释胜、霸而用之。胜为人质朴守正，简易无威仪，或时谓上为君，误相字于前，上亦以是亲信之。尝见，出道上语，上闻而让胜，胜曰："陛下所言善，臣故扬之。尧言布于天下，至今见诵。臣以为可传，故传耳。"朝廷每有大议，上谓曰："先生建正言，无惩前事！"复为长信少府，迁太子太傅。年九十卒，太后素服五日，以报师傅之恩。

【纲】五月，凤凰集北海。

们的奏书送到了朝廷，霍光在上面批了"不要追究淳于衍"，于是霍光夫人显就乘机劝霍光把女儿送进宫内。

【纲】把恭哀皇后安葬在杜陵南园（今陕西西安东南）。

【纲】夏六月，丞相蔡义去世。任命韦贤为丞相，魏相为御史大夫。

【纲】任命赵广汉为京兆尹。　【目】当初，赵广汉任颍川太守。颍川地区的风俗是豪杰之人都结党成派。赵广汉去后做了一个竹筒，专门接受地方官吏及百姓们的投诉，让他们相互揭发，于是朋党们互相责备怨恨，帮派瓦解散落，盗贼们也不再出来活动。由于这个缘故，赵广汉被任命为京兆尹。赵广汉更善于了解事情的真相，街巷里蛛丝马迹的事情他都知道，他发现奸邪、抓获潜伏的坏人就像神仙一般。他任京兆尹时，政清人和，年纪大的老辈人都认为自汉朝兴盛以来，治理京兆的官吏没有一个能比得上赵广汉的。

【纲】本始四年（辛亥，前70），春三月，立大将军霍光的女儿霍成君为皇后，大赦天下。

【纲】夏四月，发生地震，大山崩裂，有两个郡的祖宗庙被震坏。宣帝穿着素服避开了正殿，下诏询问懂经学的儒士和贤良人士防灾的办法。

【纲】任命夏侯胜为谏大夫，任命黄霸为扬州刺史。　【目】宣帝因为地震而释放了夏侯胜和黄霸，并起用了他们。夏侯胜为人质朴端正，生活简朴而没有架子，有时称皇帝为君，有时在宣帝面前误称别人的字，宣帝也因此而更加亲信他。有一次他进见宣帝，出来后就把宣帝说的话告诉了别人，宣帝听说后就责备夏侯胜，夏侯胜说："陛下讲的话是很对的，所以我才宣扬。过去帝尧的话传遍天下，至今还有人能背得出来。我认为可以宣传，所以就宣传了。"朝廷上每逢有大的事情要商议时，宣帝总是对他说："先生只管直言不讳，不要害怕以前的事情。"不久恢复了夏侯胜的长信少府职务，提升为太子太傅。夏侯胜活到九十岁时才去世，太后为夏侯胜素服五天，以此来报答师傅的恩情。

【纲】五月，有凤凰聚集在北海。

【纲】壬子,地节元年,春,有星孛于西方。

【纲】冬十二月晦,日食。

【纲】以于定国为廷尉。 【目】定国为廷尉,乃迎师学《春秋》,备弟子礼。为人谦恭,虽卑贱皆与钧礼。其决狱平法,务在哀鳏寡,罪疑从轻,加审慎之心。朝廷称之曰:"张释之为廷尉,天下无冤民。于定国为廷尉,民自以不冤。"

【纲】癸丑,二年,春三月,以霍禹为右将军。大司马、大将军、博陆侯霍光卒。 【目】大将军光病,车驾自临问,为之涕泣。光上书谢恩,愿分国邑封兄孙山为列侯。即日拜光子禹为右将军。光薨,谥曰宣成。赐葬具如乘舆制度,置园邑三百家,长丞奉守。复其后世,畴其爵邑,世世无有所与。

【纲】夏四月,以张安世为大司马、车骑将军,领尚书事。【目】魏相上封事,曰:"圣王褒有德以怀万方,显有功以劝百察,是以朝廷尊荣。今新失大将军,宜显明功臣以镇藩国,毋空大位,以塞争权。车骑将军安世,忠信谨厚,国家重臣也,宜尊其位。"上乃拜安世大司马、车骑将军,领尚书事。

【纲】凤凰集鲁,大赦。

【纲】以霍山为奉车都尉,领尚书事。御史大夫魏相给事中。【目】上思报大将军德,乃封光兄孙山为乐平侯,使以奉车都尉领尚书事。魏相因许广汉奏封事,言:"《春秋》讥世卿,恶宋三世为大夫。今光死,子复为右将军,兄子秉枢机,昆弟、诸婿据权势,任兵

【纲】地节元年(壬子,前69)春,在西方上空出现彗星。

【纲】冬季十二月三十日,出现日食。

【纲】任命于定国为廷尉。 【目】于定国当了廷尉后,就请了老师来学习《春秋》,他很懂做弟子的礼节。他为人谦虚恭敬,虽然遇上低下的人也都会以礼相待。他处理案件能合情合理,一心同情孤寡之人,凡是有疑问的案件一律从轻处理,倍加谨慎小心。朝廷里的人都称赞他说:"张释之做廷尉时天下没有被冤枉的人,于定国做廷尉时人们认为自己不会冤枉。"

【纲】地节二年(癸丑,前68),春三月,任命霍禹为右将军。大司马、大将军、博陆侯霍光去世。 【目】大将军霍光身体有病,宣帝亲自前去慰问,并因为他生病而感到痛心落泪。霍光上书皇帝,感谢对自己的恩德,也希望分出自己封邑的一部分来分封他哥哥的孙子霍山为列侯。当天就任命霍光的儿子霍禹为右将军。霍光去世,定谥号为宣成。同时赏赐霍光的葬具和皇帝葬用的器具一样,并设置墓园,派三百户人家洒扫墓园,永远护守园陵。免除他后代的赋税,继承霍光的封邑,世世代代,永不改变。

【纲】夏季四月,任命张安世为大司马、车骑将军,主管宫廷要事。 【目】魏相秘密地向宣帝送上一封奏章,奏章上说:"圣王应当表扬有高尚品德的人,并以此来感化四方,应当使有功之臣得到显贵,并以此来规劝百官,只有这样朝廷才能尊贵繁荣。最近刚刚失去了大将军霍光,应当表彰有功之臣,以此来镇抚各郡国,不要空缺大将军的爵位,以此来堵塞争权夺利。车骑将军张安世忠诚守信,谨慎厚道,他是国家的栋梁之臣,应当让他接替大将军的爵位。"皇帝于是任命张安世为大司马、车骑将军,主管朝廷要事。

【纲】有凤凰聚集在鲁国(今山东曲阜东北),大赦天下。

【纲】任命霍山为奉车都尉,主管朝廷要事。任命御史大夫魏相为给事中。 【目】宣帝想报答大将军霍光对他的恩德,于是分封霍光哥哥的孙子霍山为乐平侯,派他以奉车都尉的身份主管朝廷要事。魏相通过许广汉秘密上奏,说:"《春秋》讥讽卿大夫的世袭制度,痛恨宋国三世没有人任卿大夫。现在霍光去世,他的儿子又任右将军,他哥

官，夫人显及诸女皆通籍长信宫，骄奢放纵，恐浸不制，宜有以损夺其权，破散阴谋，以固万世之基，全功臣之世。"又故事：诸上书者皆为二封，署其一曰"副"，领尚书者先发副封，所言不善，屏去不奏。相复因许伯白去副封以防壅蔽。帝善之，诏相给事中，皆从其议。

　　帝兴于闾阎，知民事之艰难。霍光既薨，始亲政事，厉精为治，五日一听事。自丞相以下各奉职奏事，敷奏其言，考试功能。侍中、尚书功劳当迁，及有异善，厚加赏赐，至于子孙，终不改易。及拜刺史、守、相，辄亲见问，观其所由，退而考察所行，以质其言，有名实不相应，必知其所以然。常称曰："庶民所以安其田里，而亡叹息愁恨之心者，政平讼理也。与我共此者，其惟良二千石乎！"以为"太守，吏民之本，数变易则下不安；民知其将久，不可欺罔，乃服从其教化"。故二千石有治理效，辄以玺书勉厉，增秩、赐金，或爵至关内侯；公卿缺，则选诸所表，以次用之。是故汉世良吏，于是为盛，称中兴焉。

哥的儿子又掌管大权，他的兄弟、女婿都占有权势，担任部队的官职，他的夫人显以及他的几个女儿都可以自由出入长信宫，骄傲奢侈，放纵不羁，恐怕逐渐难以控制，应当想办法削弱他们的权势，破坏他们的阴谋，以此来巩固皇帝的万世大业，保全有功之臣的子孙后代。"依照过去的惯例，凡是上书的人都要缮写二份上书，一份上要署名为副本，主管朝廷要事的官员先打开副本审阅，如果认为上奏的事没有可采纳之处，就搁置不上奏。魏相又通过许伯建议宣帝取消副本，以防止蒙蔽。宣帝赞许他讲的办法，于是就下诏任命魏相为给事中，完全按照他的建议去办。

宣帝出身于民间，很了解民间事情的艰难。霍光去世以后，开始亲自处理政事，厉精图治，每隔五天就要听取臣下对朝事的建议。从丞相以下的官员都各自负责自己的事务，提出报告，再按照他们的报告来考核他们的功绩和才能。即使是侍中、尚书，如有功劳当应提升，以及有特别好的才能者，都加以丰厚的赏赐，甚至包括他们的子孙，永不改变。凡是任命为刺史、郡守、国相的人，宣帝都要亲自接见、询问，观察他们的抱负，然后考察他们的所作所为，以此来验证他们和所讲的是否一样。如果有名不符实的人，一定要了解到名不符实的原因。宣帝经常说："老百姓之所以能安居耕种而没有悲叹、忧愁、怨恨的心情，是因为执行政事公平，处理诉讼合理。与我共同能这样执行的人不就是那些好的二千石官员们吗？"他认为"郡守是治理百姓的关键，如果频繁地更换这些官员就会引起百姓们的不安定，百姓如果知道他将会担任很久，就不敢欺骗和敷衍他，也才能服从他的教化"。所以二千石的官员们治理百姓有成效，宣帝就会下诏书勉励表扬他们，或者增加俸禄，或者赏赐金钱，或者把他们的爵位提到关内侯；如果公卿官员出现空缺，就在受过表扬的官员中进行选拔，按照次序录用。所以汉朝的贤良官吏，在这个时期是最多的，被称为中兴时期。